Schülerlexikon

DORLING KINDERSLEY
London, New York, Melbourne, München und Delhi

Auflage 2011
Projektbetreuung Suchismita Banerjee, Ashwin Khurana
Redaktion Parameshwari Sircar

Gestaltung Romi Chakraborty, Govind Mittal, Pooja Pawwar, Pushpak Tyagi, Satish Chandra Gaur
Covergestaltung Natalie Godwin

Gestaltungsleitung Sophia M. Tampakopoulos Turner

Herstellung Andy Hilliard, Sunil Sharma, Charlotte Oliver

Cheflektorat Linda Esposito
Chefbildredaktion Jim Green
Programmleitung Laura Buller

Auflage 2003
Projektbetreuung Fran Baines, Sarah Goulding, Clare Lister, Jayne Miller, Sue Nicholson, Karen O'Brien, Mariza O'Keeffe, Katherine Pearce, Jane Yorke
Redaktion Jo Bourne, Catherine Bradley Janet Sacks

Gestaltung Ann Cannings, Alex Menday, Owen Peyton Jones, Smiljka Surla, Yumiko Tahata, Peter Bailey, Jim Green, Bob Gordon, Adrienne Hutchinson, Rebecca Johns, Joanne Little, Philip Lord, Becky Painter

Bildrecherche Sarah Pownall, Alison Prior, Fran Vargo
Bildarchiv Sarah Mills
Kartografie Simon Mumford

Cheflektorat Camilla Hallinan
Chefbildredaktion Sophia M. Tampakopoulos Turner

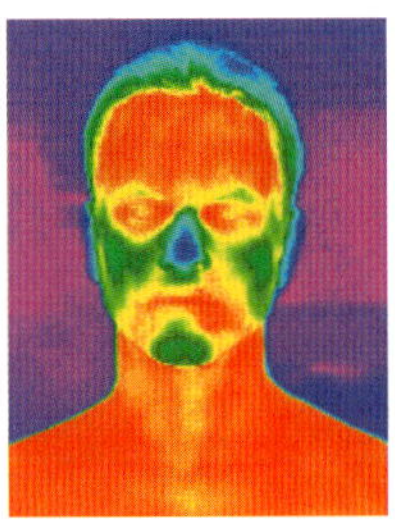

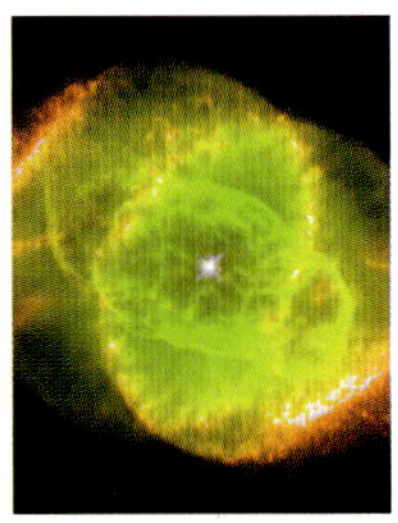

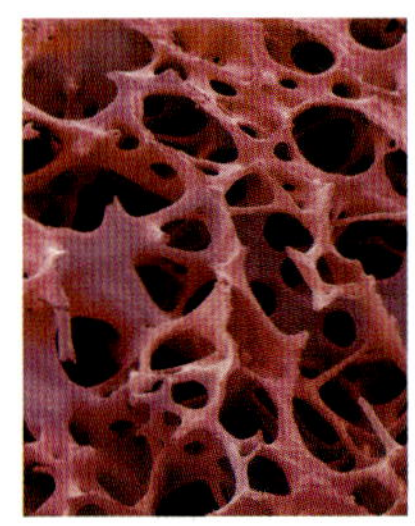

Weitere Mitarbeiter und Berater Simon Adams, Dr. Kim Bryan, Andy Catling, Ian Chilvers, Peter Chrisp, Clive Gifford, Dr. Sue Davidson, Dr. Roger Few, David Glover, David Goldblatt, Dr. Jen Green, Dr. John Haywood, Adam Hibbert, Elaine Jackson, Robin Kerrod, Claire Llewellyn, Dr. Jacqueline Mitton, Ben Morgan, Peggy Morgan, Philip Parker, Steve Parker, Alison Porter, Janet Sacks, Keith Shadwick, Dr. Tim Shakesby, Professor Robert Spicer, Philip Steele, Dr. Richard Walker, Jude Welton

Für die deutsche Ausgabe:
Programmleitung Monika Schlitzer
Projektbetreuung Nina Schiefelbein, Martina Glöde, Manuela Knetsch
Herstellungsleitung Dorothee Whittaker
Herstellung Verena Marquart, Anna Ponton

Bibliografische Information Der Deutschen Bibliothek
Die Deutsche Bibliothek verzeichnet diese Publikation in der Deutschen Nationalbibliografie; detaillierte bibliografische Daten sind im Internet über http://dnb.ddb.de abrufbar.

Titel der englischen Originalausgabe:
e.encyclopedia (2003), Homework Encyclopedia (2011)

Übersetzung Christiane Burkhardt, Christian Kennerknecht, Martin Kliche, Michael Kokoscha
Redaktion Hans Kaiser

ISBN 978-3-8310-1931-1

Colour reproduction by Colourscan, Singapore
Printed and bound in Hong Kong by Toppan

Besuchen Sie uns im Internet
www.dorlingkindersley.de

Schülerlexikon

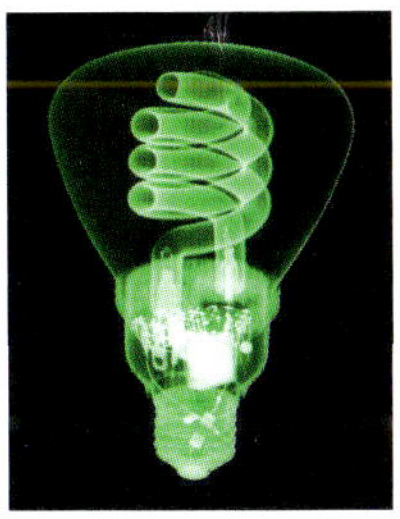

DORLING KINDERSLEY

INHALT

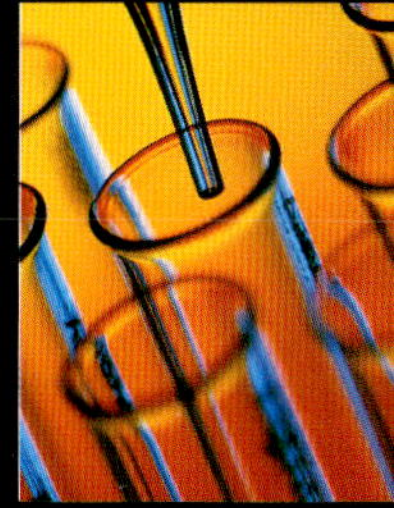

LÄNDER der WELT

RELIGION & GESELLSCHAFT

KUNST & UNTERHALTUNG

WELTGESCHICHTE

ABKÜRZUNGEN

LÄNGE
- mm Millimeter
- cm Zentimeter
- m Meter
- km Kilometer

FLÄCHE
- km^2 Quadratkilometer

VOLUMEN
- m^3 Kubikmeter

GEWICHT
- g Gramm
- kg Kilogramm
- t Tonne

ZEIT
- s Sekunde
- min Minute
- h Stunde
- Jh. Jahrhundert

GESCHWINDIGKEIT

WEITERE ABKÜRZUNGEN
- Mio. Million
- Mrd. Milliarde
- v. Chr. vor Christus
- n. Chr. nach Christus
- °C Grad Celsius
- bzw. beziehungsweise
- d. h. das heißt
- z. B. zum Beispiel
- u. a. unter anderem
- geb. geboren
- % Prozent

VOM BUCH INS INTERNET UND ZURÜCK

Dieses Schülerlexikon hat seine eigene Website. Zu jedem Thema im Buch findest du ein extra gekennzeichnetes Stichwort. Dieses kannst du als Suchbegriff auf der Website eingeben und erhältst viele tolle Internet-Links zum Thema.

1 Gib die Internetadresse ein.

Adresse: www.WissenmitLinks.de

2 Finde im Buch den Suchbegriff zu deinem Thema.

Beachte, dass dich nur die im Buch angegebenen Suchbegriffe zu den richtigen Links auf der Website führen.

3 Gib den Suchbegriff ein, z. B.

Astronauten

Das solltest du beachten, wenn du im Internet surfst:

- Frage immer einen Erwachsenen um Erlaubnis, ehe du dich ins Internet einloggst.
- Gib niemals persönliche Informationen an (z. B. Name, Adresse etc.).
- Wenn du beim Einloggen auf eine Website nach deinem Namen oder deiner E-Mail-Adresse gefragt wirst, frage erst einen Erwachsenen um Erlaubnis.
- Triff dich niemals mit jemandem, den du nur aus dem Internet kennst.
- Beantworte keine E-Mails von Fremden.

An die Eltern: Die Links auf der Homepage werden vom Verlag regelmäßig überprüft und aktualisiert. Dennoch können sich Inhalte ändern. Dorling Kindersley zeigt sich ausschließlich für seine eigene Website verantwortlich und empfiehlt den Einsatz von Filtersoftware, die für Kinder unangemessene Websites blockiert. Ebenso halten wir es für richtig, dass Kinder nur unter Aufsicht online sein und nur mit Erlaubnis einen Chatroom benutzen sollten.

4 Klicke den Link an, der dich interessiert.

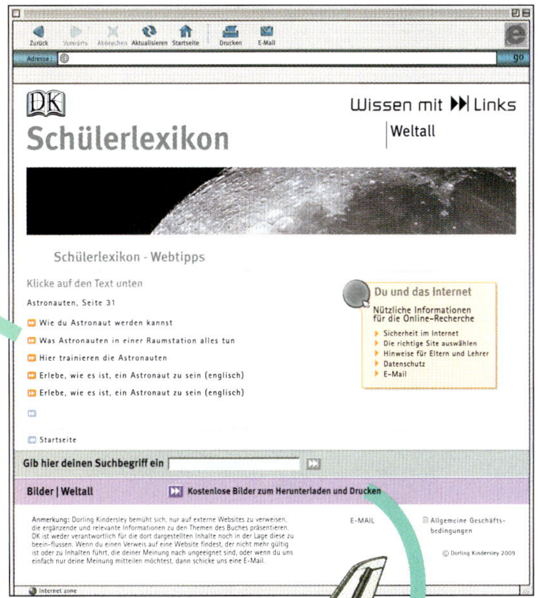

Wie du Astronaut werden kannst

Hier findest du:

- Bilder und Grafiken
- Virtuelle Rundgänge
- Animationen
- Interaktive Quizspiele
- Video-Clips
- Sounds
- Live-Webcams
- Clip-Arts zum Herunterladen

Lade dir fantastische Bilder herunter!

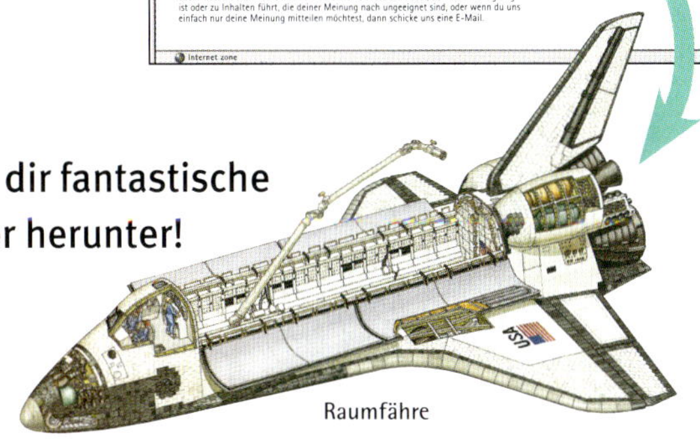

Raumfähre

Die Bilder darfst du kostenfrei, jedoch nur für deinen eigenen Gebrauch verwenden.

5 Schlage im Buch ein neues Thema nach ...

Die Überschrift kennzeichnet einen Haupteintrag.

Ein Einleitungstext führt in das jeweilige Thema ein.

Abbildungen werden durch Bildunterschriften erklärt.

Fragen und Antworten geben dir detaillierte Informationen zum Thema.

Nebeneinträge heben besondere Aspekte hervor.

Farbige Streifen zeigen dir an, in welchem Kapitel du dich befindest.

Info-Kästen bieten Zahlen und Fakten auf einen Blick.

Querverweise führen zu verwandten Themen.

Hier findest du:

- Info-Kästen
- Biografien
- Zeittafeln
- Grafiken
- Querverweise
- Register

... und gib einen neuen Suchbegriff ein.

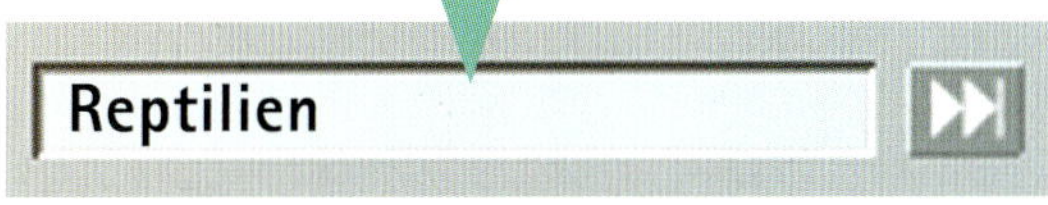

WELTALL

WELTALL

Wenn du nachts zum dunklen Himmel schaust, dann siehst du das Weltall. Es ist ein großer leerer Raum, in dem Erde, Mond, Sonne und Sterne kreisen. Im Weltall herrscht absolute Stille und es ist unglaublich kalt: etwa -270 °C.

WO FÄNGT DAS WELTALL AN?

Das Weltall beginnt oberhalb der Erdatmosphäre. Allerdings gibt es keine klare Grenze zwischen unserer Atmosphäre und dem Weltall. Die Erdatmosphäre wird immer dünner, bis sie nach ca. 500 km in das Weltall übergeht. Winzige Spuren unserer Atmosphäre findet man aber auch noch in größerer Höhe.

WO IM WELTALL BEFINDET SICH DIE ERDE?

Die Erde ist nur ein winziges Pünktchen im Weltall. Sie ist einer von acht Planeten, die um unsere Sonne kreisen. Die Sonne ist einer von über 100 Mrd. Sternen, die eine riesige Sterneninsel bilden – die Milchstraße, unsere Heimatgalaxie. Im Weltall gibt es 100 Mrd. solcher Galaxien. Sie und der unendliche Raum zwischen ihnen bilden das Universum.

WIE GROSS IST DAS WELTALL?

Das Weltall dehnt sich unendlich weit aus – es besitzt keine Grenze. Unser nächster Nachbar im All ist der Mond, der ca. 384 000 km weit weg ist. Der Abstand zur Sonne beträgt ungefähr 150 Mio. km. Die anderen Sterne der Milchstraße sind Millionen oder Milliarden Mal weiter entfernt und andere Galaxien sogar noch viel weiter weg.

WAS IST EIN LICHTJAHR?

Das Lichtjahr ist eine Einheit, um Entfernungen im Weltall zu messen. Es ist die Strecke, die Licht in einem Jahr zurücklegt – ungefähr 9,5 Billionen km. Proxima Centauri ist der Nachbarstern der Sonne und etwa 4,2 Lichtjahre von der Erde entfernt, d. h., sein Licht braucht 4,2 Jahre bis zur Erde.

WAS KÖNNEN WIR IM WELTALL SEHEN?

In dunklen Nächten sind auch ohne Teleskop etwa 2500 Sterne zu erkennen. Meistens kann man den Mond sehen und manchmal auch Merkur, Venus, Mars, Jupiter und Saturn. Der Andromedanebel ist das entfernteste Objekt, das mit bloßem Auge erkennbar ist.

DIE MILCHSTRASSE ►
Das helle Lichtband am Himmel ist die Milchstraße. Ihr Licht stammt von Milliarden Sternen. Sehr viele weitere Sterne sind durch riesige dunkle Gas- und Staubwolken verdeckt.

Weltall

ZEITTAFEL WELTALL

UM 150	Ptolemäus erklärt die Erde zum Mittelpunkt des Weltalls.
1543	Kopernikus rückt die Sonne ins Zentrum des Weltalls.
1687	Newton veröffentlicht die Gesetze der Schwerkraft.
1781	Herschel entdeckt den Planeten Uranus.
1846	Galle entdeckt den Planeten Neptun.
1926	Goddard startet die erste Flüssigtreibstoffrakete.
1930	Tombaugh entdeckt Pluto.
1957	*Sputnik 1* umkreist die Erde.
1961	Juri Gagarin ist der erste Mensch im All.
1965	*Mariner 4* sendet Bilder vom Mars.
1969	Erste bemannte Mondlandung durch *Apollo 11*.
1981	Erster Start eines Spaceshuttles.
1990	Start des Hubble-Weltraumteleskops.
1998	Baubeginn der Internationalen Raumstation.

◄ REISE INS WELTALL
Die Trägerrakete Ariane transportiert Satelliten und Raumsonden ins Weltall, die Sterne und Planeten erforschen und Bilder von der Erde aufnehmen werden.

ASTRONOMIE

Astronomie ist die Wissenschaft von den Sternen und anderen Himmelskörpern. Wichtigstes Instrument der Astronomen ist das ⏭ TELESKOP, mit dem man auch weit entfernte Objekte beobachten kann.

WANN HABEN MENSCHEN ZUM ERSTEN MAL DEN HIMMEL BEOBACHTET?

Die ersten Berichte über Beobachtungen der Sonne, des Mondes und der Sterne sind bereits über 5000 Jahre alt: Babylonier und Ägypter zeichneten die Bewegungen von Mond und Sternen auf und entwickelten daraus einen Kalender. Aber möglicherweise begannen die Menschen auch schon viel früher den Himmel zu erforschen.

WAS ERFORSCHEN ASTRONOMEN HEUTE?

Heutzutage erforschen Astronomen, wie Sterne entstehen, existieren und wieder untergehen. Durch Beobachtung von Galaxien wollen sie herausfinden, wie und wann das Universum entstand und wie es enden könnte. Sie erforschen auch die Planeten und andere Himmelskörper unseres Sonnensystems.

▲ STERNE IM VISIER
Alte indische Astronomen beobachteten die Sterne mit einem Astrolabium, um ihre Position und Bewegung zu bestimmen.

*Ein **Teleskop** kann auf jeden Bereich des Himmels gerichtet werden. Es kann auf einen Stern oder anderen Himmelskörper fixiert sein, aber auch deren Bahnen folgen.*

*Durch die **Gitterbauweise** wird das Teleskop leichter und kann einfacher bewegt werden.*

MÄCHTIGES TELESKOP ►
Das William-Herschel-Teleskop befindet sich in der Sternwarte auf dem Roque de los Muchachos auf La Palma, einer der Kanarischen Inseln. Es ist ein großes Spiegelteleskop – sein Hauptspiegel besitzt einen Durchmesser von 4,2 m.

Astronomie

TELESKOPE

Teleskope sammeln und bündeln mithilfe von Linsen oder Spiegeln das Licht weit entfernter Objekte, sodass sie besser untersucht werden können. Der Italiener Galileo Galilei beobachtete im Jahr 1609 als Erster den Himmel mit einem Teleskop.

WELCHE TELESKOPARTEN GIBT ES?

Galileo benutzte ein Teleskop, dessen Linsen das einfallende Licht brachen und im Brennpunkt bündelten. Solche Teleskope nennt man Linsenteleskope. Ein Spiegelteleskop bündelt Licht mittels Spiegeln. Beides sind optische Teleskope. Teleskope werden auch im All stationiert. Weltraumteleskope können neben sichtbarem Licht auch unsichtbare Strahlen wie Gamma-, UV- und Röntgenstrahlen sammeln und bündeln.

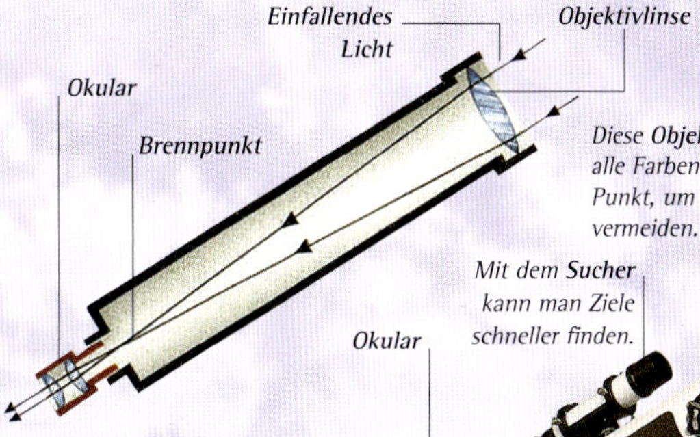

▲ SO ARBEITET EIN LINSENTELESKOP
Licht fällt in die Öffnung des Teleskops. Eine große Objektivlinse bündelt die Lichtstrahlen in einem Brennpunkt in der Nähe des Okulars. Durch das Okular kannst du das Bild betrachten, das von der Okularlinse vergrößert wird. Zur Scharfeinstellung kannst du das Okular hinein- oder herausdrehen.

◄ KLEINES LINSENTELESKOP
Amateur-Astronomen benutzen kleine, tragbare Teleskope. Sie erzeugen scharfe Bilder und sind besonders gut geeignet, um den Mond und die Planeten zu beobachten.

SIEHE AUCH ⏭ Licht 178–179 • Linsen 181 • Sternwarten 12

STERNWARTEN

Astronomen arbeiten in Sternwarten (Observatorien). Meist untersuchen sie das Licht aus dem All mit optischen Teleskopen. Radioastronomen dagegen benutzen Radioteleskope oder ⏭ SYNTHESETELESKOPE.

WARUM BEFINDEN SICH DIE MEISTEN STERNWARTEN AUF EINEM BERG?

Sternwarten mit optischen Teleskopen stehen oft auf Bergkuppen oberhalb des dichtesten und am stärksten verschmutzten Bereichs der Atmosphäre. Dort herrscht bessere Sicht, weil die Luft klarer und weniger feucht ist und weil es weniger Luftströme gibt.

WIE ARBEITEN RADIOTELESKOPE?

Radioteleskope besitzen riesige Schüsseln, die einfallende Radiowellen sammeln und zu einer Antenne reflektieren. Die Antenne leitet elektrische Signale zu einem Empfänger und weiter zu einem Computer, der sie zu Falschfarben-Radioaufnahmen umsetzt.

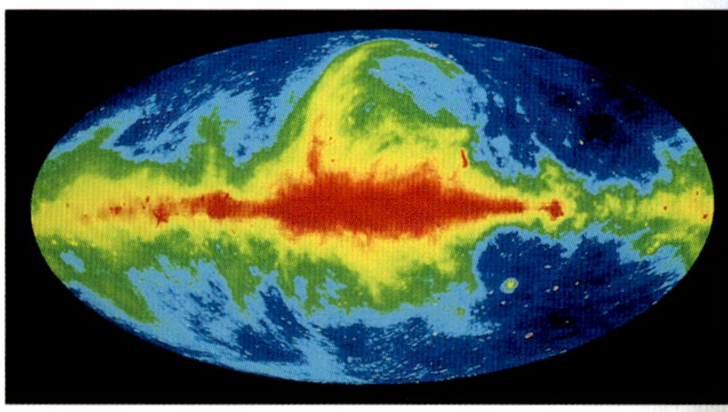

▲ RADIOKARTE DES HIMMELS
Wenn unsere Augen Radiowellen sehen könnten, würde der Himmel so aussehen. Das rote Band zeigt die stärksten Signale.

STERNWARTE LA SILLA ►
Die Kuppel der Sternwarte La Silla in Chile liegt 2400 m über dem Meeresspiegel, wo künstliches Licht und Luftverschmutzung nicht stören.

SYNTHESETELESKOPE

Ein Syntheseteleskop (engl. *array*) besteht aus mehreren miteinander verbundenen Radioteleskopen. Es kann Signale aus einem größeren Gebiet empfangen und mehr Daten gewinnen als ein einzelnes Radioteleskop. Die Signale werden mithilfe eines Interferometers ausgewertet.

WOZU NUTZEN ASTRONOMEN SYNTHESETELESKOPE?

Mit ihnen fertigen Astronomen detaillierte Radiokarten von verschiedenen Himmelskörpern an. Dazu zählen z. B. Reste von explodierten Sternen (Supernovae), Gasblasen von sterbenden Sternen, Quasare und Radiogalaxien, die Radiowellen in gewaltigen Strömen aussenden und sich über Millionen Lichtjahre ausdehnen, sowie die Planeten Jupiter und Saturn.

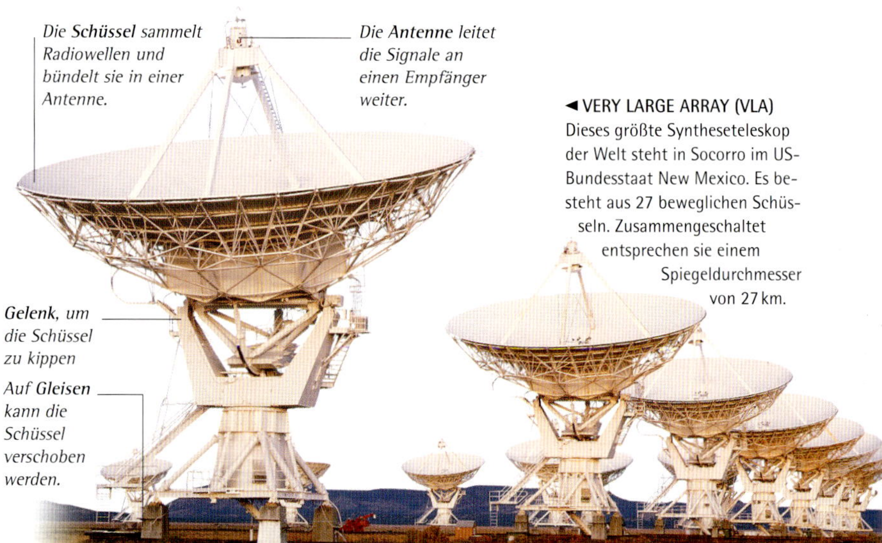

◄ VERY LARGE ARRAY (VLA)
Dieses größte Syntheseteleskop der Welt steht in Socorro im US-Bundesstaat New Mexico. Es besteht aus 27 beweglichen Schüsseln. Zusammengeschaltet entsprechen sie einem Spiegeldurchmesser von 27 km.

SIEHE AUCH ⏭ Astronomie 11 • Sterne 24–25 • Telekommunikation 192–193 • Weltraumobservatorien 29

STERNBILDER

Gruppen aus hellen Sternen, die am Nachthimmel dicht nebeneinanderliegen, nennt man Sternbilder. Sie bilden Muster, die sich scheinbar über Jahrhunderte oder gar Jahrtausende nicht ändern. Der Himmel ist in 88 Sternbilder aufgeteilt.

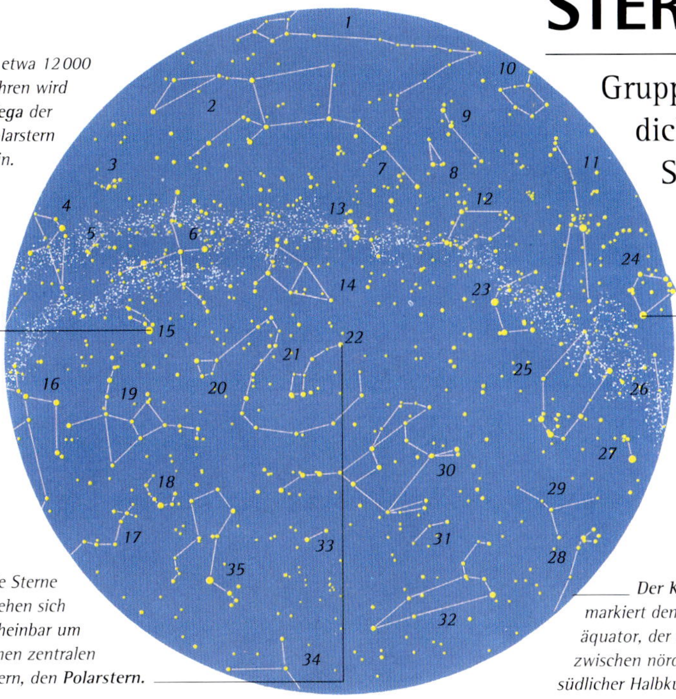

In etwa 12 000 Jahren wird ***Wega*** *der Polarstern sein.*

Betelgeuse ist 400-mal größer als die Sonne.

Die Sterne drehen sich scheinbar um einen zentralen Stern, den ***Polarstern.***

Der Kartenrand *markiert den Himmelsäquator, der die Grenze zwischen nördlicher und südlicher Halbkugel bildet.*

▲ STERNBILDER AM NÖRDLICHEN HIMMEL

1 Fische 2 Pegasus 3 Delfin 4 Adler 5 Pfeil 6 Schwan 7 Andromeda 8 Dreieck 9 Widder 10 Walfisch 11 Stier 12 Perseus 13 Kassiopeia 14 Kepheus 15 Leier 16 Schlangenträger 17 Schlange 18 Nördliche Krone 19 Herkules 20 Drache 21 Kleiner Bär 22 Polarstern 23 Fuhrmann 24 Orion 25 Zwillinge 26 Einhorn 27 Kleiner Hund 28 Weibliche oder Nördliche Wasserschlange 29 Krebs 30 Großer Bär 31 Kleiner Löwe 32 Löwe 33 Jagdhunde 34 Jungfrau 35 Ochsentreiber (Bärenhüter)

WIE ERHIELTEN DIE STERNBILDER IHRE NAMEN?

Die alten Astronomen benannten viele Sternbilder nach den Dingen, die sie in den Mustern zu erkennen glaubten (z. B. einen Schwan oder einen Löwen), oder nach Figuren aus der griechischen Mythologie (z. B. nach Herkules).

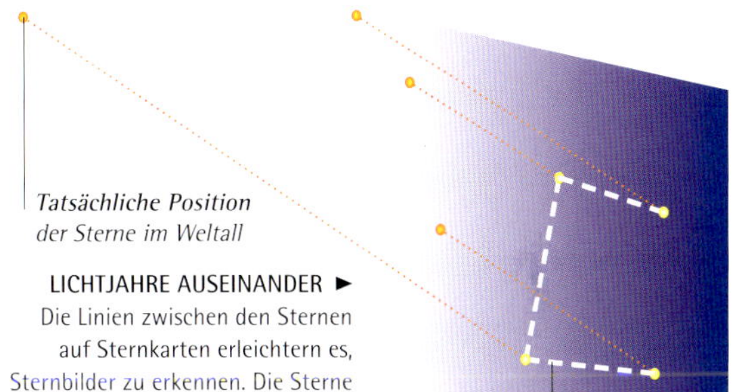

Tatsächliche Position der Sterne im Weltall

LICHTJAHRE AUSEINANDER ►
Die Linien zwischen den Sternen auf Sternkarten erleichtern es, Sternbilder zu erkennen. Die Sterne sind im Weltall jedoch nicht mit einander verbunden, sondern liegen oft viele Lichtjahre auseinander.

Sternbild, *von der Erde aus gesehen*

BILDEN DIE STERNE EINES STERNBILDES IM WELTALL TATSÄCHLICH EINE GRUPPE?

Die Sterne erscheinen in einer Ebene, weil sie von der Erde aus in gleicher Richtung liegen. Sie sind aber ganz unterschiedlich weit von der Erde entfernt.

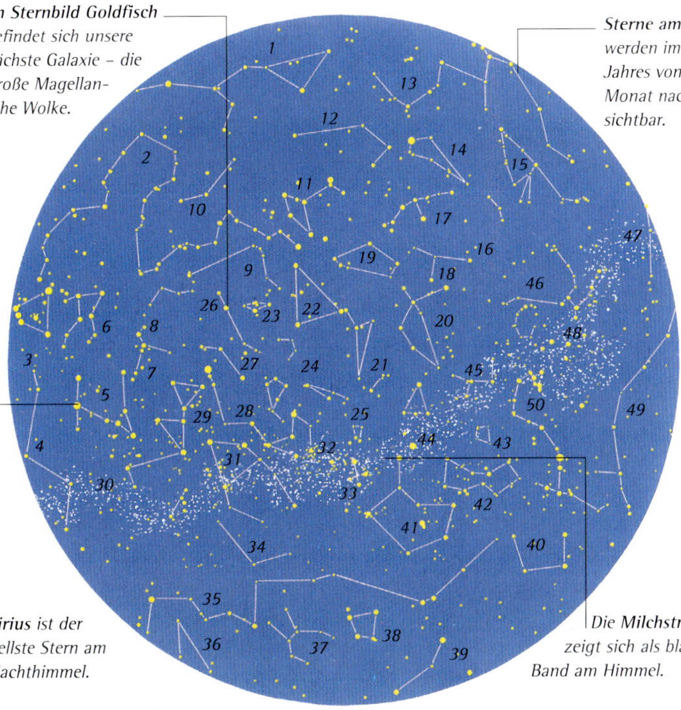

Im Sternbild Goldfisch *befindet sich unsere nächste Galaxie – die Große Magellansche Wolke.*

Sterne am Kartenrand werden im Lauf eines Jahres von Monat zu Monat nacheinander sichtbar.

Sirius *ist der hellste Stern am Nachthimmel.*

Die Milchstraße *zeigt sich als blasses Band am Himmel.*

Sternbilder

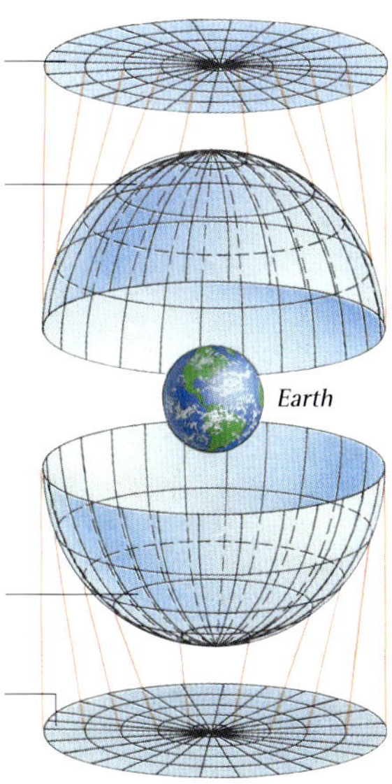

Karte vom nördlichen Himmel – die ebene Abbildung der nördlichen Himmelshalbkugel

Nördliche Himmelshalbkugel

DIE HIMMELSKUGEL ►
Die alten Astronomen glaubten, dass die Sterne an der Innenseite einer Kugel befestigt seien, die die Erde umgab. Diese Kugel nannten sie Himmelskugel.

Earth

Südliche Himmelshalbkugel

Karte vom südlichen Himmel – die ebene Abbildung der südlichen Himmelshalbkugel

▲ STERNBILDER AM SÜDLICHEN HIMMEL

1 Walfisch 2 Fluss Eridanus 3 Orion 4 Einhorn 5 Großer Hund 6 Hase 7 Taube 8 Grabstichel 9 Pendeluhr 10 Ofen 11 Phönix 12 Bildhauer 13 Wassermann 14 Südlicher Fisch 15 Steinbock 16 Mikroskop 17 Kranich 18 Inder 19 Tukan 20 Pfau 21 Paradiesvogel 22 Männliche oder Kleine Wasserschlange 23 Netz 24 Tafelberg 25 Chamäleon 26 Goldfisch 27 Maler 28 Fliegender Fisch 29 Schiffskiel 30 Achterschiff 31 Segel 32 Fliege 33 Kreuz (des Südens) 34 Luftpumpe 35 Weibliche oder Nördliche Wasserschlange 36 Sextant 37 Becher 38 Rabe 39 Jungfrau 40 Waage 41 Kentaur (Zentaur) 42 Wolf 43 Lineal 44 Südliches Dreieck 45 Altar 46 Schütze 47 Adler 48 Südliche Krone 49 Schlangenträger 50 Skorpion

KANN MAN ÜBERALL ALLE STERNBILDER SEHEN?

Wenn du am Äquator lebst, kannst du alle Sternbilder zu bestimmten Zeiten im Jahr sehen. Lebst du jedoch nördlich oder südlich des Äquators, kannst du einige Sterne über dem entgegengesetzten Pol niemals sehen – für dich liegen sie immer hinter dem Horizont.

SIEHE AUCH ⏭ Astronomie 11 • Sterne 24–25 • Weltall 10

SONNENSYSTEM

Die Sonne – unser lokaler Stern – und alle Himmelskörper, die um sie kreisen, bilden das Sonnensystem. Die Schwerkraft der Sonne hält Planeten, Asteroiden, Kometen oder Staub auf ovalen Umlaufbahnen fest. Ihre Anziehungskraft ist so gewaltig, dass sie sogar auf Objekte wirkt, die Milliarden Kilometer entfernt sind.

▼ KREISLAUF UM DIE SONNE
Acht Planeten umkreisen die Sonne auf großen elliptischen (ovalen) Bahnen. Die vier inneren Planeten (der Sonne am nächsten) sind heißer, schneller und enger benachbart als die vier äußeren. Alle Umlaufbahnen befinden sich nahezu in einer Ebene.

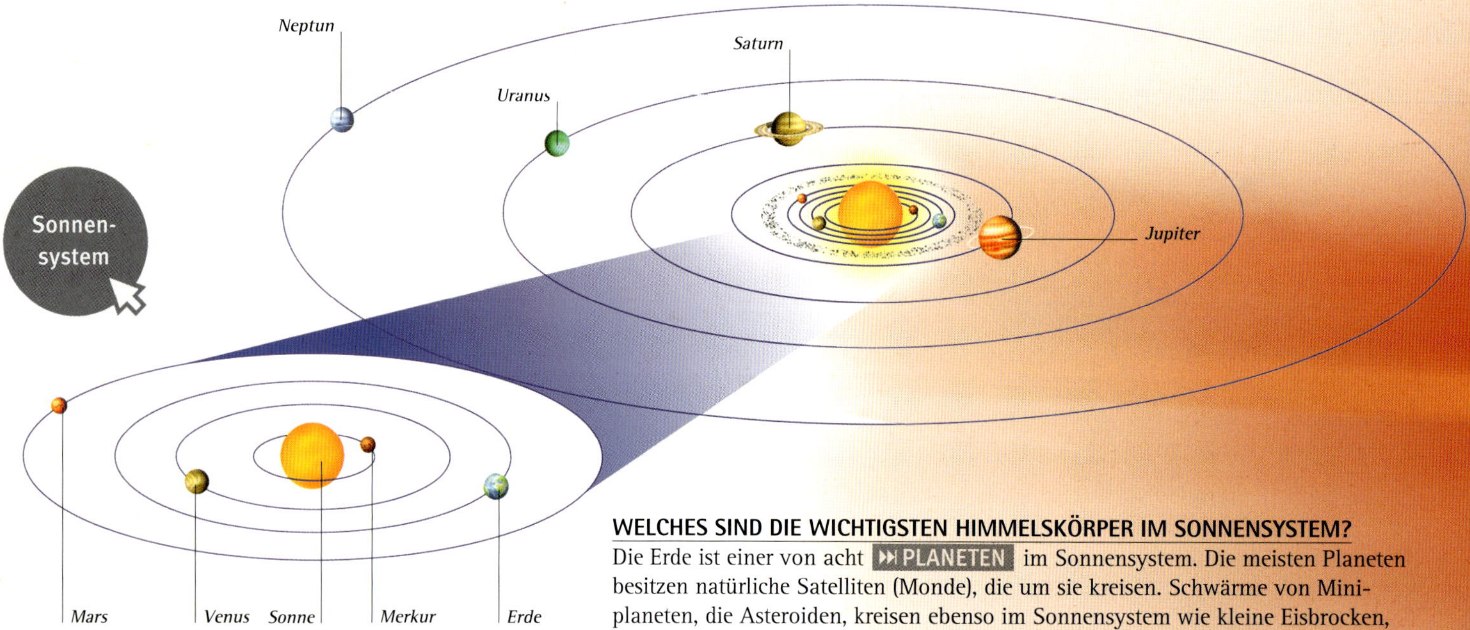

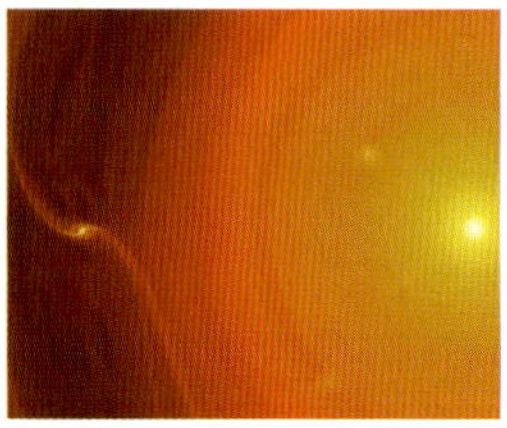

◄ ENTSTEHUNG DER PLANETEN
Gasriesen wie Jupiter entstanden am äußeren Rand des Sonnensystems. Dort wirkt die Schwerkraft der Sonne schwächer, der Weltraum ist kälter und es sind riesige Mengen von Eis und Gas vorhanden. Das Bild zeigt einen Gasriesen (rechts) im Anfangsstadium.

WELCHES SIND DIE WICHTIGSTEN HIMMELSKÖRPER IM SONNENSYSTEM?

Die Erde ist einer von acht ⏭ PLANETEN im Sonnensystem. Die meisten Planeten besitzen natürliche Satelliten (Monde), die um sie kreisen. Schwärme von Miniplaneten, die Asteroiden, kreisen ebenso im Sonnensystem wie kleine Eisbrocken, die zu leuchtenden Kometen werden, wenn sie sich der Sonne nähern.

WIE ENTSTAND DAS SONNENSYSTEM?

Die Sonne und die Planeten bildeten sich aus einer kalten, sich drehenden Gaswolke, dem Sonnennebel. Diese Wolke zog sich unter ihrer eigenen Schwerkraft zusammen (kollabierte) und bildete eine sich drehende, bauchförmige Scheibe. Ihr Kern verdichtete sich, wurde heißer und begann hell zu leuchten. Am Rand der Scheibe prallten Gas, Gestein und Staub aufeinander und fügten sich zu den Planeten zusammen.

PLANETEN

Ein Planet ist ein Himmelskörper, der um einen Stern kreist. Die Sonne besitzt acht Planeten – Merkur, Venus, Erde, Mars, Jupiter, Saturn, Uranus und Neptun. Zwergplaneten sind kleine Planeten. Pluto wird heute als Zwergplanet eingestuft.

WORAUS BESTEHEN DIE PLANETEN?

Die vier Planeten, die der Sonne am nächsten sind, bestehen zum größten Teil aus Gestein. Dies sind die erdartigen Planeten. Die nächsten vier, viel größeren Planeten bestehen hauptsächlich aus Wasserstoff und Helium. Man nennt sie Gasriesen. Die Zwergplaneten wie Pluto bestehen aus Eis und Gestein.

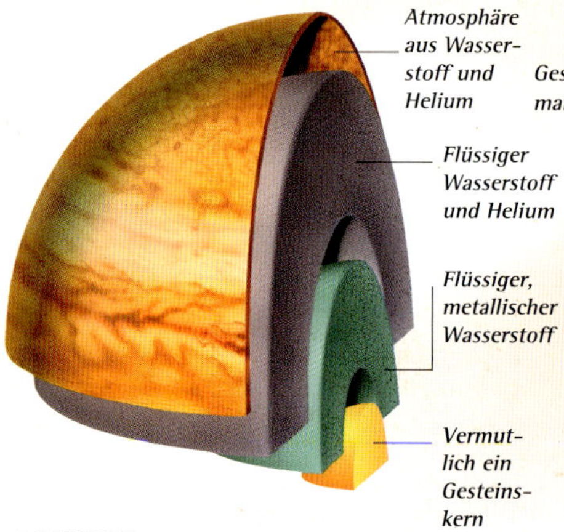

▲ GASRIESEN
Jupiter besteht vor allem aus Wasserstoff und Helium. Unter der wolkenartigen Atmosphäre herrscht so hoher Druck, dass Gase flüssig werden und ein riesiges Meer bilden.

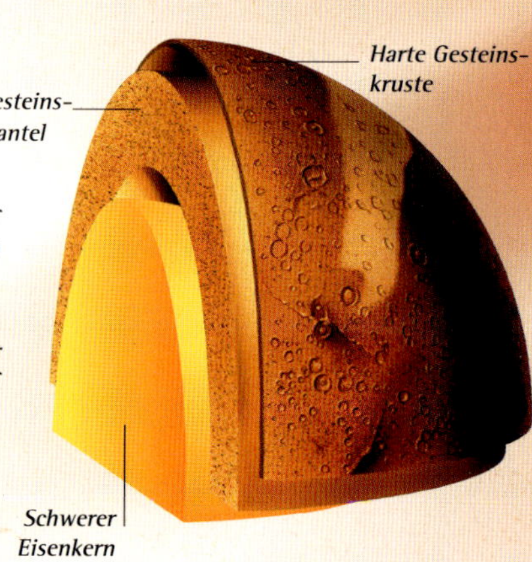

▲ ERDARTIGE PLANETEN
Ein erdartiger Planet wie Mars besitzt eine dünne Kruste aus Gestein. Die Gesteinsschicht darunter nennt man Mantel. Das Zentrum (Kern) besteht aus einer riesigen Menge Eisen.

SIEHE AUCH ⏭ Erde 16 • Jupiter 19 • Mars 19 • Merkur 18 • Neptun 21 • Saturn 20 • Uranus 20 • Venus 18 • Zwergplaneten 21

SONNE

Im Zentrum des Sonnensystems befindet sich die Sonne, eine Kugel aus brennendem Gas, die Energie als Licht und Wärme abgibt. Von der Erde aus erscheint sie so groß wie der Mond und wird bei einer ⏭ SONNENFINSTERNIS von ihm verdeckt, doch sie ist viel größer als er.

DATEN ZUR SONNE

Durchmesser	1,4 Mio. km
Mittlere Entfernung zur Erde	150 Mio. km
Rotationsdauer	25,4 Tage
Masse	333 000-fache Erdmasse
Dichte	1,4-fache Wasserdichte
Mittlere Oberflächentemperatur	5500 °C
Kerntemperatur	15 Mio. °C
Alter	4,6 Mrd. Jahre

WORAUS BESTEHT DIE SONNE?

Die Sonne besteht hauptsächlich aus Wasserstoff (73 %) und Helium (25 %). Außerdem enthält sie Spuren von etwa 60 anderen Elementen (2 %). Wasserstoff ist der Brennstoff für die Kernreaktionen, welche die Energie erzeugen.

WIE SIEHT DIE OBERFLÄCHE DER SONNE AUS?

Die Sonnenoberfläche brodelt und kocht, weil Gasströme hochschießen und wieder absinken. Gewaltige Explosionen, Sonneneruptionen, und riesige Fontänen, Protuberanzen, schleudern extrem heißes Gas in den Weltraum. Häufig sind auch dunkle Bereiche, die Sonnenflecken, sichtbar. Sie sind etwa 1500 °C kühler als ihre Umgebung.

▲ **HEISSE BÖGEN**
Heißes Gas (bis zu 1 Mio. Grad!) bildet solche Bögen, die bis zu 100 000 km hoch werden können.

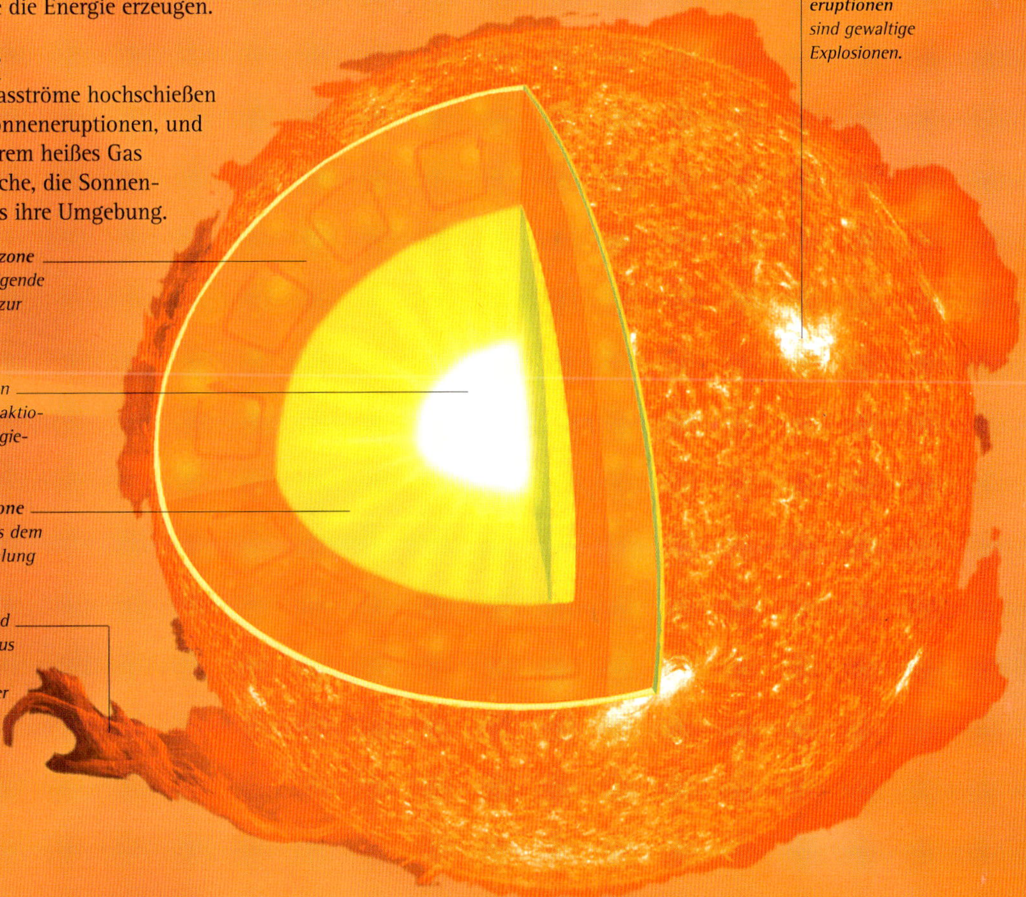

IM INNEREN DER SONNE ►
Im Sonnenkern, der bis 15 Mio. °C heiß ist, erzeugen Kernreaktionen die Sonnenenergie. Die Energie wird zunächst durch Strahlung und dann durch Konvektion zur Sonnenoberfläche transportiert.

SONNENFINSTERNIS

Bei einer Sonnenfinsternis schiebt sich der Mond zwischen Erde und Sonne. Verdeckt der Mond nur einen Teil der Sonne, ist das eine partielle Finsternis. Bei einer totalen Finsternis ist die Sonne völlig verdeckt. Jährlich ereignen sich etwa zwei bis fünf Finsternisse.

▲ **ABLAUF EINER SONNENFINSTERNIS**
Eine totale Sonnenfinsternis dauert etwa zwei Stunden. Während sich der Mond vor die Sonne schiebt, wird das Sonnenlicht nach und nach schwächer. Sobald der Mond die Sonne vollständig bedeckt (Totalität), kannst du die weiße Korona (Krone) erkennen. Du darfst niemals direkt in die Sonne sehen, weil du sonst deine Augen schädigst. Benutze immer eine besondere Brille dafür!

WAS PASSIERT BEI EINER TOTALEN SONNENFINSTERNIS?

Wenn die Sonne ganz verdeckt ist, wird der Tag plötzlich zur Nacht, die Luft kühlt ab und die Vögel verstummen. Die Totalität (absolute Dunkelheit) kann bis zu 7,5 Minuten dauern, sie ist jedoch meist viel kürzer. In dieser Zeit werden die rosarote innere Atmosphäre der Sonne, die Chromosphäre, und die weiße, perlenschnurartige äußere Atmosphäre, die Korona, sichtbar. Manchmal kann man Protuberanzen beobachten.

Sonne

SIEHE AUCH ⏭ Kernenergie 167 • Mond 17 • Sterne 24–25 • Wärme 168–169

ERDE

Der Planet, auf dem wir leben, ist der drittnächste zur Sonne. Er kreist in einem Jahr einmal um die Sonne und dreht sich pro Tag einmal um seine eigene ⏭ACHSE (Rotation). Aus dem Weltraum betrachtet sieht die Erde blau aus – wegen der Ozeane, die mehr als 70 % der Erdoberfläche bedecken.

WORAUS BESTEHT DIE ERDE?

Unterhalb der Atmosphäre aus Sauerstoff und Stickstoff befindet sich eine feste Erdkruste. Darunter liegt eine schwerere Gesteinsschicht, der Erdmantel. Im Zentrum unseres Planeten ist der Erdkern, der innen fest ist und dessen äußerer Bereich aus geschmolzenem Eisen besteht.

WODURCH UNTERSCHEIDET SICH DIE ERDE VON ALLEN ANDEREN PLANETEN?

Die Erde ist der einzige Planet, auf dem Leben existiert. Die Temperaturen sind nicht zu heiß oder zu kalt, es gibt flüssiges Wasser und die Luft enthält Sauerstoff. Wärme, Wasser und Sauerstoff sind notwendig, damit Millionen so unterschiedlicher Lebewesen wie winzige Bakterien oder riesige Blauwale leben können.

DATEN ZUR ERDE

Durchmesser am Äquator	12 756 km
Mittlere Entfernung zur Sonne	149,6 Mio. km
Dauer eines Sonnenumlaufs	365,25 Tage
Rotationsdauer	23,93 Stunden
Masse	6000 Trillionen Tonnen
Oberflächentemperatur	−70 °C bis +56 °C
Monde	1 (der Mond)

ERDACHSE

Während die Erde um die Sonne kreist, dreht sie sich gleichzeitig um eine gedachte Linie, die Erdachse. Die Drehung (Rotation) um diese Achse, die vom Nord- zum Südpol verläuft, beschert uns Tag und Nacht – eine Hälfte der Erde weist zur Sonne, während die andere im Dunkeln liegt.

IST DIE ERDACHSE GENEIGT?

Die Erdachse steht nicht im rechten Winkel zur Erdumlaufbahn – sie ist um etwa 23,5° geneigt. Dieser Neigung verdanken wir die Jahreszeiten. Während die Erde um die Sonne kreist, weist der Nordpol erst zur Sonne hin und sechs Monate später von ihr weg. Dadurch erwärmt sich die nördliche Halbkugel zunächst und kühlt später ab, sodass wir Sommer und Winter haben. Der Südpol weist immer in die entgegengesetzte Richtung zum Nordpol – auf der Südhalbkugel herrscht die entgegengesetzte Jahreszeit.

Erde

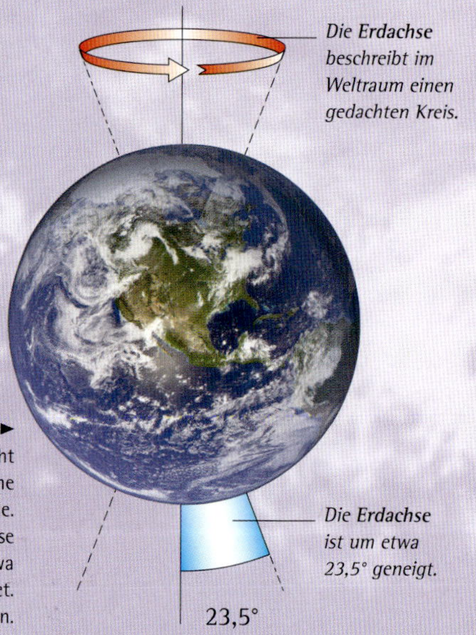

KREISELBEWEGUNG DER ERDE ▶
Auf ihrer Umlaufbahn um die Sonne dreht sich die Erde nicht gleichmäßig um ihre eigene Achse, sondern »kreiselt« sehr langsam um sie. Innerhalb eines Menschenlebens zeigt die Achse immer in die gleiche Richtung, doch in etwa 26 000 Jahren hat sie einen »Kreisel« vollendet. Zurzeit zeigt die Erdachse auf den Polarstern.

SIEHE AUCH ⏭ Lebewesen 70–71 • Planet Erde 36–37

MOND

Der Mond ist der Himmelskörper, der der Erde am nächsten ist. Er kreist um sie und verändert dabei scheinbar seine Form. Die verschiedenen Formen nennt man ⏭ MONDPHASEN. Der Mond leuchtet nicht selbst, sondern reflektiert das Sonnenlicht.

WORAUS BESTEHT DER MOND?

Der Mond ist ein erdartiger Körper. Er besitzt keine schützende Atmosphäre, sodass andere Himmelskörper auf ihm einschlagen können. Seine Oberfläche, eine feste Kruste aus granitartigem Gestein, ist mit Meteoritenkratern übersät. In den Tiefebenen findet man Gestein, das vulkanischem Basalt der Erde gleicht. Der Kern des Mondes ist vermutlich flüssig.

WIE BEEINFLUSST DER MOND DIE ERDE?

Die Schwerkraft des Mondes wirkt auf die Ozeane der Erde und verursacht die Gezeiten. Auf der Erdhälfte, die dem Mond zugewandt ist, wird das Wasser am stärksten angezogen und zu einem Flutberg aufgetürmt. Auf der abgewandten Erdhälfte bleibt die Flut niedriger.

▲ DER MOND AUS DEM ALL
Diese Seite des Mondes kann man nur aus dem Weltraum sehen. Das Bild wurde von Mondmission *Apollo 16* aufgenommen.

DIE GEZEITEN DER ERDE

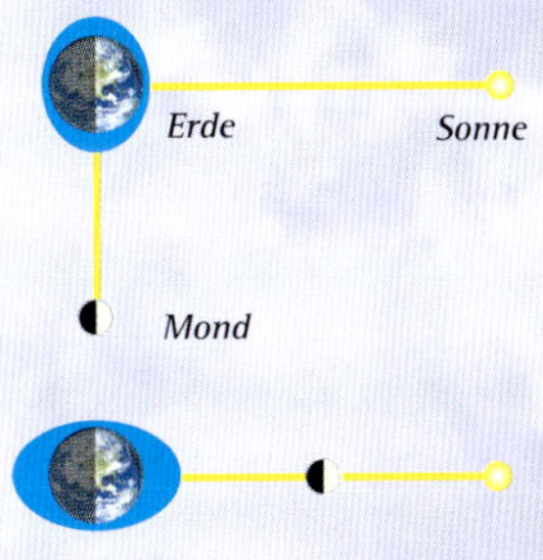

NIPPTIDE
Die Anziehungskräfte von Sonne und Mond verursachen die Gezeiten (Ebbe und Flut). Stehen Sonne und Mond rechtwinklig zueinander, heben ihre Kräfte sich gegenseitig fast auf. Die Flut ist schwach.

SPRINGTIDE
Wenn Sonne und Mond in einer Linie stehen, verstärken sich ihre Kräfte, sodass eine hohe Flut (Springflut) entsteht.

▲ MONDLANDSCHAFT
Die Mondoberfläche ist mit Kratern übersät. Die meisten sind Milliarden Jahre alt und manche haben einen Durchmesser von mehr als 250 km.

DATEN ZUM MOND	
Durchmesser am Äquator	3476 km
Mittlere Entfernung zur Erde	384 400 km
Dauer eines Erdumlaufs	27,3 Tage
Rotationsdauer	27,3 Tage
Dauer der Mondphasen	29,5 Tage
Masse	0,01-Fache der Erdmasse
Schwerkraft	0,17-Fache der Erdanziehungskraft
Oberflächentemperatur	−20 °C

MONDPHASEN

Die verschiedenen Ansichten des Monds nennt man Mondphasen. Wie bei der Erde erhält immer nur eine Hälfte Sonnenlicht, während die andere im Dunkeln liegt. Von der Erde aus sehen wir die beleuchtete Seite aus unterschiedlichen Winkeln.

WIE VERLAUFEN DIE MONDPHASEN?

Wenn der Mond zwischen Erde und Sonne steht, beginnen die Mondphasen. Die beleuchtete Seite des Monds ist der Erde abgewandt, sodass wir nur die dunkle Seite sehen. Diese Phase nennt man Neumond. Während der Mond um die Erde kreist, sehen wir immer mehr von seiner Oberfläche. Bei Vollmond ist die beleuchtete Seite ganz zu sehen. Diese nimmt dann bis zur Sichel ab und wird wieder zum Neumond.

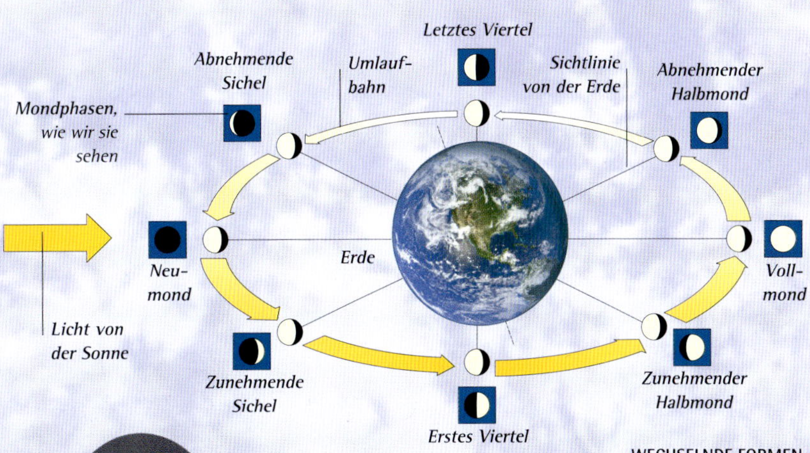

WECHSELNDE FORMEN ▲
Wenn der Mond von Nacht zu Nacht scheinbar größer wird, nennt man ihn »zunehmend«. Scheint er jedoch kleiner zu werden, bezeichnen wir ihn als »abnehmend«. Eine Sichel ist überwiegend dunkel und ein Halbmond viel heller. Der Mond dreht sich wie die Erde um seine eigene Achse, sodass wir von der Erde aus immer dieselbe Seite sehen – aber nie seine Rückseite.

Mond

SIEHE AUCH ⏭ Kräfte 164 • Küsten 59 • Meteore 23 • Raumfahrt 30

MERKUR

Merkur, der innerste Planet, ist eine erdartige Kugel mit massivem Eisenkern. Man kann ihn manchmal knapp über dem Horizont sehen: bei Sonnenaufgang im Osten, bei Sonnenuntergang im Westen.

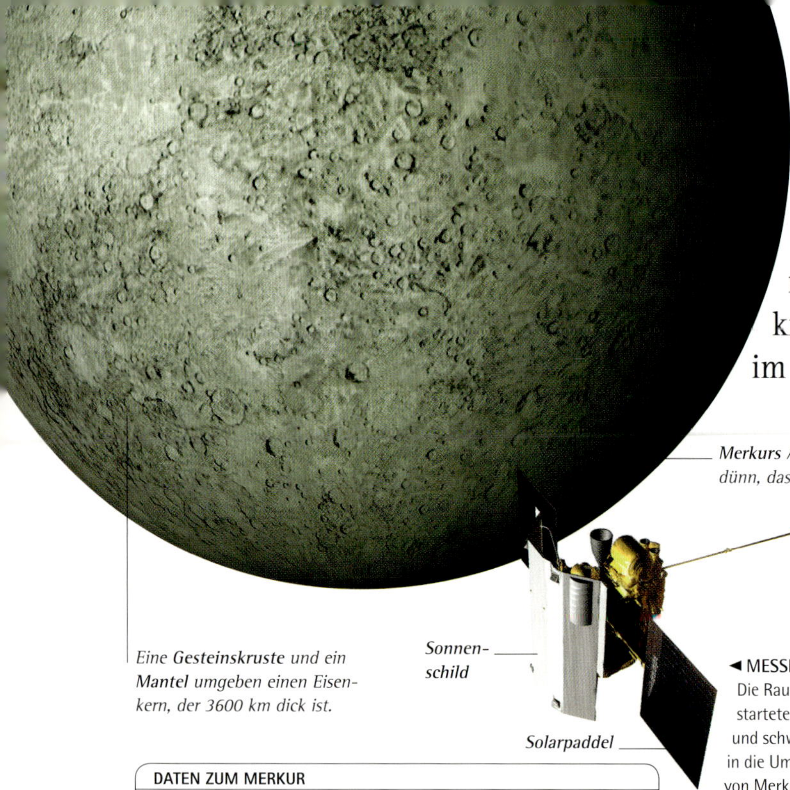

*Eine **Gesteinskruste** und ein **Mantel** umgeben einen Eisenkern, der 3600 km dick ist.*

◄ MESSENGER
Die Raumsonde *Messenger* startete 2004 ins All und schwenkte 2011 in die Umlaufbahn von Merkur ein.

DATEN ZUM MERKUR	
Durchmesser am Äquator	4878 km
Mittlere Entfernung zur Sonne	57,9 Mio. km
Dauer eines Sonnenumlaufs	88 Tage
Rotationsdauer	58,7 Tage
Masse	0,06-Fache der Erdmasse
Oberflächenschwerkraft	0,38-Fache der Erdanziehungskraft
Mittlere Oberflächentemperatur	167 °C
Anzahl der Monde	0

WELCHE TEMPERATUREN HERRSCHEN AUF DEM MERKUR?

Tagsüber erreichen die Temperaturen brütende 450 °C. Nachts kühlt der Planet rasch ab und die Temperaturen sinken auf –180 °C, weil Merkur keine schützende Atmosphäre besitzt.

Merkur

WIE SIEHT SEINE OBERFLÄCHE AUS?

Die Raumsonden *Mariner 10* und *Messenger* entdeckten, dass Merkurs Oberfläche mit Kratern übersät ist, die von Meteoriteneinschlägen vor Milliarden Jahren stammen. Der größte Einschlagskrater, das Caloris-Becken, hat einen Durchmesser von etwa 1300 km.

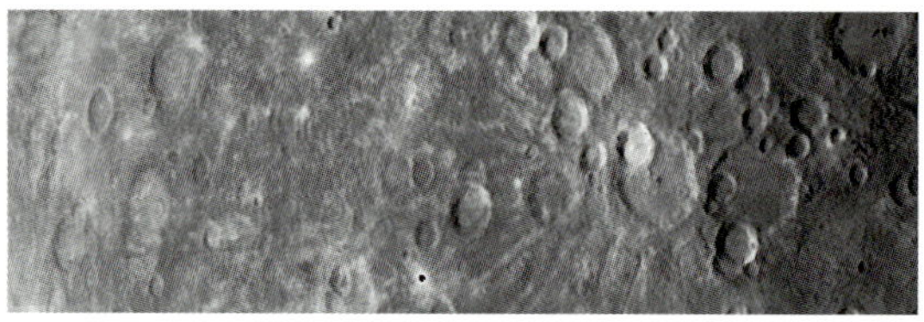

◄ NARBIGE OBERFLÄCHE
Große und kleine Krater bedecken etwa 60 % der dunklen Oberfläche des Merkur. Auf dem felsigen Untergrund verlaufen viele Risse und Kammlinien, es gibt aber auch glatte Ebenen aus erstarrter Lava.

SIEHE AUCH ⏭ Meteore 23 • Raumsonden 29 • Vulkane 44

VENUS

Die Venus nennt man auch den Abendstern, weil sie bei Sonnenuntergang im Westen leuchtend am Himmel steht. Sie ist der zweitnächste Planet zur Sonne.

WARUM KANN MAN DIE OBERFLÄCHE NICHT SEHEN?

Die Venus besitzt eine Atmosphäre aus dichten Wolken, die jede Sicht versperren. Die Raumsonde Magellan hat ihre Oberfläche mit Radarstrahlen abgetastet und viele Vulkane und große Lavaflächen entdeckt.

*Dicke **Schwefelsäurewolken** verstecken die Oberfläche.*

WIE HEISS IST ES AUF DER VENUS?

Auf der Venus ist es heißer als auf anderen Planeten. Die Temperaturen übersteigen 460 °C. Ihre Kohlendioxid-Atmosphäre ist 100-mal dicker als die der Erde und hält die Wärme wie in einem Treibhaus fest.

Venus

DATEN ZUR VENUS	
Durchmesser am Äquator	12 104 km
Mittlere Entfernung zur Sonne	108,2 Mio. km
Dauer eines Sonnenumlaufs	224,7 Tage
Rotationsdauer	243 Tage
Masse	0,82-Fache der Erdmasse
Schwerkraft	0,9-Fache der Erdanziehungskraft
Mittlere Oberflächentemperatur	464 °C
Anzahl der Monde	0

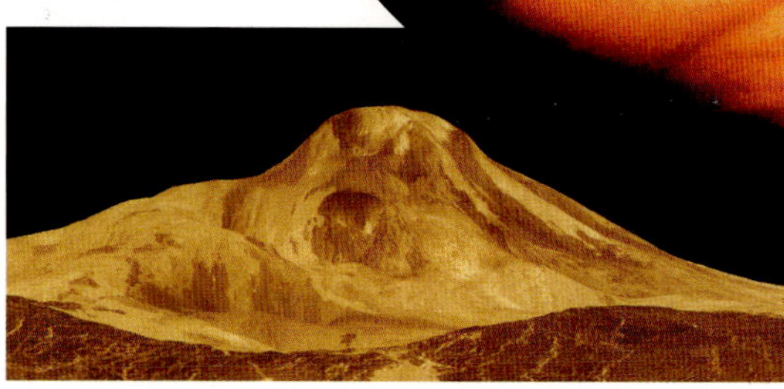

◄ AUFRAGENDE VULKANE
Maat Mons, einer von vielen Vulkanen auf der Venus, ist etwa 9 km hoch. Radaraufnahmen zeigen erstarrte Lavaströme aus mehreren Vulkanausbrüchen.

SIEHE AUCH ⏭ Erde 16 • Sonnensystem 14 • Vulkane 44

DATEN ZUM MARS	
Durchmesser am Äquator	6794,4 km
Mittlere Entfernung zur Sonne	227,9 Mio. km
Dauer eines Sonnenumlaufs	687 Tage
Rotationsdauer	24,63 Stunden
Masse	0,11-Fache der Erdmasse
Schwerkraft	0,38-Fache der Erdanziehungskraft
Mittlere Oberflächentemperatur	−63 °C
Anzahl der Monde	2 (Phobos und Deimos)

MARS

Der erdartige Planet besitzt eine dünne Atmosphäre und an seinen Polen Eiskappen. Starke Winde verteilen Staub über den ganzen Planeten. Auf dem Mars könnte einst primitives Leben existiert haben.

WARUM WIRD DER MARS ALS ROTER PLANET BEZEICHNET?

Der Mars leuchtet am Nachthimmel rötlich. Er erhielt den Namen des römischen Kriegsgottes, weil die Farbe Rot als Sinnbild für Blut, Feuer und Krieg galt. Eisenverbindungen im Boden bewirken, dass die Oberfläche des Mars rötlich erscheint.

Die Eiskappen bestehen aus Kohlendioxid, Wasser und Staub.

◄ **GERÖLLHALDE**
Die Raumsonde *Pathfinder* schickte 1997 diese Aufnahme von der Marsoberfläche. Sie zeigt eine Vielzahl kleiner Steine, die im Sand verstreut liegen.

Mars

WIE SIEHT DIE OBERFLÄCHE DES MARS AUS?

Es gibt mit Kratern übersäte Gebiete, weite Sandwüsten, hohe Vulkankegel und Eiskappen an den Polen. Der Mars besitzt den größten Vulkan des Sonnensystems, Olympus Mons, und die größten Schluchten, die Valles Marineris.

SIEHE AUCH ⏭ Außerirdisches Leben 22 • Vulkane 44

JUPITER

Jupiter ist der größte Planet und elfmal größer als die Erde. Er besteht vor allem aus Wasserstoff und Helium. Durch seine schnelle Rotation bilden die Wolken Bänder, die man Gürtel und Zonen nennt.

GANYMED

KALLISTO

IO

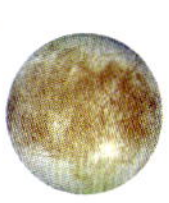

EUROPA

WELCHES SIND DIE GALILEISCHEN MONDE?

Die vier größten Jupitermonde wurden 1610 vom italienischen Forscher Galileo Galilei entdeckt. Ganymed ist der größte Mond des Sonnensystems – sein Durchmesser beträgt 5268 km. Kallisto hat die meisten Kratereinschläge, während Io die meisten Vulkane besitzt. Europa ist von einer Eisdecke überzogen, unter der primitives Leben existieren könnte.

Jupiter

DATEN ZUM JUPITER	
Durchmesser am Äquator	142 984 km
Mittlere Entfernung zur Sonne	778,4 Mio. km
Dauer eines Sonnenumlaufs	11,86 Jahre
Rotationsdauer	9,93 Stunden
Masse	318-Fache der Erdmasse
Schwerkraft	2,36-Fache der Erdanziehungskraft
Obere Wolkentemperatur	−110 °C
Anzahl der Monde	63

*In den **hellen Zonen** sinkt das Gas.*

*In den **dunklen Gürteln** steigt Gas auf.*

*Der **Große Rote Fleck** ist ein Sturm, dreimal so groß wie die Erde, der seit 200 Jahren wütet.*

SIEHE AUCH ⏭ Elemente 160–161 • Stürme und Gewitter 54 • Vulkane 44

SATURN

Saturn besitzt ein beeindruckendes System leuchtender Ringe um seinen Äquator. Er ist der zweitgrößte Planet im Sonnensystem und besteht vorwiegend aus Wasserstoff und Helium.

Saturn

WAS SIND DIE SATURNRINGE?

Die sieben Saturnringe sehen wie Scheiben aus, bestehen aber aus unzähligen Eis- und Gesteinsbrocken. Einige von ihnen sind über 100 m groß, andere nur winzige Staubkörnchen. Die Ringe sind wohl Reste zerborstener Kometen.

WIE SIEHT TITAN AUS?

Titan ist der größte Saturnmond und der zweitgrößte Mond im Sonnensystem. Mit einem Durchmesser von 5150 km ist er größer als Merkur. Seine Temperatur liegt bei −180 °C. Als einziger Mond besitzt er eine dichte Atmosphäre.

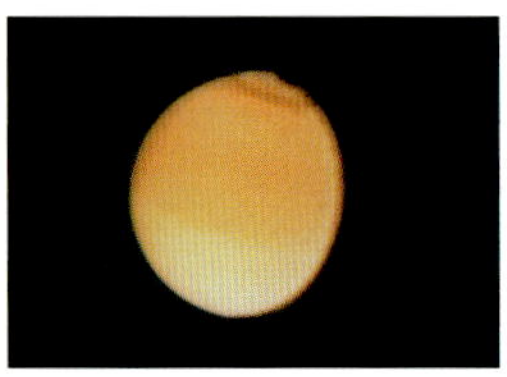

◄ TITAN
Die Oberfläche versteckt sich unter einer Atmosphäre aus orange-gelbem Dunst. Darunter verbergen sich Seen und Flüsse aus flüssigem Methan und Ethan, wie Infrarot-Teleskope und eine dort gelandete Raumsonde vermuten lassen.

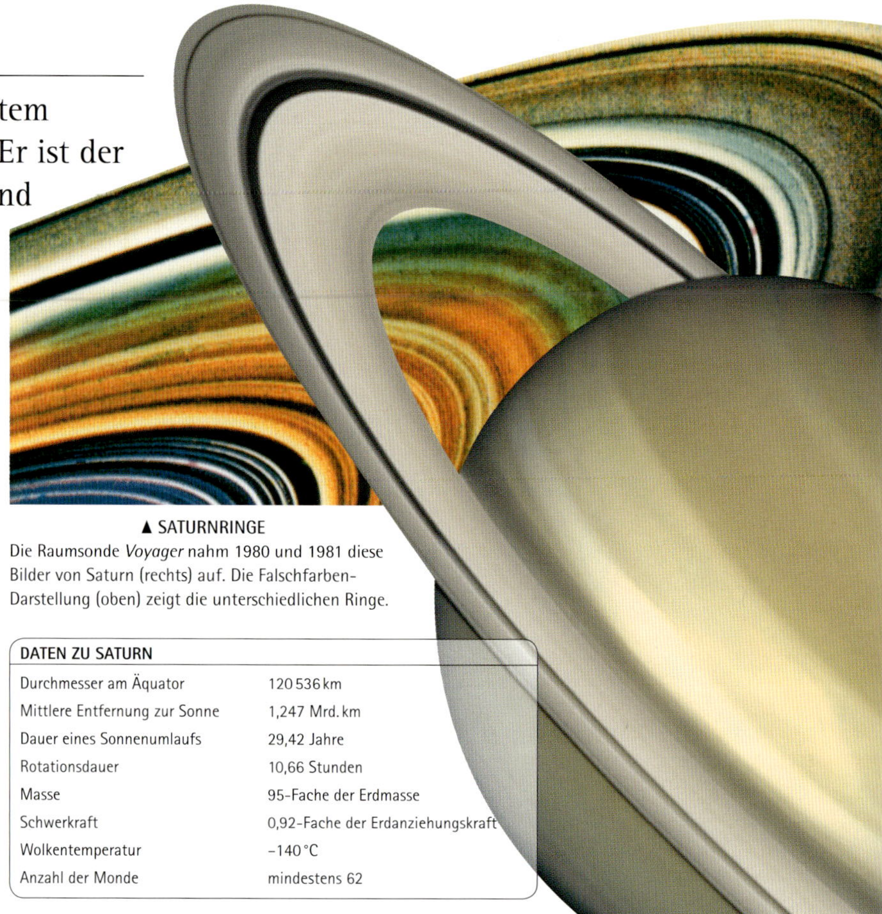

▲ SATURNRINGE
Die Raumsonde *Voyager* nahm 1980 und 1981 diese Bilder von Saturn (rechts) auf. Die Falschfarben-Darstellung (oben) zeigt die unterschiedlichen Ringe.

DATEN ZU SATURN	
Durchmesser am Äquator	120 536 km
Mittlere Entfernung zur Sonne	1,247 Mrd. km
Dauer eines Sonnenumlaufs	29,42 Jahre
Rotationsdauer	10,66 Stunden
Masse	95-Fache der Erdmasse
Schwerkraft	0,92-Fache der Erdanziehungskraft
Wolkentemperatur	−140 °C
Anzahl der Monde	mindestens 62

SIEHE AUCH ⏭ Merkur 18 • Raumsonden 29 • Sonnensystem 14

URANUS

Uranus rotiert scheinbar auf der Seite liegend, weil seine Achse um 98° geneigt ist. Auf seiner Umlaufbahn zeigen beide Pole abwechselnd zur Sonne. Der drittgrößte Planet ist ein Gasriese mit 13 schmalen Ringen.

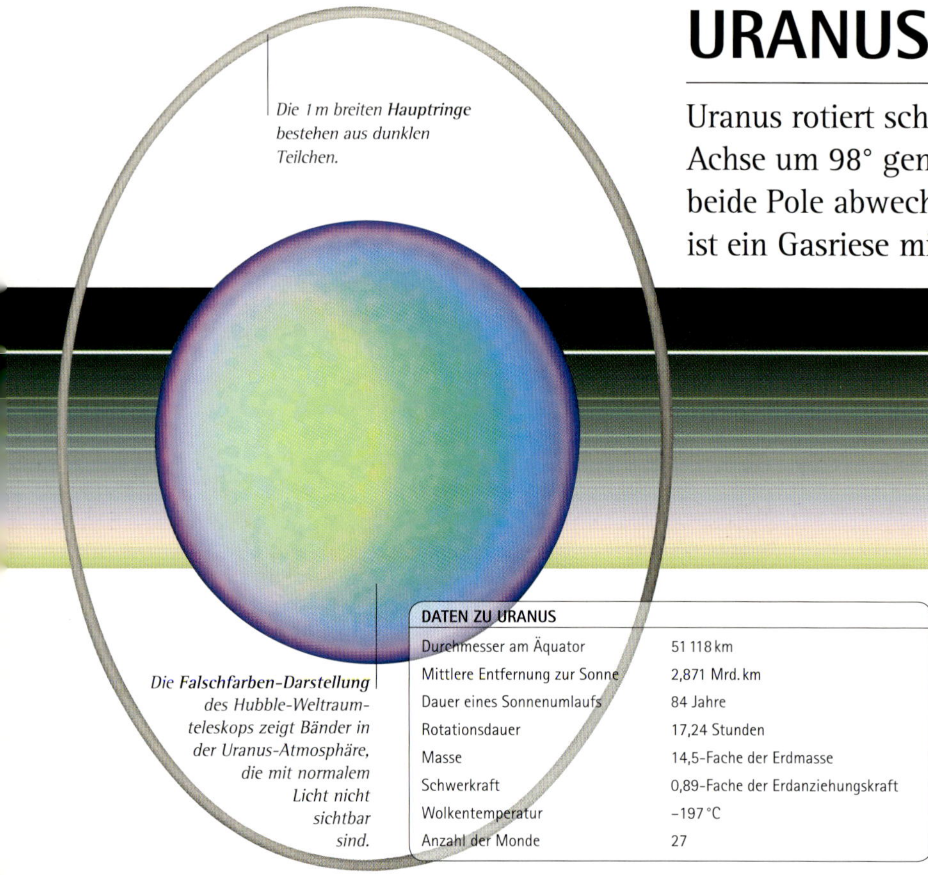

Die 1 m breiten ***Hauptringe*** *bestehen aus dunklen Teilchen.*

Die ***Falschfarben-Darstellung*** *des Hubble-Weltraumteleskops zeigt Bänder in der Uranus-Atmosphäre, die mit normalem Licht nicht sichtbar sind.*

◄ RINGSYSTEM
Die 13 Uranus-Ringe stehen wegen der Achsenneigung fast senkrecht. Der äußere Epsilon-Ring ist mit 100 km Durchmesser der breiteste.

URANUSMOND MIRANDA ►
Mirandas Oberfläche gleicht einem Flickenteppich mit tiefen Furchen, Klippen und Tälern.

DATEN ZU URANUS	
Durchmesser am Äquator	51 118 km
Mittlere Entfernung zur Sonne	2,871 Mrd. km
Dauer eines Sonnenumlaufs	84 Jahre
Rotationsdauer	17,24 Stunden
Masse	14,5-Fache der Erdmasse
Schwerkraft	0,89-Fache der Erdanziehungskraft
Wolkentemperatur	−197 °C
Anzahl der Monde	27

WER ENTDECKTE URANUS?

Der Astronom Wilhelm Herschel entdeckte Uranus 1871 durch ein selbst gebautes Teleskop – der erste Planet, der mit einem Teleskop entdeckt wurde.

WIE SEHEN DIE URANUSMONDE AUS?

Uranus

Uranus hat mindestens 27 Monde, die meisten sind jedoch sehr klein. Titania ist der größte (1600 km), Margaret und Trincub die kleinsten (10 km) Monde. Die meisten sind nach Figuren aus Dramen Shakespeares benannt.

SIEHE AUCH ⏭ Astronomie 11 • Erde 16 • Sonnensystem 14

NEPTUN

Neptun ist 30-mal weiter von der Sonne entfernt als die Erde. Auf ihm toben die heftigsten Wirbelstürme des Sonnensystems. Er ist ein Gasriese mit hellen Ringen. ⏭ TRITON ist der größte seiner elf bekannten Monde.

Neptun

Dunkle Flecken, die von weißen Methanwolken umgeben sind, bilden sich in Sturmgebieten.

Heftige Winde erreichen Geschwindigkeiten bis zu 1200 km/h.

WORAUS BESTEHT NEPTUN?

Neptuns Atmosphäre enthält Wasserstoff, Helium und Methan und ist mit weißen Wolken durchsetzt. Das Methangas gibt ihm sein dunkelblaues Aussehen. In seinem Inneren befindet sich unter einem ausgedehnten flüssigen Mantel ein Kern aus Silikatgestein.

DATEN ZU NEPTUN	
Durchmesser am Äquator	49 532 km
Mittlere Entfernung zur Sonne	4,498 Mrd. km
Dauer eines Sonnenumlaufs	164,8 Jahre
Rotationsdauer	16,11 Stunden
Masse	17,2-Fache der Erdmasse
Schwerkraft	1,13-Fache der Erdanziehungskraft
Wolkentemperatur	–200 °C
Anzahl der Monde	13

TRITON

Triton ist der größte Neptunmond und ähnelt Zwergplanet Pluto. Er hat die kälteste Oberfläche im Sonnensystem: –235 °C.

WIE SIEHT TRITONS OBERFLÄCHE AUS?

Tritons Oberfläche ist mit Eiskratern und rosafarbenem Schnee bedeckt. In einigen Gebieten schießen Fontänen aus Stickstoff und feinem Staub wie Geysire empor. Der herunterfallende Staub legt sich in dunklen Streifen auf das Eis.

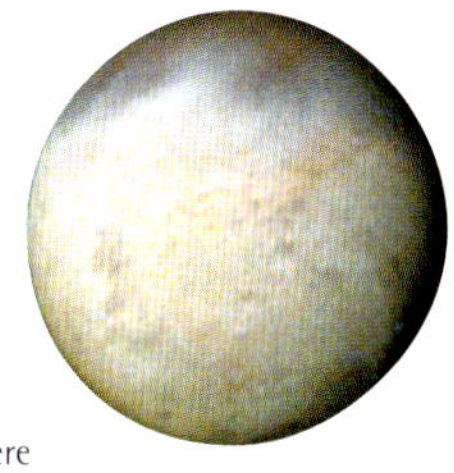

TRITON ►
Triton ist der einzige größere Mond im Sonnensystem, der seinen Planeten entgegen dessen Rotationsrichtung umrundet. Möglicherweise wurde der Mond einst von Neptuns Schwerkraft eingefangen.

SIEHE AUCH ⏭ Elemente 160–161 • Erde 16 • Sonnensystem 14 • Stürme und Gewitter 54

ZWERGPLANETEN

Zwergplaneten sind kleine Planeten. Sie bewegen sich im Asteroidengürtel oder jenseits des Neptun auf einer Umlaufbahn um die Sonne. Bisher haben Astronomen fünf von ihnen entdeckt. Einer davon ist der größte Asteroid, Ceres. Die anderen umrunden jenseits der Neptunbahn die Sonne.

WARUM IST PLUTO NUN EIN ZWERGPLANET?

Bei seiner Entdeckung 1930 stufte man Pluto als Planet ein, stellte aber später fest, dass er sehr klein und ungewöhnlich war. Nachdem man im Jahr 2005 Eris entdeckte, der ähnliche Eigenschaften wie Pluto aufwies, definierten die Astronomen eine neue Klasse von Himmelskörpern im Sonnensystem: die Zwergplaneten.

Pluto

Charon, der größte Plutomond

Pluto

WAS IST DER KUIPER-GÜRTEL?

Der Kuiper-Gürtel ist ein Bereich im äußeren Sonnensystem jenseits von Neptun, in dem viele Eiskörper kreisen. Mit starken Teleskopen wurden Dutzende Objekte (KBOs, engl. *Kuiper Belt Objects*) entdeckt. Einige nähern sich der Sonne und werden zu Kometen.

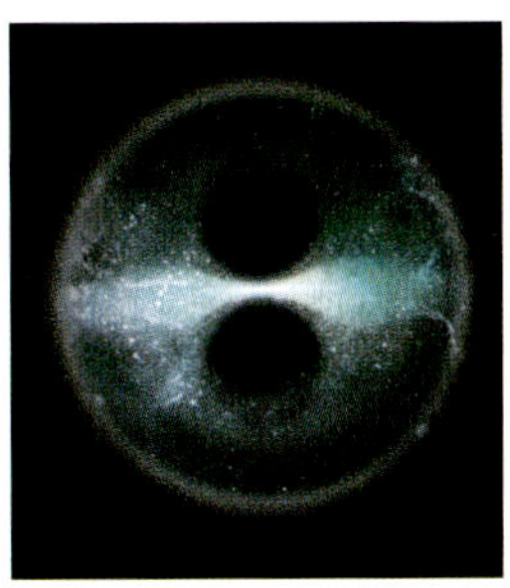

EISIGE GRENZE ►
Die Computersimulation zeigt Eisklumpen an der Grenze des Sonnensystems. Der große Kreis ist die Oortsche Wolke, die fast ein Lichtjahr von der Sonne entfernt ist, und das horizontale Band der Kuiper-Gürtel.

LISTE DER ZWERGPLANETEN	
Name	Durchmesser in km
Ceres	974
Pluto	2306
Haumea	1150
Makemake	1500
Eris	2400

SIEHE AUCH ⏭ Kometen 22 • Sonnensystem 14

AUSSERIRDISCHES LEBEN

Lebewesen, die möglicherweise auf anderen Planeten existieren, bezeichnet man als Außerirdische oder Aliens. Bislang wurde jedoch kein Leben außerhalb der Erde entdeckt.

LEBEN AUF DEM MARS? ► Winzige Strukturen in einem Meteoriten vom Mars, der vor 13 000 Jahren auf der Erde einschlug, könnten von Bakterien stammen.

Diese dünne Linie ist ein Testsignal. Eine Botschaft von Außerirdischen könnte jedoch genauso aussehen.

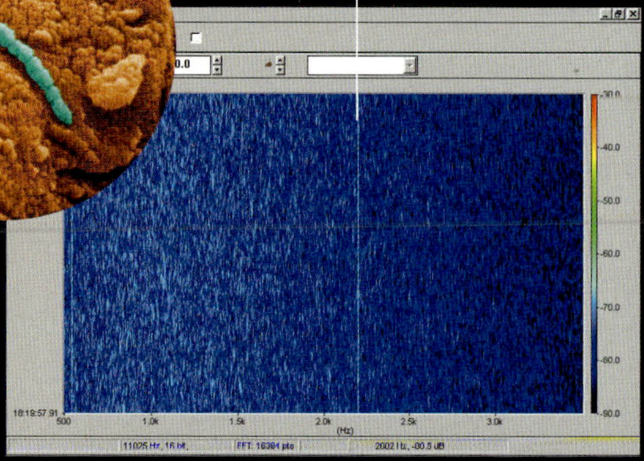

ZEICHEN VON INTELLIGENZ ► Radiosignale von Sternen, Planeten und anderen Körpern ergeben auf dem Computer ein unregelmäßiges Bild. Wäre ein Muster erkennbar, könnte das auf außerirdische Intelligenz hinweisen.

KANN AUF ANDEREN PLANETEN LEBEN EXISTIEREN?

Andere Planeten könnten bewohnt sein, da die wichtigen Elemente Kohlenstoff, Sauerstoff und Wasserstoff überall im All vorhanden sind. Lebewesen brauchen Energie (Wärme und Licht) und Wasser. Mit dem Projekt ⏭ SETI wird nach intelligenten Lebewesen gesucht.

Außerirdisches Leben

◄ **RIESENSCHÜSSEL** Das gigantische Radioteleskop in Arecibo auf Puerto Rico sucht in entfernten Sternsystemen nach außerirdischen Lebewesen. Der Hauptspiegel misst 305 m im Durchmesser und liegt in einer natürlichen Senke auf einem Berg.

SETI

Auf der Suche nach außerirdischer Intelligenz (engl. *Search for Extraterrestrial Intelligence*) durchkämmen Astronomen das Weltall nach Signalen, die von intelligenten Lebewesen stammen könnten.

SENDEN AUCH WIR SIGNALE INS WELTALL?

Mit dem Radioteleskop in Arecibo wurde 1974 eine elektronische Botschaft ins Weltall geschickt, die das Leben auf der Erde beschreibt. Die Raumsonden *Pioneer 10* und *11* sowie *Voyager 1* und *2* brachten Bilder und Musikstücke ins Weltall.

SIEHE AUCH ⏭ Astronomie 11 • Lebewesen 70–71 • Raumfahrt 30 • Sternwarten 12

KOMETEN

Kometen sind kleine Himmelskörper aus Eis und Gestein, die auf Umlaufbahnen um die Sonne kreisen. Sie bestehen aus einem Kopf und einem Schweif.

*Ein **Kometenkopf** besteht aus einem Kern und der **Koma**.*

*Die **Koma** wird hinter dem Kopf dünner.*

***Gase und Staub** bilden hinter dem Kometen zwei Schweife, die Hunderte Millionen Kilometer lang sein können.*

▲ **KOMA UND KERN** In der Koma, einer Gaswolke, befindet sich ein winziger, fester Kern aus Schnee und Staub, der nur wenige Kilometer groß ist.

WOHER KOMMEN KOMETEN?

Kometen bestehen vermutlich aus dem Material, aus dem das Sonnensystem entstanden ist. Einige befinden sich in einem Gürtel jenseits von Neptun, Millionen anderer bilden ein Lichtjahr von der Sonne entfernt eine kugelförmige Wolke, die Oortsche Kometenwolke. Wenn sich Kometen der Sonne nähern und dabei erwärmen, geben sie Gas und Staub ab und leuchten sehr hell.

WIE OFT ERSCHIEN DER HALLEYSCHE KOMET?

Der englische Astronom Edmond Halley bemerkte zuerst, dass der Komet, den er 1682 beobachtete, regelmäßig etwa alle 76 Jahre wiederkehrt. Alte Berichte zeigen, dass dieser Komet bereits im Jahr 240 v. Chr. entdeckt wurde. Er war zuletzt 1986 am Himmel zu sehen und wird 2061 wiederkommen.

Kometen

▲ **DER HALLEYSCHE KOMET 1066 ...** Auf dem Teppich von Bayeux ist neben der Eroberung Englands durch die Normannen auch sein Erscheinen im Jahr 1066 dargestellt.

▲ **... UND 1986** Von der Erde konnte man den Kometen mit Ferngläsern beobachten. Die Raumsonde Giotto erforschte ihn aus der Nähe.

SIEHE AUCH ⏭ Raumsonden 29 • Sonnensystem 14 • Zwergplaneten 21

ASTEROIDEN

Asteroiden sind kleine Gesteinsbrocken, die um die Sonne kreisen. Man nennt sie auch Miniplaneten. Der größte Asteroid, Ceres, ist 930 km lang.

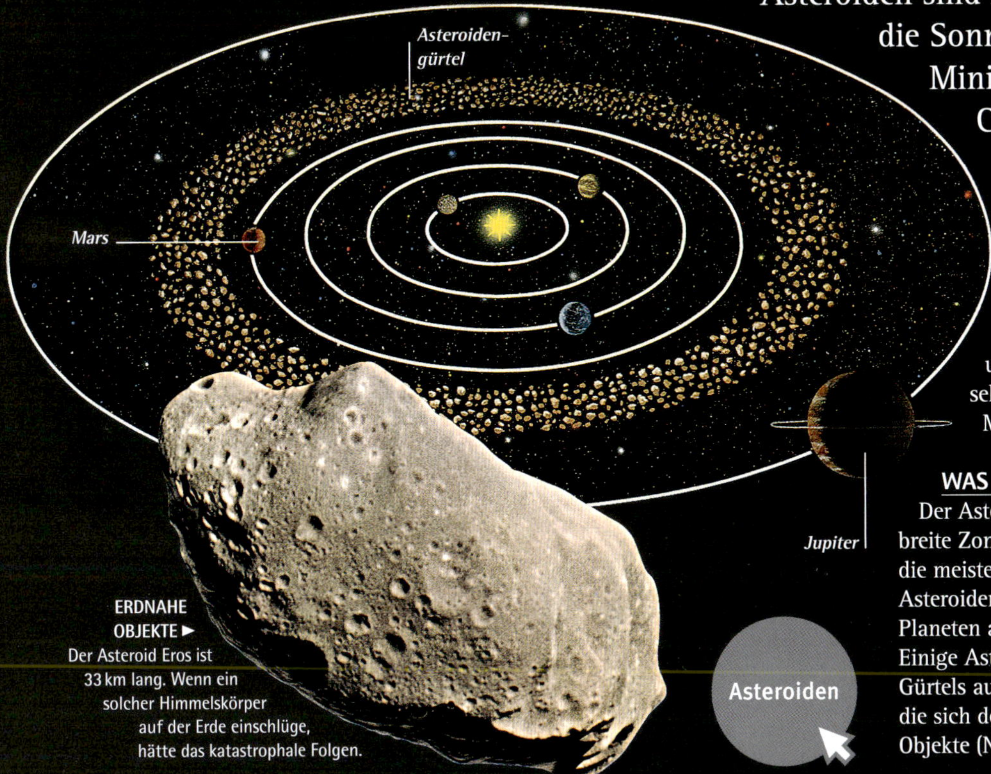

ERDNAHE OBJEKTE ► Der Asteroid Eros ist 33 km lang. Wenn ein solcher Himmelskörper auf der Erde einschlüge, hätte das katastrophale Folgen.

WORAUS BESTEHEN ASTEROIDEN?

Asteroiden bestehen aus verschiedenen Materialien. Die kohleartigen Asteroiden, die man als Typ C bezeichnet, sind gewöhnlich dunkel und kaum sichtbar. Die silikatartigen Asteroiden (Typ S) sind heller und enthalten etwas Metall. Die hellsten und seltensten Asteroiden sind diejenigen, die nur Metall enthalten (Typ M).

WAS IST DER ASTEROIDENGÜRTEL?

Der Asteroidengürtel ist eine 345 Mio. km breite Zone zwischen Mars und Jupiter, in der die meisten Asteroiden um die Sonne kreisen. Asteroiden sind Überbleibsel aus der Zeit, als die Planeten aus kleinen Gesteinsbrocken entstanden. Einige Asteroiden bewegen sich außerhalb des Gürtels auf Saturn oder die Erde zu. Asteroiden, die sich der Erde nähern, nennt man erdnahe Objekte (NEA, engl. *Near-Earth Objects*).

Asteroiden

SIEHE AUCH ⏭ Jupiter 19 • Sonnensystem 14

METEORE

Ein Meteor ist ein Kleinkörper, der in der Erdatmosphäre verglüht und am Himmel als Lichtstreifen erscheint. Kleinkörper, die auf der Erde einschlagen, nennt man ⏭ METEORITEN.

Meteore

WAS IST EIN METEORSCHAUER?

Eine Gruppe Meteore, die aus einer Richtung kommt, nennt man Meteorschauer. Die meisten Schauer kommen immer zur selben Jahreszeit – die Orioniden z. B. im Oktober, wenn die Erde den staubigen Schweif des Halleyschen Kometen kreuzt.

STERNSCHNUPPEN ► In einem Meteorschauer kannst du viele Meteore sehen. Sie scheinen alle von einer Stelle am Himmel zu kommen, die man Radiant nennt.

METEORITEN

Ein Meteorit – häufig von einem Asteroiden stammend – ist ein Gesteins- oder Metallbrocken, der auf der Erde einschlägt.

WORAUS BESTEHEN METEORITEN?

Die meisten der 3000 Meteoriten, die jedes Jahr auf der Erde einschlagen, sind aus Stein. Manche Meteoriten bestehen auch aus Eisen.

▲ STEINMETEORITEN Die dunkle Kruste dieses Steinmeteoriten zeigt, dass sie in der Atmosphäre geschmolzen ist.

▲ EISENMETEORIT Dieser geschliffene und polierte Eisenmeteorit schlug vor etwa 50 000 Jahren auf der Erde ein.

▲ METEORITENKRATER Ein 30 m großer Meteorit verursachte diesen 1,2 km großen Krater im US-Bundesstaat Arizona.

SIEHE AUCH ⏭ Gestein 46–47 • Kometen 22

STERNE

Sterne sind gewaltige Kugeln aus sehr heißem Gas, die Licht und Wärme abgeben. Ein Stern entsteht aus einem ▸▸NEBEL von Gas und Staub und leuchtet viele Milliarden Jahre lang. Außer der Sonne sind alle Sterne so weit entfernt, dass ihr Licht Jahre benötigt, bis es uns erreicht.

▼ SUPERNOVA 1987
Astronomen wurden 1987 Zeugen der hellsten Supernova (Explosion eines Sterns) des Jahrhunderts. In einer benachbarten Galaxie ging ein blauer Überriese in einer Explosion unter. Diese Computersimulation zeigt, was drei Minuten nach dem Kollaps mit dem Kern passierte: Materie strömt durch die äußere Kernhülle (helles Rot), sodass gefährliche Wirbel entstehen.

SIND ALLE STERNE GLEICH?

Sterne unterscheiden sich in ihrer Farbe, Helligkeit, Temperatur, Größe und Masse sehr voneinander. Heiße Sterne erreichen an ihrer Oberfläche z.B. 10000 °C und sind damit zehnmal heißer als die kältesten Sterne. Ein Überriese kann einen Durchmesser von 1 Mrd. km haben, während ein Neutronenstern nur die Größe einer Stadt besitzt.

WIE ERZEUGEN STERNE IHRE ENERGIE?

Die Energie wird im Zentrum des Sterns, dem Kern, produziert. Dort sind der Druck und die Temperatur (15 Mio. °C) hoch genug für eine Kernfusion – die Kerne von Wasserstoffatomen verschmelzen zu Helium. Diese Reaktion setzt ungeheure Energiemengen frei und lässt den Stern leuchten.

◂ STERNHAUFEN
Im Sternbild Herkules befindet sich der Kugelsternhaufen M13 mit Hunderttausenden Sternen, die eng benachbart sind. Kugelsternhaufen findet man nahe dem Zentrum unserer Galaxie. In den Spiralarmen befinden sich offene Sternhaufen aus Hunderten Sternen.

BESITZEN ANDERE STERNE EBENFALLS PLANETEN?

Seit 1995 wurden viele Planeten anderer Sterne entdeckt. Sie sind nicht zu sehen und können nur durch ihre Schwerkraft entdeckt werden, die auf die Bahnbewegung der Sterne einwirkt und Unregelmäßigkeiten auslöst.

NEBEL

Nebel sind riesige Wolken aus Gas und Staub, die sich zwischen den Sternen befinden. Einige Nebel leuchten, andere sind dunkel. Letztere kann man nur als Silhouette vor dem Hintergrund heller Himmelskörper erkennen. In den dunklen Nebeln entstehen neue Sterne.

WORAUS BESTEHEN NEBEL?

Nebel enthalten alle Materialien, aus denen Sterne und Planeten entstehen können wie z.B. Sauerstoff, Stickstoff, Wasserstoff, Grafit (eine besondere Form des Kohlenstoffs) sowie Wasser und andere Moleküle.

WESHALB KÖNNEN NEBEL GLÜHEN?

Viele Nebel leuchten. Manche spiegeln das Licht benachbarter Sterne, während andere eigenes Licht erzeugen: Ihre Gasteilchen glühen, wenn sie durch Strahlung benachbarter Sterne angeregt werden.

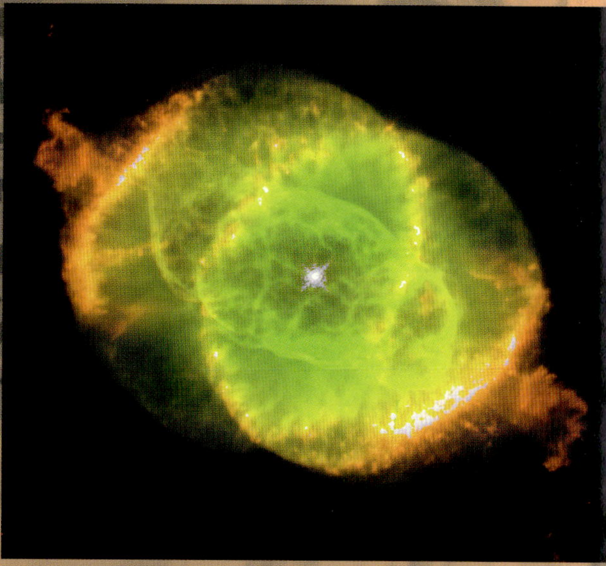

KATZENAUGENNEBEL ▸
Dieses glühende Gas ist ein planetarischer Nebel. Er besteht aus Gasschichten, die ein sterbender Stern im Zentrum freisetzt. Den winzigen heißen Stern bezeichnet man als Weißen Zwerg. Er besitzt so viel Masse wie die Sonne, ist jedoch auf die Größe der Erde geschrumpft und erreicht eine Temperatur von 10000 °C.

WIE STERNE LEBEN UND STERBEN

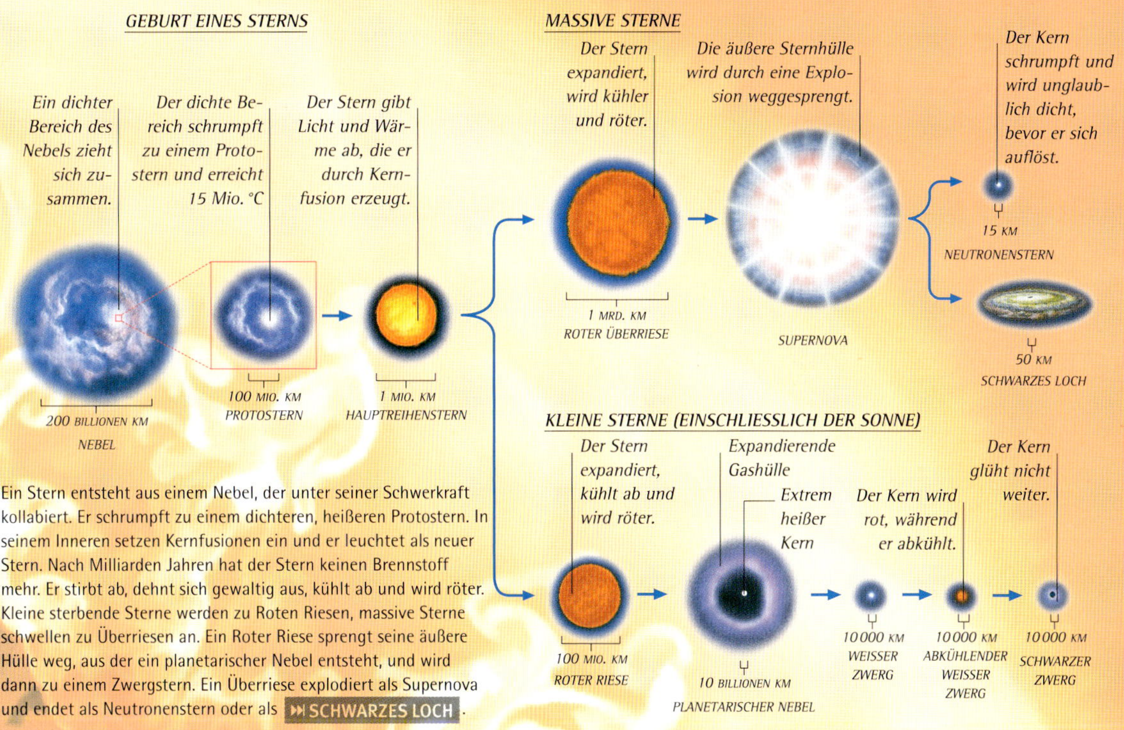

Ein Stern entsteht aus einem Nebel, der unter seiner Schwerkraft kollabiert. Er schrumpft zu einem dichteren, heißeren Protostern. In seinem Inneren setzen Kernfusionen ein und er leuchtet als neuer Stern. Nach Milliarden Jahren hat der Stern keinen Brennstoff mehr. Er stirbt ab, dehnt sich gewaltig aus, kühlt ab und wird röter. Kleine sterbende Sterne werden zu Roten Riesen, massive Sterne schwellen zu Überriesen an. Ein Roter Riese sprengt seine äußere Hülle weg, aus der ein planetarischer Nebel entsteht, und wird dann zu einem Zwergstern. Ein Überriese explodiert als Supernova und endet als Neutronenstern oder als ⏭ SCHWARZES LOCH.

WIE WIRD DIE HELLIGKEIT EINES STERNS GEMESSEN?

Die Helligkeit wird in Größenklassen bestimmt. Ein heller Stern hat einen niedrigen Wert. Die meisten Sterne, die wir sehen können, liegen zwischen 1 und 6. Mit einem Teleskop kann man noch Sterne mit einem Wert von 29 sehen. Sehr helle Sterne wie Sirius haben negative Werte.

◄ **DOPPELSTERNE**
Der große leuchtende Punkt in der Mitte dieser Röntgenaufnahme ist kein einzelner Stern – es sind tatsächlich zwei Sterne, die umeinander kreisen. Diese Systeme nennt man Doppelsternsysteme.

Sterne

SCHWARZE LÖCHER

Schwarze Löcher sind Gebiete im Weltall, die eine so starke Schwerkraft besitzen, dass sie alles verschlucken – sogar Licht. Sie entstehen, wenn ein Riesenstern in einer Supernova explodiert. Der Kern des explodierten Sterns zerquetscht seine Materie zu einem winzigen Punkt und hinterlässt eine ungeheuerliche Schwerkraft – ein Schwarzes Loch.

WAS SIND SUPERMASSIVE SCHWARZE LÖCHER?

Gewöhnliche Schwarze Löcher entstehen durch explodierende Riesensterne, die fünf- bis zehnmal so viel Masse wie die Sonne besitzen. Supermassive Schwarze Löcher haben eine Million Mal mehr Masse und gehen aus gewaltigen Gaswolken hervor, die kollabieren. Sie sind offenbar die Energiequellen von energiereichen aktiven Galaxien wie Quasaren. Vermutlich lauert ein solches Loch im Zentrum unserer Milchstraße.

STRAHLUNG AUS DEM NICHTS ►
Eine Computersimulation zeigt die Strahlung, die von einem Schwarzen Loch ausgeht. Die Materie, die in das Loch strömt, wird schneller und heißer (bis zu 100 Mio. °C). Sie gibt energiereiche Strahlen wie Röntgenstrahlen ab, die durch die immense Schwerkraft abgelenkt werden.

SIEHE AUCH ⏭ Galaxien 27 • Materie 156 • Sonne 15 • Sonnensystem 14 • Telekommunikation 192–193 • Universum 26

UNIVERSUM

Das Universum umfasst alles, was existiert – Sterne, Planeten und sämtliche Materie im weiten Raum. Es entstand wahrscheinlich durch eine gewaltige Explosion, den ⏭ URKNALL.

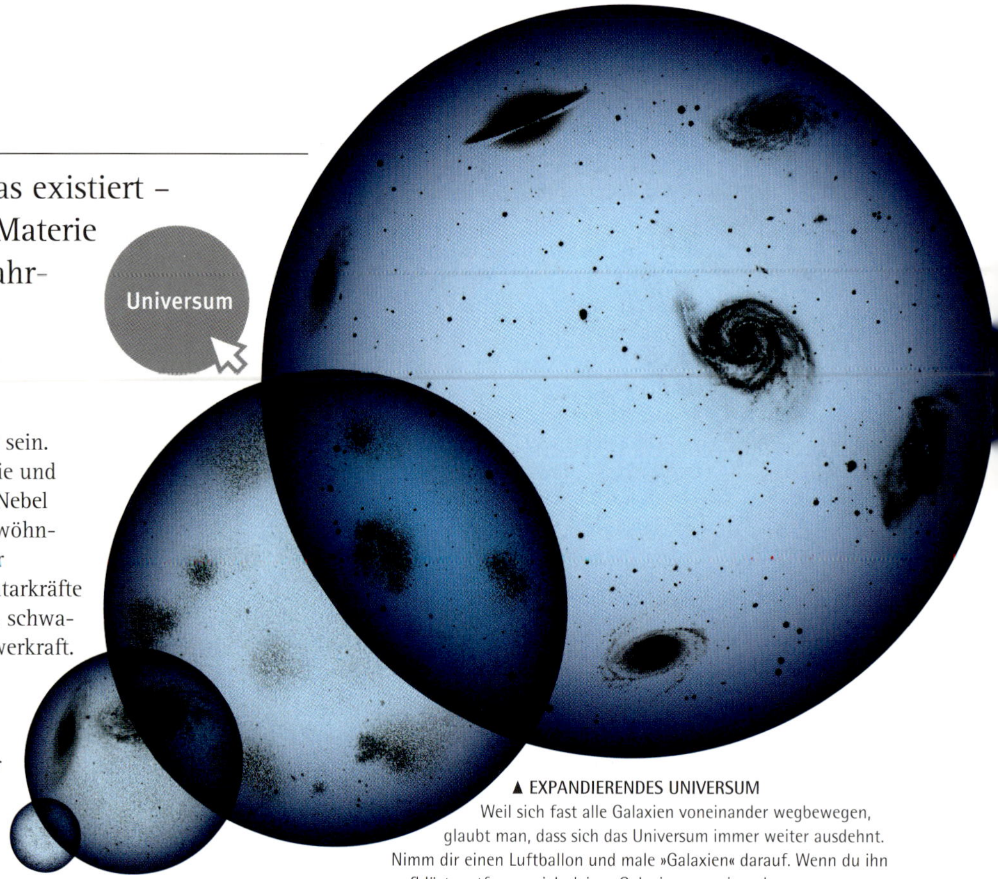

▲ EXPANDIERENDES UNIVERSUM
Weil sich fast alle Galaxien voneinander wegbewegen, glaubt man, dass sich das Universum immer weiter ausdehnt. Nimm dir einen Luftballon und male »Galaxien« darauf. Wenn du ihn aufbläst, entfernen sich deine »Galaxien« voneinander.

WORAUS BESTEHT DAS UNIVERSUM?

Zwischen den Galaxien scheint leerer Raum zu sein. Er enthält jedoch geheimnisvolle dunkle Energie und Strahlung wie Licht oder Radiowellen. Sterne, Nebel und Planeten in den Galaxien bestehen aus gewöhnlicher Materie, sie sind jedoch von unsichtbarer ⏭ DUNKLER MATERIE umgeben. Vier Elementarkräfte beherrschen das Weltall – Elektromagnetismus, schwache und starke Wechselwirkung sowie die Schwerkraft.

WIE GROSS IST DAS UNIVERSUM?

Das Weltall ist unendlich weit. Astronomen können heutzutage Objekte erkennen, die mehr als 13 Mrd. Lichtjahre von der Erde entfernt sind. Der Weg zu ihnen wäre unglaubliche 120 000 000 000 000 000 000 000 km lang.

URKNALL

Durch eine gewaltige Explosion, den Urknall, entstand vor etwa 14 Mrd. Jahren das Weltall. Vor dem Urknall existierte nichts – keine Materie, kein Raum und keine Zeit. Danach dehnte sich das Weltall aus, was es bis heute tut.

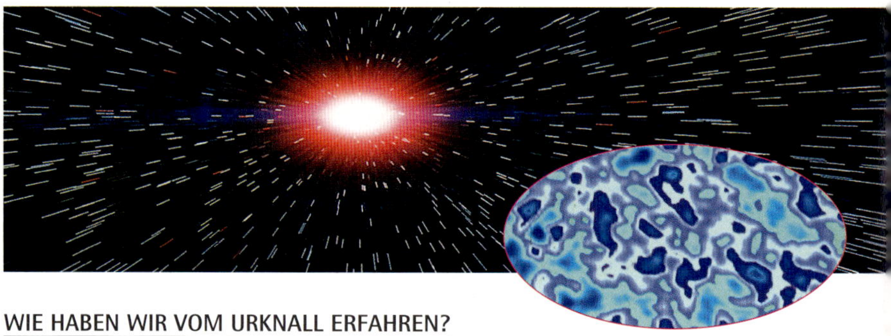

▲ URKNALLLINIEN
Kleine wellenartige Linien der Hintergrundstrahlung (oben) zeigen, wie Sterne und Galaxien aus der Materie des Urknalls (darüber) entstanden sein könnten.

WAS GESCHAH NACH DEM URKNALL?

Im Bruchteil einer Sekunde wuchs das Weltall von der Größe eines Atoms zu einem heißen Feuerball, der größer war als eine Galaxie. Während es expandierte und abkühlte, bildeten sich winzige Teilchen. Erst nach 300 000 Jahren entstanden die ersten Atome.

WIE HABEN WIR VOM URKNALL ERFAHREN?

Das Weltall dehnt sich stetig aus, daher war es früher kleiner und muss irgendwann als winziges Etwas begonnen haben. Diese Theorie wird dadurch bestätigt, dass die Hintergrundstrahlung des Weltalls der abnehmenden Wärme des Urknalls entspricht.

◄ GRAVITATIONSLINSE
Die Schwerkraft dieses Galaxienhaufens wirkt wie eine Linse. Sie bricht Licht von entfernteren Galaxien zu Bögen und Ringen. Die meiste Schwerkraft stammt jedoch von unsichtbarer dunkler Materie.

Die Schwerkraft dieses Galaxienhaufens verzerrt das Bild der dahinterliegenden Galaxie.

Licht von einer Galaxie, die 10 Mrd. Lichtjahre entfernt ist, wird durch Schwerkraft zu Bögen gebrochen.

DUNKLE MATERIE

Wir wissen, dass dunkle Materie existiert, weil ihre Schwerkraft Sterne und Galaxien anzieht und Licht beugt. Bis heute weiß niemand, woraus sie besteht. Es gibt zehnmal so viel dunkle wie normale Materie.

HÄLT DUNKLE MATERIE DIE AUSDEHNUNG AUF?

Bis vor Kurzem nahm man an, dass die Schwerkraft von dunkler und normaler Materie die Expansion des Weltalls verlangsamt. Nach neuesten Ergebnissen arbeitet eine geheimnisvolle Energie gegen diese Kraft, sodass sich das Weltall sogar schneller ausdehnt.

SIEHE AUCH ⏭ Energie 166 • Kräfte 164 • Licht 178–179 • Materie 156 • Sterne 24–25 • Weltall 10 • Zeit 158

GALAXIEN

In einer Galaxie werden Sterne, Gas und Staub durch Schwerkraft zusammengehalten. Alle Sterne des Nachthimmels gehören zu unserer Galaxis, der ⏭ MILCHSTRASSE.

GALAXIENARTEN
Zu Beginn des letzten Jahrhunderts teilte der Astronom Edwin Hubble alle Galaxien nach ihrer Form in vier Klassen ein.

WIE VIELE VERSCHIEDENE GALAXIEN GIBT ES?

Im Universum existieren viele Milliarden Galaxien, die man in vier verschiedene Gruppen einteilen kann. Spiralgalaxien haben ein bauchiges Zentrum und Spiralarme. Balkenspiralgalaxien besitzen ein balkenartiges Zentrum. Elliptische Galaxien sind rund oder oval und haben keine Arme. Irreguläre Galaxien besitzen keine bestimmte Form. Die größten Galaxien in einem ⏭ GALAXIENHAUFEN sind oft Spiral- und elliptische Galaxien.

WAS SIND AKTIVE GALAXIEN?

Einige wenige Galaxien, die aktiven Galaxien, erzeugen ungeheure Energiemengen. In ihrem Zentrum befindet sich ein massives Schwarzes Loch, das billionenmal so viel Energie abgibt wie die Sonne und das elektrisch geladene Teilchenströme abstößt. Zu den aktiven Galaxien zählen Quasare und Radiogalaxien.

Galaxien

GALAKTISCHER UNFALL ►
Manchmal stoßen Galaxien mit anderen zusammen. Die große Wagenradgalaxie war ursprünglich eine normale Spiralgalaxie. Doch vor etwa 300 Mio. Jahren kreuzte eine kleine Galaxie und zerstörte dabei die Spiralarme, sodass sich ein Ring aus neuen Sternen bildete.

MILCHSTRASSE

Unsere Heimat im Universum ist die Milchstraße. Sie ist eine Balkenspiralgalaxie, die neben Gas- und Staubwolken unsere Sonne sowie 200 Milliarden andere Sterne enthält. Ihr Durchmesser beträgt ca. 100 000 Lichtjahre.

◄ OBERHALB DER SPIRALE
Von oben würde die Milchstraße wie ein sich langsam drehendes Feuerrad mit spektakulären Spiralarmen aussehen.

WIE SEHEN WIR DIE MILCHSTRASSE?

Die Erde befindet sich auf dem Ende eines Spiralarms der Milchstraße, sodass wir unsere Galaxis gut beobachten können. Sie erstreckt sich am Himmel als blasses Band. Die Milchstraße ist eine flache Spiralgalaxie, die wir von der Seite sehen, sodass sie uns lang gestreckt und dünn erscheint. Die dunklen Flecken sind riesige Staubwolken, die dahinterliegende Sterne verdecken.

GALAXIENHAUFEN

Ein Galaxienhaufen besteht aus einer Anzahl von Galaxien, die im Weltall eine Gruppe bilden. Der Virgo-Galaxienhaufen umfasst z. B. 2000 Galaxien.

WAS IST DIE LOKALE GRUPPE?

Die Lokale Gruppe ist ein Galaxienhaufen mit über 30 Galaxien. Zu ihnen zählen die Milchstraße, der Andromedanebel und die Magellanschen Wolken, die wir mit bloßem Auge sehen können.

EINE KARTE VOM UNIVERSUM ►
Ein Supergalaxienhaufen besteht aus mehreren Galaxienhaufen. Dieses Modell zeigt Supergalaxienhaufen in unserem Teil des Weltalls. Zwischen den einzelnen Galaxienhaufen liegen weite leere Räume.

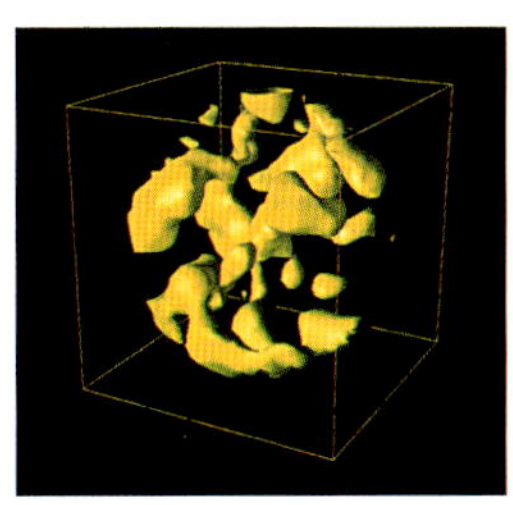

COMA-GALAXIENHAUFEN ►
Der Coma-Galaxienhaufen umfasst bis zu 3000 Galaxien. Er liegt etwa 300 Mio. Lichtjahre weit entfernt im Sternbild Haar der Berenike. Die meisten Objekte im Bild sind Galaxien.

SIEHE AUCH ⏭ Erde 16 • Sonne 15 • Sonnensystem 14 • Sterne 24–25 • Weltall 10

RAKETEN

Raumfähren werden auf Raketen gestartet – sie sind das einzige Antriebssystem, das die Erdanziehungskraft überwinden und Objekte ins Weltall bringen kann. Die meisten Raketen besitzen zusätzliche Tanks oder Raketenstufen.

WIE ARBEITEN RAKETEN?

Raketen verbrennen ein Stoffgemisch, den ⏭ TREIBSTOFF. Durch die Verbrennung entsteht ein heißer Gasstrom, der unten aus dem Triebwerk herausgestoßen wird. Diese rückwärtsgerichtete Kraft erzeugt eine vorwärtsgerichtete Kraft, die man Schubkraft nennt. Durch die Schubkraft hebt die Rakete ab und startet ins Weltall.

START EINER *SOJUS*-RAUMKAPSEL ► Russland nutzt für die Raumfahrt seit 1967 die gleiche Raketentechnik.

TREIBSTOFFE

Raketen arbeiten mit Brennstoffen und Oxidationsmitteln. Brennstoffe brauchen Sauerstoff, der im Oxidationsmittel enthalten ist. Automotoren saugen Sauerstoff aus der Luft. In das luftleere Weltall müssen Raketen jedoch eigenen Sauerstoff mitbringen.

WELCHE TREIBSTOFFE VERWENDEN RAKETEN?

Die meisten Raketen verbrennen flüssigen Treibstoff. Der Hauptantrieb des Spaceshuttle verbrannte flüssigen Sauerstoff und flüssigen Wasserstoff, die Zusatzantriebe dagegen festen Treibstoff. Beim Start machte der Treibstoff fast 90% des Gewichts aus.

SIEHE AUCH ⏭ Elemente 160–161 • Kräfte 164 • Motoren 198–199 • Raumfahrt 30

SATELLITEN

Raumkörper, die auf einer Bahn um die Erde kreisen, nennt man Satelliten. Sie empfangen und senden Signale zur Kommunikation und zur Navigation, dienen zur Wetterbeobachtung, vermessen Land und erforschen das All.

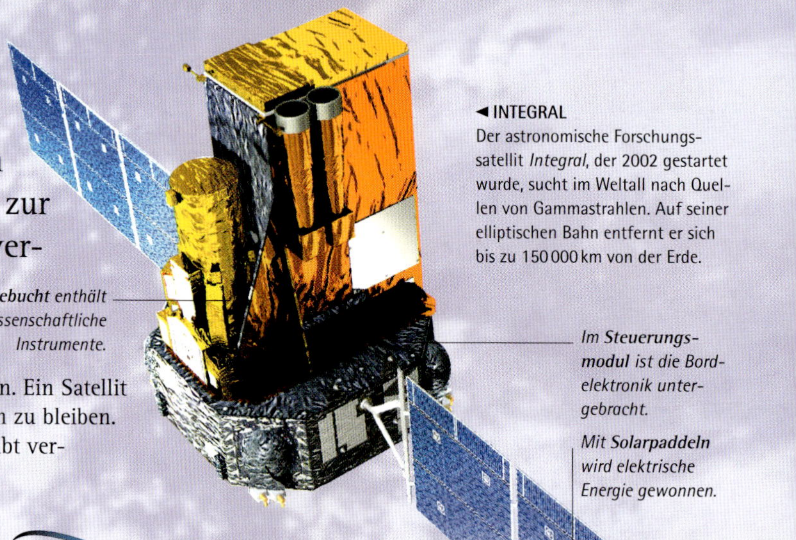

◄ INTEGRAL
Der astronomische Forschungssatellit *Integral*, der 2002 gestartet wurde, sucht im Weltall nach Quellen von Gammastrahlen. Auf seiner elliptischen Bahn entfernt er sich bis zu 150 000 km von der Erde.

WIESO BLEIBEN SATELLITEN AUF IHRER UMLAUFBAHN?

Satelliten bleiben durch ihre Geschwindigkeit auf ihrer Umlaufbahn. Ein Satellit in 300 km Höhe muss 28 000 km/h schnell sein, um auf seiner Bahn zu bleiben. Diese Geschwindigkeit nennt man Kreisbahngeschwindigkeit. Es gibt verschiedene ⏭ SATELLITENBAHNEN.

SATELLITENBAHNEN

Satelliten umkreisen die Erde in elliptischen Bahnen, über dem Äquator oder den Polen sowie auf Bahnen dazwischen.

Satelliten

KEHREN SATELLITEN ZUR ERDE ZURÜCK?

Satelliten auf niedrigen Bahnen können nach einiger Zeit abstürzen, wenn sie in der oberen Atmosphäre auf Luft stoßen, die sie abbremst. Satelliten auf hohen Bahnen können für immer im Weltraum kreisen.

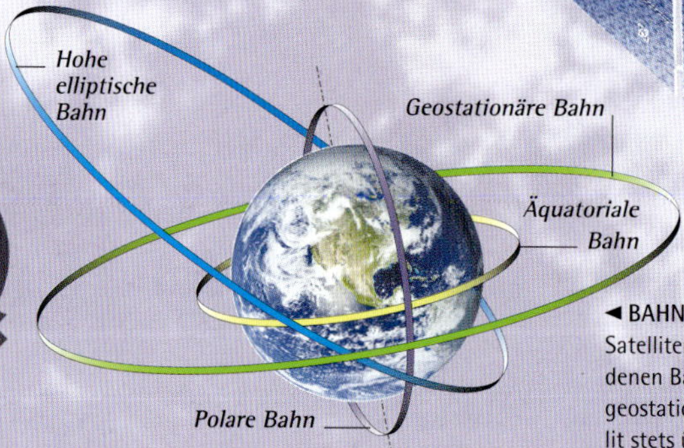

◄ BAHNEN
Satelliten kreisen auf verschiedenen Bahnen um die Erde. Auf einer geostationären Bahn bleibt der Satellit stets über einem Punkt der Erde.

SIEHE AUCH ⏭ Medien 298–299 • Telekommunikation 192–193 • Wetter 50

WELTRAUMOBSERVATORIEN

Eine Raumfähre, die Sonne, Sterne und ferne Galaxien beobachtet, bezeichnet man als Weltraumobservatorium. Das ⏭ *HUBBLE*-WELTRAUMTELESKOP war das erste wichtige Weltraumobservatorium.

WARUM GIBT ES OBSERVATORIEN IM WELTALL?

Die Erdatmosphäre beugt und stört das Licht anderer Sterne und Galaxien. Im Weltall ist die Sicht viel klarer. Dort kann man auch Strahlungen (z. B. Röntgenstrahlen) messen, die nicht zur Erde gelangen, weil sie von der Atmosphäre geschluckt werden.

HUBBLE-WELTRAUMTELESKOP

Das *Hubble*-Weltraumteleskop (HST: *Hubble Space Telescope*) wurde 1990 von der Raumfähre *Discovery* auf eine Bahn in 600 km Höhe gebracht. Die bislang besten Aufnahmen vom Weltall stammen vom HST.

Weltraumobservatorien

WIE ARBEITET DAS HST?

Das HST ist ein Spiegelteleskop – es sammelt und bündelt Licht mithilfe von Spiegeln. Elektronische Kameras und Infrarotdetektoren erstellen daraus Bilder. Es besitzt Hauptlichtsensoren, wie sie auch in Digitalkameras verwendet werden.

▲ MIT *HUBBLES* AUGEN
Diese Aufnahme von *Hubble* zeigt eine massive Wolke aus Gas und Staub, den Konusnebel. Er wird von Sternen beleuchtet.

SIEHE AUCH ⏭ Astronomie 11 • Licht 178–179 • Sternwarten 12

RAUMSONDEN

Raumsonden erforschen Planeten und andere Objekte des Sonnensystems. Sie besitzen moderne Kameras und andere Ausstattung, um Strahlungen, Magnetismus und winzige Teilchen zu entdecken.

Raumsonden

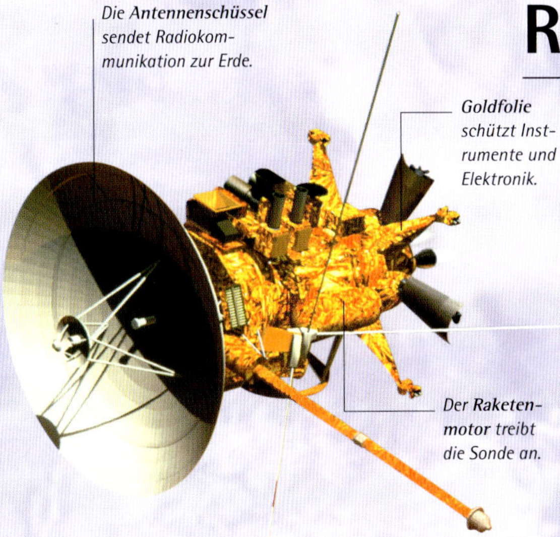

◄ RAUMSONDE *CASSINI*
Die Raummission startete 1997, um den Planeten Saturn und seine Monde zu erforschen. 2004 erreichte sie die Umlaufbahn von Saturn.

WO WAREN RAUMSONDEN BEREITS?

Zuerst wurde der Mond erkundet, dann folgten die Planeten Venus und Mars. Mittlerweile erhielten alle Planeten Besuch – genau wie Monde, Kometen und Asteroiden. Einige Raumsonden umkreisten ihr Ziel nur, andere flogen auf Umlaufbahnen oder setzten ⏭ LANDEKAPSELN ab.

RAUMMISSIONEN

Datum	*MISSION*	*Ziel*
1959	Luna 2	Erste Aufnahmen von der abgewandten Mondseite
1965	Mariner 4	Erste Nahaufnahmen eines anderen Planeten (Mars)
1973	Pioneer 10	Erster Vorbeiflug an Jupiter
1976	Viking 1, 2	Erste Landung auf dem Mars
1986	Voyager 2	Erste Erforschung von Uranus und Neptun
1986	Giotto	Erster Vorbeiflug an einem Kometen (Halley)
2000	NEAR	Erste Landung auf einem Asteroiden (Eros)

LANDEKAPSELN

Eine Landekapsel wird von einer Raumsonde in die Atmosphäre oder auf der Oberfläche eines Himmelskörpers abgesetzt.

WAS IST DIE LANDEKAPSEL HUYGENS?

Die Raumsonde *Cassini* brachte die Landekapsel *Huygens* zum größten Saturnmond Titan. 2005 schwebte *Huygens* an einem Fallschirm herab und sendete dabei Informationen über die Atmosphäre.

▲ LANDUNG AUF DEM MARS
Die Landekapseln *Viking 1* und *2* fotografierten 1976 auf dem Mars und untersuchten das Wetter.

SIEHE AUCH ⏭ Mars 19 • Saturn 20 • Sonnensystem 14

RAUMFAHRT

Die bemannte Raumfahrt begann 1961 mit kleinen Raumkapseln, die auf leistungsstarken Raketen starteten. Russische Kosmonauten verwenden bis heute *Sojus*-Kapseln, während die Amerikaner von 1981 bis 2010 wiederverwendbare Spaceshuttles benutzten.

In der Apollo-*Raumkapsel saßen die Astronauten.*

Die dritte Raketenstufe *brachte die Raumkapsel zum Mond.*

Die zweite Raketenstufe *trug die Rakete in eine Höhe von 185 km.*

Die erste Raketenstufe *brachte die Rakete in eine Höhe von 65 km.*

WIE ÜBERLEBEN MENSCHEN IM WELTALL?

Weil es im Weltall keinen Sauerstoff gibt, sind Raumfähren mit Lebenserhaltungssystemen ausgestattet. Sie enthalten Luft zum Atmen. Diese Systeme sorgen auch für angenehme Temperaturen und Luftdruck und entfernen Kohlendioxid und Gerüche.

WELCHE AUSWIRKUNG HAT DIE RAUMFAHRT AUF MENSCHEN?

Astronauten scheinen im Weltall schwerelos zu sein und müssen sich körperlich nicht so anstrengen. Deshalb verkümmern ihre Muskeln bei einem längeren Aufenthalt im Weltall. Mit Fitnesstraining und besonderen Diäten beugen sie diesen Auswirkungen vor.

WELCHE ENTFERNUNGEN HABEN MENSCHEN IM WELTALL ZURÜCKGELEGT?

Die Astronauten des ⏭ APOLLO-PROJEKTS erreichten den Mond in 385 000 km Entfernung. Der russische Kosmonaut Waleri Poljakow legte eine Strecke von 280 Mio. km zurück, während er die Erde in der Raumstation *Mir* umrundete.

◄ START EINER *SATURN-5*-RAKETE
Die *Saturn-5* wurde als Trägerrakete für alle Mondmissionen zwischen 1960 und 1970 genutzt. Sie entwickelte beim Start eine Schubkraft, die etwa der von 30 Jumbojets entsprach.

KONTROLLZENTRUM ►
Alle bemannten amerikanischen Weltraummissionen werden vom Kontrollzentrum im Johnson Space Center in Texas überwacht.

DAS *APOLLO*-PROJEKT

Den »Wettlauf zum Mond«, der 1957 begonnen hatte, gewann das amerikanische *Apollo*-Projekt 1969 gegen die damalige Sowjetunion. Als die Mondfähre von *Apollo 11* am 20. Juli landete, waren Neil Armstrong und Edwin Aldrin die ersten Menschen, die den Mond betraten.

WIE SAH DIE *APOLLO*-RAUMKAPSEL AUS?

Die *Apollo*-Raumkapsel wurde mit einer *Saturn-5*-Rakete gestartet. Die Trägerrakete war insgesamt 111 m hoch. Die Raumkapsel selbst wog 45 Tonnen. Sie bestand aus drei Modulen (Bereichen). Im Kommandomodul steuerte die dreiköpfige Besatzung die Raumkapsel. Das Servicemodul enthielt Ausrüstungen, Treibstoff und den Raketenmotor. Die Mondfähre wurde von der Raumkapsel ausgesetzt und landete mit zwei Astronauten auf dem Mond.

▲ MONDFÄHRE
Die Mondfähre *Eagle* von *Apollo 11* umkreist während der ersten Mondmission den Mond.

▲ DER MENSCH AUF DEM MOND
Edwin Aldrin spaziert während seines zweistündigen Aufenthalts auf dem Mond im »Meer der Stille«.

▲ NASSE LANDUNG
Drei riesige Fallschirme sorgen für eine weiche Landung des Kommandomoduls der *Apollo*-Raumkapsel im Pazifischen Ozean.

WIE OFT IST APOLLO AUF DEM MOND GELANDET?

Sechs Mal landeten Mondfähren auf dem Mond. *Apollo 11* brachte im Juli 1969 die erste Mondfähre und *Apollo 17* im Dezember 1972 die sechste. Bei diesen Missionen erforschten zwölf Astronauten die Mondoberfläche. Sie weilten 80 Stunden auf dem Mond und brachten fast 400 kg Steine und Staub zur Erde.

Raumfahrt

SIEHE AUCH ⏭ Mond 17 • Raketen 28 • Spaceshuttle 32

ASTRONAUTEN

Menschen, die in den Weltraum fliegen, nennt man bei uns Astronauten und in Russland Kosmonauten. Die meisten Astronauten bleiben nur wenige Tage im Weltraum, einige verbringen jedoch mehrere Monate in Raumstationen.

WELCHE AUFGABEN HABEN ASTRONAUTEN?

Der Kommandant und der Pilot steuern das Raumfahrzeug, Spezialisten führen Experimente durch und erledigen manchmal ⏭ AUSSENBORDAKTIVITÄTEN (EVA, engl. *Extravehicular Activity*).

WIE BEREITEN SICH ASTRONAUTEN VOR?

Piloten und Kommandanten nehmen Flugstunden in Düsenjets und Flugsimulatoren, und Wissenschaftler planen ihre Experimente. Außenbordaktivitäten werden im Wasserbecken trainiert, in dem ähnliche Bedingungen herrschen wie bei Schwerelosigkeit im Weltall.

Astronauten

▲ AUSRÜSTUNG FÜR DEN WELTRAUMSPAZIERGANG
Ein Raumanzug hat viele Aufgaben zu erfüllen: Er muss die Astronauten mit Sauerstoff versorgen und sie vor den Gefahren des Weltraums schützen: vor extremer Hitze und Kälte, Strahlung und Meteoritenbruchstücken.

▲ SPEZIALTRAINING FÜRS ALL
Ein Astronaut bereitet sich im Aerotrimmrad auf ungewohnte Belastungen vor.

▲ ERSTER MENSCH IM WELTRAUM
Juri Gagarin kreiste in einer Wostok-Raumkapsel am 12. April 1961 um die Erde.

AUSSENBORDAKTIVITÄTEN

Die Arbeit, die Astronauten außerhalb ihrer Raumfähre erledigen, nennt man Außenbordaktivität. Astronauten tragen dabei einen Raumanzug und sind über eine Sicherheitsleine mit der Raumfähre verbunden. 1982 testeten Astronauten einen Raumanzug mit Antrieb, den MMU (engl. *Manned Manoeuvring Unit*).

ARBEITEN IM WELTRAUM ►
Hoch über der Erde arbeitet ein Astronaut an der ISS. Die Werkzeuge sind an seinem Raumanzug befestigt. Auch er selbst ist mit einer Leine gesichert.

WARUM MÜSSEN ASTRONAUTEN IHRE RAUMFÄHRE VERLASSEN?

Eine wichtige Aufgabe, die Astronauten außerhalb ihrer Raumfähre erfüllen müssen, ist die Bergung und Reparatur von Satelliten. Einige Astronauten mussten z. B. am Hubble-Weltraumteleskop defekte Teile austauschen. Längere Außenbordaktivitäten sind auch beim Aufbau der Internationalen Raumstation (ISS) notwendig. Bauteile, die von anderen Fähren ins All gebracht werden, müssen zusammengesetzt werden.

ABZEICHEN DES NASA-PROJEKTS

MEILENSTEINE DER AUSSENBORDAKTIVITÄTEN (EVAS)

Datum	MISSION	ASTRONAUT	EVA
1965	Woschod 2	Alexei Leonow	Erster Weltraumspaziergang (10 Min.)
1969	Apollo 11	Neil Armstrong	Erste Mondlandung (2 Std. 30 Min.)
2001	ISS	Jim Voss	Längster Weltraumspaziergang (8 Std. 56 Min.)

SIEHE AUCH ⏭ Kräfte 164 • Weltraumobservatorien 29 • Weltraumstationen 33

ERDE

PLANET ERDE

Die Erde ist eine abgeplattete Kugel mit einem Durchmesser von etwa 12750 km. Sie ist einer von acht Planeten, die unsere Sonne umkreisen. Die Erde ist der einzige Planet, von dem wir wissen, dass er Leben trägt. Vom Weltraum aus wirkt sie kühl, doch ihr Inneres ist glühend heiß.

DER JUNGE PLANET
Vor etwa 4,5 Mrd. Jahren bombardierten große Meteoriten und Asteroiden vom Weltall aus die Erde. Geschmolzene Felsmasse aus dem heißen Erdinneren brach aus Tausenden von Vulkanen aus. Als sich die Erde langsam abkühlte, strömten Gas- und Wasserdampfwolken aus Rissen in der Erdkruste (ihrer dünnen äußeren Schale) und wurden zur ersten Atmosphäre. Der Wasserdampf schlug sich nieder und bildete die Weltmeere.

WIE IST DIE ERDE ENTSTANDEN?

Vor etwa 5 Mrd. Jahren bildete sich die Sonne im All aus einer Wolke, die aus umeinanderwirbelndem Staub und Gasen bestand. Ihre Schwerkraft formte aus Staub und Gas Klumpen, die zu den Planeten wurden. Anfangs war die Erde eine Kugel aus geschmolzenem Gestein. Vor ungefähr 4,2 Mrd. Jahren kühlte sich ihre Oberfläche ab und begann sich zu verfestigen.

WIE IST DIE ERDE AUFGEBAUT?

Unser Planet besteht hauptsächlich aus vier Schichten. Die äußere nennt man die Erdkruste. Darunter befindet sich der Mantel, der außen fest und innen geschmolzen ist. Zum Erdmittelpunkt hin wird es immer wärmer. Der äußere Kern besteht aus flüssigem Gestein. Im inneren Kern ist es bis zu 4500 °C heiß.

Planet Erde

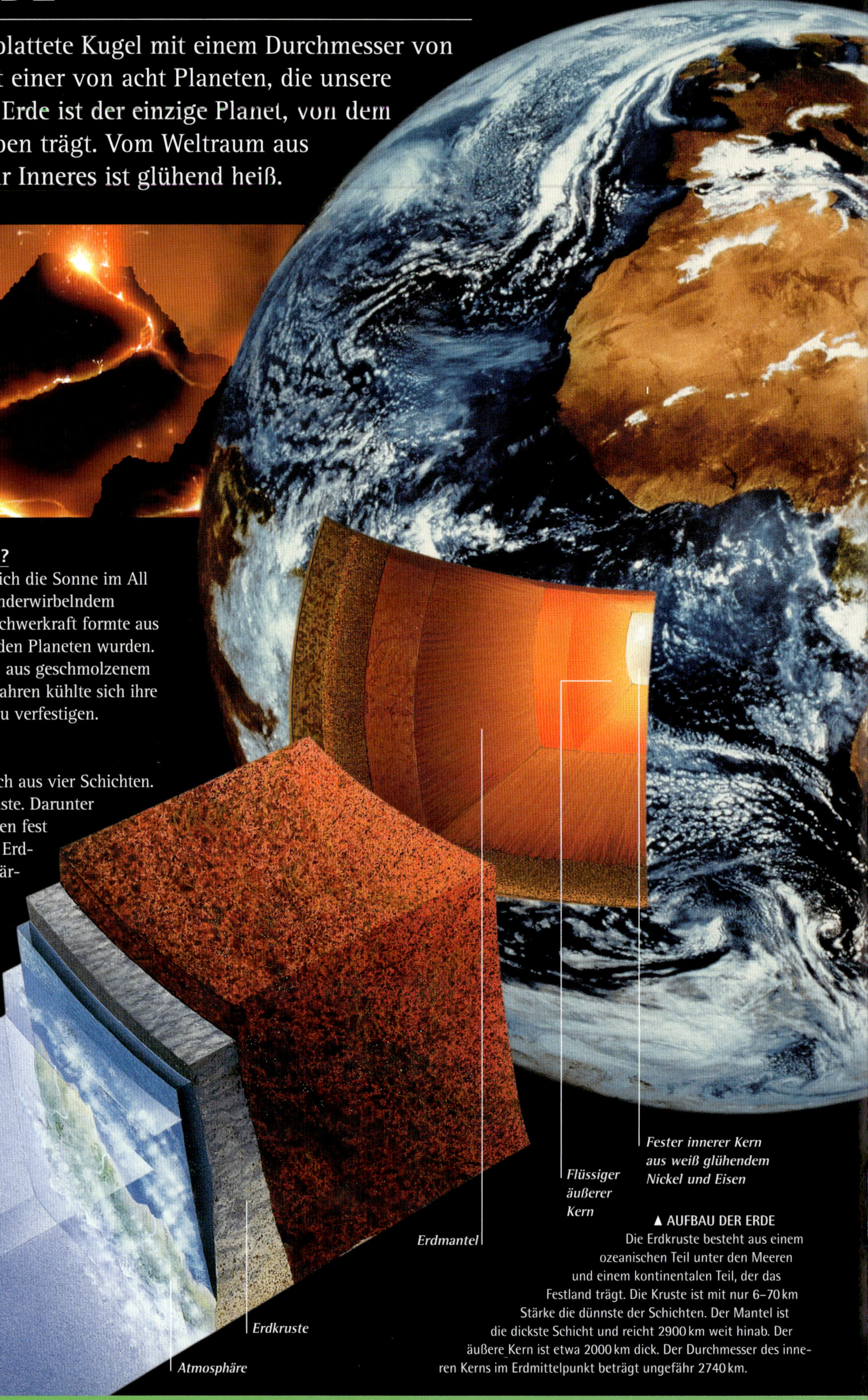

DIE ATMOSPHÄRE DER ERDE
Die viele Hundert Kilometer dicke Gashülle der Erde nennt man Atmosphäre. Ohne sie hätte kein Leben entstehen können. Die Atmosphäre schützt uns vor dem schädlichen Anteil des Sonnenlichts und verhindert, dass es zu warm oder zu kalt wird.

▲ **AUFBAU DER ERDE**
Die Erdkruste besteht aus einem ozeanischen Teil unter den Meeren und einem kontinentalen Teil, der das Festland trägt. Die Kruste ist mit nur 6–70 km Stärke die dünnste der Schichten. Der Mantel ist die dickste Schicht und reicht 2900 km weit hinab. Der äußere Kern ist etwa 2000 km dick. Der Durchmesser des inneren Kerns im Erdmittelpunkt beträgt ungefähr 2740 km.

WESHALB KANN AUF DER ERDE LEBEN GEDEIHEN?

Die Erde befindet sich im richtigen Abstand zur Sonne, sodass die Temperatur erträglich ist – nicht zu heiß und nicht zu kalt. Die Atmosphäre und die Meere gleichen zusätzlich Temperaturen aus. Die Erde bietet Luft zum Atmen und Wasser zum Trinken – beides notwendig für das Leben.

WIE BEWEGT SICH DIE ERDE DURCHS ALL?

Die Erde benötigt ein Jahr oder 365,242 Tage, um die Sonne zu umrunden. Gleichzeitig dreht sie sich um ihre Achse (eine Linie, die man sich zwischen Nord- und Südpol vorstellen kann). Dabei neigt sich die Erdachse um einen Winkel von 23,5°. Diese Neigung erzeugt die ⏭ JAHRESZEITEN.

◄ WELTMEERE
Meere bedecken fast zwei Drittel der Erde, sodass sie vom Weltall aus betrachtet blau aussieht. Sie sind vor etwa 4,5 Mrd. Jahren während der Abkühlung der Erdoberfläche entstanden.

ENTSTEHUNG DER ERDE

Vor 4,6 Mrd. Jahren	Die Erde entsteht als Kugel, die aus geschmolzenem Gestein besteht.
Vor 4,5 Mrd. Jahren	Vulkane stoßen Gase und Wasserdampf aus, aus dem die Meere entstehen.
Vor 4,2 Mrd. Jahren	Die Erdoberfläche kühlt sich ab und die Erdkruste entsteht.
Vor 4 Mrd. Jahren	Erste Anzeichen von Leben
Vor 3,6 Mrd. Jahren	Die ersten Kontinente bilden sich. Frühes Leben entsteht.

TAG UND NACHT ►
Die Erde dreht sich in 24 Stunden einmal um ihre Achse. Auf ihrer zur Sonne gewandten Seite ist es Tag, auf der abgewandten Seite Nacht.

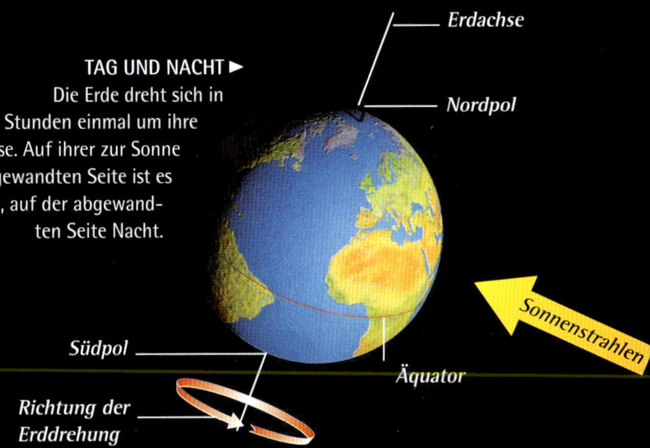

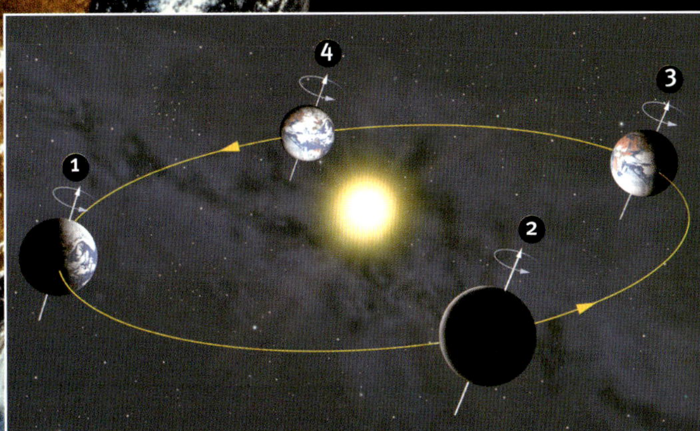

▲ ERDUMLAUFBAHN UND JAHRESZEITEN
Wenn sich der Nordpol zur Sonne neigt, ist es auf der Nordhalbkugel Sommer, auf der Südhalbkugel herrscht Winter (1). Während die Erde ihrer Umlaufbahn folgt, wird es im Norden Herbst und im Süden Frühling (2). Neigt sich der Südpol der Sonne zu, beginnt auf der Südhalbkugel der Sommer und auf der nördlichen Hälfte der Winter (3). Nun folgen Herbst im Süden und Frühjahr im Norden (4), während sich die Erde weiter auf ihrer Umlaufbahn bewegt.

JAHRESZEITEN

Als Jahreszeiten bezeichnet man die jährlich wiederkehrenden Wetterbedingungen, die durch die Erdneigung hervorgerufen werden. Entweder die Nord- oder die Südhalbkugel der Erde neigt sich mehr dem Licht der Sonne zu, das für warme Sommertage sorgt. Auf der jeweils anderen Erdhalbkugel herrscht Winter.

GIBT ES ÜBERALL AUF DER WELT JAHRESZEITEN?

In den meisten Ländern bemerkt man verschiedene Jahreszeiten. In den Tropen in Nähe des Äquators (eine Linie, die man sich als Gürtel um die Erde vorstellen kann) fallen die Unterschiede jedoch weniger auf, da sich hier die Neigung der Erde kaum auswirkt.

▲ WECHSEL DER JAHRESZEITEN
Die gemäßigten Länder zwischen den Polen und den Tropen kennen vier unterschiedliche Jahreszeiten. Im Frühling werden die Tage wärmer und länger. Der Sommer ist die wärmste Jahreszeit. Im Herbst sind die Tage kühler und kürzer. Die kälteste Zeit ist der Winter.

▲ JAHRESZEITEN IN DEN TROPEN
In Ländern auf dem oder in der Nähe des Äquators ist es das ganze Jahr über heiß und feucht. Im Norden und Süden schließen sich Steppen und Savannen an (Bild oben). Hier gibt es Regen- und Trockenzeiten.

SIEHE AUCH ⏭ Asteroiden 23 • Atmosphäre 49 • Klimazonen 63 • Lebewesen 70–71 • Sonnensystem 14

GEOWISSENSCHAFTEN

Die Geowissenschaften beschäftigen sich mit den Eigenschaften der Erde, vom Erdbeben über Witterungseinflüsse bis hin zu den Fossilien. Sie enthalten viele Spezialgebiete, etwa die ⏭ GEOLOGIE und die Ozeanografie.

WOZU DIENEN GEOWISSENSCHAFTEN?

Die Geowissenschaften beeinflussen unser tägliches Leben. Meteorologen untersuchen das Wetter und beobachten z. B. Stürme. Hydrologen studieren das Wasser und warnen vor Überschwemmungen. Seismologen beschäftigen sich mit Erdbeben und ihren Gefahren. Geologen untersuchen Gestein, z. B. auf nutzbare Minerale.

WIE ARBEITEN GEOWISSENSCHAFTLER?

Geowissenschaftler arbeiten meistens »im Feld«. Sie klettern auf Berge, erforschen den Meeresgrund, kriechen in Höhlen oder waten durch Sümpfe. Sie nehmen Proben (z. B. von Gestein oder Wasser) und zeichnen ihre Befunde in Tabellen und Karten ein.

Geowissenschaften

EXTREMBEDINGUNGEN ► Vulkanologen studieren einen Vulkanausbruch aus der Nähe. Die Spezialkleidung und der Helm schützen vor der Hitze und vor giftigen Gasen.

◄ HYDROLOGIE AUS DEM ALL Der TOPEX/Poseidon-Satellit umkreist die Erde in 1300 km Höhe. Mit seiner speziellen Ausrüstung sammelt er Informationen über die Meere und funkt sie zur Erde zurück.

GEOLOGIE

Geologie ist die Wissenschaft von den Gesteinen, aus denen die Erdoberfläche besteht. Geologen untersuchen diese Gesteine, um die Geschichte der Erde und ihre Entstehung zu erforschen.

WIE BESTIMMEN GEOLOGEN DAS GESTEINSALTER?

Das Alter der Gesteine wird mit verschiedenen Methoden gemessen. Die Stratigrafen unter den Geologen untersuchen, wie die Gesteinsschichten angeordnet sind. Die jüngsten liegen nahe der Oberfläche, die älteren darunter. Einige Gesteine enthalten radioaktive Stoffe, an deren Zerfall man ihr Alter messen kann.

HELFEN FOSSILIEN BEI DER ALTERSBESTIMMUNG?

Fossilien (Versteinerungen) können dem Geologen das relative Alter eines Gesteins verraten. Man kann also sagen, ob es älter oder jünger als andere Gesteine ist. So lassen sich Gesteinsformationen in verschiedenen Gebieten miteinander vergleichen. Die ersten Fossilien entstanden vor rund 3,2 Mrd. Jahren.

▲ VERSTEINERTE LIBELLE Die meisten Fossilien sind kleine, beschalte Seetiere. Versteinerungen von Säugetieren und Insekten sind viel seltener.

SIEHE AUCH ⏭ Erdbeben 43 • Fossilien 76 • Gestein 46–47 • Kernenergie 167

KONTINENTE

Nur knapp ein Drittel der Erdoberfläche ist von Festland bedeckt. Den größten Teil machen die sieben großen Landmassen aus, die man Kontinente nennt. Außerdem gibt es viele kleine Inseln. Asien ist mit 44,4 Mio. km^2 der größte, Australien mit 7,68 Mio. km^2 der kleinste Kontinent.

ALFRED LOTHAR WEGENER
Deutscher, 1880–1930
Alfred Wegener vertrat etwa ab 1912 die Kontinentalverschiebungstheorie. Er sah, dass die Ränder der Kontinente wie ein Puzzle ineinanderpassen, und nahm an, dass sie einmal miteinander verbunden waren. Erst nach dem Zweiten Weltkrieg wurde diese Theorie allgemein anerkannt.

HABEN DIE KONTINENTE DER ERDE IMMER GLEICH AUSGESEHEN?

Vor Millionen von Jahren sah die Erdoberfläche völlig anders aus. Alle Kontinente bildeten einmal eine einzige große Landmasse, die man Pangäa nennt. Sie war von einem riesigen Ozean umgeben, der Panthalassa heißt. Pangäa zerbrach in verschiedene Kontinente, die über die Erdoberfläche trieben.

WARUM BEWEGEN SICH DIE KONTINENTE?

Kontinente und Meere befinden sich auf riesigen Gesteinsmassen, die man ⏭ TEKTONISCHE PLATTEN nennt. Sie bilden zusammen die Erdkruste. Die Platten treiben wie Flöße auf dem heißen, halb flüssigen Erdmantel. Langsame Strömungen bewegen die Platten mit den auf ihnen ruhenden Ländern und Meeren über die Erdoberfläche.

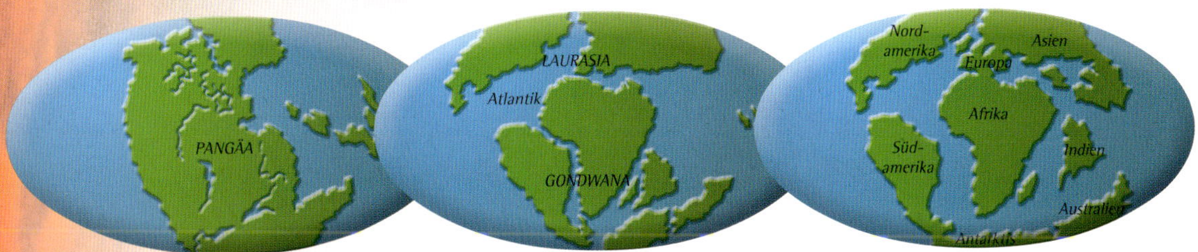

◄ KONTINENTALDRIFT
Pangäa teilte sich langsam in zwei Landmassen – Laurasia und Gondwana. Später zerbrachen diese Teile in kleinere Kontinente und der Atlantik entstand. Im Verlauf von Millionen von Jahren bewegten sich die Kontinente an ihre heutigen Positionen. Sie bewegen sich auch heute noch.

TEKTONISCHE PLATTEN

Die Erdkruste besteht aus sechs bis sieben großen und rund zwölf kleineren tektonischen Platten. Die Untersuchung der Plattentektonik hilft Wissenschaftlern dabei, Erdbeben, Vulkanausbrüche und Gebirgsbildung zu verstehen.

WIE VERHALTEN SICH DIE TEKTONISCHEN PLATTEN?

Während die Platten über die Erdoberfläche treiben, schieben sie sich an ihren Rändern untereinander, stoßen gegeneinander oder reißen auseinander. Gebirgsbildung, Erdbeben und Vulkanausbrüche finden vor allem in der Nähe der Plattenränder statt, wo die Erdkruste dünner als im Zentrum der tektonischen Platten ist.

▲ PLATTENRÄNDER
Wo sich die tektonischen Platten bewegen, treten häufig Erdbeben und Vulkanausbrüche auf. Die Platten bewegen sich sehr langsam (etwa 2–20 cm pro Jahr).

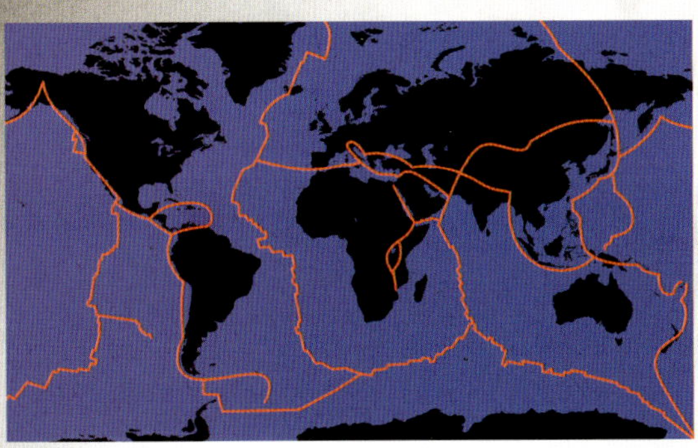

▲ WELTWEITES PUZZLE
Die tektonischen Platten der Erde passen wie ein gigantisches Puzzle zusammen. Die Kontinente sind in die einzelnen Platten eingebettet. Manche Platten tragen sowohl Festland als auch Meere.

Kontinente

WAS GESCHIEHT, WENN SICH PLATTEN BERÜHREN?

Wenn Festland tragende Platten zusammenstoßen, kann sich das Land zu einem Gebirgszug auftürmen. Wo sich eine Platte unter die andere schiebt, sinkt sie in den Erdmantel ein und schmilzt. Wenn Platten auseinandergerissen werden, quillt geschmolzenes Gestein empor und lagert sich an die Platten an.

SIEHE AUCH ⏭ Berge 45 • Erdbeben 43 • Gestein 46–47 • Vulkane 44

OZEANE

Die Weltmeere (Pazifischer, Atlantischer und Indischer Ozean) befinden sich durch die Gezeiten in ständiger Bewegung. Winde erzeugen ⏭ WELLEN und beeinflussen die Strömung. Die Meere sind eine wichtige Rohstoff- und Nahrungsquelle.

LEBEN IM MEER ►
Im Meer lebt eine große Vielfalt von Pflanzen und Tieren. Mikroskopisch kleine Algen treiben im hellen Oberflächenwasser und bilden die Grundlage vieler Nahrungsketten. Sie sind das Futter des winzigen tierischen Planktons, das wiederum von Fischen gefressen wird. Von diesen Fischen leben größere Räuber wie die Haie.

◄ BEREICH DES SONNENLICHTS
0–200 m Tiefe
Das vom Sonnenlicht erhellte Wasser unmittelbar unter der Oberfläche beherbergt die meisten Pflanzen und Tiere wie Plankton, Quallen, Fischschwärme, Thunfische, Schwertfische und Haie.

◄ SCHWACHLICHTBEREICH
200–2000 m Tiefe
Mit zunehmender Tiefe wird das Licht immer schwächer, bis es bei 1000 m vollkommen dunkel wird. Hier leben Laternenfische, Kraken und verschiedene Garnelen. Auch Pottwale suchen hier nach Beute.

◄ TIEFSEEBEREICH
2000–10 000 m Tiefe
An den tiefsten Stellen der Meere ist es eiskalt und pechschwarz. Zur Tierwelt gehören hier Pelikanaale, Anglerfische und Seeratten.

WARUM IST DAS MEER SALZIG?

Meerwasser enthält Salze, die von den Flüssen aus der Erde gewaschen und ins Meer transportiert worden sind. Den größten Anteil daran hat das Kochsalz. Die meisten Meere enthalten etwa einen Teil Salz auf 35 Teile Wasser. Das Tote Meer, das eigentlich gar kein Meer, sondern ein austrocknender See ist, enthält rund einen Teil Salz auf 5 Teile Wasser und ist damit siebenmal salziger als die Ozeane.

WIE ENTSTEHEN DIE STRÖMUNGEN?

Das Wasser der Ozeane bewegt sich ständig in großen, kreisförmigen Strömungen. Die jeweils vorherrschenden Winde streichen über die Wasseroberfläche und erzeugen Oberflächenströmungen, die sich über Tausende von Kilometern erstrecken können. Das Oberflächenwasser wird von der Sonne aufgewärmt und beeinflusst das Klima der Länder in seinem Einzugsbereich. So hält der Golfstrom nördliche Häfen im Winter eisfrei. Es gibt aber auch kalte Tiefenströmungen, die von den Polen über den ⏭ MEERESBODEN zum Äquator fließen.

▼ OBERFLÄCHENSTRÖMUNGEN
Die Weltmeere befinden sich in ständigem Wasseraustausch. Der Wind bewegt das Wasser und erzeugt Strömungen. Auf dieser Karte sind warme Strömungen in roter und kalte in blauer Farbe eingezeichnet.

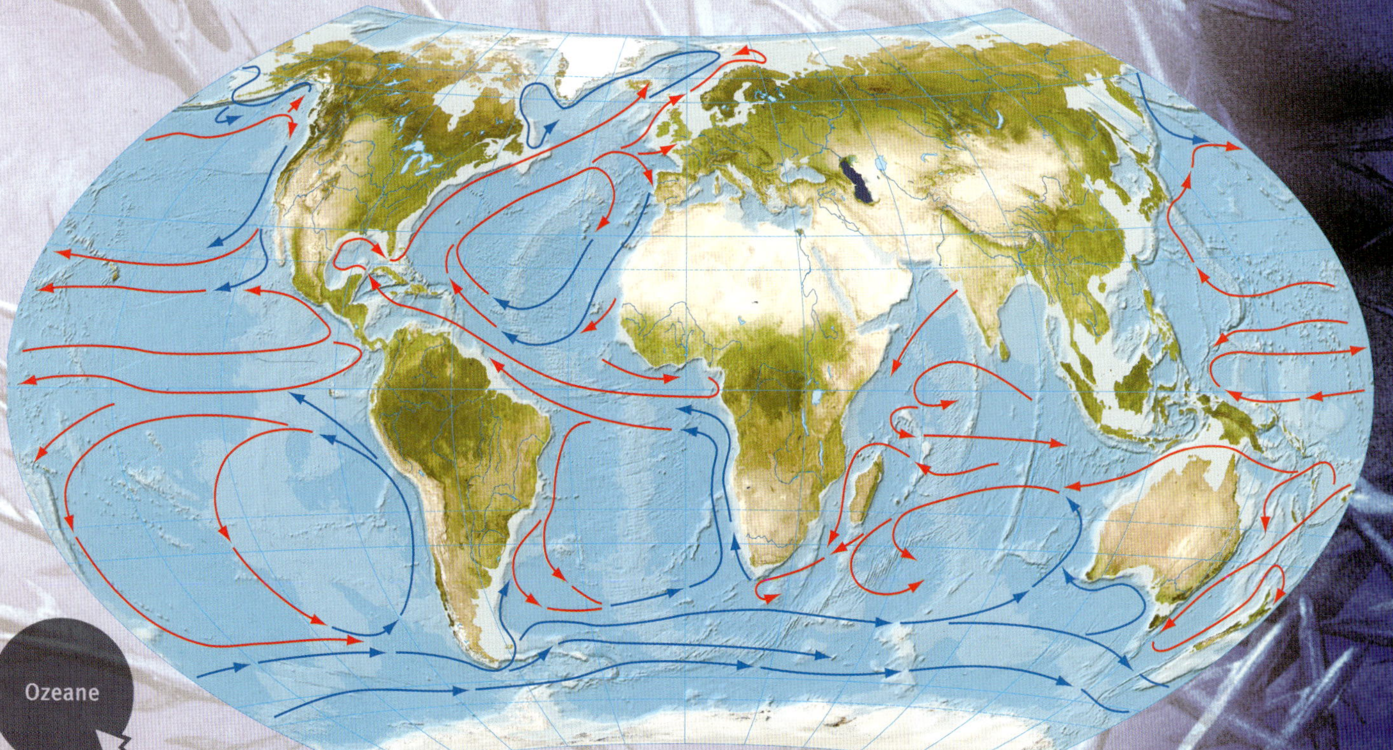

Ozeane

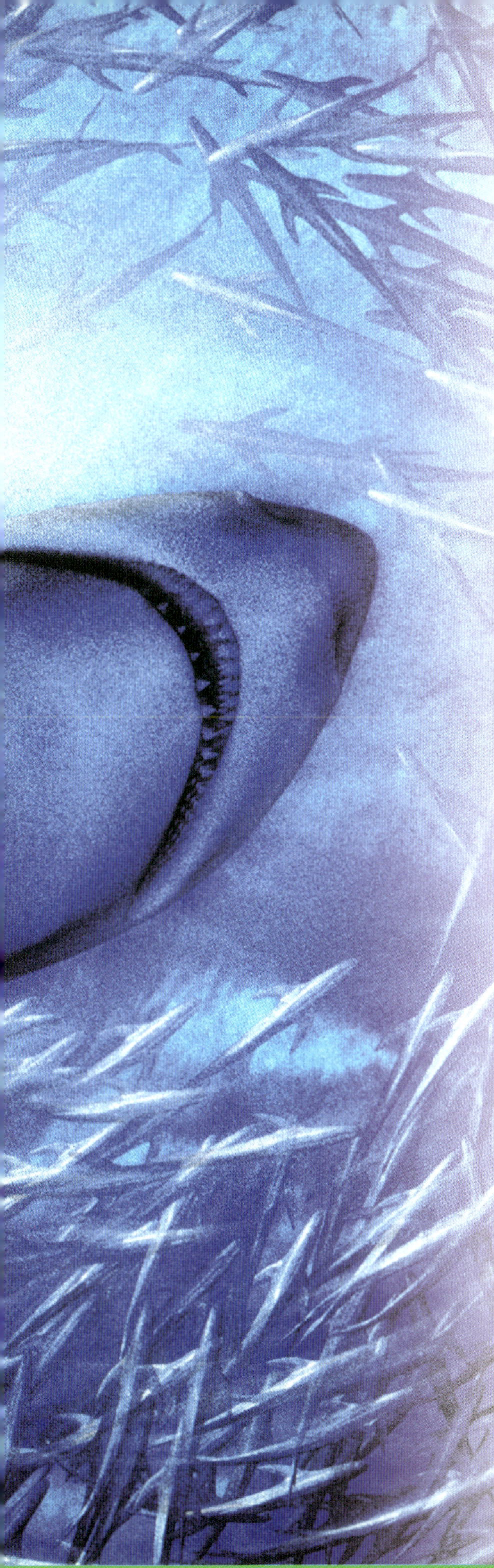

MEERESBODEN

Die Gestalt des Meeresbodens ist genauso eindrucksvoll und verschiedenartig wie die Form der Kontinente. Es gibt tiefe Abgründe, sich auftürmende Klippen und Vulkane sowie weite Ebenen. Die Bewegung der Platten, aus denen sich die Erdkruste zusammensetzt, hat einen großen Einfluss auf die Form des Meeresbodens.

DEHNEN SICH DIE MEERE AUS?

Einige Meere nehmen an Größe zu, da an den Rändern von tektonischen Platten geschmolzenes Gestein emporquillt und neue Erdkruste bildet. Eine dieser Zonen ist der Mittelatlantische Rücken im Zentrum des Atlantiks. Der Abstand zwischen Südamerika und Afrika wächst daher jedes Jahr um 2,5 cm.

▼ GESTALT DES MEERESBODENS
Die weite flache Ebene des Meeresbodens wird immer wieder von einzelnen Bergen unterbrochen, die wahrscheinlich einmal vulkanische Inseln waren. Wie Gebirgszüge wirkende Rücken haben sich gebildet, wo Magma (geschmolzenes Gestein) aufgestiegen und erstarrt ist.

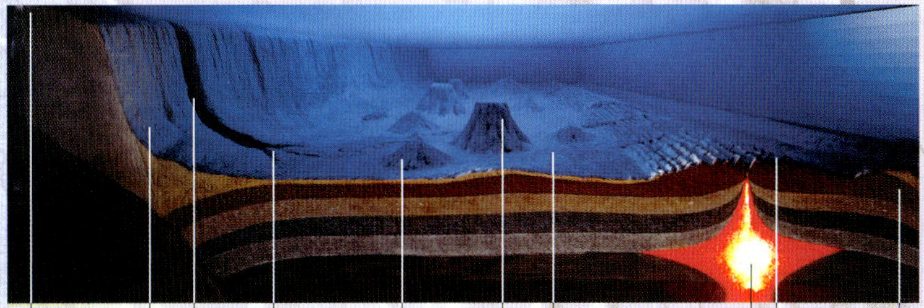

WELLEN

Der Meeresspiegel ist selbst bei Windstille nie ganz ruhig. Die Luft bewegt die Oberfläche und erzeugt kleine Wellen, die bei kräftigem Wind immer größer werden. Wenn sie sich dem Land nähern, nehmen sie an Stärke zu, bis sie sich in Küstennähe brechen. Sie können Strände aufschütten oder das Land abtragen.

WAS IST EIN TSUNAMI?

Tsunamis sind riesige Wellen, die von Seebeben oder Vulkanausbrüchen im Meer erzeugt werden. Auf hoher See fallen sie kaum auf. In Küstennähe können sie sich jedoch bis zu 75 m hoch auftürmen. Riesige Tsunamis haben Häfen und Inseln untergehen lassen. Obwohl sie manchmal als Flutwellen bezeichnet werden, haben sie nichts mit den Gezeiten zu tun.

▼ SICH BRECHENDE WELLEN
Obwohl Wellen im Meer große Strecken zurücklegen können, bleibt das Wasser selbst an seinem Platz und bewegt sich nur im Kreis. In Küstennähe wird diese Kreisbewegung vom Meeresboden gebremst, sodass sich die Welle bricht.

Brecher – eine große Welle, die sich an einem flachen Strand bricht

Der Wellenkamm ist die höchste Stelle.

Gischt schäumt auf, wenn die Welle sich am Strand bricht.

SIEHE AUCH ⏭ Fische 112–113 • Fischerei 67 • Kontinente 39 • Küsten 59

INSELN

Eine Insel ist kleiner als ein Kontinent und vollständig von Wasser umgeben. Inseln können nur einzelne Felsen sein oder auch wie Grönland aus großen Landmassen bestehen. Es gibt zwei wichtige Inseltypen – kontinentale und ozeanische Inseln. Inseln findet man auch in Flüssen oder Seen.

▲ OZEANISCHE INSELN
Ozeanische Inseln befinden sich oft weit vom Festland entfernt. Von oben sehen sie wie kleine Punkte im weiten, glitzernden Meer aus. Viele ozeanische Inseln in den Tropen sind von Korallenriffen umgeben, die man Saumriffe nennt.

ENTSTEHUNG EINES KORALLENATOLLS

Im flachen Wasser, das einen Berg oder eine vulkanische Insel umgibt, bildet sich ein ringförmiges Saumriff.

Während das Saumriff wächst, wird die Insel durch Wettereinflüsse abgetragen oder versinkt bei steigendem Meeresspiegel.

Ein Atoll ist entstanden, wenn nur noch das Riff übrig ist. Die Wasserfläche im Inneren nennt man Lagune.

WAS IST EINE KONTINENTALE INSEL?

Kontinental- oder Schelfinseln liegen im flachen Meer vor den Landmassen der Kontinente. Sie wurden bei steigendem Meeresspiegel (etwa am Ende einer Eiszeit) von einem Kontinent getrennt. Großbritannien ist beispielsweise eine kontinentale Insel.

WIE ENTSTEHEN VULKANISCHE INSELN?

Vulkanische Inseln entstehen durch vulkanische Aktivität auf dem Meeresboden, oft an den Grenzen der Platten, aus denen die Erdkruste besteht. Wo zwei Platten auseinandergleiten, strömt Lava heraus und formt einen ozeanischen Rücken. Lavaschichten vergrößern den Rücken, bis er die Meeresoberfläche durchbricht und eine Insel bildet. Manchmal entsteht so eine ganze Inselkette, die Tausende von Inseln umfassen kann.

WIE ENTSTEHEN KORALLENRIFFE?

Korallenriffe bestehen aus Kalkgebilden, die von Steinkorallen erzeugt werden. Die winzigen Korallenpolypen besiedeln Felsen in flachem, sonnendurchströmtem Wasser, wo sie Kolonien bilden. Nach ihrem Tod bleiben die von ihnen geschaffenen Kalkstrukturen übrig, auf denen sich neue Polypen ansiedeln. So entsteht im Lauf der Zeit das Riff.

▼ GEBURT EINER INSEL
Im November 1963 sahen Seeleute vor Island eine Rauch- und Aschewolke aus einem unterseeischen Vulkan aufsteigen. Einen Tag später durchbrach Lava die Wasseroberfläche und bildete eine Insel. Sie wurde nach Surtur, dem nordischen Gott des Feuers, »Surtsey« benannt.

DIE GRÖSSTE INSEL DER WELT ▼
Grönland im Arktischen Ozean ist mit rund 2,2 Mio. km^2 die größte Insel der Welt. Trotz der Größe leben hier nur wenige Menschen, denn die Insel ist fast ständig von Schnee und Eis bedeckt.

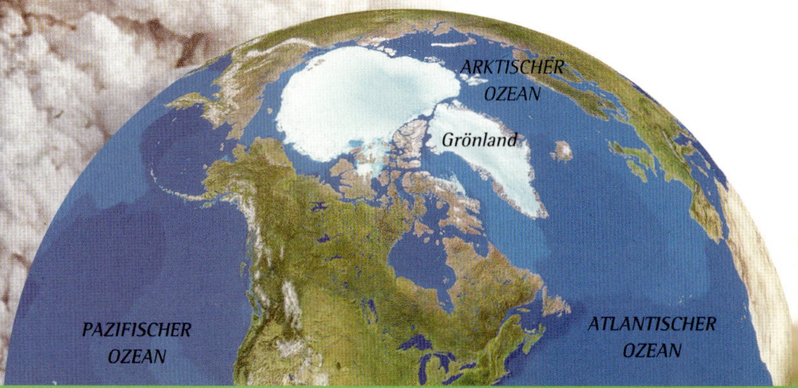

SIEHE AUCH ⏭ Nesseltiere 103 • Ozeane 40–41 • Vulkane 44

ERDBEBEN

Erdbeben entstehen durch plötzliche Bewegungen tief in der Erdkruste und erschüttern die Erdoberfläche. Größere Erdbeben können Gebäude oder Brücken zum Einsturz bringen, ganze Städte zerstören und Menschen töten.

▲ SCHÄDEN EINES ERDBEBENS
Die meisten Erdbeben dauern nur Sekunden, doch zur Behebung der Schäden benötigt man Jahre. Ein Beben kann bestimmte Bodentypen aufweichen, sodass Gebäude einsinken oder einstürzen. Das Bild zeigt eine der Straßen, die 1995 in Kobe (Japan) zerstört wurden. 2011 kam es in der Region zu weiteren schweren Beben, die einen Tsunami auslösten und verheerende Folgen für Japan hatten.

WARUM GIBT ES ERDBEBEN?

Erdbeben entstehen durch Bewegungen der riesigen tektonischen Platten, aus denen die Erdkruste besteht. Auf den darunterliegenden, halb geschmolzenen Gesteinsschichten treiben sie langsam über die Erdoberfläche und stoßen aneinander oder driften voneinander weg. Die meisten Erdbebengebiete befinden sich über Verwerfungslinien – Rissen in der Erdkruste, an denen sich zwei Platten berühren.

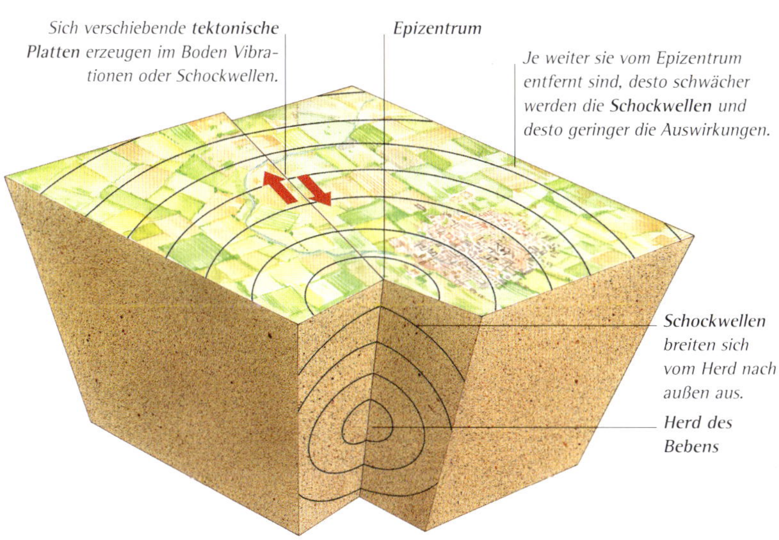

▲ SEISMISCHE WELLEN
Die meisten Erdbeben haben ihren Ursprung an einem tief in der Erdkruste gelegenen Herd. Von hier breiten sich seismische Wellen in alle Richtungen aus. Der Punkt, der an der Erdoberfläche genau über dem Herd liegt, wird als Epizentrum bezeichnet. Hier treten die stärksten Zerstörungen auf.

WAS GESCHIEHT WÄHREND EINES ERDBEBENS?

Wenn die tektonischen Platten sich berühren, baut sich im Gestein durch die Reibung Druck auf. Wenn dieser zu groß wird, entlädt er sich ruckartig, sodass eine Schockwelle die Erde beben lässt. Gebäude stürzen ein und Feuer brechen aus, wenn Gasrohre und Stromleitungen zerstört werden.

WO GIBT ES DIE MEISTEN ERDBEBEN?

Die meisten Erdbeben und Vulkanausbrüche treten an den Rändern der Platten auf, die die Erdkruste bilden. Am häufigsten sind sie auf dem »Ring des Feuers«. So nennt man den Rand der Pazifischen Platte, auf der sich der Pazifik befindet. Japan, die Philippinen, Neuseeland und die Westküsten Nord- und Südamerikas liegen auf dieser Verwerfungszone.

WIE MISST MAN DIE STÄRKE EINES ERDBEBENS?

Die Erdbebenforschung bezeichnet man als Seismologie. Man misst die Stärke der Beben mit Seismometern. Die Intensität eines Bebens wird anhand seiner Magnitude (nach der von der Stärke der Erdbewegung abhängigen »Richter-Skala«) oder an seinen sichtbaren Auswirkungen (»Mercalli-Skala«) gemessen.

◄ DER SAN-ANDREAS-GRABEN
Die San-Andreas-Region an der Westküste Nordamerikas liegt auf dem »Ring des Feuers«. Die Berge entlang der Verwerfungslinie wirken zerrissen und verdreht.

Erdbeben

SIEHE AUCH ⏭ Geowissenschaften 38 • Kontinente 39 • Planet Erde 36–37 • Vulkane 44

VULKANE

Ein Vulkan entsteht an einer Schwachstelle in der Erdkruste, an der Magma (geschmolzenes Gestein) als ⏭ LAVA emporquillt. Oft tritt sie langsam hervor, doch manchmal kommt es zu gewaltigen Ausbrüchen.

◄ EXPLOSIVER AUSBRUCH
Glühende Gesteinsbrocken und heiße Asche werden aus dem Vulkan geschleudert und bilden den typischen kegelförmigen Berg.

WODURCH BRICHT EIN VULKAN AUS?

Ein Vulkan bricht aus, wenn Magma aus den Tiefen der Erde aufsteigt. Sammelt sich das Magma in einer von abgekühltem Gestein verstopften Kammer unterhalb eines Vulkanschlotes, wird es mit Gas und Wasser zu einer explosiven Mischung. Hoher Druck baut sich auf, der sich schließlich durch den Schlot entlädt und Magma, Gas und Rauch hinausschleudert.

SIND ALLE VULKANE GEFÄHRLICH?

In jedem Jahr ereignen sich etwa 25 größere und Tausende kleinere Ausbrüche, viele davon auf dem Meeresboden. Aktive Vulkane können jederzeit ausbrechen. Schlafende sind seit Jahrhunderten nicht ausgebrochen, können es aber wieder tun. Erloschene werden höchstwahrscheinlich nie mehr ausbrechen.

▲ ASCHEWOLKEN
Der Mount St. Helens im US-Bundesstaat Washington schleuderte eine Aschewolke etwa 20 km hoch in den Himmel.

▲ FEUERREGEN
Vulkane mit schmalen Schloten schießen das Magma bis zu 200 m hoch in den Himmel, von wo es auf das Land herunterregnet.

▲ AUSWIRKUNGEN
Ein breiter Lavafluss zerstört alles in seinem Weg, wie diese Ortschaft in der Nähe des Vulkans Kilauea auf Hawaii.

Vulkane

LAVA

Hat das Magma die Erdoberfläche erreicht, wird es als Lava bezeichnet. Lava kann teigartig zäh oder dünnflüssig sein. Ihre Eigenschaften hängen von den enthaltenen Mineralen und den Bedingungen bei ihrer Entstehung ab.

HABEN ALLE VULKANE DIE GLEICHE FORM?

Die Vulkanform hängt von der Beschaffenheit der Lava und der Form des Schlotes ab. Tafel- und Schildvulkane besitzen flache Gipfel, die aus fließender Lava entstanden sind. Spaltenvulkane entspringen langen Rissen in der Erdkruste. Explosive Ausbrüche erzeugen steilwandige Vulkane. Stratovulkane bestehen aus sich abwechselnden Schichten von Lava und Asche.

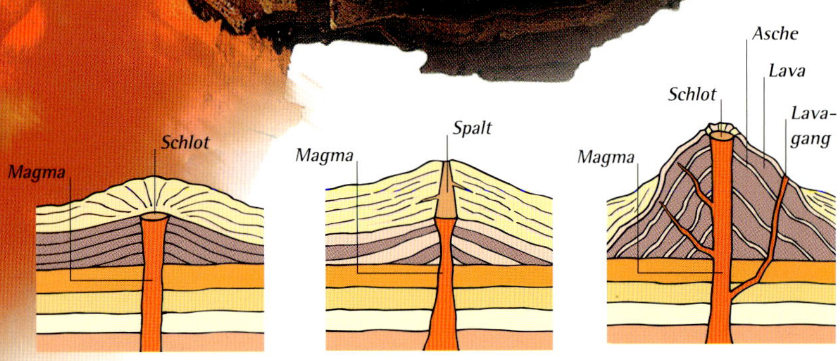

SCHILDVULKAN SPALTENVULKAN STRATOVULKAN

SIEHE AUCH ⏭ Erdbeben 43 • Gestein 46–47 • Inseln 42

BERGE

Ein Berg ist eine steilwandige Gesteinsmasse, die sich von ihrer Umgebung abhebt und größer als ein Hügel ist. Einige Berge stehen isoliert auf einer Ebene, doch die meisten bilden größere ⏭ GEBIRGE.

WIE ENTSTEHEN BERGE?

Berge entstehen meistens durch die Bewegungen der großen tektonischen Platten, aus denen die Erdkruste besteht. Faltengebirge werden bei ihrem Zusammenstoß gebildet, Tafelberge sind Gesteinsschollen, die nach oben gedrückt wurden. Schichten ausgehärteter Lava und Asche formen Vulkanberge.

GEBIRGSBILDUNG

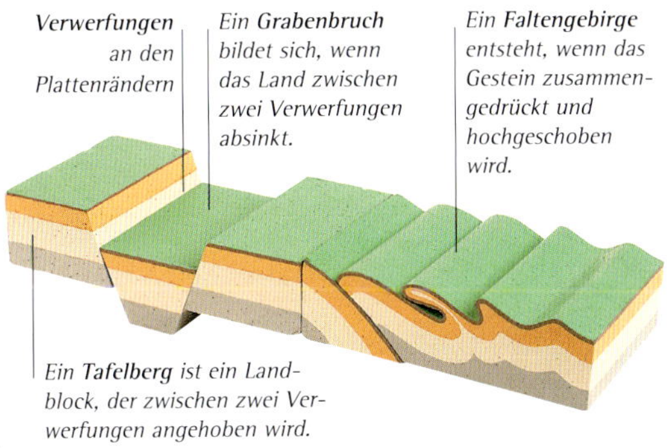

WACHSEN BERGE AUCH HEUTE NOCH?

Einige junge Gebirge heben sich durch die Kräfte der aneinanderstoßenden Platten der Erdkruste auch heute noch. Gleichzeitig werden sie ständig durch die Einflüsse von Eis, Regen oder Wind abgetragen.

WARUM SIND VIELE BERGE VON SCHNEE BEDECKT?

Berggipfel sind kalt, weil die dünne Luft in der Höhe die Sonnenwärme schlecht speichert. Pro 150 m Höhe fällt die Temperatur um 1 °C. Daher ist es auf hohen Gipfeln selbst am Äquator kalt genug, um zu schneien. Da die Temperatur selten über den Gefrierpunkt ansteigt, schmilzt der Schnee nicht wieder.

▲ BERGE IM MEER
Einige der höchsten Berge der Welt befinden sich zum größten Teil unterhalb des Meeresspiegels. Der Mauna Kea auf Hawaii misst vom Grund des Meeres gerechnet 10 205 m und ist damit höher als der Mount Everest.

Berge

DER HIMALAJA ►
Der Himalaja ist ein Faltengebirge, das beim Zusammenstoß der Indischen und der Eurasischen Platte entstanden ist. Er hebt sich immer noch mit einer Geschwindigkeit von etwa 1 m in 1000 Jahren.

▲ ANDENGIPFEL
Die Anden entstanden, als die sogenannte Nazca-Platte mit der Südamerikanischen Platte zusammenstieß. Durch die darauf folgende Auffaltung wurden die hohen, gezackten Gipfel gebildet.

GEBIRGE

Die meisten Berge bilden Bergzüge oder -ketten, aus denen sich wiederum Gebirge zusammensetzen wie die Alpen in Europa oder der Himalaja in Asien. Diese relativ jungen und daher hohen Gebirge sind durch Auffaltungen der Erdkruste entstanden.

WELCHE IST DIE LÄNGSTE GEBIRGSKETTE DER WELT?

Die längste Gebirgskette der Welt sind die Anden, die sich über 7200 km entlang der Westküste Südamerikas erstrecken. Der im Meer liegende Mittelatlantische Rücken ist sogar noch länger. Er erstreckt sich über eine Länge von 11 300 km in der Mitte des Atlantiks.

Siehe auch ⏭ Eis 58 • Erosion 55 • Gestein 46–47 • Kontinente 39 • Südamerika 232–233

GESTEIN

Die Erdkruste besteht aus Gesteinen, die sich wiederum aus ⏭ MINERALEN zusammensetzen. Man kennt drei Gesteinstypen – Sedimentite, Magmatite und Metamorphite. Jeder dieser Typen wird auf seine eigene Weise gebildet. Die ältesten Gesteine der Erde sind schon vor etwa 3,8 Mrd. Jahren entstanden.

WAS SIND MAGMATITE ODER ERUPTIVGESTEINE?

Magmatite entstehen, wenn Magma (geschmolzenes Gestein) sich an oder unter der Erdoberfläche abkühlt und verfestigt. Durch Bewegungen der Erdkruste oder durch Verwitterung der darüberliegenden Schichten können auch die Tiefengesteine an die Erdoberfläche gelangen.

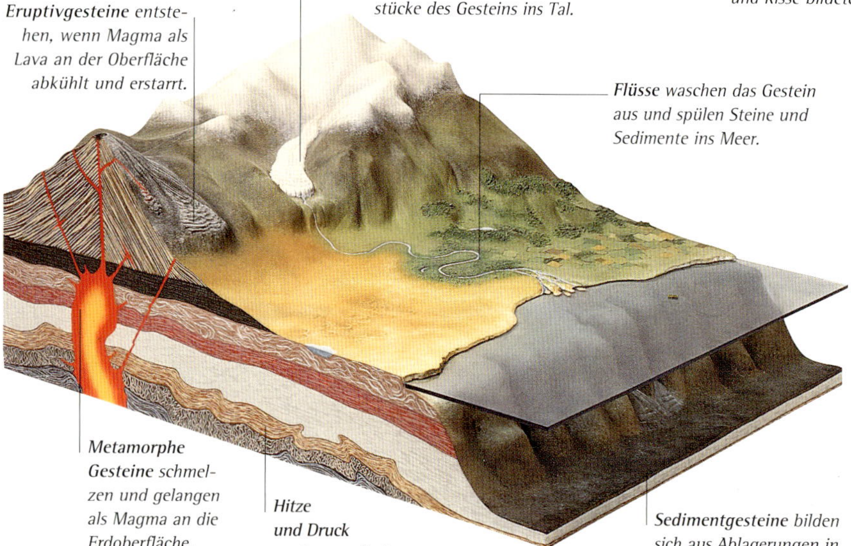

▲ KREISLAUF DER GESTEINE
Die Gesteine, aus denen die Erdkruste besteht, werden in einem endlosen Kreislauf zerstört und wieder neu gebildet. Gesteine werden geschmolzen, kühlen wieder ab und erstarren. Sie werden durch Hitze und Druck, durch Verwitterung und Verfestigung verändert.

WORAUS BESTEHEN SEDIMENTGESTEINE?

Sedimentite setzen sich aus feinen Teilchen zusammen, die durch Verwitterung anderer Gesteine entstanden sind. Sie wurden von Flüssen, Gletschern und dem Wind transportiert und haben sich in Seen und Meeren abgelagert. Durch Druck und chemische Prozesse werden diese Teilchen zu neuen Gesteinen verfestigt.

WIE ENTSTEHEN METAMORPHITE?

Metamorphe Gesteine bilden sich, wenn andere Gesteine durch Druck oder Hitze (oder beides) verändert werden. Wenn Vulkane ausbrechen oder Berge durch die Bewegung der tektonischen Platten der Erdkruste entstehen, wird Gestein erhitzt und zusammengepresst. Die Minerale in den Gesteinen verändern sich, sodass Metamorphite entstehen.

MAGMATIT
Granit (oben) und Basalt gehören zu den Eruptivgesteinen.

SEDIMENTIT
Sandstein (oben), Kalkstein und Kreide sind Sedimentgesteine.

METAMORPHIT
Marmor (oben) und Schiefer sind metamorphe Gesteine.

Basalt, ein Magmatit, ist das häufigste Gestein der Erdkruste.

Sechseckige Säulen entstanden, als sich die geschmolzene Lava abkühlte, zusammenzog und Risse bildete.

◄ GIANT'S CAUSEWAY
Der »Damm des Riesen« besteht aus sechseckigen Basaltsäulen. Die berühmte Felsenformation ist ein Weltkulturerbe und befindet sich in Nordirland.

MINERALE

Gesteine bestehen aus natürlichen chemischen Verbindungen, die als Minerale bezeichnet werden. Manche bestehen nur aus einem Mineral, Marmor z. B. aus dem weißen Mineral Kalzit. Die meisten Gesteine enthalten ⏭KRISTALLE aus verschiedenen Mineralen.

WELCHE MINERALE SIND DIE WERTVOLLSTEN?

Zu den wertvollsten Mineralen gehören die Erze. Sie enthalten Metalle wie Gold, Eisen und Aluminium. Davon ist Gold das kostbarste, da es sich gut bearbeiten lässt und nicht anläuft. Andere Minerale werden als ⏭EDELSTEINE geschätzt. Fossile Brennstoffe wie Kohle lassen sich zur Energieerzeugung nutzen. Schwefel und Glimmer werden in der Industrie, Granit und Sandstein als Baumaterialien verwendet.

▲ GOLDERZ
In den meisten Erzen liegen die Metalle mit anderen Stoffen vermischt vor. In Quarzen kann Gold jedoch auch in reiner Form auftreten (oben).

KRISTALLE

Kristalle sind regelmäßig geformt und werden von den meisten Mineralen gebildet. Sie besitzen glatte Flächen und symmetrische Kanten, da sie aus einem regelmäßigen Atomgerüst (Atome sind winzige Teilchen) bestehen, das man Kristallgitter nennt.

WIE ENTSTEHEN KRISTALLE?

Kristalle bilden sich, wenn geschmolzene Stoffe (z. B. Gesteine) abkühlen oder wenn Wasser verdampft und gelöste Minerale zurücklässt. Kristalle wachsen, wenn sich immer mehr Atome ihrem Kristallgerüst anschließen. Sich langsam bildende Kristalle werden größer als schnell entstandene.

AMETHYST-KRISTALLE ►
Diese violetten Kristalle gehören zu der Gruppe der Quarze. Sie haben sich in heißem Wasser gebildet, das viel Silizium enthielt.

EDELSTEINE

Etwa 50 der rund 3000 bekannten Minerale werden als Edelsteine bezeichnet. Sie erhalten ihr funkelndes Aussehen erst, nachdem sie geschnitten und poliert worden sind. Diamanten, die härtesten Minerale der Welt, bestehen aus reinem, kristallisiertem Kohlenstoff. Sie gehören zu den beliebtesten Edelsteinen.

WO KOMMEN EDELSTEINE VOR?

Viele Edelsteine findet man in Bergregionen, meistens in Felsen, die großem Druck und großer Hitze ausgesetzt waren. Auch im Sediment von Seen und Flüssen kann man auf Edelsteine stoßen. Diamanten werden oft aus Bergwerken ans Tageslicht gebracht.

▲ RUBINROT
Rubine bestehen aus einem Mineral namens Korund. Die seltenen tiefroten Rubine sind ähnlich wertvoll wie Diamanten und Smaragde.

SIEHE AUCH ⏭ Atome 157 • Chemie 162 • Eis 58 • Erosion 55 • Vulkane 44

BÖDEN

Der Erdboden ist eines der kostbarsten Güter der Erde. Er bietet den Pflanzen Halt und Nährstoffe, die sie zum Wachsen brauchen. Pflanzen dienen dann Menschen und Tieren als Nahrung. ⏭ **BODENHORIZONTE** enthalten neben Gestein auch Wasser und Luft sowie Überreste von Tieren und Pflanzen.

▲ TON
Tonböden sind oft klebrig und wasserundurchlässig.

WIE WERDEN BÖDEN GEBILDET?

Gestein verwittert unter dem Einfluss von Eis, Frost, Wind und Wasser. Klimatische, chemische und biologische Prozesse setzen ein. Pflanzen wurzeln im Boden und düngen ihn nach ihrem Absterben. So langsam Böden entstehen, so schnell können sie auch wieder zerstört werden (etwa durch Abholzung der Wälder).

GIBT ES VERSCHIEDENE BODENTYPEN?

Wissenschaftler unterscheiden viele Bodentypen nach dem Ausgangsgestein, der Zusammensetzung, den Klimaeinflüssen und der Vegetation. Lehmböden z. B. bestehen aus Ton, Sand und Schluff (Teilchen, die feiner als Sand, aber gröber als Ton sind) und sind besonders fruchtbar.

◄ SAND
Sandböden sind locker und trocken.

◄ FLEISSIGE ERDARBEITER
Regenwürmer und andere grabende Tiere wie Maulwürfe, Mäuse und Kaninchen sorgen mit ihren Gängen dafür, dass Luft und Wasser in die Erde eindringen und den Boden verbessern können. Bis zu einer Million Regenwürmer können in einem Quadratkilometer Erdboden vorkommen.

◄ OBERBODEN
Im fruchtbaren Oberboden können Lebewesen gedeihen.

▲ TORF
Torfböden sind aus verrotteten Pflanzen entstanden.

▲ KREIDE
Kalkhaltige Böden sind trocken.

◄ LEBEN IM ERDBODEN
Ein Quadratmeter Erdboden kann bis zu einer Milliarde Lebewesen enthalten. Dazu gehören Insekten, Spinnen, Würmer, Tausendfüßer, Milben, Pilze und Zehntausende von Bakterien (vergrößertes Bild).

Böden

WIE VERBESSERN LEBEWESEN DEN ERDBODEN?

Lebewesen spielen bei der Nährstoffaufbereitung im Boden eine große Rolle. Abgestorbene Pflanzen und tote Tiere werden von aasfressenden Tieren wie Käfern sowie Bakterien und Pilzen in ihre Bestandteile zerlegt. Die frei werdenden Stoffe düngen den Boden und ermöglichen das Pflanzenwachstum. So kann der Kreislauf des Lebens aufs Neue beginnen.

BODENHORIZONTE

Wissenschaftler teilen den Boden von seiner Oberfläche bis zum darunterliegenden Fels in Bodenhorizonte (Schichten) ein und erstellen so ein Bodenprofil. Die Stärke der einzelnen Bodenhorizonte ist je nach Bodentyp verschieden.

WIE VIELE BODENHORIZONTE GIBT ES?

Die oberste Schicht kann aus Humus oder organischem Material bestehen und nennt sich H- oder O-Horizont. Oft enthält auch der Oberboden (A-Horizont) große Humusanteile. Es können jedoch auch Minerale überwiegen. Darunter liegen mineralische Unterbodenschichten (B-Horizonte) und der Untergrund (C-Horizont). Es gibt viele Variationen dieses Aufbaus.

◄ BODENPROFIL
Von der Oberfläche bis zum Fels sind fünf Horizonte zu sehen.

ATMOSPHÄRE

Das meiste Leben auf der Erde hängt von der Atmosphäre ab. Diese mehrere Hundert Kilometer in das Weltall reichende Gashülle schützt uns vor Meteoriten und hält die Erdoberfläche warm. Sie enthält auch die ⏭ OZONSCHICHT, die uns vor schädlicher Sonnenstrahlung bewahrt.

WIE IST DIE ATMOSPHÄRE GEGLIEDERT UND WORAUS BESTEHT SIE?

Die Atmosphäre der Erde teilt man in fünf Hauptschichten ein: Troposphäre, Stratosphäre, Mesosphäre, Thermosphäre und Exosphäre. Den Hauptanteil der Atmosphäre machen die Gase Stickstoff (78 %) und Sauerstoff (21 %) aus. Außerdem enthält sie geringe Anteile von Argon, Kohlendioxid und Wasserdampf.

WAS VERSTEHT MAN UNTER LUFTDRUCK?

Der Luftdruck ist die Kraft, die von der Luft auf die Umgebung ausgeübt wird. Diese Kraft beträgt mehr als 1 kg/cm^2. Wir bemerken davon nichts, weil der Luftdruck von allen Seiten gleichzeitig wirkt und unsere Körperflüssigkeiten einen entsprechenden Gegendruck ausüben. Der Luftdruck verringert sich mit zunehmender Höhe über dem Meeresspiegel.

Die höchsten Wolken, die sich als Silhouette im Licht der untergehenden Sonne abzeichnen, markieren das Ende der Troposphäre. Dieser Bereich ist für das Wetter verantwortlich.

Die dichte staubige Luft im unteren Teil der Atmosphäre erscheint rot.

Sonne

Die dünnere staubfreie Luft in der oberen Atmosphäre wirkt blau.

ATMOSPHÄRENSCHICHTEN

5. EXOSPHÄRE
Die Exosphäre befindet sich etwa 450–900 km über der Erdoberfläche und stellt den Übergang zum Weltall dar.

4. THERMOSPHÄRE
Die Thermosphäre reicht 80–450 km empor. Sie umfasst die Ionosphäre, eine Schicht elektrisch geladener Teilchen, von der Radio- und Funkwellen zurück zur Erde reflektiert werden.

3. MESOSPHÄRE
Die Mesosphäre befindet sich 50–80 km über der Erdoberfläche. Meteore (Körper aus Gestein und Staub) verbrennen meistens hier, sodass man sie als Sternschnuppen beobachten kann.

2. STRATOSPHÄRE
Die Stratosphäre ist eine ruhige Schicht oberhalb von Wind- und Wettereinflüssen in 12–50 km Höhe. Die untere Stratosphäre enthält die Ozonschicht.

1. TROPOSPHÄRE
Die Troposphäre reicht von der Erdoberfläche bis in eine Höhe von 12 km. Sie enthält ungefähr 75 % der Luft und des Wassers, die in der Atmosphäre enthalten sind.

OZONSCHICHT

Die Ozonschicht in der Stratosphäre schützt uns vor schädlichen ultravioletten Strahlen im Sonnenlicht (UV-Licht), die Hautkrebs, Augenschäden und andere Probleme bei Menschen und Tieren hervorrufen können. Um 1980 entdeckte man, dass die Ozonschicht dünner wird und dass sogenannte »Löcher« mit geringerem Ozonanteil in jedem Frühjahr über Antarktis und Arktis erscheinen.

WAS VERURSACHT DIE OZONLÖCHER?

Hauptverursacher sind Fluorchlorkohlenwasserstoffe (FCKW), die zur Herstellung von Kühlschränken und Sprays benutzt werden und sich in der oberen Atmosphäre sammeln. In den 1990er-Jahren vergrößerten sich die Ozonlöcher ständig. Die meisten Länder haben die Produktion von FCKW mittlerweile eingestellt, sodass sich die Schäden nicht vergrößern sollten.

Atmosphäre

Das Ozonloch maß im September 2000 28 Mio. km^2.

Die Antarktis erscheint dunkelgelb im hellgelben Ozonloch.

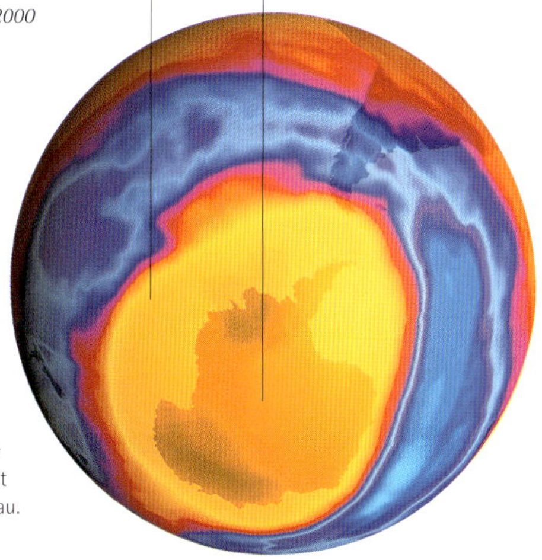

OZONVERLUST ►
Das Ozonloch über der Antarktis, wie es in einem von einem Satelliten aufgenommenen Falschfarbenbild aussieht. Die dünnste Ozonschicht erscheint gelb, die dichteste blau.

SIEHE AUCH ⏭ Eingriffe in die Natur 64–65 • Weltall 10 • Wetter 50

WETTER

Wetter nennt man Vorgänge in der Atmosphäre, die zu jeder Zeit an jedem Ort der Erdoberfläche stattfinden. Zum Wetter gehören Temperatur, Niederschläge und Winde.

WAS VERURSACHT DAS WETTER?

Die Sonne ist die treibende Kraft, die hinter dem Wetter steckt. Sie erwärmt die Luft in verschiedenen Teilen der Atmosphäre in unterschiedlichem Maße. Warme und kalte Luftmassen bewegen sich und erzeugen den Wind. Wind kann sonniges, nasses oder stürmisches Wetter mit sich bringen. Welches Wetter zu erwarten ist, erfährt man in einer ⏭ WETTERVORHERSAGE.

▲ MORGENNEBEL
Der Nebel über der Golden Gate Bridge in San Francisco (USA) wird meistens schnell von der Hitze der Sonne vertrieben. Wetterbedingungen können sich täglich, stündlich oder sogar mit jeder Minute verändern.

Wetter

WETTERVORHERSAGE

Eine Wettervorhersage bezieht sich auf ein bestimmtes Gebiet und gilt entweder bis zu zwei Tage (Kurzfristprognose), eine (Mittelfristprognose) oder mehrere Wochen (Langfristprognose) lang. Wissenschaftler, die das Wetter untersuchen und Vorhersagen treffen, werden Meteorologen genannt.

WOZU BRAUCHEN WIR WETTERVORHERSAGEN?

Wettervorhersagen helfen Menschen zu planen, was sie anziehen, wann sie reisen oder was sie im Einzelhandel anbieten sollen. Sie nützen besonders Landwirten, Bauarbeitern und Seeleuten sowie allen anderen, die im Freien arbeiten. Manchmal kann eine genaue Wettervorhersage über Leben und Tod entscheiden.

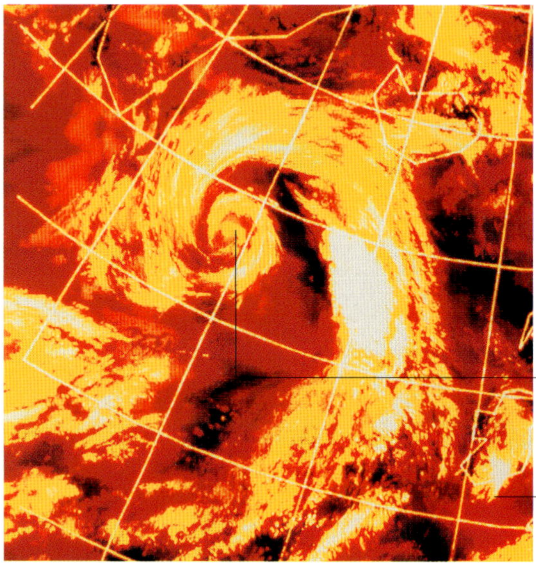

◄ WETTERKARTE
Wetterexperten beobachten die Bewegungen der Luftmassen und Wolken auf Satellitenbildern. Die Bilder werden vom Computer eingefärbt, um die Wolken zu verdeutlichen. Das Falschfarbenfoto zeigt Luftwirbel über dem Atlantik, die auf unruhiges, stürmisches Wetter hindeuten.

__Luftwirbel__ entstehen um ein Tiefdruckgebiet, wenn warme Luftmassen von kalten in die Höhe gedrückt werden.

Niedrige __Wolken__ werden in Gelb angezeigt, Wolken in großer Höhe in Weiß.

STURMWARNUNG ►
Ein Meteorologe überwacht einen Sturm mithilfe von Satellitenbildern. Wetterdienste geben Warnungen an die Gebiete aus, die besonders gefährdet sind.

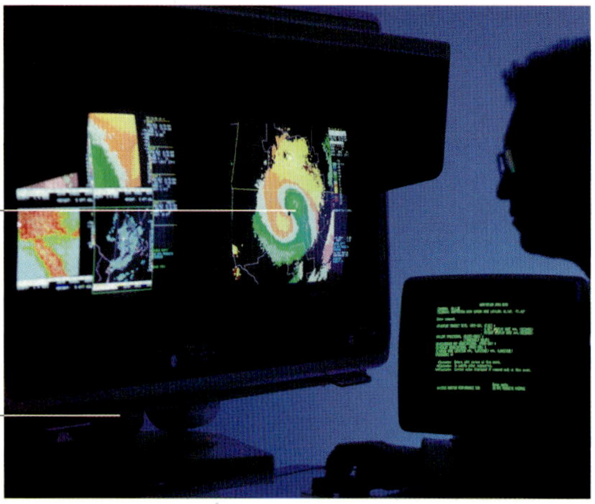

__Ein Bild sich drehender Winde__, das von einem Wettersatelliten fotografiert wurde, wird am Computerbildschirm angezeigt.

__Hochleistungsrechner__ verarbeiten die großen Datenmengen der Satelliten.

WIE WIRD DAS WETTER VORHERGESAGT?

Meteorologen erhalten Informationen über Lufttemperatur, Windgeschwindigkeit, Wolken und Regen von über 50 000 weltweit verteilten Wetterstationen, die auf dem Land und auf See eingerichtet sind. Die Daten werden in Computer eingegeben und gemeinsam mit den Satellitenbildern zur Wettervorhersage benutzt.

WIE ARBEITEN WETTERSATELLITEN?

Wettersatelliten arbeiten auf zweierlei Weise. Sie nehmen Fotos von Luftbewegungen in der Atmosphäre auf und messen die Temperaturen der Luft und der Wolken.

SIEHE AUCH ⏭ Atmosphäre 49 • Klima 62 • Regen 52–53 • Winde 51

WINDE

Winde sind sich bewegende Luftmassen, die über kleine und größere Gebiete hinwegziehen können. Weltweite Winde dienen dem Temperaturausgleich, da sie tropische Warmluft und polare Kaltluft in andere Teile der Welt bringen. Winde sorgen für wechselnde Wetterbedingungen wie sonniges Wetter oder strömenden Regen beim ⏭ MONSUN. Starke Winde sind Stürme und Hurrikane.

◀ WINDIGES WETTER
Eine leichte Brise vermag Blätter und Zweige zu bewegen. Stärkere Böen können größere Äste biegen. Ein starker Wind zerbricht oder entwurzelt ganze Bäume und richtet große Zerstörungen an.

WINDSYSTEME

Drei Hauptwindsysteme gibt es auf beiden Seiten des Äquators, über dem schwache östliche, gelegentlich westliche Winde herrschen. An den Äquator schließt sich der Bereich der ständig wehenden Passate an. In den gemäßigten Breiten herrschen Westwinde vor. Vorwiegend östliche Winde gibt es in den Polargebieten.

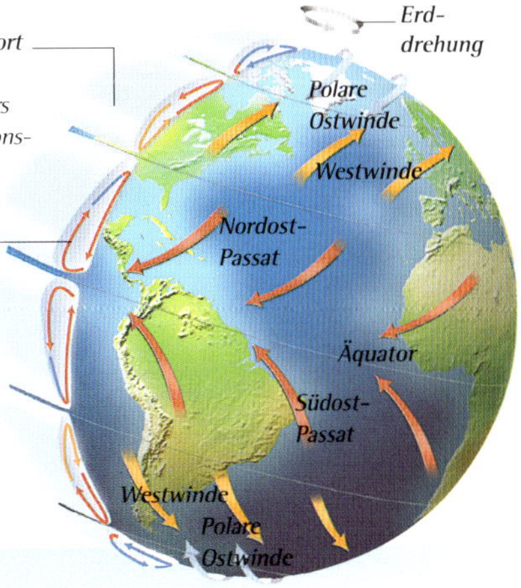

WIE ENTSTEHT DER WIND?

Winde entstehen, wenn die Sonne Luftmassen in verschiedenen Teilen der Welt unterschiedlich erwärmt. Warme Luft ist weniger dicht und daher leichter, sodass sie aufsteigt. Es entsteht ein Gebiet mit geringerem Luftdruck (Tiefdruck oder Tief), in das kühlere Luft aus einem Gebiet höheren Luftdrucks (Hochdruck oder Hoch) einströmt. Diese Luftbewegung wird von uns als Wind wahrgenommen.

WELCHE KRÄFTE WIRKEN AUF DEN WIND EIN?

Die Windbewegungen auf der Erdoberfläche werden von der Drehung der Erde beeinflusst, die eine Trägheitskraft (Coriolis-Kraft) erzeugt. Auf der Nordhalbkugel veranlasst diese Kraft die Winde, sich im Uhrzeigersinn zu drehen, auf der Südhalbkugel gegen den Uhrzeigersinn. Windgeschwindigkeit und -richtung werden auch durch natürliche Hindernisse wie Berge beeinflusst.

Winde

MONSUN

Monsune sind Winde mit halbjährlichem Richtungswechsel, die im Sommer in subtropischen Gegenden (vor allem Südostasien und Indien) für heftige Regenfälle sorgen. Im Winter bringen sie trockeneres, kühleres Wetter. Monsune gibt es in schwächerer Form auch in Westafrika, Nordaustralien und Teilen Nord- und Südamerikas.

WARUM WECHSELN MONSUNE IHRE RICHTUNG?

Monsune ändern ihre Richtung wegen des von der Jahreszeit abhängigen Temperaturunterschieds zwischen Festland und Meer. Das Wasser nimmt die Wärme langsamer als das Festland auf, speichert sie jedoch länger. Dadurch ist das Meer im Sommer kälter als das Land. Im Winter ist es dagegen umgekehrt. Der Wind weht deshalb im Sommer vom Meer zum Land und im Winter vom Land zum Meer.

▲ MONSUNREGEN
Der Monsun bringt in Ländern wie Bangladesch (Asien) nach der Trockenheit den dringend benötigten Regen. Zu starker Regen kann jedoch Ernte und Häuser vernichten und Überschwemmungen verursachen.

SIEHE AUCH ⏭ Asien 260–261 • Atmosphäre 49 • Regen 52–53 • Stürme und Gewitter 54

STÜRME UND GEWITTER

Stürme

Zu einem Gewitter gehören heftige Stürme mit hohen Windgeschwindigkeiten, Blitze, Donner und starke Regengüsse. ⏭ HURRIKANE und Tornados sind Wirbelstürme, die ganze Städte zerstören können.

▲ TORNADOS
Tornados sind dunkle, umeinanderwirbelnde Luftsäulen, die sich unter Wolken bilden. Manche erreichen Geschwindigkeiten von mehreren Hundert Stundenkilometern und können ganze Züge durch die Luft wirbeln.

WIE ENTSTEHEN BLITZE?

In den schwarzen Gewitterwolken werden Eiskristalle und Wassertröpfchen gegeneinandergeschleudert, wodurch geringe elektrische Ladungen entstehen. Im oberen Teil der Wolke baut sich eine positive Ladung auf, im unteren eine negative. Wenn die einzelnen Ladungen zu groß werden, entladen sie sich im Inneren der Wolke als Wetterleuchten oder als Blitz gegenüber dem Erdboden, der elektrisch neutral ist.

WIE ENTSTEHT DER DONNER?

Ein Blitz erhitzt die ihn umgebende Luft auf über 20 000 °C. Die heiße Luft dehnt sich plötzlich aus und produziert eine Druckwelle, die man als Donnerschlag wahrnehmen kann.

HURRIKAN

Der Hurrikan wird in manchen Gegenden auch als Taifun oder Zyklon bezeichnet. Er ist ein gewaltiger Wirbelsturm, der in den Tropen auftritt. Im Inland richtet er großen Schaden an.

WIE ENTSTEHEN HURRIKANE?

Hurrikane bilden sich meistens in den Sommer- und Herbstmonaten bei feuchtem Wetter über tropischen Meeren. Warme, feuchte Luft steigt um einen ruhigen Bereich (das Auge des Hurrikans) spiralförmig auf. Kaltluft wird in das Zentrum gesaugt, wo sie die warme Luft ersetzt und dem Sturm neue Nahrung gibt.

◄ HURRIKAN »FRAN«
Hurrikane werden so groß, dass man sie aus dem Weltall betrachten kann. Das Satellitenfoto zeigt den Hurrikan »Fran«, wie er sich 1996 aus der Karibik dem nordamerikanischen Festland nähert.

Spiralförmige Regenschleier umgeben das Auge des Hurrikans.

Das Auge des Hurrikans ist die ruhige Zone in der Mitte mit einem Durchmesser von bis zu 50 km.

Der Wind dreht sich mit Geschwindigkeiten von mehr als 200 km/h um das Auge.

BLITZEINSCHLAG ►
Blitze nehmen den kürzesten Weg zur Erde und schlagen daher oft in Bäume oder hohe Gebäude ein.

EROSION

Als Erosion bezeichnet man die Verwitterung und den Abbau von Gestein durch Wind- und Wassereinwirkung. Die Erosion tritt besonders bei starkem Regen an steilen Hängen auf, wenn ein ⏭ERDRUTSCH ausgelöst wird.

EROSION DURCH WIND ►
Kopflastige Felsnadeln, die als »Hoodoos« bezeichnet werden, entstehen in der Wüste, wenn sandhaltiger Wind das Gestein abschmirgelt. Der Wind ist die wichtigste Erosionskraft in trockenen Gegenden. Extreme Temperaturunterschiede mit glühend heißen Tagen und eiskalten Nächten sprengen ebenfalls das Gestein. Starke Regenfälle nach langen Dürreperioden spülen die Bruchstücke fort.

Erosion

WAS GESCHIEHT BEI DER EROSION?

Gestein wird nach und nach von Wind, Regen, Schnee und Frost in kleinere Stücke zerlegt. Wenn beispielsweise Wasser in Felsspalten gefriert, dehnt es sich aus, erweitert die Spalten und sprengt zum Schluss den Felsen. Die Bruchstücke des verwitterten Gesteins werden vom Wind weggeweht oder vom Wasser der Bäche und Flüsse, vom Gletschereis oder von den Wellen der Küste fortgetragen.

▲ EROSION DURCH GLETSCHER
Weite u-förmige Täler wurden von den Gletschern der Eiszeiten geformt, als das Eis Nordeuropa zum großen Teil bedeckte. Gletscher sind große, sich langsam bewegende Eismassen, die Felsbrocken und Steine transportieren und so den Untergrund abhobeln.

▲ EROSION DURCH WASSER
Der Fluss Colorado (USA) hat den Fels abgetragen und schmale Schluchten und steilwandige Canyons geschaffen. Die Erosion wirkt nach heftigem Regen besonders stark. Steine, Kies und Staub werden vom Fluss weggespült und in Seen, an der Flussmündung oder im Meer abgeladen.

ERDRUTSCH

Die Erosion verändert die Landschaft nur sehr langsam. Ein Erdrutsch bewegt dagegen plötzlich eine große Gesteins- und Erdmasse, die von einem Hang herabbricht und alles in ihrem Weg mitreißt. Ein Erdrutsch kann große Zerstörungen hinterlassen und sogar eine ganze Stadt auslöschen.

WIE ENTSTEHT EIN ERDRUTSCH?

Ein Erdrutsch tritt häufig nach starken Regen- oder Schneefällen auf. Lose Erde und Steine rollen talwärts, bis plötzlich der gesamte Hang das Übergewicht bekommt und ins Rutschen gerät. Oft tritt ein Erdrutsch da auf, wo Bäume und Büsche vom Menschen gerodet worden sind. Ohne die festigende Wirkung der Wurzeln wird die Erde schnell weggewaschen. Man spricht auch von einer durch die Schwerkraft ausgelösten Massenbewegung und von einem durch Wind, Eis oder Wasser beeinflussten Massentransport.

*Ein **bewaldeter Hang** ist von einem Erdrutsch weggerissen worden.*

***Rieselnde Erde und Kiesel** können Felsbrocken in Bewegung setzen und so die Zerstörung beschleunigen.*

***Steine und Erde** kommen schließlich im flacheren Bereich zur Ruhe.*

◄ KATASTROPHALER ERDRUTSCH
Der hier gezeigte Erdrutsch verschlang mehrere Straßen in Santa Tecla, El Salvador, Zentralamerika. Der Erdrutsch war von einem kleineren Erdbeben ausgelöst worden. Um 1970 führte ein größeres Erdbeben zu einem Erdrutsch, der die Stadt Yungay in Peru unter sich begrub und 18 000 Einwohner tötete.

SIEHE AUCH ⏭ Eis 58 • Flüsse 56–57 • Gestein 46–47 • Küsten 59

FLÜSSE

Ein Fluss ist ein natürlicher Kanal, durch den Wasser in das Meer oder in einen ⏭ SEE fließt. Flüsse liefern das Wasser zum Trinken sowie für Ackerbau und Industrie. Sie ermöglichen Transport, Fischfang und Freizeitgestaltung. Viele große Städte sind an Flüssen entstanden.

WO BEGINNEN FLÜSSE?

Flüsse entspringen meistens als kleines Rinnsal in den Hügeln oder Bergen. Einige verdanken ihren Ursprung dem Regenwasser oder dem schmelzenden Schnee. Die meisten werden von unterirdischen Zuflüssen gespeist, die sich aus versickertem Wasser bilden. Auf seinem Weg ins Tal wird das Rinnsal zu einem Bach und nach der Vereinigung mit anderen Bächen zum Fluss.

◄ **WASSERFÄLLE**
Stromschnellen entstehen im Oberlauf des Flusses, wenn das Wasser schnell über widerstandsfähige Felsbrocken fließt. Ein Wasserfall entsteht, wenn ein Fluss weiches Gestein in seinem Bett abbaut, jedoch eine Stufe aus härterem Gestein übrig lässt.

WAS SIND SCHWEBSTOFFE UND GESCHIEBE?

Als Schwebstoffe bezeichnet man die feinen Teilchen, die ein Fluss mit seinem Wasser transportiert. Steine, Kiesel und andere große Teile, die über das Flussbett bewegt werden, nennt man Geschiebe.

WIE FORMEN FLÜSSE DIE LANDSCHAFT?

Vom Fluss transportierte Steine und Kiesel vertiefen durch ihre Hobelwirkung das Flussbett. Das fließende Wasser trägt die Ufer ab und verbreitert das Gewässer. Im Lauf der Zeit schneidet sich der Fluss immer tiefer in den felsigen Untergrund. Er lagert um sich herum die mitgeführten Schwebstoffe ab, die eine fruchtbare Ebene bilden. Wo Wasser über weiches Kalkgestein fließt, sickert es in das Gestein, löst es langsam auf und bildet Tunnel und Höhlen.

FLUSSVERLAUF ►
Im Oberlauf ist der Fluss noch klein und fließt schnell. Weiter flussabwärts wird das Land flacher, sodass er weniger turbulent ist. Zuflüsse erhöhen die Wassermenge. Im Unterlauf fließt der Fluss langsam über flaches Land und bildet Täler und weite Schleifen, die man Mäander nennt.

WAS IST EIN ÄSTUAR?

Wo ein Fluss ins Meer fließt, entsteht oft eine schlauch- oder trichterförmige Mündung, die als Ästuar bezeichnet wird. Die Gezeiten des Meeres führen dazu, dass sich hier Salz- und Süßwasser mischen. Vom Fluss mitgeführte winzige Schwebeteilchen verklumpen miteinander und lagern sich hier ab.

WIE ENTSTEHT EIN DELTA?

Ein Delta ist ein Bereich flachen, fruchtbaren Landes an einer Flussmündung. Ein Delta bildet sich, wenn ein langsam fließender Fluss das Meer erreicht. Sedimente lagern sich an und trocknen aus, sodass sich der Fluss in viele getrennte Arme aufteilt.

▲ **FLUSSMÜNDUNG**
Oft bildet sich sumpfiges Marschland, wo der Fluss tief liegendes Gelände überflutet. Diese Feuchtgebiete sind ein wertvoller Lebensraum für verschiedene Tiere, vor allem Wasservögel.

Flüsse

MISSISSIPPI-DELTA ►
Ein Falschfarben-Satellitenbild des Mississippi-Deltas (USA) zeigt das Land hellblau, das Wasser dunkelblau und die Sedimente grün. Das Delta weist eine Küstenlinie auf, die wie ein Vogelfuß aussieht. Andere Delten sind eher fächerförmig.

SEEN

Ein See ist eine große Wassermenge, die sich in einer Vertiefung gesammelt hat, in der sie nicht versickern kann. Die meisten Seen erhalten ihr Wasser durch Flüsse und in geringerem Maße durch Regen.

WIE ENTSTEHEN SEEN?

Kleine Bergseen sind oft in von Gletschern geschaffenen Mulden entstanden. In erloschenen Vulkanen findet man Kraterseen (z.B. die Maare in der Eifel). Der größte See der Welt, das Kaspische Meer, liegt in einer durch geologische Prozesse entstandenen Senke. Stauseen wurden durch Staumauern künstlich geschaffen.

DAS LEBEN EINES SEES ►
Dieser See befindet sich in einem saftig grünen Tal und erhält sein Wasser von den Flüssen aus den Bergen im Hintergrund. Derartige Seen trocknen im Lauf der Zeit aus, wenn sie von den Flüssen mit Sedimenten aufgefüllt werden oder wenn weniger Regen fällt. Zum Schluss bleiben ein Sumpf oder ein Moor übrig.

SIEHE AUCH ⏭ Erosion 55 • Erster Ackerbau 364–365 • Gestein 46–47 • Ozeane 40–41

HÖHLEN

Höhlen sind Hohlräume, die vom Wasser oder vom Wind in Hänge oder in den Untergrund gegraben worden sind. An der Küste höhlen die Wellen oft den Fuß einer Klippe aus.

Höhlen

Sandbank in der Innenkurve einer Biegung. Hier fließt das Wasser langsamer und lädt Sedimente ab.

WIE ENTSTEHEN HÖHLEN?

Höhlen entstehen meistens in Kalkgestein. Das leicht saure Regenwasser löst den weichen Kalkstein auf und versickert in Spalten. Schließlich entstehen Kanäle, die zu Tunneln und Höhlen erweitert werden. Höhlen findet man auch in Gletschern oder in abgekühlter vulkanischer Lava.

◄ **STALAKTITEN UND STALAGMITEN**
Das Wasser, das von der Decke einer Kalksteinhöhle tropft, enthält gelöste Minerale wie etwa Kalzit. Nach Tausenden von Jahren haben die Kalzitablagerungen an der Höhlendecke spitze Stalaktiten gebildet. Wo das Wasser auf den Boden tropfte, sind Stalagmiten entstanden.

SIEHE AUCH ⏭ Eis 58 • Gestein 46–47 • Vulkane 44

EIS

An den Polen und auf hohen Berggipfeln gibt es große eisbedeckte Flächen in Form von Gletschern oder Eisdecken und -kappen. Eis hat einen großen Anteil an der Erosion des Landes, da Gletscher tiefe Täler in den Untergrund graben.

WIE ENTSTEHEN GLETSCHER?

Ein Gletscher entsteht, wenn im Winter mehr Schnee fällt, als im Sommer schmelzen kann. Die oberen Schneeschichten pressen die unteren zusammen, sodass sie zu Eis werden. Ist genügend Eis entstanden, bewegt sich der Gletscher durch sein großes Gewicht langsam talwärts. Dabei legt er rund 1 m am Tag zurück. Er bewegt sich, solange mehr Schnee auf ihn fällt, als Eis an der Gletscherzunge abschmilzt.

WAS SIND EISKAPPEN?

Eiskappen sind große, flächenhafte Eisdecken, die vor allem in den Polargebieten auftreten. Der Jahr für Jahr fallende Schnee hat hier dicke Eisschichten erzeugt. Drei Viertel des Süßwassers der Erde sind in den Polkappen eingeschlossen. Die Eiskappe, von der die Antarktis am Südpol bedeckt wird, ist über 4 km dick.

EROSION DURCH GLETSCHER ► Im Verlauf von Tausenden von Jahren hebt der Gletscher ein weites, u-förmiges Tal mit glatten Rundhöckern aus. Eine steilwandige Aushöhlung im Hang nennt man ein Kar. Kleinere rundliche Hohlformen werden als Sölle bezeichnet. In Karen und Söllen entstehen nach dem Schmelzen des Eises oft kleine Bergseen.

Gletschereis kann über 1 km dick werden.

*Die **Seitenmoräne** besteht aus mitgeführtem Gestein und lagert sich seitlich ab.*

*Tiefe **Gletscherspalten** entstehen, wenn das Eis bei der Bewegung reißt.*

***Schmelzwasser** bildet sich an der Gletscherzunge.*

◄ EISBERG Eisberge entstehen, wenn Gletscher bis ans Meer reichen. Große Eismassen lösen sich ab und stürzen ins Meer. Wenn die Eisberge durch Strömungen in wärmere Gewässer treiben, können sie die Schifffahrt gefährden. Im Jahr 1912 sank die *Titanic* nach dem Zusammenstoß mit einem Eisberg. 1500 Menschen starben.

*Die **Meeresoberfläche** kann bei Temperaturen von unter –2,2 °C gefrieren und Packeis bilden.*

***Die größten Eisberge** haben die Ausmaße kleiner Länder und können 160 m über den Wasserspiegel hinausragen.*

***Wellen und Meeresströmungen** formen den Eisberg zu Felsstrukturen über und zu einer Höhlenlandschaft unter dem Wasserspiegel.*

*Nur etwa **ein Neuntel des Eisbergs** ist über dem Wasserspiegel zu sehen. Der Rest liegt darunter.*

SIEHE AUCH ⏭ Berge 45 • Die Antarktis 276 • Entstehung des Lebens 77 • Erosion 55

KÜSTEN

An den Küsten berühren sich Festland und Meer. Weltweit sind alle Küstenlinien zusammen etwa 502 000 km lang. ⏭ GEZEITEN, Wellen und Strömungen tragen das Land ab und erzeugen eine Vielfalt von Küstenformen – von steilen Klippen und Köpfen bis zu sandigen Buchten und schlammigem Ödland.

WIE FORMEN WELLEN DIE KÜSTENLANDSCHAFT?

Wellen schleudern ständig Sand, Kiesel und Steine gegen die Felsenküsten und tragen dabei das Land ab. Die Küstenlinien bewegen sich deshalb langsam ins Inland. An anderen Stellen lagern Gezeiten und Flüsse wiederum Sand, Schlamm und Kiesel ab und bilden Flussdelten, Strände und Landzungen.

Küsten

▲ TÜRME IM MEER
»Zwölf Apostel« wird eine Felsenformation bei Victoria in Australien genannt, die von den Wellen geschaffen worden ist. Zuerst entstanden in der Felsküste Höhlen, deren Decken einstürzten, sodass Felsbögen übrig blieben. Im Lauf der Zeit verschwanden auch die Bögen und einzelne Säulen blieben zurück.

▲ MARSCHLAND
Marschland liegt im Bereich der Flussmündungen und wird oft vom Meer überspült.

▲ FJORD
Fjorde sind von Gletschern in den Fels gegraben und später vom Meer aufgefüllt worden.

▲ LANDZUNGE UND LAGUNE
Die Landzunge trennt eine Lagune (an der Ostsee Haff genannt) vom Meer ab.

GEZEITEN

Die Küsten werden von den Gezeiten beeinflusst. So nennt man das regelmäßige Auf und Ab des Meeresspiegels. Mancherorts beträgt der Unterschied im Wasserstand 15 m und mehr. An anderen Stellen macht der sogenannte Tidenhub nur wenige Zentimeter aus, sodass er kaum wahrnehmbar ist.

WAS RUFT DIE GEZEITEN HERVOR?

Die Gezeiten entstehen hauptsächlich durch die Anziehungskraft des Monds. Diese Kraft erzeugt einen Wasserwall auf dem Meeresspiegel – die Flut. Während sich die Erde dreht, bewegt sich dieser Wall westwärts, sodass die Flut nacheinander an den verschiedenen Küsten auftritt.

WARUM UNTERSCHEIDEN SICH DIE GEZEITEN?

Besonders starke Unterschiede zwischen Ebbe und Flut (tiefster und höchster Wasserstand) werden als Springtide bezeichnet, besonders geringe als Nipptide. Springtiden entstehen, wenn sich Sonne und Mond bei Neu- und Vollmond in einer Linie befinden und ihre Kräfte zusammenwirken. Bei Nipptiden löschen sich ihre Kräfte im ersten und letzten Mondviertel teilweise aus.

▲ EBBE
Boote liegen im Hafen von Polperro (Cornwall, Großbritannien) bei Ebbe auf dem trockenen Strand. Die Gezeiten folgen einem knapp 28-tägigen Zyklus, der von der Umlaufzeit des Monds um die Erde abhängt.

▲ FLUT
Bei Flut werden die Boote wieder vom Wasser angehoben. Die Gezeiten unterliegen einem Rhythmus von 24 Stunden und 50 Minuten, sodass sie sich pro Tag um 50 Minuten verschieben.

SIEHE AUCH ⏭ Kräfte 164 • Mond 17 • Ozeane 40–41 • Sonne 15

KLIMA

Jeder Teil der Welt hat sein eigenes Klima – eine typische Abfolge verschiedenen Wetters über einen langen Zeitraum. Das Klima beeinflusst das Vorkommen von Pflanzen und Tieren sowie das Leben der Menschen – etwa wie sie Häuser bauen und welche Kleidung sie tragen.

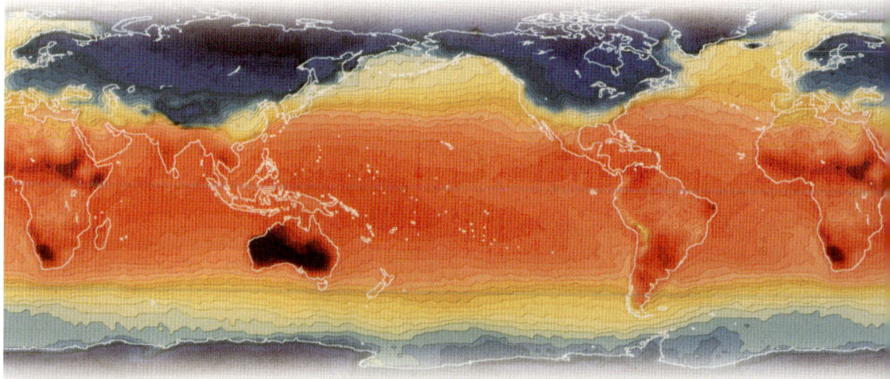

▲ TEMPERATURBEREICHE
Diese Karte der Welttemperaturbereiche zeigt die tropische Zone als wärmste in Rot und Orange. Die weiter vom Äquator entfernten gemäßigten Bereiche sind gelb gefärbt. Diese Gebiete sind meistens mild mit warmen Sommern und kühlen Wintern. Die kältesten Bereiche in der Nähe der Pole sind blau gefärbt.

Klima

WODURCH WIRD DAS KLIMA BEEINFLUSST?

Das Klima eines Gebiets wird durch drei Faktoren beeinflusst: den Breitengrad (Abstand vom Äquator), die Höhe über dem Meeresspiegel und die Entfernung vom Meer. Tropische Gebiete in der Nähe des Äquators haben ein heißes Klima. Zu den Polen hin wird es immer kälter. Das Meer sorgt im Allgemeinen für ein mildes und feuchtes Küstenklima.

WARUM IST ES IN DEN TROPEN SO HEISS?

Da die Erde eine Kugel mit gekrümmter Oberfläche ist, treffen die Sonnenstrahlen sie in verschiedenen Teilen in unterschiedlichen Winkeln. Im Bereich des Äquators ist es so heiß, weil die Sonnenstrahlen hier weitgehend senkrecht auftreffen und im Vergleich zu den Polargebieten stärker konzentriert sind.

WAS IST DAS KONTINENTALKLIMA?

Länder im Inneren der Kontinente weisen mit heißen Sommern und kalten Wintern meist stärkere Wetterunterschiede auf als Küstengebiete. Das Festland erhitzt und kühlt sich schneller ab als große Wassermassen wie die Meere. Weit im Inland gelegene Gebiete weisen daher einen größeren Temperaturunterschied zwischen Sommer und Winter auf.

__Schnee und Eis__ bedecken die Landschaft oberhalb der Schneegrenze, die an den Polen auf Meereshöhe, am Äquator jedoch oberhalb von 5000 m liegt.

__Widerstandsfähige Pflanzen__, Moose und Flechten wachsen oberhalb der Baum- und unterhalb der Schneegrenze.

__Nadelbäume__ wachsen bis zur Baumgrenze. Darüber ist es auch für sie zu kalt und windig, um zu überleben.

▲ BERGKLIMA
Die dünnere Luft in größeren Höhen kann weniger Sonnenwärme aufnehmen. Daher herrscht auf Bergen ein kühleres Klima als im Tiefland. Hohe Gipfel sind im Bereich feuchter Winde auch deutlich nasser.

__Regenwolken__ kommen vom Meer und sorgen dafür, dass das Küstenland feuchter als das Binnenland ist.

__Haufenwolken__ weisen auf wechselhaftes Wetter hin, wie es typisch für den Küstenbereich ist.

__Bäume__ biegen sich wegen der Winde, die von der See in Richtung Inland wehen.

Die __Vegetation__ gedeiht gut im Bereich des milden, feuchten Klimas.

◄ KÜSTENKLIMA
Das Meer erwärmt sich langsamer als das Festland, behält die aufgenommene Wärme aber länger. Feuchte Seewinde, die über dem Meer aufsteigen und ins Inland gelangen, bringen Regen, kühlen das Land im Sommer und erwärmen es im Winter, sodass es meist feucht und mild ist.

SIEHE AUCH ⏭ Berge 45 • Böden 48 • Planet Erde 36–37 • Winde 51

KLIMAZONEN

Die Erde weist verschiedene Klimazonen (tropisches, subtropisches, gemäßigtes und polares Klima) auf, die in noch kleinere Zonen unterteilt werden können. Das Klima einer Region beeinflusst zusammen mit ihren physikalischen Eigenschaften das Pflanzen- und Tierleben.

WAS SIND MIKRO-, MESO- UND MAKROKLIMA?

Das Kleinklima in bodennahen Luftschichten bezeichnet man als Mikroklima. Das spezielle Klima einer Stadt ist ein Beispiel für ein Mesoklima. Die Lufttemperatur kann hier um 6 °C höher liegen als in der Umgebung, weil Gebäude und Pflaster die Wärme speichern und Heizungen betrieben werden. Das Makroklima ist das typische Klima einer größeren Region oder Klimazone.

Klima-
zonen

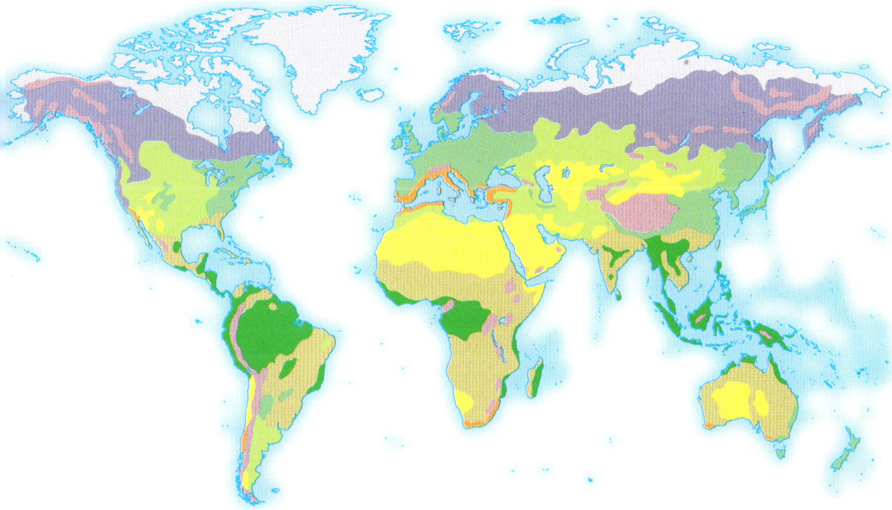

- POLE UND TUNDRA
- BOREALER NADELWALD
- BERGE
- SOMMERGRÜNER WALD
- MEDITERRANES KLIMA
- WÜSTENKLIMA
- STEPPEN
- SAVANNEN
- TROPISCHER REGENWALD

▲ DIE WICHTIGSTEN KLIMAZONEN
Es gibt verschiedene Modelle, Klimazonen voneinander abzugrenzen. Die meisten (wie das gezeigte, das die Erdoberfläche in Vegetationszonen unterteilt) beruhen auf Temperatur- und Niederschlagsdaten.

LOUIS AGASSIZ
Schweizer, 1807–1873
Louis Agassiz untersuchte Gletscher und studierte die Wirkung der Erosion durch Eis dort, wo es keine Gletscher mehr gab. Er stellte die Theorie auf, dass ein großer Teil Europas und Nordamerikas von Eis bedeckt war. Durch sein Werk wurde die Vorstellung der »Eiszeiten« allgemein anerkannt.

WIE HAT SICH DAS KLIMA DER ERDE VERÄNDERT?

Im Verlauf der letzten 2 Mio. Jahre hat sich das Klima der Erde langsam geändert. Lange kalte Abschnitte, die Eiszeiten, haben sich mit wärmeren Perioden abgewechselt. Die letzte Eiszeit endete vor etwa 10 000 Jahren. Auf ihrem Höhepunkt waren Nordeuropa, Teile von Nordamerika, Sibirien, Neuseeland und die Südspitze Südamerikas von bis zu 1000 m dicken Eisschichten bedeckt.

WIRD SICH DAS ERDKLIMA IN ZUKUNFT ÄNDERN?

Einige Wissenschaftler glauben, dass in Tausenden von Jahren eine neue Eiszeit kommen wird. Aber die meisten sind sich sicher, dass die Einflüsse des Menschen zu einem Anstieg der Temperaturen führen werden – der sogenannten globalen Erwärmung.

GLIEDERUNG DER KLIMAZONEN

POLE UND TUNDRA
Das Polarklima ist kalt und trocken mit langen, dunklen Wintern. In der Tundra (eine baumlose Gegend am Rand der Arktis) steigt die Temperatur nur für wenige Monate im Jahr über den Gefrierpunkt.

BOREALER NADELWALD
Der boreale Nadelwald schließt sich im Süden an die Tundra an und erstreckt sich über große Teile Nordkanadas, Skandinaviens und Russlands. Hier friert es für vier bis sechs Monate im Jahr.

BERGE
Auf Bergen nimmt die Temperatur mit zunehmender Höhe ab. Viele Berggipfel sind immer schneebedeckt. Das Bergklima ist meistens feuchter und windiger als das Klima im Flachland.

SOMMERGRÜNER WALD
Das gemäßigte Klima weist warme Sommer und kalte Winter auf. Niederschläge fallen das ganze Jahr über. In den Wäldern herrschen Laubbäume vor, die ihre Blätter im Winter abwerfen.

MEDITERRANES KLIMA
Mediterranes Klima tritt im europäischen Mittelmeerraum, in Australien und in Kalifornien (USA) auf. Die Sommer sind trocken und heiß, die Winter kühl und feucht.

WÜSTENKLIMA
Wüsten sind das ganze Jahr über heiß und trocken. Hier fallen im Jahr meistens weniger als 250 mm Regen. Wüsten befinden sich oft im Inneren der Kontinente, weit vom Meer entfernt.

STEPPE
Trockene Grassteppen findet man im Inneren der Kontinente, wo starke Temperaturunterschiede auftreten. Es gibt heiße Sommer, kalte Winter und kaum Regen. Nur wenige Bäume wachsen hier.

SAVANNE
Tropische Savannenlandschaften befinden sich zwischen den Wüsten und dem tropischen Regenwald. Es ist das ganze Jahr über warm. Man kann jedoch Trocken- und Regenzeit unterscheiden.

TROPISCHER REGENWALD
Regenwälder gibt es in den Tropen in der Nähe des Äquators. Das Klima ist das ganze Jahr über heiß und feucht. Die Temperaturen liegen gleichbleibend bei ungefähr 27–28 °C.

SIEHE AUCH ⏭ Eingriffe in die Natur 64–65 • Lebensräume 82–84 • Winde 51

EINGRIFFE IN DIE NATUR

Mehr als sechs Milliarden Menschen leben heute auf der Erde. Die wachsende Bevölkerung beansprucht immer mehr Land und natürliche Rohstoffe. Viele Aktivitäten des Menschen führen zur ⏭ UMWELTVERSCHMUTZUNG und schädigen so den eigenen Lebensraum.

WIE VERÄNDERT DER ACKERBAU DIE LANDSCHAFT?

Seit dem Beginn des Ackerbaus vor rund 10 000 Jahren sind viele ursprüngliche Landschaften in Äcker oder Weiden verwandelt worden. Sümpfe und Marschgebiete sind trockengelegt worden. Wälder wurden gefällt und Grasland umgepflügt. Das Entfernen von Wurzeln, die den Boden festigen, führt jedoch zu verstärkter Erosion. Die Erde kann vom Wind weggeweht oder vom Regen in die Flüsse gespült werden. In manchen Gegenden hat die Erosion fruchtbares Ackerland in trostlose Wüsten verwandelt.

CHEMISCHE FABRIK ►
Während des Produktionsprozesses und bei der Verbrennung fossiler Brennstoffe setzen Fabriken wie dieses Chemiewerk Gase frei, die der Umwelt schaden. Obwohl sie in Anschaffung und Betrieb teurer sind, gibt es mittlerweile »saubere« Technologien. Es ist zu hoffen, dass die Verbreitung umweltschonender Fabriken in Zukunft zunehmen wird.

◄ BEARBEITUNG DES LANDES
Wo die nordamerikanische Prärie einst Tausende von Tier- und Pflanzenarten beherbergt hat, erstrecken sich heute bis zum Horizont Getreidefelder. Auf der ganzen Welt wird Land zum Anbau von Nahrung oder zum Bau von Häusern, Fabriken, Straßen und Schienennetzen verbraucht.

WIE VERÄNDERT DIE INDUSTRIE DIE LANDSCHAFT?

Im 18. Jh. revolutionierte die beginnende Industrialisierung die Produktionsmethoden und machte sie wirtschaftlicher. Seitdem sind überall auf der Welt Fabriken gebaut worden. Fabriken benötigen große Mengen an Rohstoffen und Energie. Viele von ihnen produzieren chemische Abfallstoffe, die Luft und Wasser vergiften und außerdem einen erheblichen Beitrag zur ⏭ GLOBALEN ERWÄRMUNG leisten.

WAS MÜSSEN WIR TUN?

Eine der größten Herausforderungen der Menschheit besteht darin, ein Gleichgewicht zwischen der Nutzung und der Bewahrung natürlicher Ressourcen herzustellen. Der Mensch beherrscht die Erde, wie es keine andere Art zuvor getan hat. Unser riesiger Bedarf an Brennstoffen, Wasser, Land und Nahrung bedroht die begrenzten Rohstoffe unseres Planeten. Was uns von anderen Arten aber auch unterscheidet, ist die Möglichkeit, diese Probleme zu erkennen und ihnen zu begegnen.

▼ WACHSENDE STÄDTE
Um 1900 lebten nur etwa 10% der Weltbevölkerung in Städten. Heute beträgt der Anteil 50%. Überall auf der Welt haben die Städte sich ausgebreitet, um immer mehr Arbeit suchende Menschen aufzunehmen.

UMWELTVERSCHMUTZUNG

Überall auf der Welt verschmutzen Fabriken, Kraftwerke, Landwirtschaft, Geschäfte und Haushalte die Umwelt hochgradig durch die Freisetzung von Chemikalien und anderen Substanzen. Da der Bedarf der Menschen an Energie und Rohstoffen wächst, wird die Erde in immer höherem Maß belastet.

Eingriffe in die Natur

▲ ÖLPEST
Eine Ölpest tritt nach einem Tankerunglück auf und kann Tausende von Vögeln, Fischen und anderen Meerestieren das Leben kosten. Die Meere werden außerdem mit Abfällen und Abwässern aus der Industrie verschmutzt.

WAS VERURSACHT DIE UMWELTVERSCHMUTZUNG?

Abfälle und Abwässer der Industrie sowie Pestizide aus der Landwirtschaft gelangen in die Gewässer. Autos, Fabriken und Kraftwerke verbrauchen fossile Brennstoffe und vergiften mit ihren Abgasen die Luft. Chemikalien wie FCKW (Fluorchlorkohlenwasserstoffe), für den Bau von Kühlschränken und als Treibgas in Sprays benutzt, zerstören die Ozonschicht. In Deponien vergrabener Müll vergiftet das Land.

WIE LANGE BLEIBEN UMWELTGIFTE GEFÄHRLICH?

Einige Umweltgifte werden von Wind und Wasser verteilt und relativ schnell abgebaut. Andere, etwa radioaktiver Müll, bleiben für Tausende von Jahren giftig. Der Haushaltsmüll auf den Müllhalden braucht sehr lange, um zu verrotten. Viele der darin enthaltenen Kunststoffe sind kaum abbaubar.

WIE STOPPT MAN DIE UMWELTVERSCHMUTZUNG?

Der durch Umweltverschmutzung angerichtete Schaden wird auf der ganzen Welt untersucht. Viele Regierungen haben Grenzwerte für verschiedene von Industrie und Landwirtschaft erzeugte Schadstoffe festgesetzt. Besonders in ländlichen Gegenden wird die Erschließung von Land begrenzt. Jeder kann die Umweltverschmutzung dadurch verringern, dass er seinen Stromverbrauch verringert und Glas, Dosen, Kunststoffe und Papier der Wiederverwertung zuführt.

▲ GROSSSTADT-SMOG
Autoabgase sind eine der wichtigsten Ursachen der Umweltverschmutzung. Die Abgase konzentrieren sich manchmal zu dichtem Smog.

▲ SAURER REGEN
Saurer Regen schädigt Bäume, vergiftet Tiere und kann sogar Gestein angreifen. Er bildet sich, wenn giftige Abgase von Fahrzeugen und Kraftwerken mit der Luftfeuchtigkeit zu einer schwachen Säure reagieren.

GLOBALE ERWÄRMUNG

Als globale Erwärmung bezeichnet man die langsame, stetige Erwärmung der Erdatmosphäre durch »Treibhausgase«, die durch Umweltverschmutzung entstehen. Manche Wissenschaftler rechnen mit 1,4–4,5 °C Temperaturanstieg in diesem Jahrhundert.

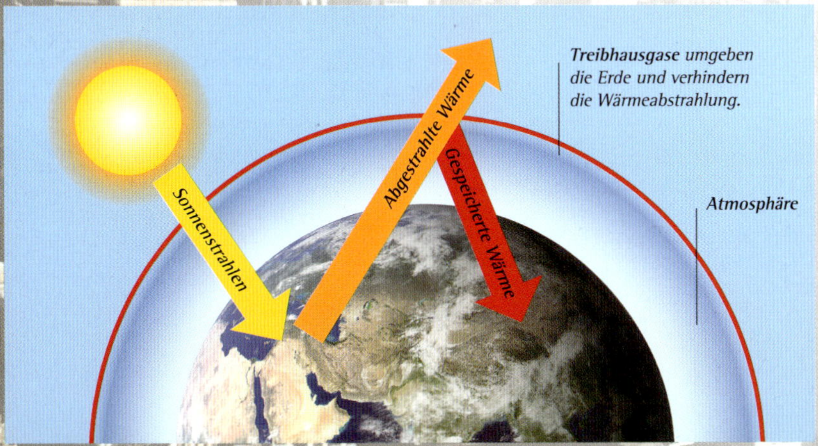

WIE ENTSTEHT DIE GLOBALE ERWÄRMUNG?

Die globale Erwärmung wird durch den erhöhten Anteil von Kohlendioxid und anderen Treibhausgasen in der Atmosphäre erzeugt. Diese Gase entstehen in Automotoren oder bei der Verfeuerung fossiler Brennstoffe. Auch FCKW aus Spraydosen und Kühlschränken sowie Methan aus Sümpfen, verrottendem Abfall und der Viehhaltung sind Treibhausgase.

WELCHEN EINFLUSS HAT DIE GLOBALE ERWÄRMUNG AUF UNSER LEBEN?

Die globale Erwärmung führt zur Abschmelzung der polaren Eiskappen, sodass das Überschwemmungsrisiko an den Küsten und im Flachland steigt. Hitzeperioden, Dürren, Wirbelstürme und Flutkatastrophen werden häufiger auftreten. Um die globale Erwärmung zu verlangsamen, sollten die Kohlendioxidproduktion verringert und erneuerbare Energiequellen genutzt werden.

◄ DER TREIBHAUSEFFEKT
Ein bestimmter Anteil an Treibhausgasen kommt auch ohne Einfluss des Menschen in der Atmosphäre vor. Sie halten einen Teil der Sonnenwärme zurück und ermöglichen so das Leben auf der Erde.

SIEHE AUCH ⏭ Bevölkerung 218–219 • Energiequellen 60–61 • Industrielle Revolution 418–419 • Verkehr 200–201

LANDWIRTSCHAFT

Vor Tausenden von Jahren begannen Menschen mit dem Anbau von Getreide und mit der Viehzucht, durch die sie Fleisch und Milch erhielten. Heute benutzen die meisten Landwirte moderne Maschinen, um Rekordernten zu erzielen.

WELCHE TIERE SIND ZU NUTZTIEREN GEWORDEN?

Im Mittleren Osten begannen die Bauern schon vor etwa 10000 Jahren mit der Haltung von Schafen und Ziegen. Heute züchtet man vor allem Rinder, Schafe und Schweine. Doch werden auch andere Tiere als Nutztiere gehalten, z. B. Hirsche, Kaninchen, Enten, Puten und sogar Strauße.

RINDERHALTUNG ► Die größten Rinderherden der Welt findet man in Nord- und Südamerika, wo noch genügend offenes Weideland existiert. In Südamerika gibt es auch immer noch Cowboys, die das Vieh vom Pferd aus zusammentreiben. Sie werden hier Gauchos genannt.

◄ ERNTEMASCHINEN Moderne Mähdrescher erfüllen zwei Aufgaben. Sie mähen das Getreide und dreschen das Korn, um es von Spreu und Stroh zu trennen. Das Stroh wird in Ballenpressen gebündelt. Landwirte benutzen verschiedene Maschinen, um zu pflügen, zu säen, zu ernten und die Felder mit Düngern und Pflanzenschutzmitteln zu besprühen.

Landwirtschaft

WIE ENTSTANDEN DIE HEUTIGEN GETREIDESORTEN?

Das heutige Getreide stammt von wilden Arten ab, deren Samen bereits essbar waren. Frühe Sorten besaßen noch kleine Ähren und lieferten einen geringen Ertrag. Jahrhunderte der Zuchtwahl (man sät immer wieder die besten Samen aus) führten zu den heutigen Sorten, deren große Ähren sehr ertragreich sind.

WAS SIND GRUNDNAHRUNGSMITTEL?

Grundnahrungsmittel stellen den Hauptanteil der täglichen Ernährung dar. Zu ihnen gehören die Getreidesorten Weizen, Mais und Reis. Weizen wird von etwa 35% der Weltbevölkerung täglich gegessen. Die Körner werden ganz oder zu Mehl gemahlen verzehrt, das zu Brot oder Nudeln verarbeitet worden ist. Mais wird hauptsächlich in tropischen oder subtropischen Ländern angebaut. Er wird als Gemüse, als Mehl oder für Speiseöl genutzt.

WO WIRD REIS ANGEBAUT?

Über 90% der Weltreisproduktion stammen aus Asien und werden auch dort verzehrt. In den USA wird Reis vor allem für den Export angebaut. Hier ist der Reisanbau hochgradig mechanisiert. In Asien sind das Säen, das Auspflanzen und die Ernte dagegen noch weitgehend Handarbeit.

WAS IST KONTROLLIERTER ANBAU?

Viele Landwirte setzen chemische Mittel und Kunstdünger ein, um eine große Ernte zu erzielen. Im kontrollierten Anbau werden dagegen natürliche Anbaumethoden bevorzugt. Die Düngung erfolgt mit Naturdüngern. Schädliche Insekten werden durch ihre natürlichen Feinde oder den gemeinsamen Anbau verschiedener Pflanzen bekämpft. So kann man Möhren zusammen mit Zwiebeln pflanzen, um den Befall mit der Möhrenfliege zu verringern. Hühnern und Schweinen wird im kontrollierten Anbau Auslauf gewährt.

REISANBAU ► Reis ist das wichtigste Nahrungsmittel für mehr als die Hälfte der Weltbevölkerung. Er wird in Ländern wie Thailand, China, Japan und Indonesien angebaut.

Terrassen werden zur Vergrößerung der Anbaufläche an Berghängen angelegt.

***Reisfelder** werden die meiste Zeit überflutet, da der Reis als Sumpfpflanze im Wasser wächst.*

SIEHE AUCH ⏭ Erster Ackerbau 364–365 • Gentechnologie 210–211 • Landwirtschaftliche Revolution 412 • Südostasien 270–271

FISCHEREI

Da Fisch ein wichtiges Nahrungsmittel ist, betreiben viele Länder Fischfang. Überfischung hat jedoch zu abnehmenden Fischbeständen in den Meeren geführt.

▲ FISCHZUCHT IN THAILAND
Fischzuchten, in denen Lachse, Forellen, Welse, Krebse und Garnelen gezüchtet werden, gewinnen an Bedeutung, da die Fischbestände in den Meeren zurückgehen.

MIT WELCHEN METHODEN WIRD FISCH GEFANGEN?

Moderne Fangschiffe arbeiten in Küstengewässern und auf der Hochsee. Sie benutzen Sonargeräte, um Fischschwärme zu orten, und fangen sie mit speziellen Netzen. Im Wasser treibende Netze werden zum Fang an der Oberfläche und in mittleren Wasserschichten benutzt. Sackförmige Schleppnetze werden über den Meeresboden gezogen, um Bodenbewohner zu fangen.

WAS IST ÜBERFISCHUNG?

Überfischung bedeutet, dass so viele Fische gefangen werden, dass nicht mehr genug zur Vermehrung übrig bleiben. Manche Arten wie Kabeljau werden vielleicht aussterben. Der Grund für die Überfischung sind die hohe Nachfrage nach Fisch als Nahrungsmittel und die technischen Möglichkeiten der heutigen Fangindustrie.

▲ THUNFISCHFANG
Gefrorene Thunfische werden in einem Hafen in Tokio (Japan) gestapelt. Andere Arten im gewerblichen Fischfang sind Heringe, Makrelen und Sardellen. Unvorstellbare 100 Mio. Tonnen Fisch werden im Jahr gefangen, zusammen mit anderen Wassertieren wie Tintenfischen, Krabben und Garnelen.

Fischerei

SIEHE AUCH ⏭ Bedrohte Arten 124 • Fische 112–113 • Ozeane 40–41

FORSTWIRTSCHAFT

Als Forstwirtschaft bezeichnet man die Pflege der Wälder mit dem Ziel, ihre Produkte zu ernten. Dazu gehören Bauholz, Brennholz, Holzkohle, Harz und Holz zur Papierherstellung ebenso wie Früchte, Nüsse und Öl.

WOZU BENÖTIGT MAN HOLZ HAUPTSÄCHLICH?

Holz ist ausgesprochen vielseitig nutzbar. Man kann es als Brennholz verwenden, aber auch um Gebäude zu errichten oder Möbel und Werkzeuge herzustellen. Harthölzer wie Teak und Mahagoni sind wegen ihrer schönen Maserung und Robustheit beliebt. Schnell wachsende Weichhölzer wie Kiefern benutzt man hauptsächlich zur Papierherstellung.

GUMMIPLANTAGE ►
Ein klebriger Saft, Latex genannt, fließt aus der Borke des Gummibaums. Latex wird in getrocknetem Zustand dehnbar und kann zu Gummi verarbeitet werden. Gummibäume werden wie hier in Malaysia auf großen Plantagen angebaut.

◄ HOLZVERARBEITUNG
Große Bäume werden mit Kettensägen oder riesigen Sägeblättern gefällt. Die Stämme werden per Lkw oder auf dem Fluss zur Sägemühle transportiert, wo sie zugeschnitten werden. Zu den Holz produzierenden Ländern gehören Kanada, Russland und Finnland.

Forstwirtschaft

WAS IST ABHOLZUNG?

In gut gepflegten Wäldern werden Bäume einzeln oder in Reihen gefällt, damit der Wald sich wieder erholen kann. Viele Wälder werden heute jedoch durch großflächige Abholzung vollständig zerstört. Besonders die tropischen Regenwälder verschwinden erschreckend schnell – eine Katastrophe, da in ihnen mehr als die Hälfte aller Tier- und Pflanzenarten der Welt lebt.

SIEHE AUCH ⏭ Bäume 94–95 • Industrie 204 • Lebensräume 82–84

NATUR

BIOLOGIE

Die Biologie befasst sich mit der Erforschung des Lebens und der Lebewesen. Wichtige Fachgebiete der Biologie sind Zoologie (die Lehre von den Tieren), Botanik (die Lehre von den Pflanzen) und ⏭ MIKROBIOLOGIE (die Lehre von den kleinsten Organismen).

In den Staubbeuteln der ***Staubblätter*** *entwickelt sich der Pollen.*

▲ ROTER HIBISKUS
Die tropische Pflanze besitzt trompetenförmige Blütenkelche und gelbe, bürstenartige Staubbeutel (männlich), die rote, tellerförmige Narben (weiblich) umgeben. Kolibris, die vom Nektar (eine süße Flüssigkeit) naschen, übertragen den Pollen von den Staubbeuteln auf die Narben. So findet die Befruchtung statt und die Pflanze kann sich durch den entstehenden Samen vermehren.

WAS GENAU UNTERSUCHEN BIOLOGEN?

Biologen studieren besondere Spezialgebiete innerhalb der Biologie. Zellbiologen beschäftigen sich mit den Zellen, kleinen Bausteinen, aus denen alle größeren Lebewesen bestehen. Deren Form und Struktur beschreiben die Morphologen. Physiologen untersuchen die Funktion und das Zusammenspiel aller Bestandteile eines Körpers.

GEHT ES NUR UM DEN AUFBAU DER LEBEWESEN?

Neben dem Aufbau der Organismen untersuchen Biologen auch, wie sie wachsen und sich vermehren, wie ihr Lebensraum beschaffen ist und wie sie sich verhalten. Auf diese Weise erhalten sie ein umfassendes Bild eines Lebewesens in seiner Umwelt. Früher wussten Wissenschaftler dagegen oft nur, wie ein Tier oder eine Pflanze aussieht.

Biologie

▲ VERHALTENSUNTERSUCHUNGEN
Die Zoologin Jane Goodall macht sich Notizen, während sie Schimpansen im Gombe-Nationalpark (Tansania, Afrika) beobachtet. Sie hat viele Jahre mit der Untersuchung ihres Verhaltens zugebracht.

MIKROBIOLOGIE

Mikroorganismen sind zu klein, als dass man sie mit dem bloßen Auge sehen könnte. Die Mikrobiologie befasst sich mit Einzellern, Bakterien, Viren und winzigen Pilzen (etwa Hefe- oder Schimmelpilzen).

WAS MACHEN MIKROBIOLOGEN EIGENTLICH?

Manche Mikrobiologen interessieren sich vor allem für Krankheitserreger. Andere untersuchen die Verwendung von Bakterien und Pilzen bei der Produktion von Medikamenten oder Nahrungsmitteln. Wieder andere beschäftigen sich mit den Mikroorganismen, die für die Erhaltung einer gesunden Umwelt wichtig sind.

WIE FUNKTIONIERT EIN ELEKTRONENMIKROSKOP?

Das Durchstrahlungs-Elektronenmikroskop schießt winzige Teilchen (Elektronen) durch eine dünne Scheibe einer Probe. Beim Raster-Elektronenmikroskop (REM) werden die Elektronen dagegen von der Probenoberfläche so reflektiert, dass man ein dreidimensional wirkendes Bild betrachten und fotografieren kann.

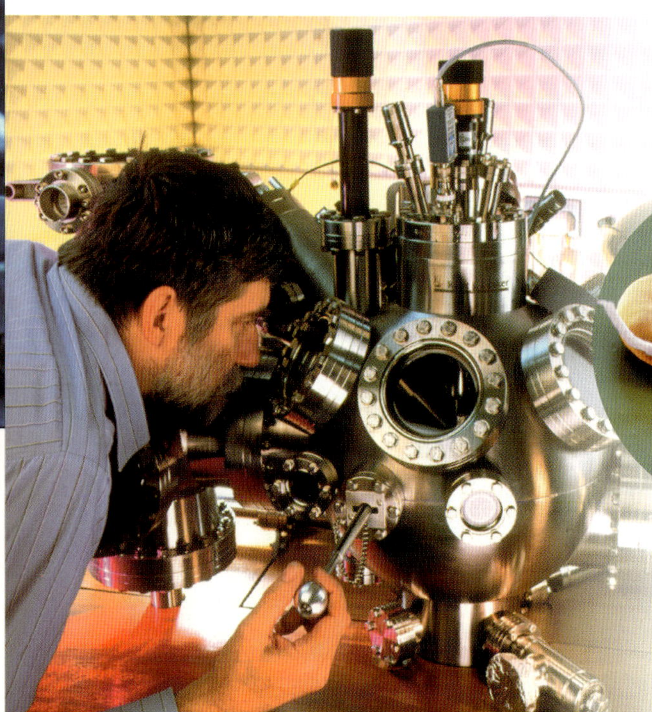

◄ ELEKTRONENMIKROSKOP
Ein Wissenschaftler betrachtet ein stark vergrößertes Bild einer Probe in einem Elektronenmikroskop. Hier kann er jede Einzelheit genau erkennen.

▲ MIKROORGANISMUS
Ein Einzeller der Gattung *Trypanosoma* und ein rotes Blutkörperchen (REM, 4500-fach vergrößert). Trypanosomen werden durch die Tsetsefliege übertragen und sind Erreger der Schlafkrankheit.

SIEHE AUCH ⏭ Bedecktsamer 92–93 • Mikroorganismen 85 • Tiere 96–97

ZELLEN

Höher entwickelte Organismen bestehen aus kleinen Bausteinen, den Zellen. Diese besitzen einen Zellkern, der mit den ⏭ GENEN die Vorgaben für den Bau des Lebewesens enthält.

GIBT ES IM GLEICHEN LEBEWESEN VERSCHIEDENE ZELLTYPEN?

Die meisten höher entwickelten Lebewesen bestehen aus vielen verschiedenen Zelltypen, von denen jeder eine besondere Funktion hat. Viele Zellen mit der gleichen Aufgabe, etwa die Muskelzellen eines Tiers, bilden zusammen ein Gewebe (beispielsweise einen Muskel, der ein Bein bewegt).

WIE UNTERSCHEIDEN SICH TIER- UND PFLANZENZELLEN?

Beide besitzen einen Kern, eine Zellmembran und das Zytoplasma als Zellinhalt. Pflanzenzellen haben zusätzlich eine feste Zellwand, eine Vakuole und die grünen Chloroplasten. Diese produzieren bei der Fotosynthese mithilfe der Sonnenenergie Nährstoffe. Tierzellen bekommen Nahrung dagegen zugeführt.

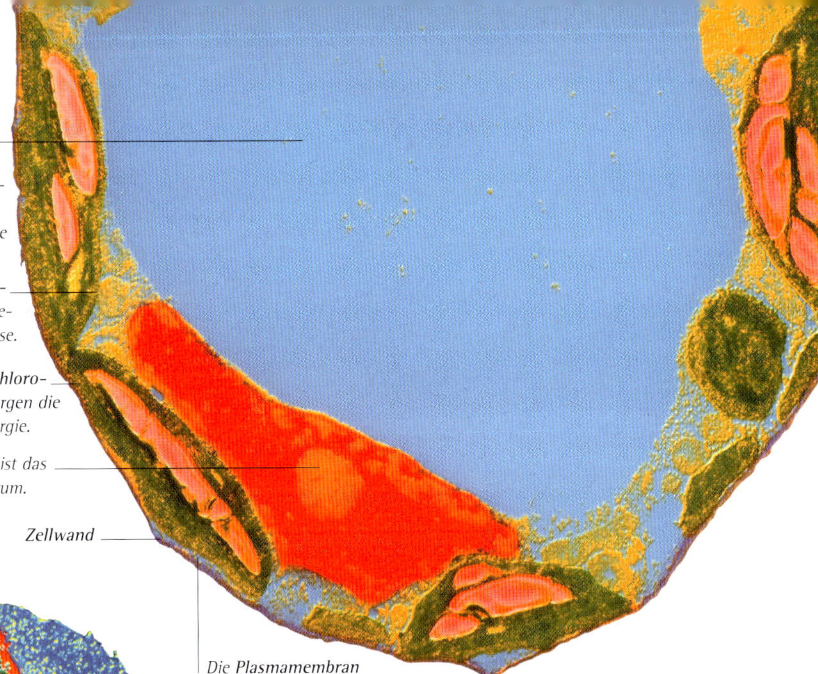

▲ PFLANZENZELLE
Der Schnitt durch die Zelle eines Blattes zeigt, wie die Vakuole (blau) das Zytoplasma (gelbgrün) gegen die braune Zellwand drückt und der Zelle so ihre Form gibt.

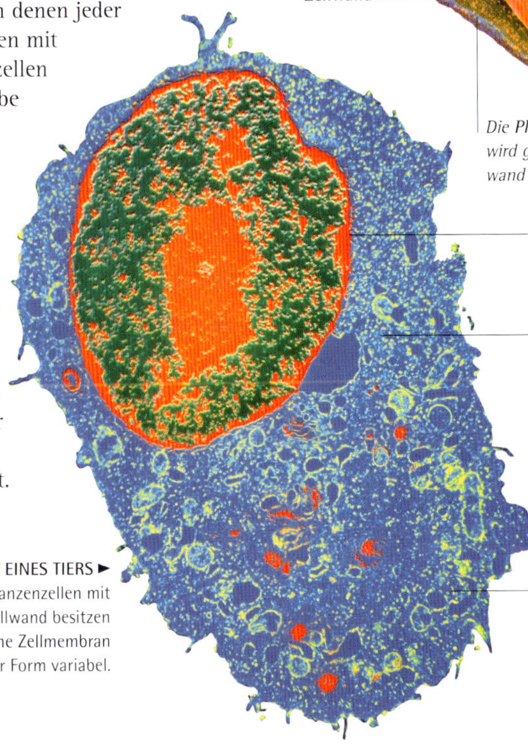

ZELLE EINES TIERS ►
Anders als Pflanzenzellen mit ihrer festen Zellwand besitzen Tierzellen nur eine Zellmembran und sind in der Form variabel.

Zellen

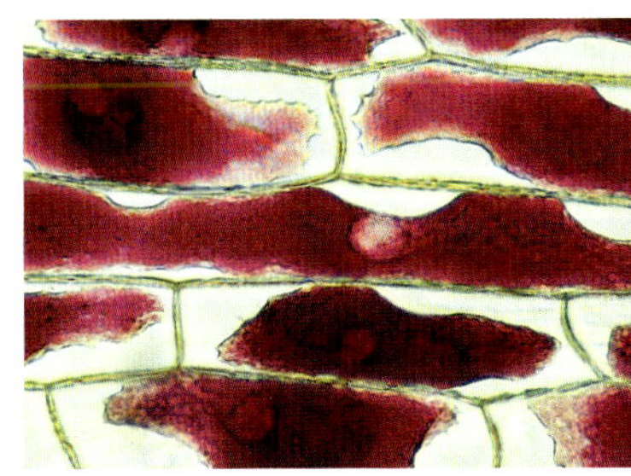

▲ ZELLEN DER ZWIEBELHAUT
Die Zellen eines Zwiebelhäutchens sind rot angefärbt worden. Die Zellwände lassen die Zellen nahezu rechteckig erscheinen.

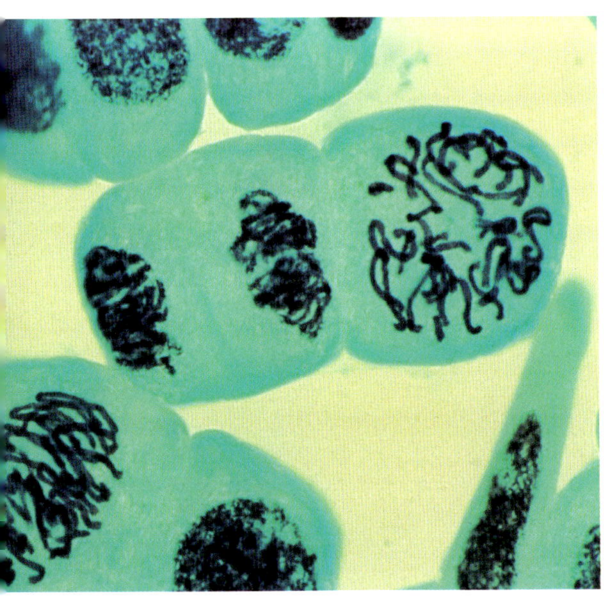

▲ ZELLTEILUNG IN DER SPITZE EINER ZWIEBELWURZEL
Die blau angefärbten Zellen teilen sich. Diesen Prozess nennt man Mitose. Dabei teilen sich auch die 16 schwarz gefärbten Chromosomen. Die Mitose erlaubt dem Organismus zu wachsen und Zellen zu ersetzen.

GENE

Die Eigenschaften der Lebewesen werden durch ihre Gene bestimmt. Gene stellen eine Bauanweisung für Eiweiße dar, die als Baustoffe und zur Steuerung biochemischer Vorgänge dienen. Gene werden von den Eltern auf die Nachkommen vererbt.

WAS IST DNA?

Gene bestehen aus Abschnitten auf Desoxyribonukleinsäure-Ketten (DNA), die sich im Zellkern befinden. Die Struktur der DNA bestimmt den Aufbau der Eiweiße, die in der Zelle produziert werden. Mit der DNA werden genetische Informationen an die Nachkommen weitergegeben.

WAS IST EIN CHROMOSOM?

Im Zellkern bilden die DNA-Ketten lange, fadenartige Chromosomen. Man sieht sie nur bei der Zellteilung mit einem Mikroskop. Die Chromosomen werden nun kürzer und dicker und teilen sich in gleiche Hälften – jeweils eine für eine neue Zelle. Ihre Anzahl hängt von der jeweiligen Tier- oder Pflanzenart ab.

▲ GENETISCHE UNTERSCHIEDE
Die beiden Hamster unterscheiden sich, weil sie verschiedene Gene zur Festlegung der Fellzeichnung und -farbe besitzen. Ansonsten sehen sie sich sehr ähnlich: Die meisten Gene sind fast identisch.

SIEHE AUCH ⏭ Evolution 74–75 • Mikroorganismen 85

EVOLUTION

Lebewesen verändern sich im Lauf vieler Generationen. Diesen Prozess nennt man Evolution. Sie sorgt dafür, dass Organismen an ihre Umwelt angepasst sind, lässt neue Arten entstehen und andere aussterben. Die treibende Kraft der Evolution ist die ⏭ NATÜRLICHE AUSLESE.

▲ **KONVERGENTE EVOLUTION**
So bezeichnet man die Entwicklung ähnlicher Merkmale bei Arten, die nicht miteinander verwandt sind, aber unter gleichen Bedingungen leben. Euphorbie und Kaktus sind ein Beispiel dafür.

WOHER WEISS MAN VON DER EVOLUTION?

Hinweise auf die Evolution geben die Fossilien, die Überreste früherer Lebewesen. Heutige Vertreter ähnlicher Arten teilen einige Eigenschaften mit ihren Vorfahren, haben aber auch neue entwickelt. Man kann die Herkunft aller Lebewesen auf einfache Organismen zurückführen, die vor Milliarden von Jahren lebten.

WIE ENTSTEHEN NEUE ARTEN?

Für höhere Lebewesen (etwa Löwen) gilt, dass die Angehörigen einer Art sich miteinander fortpflanzen können. Wenn eine Gruppe von Lebewesen von einer anderen ihrer Art getrennt wird, entwickeln sich beide Gruppen unterschiedlich, da kein genetischer Austausch mehr stattfindet. Irgendwann kann der Unterschied so groß werden, dass man von verschiedenen Arten spricht.

WIE SCHNELL ARBEITET DIE EVOLUTION?

Evolution ist ein ständiger Prozess der Veränderung. Sie kann in kleinen Lebewesen wie Bakterien schnell stattfinden, benötigt meist jedoch Tausende von Jahren. Die ⏭ EVOLUTION DES MENSCHEN vom affenähnlichen Vorfahren an dauerte Millionen von Jahren und schuf mehrere Arten, nicht nur unsere eigene.

Phiomia war so groß wie ein heutiges Pferd, hatte Säulenbeine und einen kurzen Rüssel. Scharfe Stoßzähne dienten der Verteidigung und dem Sammeln von Futter.

Moeritherium, ein früher Elefant, hatte einen plumpen Körper, kurze Beine und eine lange Oberlippe. Die Art lebte in Afrika, wahrscheinlich in Flüssen und Seen, und ernährte sich von Wasserpflanzen.

MOERITHERIUM
VOR 50 MIO. JAHREN

PHIOMIA
VOR 35 MIO. JAHREN

CHARLES DARWIN
Engländer, 1809–1882

Von 1831 bis 1836 segelte Charles Darwin um die Welt und beschrieb die Tiere und Pflanzen, die er fand. Auf dieser Reise kam er zu der Überzeugung, dass sich Lebewesen weiterentwickeln. Damit widersprach er der Auffassung der meisten Wissenschaftler seiner Zeit. 1859 veröffentlichte er seine Theorie.

NATÜRLICHE AUSLESE

Lebewesen erzeugen mehr Nachwuchs, als nötig wäre, um sich selbst zu ersetzen. Nur die gut an ihre Umwelt Angepassten überleben. Durch diese Auslese werden für das Überleben wichtige Eigenschaften an die Nachkommen weitergegeben und verbreitet, während sich die Art entwickelt.

WARUM IST DIE ANPASSUNG SO WICHTIG?

Manche Individuen haben Eigenschaften, die ihnen bei der Suche nach Futter, Wasser, Schutz oder Partnern Vorteile verschaffen. Sie geben diese Eigenschaften an ihre Nachkommen weiter. So sorgt die natürliche Auslese für das Überleben des am besten Angepassten. Der Naturwissenschaftler Charles Darwin ging davon aus, dass sich auf diese Weise neue Arten entwickeln.

Evolution

▲ **DAS RENNEN DER KRABBEN**
Die im Wald lebenden Roten Krabben vermehren sich im Meer. Nach einem Monat im Wasser rennen sie zum Wald; viele sterben dabei.

▼ EVOLUTION DER ELEFANTEN

Hier sind fünf der rund 150 Arten abgebildet, die während der Evolution der Elefanten und ihrer Verwandten gelebt haben. Ihre Evolution wurde anhand von Fossilien nachvollzogen. Rüssel und Stoßzähne der Elefanten wurden während der Entwicklung immer größer.

Gomphotherium *besaß zur Verteidigung Stoßzähne im Oberkiefer. Verwandte von* ***Gomphotherium*** *waren die Ahnen des Mammuts und der heutigen Elefanten.*

Deinotherium *hatte keine Stoßzähne im Oberkiefer, sondern zwei abwärtsgerichtete im Unterkiefer. Der Rüssel war kürzer als bei heutigen Elefanten.*

Der ***Asiatische Elefant*** *ist eine der beiden heutigen Arten. Beide besitzen lange Stoßzähne und Rüssel. Die großen Ohren dienen der Temperaturregulation.*

GOMPHOTHERIUM
VOR 20 MIO. JAHREN

DEINOTHERIUM
VOR 2 MIO. JAHREN

ASIATISCHER ELEFANT
HEUTE

EVOLUTION DES MENSCHEN

Frühe Menschen entstanden vor rund fünf Millionen Jahren in Afrika. Sie verlegten ihren Lebensraum vom Wald in die Savanne und entwickelten dabei den aufrechten Gang.

WARUM WAR DER AUFRECHTE GANG SO WICHTIG?

Auf zwei Beinen zu laufen ermöglichte den frühen Menschen, ihre Hände zum Aufnehmen, Tragen und Gebrauch von Gegenständen zu benutzen. Außerdem konnten sie nach Feinden oder Beute Ausschau halten. Ihre neuen Eigenschaften führten zur Entwicklung größerer Gehirne, zum Denken, Planen und Sprechen.

HOMO HABILIS 2,5 MIO. JAHRE | HOMO ERECTUS 1,75 MIO. JAHRE | HOMO NEANDERTHALENSIS 200 000 JAHRE | HOMO SAPIENS 160 000 JAHRE

▲ DIE GATTUNG HOMO

Homo ist die Gattung des heutigen Menschen (*Homo sapiens*). Die oben gezeigten frühen Verwandten gehörten ebenfalls dieser Gruppe an. Mit der Zeit nahmen Gehirngröße und Intelligenz zu. Die Fähigkeiten, aufrecht zu gehen und Werkzeuge zu gebrauchen, entwickelten sich.

▲ FEUERSTEIN-AXT

Die über 200 000 Jahre alte Axt beweist, dass die frühen Menschen Werkzeuge benutzen konnten. Die scharfe Kante mag zum Abhäuten gedient haben.

SIEHE AUCH ⏭ Entstehung des Lebens 77 • Fossilien 76

FOSSILIEN

Fossilien sind die Überreste von in Gestein konservierten Lebewesen. Sie bestehen meist aus harten Pflanzen- oder Tierteilen wie Holz, Knochen oder Schalen. Mit ihrem Studium befasst sich die ⏭ PALÄONTOLOGIE.

WIE ENTSTEHEN FOSSILIEN?

Ein totes Tier wird von Sedimenten wie Schlamm oder Sand bedeckt. Seine Weichteile verwesen, doch die härteren Reste werden langsam von Mineralen ersetzt – sie versteinern. Zur gleichen Zeit werden die Sedimente zu Stein gepresst. Millionen von Jahren später wird das Gestein freigelegt und der Abdruck des Tiers (Fossil oder Versteinerung) kommt zum Vorschein.

WAS VERDEUTLICHEN UNS FOSSILIEN?

Fossilien beweisen, dass frühere Lebensformen sich von den heutigen unterscheiden. Man findet sie in Gesteinsschichten, von denen jede älter als die darüberliegende ist. Da die Evolution zur allmählichen Veränderung der Lebewesen führt, zeigen Fossilien wie ein Geschichtsbuch die Entwicklung des Lebens.

FOSSILE AMMONITEN ▲
Dies sind fossile Gehäuse von Ammoniten (Verwandte der heutigen Tintenfische). Ammoniten waren im Meer lebende Räuber, die sich 500 Mio. Jahre vor unserer Zeit entwickelten und vor 65 Mio. Jahren ausstarben.

Das Gehäuse war in gasgefüllte Kammern unterteilt, die das Tier im Wasser schweben ließen.

PALÄONTOLOGIE

Die Paläontologie untersucht die Entstehung und das Aussterben von Lebewesen, die in vergangenen Zeitaltern gelebt haben. Paläontologen sind Wissenschaftler, die sich mit der Untersuchung fossiler Überreste von Lebewesen früherer Zeiten beschäftigen.

▲ URVOGEL
Der fossile *Archäopteryx* (oben) ist von Federabdrücken umgeben. Nach der Versteinerung entstand dieses Modell (rechts).

MODELL EINES ARCHÄOPTERYX

Fossilien

WAS KÖNNEN PALÄONTOLOGEN VON FOSSILIEN LERNEN?

Fossilien belegen, wie sich die Merkmale der heutigen Lebewesen entwickelt haben. Paläontologen können Organismen identifizieren, die möglicherweise Verwandte heute lebender Arten sind. Bei der Betrachtung gleicher Gesteinsschichten können sie erschließen, welche Organismen einst zusammengelebt haben.

WAS SIND FOSSILE BINDEGLIEDER?

Fossile Bindeglieder stehen zwischen älteren und neuen Gruppen von Lebewesen. Sie zeigen auch, wie eine Gruppe aus der anderen hervorgegangen ist. *Archäopteryx* lebte vor 140 Mio. Jahren. Seine Fossilien zeigen, wie sich Vögel aus Dinosauriern entwickelt haben könnten. Das Skelett weist Sauriermerkmale auf, doch es sind schon Federn vorhanden.

ZEITTAFEL (IN JAHREN)

4,6 Mrd.	Entstehung der Erde
3,6 Mrd.	Erstes Leben
460 Mio.	Erste Wirbeltiere (Fische)
440 Mio.	Landpflanzen
360 Mio.	Erste Landwirbeltiere (Amphibien)
200 Mio.	Erste Säugetiere
150 Mio.	Frühe Vögel
65 Mio.	Aussterben der Dinosaurier
60 Mio.	Blütezeit der Säugetiere
2 Mio.	Eiszeiten
160000	Erste moderne Menschen

SIEHE AUCH ⏭ Dinosaurier 78–79 • Evolution 74–75

ENTSTEHUNG DES LEBENS

Vor etwa 4,6 Mrd. Jahren entstand die Erde. Schon vor rund 3,6 Mrd. Jahren erschienen die ersten einfachen Lebewesen. Die Entwicklung des Lebens schließt Blütezeiten ebenso wie Zeiten des Massenaussterbens ein, beispielsweise in den ⏭ EISZEITEN.

WAS WAREN DIE ERSTEN LEBEWESEN?

Bakterien und einzellige Organismen lebten im Meer und stellten rund 3 Mrd. Jahre lang das einzige Leben dar. Einige von ihnen gaben Sauerstoff an die Atmosphäre ab und ermöglichten so die Entwicklung der Sauerstoff atmenden Lebewesen. Die ersten Tiere erschienen vermutlich vor 600, Tiere mit Schalen oder Außenskelett vor 550 und Wirbeltiere (Tiere mit Wirbelsäule, z. B. Fische) vor 460 Millionen Jahren.

WELCHE LEBENSFORM EROBERTE DAS FESTLAND?

Die ersten aus Grünalgen entstandenen Landpflanzen besiedelten See- und Flussufer vor 440 Mio. Jahren. Aus ihnen entwickelten sich Schachtelhalme und Bärlappgewächse. Wälder entstanden und beherbergten die ersten Landtiere. Skorpione und Hundertfüßer sowie Regenwürmer und Egel traten vor ungefähr 400 Mio. Jahren auf. Ihnen folgten die ersten Landwirbeltiere. Sie waren aus Fischen hervorgegangen und wurden die Ahnen der Amphibien.

FRÜHES LEBEN IM MEER ►
Auf der Basis von Funden aus den kanadischen Burgess-Schiefern zeigt diese Zeichnung, wie es im Meer vor über 500 Mio. Jahren ausgesehen haben mag. Zu dieser Zeit, die als Kambrium bezeichnet wird, gab es eine stürmische Entwicklung von Tierarten.

***Anomalocaris** war mit etwa 60 cm Länge eines der größten Tiere der Burgess-Schiefer. Dieser Räuber besaß ein rundes Maul und Greiforgane.*

***Hallucigenia** trug zur Abwehr Stacheln auf dem Rücken.*

EISZEITEN

Eine Eiszeit ist eine Periode der Erdgeschichte, in der das Klima weitaus kälter als üblich war. Große Teile der Erdoberfläche waren während der Eiszeiten vom Eis bedeckt. In den letzten 2,5 Mio. Jahren gab es rund 20 Eiszeiten, von denen jede etwa 100 000 Jahre dauerte.

WIE ENTSTANDEN DIE EISZEITEN?

Veränderungen der Erdumlaufbahn führten zu kühleren Sommern, sodass der Schnee des Winters nicht mehr schmolz. Es bildeten sich Eisschichten, die das Sonnenlicht reflektierten, sodass sich die Erde nicht mehr erwärmen konnte. In den Meeren vermehrte sich das pflanzliche Plankton, das Kohlendioxid aus der Atmosphäre aufnimmt. Da dieses »Treibhausgas« die Wärme der Erde erhält, führt seine Abnahme zur Abkühlung.

◄ KÄLTESTEPPENMAMMUT
Mit seinem dicken Fell war dieses große Mammut gut an das Leben in der Eiszeit angepasst. Mammute gab es bis vor ungefähr 10 000 Jahren.

Entstehung des Lebens

SIEHE AUCH ⏭ Dinosaurier 78–79 • Evolution 74–75 • Lebewesen 70–71 • Wirbeltiere 102

DINOSAURIER

Diese Gruppe landlebender Reptilien erschien vor rund 230 Mio. Jahren. Wie heutige Reptilien besaßen Dinosaurier eine schuppige, verhornte Haut. Ihre Jungen schlüpften aus Eiern. Im Erdmittelalter beherrschten Dinosaurier 165 Mio. Jahre lang die Erde. Vor 65 Mio. Jahren starben sie plötzlich aus.

WARUM WAREN VIELE DINOSAURIER SO GROSS?

Die Größe schützte viele Pflanzenfresser vor den furchterregenden Fleischfressern. Das führte zur Entwicklung von Fleischfressern, die groß genug waren, um ihre Beute zu erlegen. Folglich nahm auch die Größe der Pflanzenfresser wiederum zu. Millionen von Jahren lang wurden Beute und Räuber immer größer.

WIE VIELE VERSCHIEDENE DINOSAURIERTYPEN GAB ES?

Dinosaurier lassen sich in zwei Gruppen aufteilen. Die Ornithischier waren alle Pflanzenfresser, zu den Saurischiern gehörten auch Fleischfresser. Andere Reptilien dieser Zeit wie z. B. die fliegenden ⏭ PTEROSAURIER und die im Meer lebenden ⏭ ICHTHYOSAURIER und Plesiosaurier waren keine Dinosaurier.

Ornithischier *besaßen zwei Paare rückwärtsgerichteter Beckenknochen, ähnlich wie die heutigen Vögel.*

HYPSILOPHODON

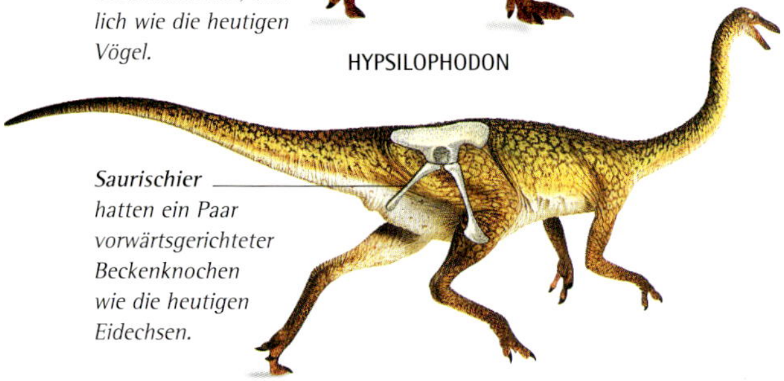

Saurischier *hatten ein Paar vorwärtsgerichteter Beckenknochen wie die heutigen Eidechsen.*

GALLIMIMUS

GIGANOTOSAURUS ►

Ein *Giganotosaurus*-Paar jagt vor 95 Mio. Jahren durch einen südamerikanischen Urwald. Jedes Tier wog etwa 7 Tonnen (so viel wie 125 Menschen) und war damit schwerer als ein *Tyrannosaurus rex*. *Giganotosaurus* war vermutlich das größte Raubtier, das je auf der Erde gelebt hat.

◀ DIMORPHODON
Von der Spitze seines Zähne tragenden Schnabels bis zum Schwanzende maß der Pterosaurier 1 m.

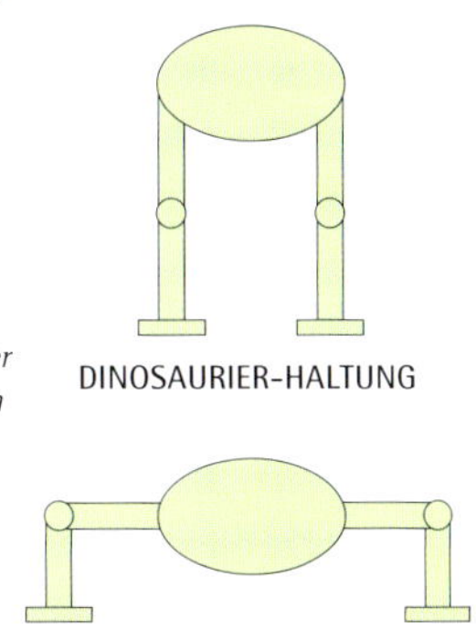

WIE UNTERSCHIEDEN SICH DIE DINOSAURIER VON DEN HEUTIGEN REPTILIEN?

Dinosaurier standen aufrecht auf geraden Beinen, die sich unterhalb ihres Körpers befanden. Dieser berührte also nicht den Boden. Daher konnten sie größer werden und sich schneller bewegen. Die Beine heutiger Reptilien sind dagegen seitlich abgespreizt. Ihre Körper befinden sich in Bodennähe. Sie sind daher in ihrer Größe und Beweglichkeit eingeschränkt.

PTEROSAURIER

Pterosaurier sind nah mit den Dinosauriern verwandt und gehören zur gleichen Reptiliengruppe. Der größte, *Pteranodon*, besaß eine Spannweite von bis zu 9 m.

WAREN PTEROSAURIER DIE AHNEN DER VÖGEL?

Vögel und Pterosaurier entwickelten sich unabhängig voneinander. Am Skelett sieht man, dass Vögel von Saurischiern abstammen. Vögel und Pterosaurier zeigen aber Gemeinsamkeiten: die Stromlinienform, Flügel, hohle Knochen und leichte Schnäbel. Ein behaarter Körper lässt vermuten, dass die Pterosaurier wie die Vögel Warmblüter waren. Diese Gemeinsamkeiten beruhen nur auf der ähnlichen Lebensweise.

ICHTHYOSAURIER

Ichthyosaurier (Fischechsen) lebten im Meer und tauchten nur auf, um zu atmen. Sie bekamen lebende Junge und ernährten sich von Fischen, Tintenfischen und Ammoniten. Die größten wurden bis zu 15 m lang.

UNTERSCHIEDEN SICH DIE MEERE ZUR ZEIT DER ICHTHYOSAURIER VON DEN HEUTIGEN?

Das damalige Leben im Meer ähnelte weitgehend dem heutigen. Es gab Haie, Seesterne, Korallen, Schnecken und Hummer. Neben ihnen schwammen aber große, heute ausgestorbene Reptilien wie die Plesiosaurier und die Ichthyosaurier umher.

▲ ICHTHYOSAURUS
Der einem Delfin ähnelnde *Ichthyosaurus* hatte einen stromlinienförmigen Körper, Flossen und eine lange, schmale Schnauze mit spitzen Zähnen. Mit seitlichen Schlägen seiner Schwanzflosse erreichte er 40 km/h.

SIEHE AUCH ⏭ Evolution 74–75 • Reptilien 116–117 • Vögel 118–119

ÖKOLOGIE

Alle Lebewesen stehen in vielfältigen Beziehungen zueinander und zu ihrer Umwelt. Die Lehre von diesen Beziehungen heißt Ökologie. Die Ökologie untersucht die ⏭ NAHRUNGSKETTE, die ein Lebewesen mit seinem Futter verbindet. Sie beschäftigt sich auch mit dem ⏭ NAHRUNGSKREISLAUF.

WAS IST EIN ÖKOSYSTEM?

Ein Ökosystem besteht aus einer Gemeinschaft von Lebewesen, ihrer Umwelt und ihren Beziehungen. Die Gemeinschaft bildet eine Gruppe von Tieren, Pflanzen und Mikroorganismen, die im gleichen Lebensraum vorkommen. Die Umwelt schließt Sonnenlicht, Regen und Rückzugsmöglichkeiten ein.

▲ ÖKOSYSTEM FEUCHTGEBIET
Ein großer Graureiher verzehrt einen Fisch und das Sonnenlicht regt das Pflanzenwachstum an. Das sind nur zwei Beispiele für die Beziehungen, die dieses Ökosystem in Florida (USA) kennzeichnen.

WAS IST BIODIVERSITÄT?

Korallenriffe besitzen eine hohe Biodiversität, da in ihnen viele verschiedene Arten leben. Wüsten weisen dagegen eine geringe Biodiversität auf. Menschen haben die Biodiversität in vielen Ökosystemen durch schädliche Einflüsse wie z.B. Überfischung verringert.

KORALLENRIFF IM ROTEN MEER, ÄGYPTEN ▲
In flachen tropischen Meeren wimmelt es in Korallenriffen vor Leben. Korallenpolypen sind kleine Tiere, deren Kalkskelette das Riff bilden. Fische und andere Tiere finden hier Nahrung und Schutz.

◄ LAVAFELD
Ein Vulkanausbruch hat dieses Ökosystem auf Hawaii dramatisch verändert. Die erkaltete Lava ist lebensfeindlich, doch einer Pionierpflanze ist es gelungen, auf einem kleinen Fleck vom Wind zusammengetragener Erde zu wurzeln.

Ökologie

WARUM VERÄNDERN SICH ÖKOSYSTEME?

Ökosysteme verändern sich ständig, manchmal sehr langsam, manchmal schnell. Ein Waldbrand kann ein Ökosystem plötzlich auslöschen. Dennoch bildet sich sofort eine neue Lebensgemeinschaft. Zuerst wurzeln kurzlebige Pionierpflanzen. Tiere erscheinen und ernähren sich von ihnen. Sie werden später von größeren Pflanzen wie Bäumen und den in ihnen lebenden Tieren ersetzt. Schließlich entsteht ein stabiles neues Ökosystem.

NAHRUNGSKETTE

In jedem Ökosystem geht es ums Fressen und Gefressenwerden. Die Nahrungskette ist ein einfaches Schema, das meist nicht mehr als sechs Arten enthält. Es beschreibt den Weg der Nahrung und der Energie von einem zum anderen Lebewesen.

WAS IST EIN NAHRUNGSNETZ?

Ein Ökosystem kann Tausende von Arten enthalten. Jede Art kann mehreren Nahrungsketten angehören. Die verknüpften Nahrungsketten in einem Ökosystem werden Nahrungsnetz genannt. Dazu gehören Produzenten, die Nährstoffe durch Fotosynthese herstellen, Konsumenten, die Tiere oder Pflanzen fressen, und Destruenten, die tote Organismen verwerten.

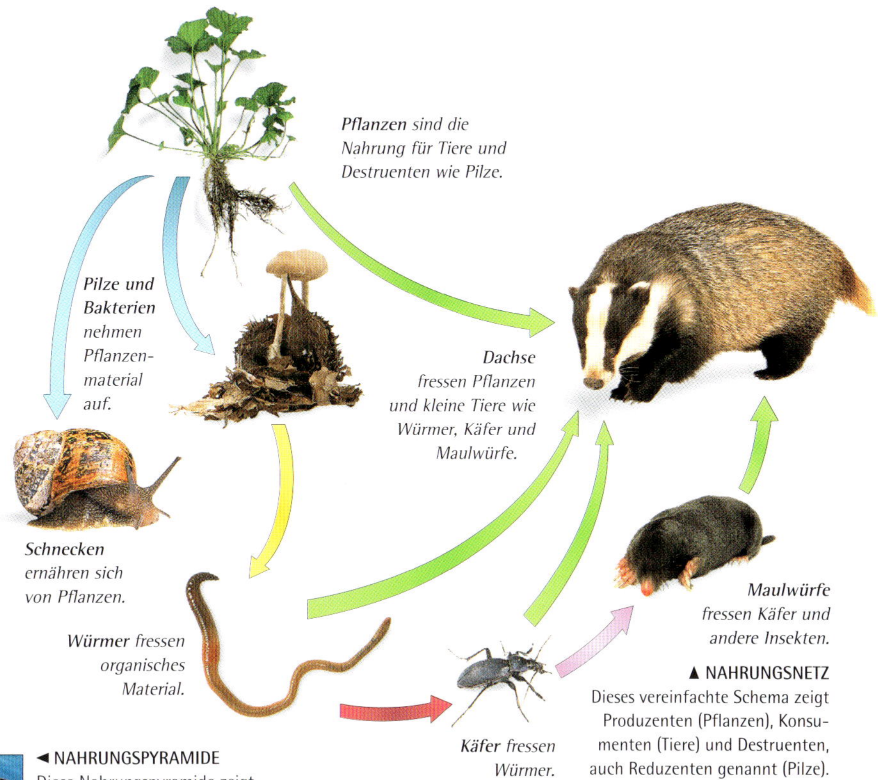

▲ NAHRUNGSNETZ
Dieses vereinfachte Schema zeigt Produzenten (Pflanzen), Konsumenten (Tiere) und Destruenten, auch Reduzenten genannt (Pilze).

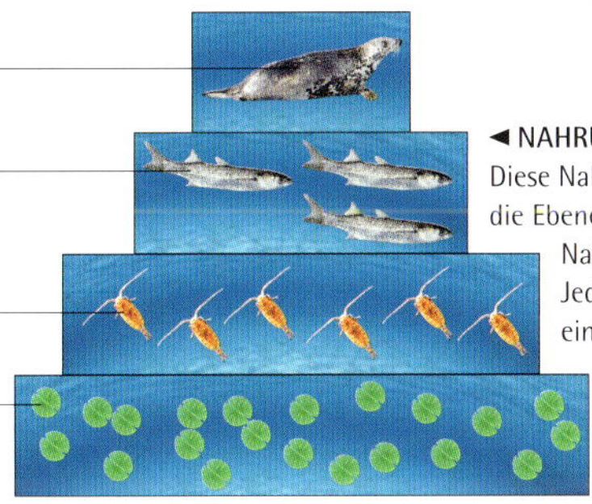

◄ NAHRUNGSPYRAMIDE
Diese Nahrungspyramide zeigt die Ebenen einer viergliedrigen Nahrungskette im Meer. Jeder Schritt bedeutet eine Abnahme des Energiegehalts, da immer nur ein Teil der aufgenommenen Energie weitergegeben wird.

WARUM GIBT ES WENIGER RÄUBER ALS BEUTE?

Räuber stehen auf einer höheren Stufe der Nahrungspyramide als die Beute. Jedes Lebewesen gibt jedoch nur einen Teil der Energie weiter, die es selber aufgenommen hat. Daher nimmt der Energiegehalt mit jeder Stufe der Nahrungspyramide ab.

NAHRUNGSKREISLAUF

Lebewesen nehmen mit der Nahrung Kohlenstoff, Stickstoff und Wasser auf, die sie mit der Atmung oder bei ihrem Tod wieder an die Umwelt zurückgeben.

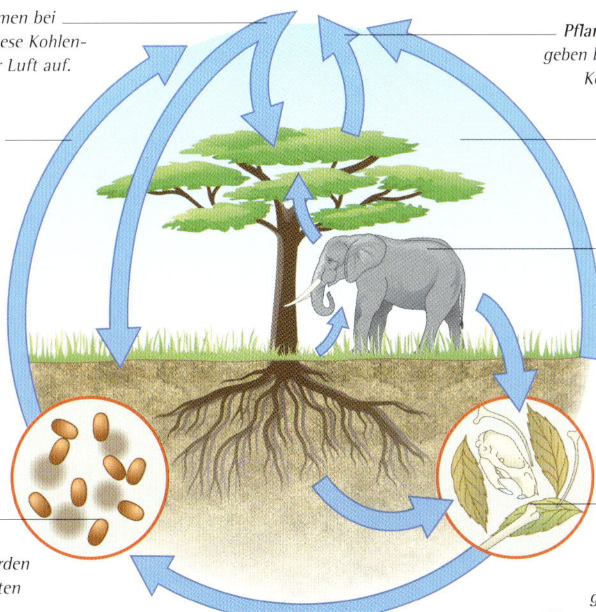

KOHLENSTOFF-KREISLAUF ▲
Alle Lebewesen benötigen Kohlenstoff zum Aufbau ihrer Körpersubstanz. Im Kohlenstoff-Kreislauf wird der Kohlenstoff immer wieder verwertet.

VERROTTENDE NEKTARINE ►
Eine Nektarine wird von Pilzen und Bakterien zersetzt. Diese Lebewesen nennt man Destruenten oder Reduzenten.

WELCHE ROLLE SPIELEN BAKTERIEN UND PILZE IM KOHLENSTOFF-KREISLAUF?

Verschiedene Bakterien und Pilze, die als Destruenten oder Reduzenten bezeichnet werden, spielen hier eine Schlüsselrolle. Sie zersetzen die Reste toter Lebewesen und geben dabei Kohlendioxid an die Atmosphäre ab.

WAS IST DER STICKSTOFF-KREISLAUF?

Pflanzen nehmen Stickstoff-Verbindungen aus dem Boden auf. Tiere fressen die Pflanzen oder pflanzenfressende Tiere. Bakterien setzen den Stickstoff aus den Überresten toter Lebewesen frei, sodass er wieder in den Boden gelangt. Stickstoff ist ein wichtiger Bestandteil der Eiweiße, der Baustoffe der Zellen.

WAS MACHEN PFLANZEN IM WASSERKREISLAUF?

Regenwasser gelangt meistens durch die Flüsse zum Meer, doch ein Teil wird von Pflanzenwurzeln aufgenommen. Wasser verdunstet über die Blätter der Pflanzen, gelangt in die Atmosphäre und regnet herab.

SIEHE AUCH ⏭ Eingriffe in die Natur 64–65 • Mikroorganismen 85 • Nahrung 98 • Pflanzen 88–89 • Pilze 86 • Tiere 96–97

LEBENSRÄUME

Lebewesen sind an das Leben in bestimmten Lebensräumen angepasst, die für sie geeignete Bedingungen (z. B. Niederschläge und Temperatur) aufweisen. Wichtige Lebensräume sind ⏭ MEERE, ⏭ FEUCHTGEBIETE, ⏭ WÄLDER, ⏭ STEPPEN, ⏭ WÜSTEN, ⏭ BERGE und ⏭ POLARGEBIETE.

WAS IST DER UNTERSCHIED ZWISCHEN EINEM LEBENSRAUM UND EINEM BIOTOP?

Ein Biotop ist ein Lebensraum, der einer bestimmten Gemeinschaft von Lebewesen eine Heimat gibt. Es schließt also alle nicht lebenden Elemente eines Ökosystems ein. Ein Biotop kann ein Feuchtgebiet sein, ein Bach, ein Moor, eine Wiese oder ein Wald.

WAS IST EIN KLEINLEBENSRAUM?

Ein Teil eines Lebensraums, der seine eigenen Bedingungen hat und von charakteristischen Arten bewohnt wird, wird Kleinlebensraum genannt. Kleinlebensräume können der schattige Bereich unter einem Baum oder die Unterseite eines Steins im Fluss ein.

▲ WASCHBÄREN
Nordamerikanische Waschbären sind so erfolgreich, weil sie in vielen Lebensräumen leben und fast alles fressen können. Sie ernähren sich in den Städten sogar aus Mülltonnen.

Bromelien wachsen auf Ästen hoch in den Baumkronen der Regenwälder. Sie lieben feuchte Luft.

Frösche legen ihre Eier in die wassergefüllten Kelche. Die Kaulquappen wachsen hier heran.

▲ KLEINSTLEBENSRAUM BROMELIE
Die roten Blätter dieser Regenwald-Bromelie enthalten ein wenig Wasser. Diese Pfütze ist der Kleinlebensraum für Frösche, Mückenlarven und andere Lebewesen.

MEERE

Die Meere bedecken mehr als 70 % der Erdoberfläche und stellen damit den größten Lebensraum der Erde dar. Leben begegnet man in allen Tiefen, von der Oberfläche bis zu den über 11 km tiefen Gräben.

WARUM IST PHYTOPLANKTON WICHTIG?

Das Leben im Meer hängt von winzigen pflanzlichen Lebewesen ab, dem Phytoplankton. Es treibt nahe der Wasseroberfläche und nutzt das Sonnenlicht zur Nahrungsproduktion. Zooplankton (kleine ein- und mehrzellige Tiere) ernährt sich vom Phytoplankton und wird selbst von größeren Tieren gefressen.

GIBT ES LICHT AM MEERESGRUND?

Licht durchdringt das Wasser der Meere nur bis in etwa 200 m Tiefe. Darunter nimmt es sehr schnell ab. In den größeren Tiefen ist es stockdunkel und bitterkalt. Jeder Bereich bis hinunter zum Meeresgrund besitzt seine eigene Lebensgemeinschaft.

Lebensräume

▲ BARRAKUDAS
Ein Barrakudaschwarm schwimmt im Oberflächenwasser vor Borneo (Malaysia). Diese Raubfische kreisen andere Fische ein und töten sie mit ihren kräftigen Kiefern.

FEUCHTGEBIETE

Wo Süß- oder Salzwasser nicht abfließen kann, entsteht ein Feuchtgebiet. Feuchtgebiete bedecken mehr als 6 % der Erdoberfläche. Marschland, Sümpfe, Sumpfwälder, Moore und Flussdelten gehören dazu.

WAS MACHT FEUCHTGEBIETE SO WICHTIG?

Feuchtgebiete bieten verschiedenen Lebewesen wie Vögeln, Säugetieren, Reptilien, Insekten, Amphibien und Pflanzen einen Lebensraum. Sie sind auch die Kinderstube für Fische und andere Wassertiere.

WAS SIND MANGROVENSÜMPFE?

Mangrovensümpfe sind mit Mangroven bewachsene Salzwasser-Feuchtgebiete entlang tropischer Küsten. Sie werden von vielen Tieren besiedelt und schützen die Küste vor tropischen Stürmen.

WIE UNTERSCHEIDET SICH EIN MOOR VON EINEM SUMPF?

Ein Moor ist ein ständig feuchtes Gelände mit bestimmtem Pflanzenwuchs. Der Abbau der Pflanzenreste ist gehemmt, sodass eine Torfschicht entsteht. Im Gegensatz dazu verfaulen die Pflanzenreste in Sümpfen. Ein Sumpf kann auch nur zeitweise überflutet sein, z. B. im Gezeitenbereich der Küsten.

▲ FLAMINGOS
Diese tropischen Vögel leben in Salzseen und Lagunen. Sie filtrieren mit ihren Schnäbeln winzige Krebse und andere Kleintiere aus dem Wasser.

WÄLDER

Lebensräume, in denen Bäume und Sträucher vorherrschen, nennt man Wälder. Zu ihnen gehören tropische Regenwälder, kalte Nadelwälder und gemäßigte Laubwälder. Wälder werden von vielen Lebewesen bewohnt.

▲ DREIZEHENFAULTIER
Das südamerikanische Säugetier verbringt die meiste Zeit damit, mit dem Rücken nach unten an Ästen zu hängen.

WARUM SIND DIE REGENWÄLDER VOLLER LEBEN?

Die immergrünen Bäume wachsen ständig und liefern daher auch ununterbrochen Nahrung. Von den Wurzeln bis zur Krone bieten sie vielen Tieren einen Lebensraum. Tropische Regenwälder beherbergen daher die Hälfte aller Tier- und Pflanzenarten der Erde. Sie bedecken jedoch nur 10 % der Erdoberfläche.

▲ HIRSCHKÄFER
Diese kämpfenden Hirschkäfer leben in Eichenwäldern. Als Larven haben sie sich von verrottendem Holz ernährt. Die erwachsenen Käfer fressen die Säfte der Baumstämme.

STEPPEN

Wo es zu trocken für einen Wald und zu nass für eine Wüste ist, bilden sich Grassteppen. Die Haupttypen sind die afrikanische Savanne und die gemäßigten Steppen, z. B. die südamerikanische Pampa.

WIE ÜBERLEBT GRAS DAS ABWEIDEN?

Gräser können ständiges Abweiden vertragen, weil sie von unten her und nicht an der Spitze wachsen. Je stärker sie abgeweidet werden, desto dichter wachsen sie. Steppen bieten vielen Grasfressern einen Lebensraum – genauso wie ihren natürlichen Feinden.

WESHALB KÖNNEN SO VIELE PFLANZENFRESSER IN DER SAVANNE LEBEN?

Die afrikanische Savanne ernährt viele Pflanzenfresser, von denen manche verschiedene Teile der Gräser und andere verschiedene Pflanzen fressen. Zebras bevorzugen die kräftigen Grasspitzen, wohingegen Gnus den breitblättrigen mittleren Teil abweiden.

WARUM LEBEN VIELE KLEINERE STEPPENBEWOHNER UNTERIRDISCH?

Da es nur wenige Bäume gibt, die Schutz bieten, ziehen sich kleinere Tiere in unterirdische Bauten zurück. Die Bauten schützen auch vor ungünstigen Wetterbedingungen.

▲ AFRIKANISCHE SAVANNE
Die heiße Savanne beherbergt große Herden von Weidetieren wie Gnus und Zebras. Sie werden von Raubtieren wie Löwen und Leoparden gejagt.

SIEHE AUCH ⏭ Berge 84 • Polargebiete 84 • Wüsten 84

WÜSTEN

Die trockenen, lebensfeindlichen Wüsten erhalten pro Jahr weniger als 10 cm Niederschläge. Sie sind am Tag sehr heiß, in der Nacht jedoch deutlich kühler. Nur wenige Tiere und Pflanzen können hier leben.

WIE ÜBERLEBEN WÜSTENPFLANZEN?

Einige Pflanzen, z. B. Kakteen, besitzen tief und weit reichende Wurzeln, um an Wasser zu gelangen. Kleine Blätter und dichte Oberflächen begrenzen die Verdunstung. Andere Pflanzen überdauern lange als Samen. Wenn es einmal regnet, keimen, wachsen und blühen sie innerhalb von zwei Wochen.

▲ WELWITSCHIA
Diese Pflanze wächst in der extrem trockenen Namib-Wüste. Sie nutzt ihre langen Blätter, um den Tau aufzunehmen, der sich aus den vom Meer kommenden Nebeln niederschlägt.

▲ SKORPION
Wie die meisten Wüstentiere ist der Skorpion in der kühleren Nacht aktiv. Wenn ein Skorpion Beute entdeckt hat, ergreift er sie und sticht mit seinem giftigen Stachel zu.

BERGE

Eine gut abgegrenzte größere Erhebung bezeichnet man als Berg. Je höher man steigt, desto dünner wird die Luft. Die Temperaturen sinken und die Windgeschwindigkeit steigt. Nur robuste Arten überleben hier.

WAS SIND HÖHENSTUFEN?

Berge weisen verschiedene Höhenstufen auf. Ihr Fuß wird von sommergrünem Laubwald bedeckt, der in höheren Lagen widerstandsfähigen Nadelwäldern Platz macht. Über der Baumgrenze folgen Bergwiesen mit robusten Pflanzen. Darüber gibt es nur noch nackten Fels, der von Schnee bedeckt sein kann.

WELCHE TIERE LEBEN AUF DEN BERGEN?

Jede Höhenstufe beherbergt typische Arten. In den Wäldern leben Hirsche und Vögel. Wiesen bilden den Lebensraum für Nagetiere und Kaninchen. Im Sommer gibt es hier viele Insekten. Von ihnen wiederum ernähren sich Vögel. Ziegen und Schafe leben auf den Felsen und Greifvögel kreisen darüber.

▲ EDELWEISS
Eine robuste Pflanze wie das Edelweiß kann auf einer Bergwiese gedeihen. Hier über der Baumgrenze sind die Winde rau und schneidend und die Böden dünn und felsig.

POLARGEBIETE

Kalte, eisige Gebiete befinden sich an Nord- und Südpol. Polargebiete weisen kurze Sommer und lange raue Winter auf. Nur Tiere, die sich z. B. mit dickem Pelz diesem Klima angepasst haben, können hier leben.

▲ WALROSSE
Die ans Meer angepassten Säugetiere leben in Herden in arktischen Küstengewässern. Unter ihrer dicken Haut befindet sich eine starke Fettschicht zum Schutz vor Kälte.

UNTERSCHEIDEN SICH ARKTIS UND ANTARKTIS?

Die Arktis am Nordpol besteht aus gefrorenem Wasser. Darauf leben Eisbären und Polarfüchse. Die Antarktis am Südpol ist dagegen ein mit Eis bedeckter Kontinent. Das Meer ist so nährstoffreich, dass hier Fische, Pinguine, Robben und Wale leben.

▲ PINGUINE
Verschiedene Pinguinarten leben, fressen und vermehren sich im Bereich der Antarktis. Die Wasser abweisenden Federn und eine dicke Fettschicht halten die Tiere warm.

SIEHE AUCH ⏭ Berge 45 • Eis 58 • Küsten 59

MIKROORGANISMEN

Lebewesen, die man nur unter dem Mikroskop erkennen kann, werden als Mikroorganismen bezeichnet. Zu ihnen gehören die ⏭ BAKTERIEN, die Einzeller und manche Pilze (z.B. Hefe). Man rechnet oft die ⏭ VIREN hinzu, obwohl sie eigentlich gar keine Lebewesen sind.

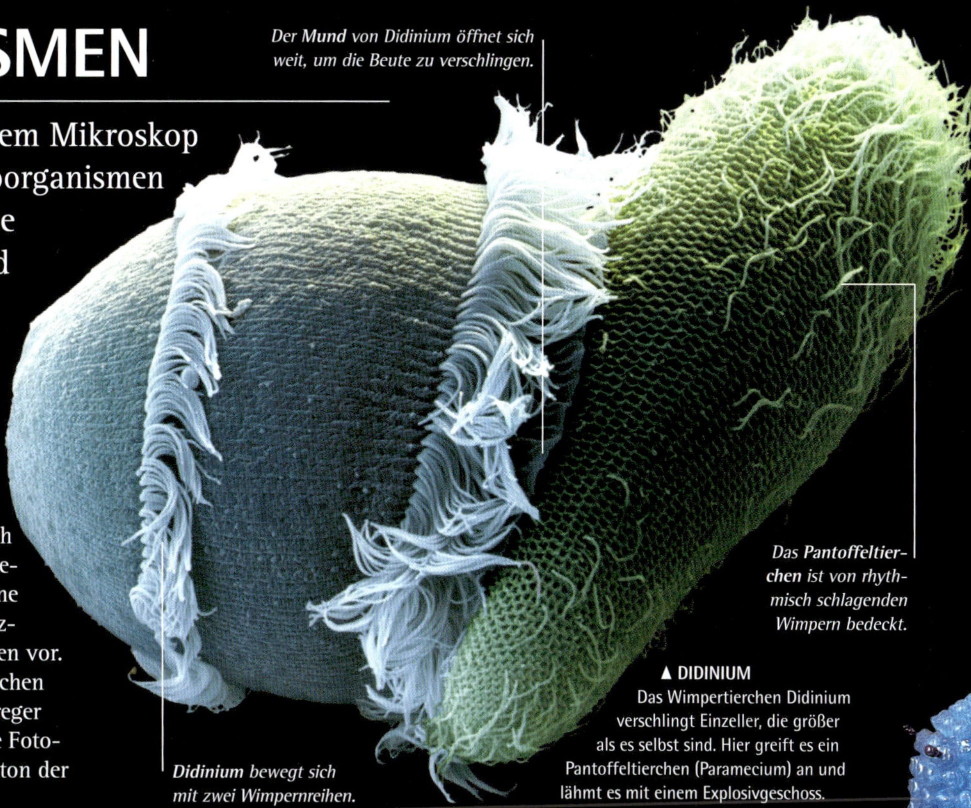

*Der **Mund** von Didinium öffnet sich weit, um die Beute zu verschlingen.*

*Das **Pantoffeltierchen** ist von rhythmisch schlagenden Wimpern bedeckt.*

Didinium bewegt sich mit zwei Wimpernreihen.

▲ DIDINIUM
Das Wimpertierchen Didinium verschlingt Einzeller, die größer als es selbst sind. Hier greift es ein Pantoffeltierchen (Paramecium) an und lähmt es mit einem Explosivgeschoss.

WAS IST EIN EINZELLER?

Als Einzeller bezeichnet man umgangssprachlich einzellige Lebewesen, die im Gegensatz zu Bakterien bereits einen Zellkern und Organellen (kleine Organe) besitzen. Sie kommen in Süß- oder Salzwasser, Erde sowie an oder in anderen Lebewesen vor. Zu den Einzellern gehören auch die Wimpertierchen (Bild rechts). Einige Einzeller sind Krankheitserreger (z.B. Malaria). Andere sind einzellige Algen, die Fotosynthese betreiben. Sie kommen im Phytoplankton der Meere und in veralgten Teichen vor.

*Mit **nadelartigen Mundwerkzeugen** saugt die Mücke das Blut auf.*

Mikroorganismen

◀ GELBFIEBER-MÜCKE
Ein Weibchen dieser tropischen Mücke saugt menschliches Blut. Es trägt ein Virus, das Gelbfieber verursacht. Das gefährliche Virus kann bei der Blutmahlzeit übertragen werden.

VIREN

Nur ein sehr leistungsfähiges Mikroskop kann die winzige Struktur eines Virus darstellen. Viele Viren verursachen Krankheiten. Sie werden nur aktiv, wenn sie eine lebende Zelle infiziert haben.

WIE VERMEHREN SICH VIREN?

Ein Virus dringt in eine Zelle ein und verändert sie so, dass die Zelle neue Virenbestandteile erzeugt. Die fertigen Viren verlassen die Zelle. Man betrachtet Viren nicht als Lebewesen, da sie keinen Stoffwechsel haben und sich nicht selbstständig fortpflanzen können.

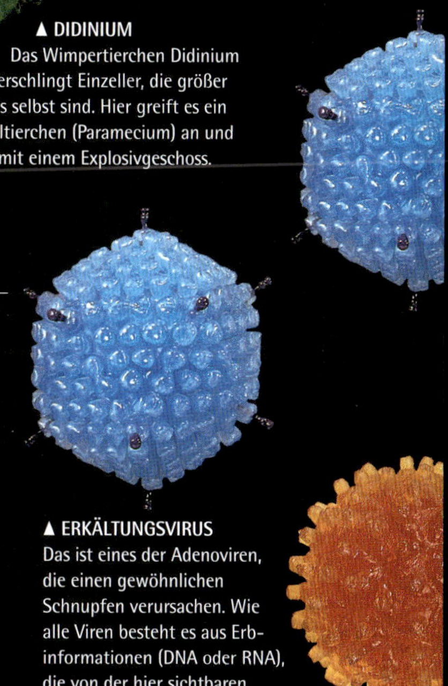

▲ ERKÄLTUNGSVIRUS
Das ist eines der Adenoviren, die einen gewöhnlichen Schnupfen verursachen. Wie alle Viren besteht es aus Erbinformationen (DNA oder RNA), die von der hier sichtbaren schützenden Eiweißhülle umschlossen sind.

LOUIS PASTEUR (1822–1895)
Der französische Wissenschaftler Louis Pasteur begründete die Mikrobiologie. Er zeigte, dass Mikroorganismen Krankheiten hervorrufen können, er erzeugte Impfstoffe und erfand die Pasteurisierung (Entkeimung durch Hitze).

BAKTERIEN

Als häufigste Lebewesen auf der Erde findet man Bakterien auf dem Land, im Wasser und in der Luft. Sie bestehen aus einer winzigen Zelle, die zwar eine Zellwand, aber keinen Kern besitzt.

SIND ALLE BAKTERIEN GEFÄHRLICH?

Zwar sind die Krankheitserreger gefährlich, doch manche Bakterien sind nützlich. Bakterien in unserem Darm versorgen uns mit Vitaminen und andere werden in der Nahrungsmittelproduktion eingesetzt. Bodenbakterien verwerten tote Tiere und Pflanzen.

*Ansammlung von **Bakterien** auf einer Nadelspitze*

BAKTERIEN AUF EINER NADEL ▶
Diese Rasterelektronenmikroskop-Aufnahme (REM) zeigt die geringe Größe der orange gefärbten Bakterien. Sie sitzen auf der Spitze einer Injektionsnadel für den medizinischen Bedarf.

SIEHE AUCH ⏭ Biologie 72 • Lebewesen 70–71 • Zellen 73

PILZE

Was man nicht den Pflanzen oder Tieren zuordnen kann, rechnet man oft zu den Pilzen. Zu diesen gehören Ständer-, Hefe- und ⏭ SCHIMMELPILZE. Sie ernähren sich von lebenden oder toten Organismen. Man sieht meistens nur ihren Fruchtkörper.

Pilze

HOCHGIFTIG! ►
Die leuchtend roten Schirme der Fliegenpilze warnen Tiere vor ihrem Gift. In den Schirmen, die mit dem Stiel den Fruchtkörper bilden, befinden sich Lamellen, zwischen denen die Sporen sitzen.

WIE ERNÄHREN SICH PILZE?

Pilze nehmen Nährstoffe aus lebendem oder totem Tier- oder Pflanzengewebe auf. Die meisten wachsen in langen Fäden, die Hyphen genannt werden. Diese Hyphen geben Stoffe ab, die Nährstoffe aus ihrer Umgebung zersetzen, sodass sie von ihnen aufgenommen werden können.

WIE VERMEHREN SICH PILZE?

Die meisten Pilze bilden winzige Sporen, die keimen und zu einem neuen Pilz werden. Die Sporen sitzen in dem sichtbaren Fruchtkörper, der vom in der Erde liegenden Myzel gebildet wird. Der Fruchtkörper ist das, was man als »Pilz« sammelt. Manche Pilze lassen die Sporen vom Wind verbreiten, andere verschleudern sie explosionsartig.

SIND ALLE PILZE ESSBAR?

Man unterscheidet zwischen giftigen und ungiftigen Pilzen. Giftpilze sind oft auffällig gefärbt, wogegen ungiftige eher braun oder weiß sind. Es gibt aber auch giftige weißliche Pilze, etwa den Knollenblätterpilz! Nach der Form des Fruchtkörpers bezeichnet man sowohl giftige als auch essbare Pilze als Ständerpilze.

SYSTEMATIK DER PILZE

Pilze stellen eine Organisationsstufe dar, zu der man mehr als 100 000 Arten rechnet. Zu den höheren Pilzen gehören:

- Köpfchenschimmel (Zygomycetes oder Jochpilze)
- Hefen, Schimmelpilze, Morcheln, Trüffel (Ascomycetes oder Schlauchpilze)
- Brandpilze, Rostpilze, Zitterpilze, Hutpilze und Porlinge (Basidiomycetes oder Ständerpilze)

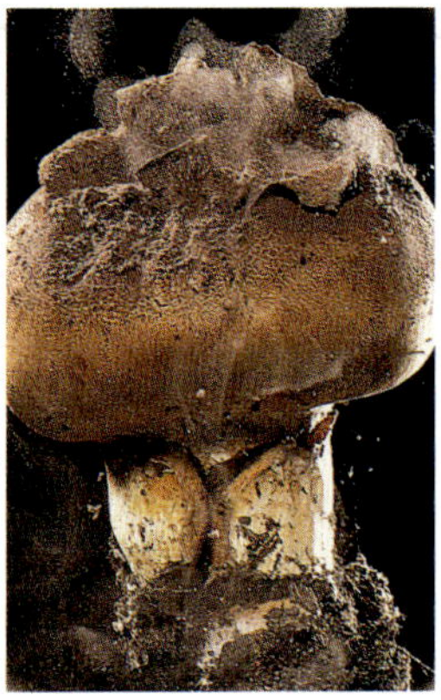

▲ **BOVIST**
Beim reifen Bovist entsteht ein Loch im Fruchtkörper. Bei der geringsten Berührung schleudert er nun Sporenwolken in die Luft.

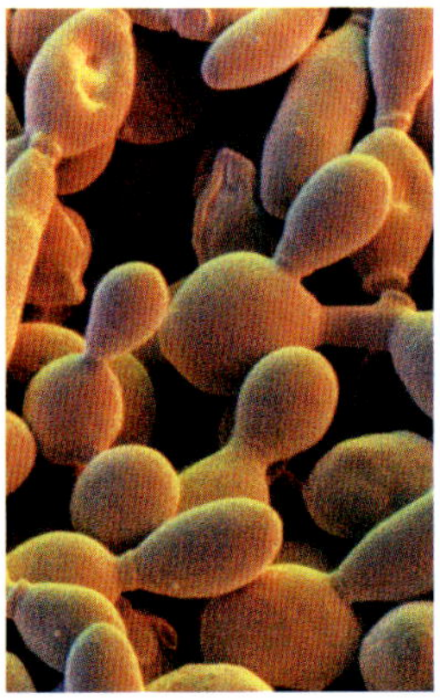

▲ **KNOSPENDE HEFEZELLEN**
Hefezellen vermehren sich durch Knospung. Die reifen neuen Zellen schnüren sich später ab.

SCHIMMELPILZE

Schimmelpilze verursachen den pelzigen Bewuchs verdorbener Nahrungsmittel und sind auf Brot und Früchten zu finden. Dieser »Pelz« sind die fadenartigen Hyphen, die an der Spitze Sporen bilden. Die Sporen keimen dann zu neuem Schimmel aus.

◄ **BROTSCHIMMEL**
Köpfchenschimmel wächst auf stärkehaltigen Nahrungsmitteln (z. B. Brot). Die schwarzen Hyphenspitzen enthalten Sporen, die ein anderes Stück Brot befallen. Nicht sichtbar sind die durch das Brot wachsenden Hyphen, die der Nahrungsaufnahme dienen.

IST SCHIMMEL NÜTZLICH?

Der blau gefärbte Pinselschimmel kommt häufig auf Früchten vor. Er stellt ein Antibiotikum namens Penizillin her, das schädliche Bakterien abtöten kann. Pinselschimmel-Arten werden auch bei der Herstellung mancher Käsesorten verwendet.

PENIZILLIN-TABLETTEN ►
In dieser Kulturschale wachsen Bakterien auf einem Nährboden. Die weißen Tabletten enthalten Penizillin. Transparente Höfe zeigen, wo Bakterien durch Penizillin getötet wurden.

ALGEN

Die meisten Algen ernähren sich durch Fotosynthese. Sie enthalten daher grünes Chlorophyll, dessen Farbe aber oft durch braune oder rote Farbstoffe verdeckt wird. Algen leben meist im Wasser.

KIESELALGEN ►
Die einzelligen Algen schweben in der Nähe der Wasseroberfläche von Meeren und Seen. Jede Art besitzt eine charakteristisch geformte, oft durchsichtige äußere Hülle.

SIND SEETANG UND ALGEN DAS GLEICHE?
Alle Tange sind Algen, aber nicht jede Alge ist ein Tang. Tange bestehen aus vielen Zellen, sind leicht zu sehen und wachsen im Meer. Es gibt rote, grüne und braune Formen. Viele Algen (z. B. Kieselalgen) sind dagegen mikroskopisch kleine Einzeller.

KOMMEN ALGEN NUR IM WASSER VOR?
Die meisten Algenarten leben im Meer oder in Seen und Teichen. Einige kommen jedoch auch auf dem Land an feuchten Stellen vor, etwa an Baumstämmen, auf der Erde und an Mauern. Andere leben innerhalb von Flechten.

Luftblasen geben dem Tang im Wasser Auftrieb.

BLASENTANG

◄ BLASENTANG
Dieser Tang kommt wie viele andere in der Nähe der Küste vor. Er verankert sich mit wurzelähnlichen Strukturen an Steinen. Eine schleimige Substanz verhindert das Austrocknen, wenn der Tang bei Ebbe auf dem Land liegt.

▲ ROTALGE
Rotalgen enthalten einen Farbstoff, der ihnen die Fotosynthese auch in größeren Wassertiefen ermöglicht.

Algen

SYSTEMATIK DER ALGEN

Es gibt ungefähr 40 000 Arten.
Einzellige Arten:
• Goldalgen • Gelbgrüne Algen • Kieselalgen • Dinoflagellaten

Vielzellige Arten:
• Braunalgen • Rotalgen und Grünalgen (unter ihnen gibt es auch Einzeller)

SIEHE AUCH ⏭ Lebewesen 70–71 • Mikroorganismen 85

FLECHTEN

Eine Flechte ist kein einzelner Organismus. Hier lebt ein Pilz mit Algen zusammen. Flechten können in extremem Klima gedeihen, von den Wüsten bis zu den Polen. Sie wachsen auf Steinen, Borke und Erde.

▲ EIN RENTIER FRISST FLECHTEN
Unter den harten Bedingungen der arktischen Tundra stellen Flechten für Rentiere eine wichtige Nahrungsquelle dar. Im Winter scharren sie den Schnee beiseite, um an die Flechten zu gelangen.

WIE KÖNNEN PILZ UND ALGE ZUSAMMENLEBEN?
Der Pilz bildet die äußere Schicht und bewahrt die Algen vor Austrocknung und zu viel Licht. Die Algen erzeugen durch Fotosynthese Nährstoffe, die sie mit dem Pilz teilen. Der Pilz versorgt die Algen dafür mit Mineralstoffen, z. B. Stickstoffverbindungen. Dieses für beide vorteilhafte Zusammenleben von verschiedenen Arten bezeichnet man als Symbiose.

Flechten

BLATTFLECHTE

STRAUCHFLECHTE

▲ FLECHTEN
Zwei von drei Haupttypen der Flechten, Blatt- und Strauchflechte, wachsen hier auf der Borke von Bäumen. Der dritte Flechtentyp ist die Krustenflechte.

SIEHE AUCH ⏭ Lebewesen 70–71

PFLANZEN

Pflanzen bestehen für gewöhnlich aus vielen Zellen. Sie wurzeln im Boden. Ihre grünen Blätter nutzen das Sonnenlicht, um mithilfe der ⏭ FOTOSYNTHESE Nährstoffe zu erzeugen, die dann direkt oder indirekt den meisten anderen Lebewesen auf der Erde zugute kommen.

Die Blätter nutzen Sonnenlicht zur Nährstoffproduktion.

WACHSENDE PFLANZE ►
Im Unterholz wächst ein Eichenschössling aus einer Eichel hervor. Obwohl er noch klein ist, zeigt der Schössling doch alle wichtigen Pflanzenteile wie Wurzeln, Stamm, Knospen und Blätter. Die meisten Pflanzenarten wachsen aus Samen heran. Jedes Samenkorn enthält einen Keimling mit seinem Nährgewebe.

Falllaub *zersetzt sich auf dem Waldboden und gibt Nährstoffe für andere Pflanzen frei.*

Der ***Stamm*** *trägt Knospen, Blätter und andere oberirdische Teile der Pflanze.*

Wurzeln *nehmen Wasser und Mineralstoffe für den Schössling aus dem Boden auf.*

Die ***Eichel*** *platzt auf, wenn die junge Pflanze keimt.*

KÖNNEN SICH PFLANZEN BEWEGEN?

Pflanzen können sich zwar nicht wie Tiere umherbewegen, doch sie sind auch nicht ganz reglos. Triebe wachsen und Blätter drehen sich zur Sonne. Blüten öffnen und schließen sich. Kletterpflanzen besitzen Ranken, mit denen sie nach Halt suchen können.

WELCHE PFLANZEN SIND AM GRÖSSTEN?

Bäume sind die größten Pflanzen. Sie können so groß werden, weil ihr Stamm nicht nur höher, sondern auch dicker wird. Der größte Baum und damit auch das größte Lebewesen ist der kalifornische Redwood, der über 110 m hoch werden kann.

SYSTEMATIK DER PFLANZEN

Bisher kennt man ungefähr 300 000 höhere Pflanzenarten. Es gibt darunter zwei Gruppen:
- Pflanzen, die sich mithilfe von Sporen vermehren, wie Moose, Farne, Schachtelhalme, Bärlappgewächse und andere.
- Pflanzen, die Samen hervorbringen, wie Nackt- und Bedecktsamer.

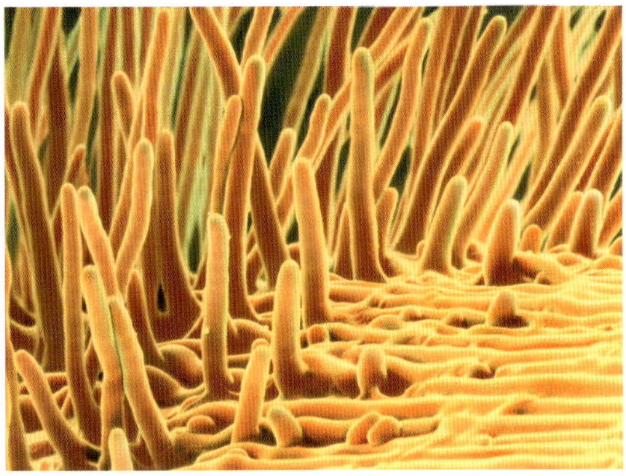

▲ WURZELHÄRCHEN
Die kleinen Fortsätze einer Pflanzenwurzel sind hier 200-fach vergrößert zu sehen. Sie vergrößern die Oberfläche, die der Wurzel zur Aufnahme von Wasser und Mineralen zur Verfügung steht.

WARUM HABEN PFLANZEN WURZELN?

Wurzeln verankern die Pflanze im Bodengrund, sodass sie nicht von starkem Wind weggeweht wird. Sie nehmen außerdem Wasser und Minerale aus der Erde auf, z. B. Stickstoff- und Schwefelverbindungen. Pflanzen müssen das durch die ⏭ TRANSPIRATION verlorene Wasser ersetzen. Außerdem benötigen sie Wasser und Minerale für ihren Stoffwechsel.

WIE VERTEIDIGEN SICH PFLANZEN?

Pflanzen können nicht vor hungrigen Tieren davonlaufen, doch sie haben Möglichkeiten der Verteidigung entwickelt. Einige Pflanzen besitzen Dornen oder Stacheln, die in Haut und Maul stechen. Andere produzieren chemische Stoffe, die furchtbar schmecken und giftig sein können. Manche haben auch feine Härchen, die Insekten von den Blättern fernhalten.

Pflanzen

◄ VENUS-FLIEGENFALLE
Die fleischfressende Venus-Fliegenfalle wächst auf nährstoffarmen Böden und bezieht wichtige Minerale aus Insekten. Die Blattspreite der Blätter formt eine Falle, die zuklappt, wenn sich ein Insekt daraufsetzt. Die Pflanze verdaut das Insekt und nimmt dessen Mineralstoffe auf.

FOTOSYNTHESE

Tiere suchen sich ihr Futter – Pflanzen produzieren es mithilfe der Sonnenenergie selbst. Dieser Vorgang, den man Fotosynthese nennt, versorgt Pflanzen mit den Grundstoffen für das Wachstum.

WAS GESCHIEHT BEI DER FOTOSYNTHESE?

Die Blätter der Pflanze nehmen Sonnenenergie auf, sodass aus Kohlendioxid und Wasser der energiereiche Zucker Glukose hergestellt werden kann. Die Glukose ist sowohl Energieträger als auch Baustein, da aus ihr Stoffe wie Zellulose zusammengesetzt werden können, die zum Bau der Zellwände dienen.

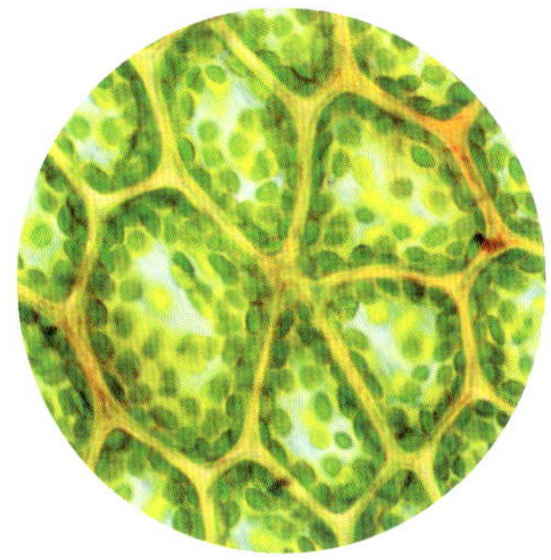

▲ CHLOROPLASTEN
Die grünen Körner in dieser mikroskopischen Aufnahme von Blattzellen sind Chloroplasten. Sie enthalten Chlorophyll, einen grünen Farbstoff, der Sonnenlicht auffangen kann.

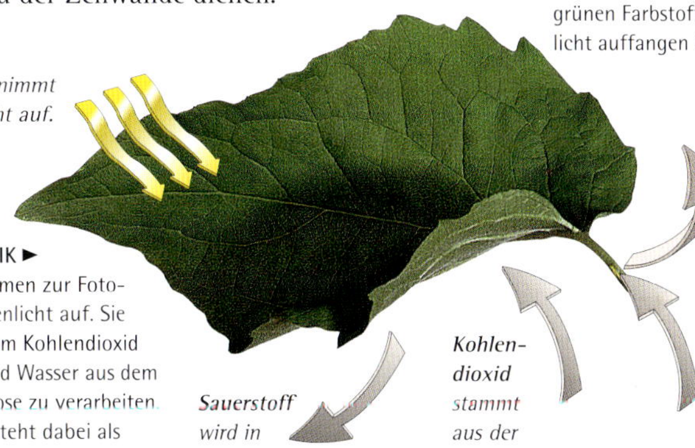

GLUKOSEFABRIK ►
Blattzellen nehmen zur Fotosynthese Sonnenlicht auf. Sie benötigen es, um Kohlendioxid aus der Luft und Wasser aus dem Boden zu Glukose zu verarbeiten. Sauerstoff entsteht dabei als »Abfallprodukt«.

TRANSPIRATION

Pflanzen verlieren Wasser durch die Spaltöffnungen oder Stomata der Blätter. Sie lassen Kohlendioxid in das Blatt hinein und Sauerstoff heraus. Die Transpiration (der Wasserverlust) sorgt dafür, dass die Wurzeln neues Wasser aufsaugen.

WAS IST DAS LEITGEWEBE?

Wasser und Nährstoffe werden vom Leitgewebe innerhalb der Pflanze transportiert. Das Leitgewebe besteht aus zwei getrennten Systemen. Im Holz- oder Gefäßteil (Xylem) werden Wasser und Minerale von den Wurzeln in den Rest der Pflanze transportiert. Der Bast- oder Siebteil befördert Nährstoffe wie die Glukose.

HONIGMELONEN-SALBEI

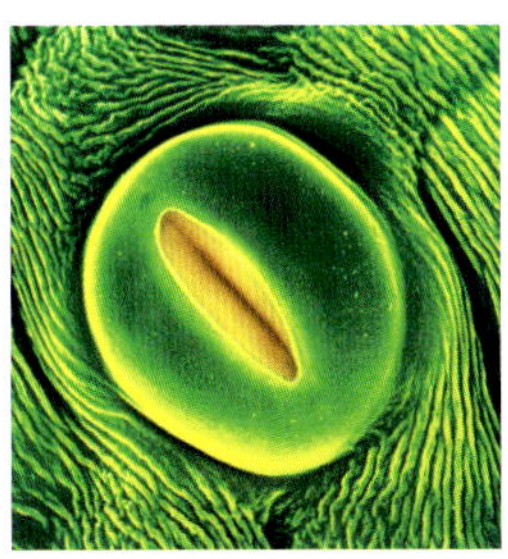

▲ SPALTÖFFNUNG NACHTS
Wie man unter dem Mikroskop sieht, ist diese Spaltöffnung auf der Blattoberfläche von zwei Schließzellen umgeben. Nachts ist die Öffnung geschlossen.

▲ SPALTÖFFNUNG TAGSÜBER
Tagsüber öffnen die Schließzellen die Spaltöffnung. Dadurch kann Kohlendioxid aufgenommen und Wasser durch Transpiration abgegeben werden.

▲ TRANSPIRATION
Das verlorene Wasser wird durch Wasser von den Wurzeln ersetzt. Eine ununterbrochene Wassersäule steht zwischen den Wurzeln und den Blättern.

SIEHE AUCH ⏭ Bäume 94–95 • Bedecktsamer 92–93 • Moose und Farne 90 • Nacktsamer 91

MOOSE UND FARNE

Moose, Farne und ihre Verwandten vermehren sich nicht wie höher entwickelte Pflanzen durch Samen, sondern produzieren SPOREN. Man findet sie meistens an schattigen oder feuchten Standorten.

Der Sporophyt entlässt Sporen, die zu einem neuen Moos heranwachsen.

▲ ZWEI GENERATIONEN
Moose erzeugen männliche und weibliche Geschlechtszellen. Die männlichen werden vom Wasser zu den weiblichen gespült. Nach der Befruchtung entsteht als zweite Generation ein Sporophyt, aus dessen Sporen wieder ein Moos (Gametophyt) heranwächst.

WIE WACHSEN FARNE?

Der Wurzelstock (das Rhizom) eines Farns wächst horizontal durch die Erde. Kleine eingerollte Farnwedel entspringen dabei dem Rhizom. Die Farnwedel entrollen sich während des Wachstums. Bei manchen Farnen werden sie 6 m lang, bei anderen nur 13 mm.

WIE KÖNNEN MOOSE OHNE WURZELN LEBEN?

Die meisten Moose bilden Polster. Sie besitzen keine Wurzeln, sondern kleine Fortsätze (Rhizoide), mit denen sie sich zwar verankern, jedoch kein Wasser aufnehmen können. Sie decken ihren Flüssigkeitsbedarf durch die Luftfeuchtigkeit.

◄ LEBERMOOS
Lebermoose sind eng mit den Laubmoosen verwandt und wachsen nur in feuchten Lebensräumen. Die »Blätter« mancher Arten bedeckt eine wachsartige Schicht, um Wasserverluste zu vermeiden.

BAUMFARN ►
Dicksonia antarctica ist ein großer Baumfarn, der auf kühlen, schattigen Waldböden in Australien wächst. Baumfarne besitzen einen langen, holzigen Stamm, der eine Rosette von Farnwedeln trägt. Die gezeigte Art kann 1–3 m hoch werden.

Junge Farnwedel entrollen sich auf für Farne typische Weise.

Die Farnwedel der Baumfarne können 1,5–2,5 m lang werden.

Moose

Farne

SYSTEMATIK DER MOOSE UND FARNPFLANZEN	
Es gibt sieben Klassen heute noch vorkommender Moose und Farnpflanzen: • Lebermoose • Hornmoose	• Laubmoose • Farne • Gabelblattgewächse • Bärlappgewächse • Schachtelhalmgewächse

SPOREN

Farne und Moose vermehren sich durch viele winzige Sporen. Diese bestehen aus einer oder mehreren Zellen und sind von einer widerstandsfähigen Hülle umgeben.

WARUM IST DIE SPORENVERBREITUNG SO WICHTIG?

Viele Moose und Farnpflanzen vertrauen auf den Wind, um ihre Sporen möglichst weit zu verbreiten. So wird die Konkurrenz mit der Elternpflanze um Licht, Wasser und Nährstoffe vermieden. Wenn eine Spore an einem feuchten Platz landet, keimt sie und wächst zu einer neuen Pflanze heran.

FARNSPOREN ►
Farnsporen werden von Sori (Einzahl Sorus) geschützt. Sori befinden sich an der Unterseite der Farnwedel. Große Farne geben in jedem Jahr Millionen von Sporen frei.

Sorus

INHALT EINES SORUS ►
Jeder Sorus enthält eine Gruppe von Sporangien, die Sporen bilden. Bei trockenem Wetter öffnen sie sich und verstreuen ihre Sporen.

Sporangium

NACKTSAMER

Nacktsamer produzieren Samen, die jedoch nicht in einem Fruchtknoten eingeschlossen sind. Ihre größte Gruppe sind die Nadelhölzer.

▲ KIEFERNWALD
Kiefernzweige und die vieler anderer Nadelbäume weisen nach unten, damit der Schnee im Winter abrutschen kann.

▲ ZIRBELKIEFERN-ZAPFEN
Die Samen reifen geschützt im weiblichen Zapfen heran. Ist es warm und trocken, öffnet er sich und die Samen fallen heraus.

KIEFERNSAMEN

Nacktsamer

WIE VERMEHREN SICH NADELHÖLZER?

Nadelhölzer besitzen männliche und weibliche Blüten, die meistens getrennte Zapfen bilden. Die männlichen geben Pollen ab, der vom Wind verbreitet wird. Landen Pollenkörner auf weiblichen Blüten, befruchten sie die Eizellen. Nach ein oder zwei Jahren öffnet sich der weibliche Zapfen und entlässt geflügelte Samen, die dort keimen, wo sie landen.

WARUM TRAGEN NADELHÖLZER NADELN?

Die nadelförmigen Blätter ermöglichen es den Pflanzen, in kalter und rauer Witterung zu überleben. Die Nadeln sind unempfindlich und mit einer wachsartigen Schicht bedeckt. Diese Eigenschaften helfen ihnen, starken Winden und extremen Temperaturen zu widerstehen. Sie verringern außerdem Wasserverluste.

BESITZEN AUCH ANDERE PFLANZEN ZAPFEN?

Die auch zu den Nacktsamern gehörenden Cycadeen besitzen große Zapfen, die mehr als 55 cm lang werden können. Ihre kräftigen Stämme werden von gefiederten Blättern gekrönt, sodass sie Palmen ähneln. Cycadeen kommen in tropischen und subtropischen Regionen vor. Sie stammen von Pflanzen ab, die vor etwa 250 Mio. Jahren weit verbreitet waren. Heute gibt es noch rund 140 Arten der Cycadeen.

Die weichen ***männlichen Zapfen*** *fallen nach Abgabe des Pollens ab.*

Weibliche Zapfen öffnen sich, um den Samen abzugeben.

WALDKIEFER ►
Wie die meisten Nadelhölzer sind Kiefern immergrün: Sie behalten ihre Nadeln das ganze Jahr über. Die einzelne Nadel wird etwa zwei Jahre alt.

SIEHE AUCH ⏭ Bäume 94–95 • Klima 62–63 • Lebensräume 82–84 • Pflanzen 88–89

▲ IMMERGRÜNER REGENWALD
Der Regenwald des Amazonas ist der größte der Welt. Er enthält etwa ein Fünftel aller Arten der Bedecktsamer.

BÄUME

Bäume stellen keine systematische Einheit, sondern eine Wuchsform dar, die sich durch den kräftigen Stamm auszeichnet. Sie leben viele Jahre und überdauern den Winter. Die größte Gruppe der Bäume ist die der Laubbäume.

WARUM SIND BÄUME SO WICHTIG?

Bäume produzieren Sauerstoff, den die meisten Lebewesen zum Atmen benötigen. Ihre Wurzeln geben dem Erdboden Halt, sodass er nicht abgetragen wird. Bäume geben auch vielen Tieren Nahrung und Schutz. Sie liefern Brenn- und Bauholz und vieles andere.

WIE WACHSEN BÄUME?

Bäume wachsen an den Spitzen der Zweige in die Länge. Eine besondere Zellschicht unter der Borke, das Kambium, sorgt für das sekundäre Dickenwachstum (außer bei Palmen). Stamm und Zweige werden stärker, was man auch an den Wachstumsringen sehen kann.

WAS SIND LAUBBÄUME?

Anders als Nadelbäume besitzen Laubbäume breite, flache Blätter. Viele von ihnen sind ⏭ LAUB ABWERFENDE BÄUME. Sie verlieren die Blätter im Herbst. Laubbäume des tropischen Regenwalds sind immergrün. Die Baumkronen der benachbarten Bäume bilden ein ⏭ KRONENDACH.

TROMPETENBAUM (EINFACHES BLATT)

HERKULESBAUM (ZUSAMMENGESETZTES BLATT)

▲ BLATTTYPEN
Es gibt bei Laubbäumen zwei Blatttypen. Das einfache Blatt ist ungeteilt und besitzt seinen eigenen Stängel. Ein zusammengesetztes Blatt besteht aus vielen Blättchen, die am Hauptstängel des Blatts sitzen.

Bäume

◄ QUERSCHNITT DURCH EINEN BAUMSTAMM
Das Innere eines Baums besteht aus äußerem Splint- und innerem Kernholz. Beide bestehen aus den Zellen des Xylems. Im Splintholz übernehmen sie den Wasser- und Mineraltransport. Weiter außen befinden sich die Phloemzellen, die Nährstoffe befördern, und die Borke.

BÄUME GIBT ES IN VERSCHIEDENEN SYSTEMATISCHEN GRUPPEN

Die Wuchsform der Bäume trifft man in drei Gruppen an: Laubbäume, Nadelbäume und Palmen.
- Mit über 10 000 Arten sind die Laubbäume die größte Gruppe. Sie gehören zu den zweikeimblättrigen Bedecktsamern.
- Die 2800 Palmenarten sind einkeimblättrige Bedecktsamer. Sie weisen kein sekundäres Dickenwachstum und damit auch keine Jahresringe auf.
- Die 550 Arten der Nadelbäume gehören zu den Nacktsamern.

LAUB ABWERFENDE BÄUME

Die meisten Laubbäume, die in gemäßigten Zonen mit warmen Sommern und kalten Wintern wachsen, werfen ihre Blätter im Herbst ab.

WARUM WERFEN DIE BÄUME IHR LAUB AB?

Nach dem Abwurf des Laubs stellen die Bäume ihr Wachstum ein. Damit sparen sie Energie, wenn im Winter nicht genügend Sonnenlicht zur Verfügung steht. Außerdem wird der Wasserverlust durch Verdunstung verhindert.

WARUM VERÄNDERT SICH IM HERBST DIE BLATTFARBE?

Im Sommer enthalten die Blätter den Farbstoff Chlorophyll, der die Sonnenenergie aufnimmt. Im Herbst entzieht der Baum den Blättern das Chlorophyll, sodass rote, gelbe und orangefarbene Farbstoffe sichtbar werden, die vorher verdeckt waren.

VERÄNDERTE BLATTFARBE ►
Die Blätter der Laub abwerfenden Bäume färben sich im Herbst oder in sehr trockenen Zeiten orange, gelb oder rot.

BLÄTTER DES EISENHOLZBAUMS

▲ GRÜNES LAUB IM SOMMER
Eine Linde in der Sommersonne. Der Baum nutzt seine Blätter, um Sonnenlicht aufzunehmen und Nährstoffe herzustellen.

LAUBFALL IM HERBST ▲
Im Herbst nehmen Temperatur und Lichtzufuhr ab. Die Blätter verfärben sich und beginnen zu fallen.

KRONENDACH

Aus den Baumkronen benachbarter Bäume setzt sich das Kronendach zusammen. Es besteht aus Ästen, Zweigen und Blättern. Das dichte Kronendach der Regenwälder bietet vielen Tieren einen Lebensraum.

WARUM SIND REGENWALDBÄUME SO GROSS?

Im heißen, feuchten Regenwald wachsen die eng stehenden Bäume schnell zu großer Höhe heran, da sie im Wettbewerb um das Sonnenlicht stehen. Je höher der Baum ist, desto mehr Licht erhält er. Einige dieser Bäume können bis zu 60 m groß werden.

WAS SIND EPIPHYTEN?

Epiphyten oder Aufsitzerpflanzen wachsen auf einer anderen Pflanze, ohne ihr zu schaden. Viele Epiphyten kommen hoch im Kronendach des Regenwalds vor, wo sie sich mit ihren Wurzeln an Ästen und Baumstämmen verankern. Hier bekommen sie viel mehr Licht und Regenwasser als die Pflanzen des Waldbodens.

◄ STREBEN NACH SONNE
Dies ist ein Blick vom Regenwaldboden aus nach oben. Eine Palme der Gesträuchzone benutzt ihre großen Blätter, um das spärliche Licht aufzufangen, das durch das Kronendach nach unten fällt.

STOCKWERKE DES REGENWALDS

Der Regenwald besteht aus verschiedenen Stockwerken. Im Bereich der Urwaldriesen ragen die größten Bäume über das Kronendach hinaus. Unter den Baumkronen befinden sich die jüngeren Bäume und eine Schicht großblättriger Pflanzen mit geringem Lichtbedarf. Darunter liegt der Waldboden mit wenigen kleinen Pflanzen.

SIEHE AUCH ⏭ Bedecktsamer 92–93 • Moose und Farne 90 • Nacktsamer 91 • Pflanzen 88–89

TIERE

Tiere kann man in zwei Gruppen einteilen: Wirbeltiere mit einem inneren Skelett, das von einer Wirbelsäule gestützt wird, und wirbellose Tiere. Etwa 1,5 Millionen Tierarten sind bisher beschrieben worden. Jede von ihnen zeigt ein für sie eigenes ⏭ VERHALTEN.

GEPARDEN ►
Der Gepard ist das schnellste Landtier. Er soll auf kurzen Strecken eine Geschwindigkeit von 96 km/h erreichen können. Vor dem entscheidenden Endspurt lauert er im Hinterhalt auf sein Opfer.

Muskeln ermöglichen das Fangen der Beute.

Lange Beine erhöhen die Geschwindigkeit.

WAS HABEN ALLE TIERE GEMEINSAM?

Alle Tiere fressen andere Lebewesen, um sich zu ernähren. Im Gegensatz zu höheren Pflanzen und Pilzen, die an einen Ort gebunden sind, können sich Tiere bewegen, um Feinden zu entfliehen oder Futter und Partner zu finden. Fast alle Tiere atmen Sauerstoff, der aus der Luft oder aus dem Wasser stammt.

WELCHES TIER IST DAS SCHNELLSTE?

Das schnellste Tier der Welt ist der Wanderfalke, der beim Sturzflug auf die Beute über 200 km/h erreichen kann. Den schnellsten Flug mit Muskelkraft bringt der Stachelschwanzsegler zustande (bis zu 170 km/h). Das schnellste Wassertier ist der Fächerfisch mit bis zu 109 km/h.

▲ CHAMÄLEON
Wegen seiner Tarnfarbe und seiner langsamen Bewegungen wird ein Chamäleon von seiner Beute und seinen Feinden kaum wahrgenommen. Es kann seine lange Zunge blitzschnell hervorschnellen lassen, um mit ihr Insekten »abzuschießen«.

WAS SIND WARMBLÜTIGE TIERE?

Warmblüter erzeugen ihre Körperwärme aus ihrer Nahrung, wie Vögel und Säugetiere. Fische, Reptilien und Amphibien nennt man wechselwarm, da sie von der Umgebungstemperatur abhängig sind. Bei Kälte sind sie weniger aktiv und benötigen weniger Nahrung. Es gibt aber auch Arten (z. B. Thunfische, Pythons), die ihre Körpertemperatur ein wenig erhöhen können.

WELCHE TIERE SIND DIE GRÖSSTEN?

Einige Tiere wachsen zu gigantischen Größen heran. Das größte Tier der Welt ist der Blauwal. Er wird 28 m lang und kann rund 150 Tonnen wiegen. Andererseits können Tiere auch sehr klein sein. Mesozoen stehen zwischen den Ein- und den Vielzellern. Sie enthalten oft weniger als 50 Zellen und sind dann nur etwa 0,5 mm groß.

Tiere

▲ KALTE DUSCHE
Der Asiatische Elefant ist das zweitschwerste Landtier der Erde (nach dem Afrikanischen Elefanten). Wie alle Säugetiere ist er ein Warmblüter. Wegen ihrer Größe müssen Elefanten sich vor Überhitzung schützen. Sie baden daher gern. Auch ihre großen Ohren dienen der Kühlung.

◄ ARBEITSTEILUNG
Blattschneiderameisen leben in Kolonien nah verwandter Einzeltiere, die alle von einer Königin abstammen.

VERHALTEN

Um zu überleben, müssen Tiere fressen und es vermeiden, selbst gefressen zu werden. Damit die Art nicht ausstirbt, müssen sie sich fortpflanzen. Das Verhalten der Tiere, sei es angeboren oder erlernt, hängt meistens mit diesen Zielen zusammen.

WIE VERTEIDIGEN SICH TIERE?

Tiere kennen verschiedene Methoden, einer drohenden Gefahr zu entgehen. Manche sind durch ihr Aussehen sehr gut getarnt und verhalten sich ruhig, um nicht aufzufallen. Andere zeigen ein komplizierteres Verhalten und können vortäuschen, verletzt oder krank zu sein. Igel und Gürteltiere rollen sich zu einer Kugel zusammen, wenn sie bedroht sind.

WIE WICHTIG SIND INSTINKTE?

Instinkte sind für Tiere lebenswichtig, vor allem wenn sie nicht von den Eltern großgezogen werden und Verhaltensweisen von ihnen lernen. Die angeborenen Auslösemechanismen rufen bei einem bestimmten Reiz ein bestimmtes Verhalten des Tiers hervor, z. B. die Fluchtreaktion bei Bedrohung durch einen Feind.

▲ IGELFISCH
Igelfische verteidigen sich, indem sie Wasser schlucken und sich »aufblasen«. Dabei stellen sie auch ihre Stacheln auf und sind nun selbst von großen Fischen kaum zu verschlucken. Viele andere Tierarten benutzen ebenfalls Stacheln, um sich zu schützen.

▼ PRÄGUNG
Frisch geschlüpfte Vögel vieler Arten (z. B. Gänseküken) folgen dem ersten Tier, das sie nach dem Schlüpfen sehen. Das ist meistens ihre Mutter. Sie können jedoch auch auf Menschen oder Hunde geprägt werden.

WARUM FOLGEN TIERE REGELMÄSSIGEN ZYKLEN?

Alle Tiere richten sich nach zeitlichen Mustern. Viele sind tagaktiv, weil ihre Sinne dann am besten arbeiten. Andere schützen sich in der Nacht vor Räubern oder gelangen nachts zu ihrer Nahrung. Die meisten Tiere richten sich nach den Jahreszeiten und bekommen ihre Jungen, wenn es genügend Futter gibt.

CLOWNFISCH ►
Clownfische können sich zwischen nesselnden Seeanemonen-Armen verstecken. Sie übernehmen von den Anemonen ein Sekret, das die Entladung der Nesselzellen verhindert. Clownfische gibt es in allen tropischen Meeren.

SIEHE AUCH ⏭ Biologie 72 • Lebewesen 70–71

NAHRUNG

Alle Tiere müssen andere Lebewesen fressen, um selbst leben zu können. Man teilt Tiere daher nach ihrer Ernährungsweise in zwei Hauptgruppen ein: ⏭ FLEISCHFRESSER und ⏭ PFLANZENFRESSER.

WAS IST EIN ALLESFRESSER?
Viele Tiere fressen entweder Fleisch oder Pflanzen, doch Allesfresser ernähren sich von beidem. Bären und Schweine sind Allesfresser – Menschen übrigens auch. Wir führen so die Tradition unserer Ahnen fort, die jagten und Beeren und Nüsse sammelten.

BÄR ►
Bären fressen vieles: Früchte, Nüsse, Wurzeln, Honig, Aas, kleine Säugetiere und stromaufwärts schwimmende Lachse (auf dem Bild).

WAS SIND FILTRIERER?
Filtrieren ist eine Methode, kleine Lebewesen aus dem Wasser herauszusieben. Filtrierer gibt es in den verschiedensten Tiergruppen. Darunter befinden sich Seepocken, Muscheln, Flamingos und Bartenwale (einschließlich des Blauwals).

◄ AASFRESSER
Hyänen und Geier ernähren sich von Aas. Hier fressen sie die Reste eines von Löwen getöteten Zebras. Hyänen sind allerdings auch in der Lage, selbst Beute zu jagen.

Nahrung

FLEISCHFRESSER

Die meisten Fleischfresser sind Räuber. Sie jagen andere Tiere, um sie zu fressen. Räuber besitzen für gewöhnlich scharfe Zähne, Klauen oder Schnäbel, um ihre Beute zu zerkleinern. Fleisch ist sehr nahrhaft, sodass Räuber nicht sehr oft töten müssen.

WIE TÖTEN RÄUBER IHRE BEUTE?
Löwen, Haie und Adler verlassen sich auf Stärke und Schnelligkeit, um ihre Beute zu überwinden. Kleinere oder schwächere Jäger schleichen sich an oder entwickeln besondere Jagdtechniken. Einige Räuber (z.B. Wölfe) jagen im Rudel. Spinnen weben Netze, um ihre Beute zu fangen, und Klapperschlangen verwenden Gift.

ZÄHNESTARREND ►
Haizähne können große Brocken aus der Beute reißen. Sie wachsen in Reihen – die vorderen werden ständig durch die hinteren ersetzt. Manche Haie können in ihrem Leben mehr als 30 000 Zähne verbrauchen. Die größte Art, der Walhai, ist jedoch ein Filtrierer.

PFLANZENFRESSER

Kiefer, Zähne und Verdauungsorgane sind bei Pflanzenfressern auf pflanzliche Nahrung eingestellt, die weniger nahrhaft als Fleisch ist. Sie verbringen daher viele Stunden mit der Nahrungsaufnahme.

Der ***Tukanschnabel*** *ist besonders lang, um gut an die Früchte zu kommen.*

◄ TUKAN
Einige Vögel wie der Tukan haben sich auf Früchte spezialisiert. Durch ihren Zuckergehalt sind sie nahrhafter und leichter zu verdauen als Blätter. Früchte sind aber auch nicht so häufig. Viele Fruchtfresser leben daher zum Teil von Insekten. Nur im tropischen Regenwald gibt es das ganze Jahr über Früchte.

WIE VERDAUEN PFLANZENFRESSER IHRE NAHRUNG?
Pflanzen enthalten schlecht verdauliche Zellulose. Viele Pflanzenfresser werden daher von Mikroorganismen bei der Verdauung unterstützt. Rinder besitzen Mägen, die in verschiedene Kammern unterteilt sind. Nach der Passage der ersten Kammern wird das Futter zum Wiederkäuen noch einmal ins Maul transportiert.

WIE ENTGEHEN PFLANZENFRESSER DEN RÄUBERN?
Pflanzenfresser müssen nicht schnell sein, um ihr Futter zu bekommen. Hohe Geschwindigkeit oder gute Verteidigung sind aber gegenüber Räubern wichtig. Manche Pflanzenfresser sind daher sehr gut getarnt, sodass die Räuber sie nicht sehen. Andere besitzen zur Verteidigung eine dicke Haut, Stacheln oder sogar Gift.

SIEHE AUCH ⏭ Pflanzen 88–89 • Verdauung 144–145 • Zähne 143

SINNE

Die Sinne vermitteln ein Bild der Umwelt. Die meisten Tiere haben die gleichen Sinne wie der Mensch, doch es gibt auch zusätzliche wie die ⏭ ECHOORIENTIERUNG.

HABEN TIERE SCHÄRFERE SINNE ALS MENSCHEN?

Viele Tiere besitzen schärfere Sinne als wir. Für uns ist das Sehen der wichtigste Sinn, doch werden wir darin von vielen Vögeln übertroffen. Einige Insekten können im Gegensatz zu uns ultraviolettes Licht sehen. Die Nase eines Bluthundes ist viele Male empfindlicher als unsere. Fledermäuse, Wale und Elefanten hören sehr hohe oder tiefe Frequenzen, die wir nicht wahrnehmen.

Die Nase führt die Katze zur Beute.

***Schnurrhaare** lassen die Katze auch im Dunkeln Bewegungen spüren.*

NACHTSCHWÄRMER ▲
Katzen haben wie viele nachtaktive Tiere eine Reflexionsschicht in den Augen, die die Lichtempfindlichkeit erhöht.

***Linsen** bündeln das Licht und werfen es auf die Sinneszellen.*

***Antennen** nehmen Geruchsstoffe in der Luft wahr.*

◄ FACETTENAUGE
Insekten, z. B. Fliegen, haben große Facettenaugen, die aus einzelnen Linsenaugen zusammengesetzt sind. Das Bild besteht aus den Bildpunkten der Einzelaugen.

***Sinneshaare** dienen dem Tastvermögen.*

KÖNNEN TIERE IM DUNKELN SEHEN?

Einige Tiere können auch nachts recht gut sehen, selbst wenn der Mond nicht scheint. Die großen Augen nachtaktiver Jäger (z. B. Eulen) machen das Beste aus jedem Lichtstrahl. Viele nachtaktive Tiere können auch besonders gut hören und riechen.

WELCHE TIERE BESITZEN ZUSÄTZLICHE SINNE?

Manche Wassertiere wie Haie können elektromagnetische Signale zur Ortung ihrer Beute nutzen. Man nimmt an, dass z. B. Zugvögel sich am Magnetfeld der Erde orientieren können.

Sinne

*Die **gespaltene Zunge** nimmt Geruchsstoffe auf.*

DER GESCHMACK DER LUFT ►
Schlangen nehmen mit der Zunge Geruchsstoffe aus der Luft auf und leiten sie zu ihrem Jacobson-Organ. Sie sind taub, können Erschütterungen des Untergrunds jedoch sehr gut wahrnehmen.

*Das **Grubenorgan** »sieht« die Wärme.*

ECHOORIENTIERUNG

Fledermäuse, Wale und Delfine, die in Dunkelheit oder bei schlechter Sicht jagen, erzeugen Laute und orten anhand des Echos ihre Beute. Die gleiche Technik hilft ihnen bei der räumlichen Orientierung.

SEHEN MIT DEM SCHALL ►
Insektenfressende Fledermäuse haben ein sehr feines Gehör, das ihnen die Ortung der Beute und die Navigation im Dunkeln erlaubt. Sie geben hohe Töne ab und orten mit ihren Ohren die Quelle des Echos, das von der Beute kommt.

WIE DELFINE MITHILFE DER ECHOORIENTIERUNG BEUTE FINDEN

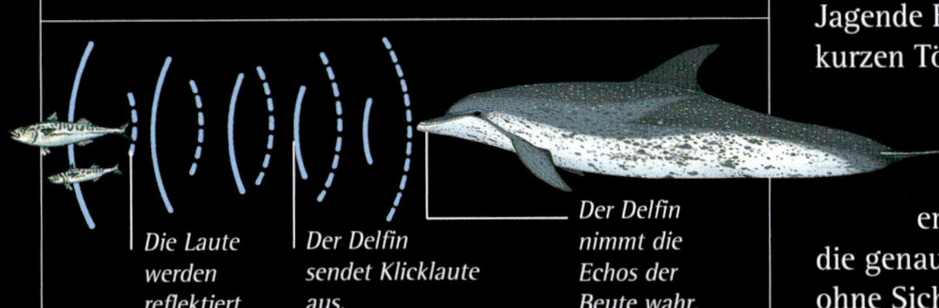

WIE HILFT ECHOORIENTIERUNG BEIM JAGEN?

Jagende Fledermäuse und Delfine geben Reihen von kurzen Tönen von sich, die sich in Luft und Wasser fortsetzen. Fliegende Insekten oder Fischschwärme werfen ein Echo zurück, das vom Jäger wahrgenommen wird. Das Echo erlaubt dem scharfen Gehör des Jägers die genaue Ortung der Beute, die damit auch ohne Sicht gefangen werden kann.

***Motten** und andere Insekten sind die wichtigste Beute der Fledermäuse.*

SIEHE AUCH ⏭ Auge 140 • Mund 142 • Nase 143 • Ohr 141

KOMMUNIKATION

Tiere kommunizieren mit ihren Artgenossen oder Tieren anderer Arten, um Futter zu suchen, Partner zu finden, Junge aufzuziehen oder Gefahr zu meiden. Dazu dienen optische und akustische Signale, Körpersprache, Kontakt, Geruchsstoffe oder eine Kombination dieser Möglichkeiten.

▲ KÖRPERSPRACHE
Ein Wolf kann durch Aufrichten oder Anlegen der Ohren, der Rücken-, Schwanz- und Nackenhaare und durch Zeigen der Zähne über 20 Mitteilungen erzeugen.

WANN BENUTZEN TIERE OPTISCHE SIGNALE?

Optische Signale werden meistens im Nahbereich eingesetzt. Vögel (z.B. Pfauen oder Rotkehlchen) werben mit leuchtenden Farben um ihre Partner und Glühwürmchen benutzen Lichtsignale. Das Aufblitzen des weißen Kaninchenschwanzes bedeutet »Gefahr«.

WARUM GEBEN TIERE AKUSTISCHE SIGNALE?

Töne sind auch über größere Entfernung zu hören. Singvögel und Brüllaffen stecken so ihre Reviere ab. Wale, Frösche und Grillen suchen mit Tönen eine Partnerin. Grüne Meerkatzen warnen untereinander vor verschiedenen Feinden mit unterschiedlichen Lauten.

▲ SCHLANGENAUGEN
Optische Signale können der Verteidigung dienen. Diese Schwärmerraupe besitzt einen Schwanz, der wie ein Schlangenkopf aussieht. Räuber werden so von der harmlosen Raupe abgeschreckt.

Kommunikation

KÖNNEN TIERE LÜGEN?

Wenn Tiere mit ihren Feinden kommunizieren, sagen sie nicht immer die Wahrheit. Hunde, Katzen und andere Tiere sträuben das Fell und machen einen Buckel, um größer zu wirken. Opossums stellen sich tot, um Feinde zu täuschen. Manche Tiere ahmen andere, gefährlichere Tiere nach.

WARUM SETZEN TIERE PHEROMONE EIN?

Mit Duftstoffen, die man Pheromone nennt, können Tiere das Verhalten anderer beeinflussen. Diese chemischen Stoffe wirken ähnlich wie Hormone, werden aber meistens durch die Luft übertragen. Mottenweibchen locken mit ihnen Männchen an. Die Königinnen in Ameisen-, Bienen- und Termitenstaaten nützen Pheromone, um verschiedene Mitteilungen zu machen.

◄ KOMPLEXE KOMMUNIKATION
Intelligente Tiere wie Menschenaffen nutzen Töne, Gerüche, Berührungen, Körpersprache und Gesichtsausdrücke zur Kommunikation. Sie können sogar die für taubstumme Menschen entwickelte Zeichensprache lernen.

▲ CHEMISCHE KONTROLLE
Von der Königin abgegebene Pheromone verhindern die Entwicklung fruchtbarer Weibchen. Wenn die Königin stirbt und die Pheromone verschwinden, wachsen neue Königinnen heran, von denen eine den Stock übernimmt.

SIEHE AUCH ⏭ Schall 176–177 • Sinne 99

FORTPFLANZUNG

Tiere pflanzen sich fort, damit ihre Art bestehen bleibt. Viele paaren sich dazu mit einem Partner. Andere können sich auch allein vermehren. Tiere wachsen auf unterschiedliche Weise heran. Manche durchlaufen eine ⏭ METAMORPHOSE. Auch bei der Brutpflege gibt es große Unterschiede.

Schlangeneier haben eine ledrige Schale.

Junge Schlangen sind eine Mini-Ausgabe der Eltern.

UNABHÄNGIG GEBOREN ▲
Junge Schlangen sind vom ersten Moment an auf sich allein gestellt. Schlangen legen eine große Anzahl von Eiern, sodass immer einige Junge groß werden.

WIE MACHEN TIERE DEN PARTNER AUFMERKSAM?

Während der Paarungszeit locken Tiere ihre Partner mit Rufen, Gerüchen oder anderen Signalen an. Manche Tiere zeigen dazu bestimmte Balzhandlungen. Andere, z.B. Regenwürmer, sind Zwitter (sie sind gleichzeitig männlich und weiblich), sodass es für sie leichter ist, einen Partner zu finden.

◄ ASEXUELLE FORTPFLANZUNG
Eine Seeanemone teilt sich in zwei neue. Blattläuse können sich auch ohne Männchen vermehren. Aus den unbefruchteten Eiern schlüpfen wieder Weibchen.

PUMAFAMILIE ▼
Säugetierweibchen pflegen ihren Nachwuchs und ernähren ihn mit Milch. Einige Säugetiere brauchen nur wenige Wochen, um erwachsen zu werden. Junge Pumas bleiben dagegen zwei Jahre lang bei ihrer Mutter, um selbst jagen zu lernen.

Fortpflanzung

WARUM GEBÄREN VIELE TIERE LEBENDE JUNGE?

Lebend geborene Jungtiere haben eine größere Überlebenschance als aus dem Ei geschlüpfte. Während sie im Mutterleib heranwachsen, sind sie besser geschützt.

WOZU DIENT BRUTPFLEGE?

Brutpflege erhöht die Überlebenschancen. Es werden zwar weniger Junge geboren, doch die Chancen, das Erwachsenenalter zu erreichen, sind besser als für die auf sich selbst angewiesenen Tiere.

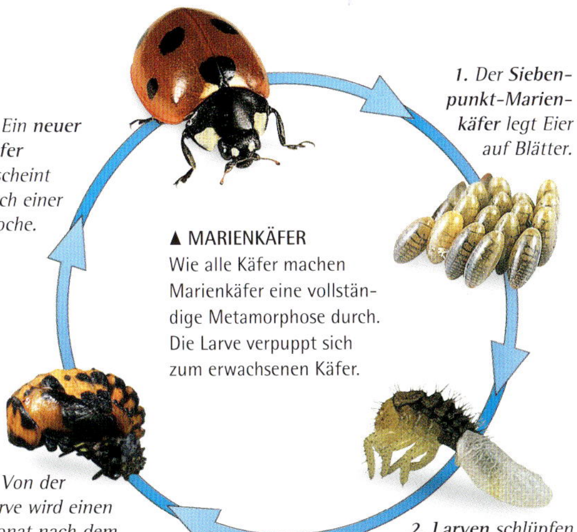

*1. Der **Siebenpunkt-Marienkäfer** legt Eier auf Blätter.*

*2. **Larven** schlüpfen nach einer Woche.*

*3. Von der Larve wird einen Monat nach dem Schlüpfen eine **Puppe** gebildet.*

*4. Ein **neuer Käfer** erscheint nach einer Woche.*

▲ MARIENKÄFER
Wie alle Käfer machen Marienkäfer eine vollständige Metamorphose durch. Die Larve verpuppt sich zum erwachsenen Käfer.

METAMORPHOSE

Manche Jungtiere sind ein Ebenbild ihrer Eltern – andere sehen ihnen gar nicht ähnlich. Sie machen eine erstaunliche Verwandlung durch, bevor sie erwachsen werden. Man bezeichnet das als Metamorphose.

WAS IST EINE VOLLSTÄNDIGE METAMORPHOSE?

Als vollständige Metamorphose bezeichnet man die Umwandlung über die Verpuppung. Motten und Schmetterlinge machen eine vollständige Metamorphose durch. Im Ruhestadium der Puppe entsteht das geflügelte Insekt. Auch die Umwandlung von Kaulquappen in Frösche bezeichnet man als Metamorphose.

*Die **schlüpfende Libelle** verlässt die alte Haut.*

*Die **leere Hülle** bleibt am Pflanzenstängel zurück.*

SCHLÜPFENDE LIBELLE ►
Junge Libellen häuten sich während des Wachstums mehrere Male. Diese schrittweise Umwandlung bezeichnet man als unvollständige Metamorphose.

SIEHE AUCH ⏭ Amphibien 114–115 • Insekten 110–111 • Säugetiere 120–123

STACHELHÄUTER

Seesterne, Schlangensterne, Seeigel und Seegurken gehören zum Stamm der Stachelhäuter. Die langsamen Wirbellosen sind die einzigen Tiere, deren Körper fünfstrahlig symmetrisch gebaut ist. Alle Arten leben im Meerwasser.

WIE ERNÄHREN SICH SEESTERNE?

Seesterne fressen, indem sie ihren Magen über die Beute ausstülpen. Dann lösen sie die Nahrung mit Verdauungssäften auf. Die meisten Seesterne ernähren sich von Muscheln. Mit den kleinen Füßchen auf der Unterseite ihres Körpers bewegen sie sich vorwärts.

WACHSEN DIE ARME EINES SEESTERNS NACH?

Einen verlorenen Arm kann der Seestern durch einen neuen ersetzen. Wenn der Arm bestimmte Zellen enthält, kann er selbst zu einem neuen Seestern heranwachsen. Der Verlust eines Arms kann dem Tier helfen, dem Griff eines Räubers zu entkommen. Die Arme der Schlangensterne brechen besonders leicht ab.

▲ UNTERSEITE EINES SEESTERNS
Die Arme des Seesterns sitzen wie Speichen eines Rads an seinem Körper. Die meisten Arten haben fünf Arme, doch gibt es auch welche, die mehr besitzen.

Stachelhäuter

◄ SEEIGEL
Seeigel leben auf dem Meeresgrund oder im Sand eingegraben. Auch sie besitzen viele kleine Füßchen, die der Fortbewegung und dem Fressen dienen. Seeigel sind durch Stacheln geschützt.

◄ SEEGURKE
Diese Stachelhäuter können bis zu 1 m lang werden. Sie leben auf dem Meeresgrund und ernähren sich von organischen Resten. Nach der Mahlzeit zieht die Seegurke ihre Tentakel ein.

SYSTEMATIK DER STACHELHÄUTER

Der Stamm der Stachelhäuter umfasst etwa 6300 Arten, die in sechs Klassen eingeteilt werden:
• Seelilien und Haarsterne • Seesterne • Schlangensterne
• Seegurken • Seeigel • Seegänseblümchen

SIEHE AUCH ⏭ Wirbellose 102

SCHWÄMME

Schwämme können wie Pflanzen oder Pilze aussehen. Es sind aber wirbellose Tiere. Die meisten Schwämme findet man im Meer, wo sie an Felsen oder Riffen wachsen.

WIE ERNÄHREN SICH SCHWÄMME?

Schwämme filtern das Wasser durch feine Poren und ernähren sich von den winzigen Lebewesen, die zurückbleiben. Schwämmen fehlen die Organe, die andere Tiere besitzen. Ihre Körper bestehen aus Zellansammlungen, die von Nadeln aus Kalk, Silizium oder einer Faser namens Spongin gefestigt werden.

SYSTEMATIK DER SCHWÄMME

Der Stamm der Schwämme umfasst etwa 5000 Arten in drei Klassen:
• Kalkschwämme • Glasschwämme • Demospongiae (mit dem Badeschwamm und den Röhrenschwämmen)

GELBER RÖHRENSCHWAMM ►
Schwämme gibt es in vielen Farben und Formen. Sie können wie Finger, Schornsteine oder Vasen aussehen und erreichen eine Größe von wenigen Zentimetern bis zu einem Meter.

Schwämme

SIEHE AUCH ⏭ Wirbellose 102

WÜRMER

Regenwürmer sind die bekanntesten Würmer. Doch es gibt Tausende von wurmartigen Tieren, die zu verschiedenen Stämmen gehören. Einige Würmer sind mikroskopisch klein, andere mehrere Meter lang. Ringel- und Rundwürmer sind rund, Plattwürmer flach geformt.

STRUDELWURM ▲
Die meisten frei lebenden Plattwürmer suchen nach Beute oder Aas. Zu den Plattwürmern gehören auch Band- und Saugwürmer.

WO LEBEN WÜRMER?

Würmer können in nahezu jedem Lebensraum gefunden werden. Regenwürmer leben in der Erde, Egel in Flüssen und Teichen, Vielborster im Meer. Auch die meisten Schnur- und viele Plattwürmer kommen im Meer vor. Watt- und Seeringelwürmer findet man an der Küste. Einige Würmer sind ⏭ PARASITEN und leben auf oder in anderen Tieren.

WIE NEHMEN WÜRMER IHRE UMWELT WAHR?

Einige Plattwürmer haben einfache Augen, mit denen sie Licht erkennen können, doch die meisten Würmer sind blind. Ihr wichtigster Sinn ist das Tastvermögen. Der Regenwurm kann Erschütterungen wahrnehmen, die von Geräuschen oder Bewegungen erzeugt werden. Einige räuberische Würmer besitzen Tentakel am Kopf, die ihnen beim Beutefang helfen.

◄ REGENWURM
Regenwürmer belüften die Erde und erschließen die enthaltenen Nährstoffe. Sie leben von organischen Substanzen.

*Der **Gürtel** scheidet bei der Paarung einen Kokon für die Eier aus.*

*Der **Schleim** hält den Körper feucht.*

*Bei der Bewegung dehnen die **Segmente** sich und ziehen sich wieder zusammen.*

*Der **Schwanz** ist länger als das Kopfende.*

◄ NAHAUFNAHME
Feine Borsten an seinem Vorderende helfen dem Regenwurm, in der Erde Halt zu finden. Der Wurm bewegt sich durch Dehnen und Zusammenziehen seiner Körpersegmente.

WÜRMER GIBT ES IN VERSCHIEDENEN STÄMMEN

Es gibt rund 60 000 Wurmarten, von denen die meisten zu den folgenden Stämmen gehören:
- Plattwürmer (Strudel-, Band- und Saugwürmer)
- Ringelwürmer (Egel, Regen-, Watt- und Seeringelwürmer)
- Rundwürmer (Faden-, Maden- und Spulwürmer, Kratzer)

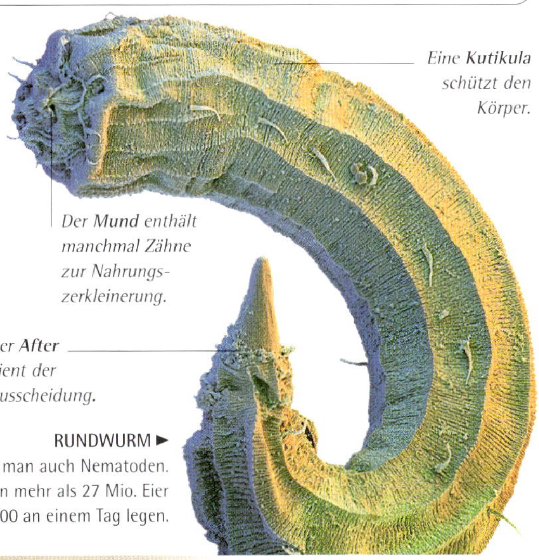

*Eine **Kutikula** schützt den Körper.*

*Der **Mund** enthält manchmal Zähne zur Nahrungszerkleinerung.*

*Der **After** dient der Ausscheidung.*

RUNDWURM ►
Rundwürmer nennt man auch Nematoden. Manche Tiere enthalten mehr als 27 Mio. Eier und können über 200 000 an einem Tag legen.

PARASITEN

Parasiten leben an oder in anderen Tieren, die man ihre Wirte nennt. Sie fressen das Gewebe des Wirts oder stehlen seine Nahrung. Einige Würmer können Menschen befallen, ohne dass sie bemerkt werden. Andere richten großen Schaden an.

WIE ERNÄHRT SICH EIN EGEL?

Viele Egel saugen Blut und heften sich mit Saugnäpfen, die sich an Kopf und Schwanz befinden, an Tiere und Menschen. Sie geben dabei einen Stoff ab, der die Gerinnung des Bluts verhindert. Nach der Mahlzeit lassen sie sich fallen. Etwa ein Viertel der Egel lebt als Räuber.

Haken zur Verankerung im Darm.

Saugnäpfe, um Halt zu finden

WO LEBEN BANDWÜRMER?

Bandwürmer leben in den Därmen von Menschen oder Tieren wie Schweinen und Katzen. Der Wirt infiziert sich, wenn er Eier oder Larven beim Essen aufnimmt. Im Darm ernährt sich der Wurm von halb verdauter Nahrung. Seine Eier werden mit dem Kot des Wirts ausgeschieden, teilweise mit Körpergliedern des Wurms.

◄ BANDWURMKOPF
Bandwürmer verankern sich mit Haken und Saugnäpfen im Darm des Wirts. Der hier gezeigte Katzenbandwurm wird 60 cm lang. Einige andere Arten erreichen sogar eine Länge von bis zu 30 m.

Würmer

WEICHTIERE

Zu den Weichtieren oder Mollusken gehören Schnecken, Tintenfische und Muscheln. Viele Weichtiere besitzen zu ihrem Schutz ⏭ SCHALEN.

▲ AFRIKANISCHE RIESEN-ACHATSCHNECKE
Schnecken gleiten auf einem Schleimfilm, der von ihrem muskulösen Fuß abgesondert wird. Ihr Kopf trägt oft zwei Fühlerpaare. Das längere kann an der Spitze Augen besitzen. Schnecken findet man überwiegend im Wasser, doch auch in verschiedenen Landlebensräumen.

*Die **Augen** ähneln denen der Wirbeltiere und erzeugen ein scharfes Bild.*

*Die **Arme** werden von einem hoch entwickelten Gehirn gesteuert.*

***Saugnäpfe** finden auch auf schlüpfriger Beute Halt.*

***Sinneszellen** auf den Armen übermitteln den Geschmack.*

▼ KRAKE IN AKTION
Kopffüßer wie Kraken (auch Oktopus genannt) und Sepien schleichen sich an Fische und Krabben heran oder lauern ihnen auf. Dann stürzen sie sich auf die Beute, umklammern sie mit ihren Armen und lähmen sie mit giftigem Speichel.

Weichtiere

SYSTEMATIK DER WEICHTIERE

Über 51 000 Weichtierarten werden in mehrere Klassen eingeteilt:
• Schnecken (die größte Klasse) mit Gehäuse und Nacktschnecken • Muscheln mit Miesmuscheln und Austern • Kopffüßer mit Kalmaren, Sepien, Kraken, Perlbooten • kleinere Klassen wie Röhren- und Käferschnecken (ovale Schnecken mit gegliedertem Gehäuse)

WELCHE EIGENSCHAFTEN HABEN WEICHTIERE?

Die meisten Weichtiere besitzen eine Schale und einen Fuß zum Kriechen oder Graben. Manchmal ist auch ein Kopf mit Sinnesorganen vorhanden. Der Körper besitzt Lungen oder Kiemen zum Atmen sowie Verdauungs- und Geschlechtsorgane. Er wird vom Mantel umhüllt.

WIE ERNÄHREN SICH WEICHTIERE?

Viele Weichtiere haben eine Radula genannte Zunge, die mit kleinen Zähnchen besetzt ist. Mit ihr können sie kleine Pflanzen und Tiere von Felsen raspeln oder größere Brocken zerreißen. Muscheln filtern Nahrung mit ihren Kiemen aus dem Wasser heraus.

WIE VERMEHREN SICH WEICHTIERE?

Weichtiere paaren sich mit Partnern, obwohl sie Zwitter sind (sie besitzen männliche und weibliche Geschlechtsorgane). Nur so werden die Eier befruchtet. Bei den meisten im Wasser lebenden Weichtieren schlüpft eine frei schwimmende Larve (Veliger).

*Die **Schale** kann sich bei Gefahr sofort schließen.*

***Muskeln** öffnen die Schale zum Fressen.*

***Augen** am Mantelrand reagieren auf Schatten.*

KLEINE PILGERMUSCHEL ▲
Wie alle Muscheln besitzt diese Kammmuschel eine zweiteilige Schale. Die meisten Muscheln leben an Felsen oder im Sand. Die eingegrabenen Tiere nutzen einen Muskelschlauch (Sipho) zum Austausch des Wassers.

SCHALEN

Die Schalen und Gehäuse der Weichtiere haben viele Formen und Größen, dienen jedoch dem gleichen Zweck: Sie schützen den Bewohner. Bei den an Land lebenden Mollusken bewahrt das Gehäuse die feuchten Tiere auch vor der Austrocknung.

GEHÄUSE DES NAUTILUS ►
Der Nautilus oder das Perlboot ist ein Verwandter der Tintenfische und besitzt ein Gehäuse mit vielen Kammern, von denen das Tier nur die äußere bewohnt. Die inneren Kammern sind mit einem Sipho verbunden und dienen der Kontrolle des Auftriebs. Im Schnitt kann man gut die Spiralform sehen.

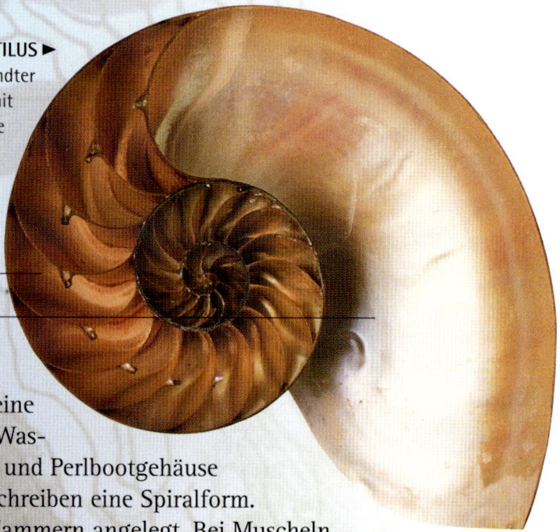

Auftriebskammer

Das Tier bewohnt die äußere Kammer.

WORAUS BESTEHEN DIE SCHALEN UND GEHÄUSE?

Weichtierschalen bestehen hauptsächlich aus Kalziumkarbonat, das heißt aus Kalk. Bei Muscheln sind sie im Grundplan aus drei Schichten aufgebaut: einer festen äußeren, einer mittleren Prismenschicht und der inneren Schicht, die oft glänzend ist und bei manchen Arten Perlmutter genannt wird.

WIE ENTSTEHT DIE SCHALE?

Der Mantel der Weichtiere sondert eine Substanz ab, die beim Kontakt mit Wasser oder Luft aushärtet. Schnecken- und Perlbootgehäuse wachsen am äußeren Rand und beschreiben eine Spiralform. Dabei werden beim Nautilus neue Kammern angelegt. Bei Muscheln wachsen die Schalen an dem Rand, der dem Schloss gegenüberliegt.

SIEHE AUCH ⏭ Wirbellose 102

GLIEDERFÜSSER

Hundertfüßer, Tausendfüßer, Insekten, Krebs- und Spinnentiere gehören alle zum Stamm der Gliederfüßer. Die Gliederfüßer sind zahlreicher und verschiedenartiger als die Mitglieder jeder anderen Tiergruppe.

WAS IST DEN GLIEDERFÜSSERN GEMEINSAM?

Die Körper aller Gliederfüßer sind in Segmente aufgeteilt und von einem ⏭ AUSSENSKELETT umgeben, das aus Chitin und vernetzten Eiweißen besteht. Ihre Beweglichkeit erlangen Gliederfüßer dadurch, dass das Außenskelett an den Gelenken sehr biegsam ist.

WAS IST DER UNTERSCHIED ZWISCHEN EINEM HUNDERT- UND EINEM TAUSENDFÜSSER?

Hundertfüßer sind Jäger, während sich die meisten Tausendfüßer von Pflanzenmaterial ernähren. Hundertfüßer besitzen ein Beinpaar pro Segment, Tausendfüßer dagegen zwei.

HABEN HUNDERTFÜSSER AUCH 100 BEINE?

Manche Hundertfüßer besitzen mehr, andere wiederum weniger als 100 Beine. Tausendfüßer haben im Widerspruch zu ihrem Namen auch keine 1000, sondern höchstens 750 Beine.

◄ GESÄUMTER SAFTKUGLER
Der Saftkugler entgeht seinen Feinden, indem er sich zu einer Kugel zusammenrollt. Obwohl er zu den Tausendfüßern gehört, wird er daher oft mit der Kugelassel verwechselt. Gleichzeitig kann er ein Wehrsekret abgeben, das er mit Drüsen zwischen seinen Segmenten produziert.

RIESENSKOLOPENDER ▲
Hundertfüßer lähmen oder töten ihre Beute mit Gift, das sie ihr mit ihren klauenartigen Kieferfüßen einspritzen. Es gibt mehr als 3000 Hundertfüßerarten. Die größten leben in den Tropen und werden bis zu 30 cm lang – groß genug, um eine Maus zu töten.

SYSTEMATIK DER GLIEDERFÜSSER

Gliederfüßer bilden mit weit über 1 Mio. Arten (davon über 960 000 Insektenarten) den größten Stamm unter den Tieren. Zu ihnen gehören: • Krebstiere • Insekten • Spinnentiere • Hundertfüßer • Tausendfüßer • Asselspinnen • Wenigfüßer • Zwergfüßer • Pfeilschwänze

AUSSENSKELETT

Das Außenskelett der Gliederfüßer bildet ein schützendes Gehäuse und einen Ansatzpunkt für die Muskeln. Durch seine Festigkeit können die Tiere auch in rauer Umgebung überleben.

▲ HUMMER
Das harte Außenskelett des Hummers stützt und schützt seinen Körper. Auch Beine und Antenne sind vollständig gepanzert. Der Amerikanische Hummer ist mit bis zu 15 kg wohl der schwerste Gliederfüßer der Welt.

WIE WACHSEN GLIEDERFÜSSER?

Um zu wachsen, müssen sich alle Gliederfüßer häuten. Sie dehnen sich dann, bevor das neue Außenskelett hart wird. Während der Häutung sind Gliederfüßer völlig ungeschützt. Deshalb verstecken sie sich vorher.

Gliederfüßer

WO LEBEN GLIEDERFÜSSER?

Gliederfüßer gibt es in jedem Lebensraum, von den kalten Tiefen der Ozeane bis zu den heißesten Wüsten. Sie vertragen Bedingungen, unter denen die meisten Wirbeltiere sterben würden.

SPINNENTIERE

Die Spinnentiere sind eine große Gruppe meist achtbeiniger Gliederfüßer, zu der Spinnen, Skorpione, Zecken und Milben gehören. Skorpione und Spinnen sind Jäger. Zecken und Milben gehören zur Ordnung der Milben, die viele Tier- und Pflanzenparasiten hervorgebracht hat.

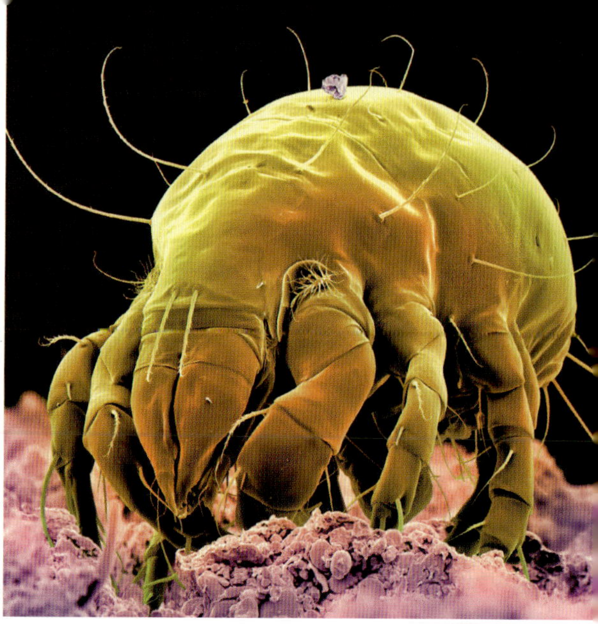

▲ MEHLMILBE
Einige Milben sind so klein, dass man sie nicht mit dem bloßen Auge sehen kann. Diese Aufnahme ist unter dem Rasterelektronenmikroskop entstanden. Mehlmilben ernähren sich von Getreide und sind oft in Küchen zu finden. Die langen Haare liefern der Milbe Informationen über ihre Umwelt.

WIE PRODUZIEREN WEBSPINNEN FÄDEN?

Webspinnen erzeugen die flüssige Vorstufe der Fäden mit den Spinndrüsen ihres Hinterleibs und geben die Fäden dann mit Unterstützung der Beine über die Spinnwarzen ab. Die meisten Webspinnen bauen Netze, doch manche Arten jagen ihre Beute ohne Netz.

WIE TÖTEN SKORPIONE IHRE BEUTE?

Skorpione benutzen ihre Scheren, um Beute zu fangen und zu töten. Sie ergreifen Insekten und Spinnen, erdrücken und zerreißen sie. Den Giftstachel benutzen sie nur, um kräftige und wehrhafte Tiere zu töten. Skorpione jagen nachts und setzen vor allem Tast- und Geruchssinn ein, um ihre Beute zu finden.

◄ SORGENDE MUTTER
Das Skorpionweibchen trägt ihre Jungen zwei oder drei Wochen lang auf dem Rücken mit sich herum, um sie zu beschützen. Nach ihrer ersten Häutung verlassen die Jungen die Mutter, um selbstständig zu jagen. Männchen und Weibchen führen bei der Balz einen genau synchronisierten Tanz auf. Nach der Paarung entwickeln sich die Eier im Mutterleib, sodass lebende Junge geboren werden.

SYSTEMATIK DER SPINNENTIERE

Fast alle Spinnentiere leben an Land. Über 95 000 Arten gehören zu elf verschiedenen Ordnungen:
• Skorpione • Bücherskorpione • Webspinnen • Milben • Weberknechte • Geißelskorpione • Zwerggeißelskorpione • Walzenspinnen • Kapuzenspinnen • Geißelspinnen • Tasterläufer

◄ VOGELSPINNE
Spinnen töten oder lähmen ihre Beute mit einem Giftbiss. Dann spritzen sie dem Opfer Verdauungssäfte ein. Vogelspinnen sind aktive Jäger und benutzen nur selten Netze. Die meisten leben in Süd- und Zentralamerika.

SIEHE AUCH ⏭ Gliederfüßer 107 • Wirbellose 102

KREBSTIERE

Zu den Krebstieren gehören Krabben, Seepocken, ⏭KRILL und Asseln. Man könnte sie »Insekten des Meeres« nennen, da sie hier die häufigsten Gliederfüßer sind. Krebstiere haben ein Außenskelett, Kiemen und zwei Antennenpaare.

WO LEBEN KREBSTIERE?

Die meisten leben im Meer. Einige Arten bewohnen das Süßwasser und Asseln sowie einige Krabben das Land. Garnelen können im freien Wasser schwimmen. Seepocken und Entenmuscheln leben auf Felsen, Hafenmauern oder Schiffsrümpfen.

WAS FRESSEN KREBSTIERE?

Viele Krebstiere sind Aasfresser. Krabben und Garnelen sind hauptsächlich nachtaktiv und verstecken sich tagsüber in Spalten. Einige Krabben und Hummer sind aktive Jäger. Seepocken und Entenmuscheln filtern das Wasser und benutzen dazu ihre Beine (Rankenfüßer). In dieser Ordnung gibt es auch Parasiten. Asseln ernähren sich von pflanzlichem Material.

GLEICHEN JUNGE KREBSE DEN ERWACHSENEN?

Die erste Larvenform vieler Krebstiere ist der Nauplius, der nur über drei Gliedmaßenpaare verfügt. Mit mehreren Häutungen durchlaufen die jungen Tiere weitere Larvenstadien (siehe Abbildung), bis sie wie die erwachsenen Tiere aussehen.

▲ ENTENMUSCHELN
Entenmuscheln sind keine Muscheln, sondern Krebse! Erwachsen leben sie fest an einem Ort. Sie filtern Nahrung mit ihren langen Beinen aus dem Wasser.

◀ EINSIEDLERKREBSE
Diese Krebse wohnen zum Schutz vor Räubern in leeren Schneckenhäusern. Wenn sie zu groß werden, ziehen sie in ein anderes um.

Krebstiere

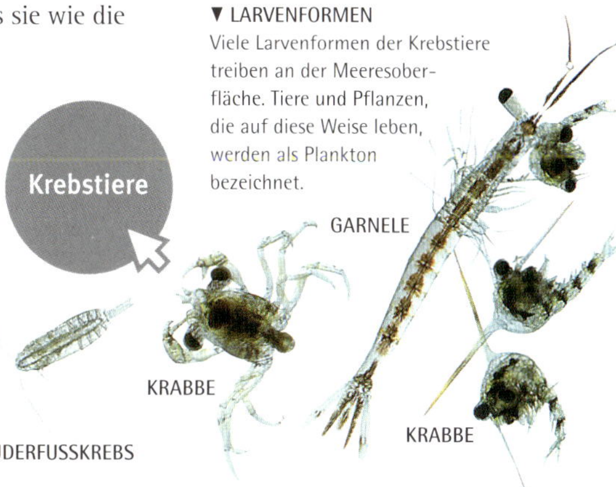

▼ LARVENFORMEN
Viele Larvenformen der Krebstiere treiben an der Meeresoberfläche. Tiere und Pflanzen, die auf diese Weise leben, werden als Plankton bezeichnet.

SYSTEMATIK DER KREBSTIERE

Die Krebstiere stellen die zweitgrößte Tiergruppe dar. Sie umfasst etwa 58 000 Arten in zwölf Unterklassen (hier eine Auswahl):
• Kiemenfußkrebse • Blattfußkrebse • Muschelkrebse • Ruderfußkrebse • Rankenfußkrebse • Fischläuse • Malacostraca (Hummer, Krabben, Garnelen, Krill, Asseln) • Mystacocarida • Cephalocarida

KRILL

Als Krill bezeichnet man Krebstiere, die Garnelen ähneln und in großer Zahl in den kühleren Meeren vorkommen. Sie sind ein wichtiges Element der Nahrungskette und das Hauptfutter vieler großer Meerestiere.

WOVON ERNÄHRT SICH KRILL?

Krill frisst Plankton – kleine Pflanzen und Tiere, die sich mit der Strömung treiben lassen. Krill wird wiederum von verschiedenen Tieren, seien es Pinguine oder Wale, gefressen. Wale wandern oft Tausende von Kilometern, um die Krillsaison zu nutzen.

IST KRILL VOM AUSSTERBEN BEDROHT?

Krill tritt in so großen Mengen auf, dass er nicht vom Aussterben bedroht ist. Trotzdem verringert sich sein Bestand durch zunehmende Befischung. Vom Krill sind viele Tierarten abhängig. Der Krillfang in der Antarktis wirkt sich bereits auf die Zahl der Pinguine aus.

◀ KRILLMASSEN
Krill erscheint manchmal in so großer Zahl, dass die Meeresoberfläche durch seine Farbe wie rot gefärbt erscheint.

BUCKELWAL ▶
Bartenwale können in einer Saison bis zu 2 Tonnen Krill aus dem Wasser filtern. Dazu benutzen sie die sogenannten Barten in ihrem Maul.

SIEHE AUCH ⏭ Gliederfüßer 107 • Ozeane 40–41 • Wirbellose 102

INSEKTEN

Ungefähr zwei Drittel aller Tierarten sind Insekten. Rund 960 000 Insektenarten sind bisher beschrieben worden, doch es könnten sogar 10 bis 90 Millionen sein. Insekten sind sechsbeinige Wirbellose mit leistungsfähigen Sinnesorganen, z.B. den ⏭ ANTENNEN. Einige Arten leben in ⏭ STAATEN.

▲ WASSERJUNGFER
Wie alle Insekten haben auch die Kleinlibellen einen dreiteiligen Körper (Kopf, Brust, Hinterleib). Die Libellen sind eine sehr alte Insektengruppe. Bereits vor rund 350 Mio. Jahren gab es Libellen in den Sumpfwäldern, lange bevor die Dinosaurier entstanden sind.

WARUM SIND INSEKTEN SO ERFOLGREICH?

Der Hauptgrund für den Erfolg der Insekten ist ihre Vielfalt. Es gibt so viele Arten, dass sie nahezu jeden Landlebensraum erschlossen haben und fast jede Nahrung nutzen können. Ihre geringe Größe lässt sie fast überall hingelangen. Viele Insekten können fliegen und so neue Gebiete erschließen.

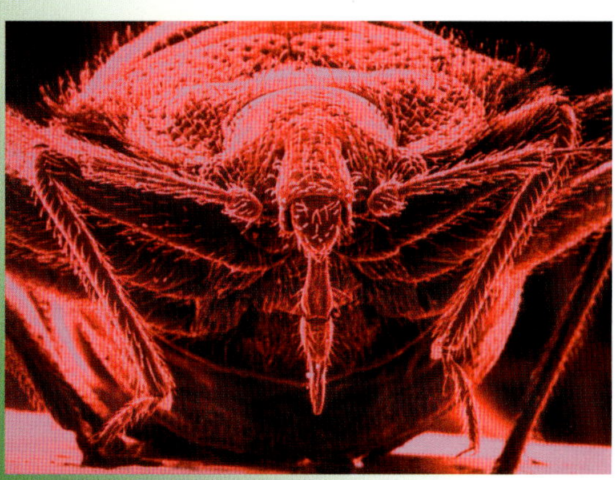

▲ BETTWANZE
Verschiedene Insekten ernähren sich von Blut, darunter Läuse, Mücken, Flöhe und Wanzen. Die Bettwanze versteckt sich in Ritzen und Spalten und findet ihren Wirt anhand seiner Wärme und Kohlendioxidabgabe.

SYSTEMATIK DER INSEKTEN

- Insekten gibt es schon seit 400 Mio. Jahren auf der Erde. Man teilt sie in über 30 Ordnungen ein.
- Die größte Ordnung ist die der Käfer (Coleoptera) mit mehr als 360 000 Arten.
- Andere sind die der Schmetterlinge (Lepidoptera, 165 000 Arten), Bienen und Ameisen (Hymenoptera, 198 000 Arten), Fliegen und Mücken (Diptera, 130 000 Arten) und Wanzen (Heteroptera, 40 000 Arten).

ANTENNEN

Das wichtigste Sinnesorgan der Insekten sind die Antennen oder Fühler. Sie sind mit feinen Sinneshärchen bedeckt. Die Antennen dienen nicht nur dem Tast-, sondern auch dem Geruchssinn und manchmal auch dem Schmecken und Hören.

SINNESORGANE ►
Mit langen Antennen und großen Facettenaugen nimmt der Schmetterling die Umwelt wahr.

WOZU BENUTZEN INSEKTEN IHRE ANTENNEN?

Insekten können mit den Antennen Futter finden und Feinde entdecken. Läuse, Flöhe und andere Parasiten nehmen mit ihnen Temperatur und Geruch ihres Wirtes wahr. Manche Insektenmännchen können mit den Antennen Pheromone (Geruchsstoffe) wahrnehmen, die von den Weibchen ihrer Art abgegeben werden.

WELCHE ANDEREN SINNE HABEN INSEKTEN?

Die meisten Insekten besitzen Facettenaugen, die aus vielen Einzelaugen bestehen und ein gutes Bild liefern. Andere haben Sinneshaare auf dem Hinterleib, die Luftbewegungen wahrnehmen können. Das Hörorgan kann sich am Körper oder am Bein befinden. Manche Insekten, z.B. Fliegen, haben Geschmackszellen an den Füßen.

WIE VERTEIDIGEN SICH INSEKTEN?

Viele Insekten sind so gut getarnt, dass sie nicht gesehen werden. Einige Arten sind mit Stacheln oder mit schlecht schmeckenden Giftstoffen bewaffnet. Viele dieser Insekten haben auffallende Farben (z. B. gelb-schwarz), um Feinde abzuschrecken.

WAS FRESSEN INSEKTEN?

Insekten haben ein großes Nahrungsspektrum. Rund die Hälfte ernährt sich als Pflanzenfresser von Blättern, Wurzeln, Nektar, Samen oder Holz. Gottesanbeterinnen jagen andere Insekten. Flöhe und Läuse sind Parasiten (so nennt man Tiere, die Fleisch oder Blut anderer Tiere fressen, ohne sie zu töten).

*Das **Facettenauge** besteht aus Dutzenden von sechseckigen Einzelaugen.*

Antenne

*Der **Flügel** ist mit Tausenden von sich überlappenden, kleinen Schuppen bedeckt.*

*In der **Puppenhülle** hat sich der Schmetterling in ein erwachsenes Insekt verwandelt.*

◄ MONARCHFALTER
Nach der Metamorphose (der Verwandlung von der Larve zum ausgewachsenen Insekt) schlüpft ein Monarch aus der Puppenhülle und entfaltet seine Flügel. Wie alle Schmetterlinge ernährt sich der Monarch von Blütennektar.

MONARCHFALTER-RAUPE ►
Viele Insektenlarven sehen ganz anders als die Erwachsenen aus. Raupen sind die Larven der Motten und Schmetterlinge. Sie fressen Pflanzen und wachsen dabei schnell. Dann hören sie zu fressen auf und umgeben sich mit einer festen Hülle (Puppe), in der sie sich zum erwachsenen Insekt umwandeln (verpuppen).

Insekten

Antenne

***Flügeldecken** nennt man das erste Flügelpaar, das zum Schutz des zweiten dient.*

Zweites Flügelpaar

◄ MAIKÄFER
Bei Käfern ist das erste Flügelpaar zu Flügeldecken umgewandelt worden, die man Elytren nennt. Sie schützen das zweite Flügelpaar, wenn der Käfer nicht fliegt. Die Elytren werden beim Flug angehoben, um den Käfer nicht zu behindern.

WAS MACHEN INSEKTEN IM WINTER?

Viele erwachsene Insekten sterben im Winter. Ihre Eier oder Larven überleben und erscheinen im Frühjahr. Einige Insekten können auch überwintern. Andere wie der Monarch wandern über große Entfernungen in wärmere Gegenden.

WIE BEEINFLUSSEN INSEKTEN DEN MENSCHEN?

Pflanzenfressende Insekten können die Landwirtschaft schädigen, holzfressende Termiten Häuser und Möbel. Blutsaugende Insekten übertragen manchmal Krankheiten. Viele Insekten nützen jedoch dem Menschen. Bienen erzeugen Honig, Marienkäfer fressen Blattläuse und Seidenraupen produzieren Seide.

STAATEN

Die meisten Insekten leben einzeln, doch Termiten, Ameisen sowie viele Wespen und Bienen bilden Staaten. Sie arbeiten bei Nestbau und Nahrungssuche zusammen.

WIE ZIEHEN SOZIALE INSEKTEN DIE JUNGEN AUF?

Die meisten Insekten kümmern sich nicht um ihren Nachwuchs, doch Staaten bildende Insekten sind hier die Ausnahme. Arbeiterinnen versorgen die Jungen mit Nahrung. Bei den Wespen verfüttern sie zerkleinerte Insekten. Bienenlarven werden mit Honig ernährt. Die Kinderstube ist im Zentrum des Nests.

TERMITENKÖNIGIN MIT SOLDATEN UND ARBEITERN ►
Jeder Insektenstaat umfasst verschiedene Kasten. Die Aufgabe der Königin ist die Eiablage. Sie ist durch die Eier so angeschwollen, dass sie sich kaum bewegen kann. Eine große Zahl von Arbeitern kümmert sich um die Eier und das Nest. Viele Insektenstaaten haben auch eine Soldatenkaste, die mit starken Kiefern oder Gift bewaffnet ist. Bei den Termiten gibt es sowohl männliche als auch weibliche Arbeiter und Soldaten.

SIEHE AUCH ⏭ Fortpflanzung 101 • Gliederfüßer 107 • Sinne 99

FISCHE

Knorpel- und Knochenfische sind Wassertiere mit Knorpel- oder Knochenskelett, das Schädel, Rippen und Wirbelsäule umfasst. Fische nutzen den im Wasser enthaltenen Sauerstoff mit ihren ⏭KIEMEN und schwimmen mithilfe ihrer Flossen. Die Haut der meisten Knochenfische enthält Schuppen.

WO LEBEN FISCHE?

Fische sind hervorragend an das Leben im Wasser angepasst und kommen in allen Meeren von den Tropen bis zu den Polargebieten vor. Manche leben nahe der Wasseroberfläche, andere in Tiefen, wo sie ihre ⏭BIOLUMINESZENZ nutzen. Fische bewohnen auch die Flüsse, Seen und Sümpfe des Süßwassers.

SYSTEMATIK DER FISCHE

Zu den Fischen zählt man drei Tiergruppen, die allerdings untereinander weniger nah verwandt sind als z. B. Säugetiere und Knochenfische.

- Die größte Gruppe bilden die Knochenfische mit über 25 000 Arten.
- Zu den Knorpelfischen (Haie, Rochen, Chimären) gehören über 1000 Arten.
- Die Kieferlosen bilden mit etwa 60 Arten die kleinste und ursprünglichste Gruppe. Sie haben ein knorpeliges Kopfskelett und keine Kiefer.

Die Rückenflosse gibt dem Fisch beim Schwimmen Stabilität.

Die Schwanzflosse ist bei den meisten Fischen das Hauptantriebsorgan.

Die paarigen Brustflossen dienen der Steuerung. Sie werden bei schnellem geradlinigem Schwimmen angelegt.

◄ WEISSER HAI
Haie gehören zu den furchterregendsten Fischen. Der Weiße Hai ist mit bis zu 7 m Länge der größte Raubfisch. Der Walhai ist zwar noch größer, ernährt sich als Filtrierer aber von Plankton. Er kann bis zu 18 m lang werden und ein Gewicht von bis zu 2 Tonnen erreichen.

KIEMEN

Wie die meisten Tiere benötigen auch Fische Sauerstoff. Nur wenige können jedoch Luft zur Atmung aufnehmen. Ein Großteil nutzt den im Wasser gelösten Sauerstoff mithilfe der Kiemen, die sich hinter den Augen befinden.

WIE ATMEN FISCHE UNTER WASSER?

Das Wasser mit dem darin gelösten Sauerstoff wird durch das Maul aufgenommen und durch die Kiemen auf beiden Seiten des Kopfes gepresst. Die Kiemenbögen sind mit gut durchbluteten Kiemenblättchen besetzt. Durch die Membranen der sich hier befindenden Zellen gelangt der Sauerstoff vom Wasser ins Blut.

SO FUNKTIONIEREN KNOCHENFISCH-KIEMEN

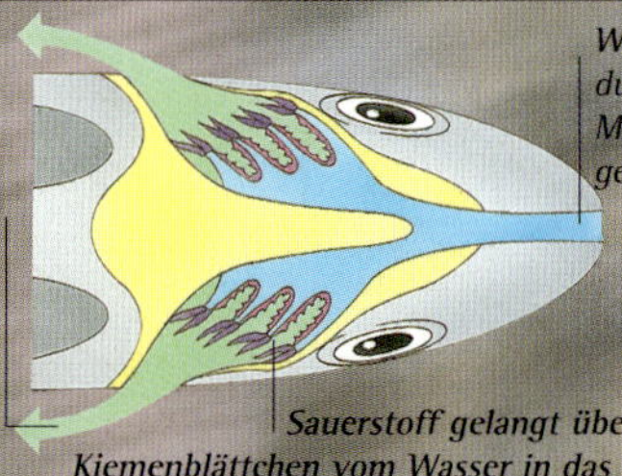

KÖNNEN FISCHE AN LAND LEBEN?

Kein Fisch kann dauerhaft an Land leben. Lungenfische können jedoch eine Trockenperiode überdauern, indem sie sich im Schlamm eingraben und Sauerstoff aus der Luft aufnehmen.

▲ SCHLAMMSPRINGER
Schlammspringer leben meistens im Brackwasser der Flussmündungen und kommen an schlammige Ufer, um Würmer und Kleintiere zu erbeuten. Ihre Kiemendeckel schließen so gut, dass die Kiemenblättchen nicht austrocknen.

Die lange Schnauze lässt die Fische gut an in Spalten verborgene Nahrung gelangen.

Die Afterflosse sorgt wie die Rückenflosse für Stabilität beim Schwimmen.

◄ HALFTERFISCHE
Die meisten Fische in tropischen Korallenriffen sind auffällig gezeichnet. Da Korallenriffe dicht bevölkert sind, spielt die Zeichnung wahrscheinlich bei der Erkennung von Angehörigen der gleichen Art eine große Rolle.

▲ BRUNNENBAUER
Manche Fischarten betreiben Maulbrutpflege. Dieser männliche Brunnenbauer spuckt die Eier in eine von ihm gegrabene Höhle, bevor er Nahrung zu sich nimmt.

WIE JAGEN HAIE?

Jagende Haie können kleinste Blutspuren aus einer Entfernung von mehreren Kilometern riechen. Sie können aus geringerer Entfernung auch das elektrische Feld wahrnehmen, das die Muskeln der Beute erzeugen. Im Nahbereich setzen sie außerdem ihre Augen bei der Jagd ein.

Rundes Saugmaul ohne Kiefer

NEUNAUGE ►
Obwohl Neunaugen keine Kiefer besitzen, können sie andere Fische verletzen. Die Ränder ihres saugnapfartigen Mauls sind nämlich mit scharfen Raspelzähnen besetzt.

GIBT ES FISCHE, DIE ALS PARASITEN LEBEN?

Neunaugen ernähren sich als Parasiten, indem sie sich mit ihrem Maul an anderen Fischen festsaugen und Blut und Gewebe aufnehmen. Ihr Speichel enthält gerinnungshemmende Stoffe, sodass das Blut des Wirtes flüssig bleibt.

BIOLUMINESZENZ

Nur wenig Licht dringt von der Wasseroberfläche in Tiefen von mehr als 200 m vor. Hier leben jedoch über 1000 Fischarten, die biolumineszent sind – sie können ihr eigenes Licht erzeugen.

Fische

WAS IST DER SINN DER BIOLUMINESZENZ?

Tiefsee-Anglerfische benutzen einen leuchtenden Köder vor ihrem Maul, um Beute anzulocken. Einige Arten erkennen ihre Partner an dem Lichtsignal. Andere tarnen sich dadurch, dass sie auf der Bauchseite ein schwaches Licht erzeugen, das sich mit den Resten des Oberflächenlichts mischt. Fische im flacheren Wasser haben dazu oft einen hellen Bauch.

TIEFSEE-ANGLERFISCH ►
Ein Tiefsee-Anglerfisch leuchtet selbstständig. Bei manchen Fischarten wird die Biolumineszenz auf chemischem Weg in Haut- oder Muskelzellen erzeugt, bei anderen durch leuchtende Bakterien. Man nennt diese Leuchtorgane Photophoren. Oft besitzen sie Reflektoren und können mit Blenden an- oder abgeschaltet werden.

SIEHE AUCH ⏭ Fischerei 67 • Nesseltiere 103 • Ozeane 40–41

AMPHIBIEN

Frösche, Kröten, Salamander, Molche und die wurmartigen Blindwühlen gehören zu den Amphibien oder Lurchen. Das Wort »Amphibium« bedeutet »zwei Leben« und bezieht sich darauf, dass die Tiere einen Teil ihres Lebens an Land und den anderen im Wasser verbringen.

▲ ROTAUGENFROSCH
Frösche und Kröten haben keine Schwänze, aber lange Hinterbeine. Man kann sie in vielen Lebensräumen antreffen, z. B. im Regenwald und in anderen Wäldern, im Bergland und sogar in Wüsten.

KÖNNEN AMPHIBIEN DURCH DIE HAUT ATMEN?

Sauerstoff aus Wasser oder Luft kann tatsächlich die feuchte Haut durchdringen und in das Blut übergehen. Viele junge Lurche besitzen auch federartige Kiemen, um Sauerstoff aus dem Wasser aufzunehmen, verlieren sie aber später und bekommen Lungen. Axolotl behalten die Kiemen ihr ganzes Leben über.

▲ FEUERSALAMANDER
Molche und Salamander gehören zu den Schwanzlurchen. Alle Amphibien geben über Drüsen in der Haut mehr oder weniger giftige Stoffe ab, um ihre empfindliche Haut vor Bakterien und Pilzen zu schützen.

▲ BLINDWÜHLE
Blindwühlen oder Schleichenlurche leben zwischen Falllaub oder in der Erde. Sie haben nur schlecht entwickelte Augen. Im Wasser lebende Arten bezeichnet man als Schwimmwühlen.

WIE VERTEIDIGEN SICH AMPHIBIEN GEGEN IHRE FEINDE?

Viele Amphibien flüchten sich ins Wasser, wenn ihnen an Land eine Gefahr droht. Die Giftdrüsen der Haut sind bei manchen Arten so stark entwickelt, dass die Tiere entweder sehr schlecht schmecken oder sogar giftig sind. Die Erdkröte und einige andere Arten blasen sich auf, um größer zu wirken.

WAS IST EINE BLINDWÜHLE?

Blindwühlen sind lange, schlanke Amphibien, die in warmen Ländern vorkommen. Die meisten leben in der Erde, durch die sie sich mit ihrem Kopf bohren. Wie alle Amphibien sind Blindwühlen Räuber. Sie ernähren sich von Würmern, Insekten und anderen Bodentieren. Manche Blindwühlen besitzen noch verkümmerte Beinchen.

GRASFROSCH

WECHSELKRÖTE

WOVON ERNÄHREN SICH AMPHIBIEN?

Alle erwachsenen Amphibien sind Fleischfresser. Zu ihrer Nahrung gehören Insekten, Schnecken, Würmer und sogar kleine Säugetiere, etwa Mäuse. Im Wasser lebende Amphibien fressen Wasserschnecken, Insekten und kleine Fische. Viele Amphibien jagen nachts und nutzen dabei ihre gut entwickelten Sinne.

▲ FROSCH UND KRÖTE
Frösche und Kröten besitzen keinen Schwanz. Obwohl es keinen wissenschaftlichen Unterschied gibt, bezeichnet man als Frosch springende Tiere mit feuchter Haut und als Kröte laufende Lurche mit eher trockener Haut.

▲ ABLAICHENDE ERDKRÖTEN
Die Amphibien mancher Arten versammeln sich zum Ablaichen an bestimmten Teichen oder Bächen. Dort geben sie ihren Laich (die von einer gallertartigen Masse umhüllten Eier) ins Wasser ab.

BLAUER PFEILGIFTFROSCH ►
Pfeilgiftfrösche tragen ihren Namen, weil südamerikanische Indianer mit dem Gift mancher Arten ihre Blasrohrpfeile vergiftet haben. Die gefährlichste Art verfügt über genug Gift, um zehn Menschen damit zu töten.

WARUM SPIELT DIE FÄRBUNG EINE GROSSE ROLLE?

Die Färbung hilft Amphibien bei der Partnersuche und schützt sie vor Räubern. Die auffällig gefärbten Arten warnen Räuber damit vor ihrem Hautgift. Andere tarnen sich durch Anpassung an ihre Umgebung.

WARUM LEBEN AMPHIBIEN MEIST IN DER NÄHE DES WASSERS?

Die Haut vieler Amphibien trocknet sehr leicht aus, wenn sie sich nicht in feuchter Umgebung aufhalten. Viele Arten legen auch ihre Eier im Wasser ab. Die als ⏭ KAULQUAPPEN bezeichneten Jungen wachsen im Wasser auf und kommen erst als Erwachsene an Land.

SYSTEMATIK DER AMPHIBIEN

Amphibien sind die älteste Klasse der landbewohnenden Wirbeltiere. Sie werden in drei Ordnungen unterteilt:

- Die Ordnung Apoda umfasst Blind- und Schwimmwühlen (etwa 160 Arten).
- Zur Ordnung Caudata (Urodela, Schwanzlurche) gehören Molche und Salamander (über 400 Arten).
- Die größte Ordnung Anura (Froschlurche, 5000 Arten) bilden Frösche und Kröten.

MOLCH-ENTWICKLUNG ▲
Molche durchlaufen während ihrer Entwicklung ein Larvenstadium. Manchmal nennt man ihre Larven auch Kaulquappen.

Amphibien

KAULQUAPPEN

Die Larven der Froschlurche (manchmal auch die der Schwanzlurche) nennt man Kaulquappen. Die fußlosen Jungtiere ähneln anfangs eher den Fischen. Später entwickeln sich die Beine. Der Schwanz verschwindet bei Froschlurchen vollständig.

WIE ATMEN KAULQUAPPEN?

Die Kaulquappen der Froschlurche besitzen Innen-, die Larven der Schwanzlurche Außenkiemen. Die Kiemen verschwinden, wenn sich die Lungen der Erwachsenen entwickeln. Die Kaulquappen der Froschlurche ernähren sich anders als die Erwachsenen von Pflanzenmaterial, das sie mit ihren Raspelzähnen aufnehmen.

SIEHE AUCH ⏭ Fortpflanzung 101 • Wirbeltiere 102

VÖGEL

Vögel besitzen gefiederte Flügel, sodass die meisten Arten fliegen können. Viele Vögel können sehr gut sehen und hören. Sie legen Eier und bauen oft ⏭ NESTER, um ihre Jungen aufzuziehen. Viele Vögel unternehmen regelmäßig lange Reisen, die ⏭ VOGELZUG genannt werden.

STEINADLER IM FLUG ▲
Greifvögel fliegen und sehen sehr gut. Sie können aus mehreren Hundert Metern Höhe ihre Beute am Boden entdecken.

WIESO KÖNNEN VÖGEL FLIEGEN?

Das Skelett ist kräftig, aber sehr leicht gebaut. Das große Brustbein bietet der Flugmuskulatur einen guten Ansatzpunkt. Die Flügel selbst sind an der Oberfläche gebogen und an der Unterseite flach. Dadurch wird auf der Oberfläche eine höhere Windgeschwindigkeit erzeugt, sodass ein Auftrieb entsteht. Der Schwanz dient zur Steuerung und die Beine dienen zum Abheben.

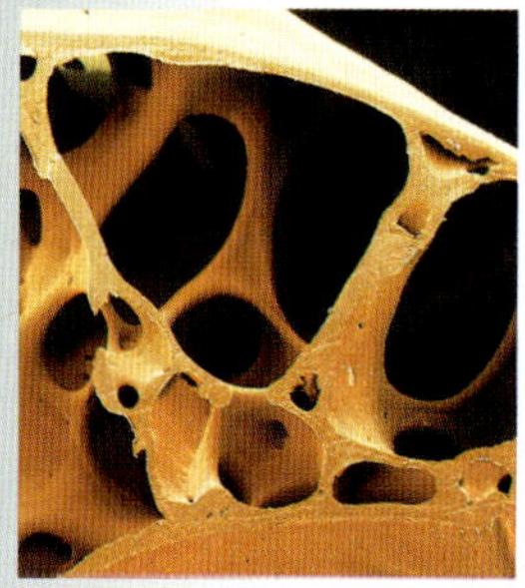

▲ KNOCHENSTRUKTUR
Vogelknochen sind mit Hohlräumen durchsetzt, um Gewicht zu sparen. Auch der Schnabel ist leichter als ein bezahnter Kiefer.

SYSTEMATIK DER VÖGEL

- Mit fast 8500 Arten sind die Vögel nach den Fischen die artenreichste Wirbeltierklasse. Sie sind ebenfalls weit verbreitet und kommen von den Polargebieten bis hin zu den einsamsten Inseln vor.
- Vögel teilt man in rund 30 verschiedene Ordnungen ein.
- Die Ordnung der Sperlingsvögel (Passeriformes) umfasst mehr als die Hälfte aller Arten.
- Die kleinste Ordnung ist die der Stelzenrallen (3 Arten).

NESTER

Nester sind Orte, an denen Vögel ihre Eier legen und ihre Jungen aufziehen. Erwachsene Vögel schlafen dagegen in Bäumen oder an geschützten Plätzen. Manche Vogelarten bauen einfache, andere ausgesprochen komplizierte Nester.

WARUM BAUEN VÖGEL IHRE NESTER IN BÄUMEN?

Auf Bäumen sind die Eier vor vielen anderen Tieren sicher. Manche Vögel suchen sich auch andere schlecht erreichbare Plätze aus. Schwalben nisten unter Dachrändern und Störche auf Dächern. Viele Seevögel wie Möwen bauen Nester auf Klippenrändern. Eisvögel graben dagegen Nisthöhlen in steile Flussufer.

◄ GESCHICKTE NESTBAUER
Afrikanische Webervögel errichten Kugelnester, indem sie Grashalme verknüpfen. Einige Arten bilden ganze Nistkolonien, die das gesamte Jahr über benutzt werden.

LUMMEN-EI ►
Lummen legen ihre Eier auf schmalen Klippenrändern ab. Das kegelförmige Ei rollt in kleinen Kreisen umher und kann nicht herabfallen.

WANN WERDEN JUNGE VÖGEL SELBSTSTÄNDIG?

Die Jungen der meisten am Boden brütenden Arten, z. B. Enten und Gänse, schlüpfen als daunenbedeckte Küken und sind schnell selbstständig. Viele andere Jungvögel sind jedoch nackt und blind. Ihre Eltern müssen sie einige Wochen lang füttern, bis sie Federn bekommen haben und das Nest verlassen können.

WIE HELFEN DIE FEDERN DEN VÖGELN BEIM FLIEGEN?

Die Schwungfedern stellen eine leichte und effektive Tragfläche dar. Beim Abschlag der Flügel lassen sie keine Luft hindurch, doch beim Aufschlag teilen sie sich und werden luftdurchlässig. Außerdem halten die Federn den Vogel warm und trocken.

◄ FEDERSTRUKTUR
Die am Schaft sitzenden Federstrahlen tragen Nebenstrahlen, deren Häkchen wie ein Reißverschluss funktionieren.

Vögel

▲ FEDERTYPEN
Konturfedern bedecken den Vogelkörper, wogegen Daunen als Isolationsschicht gegen die Kälte dienen.

BRAUNRÜCKENTUKAN ►
Viele Vögel tragen ein auffallendes Gefieder. Oft dient es der Balz der Männchen, doch bei den Tukanarten sind beide Geschlechter gleich bunt.

KÖNNEN ALLE VÖGEL FLIEGEN?

Manche Inselvögel wie die neuseeländischen Kiwis haben ihr Flugvermögen verloren, weil es auf den Inseln kaum Raubtiere gab. Strauße, Emus und Nandus sind große und wehrhafte Läufer. Pinguine können nicht fliegen, dafür aber schwimmen und tauchen.

FUSSFORMEN

Vogelfüße sind zur Bewegung im entsprechenden Lebensraum gebaut. Die langen Zehen des Blatthühnchens ermöglichen das Laufen auf den Blättern von Wasserpflanzen. Die Füße der Straußenvögel sind ideal zum Laufen und die der Enten zum Schwimmen. Die Klauen des Adlers dienen dem Greifen der Beute, während die der Stelze Äste umfassen können.

WAS FRESSEN VÖGEL?

Vögel ernähren sich von einer Fülle verschiedener Pflanzen und Tiere. Manche fressen Früchte, Samen oder Nektar, während andere Greifvögel sind. Falken, Eulen und Adler erbeuten oft Nagetiere. Viele Seevögel ernähren sich von Fischen. Manche Küstenvögel stochern mit ihren langen Schnäbeln nach Würmern.

VOGELZUG

Zugvögel legen jedes Jahr große Strecken zurück, um Nahrung zu finden, Dürren und Kälte zu entgehen oder Brutgebiete zu erreichen. Im Frühjahr fliegen viele zur Futtersuche in kühlere Gegenden. Im Winter kehren sie in wärmere Länder zurück.

EINE LANGE REISE ►
Der Rubinkehlkolibri legt jährlich Tausende von Kilometern zurück. Er ernährt sich von Nektar und Insekten, die im nordamerikanischen Winter nicht zu finden sind. Die Vögel fliegen nun nach Zentralamerika, um im Frühjahr zum Brüten nach Nordamerika zurückzukehren.

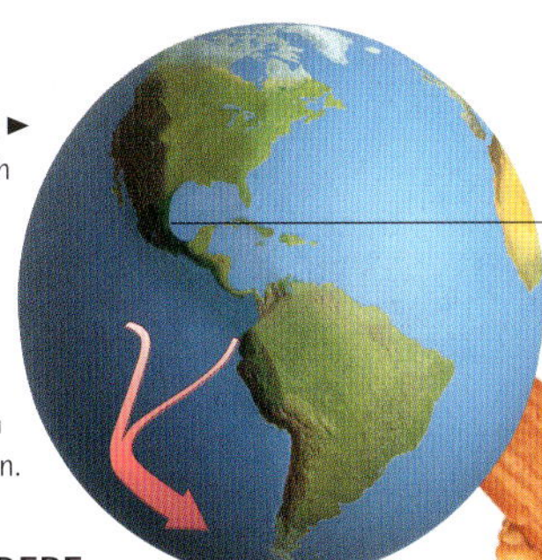

WIE ERKENNEN VÖGEL DIE ZEIT DES VOGELZUGS?

Änderungen in Temperatur und Tageslänge hält man für den Auslöser des Vogelzugs. Bei manchen Arten folgen die Jungen den Eltern und lernen so den richtigen Weg. Anderen scheint die Orientierung angeboren zu sein. Vögel richten sich nach Sonne, Mond und Sternen oder nach dem Magnetfeld der Erde.

UNTERNEHMEN AUCH ANDERE TIERE WANDERUNGEN?

Auch die verschiedensten anderen Tierarten unternehmen Wanderungen. Auf der Suche nach Nahrung durchqueren Rentiere die Tundra und Gnus afrikanische Steppen. Blau- und Grauwale kommen aus den Polarmeeren zur Paarung in die Tropen.

SIEHE AUCH ⏭ Fortpflanzung 101 • Wirbeltiere 102

SÄUGETIERE

Zu den warmblütigen, mit einem Innenskelett ausgestatteten Säugetieren gehören Mäuse und andere ⏭ NAGETIERE, ⏭ PRIMATEN wie Affen und Menschen und so unterschiedliche Tiere wie Flusspferde und Katzen. Zu den über 5000 Arten zählen auch die Elefanten als größte Landtiere und die Wale als größte Tiere überhaupt.

WAS IST ALLEN SÄUGETIEREN GEMEINSAM?

Bei fast allen Säugetieren entwickeln sich die Jungen im Mutterleib. Diesen Prozess nennt man Schwangerschaft oder ⏭ TRÄCHTIGKEIT. Nach der Geburt werden sie mit Milch ernährt. Die meisten Säugetiere sind behaart und alle an Land lebenden haben vier Füße. Bei Walen haben sich die Hinterbeine zurückgebildet.

WOVON ERNÄHREN SICH SÄUGETIERE?

Zum Erfolg der Säugetiere trug ihr großes Nahrungsspektrum bei. Katzen, Hyänen und Hunde gehören zu den Fleischfressern. Spitzmäuse und Igel ernähren sich von Insekten. Pferde und Hirsche, aber auch Kaninchen und Nagetiere sind Pflanzenfresser. Allesfresser ernähren sich von Fleisch und Pflanzen.

▲ DELFIN
Delfine und Wale gehören zur Ordnung Cetacea. Sie verbringen ihr ganzes Leben im Wasser und gebären hier auch ihre Jungen. Da sie Lungen besitzen, müssen sie zum Atmen an die Wasseroberfläche kommen.

JAGENDE LÖWEN ►
Löwen und Tiger besitzen scharfe Krallen und Eckzähne, mit denen sie ihre Beute ergreifen und töten können. Löwen jagen in Gruppen und können große Tiere wie Zebras und Büffel erbeuten.

TRÄCHTIGKEIT

Als Trächtigkeit bezeichnet man die Zeit, die ein Jungtier im Mutterleib verbringt. Die meisten Säugetiere gebären voll entwickelte Junge. Die Jungtiere der ⏭ BEUTELTIERE, z.B. der Kängurus, vollenden ihre Entwicklung im Beutel der Mutter.

WAS GESCHIEHT BEI DER TRÄCHTIGKEIT?

Bei den meisten Säugetieren nistet sich das befruchtete Ei in die Gebärmutter ein. Der entstehende Embryo wird von der Plazenta ernährt (Plazentatiere). Beuteltiere haben jedoch keine Plazenta. ⏭ KLOAKENTIERE wie Schnabeltier und Ameisenigel legen Eier.

WIE LANGE DAUERT DIE TRÄCHTIGKEIT?

Die Dauer der Trächtigkeit ist unterschiedlich. Bei Nagetieren wie Hamstern dauert sie nur zwei bis drei Wochen. Größere Tiere bekommen weniger Nachwuchs und die Schwangerschaft dauert oft länger. Bei Elefanten ist sie mit 20 Monaten am längsten.

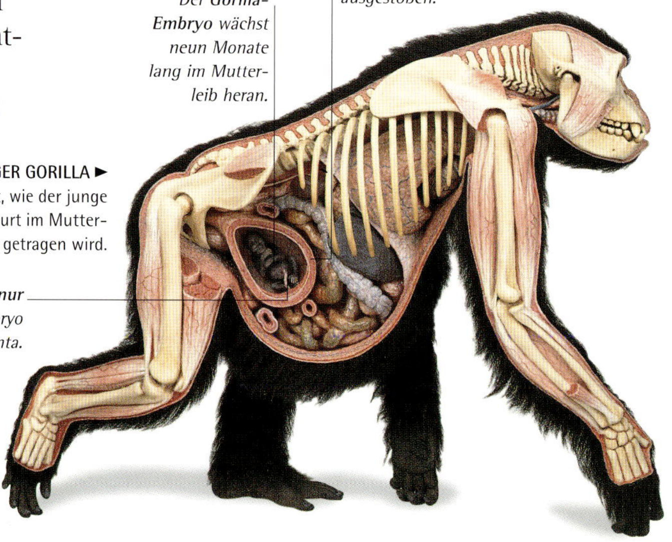

TRÄCHTIGER GORILLA ►
Das Modell zeigt, wie der junge Gorilla vor der Geburt im Mutterleib getragen wird.

SYSTEMATIK DER SÄUGETIERE

- Die Klasse der Säugetiere umfasst über 5000 Arten, die man zwei Hauptgruppen zuordnen kann.
- Zur Gruppe der Kloakentiere (eierlegende Säuger) gehören nur 5 Arten.
- Die zweite Gruppe ist die der lebend gebärenden Säuger. Zu ihr gehören die Beuteltiere mit insgesamt etwa 330 Arten und die Plazentatiere. Ihre größte Ordnung ist die der Nagetiere.

▲ JUNGE EISBÄREN
Bei der Geburt sind die meisten Säugetiere schwach und wehrlos. Die Eltern, manchmal auch andere Erwachsene, kümmern sich um die Jungen, bis sie selbstständig sind und selbst Futter finden können. Die Jungen erlernen Überlebenstechniken sowohl von den Erwachsenen als auch durch Spielen untereinander.

WIE VERMEHREN SICH SÄUGETIERE?

Alle Säugetiere vermehren sich geschlechtlich. Männliche Spermazellen befruchten weibliche Eizellen. Bei manchen Arten besetzen Männchen Reviere, in denen sie den Weibchen imponieren können. Bei anderen kämpfen die Männchen um das Recht, sich mit den Weibchen zu paaren. Viele männliche Huftiere tragen Hörner oder Geweihe, mit denen sie untereinander kämpfen, um ihre Stärke zu zeigen.

WARUM IST WARMBLÜTIGKEIT NÜTZLICH?

Durch ihre gleichmäßige Körpertemperatur können Säugetiere bei jedem Wetter aktiv sein. Zur Aufrechterhaltung der Körpertemperatur benötigen sie jedoch auch große Nahrungsmengen. Um den Wärmeverlust zu verringern, besitzen Säugetiere kalter Länder dicke Pelze oder Fettschichten. Manche verbringen den Winter in einem ⏭ WINTERSCHLAF oder einer Winterruhe.

WINTERSCHLAF

Säugetiere wie Fledermäuse und Bären überleben kalte Winter in einem tiefen Winterschlaf, bei dem Körpertemperatur und Stoffwechsel herabgesetzt werden. Eichhörnchen legen dagegen nur eine Winterruhe bei gleichbleibender Körpertemperatur ein.

Säugetiere

◄ ÜBERLEBEN DURCH SCHLAF
Eine Haselmaus überwintert in ihrem unterirdischen Nest aus Gras und Borke. Sie lebt energiesparend von gespeichertem Fett und erwacht, wenn es im Frühjahr wieder wärmer wird.

WAS GESCHIEHT WÄHREND DES WINTERSCHLAFS?

Herzschlag, Atmung und Stoffwechselvorgänge werden verlangsamt. Die Körpertemperatur verringert sich spürbar. Wenn die Temperatur im Frühjahr steigt, werden diese Prozesse umgekehrt und das Tier erwacht wieder zu normalem Leben.

HALTEN AUCH ANDERE TIERE WINTERSCHLAF?

Wechselwarme Tiere wie Amphibien, Reptilien und Insekten fallen bei kalten Temperaturen in eine Winterstarre. Sie unterscheidet sich vom Winterschlaf dadurch, dass die Körpertemperatur der Umgebungstemperatur entspricht und alle Reflexe erlöschen.

SIEHE AUCH ⏭ Beuteltiere 123 • Kloakentiere 123 • Nagetiere 122 • Primaten 122

PRIMATEN

Die hauptsächlich baumbewohnenden Primaten kann man in Nacktnasen- (Lemuren, Loris) und Haarnasenaffen (Koboldmakis, Alt- und Neuweltaffen, Menschenaffen, Menschen) einteilen. Primaten können klein wie ein Mausmaki mit einem Gewicht von 100 g, aber auch so groß wie ein 2000-mal schwererer Gorilla sein.

WELCHE EIGENSCHAFTEN HABEN PRIMATEN?

Primaten sind intelligent. Die meisten haben haarige Körper. Daumen sowie große Zehen stehen den übrigen Fingern und Zehen gegenüber, um gut Äste umgreifen zu können. Die Augen sind parallel nach vorn gerichtet, um Entfernungen besser einschätzen zu können. Besonders gut sind Seh- und Tastvermögen ausgeprägt. Hören und Riechen sind weniger wichtig.

WARUM LEBEN VIELE PRIMATEN IN GRUPPEN?

Durch das Leben in der Gruppe können Primaten größere Futterreviere verteidigen und Feinde schneller wahrnehmen. Das Gruppenleben hilft auch bei der Aufzucht der Jungen, die bei Menschenaffen wie Schimpansen drei bis fünf Jahre dauern kann. Andere Gruppenmitglieder entlasten die Mutter und bieten den Jungtieren zusätzlichen Schutz.

◄ NÜSSEKNACKENDER SCHIMPANSE
Menschenaffen sind die größten und intelligentesten Primaten. Schimpansen können Steine als Waffe oder als Werkzeug benutzen, Moos, um Wasser aufzusaugen, und Stöcke, um nach Insekten zu stochern.

▲ GREIFSCHWANZ
Viele Neuweltaffen wie dieser Rote Brüllaffe besitzen im Gegensatz zu asiatischen und afrikanischen Affen einen Greifschwanz.

NAGETIERE

Mit über 2000 Arten machen die Nagetiere die größte Säugetierordnung aus. Die kleinsten Nager wiegen nur wenige Gramm, während das südamerikanische Wasserschwein die Statur eines großen Hundes erreicht. Alle Nagetiere besitzen meißelähnliche Nagezähne.

WO LEBEN NAGETIERE?

Außer im Meer können Nagetiere nahezu überall überleben. Murmeltiere und Lemminge bewohnen schneebedeckte Berge und Polargebiete, Springmäuse und Gerbile Wüsten. Ratten und Mäuse gründen eigene Städte. Verschiedene Nagetiere haben Klettern, Schwimmen, Graben oder den Segelflug gelernt.

WAS FRESSEN NAGER?

Die meisten Nagetiere sind Pflanzenfresser, die Nase und Schnurrhaare zur Nahrungssuche nutzen. Scharfe Schneidezähne öffnen Samen und Nüsse. Manche Nagetiere besitzen Backentaschen.

▲ JUNGE HAUSMÄUSE
Nagetiere vermehren sich sehr schnell. Mäuse können pro Jahr 50 Junge bekommen, die selbst schon in sechs Wochen Nachwuchs haben können. Nagetierpopulationen wachsen bei ausreichender Nahrung schnell heran.

◄ FLEISSIGE BIBER
Biber fällen mit ihren Zähnen Bäume, um mit ihnen Dämme zu bauen und Seen zu stauen. Sie bauen eine Biberburg mitten im See, um ihre Jungen aufzuziehen. Der Eingang der Burg liegt unterhalb des Wasserspiegels.

BEUTELTIERE

Zu den Beuteltieren gehören Kängurus, Opossums, Beutelgleiter und Wombats. Alle Beuteltiere werden sehr früh geboren und entwickeln sich im Beutel der Mutter oder an ihr Fell geklammert.

▼ **NEUGEBORENES KÄNGURU**
Schon nach vier bis fünf Wochen Trächtigkeit wird das junge Känguru geboren. Blind und nackt kriecht das Junge durch das Fell der Mutter in ihren Beutel und saugt sich an einer Zitze fest.

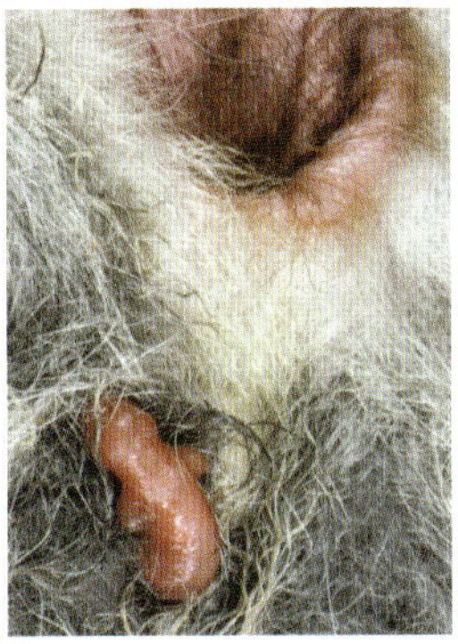

◄ **KÄNGURU IM BEUTEL**
Das Jungtier verlässt den Beutel nach etwa sechs Monaten. Beim ersten Anzeichen einer Gefahr versteckt es sich wieder. Selbstständig ist es im Alter von einem Jahr.

WO LEBEN DIE BEUTELTIERE?

Die meisten Beuteltiere kommen in Australien und auf den benachbarten Inseln vor. Es gibt jedoch auch Beuteltiere in Südamerika und das Virginia-Opossum lebt sogar in Nordamerika. Beuteltiere konnten sich in Australien weiterentwickeln, da es hier nicht die höher entwickelten Plazentatiere als Konkurrenz gab.

WAS FRESSEN BEUTELTIERE?

Die meisten Beuteltiere sind Pflanzenfresser. Kängurus und Wombats fressen vor allem Gras und Koalas Blätter. Beutelgleiter nehmen auch Blütennektar zu sich. Beutelteufel sind nächtliche Einzelgänger, die z.B. Kaninchen und Hühner fressen. Virginia-Opossums ernähren sich als Allesfresser von Früchten, Eiern, Insekten und kleineren Tieren.

KLETTERNDER KOALA ►
Viele Beuteltiere sind gute Kletterer. Koalas ernähren sich nur von Eukalyptusblättern. Die Blätter haben keinen hohen Nährwert, sodass die Tiere bis zu 18 Stunden am Tag schlafen.

KLOAKENTIERE

Säugetiere

Diese kleine Gruppe der eierlegenden Säugetiere umfasst nur fünf Arten – das Schnabeltier und vier Ameisenigel. Kloakentiere kommen nur in Australien und auf Neuguinea vor. Die versteckt lebenden Tiere werden nur selten beobachtet.

WOVON ERNÄHREN SICH KLOAKENTIERE?

Kloakentiere fressen Wirbellose, die sie nachts suchen. Ameisenigel ernähren sich von Termiten und anderen Insekten, die sie mit ihrer langen, klebrigen Zunge aufnehmen. Schnabeltiere jagen unter Wasser und suchen mit ihrem weichen, empfindlichen Schnabel nach Würmern, Krebstieren und Insekten.

WIE VIELE EIER LEGEN KLOAKENTIERE?

Kloakentiere legen ein bis drei weichschalige Eier. Ameisenigelweibchen bebrüten die Eier in einem Beutel an ihrem Bauch. Schnabeltiere legen sich in ihrem Bau um die Eier. Nach etwa zehn Tagen schlüpfen die Jungen, die sich von der Milch ernähren, die die Mutter über Drüsenfelder abgibt. Mit vier oder fünf Monaten sind die Jungen selbstständig.

SELTSAME KOMBINATION ►
Entenschnabel und -füße, ein Maulwurfskörper und ein Biberschwanz – die ersten ausgestopften Exemplare wurden Ende des 18. Jahrhunderts in Europa für Fälschungen gehalten.

▼ **STACHELKLEID**
Die Stacheln dienen der Verteidigung. Ameisenigel- und Schnabeltiermännchen tragen auch giftige Sporne an den Beinen.

*Die **lange Schnauze** wird in Termitennester gebohrt.*

SIEHE AUCH ⏭ Fortpflanzung 101 • Nahrung 98 • Wirbeltiere 102

BEDROHTE ARTEN

Aufgrund der Veränderung der Umwelt durch den Menschen besteht für sehr viele Tier- und Pflanzenarten die Gefahr des ⏭ AUSSTERBENS. Man schätzt, dass pro Jahr 30000 der gefährdeten Arten aussterben können. Viele dieser Arten sind noch gar nicht wissenschaftlich bekannt geworden.

▲ NÖRDLICHER FLECKENKAUZ
Da die nordamerikanischen Wälder zunehmend gefällt werden, ist diese Eule gefährdet. Tropische Regenwälder beherbergen noch viele Arten, werden aber auch immer schneller abgeholzt.

WAS IST DAS HAUPTPROBLEM BEIM NATURSCHUTZ?

Die größte Bedrohung für wild lebende Arten ist der Verlust ihres Lebensraums. In vielen Ländern werden Wälder abgeholzt, Sümpfe trockengelegt und Steppen vernichtet, um Straßen, Städte, Minen und Dämme zu bauen. Die Umweltverschmutzung durch Städte, Landwirtschaft und Industrie vergiftet Länder und Meere.

WARUM SIND INSELN BESONDERS GEFÄHRDET?

Auf Inseln lebende Arten kommen oft nirgendwo sonst vor. Die Zahl ihrer Mitglieder ist so klein, dass sie durch neue Bedrohungen besonders gefährdet sind. Viele Inseltiere sind nicht an Raubtiere gewöhnt. Wenn neue Arten wie Katzen oder Ratten eingeführt werden, kann das verheerende Folgen haben.

*Jeder **Stoßzahn** besteht aus Elfenbein und ist auf dem Schwarzmarkt Tausende von Euro wert.*

BRENNENDES ELFENBEIN ►
Diese Elefantenstoßzähne sind Wilderern abgenommen worden. Sie werden verbrannt, damit sie nicht verkauft werden können. Obwohl Elefanten geschützt sind, gibt es einen großen Schwarzmarkt für Elfenbein, sodass sie weiterhin gefährdet sind.

AUSSTERBEN

Eine Art ist ausgestorben, wenn alle zu ihr gehörenden Lebewesen tot sind. Das Aussterben ist ein natürlicher Prozess, der so alt wie das Leben auf der Erde ist. Doch heute sterben die meisten Arten durch den Einfluss des Menschen aus.

WAS IST EIN MASSENAUSSTERBEN?

Ein Massenaussterben tritt auf, wenn wegen plötzlicher Veränderungen in der Umwelt viele Arten gleichzeitig aussterben. Vor 65 Mio. Jahren löschte ein Massenaussterben die Dinosaurier aus. Durch den Menschen wird nun ein neues Massenaussterben ausgelöst.

◄ DODO ODER DRONTE
Dodos lebten als große flugunfähige Vögel auf der Insel Mauritius im Indischen Ozean. Sie wurden vor über 100 Jahren von Seeleuten ausgerottet, die sie als Proviant verwendeten.

WIE GEFÄHRDEN NEUE ARTEN DIE BISHERIGEN?

Wenn neue Arten in einem Lebensraum eingeführt werden, können sie ihn manchmal besser nutzen als die bisherigen Bewohner. Sie vermehren sich besser oder stellen Futterkonkurrenten dar. Neue Raubtiere bedrohen die alten Arten. Besonders gefährdet sind Tiere, die nicht fliehen können, z.B. flugunfähige Vögel.

Bedrohte Arten

ARTENSCHUTZ

Regierungen, Wissenschaftler, Naturschutzorganisationen und Freiwillige versuchen Naturschutzgebiete und ihre Bewohner zu erhalten. Menschen benötigen Pflanzen und Tiere, um Nahrung, Bekleidung und Medizin zu produzieren. Pflanzen versorgen die Welt mit Sauerstoff. Der Naturschutz ist daher äußerst wichtig.

▲ VOR WILDERERN SICHER
Ein Spitzmaul-Nashorn säugt sein Kalb im Ngorongoro-Reservat in Tansania (Afrika). Der Park wird zum Teil aus Eintrittsgeldern finanziert. Rund ein Zehntel des Festlands der Erde steht unter Naturschutz.

*Das **Kalb** bleibt bis zum Alter von über einem Jahr bei der Mutter.*

WIE KANN MAN DIE NATUR AM BESTEN SCHÜTZEN?

Der Schutz natürlicher Lebensräume nützt auch den darin vorkommenden Lebewesen. In der ganzen Welt gibt es Naturschutzgebiete und Nationalparks, in denen Pflanzen und Tiere geschützt sind. Wichtig ist außerdem die nachhaltige Nutzung der Natur, die es erlaubt, dass sich die Bestände wieder erholen. Die Umweltverschmutzung muss vermindert werden.

▲ AUSWILDERUNG
Die Arabische Oryx-Antilope war bereits um 1960 in der Natur ausgerottet worden. Um 1980 begann man Zuchtgruppen aus Zoobeständen auszuwildern, sodass es heute wieder rund 300 Tiere gibt.

WIE FUNKTIONIEREN ZUCHTPROGRAMME?

Zuerst müssen die Ansprüche einer Tierart erforscht werden, damit sie vermehrt werden kann. Zoologische Gärten leihen Tiere untereinander aus und führen Zuchtbücher. Stehen geeignete, geschützte Lebensräume zur Verfügung, können Tiere ausgewildert werden.

WIE KANN MAN DEN NATURSCHUTZ UNTERSTÜTZEN?

Man kann Organisationen wie dem World Wildlife Fund for Nature (WWF), Greenpeace oder dem BUND beitreten. Mit den Mitgliedsbeiträgen werden Naturschutzmaßnahmen unterstützt. Du kannst dich auch nach Projekten in deiner Umgebung erkundigen.

KONNTE MAN BISHER ARTEN RETTEN?

Ohne Naturschutz gäbe es erheblich weniger wild lebende Tiere und Pflanzen. In der zweiten Hälfte des 20. Jahrhunderts wurde der Walfang eingeschränkt, sodass man die Wale bisher vor dem Aussterben bewahren konnte. Große Teile des Regenwalds und anderer Lebensräume stehen unter Naturschutz.

Artenschutz

WAS KANN MAN ZUR RETTUNG VON ARTEN TUN, DIE VON DER AUSROTTUNG BEDROHT SIND?

Mit dem Washingtoner Artenschutzübereinkommen (Convention for International Trade in Endangered Species, CITES) wird der Handel geschützter Arten geregelt. Viele Zoos führen Zuchtprogramme (z. B. Europäisches Erhaltungszuchtprogramm, EEP) durch.

*Der **Hirte** bewacht seine Rinder vor Raubtieren.*

MASSAI-HIRTE MIT RINDERHERDE ►
Weidetiere wie Rinder sind eine Nahrungskonkurrenz für Wildtiere. Mit dem Wachstum der Weltbevölkerung wird immer mehr Land zur Landwirtschaft genutzt. Der Platz für wilde Tiere und Pflanzen wird daher immer geringer.

SIEHE AUCH ⏭ Eingriffe in die Natur 64–65 • Fischerei 67 • Forstwirtschaft 67 • Landwirtschaft 66 • Lebensräume 82–84

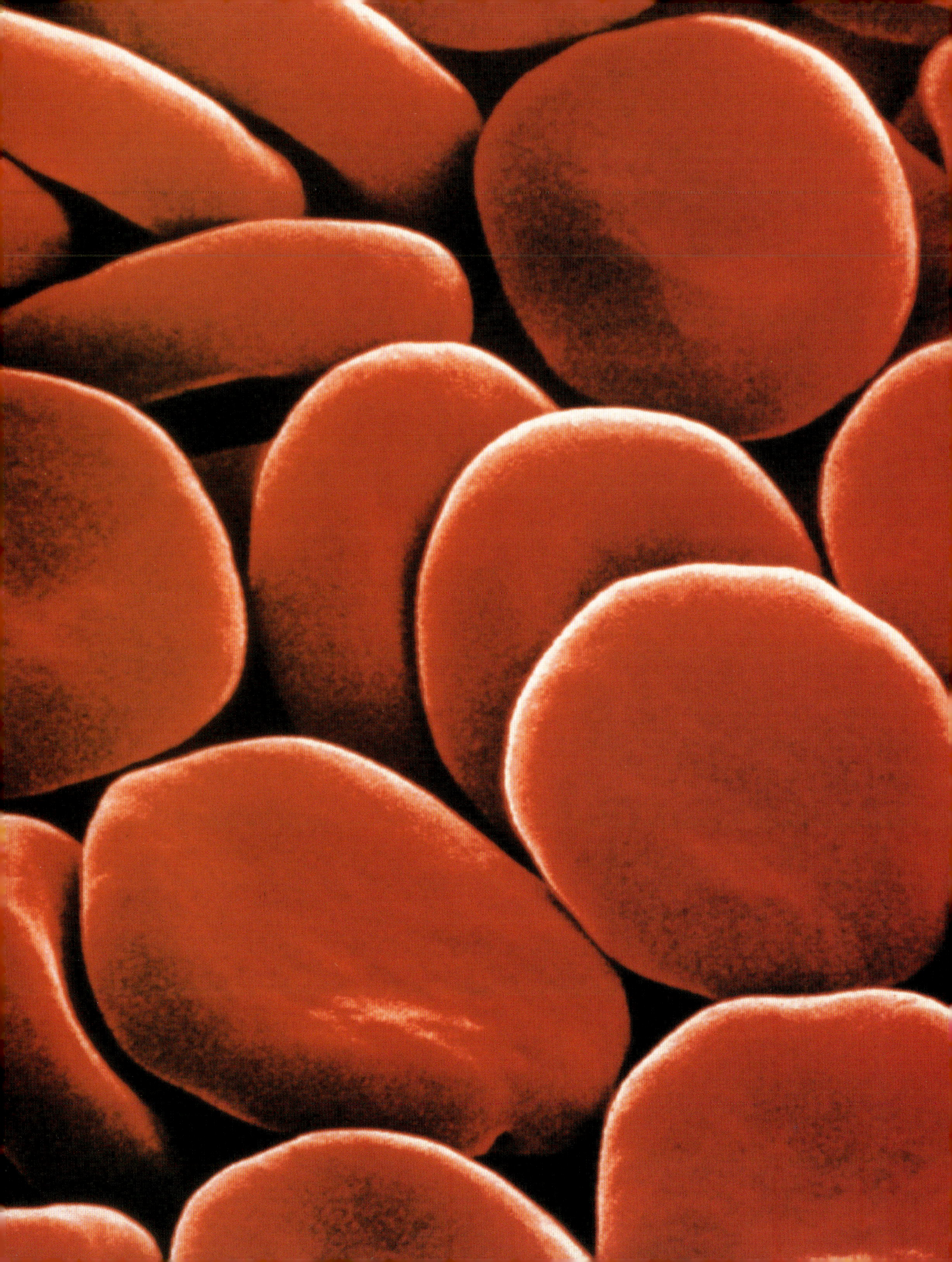

MENSCH

DER MENSCH

Ein Mensch besteht aus etwa 100 Billionen ⏭ZELLEN. Gleichartige Zellen lagern sich zu Geweben zusammen, aus denen sich die ⏭ORGANE bilden. In den Körper kann man mit modernen ⏭BILDGEBENDEN VERFAHREN sehen.

WAS IST DAS BESONDERE AM MENSCHEN?

Menschen sind einzigartig im Tierreich. Sie sind die einzigen Säugetiere, die auf zwei Beinen gehen, sie haben ein sehr großes Gehirn und ihre Haut ist fast unbehaart. Aber wie die meisten anderen Säugetiere haben sie je zwei Gliedmaßen, zwei Augen und Ohren und deren typische innere Organe.

WARUM SIND WIR ALLE UNTERSCHIEDLICH?

Jeder Mensch besitzt einen einzigartigen Satz von Genen, eine Mischung der Gene beider Eltern. Nur eineiige Zwillinge haben die gleichen Gene. Die Gene bestimmen unser Wachstum und unsere Entwicklung vom Embryo bis zum Erwachsenen.

ZELLEN

Die kleinsten Bausteine, aus denen alle Lebewesen bestehen, nennt man Zellen. Im Körper gibt es etwa 200 verschiedene Zellarten, die bestimmte Aufgaben erfüllen.

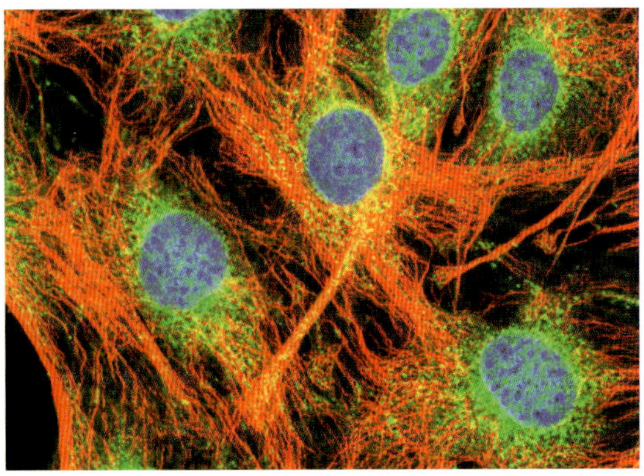

◄ FIBROZYTEN
Diese Zellen findet man im Bindegewebe. Es umhüllt Organe, verbindet sie miteinander und unterstützt das Skelett. Dieses Bild wurde angefärbt, um die Zellkerne (blau) und das Zytoplasma (orange) hervorzuheben.

WIE WERDEN ZELLEN GESTEUERT?

Die meisten Zellen besitzen einen Zellkern. In ihm sitzen die Gene, die aus DNA (Desoxyribonukleinsäure) bestehen. Aus den Genen werden Vorlagen erstellt und aus dem Zellkern herausgeschleust. Die Zelle bildet daraus Eiweiße (Proteine), die alle chemischen Reaktionen der Zelle kontrollieren.

WAS IST EIN GEWEBE?

Gleichartige Zellen lagern sich zusammen und bilden ein Gewebe. Muskeln bestehen z.B. aus Muskelzellen und die Haut enthält mehrere Schichten Hautzellen. Blut ist ein flüssiges Gewebe, das in Wasser gelöst ist. Es gibt vier Hauptgewebearten: Epithel-, Binde-, Muskel- und Nervengewebe.

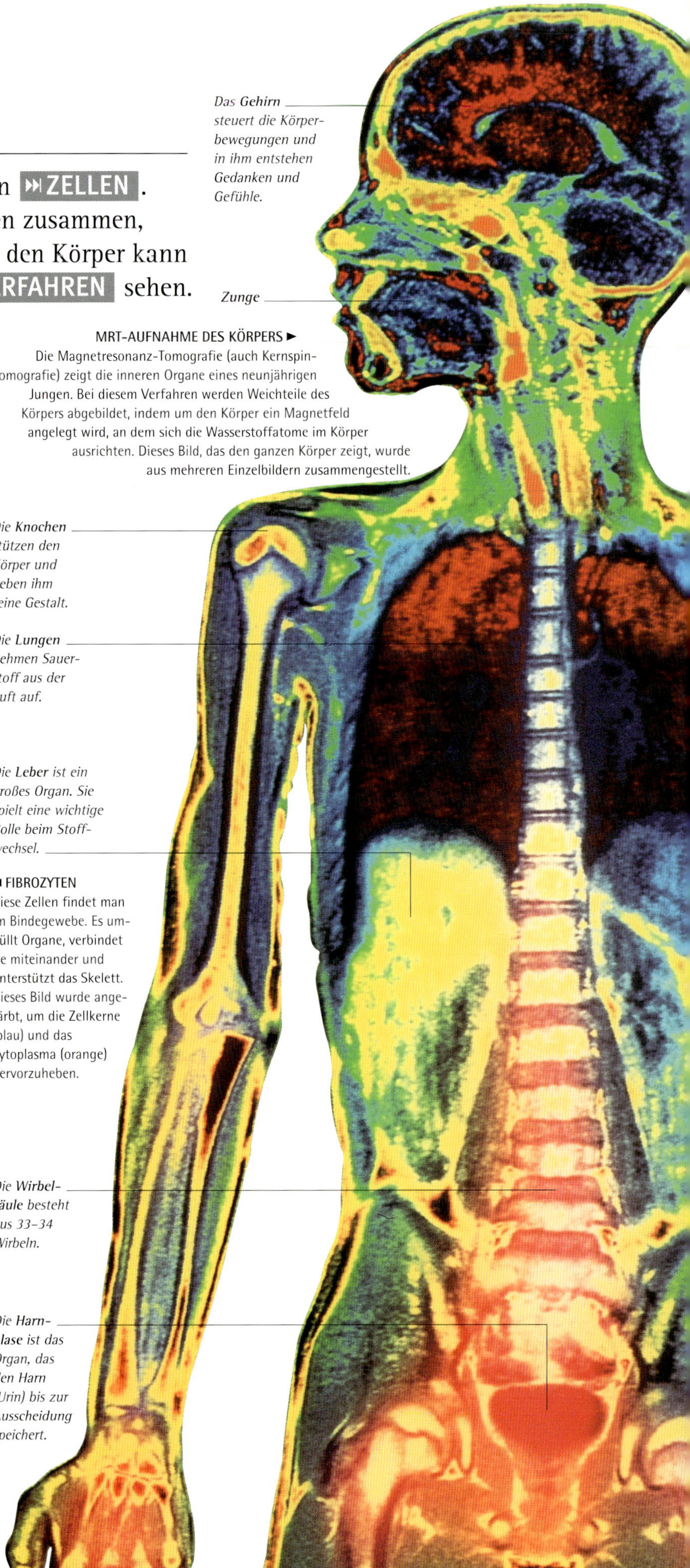

*Das **Gehirn** steuert die Körperbewegungen und in ihm entstehen Gedanken und Gefühle.*

Zunge

*Die **Knochen** stützen den Körper und geben ihm seine Gestalt.*

*Die **Lungen** nehmen Sauerstoff aus der Luft auf.*

*Die **Leber** ist ein großes Organ. Sie spielt eine wichtige Rolle beim Stoffwechsel.*

*Die **Wirbelsäule** besteht aus 33–34 Wirbeln.*

*Die **Harnblase** ist das Organ, das den Harn (Urin) bis zur Ausscheidung speichert.*

MRT-AUFNAHME DES KÖRPERS ►
Die Magnetresonanz-Tomografie (auch Kernspintomografie) zeigt die inneren Organe eines neunjährigen Jungen. Bei diesem Verfahren werden Weichteile des Körpers abgebildet, indem um den Körper ein Magnetfeld angelegt wird, an dem sich die Wasserstoffatome im Körper ausrichten. Dieses Bild, das den ganzen Körper zeigt, wurde aus mehreren Einzelbildern zusammengestellt.

Mensch

ORGANE

Einzelne Gewebearten bilden die Organe, die auf bestimmte Aufgaben spezialisiert sind. So ist das Herz z.B. ein Organ, das Blut in die Gefäße pumpt.

WORAUS BESTEHEN ORGANE?

Jedes Organ besitzt mehrere Gewebearten. Der Magen besteht vorwiegend aus Muskelzellen, die sich zusammenziehen, um die Nahrung zu verdauen. Epithelzellen, die ständig abgenutzt und erneuert werden, bilden die innere Schicht. Sie enthält Magendrüsen, die Verdauungssäfte abgeben. Blutgefäße und Nerven versorgen den Magen und Bindegewebe hält alles zusammen.

WIE ARBEITEN ORGANE ZUSAMMEN?

Einige Organe arbeiten in Systemen zusammen, um wichtige Aufgaben zu erfüllen. Magen, Darm und Bauchspeicheldrüse sind Teil des Verdauungssystems, das Nahrung in Moleküle spaltet. Auch manche Systeme arbeiten wiederum zusammen, so z.B. das Skelett und die Muskeln beim Gehen.

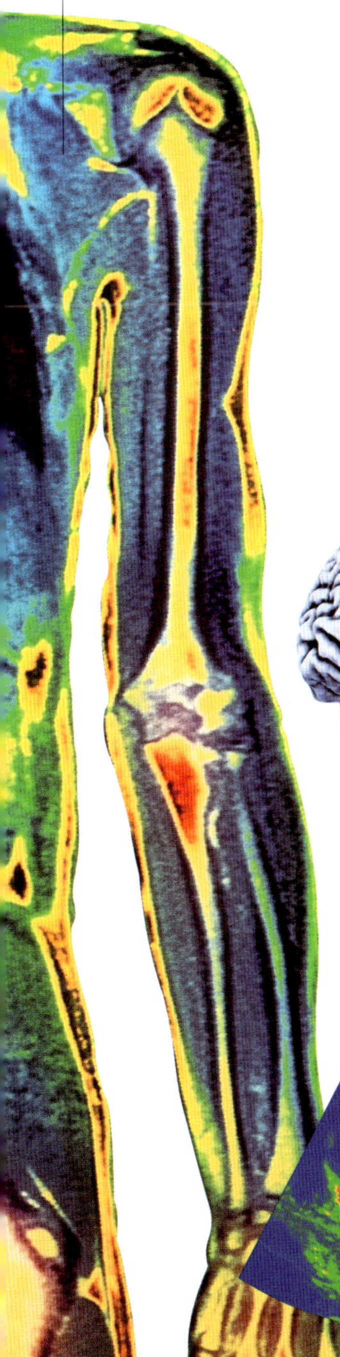

Muskeln ermöglichen es dem Körper, sich zu bewegen.

KÖRPERSYSTEME	
Haut	Haare, Haut und Nägel schützen den Körper vor Erregern, Verletzungen, Wärmeverlust und Austrocknung.
Stützapparat	Knochen und Bindegewebe stützen den Körper und ermöglichen zusammen mit Muskeln Bewegungen.
Bewegungsapparat	Die Muskeln ziehen sich zusammen (kontrahieren), damit sich der Körper bewegen kann.
Nervensystem	Gehirn, Nerven, Sinnesorgane und entsprechende Gewebe empfinden Reize, auf die der Körper reagieren kann.
Endokrines System	Die Drüsen regulieren Körperprozesse durch Botenstoffe, die sie ins Blut abgeben.
Blutkreislaufsystem	Herz und Blutgefäße führen Blut zu den Zellen, um sie mit Nahrung zu versorgen und Abfallstoffe zu entsorgen.
Lymphatisches System	Die Lymphgefäße führen Körperflüssigkeiten (Lymphe), die in Lymphknoten gefiltert werden, zu den Venen zurück.
Immunsystem	Die körpereigene Abwehr besteht aus bestimmten Zellen und Geweben, die Erreger und entartete Zellen bekämpfen.
Atmungsorgane	Lungen und Luftwege atmen Sauerstoff ein und geben Kohlendioxid ab.
Verdauungssystem	Der Mund und die meisten Bauchorgane zerlegen Nahrung in Moleküle, die vom Körper aufgenommen werden.
Ausscheidungssystem	Die Nieren waschen unerwünschte Substanzen aus dem Blut und scheiden sie über Blase und Harnröhre aus.
Fortpflanzungsorgane	Penis und Hoden beim Mann; Eierstöcke, Gebärmutter und Scheide bei der Frau

BILDGEBENDE VERFAHREN

Moderne bildgebende Verfahren ermöglichen Ärzten Teile des Körperinneren sichtbar zu machen. Für verschiedene Gewebe oder Vorgänge wurden unterschiedliche Techniken entwickelt.

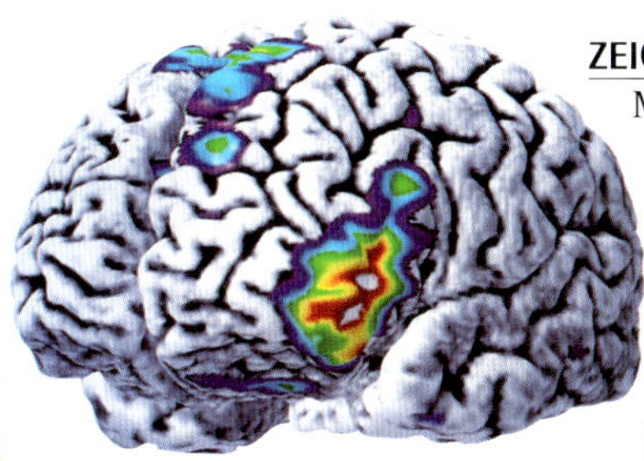

▲ PET-AUFNAHME VOM GEHIRN
Bei der Positronen-Emissionstomografie werden radioaktive Substanzen injiziert und ihre Verteilung gemessen. Die farbig dargestellten (aktiven) Bereiche werden beim Sprechen benutzt.

ZEIGEN RÖNTGENAUFNAHMEN NUR KNOCHEN?

Mit Röntgenaufnahmen kann man auch Weichteile wie Brüste oder Blutgefäße darstellen. Bei Aufnahmen von Blutgefäßen wird zunächst ein Kontrastmittel in die Gefäße gespritzt – auf dem Röntgenbild sind dann die Gefäßumrisse zu sehen. Diese Untersuchung nennt man Angiografie.

WAS IST EIN CT?

Eine Computertomografie (CT) ist ein Bild, das vom Computer aus Röntgenaufnahmen erstellt wird. In einer Röntgenröhre tastet ein Röntgenstrahl aus verschiedenen Winkeln langsam die Körperregion ab, die untersucht wird. Ein Computer zeichnet daraus ein Schnittbild, das auch Weichteile zeigt.

WOZU WIRD ULTRASCHALL BENUTZT?

Die Ultraschalluntersuchung zählt zu den häufigsten bildgebenden Verfahren. Innere Organe reflektieren hochfrequenten Schall, dessen Echo als Muster auf einem Bildschirm angezeigt wird. Flüssigkeiten wie Blut oder Fruchtwasser lassen sich damit gut darstellen.

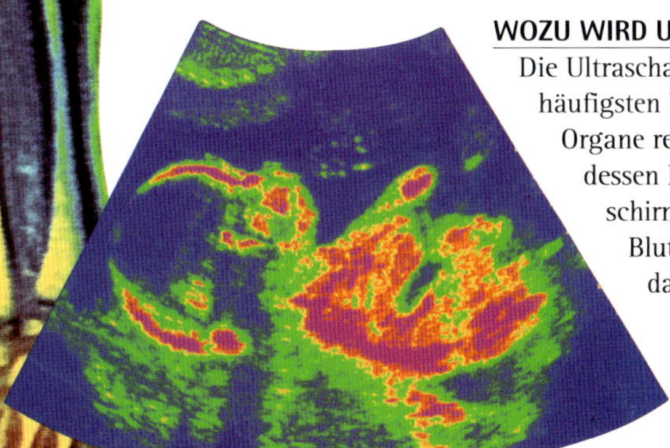

◄ ULTRASCHALLBILD EINES FÖTUS
Ultraschalluntersuchungen werden in der Schwangerschaftsvorsorge eingesetzt, um Wachstum und Entwicklung des Fötus zu überwachen.

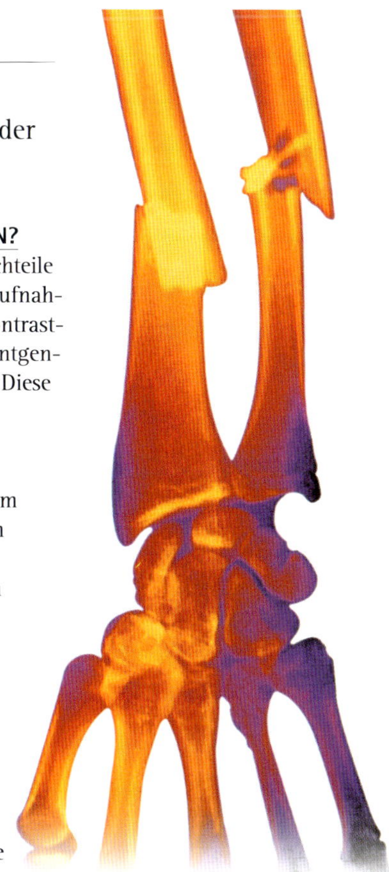

ARMBRUCH ▲
Diese Röntgenaufnahme zeigt eine Fraktur (Bruch) von Elle und Speiche des Unterarms. Röntgenstrahlen durchdringen Weichteilgewebe und werden von dichten Strukturen wie Knochen oder Zähnen absorbiert.

SIEHE AUCH ⏭ Genetik 209 • Säugetiere 120–123 • Zellen 73

SKELETT

Das Skelett ist ein Stützapparat aus ⏭KNOCHEN, der den Körper trägt und ihm seine Gestalt gibt. Außerdem schützt es innere Organe – der Schädel z. B. umschließt das Gehirn. Muskeln und Bänder ziehen an den Knochen, die über ⏭GELENKE verbunden sind, um den Körper zu bewegen.

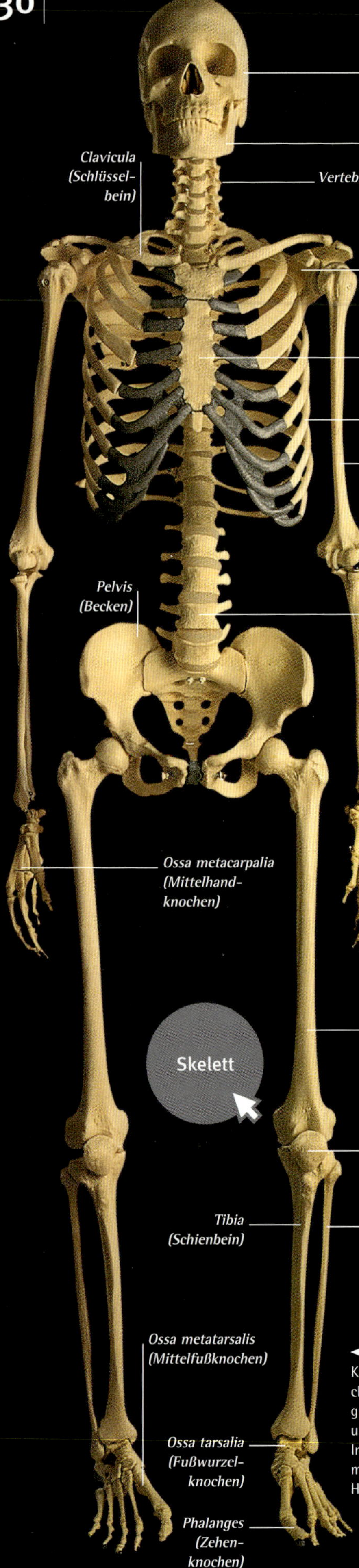

◄ **DAS SKELETT DES MENSCHEN**
Knochen haben einen wissenschaftlichen und einen deutschen Namen. Der größte Knochen sitzt im Oberschenkel und die kleinsten befinden sich im Innenohr. Bei Erwachsenen gehören mehr als die Hälfte aller Knochen zu Händen und Füßen.

WIE STABIL SIND KNOCHEN?

Knochen sind leichter als Stahl, aber fünfmal so stabil. Bei einem Erwachsenen macht das Skelett etwa ein Sechstel seines Gewichts aus. Die Schädeldecke ist sogar noch fester, weil sie das Gehirn und Sinnesorgane wie Augen, Nase und Ohren schützt.

SIND KNOCHEN TROCKEN?

Knochen toter Lebewesen sind trocken und spröde, die der lebenden feucht und ein wenig weich. Sie können sich sogar biegen, um unter Druck nachzugeben. In den Knochen verlaufen Blutgefäße und Nervenbahnen, sodass sie nach einem Bruch bluten. Knochen bestehen etwa zu einem Drittel ihres Gewichts aus Wasser.

WIE WÄCHST EIN SKELETT?

Ein Baby besitzt mehr als 300 Knochen, jedoch bestehen viele aus einer weichen elastischen Substanz, die man Knorpel nennt. Bis etwa zum 20. Lebensjahr wächst der Knorpel und wandelt sich in Knochen um, wobei auch einige Knochen zusammenwachsen. Ein Erwachsener besitzt nur noch 206 Knochen.

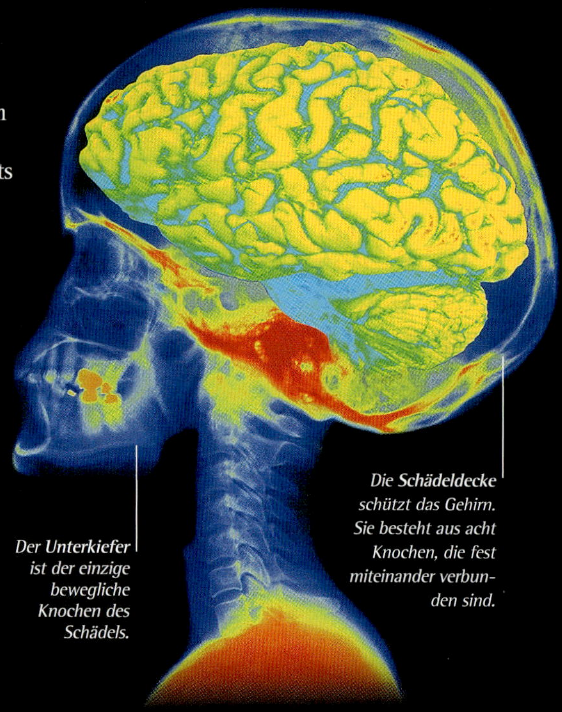

SCHÄDELKNOCHEN ▲
Das Bild des Gehirns wurde über eine farbige Röntgenaufnahme des Schädels gelegt, um die Passform zu zeigen. Der Schädel hat 22 Knochen, die bis auf den Kiefer fest miteinander verbunden sind.

WACHSENDE HÄNDE ►
Die erste Röntgenaufnahme zeigt Lücken zwischen den Handknochen eines Babys, wo diese noch aus Knorpel bestehen. Im Alter von 20 Jahren sind die Knochen gewachsen und verknöchert.

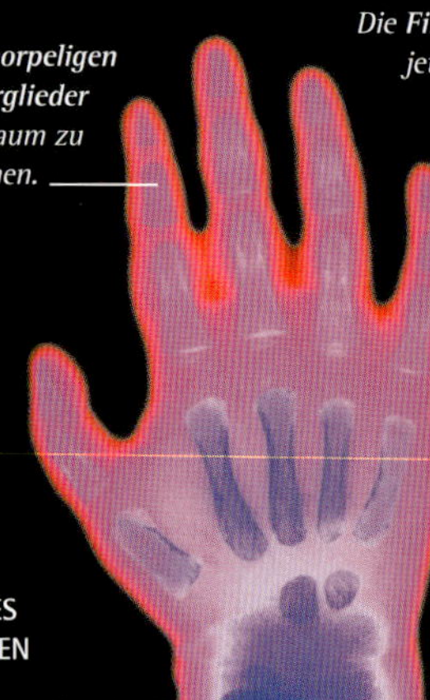

HAND EINES EINJÄHRIGEN

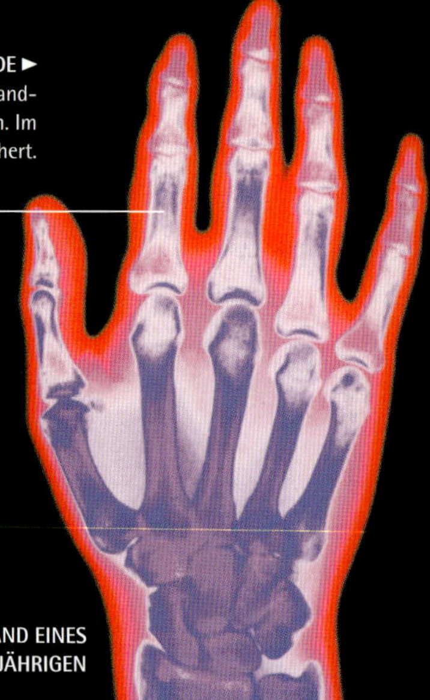

HAND EINES 20-JÄHRIGEN

KNOCHEN

Diese kräftigen, aber elastischen Strukturen sind lebendes Gewebe, das aus Knochenzellen und Fasern besteht. Knochen sind nicht massiv. Blutgefäße und Nerven verlaufen in ihnen und sie besitzen an einigen Stellen schwammartige Hohlräume. Im Innenraum befindet sich eine weiche Substanz, das Knochenmark.

WORAUS BESTEHEN KNOCHEN?

Die harte Knochensubstanz enthält Kalziumphosphat und andere Mineralien sowie Bindegewebsfasern, das Kollagen. Durch die Mineralien erhält der Knochen seine Härte, durch das längs zum Knochen verlaufende Kollagen seine Elastizität. Beide Substanzen werden von Knochenzellen produziert, den Osteozyten.

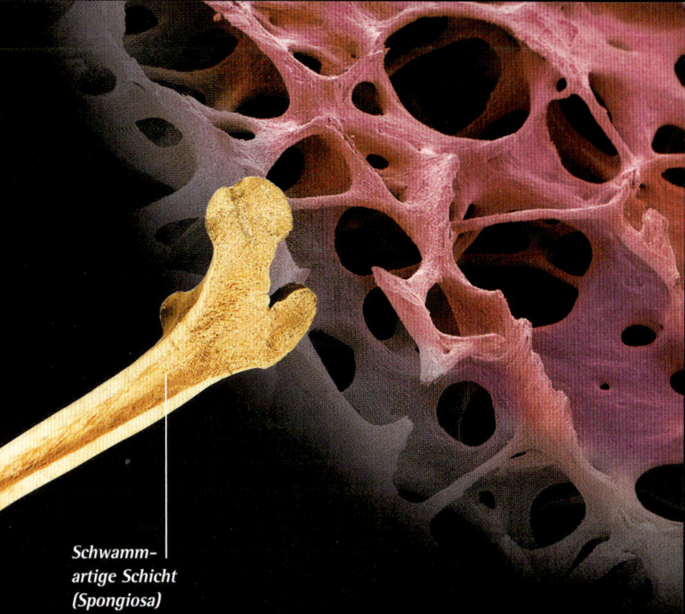

Kompakte Schicht (Kompakta)

Schwammartige Schicht (Spongiosa)

SCHWAMMARTIGE SCHICHT ▲
Durch Hohlräume und kleine Bälkchen bleibt der Knochen leicht und trotzdem stabil. In den Hohlräumen befindet sich Knochenmark.

▲ SCHNITTBILD EINES KNOCHENS
In diesem Bild sind die verschiedenen Schichten eines Oberschenkelknochens zu sehen. Das Knochenmark fehlt, weil der Knochen nicht mehr lebt.

◄ KOMPAKTE SCHICHT
Diese Schicht erhält durch konzentrische Ringe aus Mineralien und Kollagen (Osteon) enorme Stabilität. Im Zentrum jedes Osteons verlaufen Blutgefäße.

WAS ENTSTEHT AUS KNOCHENMARK?

Im Knochenmark reifen jede Sekunde Millionen von Blutzellen heran, um alte Blutzellen zu ersetzen, die vom Körper abgebaut wurden. Es gibt zwei Arten von Knochenmark: rotes und gelbes. Im roten Mark entstehen Blutzellen und gelbes Mark dient hauptsächlich als Fettspeicher. Bei der Geburt haben fast alle Knochen rotes Mark, doch das meiste wird bis nach der Pubertät in gelbes Mark umgewandelt.

GELENKE

Knochen sind über Gelenke miteinander verbunden. Verschiedene Gelenkarten ermöglichen unterschiedliche Bewegungen. Die meisten Gelenke werden mit dehnbaren Bändern und Muskeln zusammengehalten.

WIE FUNKTIONIEREN UNTERSCHIEDLICHE GELENKE?

Die meisten Gelenke, die Gelenkschmiere absondern, sind beweglich und bieten unterschiedliche Bewegungsmöglichkeiten. Ein Scharniergelenk wie im Finger oder in den Zehen kann nur in einer Ebene bewegt werden. Kugelgelenke wie das Schultergelenk erlauben dagegen Bewegungen in alle Richtungen.

WARUM REIBEN KNOCHEN NICHT ANEINANDER?

Viele Knochenenden sind von einer glatten, rutschigen und reißfesten Substanz überzogen, die man Gelenkknorpel nennt. An den Gelenkknorpeln gleiten die Knochen übereinander. Eine Kapsel umhüllt das Gelenk und sondert Gelenkschmiere ab, um die Reibung zu vermindern (ähnlich wie bei einer geölten Fahrradkette).

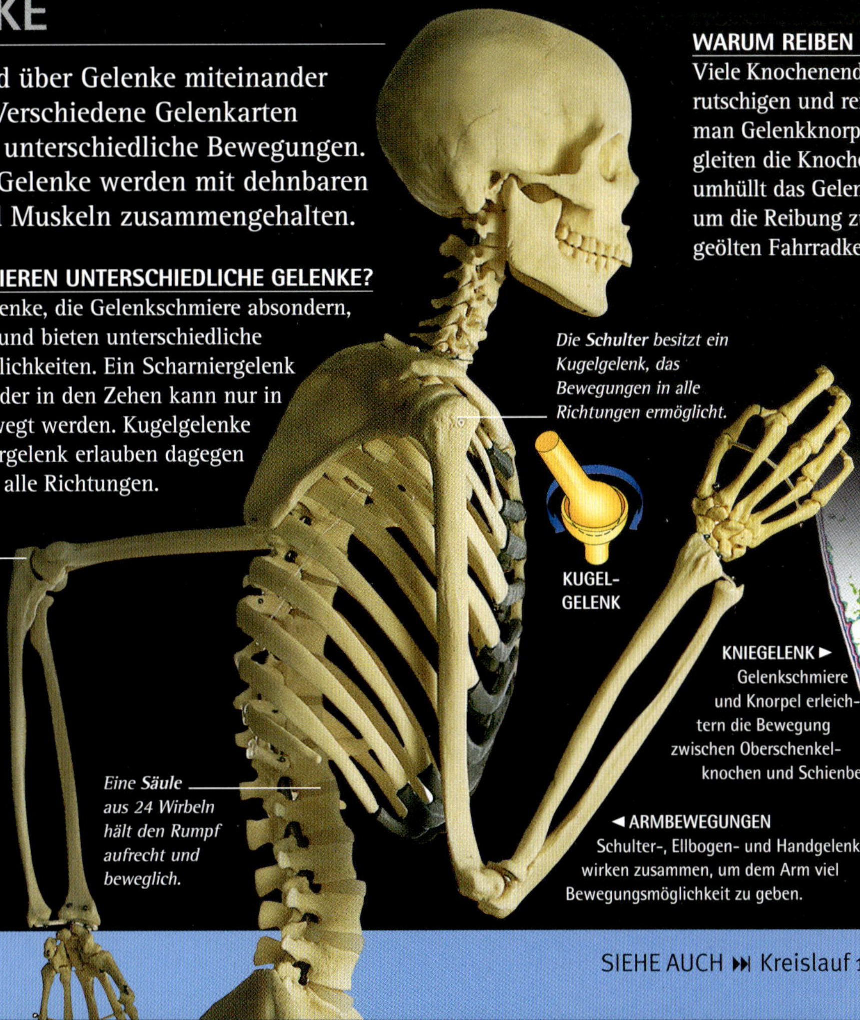

*Die **Schulter** besitzt ein Kugelgelenk, das Bewegungen in alle Richtungen ermöglicht.*

*Der **Ellbogen** besteht aus einem Scharniergelenk und einem Drehgelenk.*

*Eine **Säule** aus 24 Wirbeln hält den Rumpf aufrecht und beweglich.*

◄ ARMBEWEGUNGEN
Schulter-, Ellbogen- und Handgelenk wirken zusammen, um dem Arm viel Bewegungsmöglichkeit zu geben.

KUGELGELENK

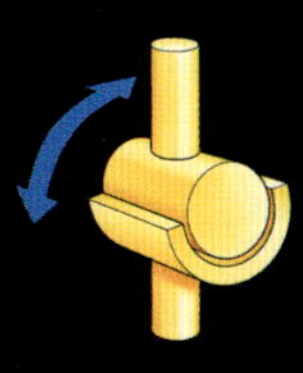

SCHARNIERGELENK

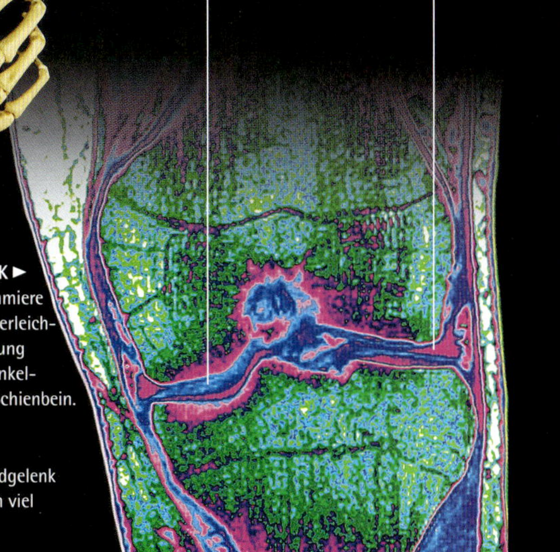

***Gelenkschmiere** (blau) verhindert die Reibung im Gelenk.*

***Knorpel** (rosa) umhüllt die Knochenenden im Gelenk.*

KNIEGELENK ►
Gelenkschmiere und Knorpel erleichtern die Bewegung zwischen Oberschenkelknochen und Schienbein.

SIEHE AUCH ⏭ Kreislauf 134 • Muskeln 132 • Wachstum 149

MUSKELN

Der Körper wird durch zusammenziehbare Muskeln bewegt. Es gibt drei Muskelarten: Skelettmuskeln, glatte Muskeln und Herzmuskulatur. Die meisten Muskeln enthalten lange, dünne Zellen, die ⏭ MUSKELFASERN.

WAS SIND UNWILLKÜRLICHE MUSKELN?

Glatte Muskeln und Herzmuskulatur zählen zu den unwillkürlichen Muskeln, weil wir sie nicht steuern können. Glatte Muskeln befinden sich in den Wänden von Darm, Magen, Speiseröhre und anderen inneren Organen. Sie arbeiten langsam und rhythmisch, um z.B. Nahrung durch den Verdauungstrakt zu befördern. Die Herzmuskulatur arbeitet ununterbrochen.

WIE BEWEGEN MUSKELN DIE KNOCHEN?

Skelettmuskeln bewegen Knochen. Weil wir diese Bewegungen steuern, nennt man sie willkürliche Muskeln. Da Muskeln nur ziehen, aber nicht schieben können, besitzen viele Knochen Muskelpaare, um entgegengesetzte Bewegungen zu ermöglichen.

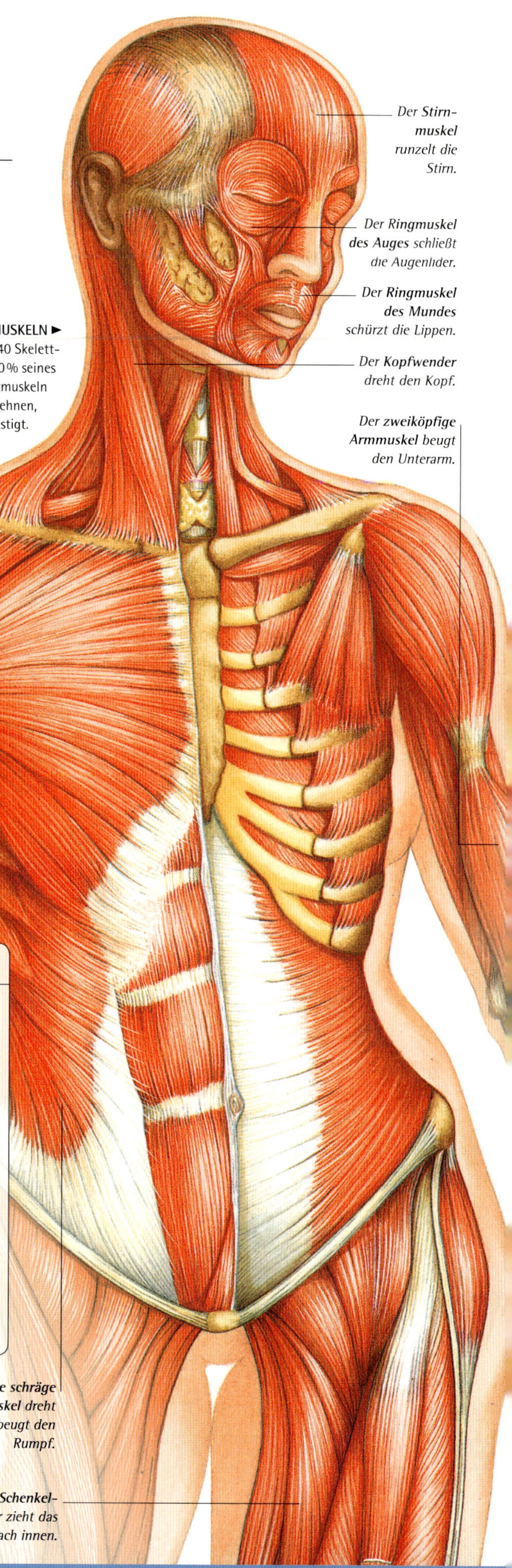

SKELETTMUSKELN ►
Der Körper besitzt etwa 640 Skelettmuskeln, die ungefähr 40 % seines Gewichts ausmachen. Skelettmuskeln sind mit harten Fasern, den Sehnen, an den Knochen befestigt.

MUSKELFASERN

Einzelne Muskelzellen nennt man auch Muskelfasern. Ein Skelettmuskel besitzt Tausende von Muskelfasern, die parallel in Bündeln nebeneinanderliegen. Jede Muskelfaser ist dünner als ein Haar und kann bis zu 30 cm lang sein.

VERSCHIEDENE MUSKELFASERN

Die drei Arten der Muskelfasern arbeiten unterschiedlich. Glatte Muskeln können über lange Zeiträume kontrahieren. Skelettmuskeln ziehen sich sehr schnell und kräftig zusammen, jedoch nur über kurze Zeiträume. Die Herzmuskulatur arbeitet ununterbrochen, ohne zu ermüden.

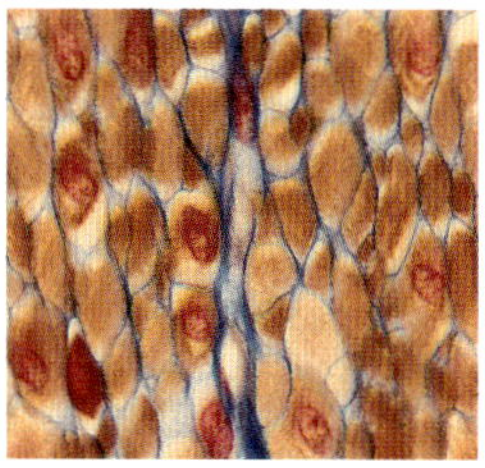

▲ **GLATTE MUSKELN**
Sie besitzen spindelförmige Zellen, die sich überlappen, und sind 50-mal langsamer als Skelettmuskeln.

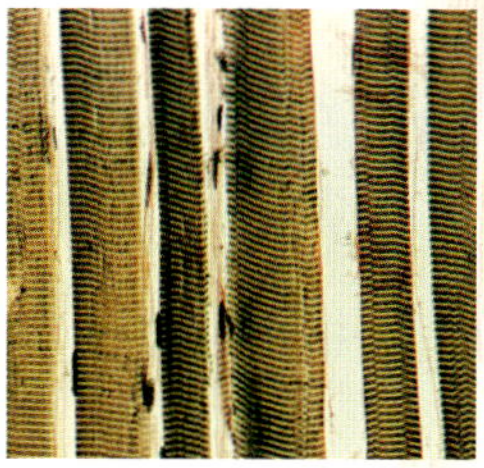

▲ **SKELETTMUSKELN**
Sie enthalten sehr lange, schlanke Fasern, die parallel nebeneinanderliegen und wie Streifen aussehen.

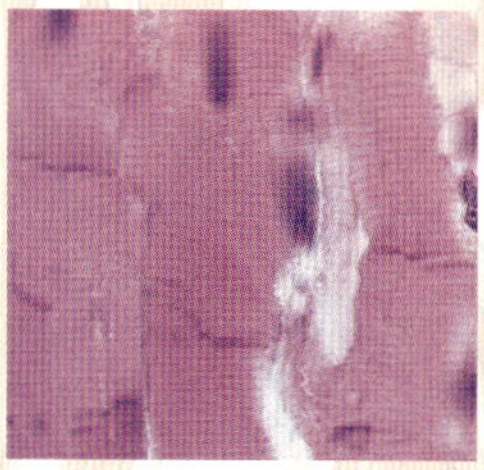

▲ **HERZMUSKELN**
Sie enthalten kurze, verzweigte Fasern, die miteinander verbunden sind, und energieliefernde Mitochondrien.

WIE ZIEHEN SICH MUSKELN ZUSAMMEN?

Eine Muskelfaser besteht zum größten Teil aus Myofibrillen, die sich aus kleineren Einheiten, den Myofilamenten, zusammensetzen. Sobald die Myofilamente ein Nervensignal erhalten, gleiten sie ein Stück übereinander und verkürzen den Muskel. Muskeln können sich bis auf 70 % ihrer Länge zusammenziehen.

Muskeln

SIEHE AUCH ⏭ Der Mensch 128–129 • Herz 135 • Lunge 137 • Skelett 130–131

HAUT

Die Haut ist eine äußere Schutzhülle, die den Körper vor Verletzungen, Infektionen, Wasserverlust und Schäden durch Sonnenstrahlen bewahrt. Unser größtes Organ kann Berührung, Kälte, Schmerz und Wärme wahrnehmen.

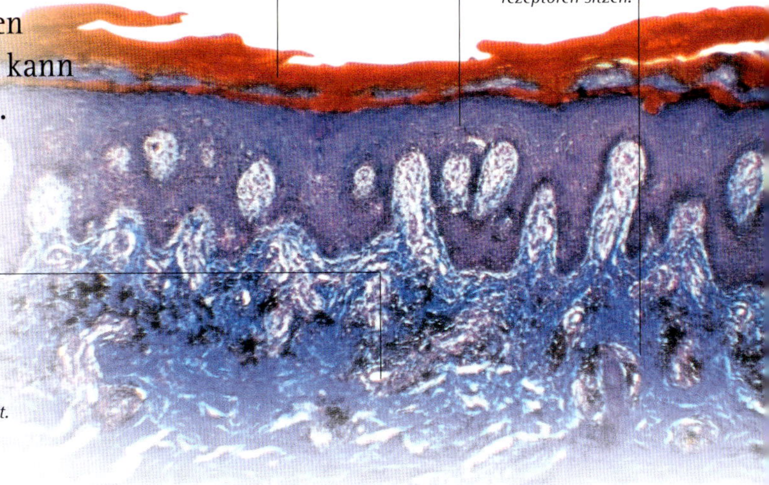

▲ EIN QUERSCHNITT DURCH DIE HAUT
Das Bild zeigt die Schichten einer gesunden Haut. Die oberste Schicht (rot) enthält abgeflachte, tote Zellen, die mit Keratin gefüllt sind. Hautzellen werden ständig abgetragen.

WARUM IST HAUT SO WIDERSTANDSFÄHIG?

Die Haut erhält ihre Robustheit durch die Oberhaut (Epidermis). Diese besteht aus mehreren Schichten. In der untersten Schicht entstehen ständig neue Zellen, die nach oben wandern, sich dabei mit dem harten Protein Keratin füllen und absterben. Die toten Zellen gelangen schließlich an die Oberfläche (Hornschicht), wo sie als Schuppen abfallen.

WAS LIEGT UNTER DER EPIDERMIS?

Unter der Epidermis liegt die Lederhaut. Sie enthält Blutgefäße, Nerven, Sinnesrezeptoren, Schweißdrüsen und Haarwurzeln. Darunter befindet sich die Unterhaut, eine Fettschicht, welche die Haut abfedert und die Körperwärme isoliert.

WIE REGULIERT DIE HAUT UNSERE KÖRPERTEMPERATUR?

Wenn sich der Körper erhitzt, sondern Schweißdrüsen eine Flüssigkeit ab, die verdunstet und Wärme abführt. Gleichzeitig dehnen sich die Blutgefäße und geben Wärme ab. Kühlt sich der Körper dagegen ab, verengen sich die Blutgefäße, um den Wärmeverlust zu mindern. Winzige Muskeln richten Härchen auf, um Luft einzufangen, die den Körper wärmt.

WARUM KANN HAUT IHRE FARBE VERÄNDERN?

Die Hautfarbe entsteht durch das Pigment Melanin, das bestimmte Zellen, die Melanozyten, produzieren. Jeder Körper besitzt dieselbe Anzahl von Melanozyten, sie sind jedoch bei dunkelhäutigen Menschen viel aktiver. Melanozyten werden auch beim Sonnenbaden aktiv und erzeugen mehr Pigmente, um einen Sonnenbrand zu vermeiden.

▲ SCHWEISS
Schweißtropfen benetzen die Haut eines Handrückens. Die Flüssigkeit wird von Schweißdrüsen in der Lederhaut gebildet und durch feine Poren auf die Hautoberfläche abgesondert. Schweiß senkt die Körpertemperatur, weil er durch Verdunstung Wärme abführt.

◄ FINGERNÄGEL
Nägel bestehen aus sich überlappenden, flachen toten Zellen, die das Protein Keratin enthalten. Keratin ist hart und wasserfest. Man findet es auch in Haut und Haaren. Nägel schützen die Finger- und Zehenspitzen.

BARTSTOPPELN ►
Nach einer Rasur ragen diese Haarschäfte aus der Haut. Haare bedecken den gesamten Körper. Sie schützen die Haut und dienen als Sinnesorgan bei Berührungen. Haare enthalten tote Zellen und Keratin und können 1 cm pro Monat wachsen.

Haut

SIEHE AUCH ⏭ Der Mensch 128–129 • Kreislauf 134 • Wachstum 149

ATMUNG

Bei der Atmung nimmt der Körper Sauerstoff auf und gibt Kohlendioxid ab. Wenn du einatmest, geht Sauerstoff aus der Luft in das Blut über. Beim Ausatmen wird Kohlendioxid aus dem Blut entfernt.

Atmung

WIE KOMMT DIE LUFT IN UNSERE LUNGE?

Luft gelangt durch Mund und Nase in den Rachen (Pharynx). Dieser teilt sich in Speiseröhre (Ösophagus) und Luftröhre (Trachea) auf. Die Luftröhre führt zur Brust, wo sie sich in zwei Äste, die Hauptbronchien, gabelt. Jeder Ast führt zu einem Lungenflügel.

▲ ZILIEN IN DER NASE
Winzige Flimmerhärchen, die Zilien, sitzen an der Naseninnenwand. Sie reinigen, erwärmen und befeuchten die Luft, um die empfindlichen Atemwege zu schützen.

WIE BLEIBEN DIE ATEMWEGE SAUBER?

Die Atemwege sind innen mit einer Schleimhaut ausgestattet. Sie erzeugt Schleim (Mukus), der Staubkörner bindet. Der Schleim wird ständig bewegt. In der Nase transportieren Flimmerhärchen (Zilien) den Schleim zum Rachen, wo er verschluckt wird. Auch aus der Lunge wird Schleim zum Rachen befördert.

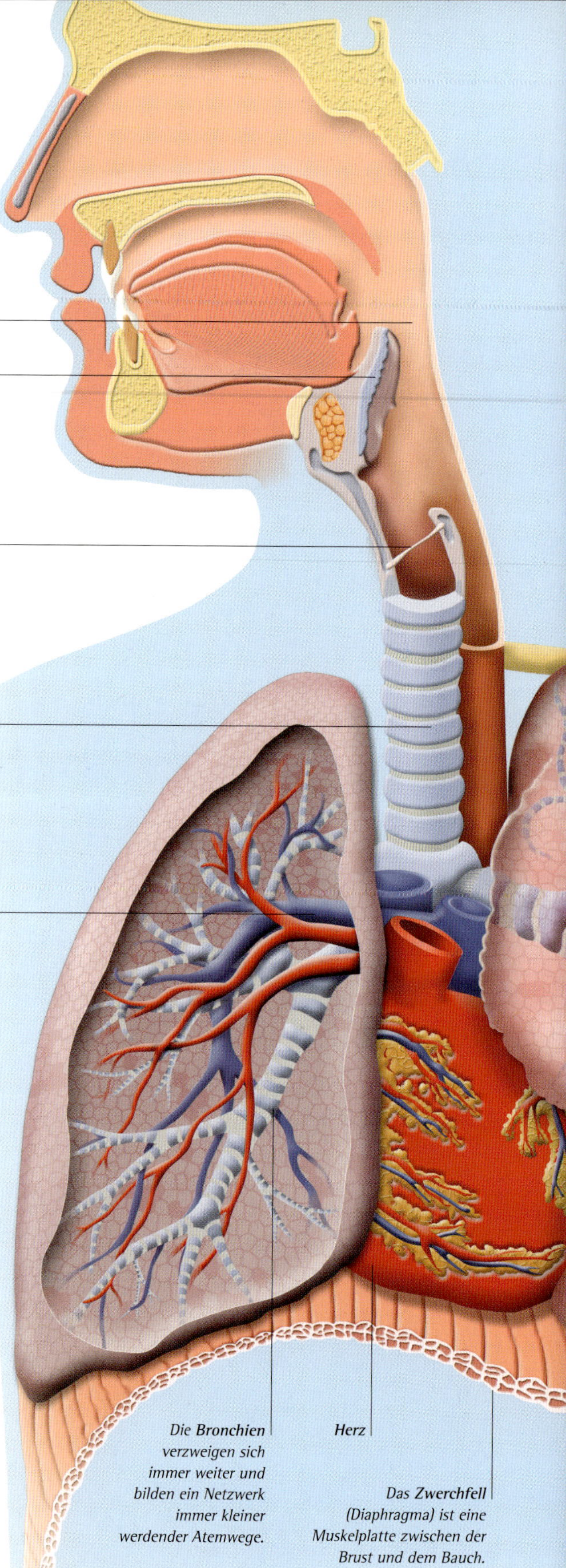

ATMUNGSORGANE ►
Zu den Atmungsorganen zählen viele Organe wie z. B. Lunge, Mund, Nase, Atemwege zur Lunge und die feine Verästelung der Blutgefäße in der Lunge.

WIE DER KEHLKOPF LAUTE ERZEUGT

Zwei Membranfalten, die Stimmbänder, erstrecken sich horizontal durch den Kehlkopf. Zur Lautbildung werden die Stimmbänder von Muskeln zusammengezogen und Luft aus der Lunge durch die Stimmbänder gepresst. Die Luft lässt die Stimmbänder schwingen. Je stärker die Stimmbänder gespannt sind, desto höher die Laute. Zunge und Lippen wandeln die Laute in Wörter um.

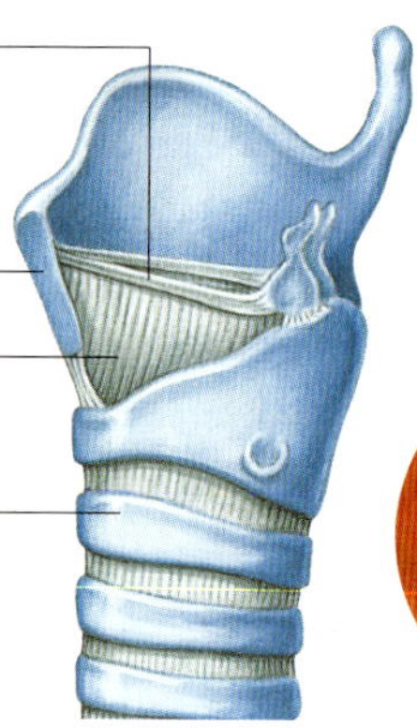

DER KEHLKOPF

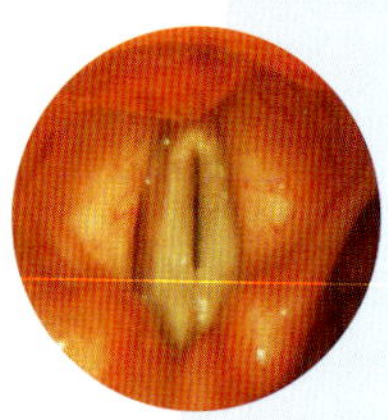

GESCHLOSSENE STIMMBÄNDER

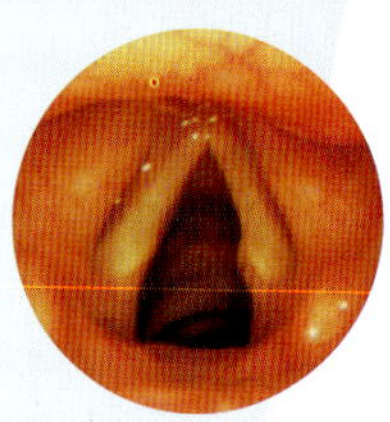

GEÖFFNETE STIMMBÄNDER

WARUM MÜSSEN WIR ATMEN?

Die Atmung ist für uns lebensnotwendig, weil alle lebenden Zellen ständig mit Sauerstoff versorgt werden müssen. In den Zellen reagiert der Sauerstoff mit bestimmten Nahrungsmolekülen. Diese chemische Reaktion, Oxidation genannt, setzt Energie frei, die für viele Prozesse im Körper gebraucht wird.

SIEHE AUCH ⏭ Mund 142 • Nase 143 • Schall 176–177 • Zellen 73

LUNGE

Das größte Atmungsorgan ist die Lunge, die sich zusammenziehen und ausdehnen kann. In ihr münden die Atemwege in kleine Bläschen, die Alveolen. Dort nimmt das Blut Sauerstoff auf und gibt Kohlendioxid ab – diesen Vorgang nennt man ⏭ GASAUSTAUSCH.

WIE ATMEN WIR EIN UND AUS?

Das Ein- und Ausatmen wird von den Zwischenrippenmuskeln veranlasst. Beim Einatmen kontrahieren sie und weiten den Brustkorb, die beiden Lungenflügel dehnen sich und saugen Luft ein. Wenn sich diese Muskeln beim Ausatmen entspannen, werden die Lungenflügel zusammengedrückt und Luft aus ihnen gepresst. Das Zwerchfell kontrahiert beim Einatmen (wird flacher) und entspannt beim Ausatmen (wölbt sich auf).

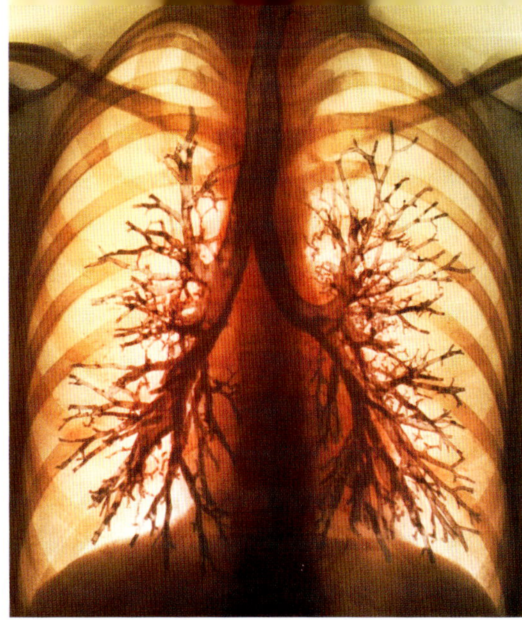

DER BRONCHIALBAUM ►
Die fein verästelten Atemwege wurden in dieser Röntgenaufnahme mit Kontrastmittel sichtbar gemacht – die Luftröhre ist der Stamm, die Bronchien sind die Äste und die Bronchiolen die Zweige.

WIE WIRD UNSERE ATMUNG GESTEUERT?

Das Atemzentrum des Gehirns reguliert unsere Atmung, sogar wenn wir schlafen. In den großen Arterien messen Rezeptoren den Kohlendioxidgehalt des Bluts. Wenn wir aktiv waren, befindet sich mehr Kohlendioxid im Blut. Die Rezeptoren melden diesen Anstieg dem Gehirn, sodass wir schneller atmen, um Kohlendioxid abzugeben.

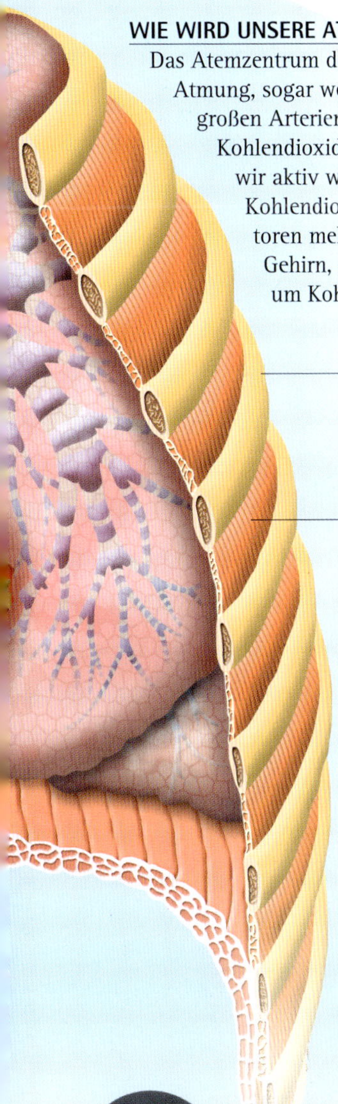

SO FUNKTIONIERT DIE ATMUNG

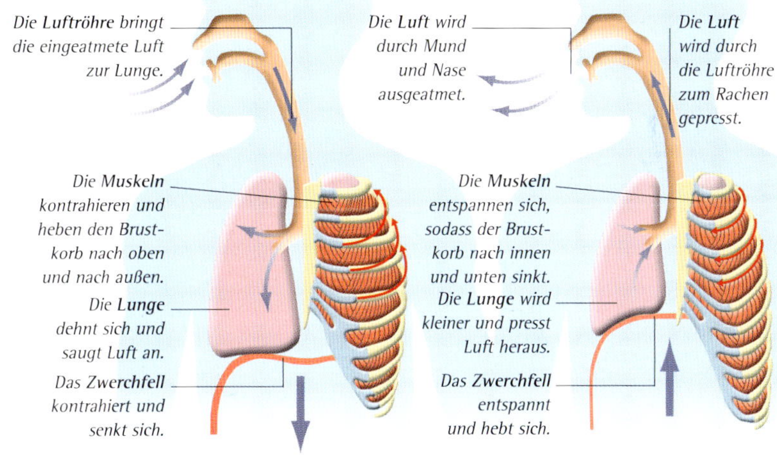

▲ EINATMUNG (INHALATION)
Beim Einatmen kontrahieren die Rippenmuskeln und das Zwerchfell senkt sich, sodass sich der Brustkorb dehnt. Luft wird angesaugt, weil der Luftdruck in der Lunge niedriger ist als außerhalb.

▲ AUSATMUNG (EXHALATION)
Wenn sich die Rippenmuskeln und das Zwerchfell entspannen, atmen wir aus. Die Rippen senken sich nach innen und unten und das Zwerchfell hebt sich, sodass die Luft aus der Lunge herausgepresst wird.

GASAUSTAUSCH

Den Übergang eines Gases aus der Luft ins Blut und vom Blut zurück in die Luft nennt man Gasaustausch. Er findet in kleinen Bläschen in der Lunge statt, den Alveolen.

WAS SIND ALVEOLEN?

Alveolen sind kleine Luftbläschen, die so dünne Wände besitzen, dass Gase leicht hindurchgelangen. Die Lunge besitzt etwa 300 Mio. Alveolen. Zusammen haben sie eine Fläche, die so groß wie ein Tennisplatz ist.

WIE GELANGT SAUERSTOFF INS BLUT?

Sauerstoff dringt durch die Wände der Alveolen und der sie umgebenden Blutkapillaren in das Blut und geht zum Hämoglobin der roten Blutkörperchen über. Kohlendioxid gelangt aus dem Plasma (dem flüssigen Teil des Bluts) in die Alveolen.

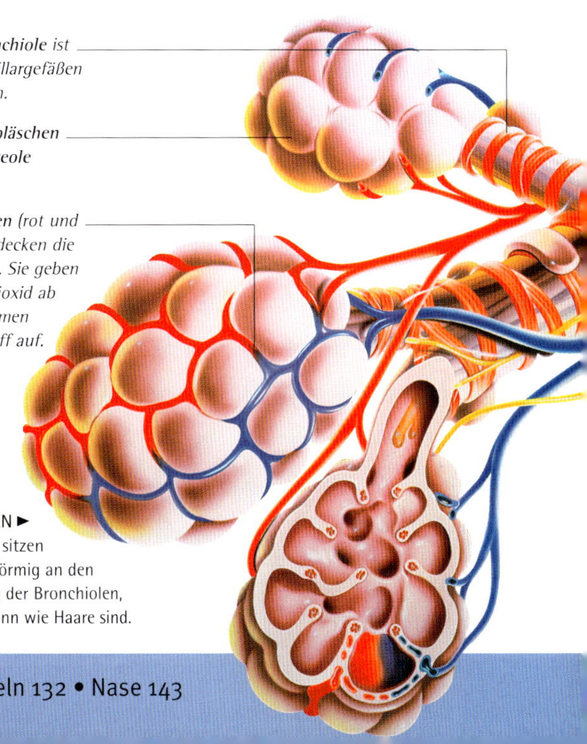

ALVEOLEN ►
Alveolen sitzen traubenförmig an den Endästen der Bronchiolen, die so dünn wie Haare sind.

Lunge

SIEHE AUCH ⏭ Gehirn 139 • Kreislauf 134 • Mund 142 • Muskeln 132 • Nase 143

NERVENSYSTEM

Gehirn, Nerven und Rückenmark bilden das Nervensystem. Es verarbeitet Informationen der Sinnesorgane, steuert bewusste, »willkürliche«, Bewegungen wie das Laufen und unbewusste, »unwillkürliche«, Aktivitäten wie Reflexe und Atmung.

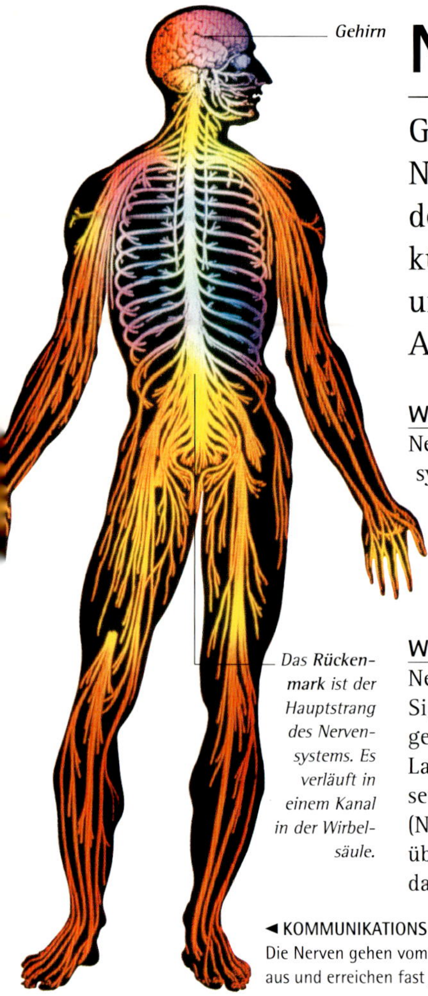

Das **Rückenmark** ist der Hauptstrang des Nervensystems. Es verläuft in einem Kanal in der Wirbelsäule.

◄ KOMMUNIKATIONSNETZWERK
Die Nerven gehen vom Gehirn und dem Rückenmark aus und erreichen fast jeden Teil des Körpers.

WAS SIND NERVEN?

Nerven sind die Schnellleitungen unseres Nervensystems. Jeder Nervenstrang besitzt Hunderte lang gestreckter Zellen, die Neurone. Sie leiten Signale zum und vom Gehirn weiter. Gehirn und Rückenmark bilden das zentrale Nervensystem. Die übrigen Nerven zählen zum peripheren Nervensystem.

WIE ARBEITEN NEURONE?

Neurone arbeiten wie Kabel, die elektrische Signale weiterleiten. Wenn ein Signal ausgelöst wird, pflanzt sich eine elektrische Ladung bis zum Zellende fort. Dort setzt das Neuron eine Substanz frei (Neurotransmitter), die das Signal über einen Spalt (Synapse) an das nächste Neuron überträgt.

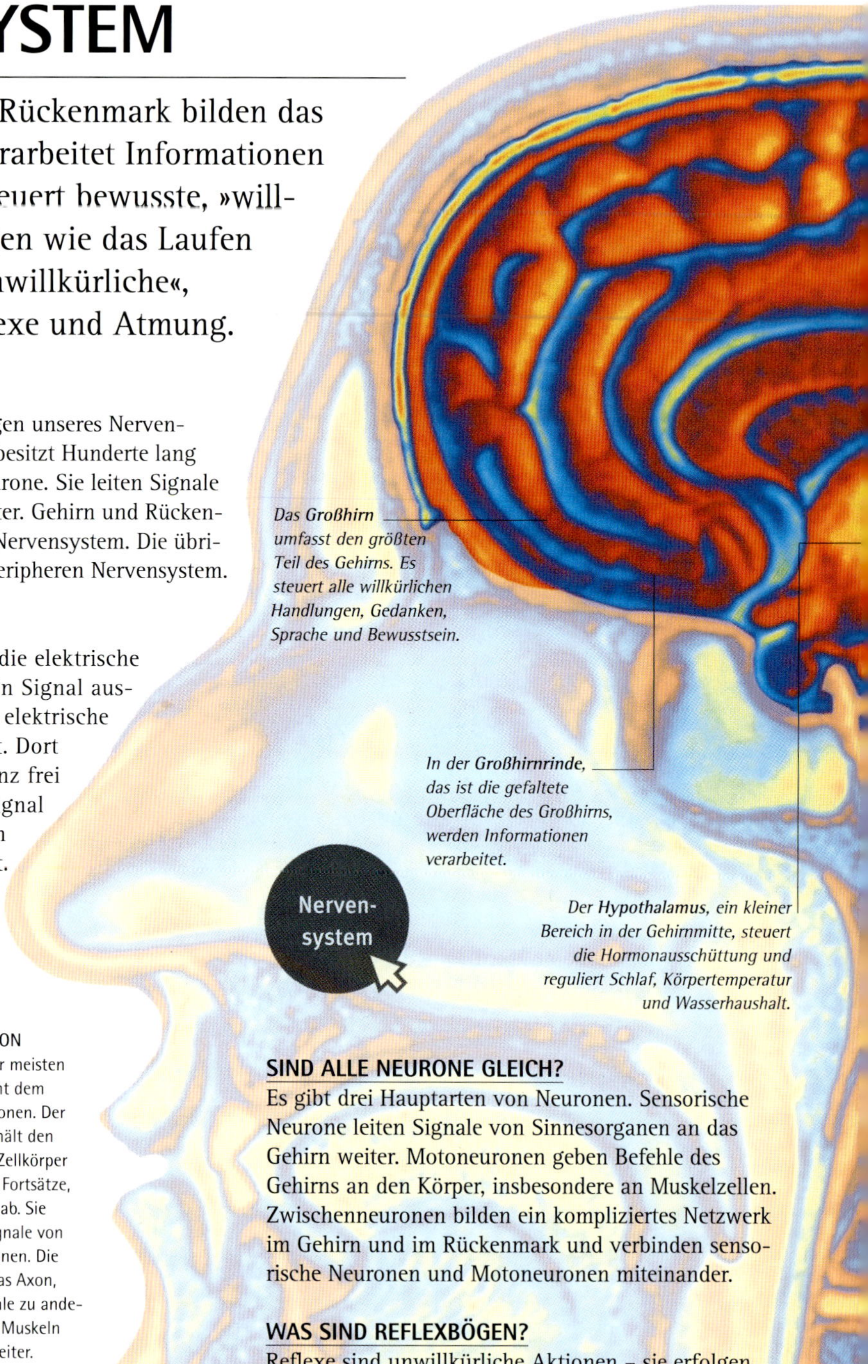

*Das **Großhirn** umfasst den größten Teil des Gehirns. Es steuert alle willkürlichen Handlungen, Gedanken, Sprache und Bewusstsein.*

*In der **Großhirnrinde**, das ist die gefaltete Oberfläche des Großhirns, werden Informationen verarbeitet.*

*Der **Hypothalamus**, ein kleiner Bereich in der Gehirnmitte, steuert die Hormonausschüttung und reguliert Schlaf, Körpertemperatur und Wasserhaushalt.*

Nervensystem

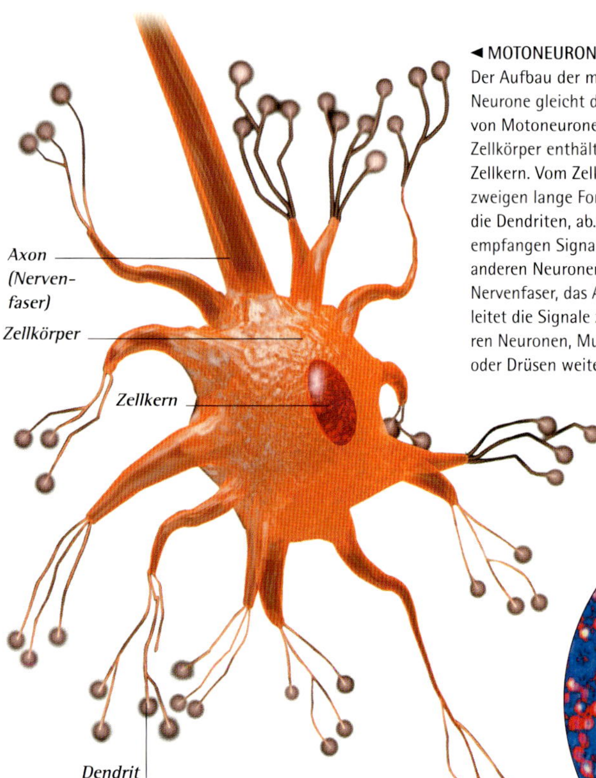

◄ MOTONEURON
Der Aufbau der meisten Neurone gleicht dem von Motoneuronen. Der Zellkörper enthält den Zellkern. Vom Zellkörper zweigen lange Fortsätze, die Dendriten, ab. Sie empfangen Signale von anderen Neuronen. Die Nervenfaser, das Axon, leitet die Signale zu anderen Neuronen, Muskeln oder Drüsen weiter.

SIND ALLE NEURONE GLEICH?

Es gibt drei Hauptarten von Neuronen. Sensorische Neurone leiten Signale von Sinnesorganen an das Gehirn weiter. Motoneuronen geben Befehle des Gehirns an den Körper, insbesondere an Muskelzellen. Zwischenneuronen bilden ein kompliziertes Netzwerk im Gehirn und im Rückenmark und verbinden sensorische Neuronen und Motoneuronen miteinander.

WAS SIND REFLEXBÖGEN?

Reflexe sind unwillkürliche Aktionen – sie erfolgen, bevor man bewusst handeln kann. Wenn du z.B. eine heiße Herdplatte berührst, wird das Signal nicht erst zum Gehirn geleitet, sondern ein sensorisches Neuron sendet es zum Rückenmark. Dort leitet ein Zwischenneuron das Signal sofort an ein Motoneuron, welches den Körper reagieren lässt. Diesen Ablauf bezeichnet man als Reflexbogen.

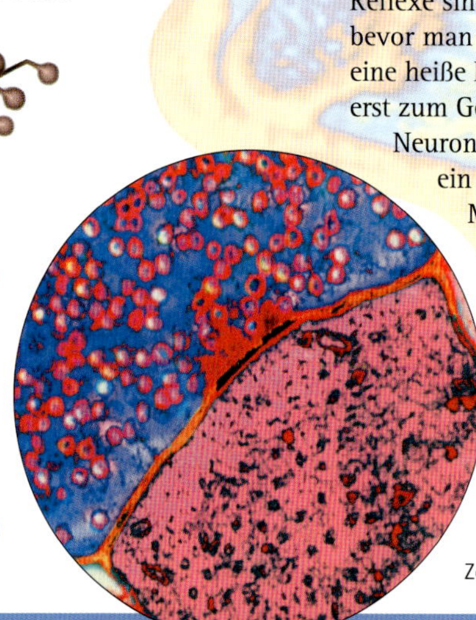

◄ NERVENVERBINDUNG
Diese Vergrößerung zeigt eine Verbindung (Synapse) zwischen zwei Nervenzellen. In der blauen Zelle hat ein Signal die Ausschüttung von Neurotransmittern (rosafarbene Kreise) ausgelöst. Die Neurotransmitter überwinden den Spalt und aktivieren spezielle Rezeptoren in der rosafarbenen Zelle, um das Signal weiterzugeben.

SIEHE AUCH ⏭ Atmung 136 • Muskeln 132

GEHIRN

Es ist das größte Organ des Nervensystems und steuert lebenswichtige, unwillkürliche Prozesse wie die Atmung, aber auch unsere Gefühle, Gedanken, Erinnerungen und Empfindungen. Die Gehirnaktivität kann man mit ⏭ **HIRNSTRÖMEN** messen.

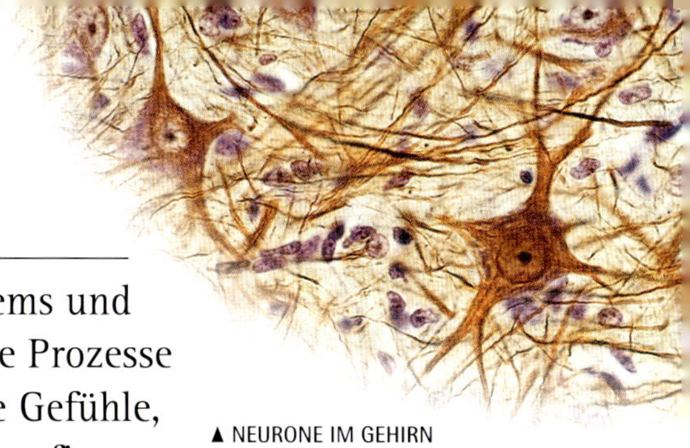

▲ NEURONE IM GEHIRN
Nervenzellen sind im Gehirn mit bis zu Tausenden von Nachbarzellen synaptisch verbunden und bilden so ein riesiges Netzwerk. Üben und Lernen schafft neue Verbindungen.

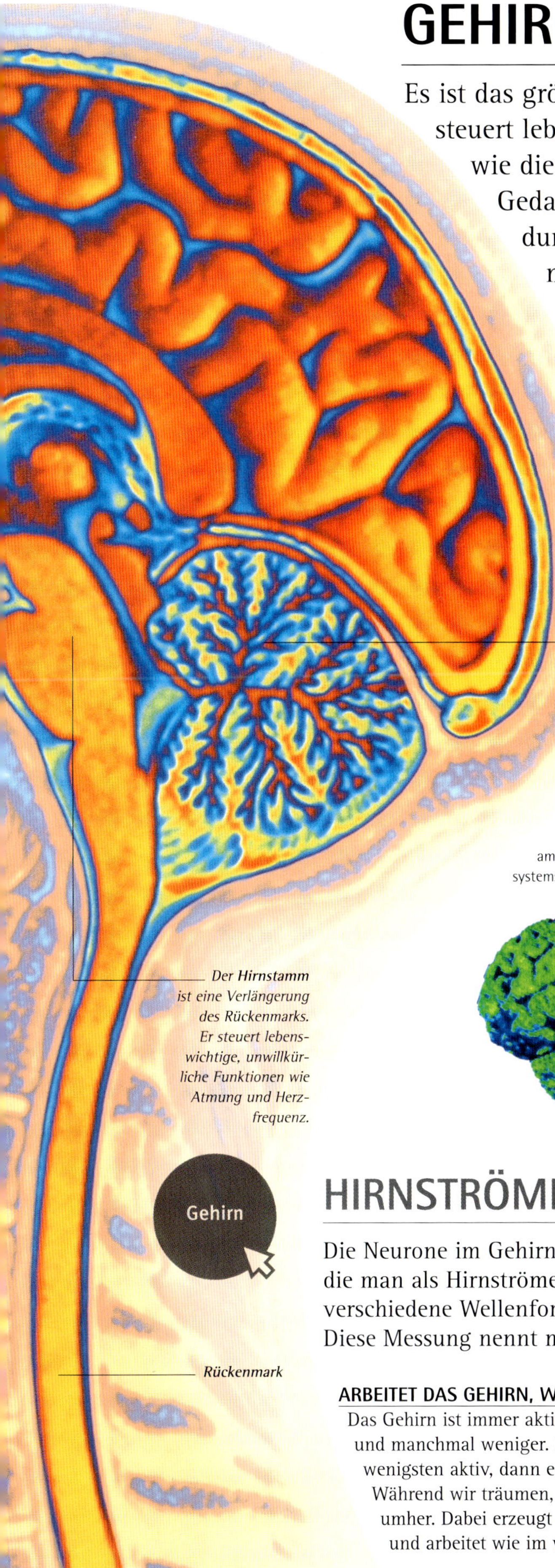

*Das **Kleinhirn** stimmt die Bewegungen der Muskeln im Körper aufeinander ab und sorgt für die Aufrechterhaltung des Gleichgewichts.*

◄ GEHIRNBILD
Diese MRT-Aufnahme zeigt, wie das Gehirn den Raum im Schädel ausfüllt. Das Großhirn beansprucht den meisten Platz. Sein Anteil am Gesamtgewicht des Nervensystems beträgt 70 %.

*Der **Hirnstamm** ist eine Verlängerung des Rückenmarks. Er steuert lebenswichtige, unwillkürliche Funktionen wie Atmung und Herzfrequenz.*

Rückenmark

IST UNSER GEHIRN ETWAS BESONDERES?

Der Mensch besitzt im Vergleich zu seinem Körpergewicht das größte Gehirn im Tierreich. Im Lauf der Evolution des Menschen hat sich das Gehirn nach und nach zu seiner heutigen Größe und seinem aktuellen Leistungsvermögen entwickelt. Es ist die Grundlage für einzigartige Fähigkeiten wie die Sprache – und verleiht dem Menschen eine überragende Intelligenz.

WORAUS BESTEHT DAS GEHIRN?

Das Gehirn enthält etwa 100 Milliarden Neurone und eine Vielzahl von Helferzellen, die die Neurone versorgen und unterstützen. Die Zellen verteilen sich auf verschiedene Gehirnteile, von denen das Großhirn das größte ist. Das Gehirn wird von drei Membranen (den Hirnhäuten) und der Gehirnflüssigkeit geschützt.

WIE ARBEITET DAS GEHIRN?

Früher nahm man an, dass klar abgegrenzte Bereiche des Großhirns bestimmte Funktionen erfüllen. Heute weiß man, dass dies etwas komplizierter ist. Beim Sprechen z. B. arbeiten große Teile des Gehirns in ständig wechselnder Zusammensetzung miteinander.

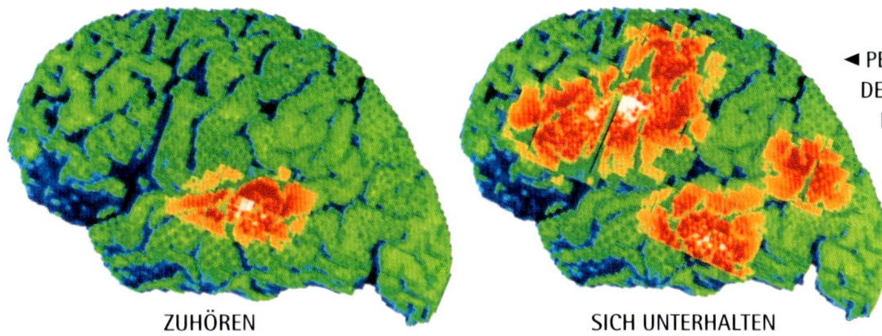

ZUHÖREN   SICH UNTERHALTEN

◄ PET-AUFNAHME DES GEHIRNS
In dieser Aufnahme sind die aktiven Teile des Großhirns farbig markiert. Diese Technik hilft herauszufinden, wie das Gehirn arbeitet.

Gehirn

HIRNSTRÖME

Die Neurone im Gehirn erzeugen eine elektrische Spannung, die man als Hirnströme messen kann. Man unterscheidet drei verschiedene Wellenformen: Alpha-, Beta- und Deltawellen. Diese Messung nennt man EEG (Elektroenzephalogramm).

ARBEITET DAS GEHIRN, WENN WIR SCHLAFEN?

Das Gehirn ist immer aktiv – manchmal mehr und manchmal weniger. Im Tiefschlaf ist es am wenigsten aktiv, dann entstehen Deltawellen. Während wir träumen, rollen die Augen wild umher. Dabei erzeugt das Gehirn Alphawellen und arbeitet wie im wachen Zustand.

WELLENFORM ►
Das Gehirn eines wachen, aber nicht aktiven Menschen erzeugt gleichmäßige, mittellange Wellen: Alphawellen. Ein wacher und aufmerksamer Mensch erzeugt kurze, schnelle Wellen: Betawellen. Während des Schlafs entstehen lange, langsame Deltawellen.

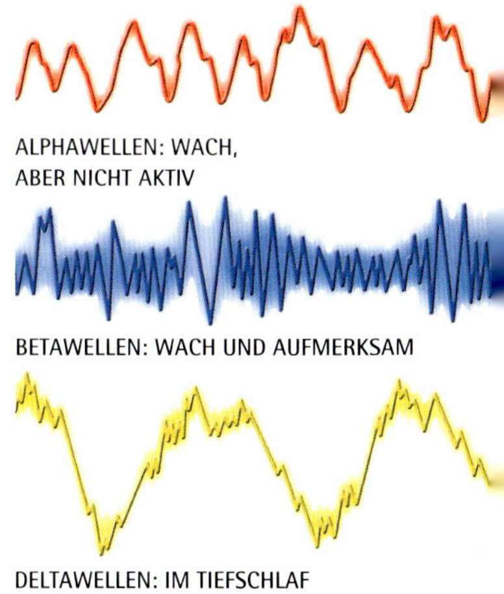

SIEHE AUCH ⏭ Nervensystem 138 • Skelett 130–131

AUGE

Die Augen nehmen Licht auf, bündeln es, um ein Abbild zu erzeugen, und wandeln dieses in einen Strom von Milliarden Nervenimpulsen um, die zum Gehirn geleitet werden. Verschiedene Gehirnbereiche bilden aus diesen Informationen ein genaues, farbiges und räumliches Bild dessen, was wir »sehen«.

WAS IST DIE PUPILLE?

Die Öffnung, durch die Licht in das Auge fällt, bezeichnet man als Pupille. Um die Pupille befindet sich die Iris (Regenbogenhaut). Sie ist der farbige Teil des Auges und bestimmt den Lichteinfall. In der Dämmerung weitet sich die Pupille, um mehr Licht einzulassen. Bei Helligkeit ist es genau umgekehrt: Die Pupille wird verengt.

WIE DAS AUGE SCHARF SIEHT

Das Auge hat eine gekrümmte, durchsichtige Linse, die Lichtstrahlen beugt und im Brennpunkt sammelt, sodass auf der Netzhaut ein scharfes Bild entsteht. Damit jedes Objekt scharf abgebildet wird, können Muskeln die Linse mehr (nahe Objekte) oder weniger (entfernte Objekte) krümmen.

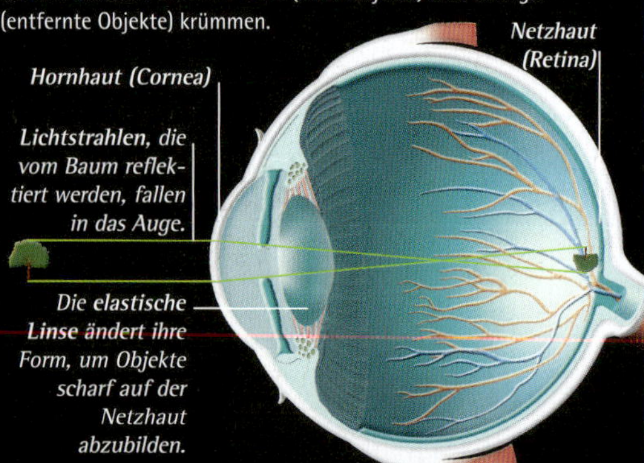

WARUM HABEN WIR ZWEI AUGEN?

Jedes Auge sieht die Welt aus einem anderen Winkel, sodass zwei leicht unterschiedliche Bilder entstehen. Erst das Gehirn setzt beide Bilder zu einem einzigen, räumlichen Bild zusammen. Man nennt dies binokulares Sehen. Dadurch kann man Entfernungen oder die Größe von Objekten besser abschätzen.

WARUM KÖNNEN WIR FARBEN SEHEN?

Die Netzhaut enthält unterschiedliche lichtempfindliche Sinneszellen. Stäbchen unterscheiden nur hell und dunkel, sie erkennen jedoch keine Farben. Zapfen dagegen können bei Helligkeit Farben erkennen. Es gibt drei Arten von Zapfen, von denen jede für eine der Grundfarben des Lichts – Rot, Blau und Grün – empfindlich ist. Mit diesen drei Farben können wir alle Farben des Regenbogens sehen.

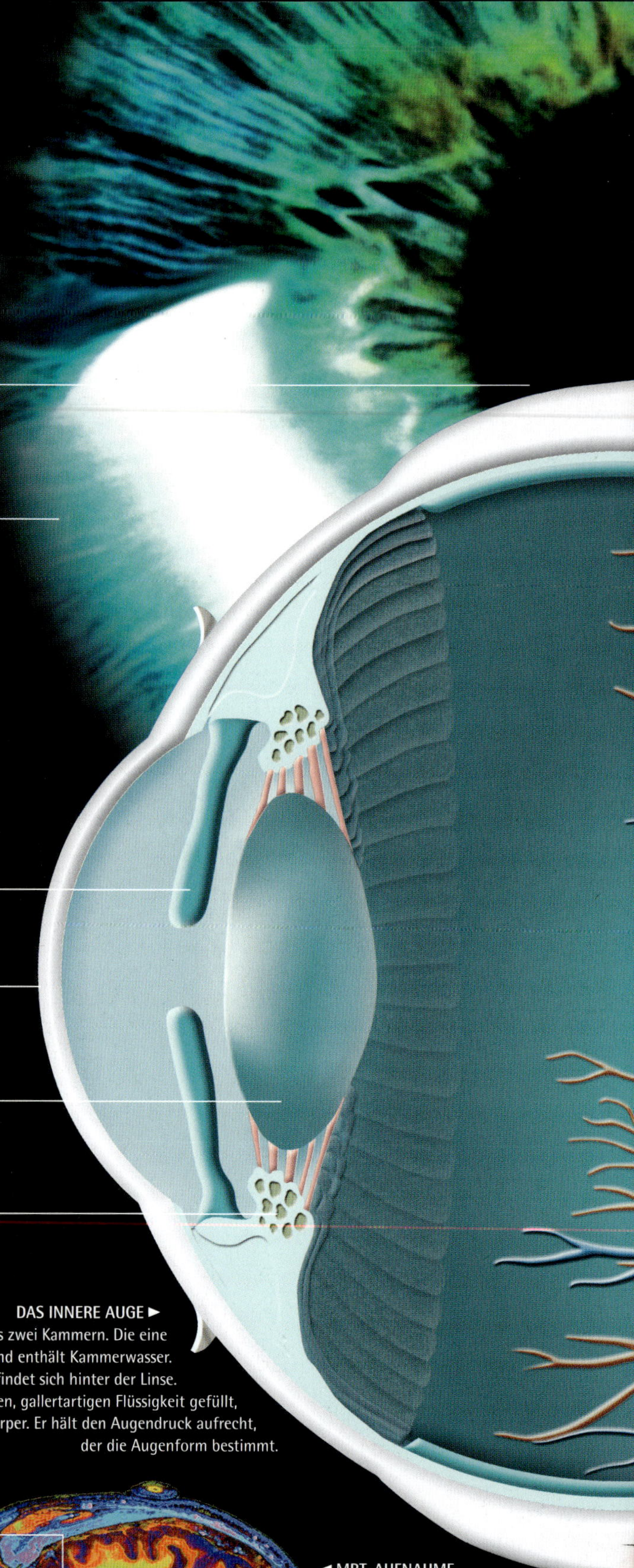

DAS ÄUSSERE AUGE ►
Das Auge liegt zum größten Teil in der Augenhöhle, sodass man nur die Pupille und die Regenbogenhaut sehen kann. Die Oberfläche des Auges ist immer feucht. Beim Augenzwinkern wischt das Lid über das Auge, um es zu säubern.

DAS INNERE AUGE ►
Das Auge besteht aus zwei Kammern. Die eine liegt vor der Linse und enthält Kammerwasser. Die andere Kammer befindet sich hinter der Linse. Sie ist mit einer klaren, gallertartigen Flüssigkeit gefüllt, dem Glaskörper. Er hält den Augendruck aufrecht, der die Augenform bestimmt.

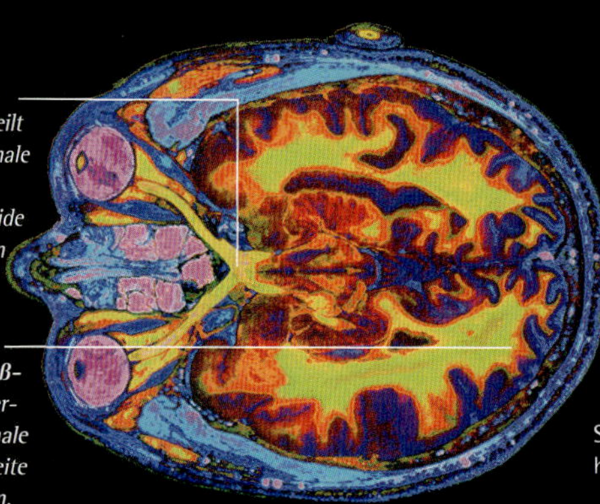

◄ MRT-AUFNAHME
Die beiden Sehnerven kreuzen sich und führen zum Stammhirn. Jeder Sehnerv enthält etwa 1 Mio. Nervenfasern, die die Signale von Stäbchen und Zapfen weiterleiten. Die linke Großhirnrinde verarbeitet Informationen von der jeweils linken Seite jeden Auges, die rechte Großhirnrinde von beiden rechten Seiten.

SIEHE AUCH ⏭ Farbe 180 • Gehirn 139 • Licht 178–179 • Linsen 181 • Nervensystem 138

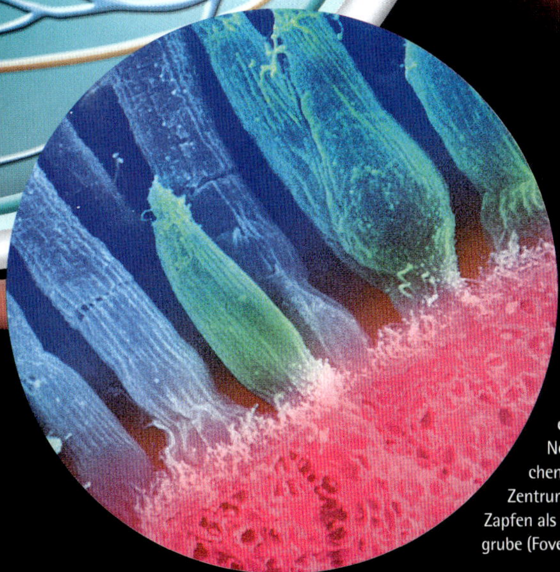

◄ STÄBCHEN UND ZAPFEN
Diese Aufnahme zeigt stark vergrößert Stäbchen (blau) und einen kurzen Zapfen (grün). Die Netzhaut besitzt etwa 100 Mio. Stäbchen und ungefähr 7 Mio. Zapfen. Im Zentrum der Netzhaut befinden sich mehr Zapfen als Stäbchen. Dort liegt die Zentralgrube (Fovea), die nur Zapfen enthält.

Auge

OHR

Das Ohr ist das Sinnesorgan für das Hören und das Gleichgewicht. Die Ohrmuschel sammelt den Schall und leitet ihn zu den Hörorganen im Schädel.

WIE WIRD SCHALL DURCH DAS OHR GELEITET?

Schallwellen erreichen das Ohr. Das Trommelfell überträgt sie an die drei winzigen Gehörknöchelchen im Mittelohr. Diese leiten die Wellen an die mit Flüssigkeit gefüllte Schnecke (Cochlea) im Innenohr weiter.

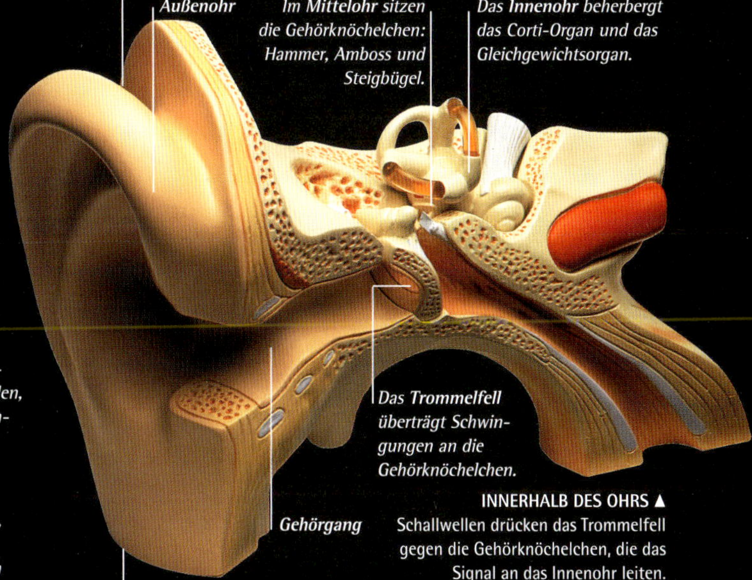

INNERHALB DES OHRS ▲
Schallwellen drücken das Trommelfell gegen die Gehörknöchelchen, die das Signal an das Innenohr leiten.

WAS GESCHIEHT IN DER SCHNECKE?

Die Schallwellen pflanzen sich in der Flüssigkeit des spiralförmigen Schneckengangs fort und wirken auf die Haarsinneszellen des Corti-Organs ein. Diese lösen Nervenimpulse aus, die zum Gehirn geleitet werden.

WIE HILFT DAS OHR BEIM GLEICHGEWICHT?

Die Bogengänge und die Vorhofsäckchen des Innenohrs sind mit Flüssigkeit gefüllt. Diese bewegt sich, wenn wir unsere Lage verändern. Haarsinneszellen wandeln die Flüssigkeitsströmung in elektrische Impulse für das Gehirn um. Es erkennt die Stellung unseres Kopfs und kann das Gleichgewicht kontrollieren.

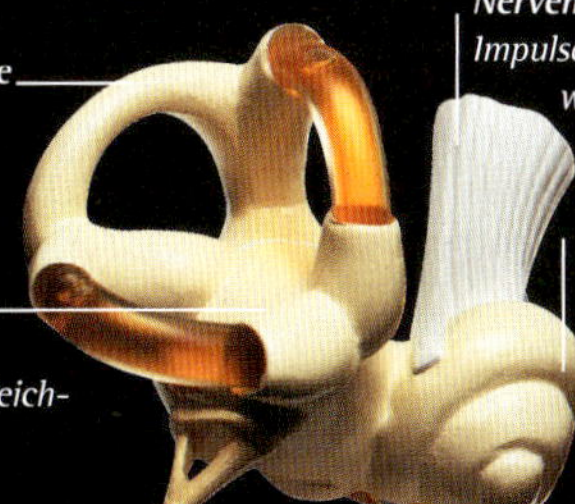

INNENOHR ▲
Das Innenohr besteht aus den drei Bogengängen und den beiden Vorhofsäckchen, die dem Gleichgewicht dienen, sowie der Schnecke, einem Organ des Hörsinns.

Ohr

SIEHE AUCH ⏭ Gehirn 139 • Schall 176–177

MUND

Nahrung und Luft gelangen durch den Mund in den Körper. Der Mund ist die erste Station des Verdauungssystems. Er zerkleinert und befeuchtet die Nahrung, um das Schlucken zu erleichtern. Er spielt auch eine wichtige Rolle beim Sprechen und Atmen.

WARUM IST DER MUND IMMER FEUCHT?

Der Speichel enthält Substanzen, die Bakterien abtöten. Er wird ständig von den Speicheldrüsen neu gebildet, um den Mund vor Krankheiten zu schützen. Seine Innenhaut produziert auch Schleim, der zusammen mit dem Speichel die Nahrung gleitfähig macht.

WAS PASSIERT MIT DER NAHRUNG IM MUND?

Die Schneidezähne zerkleinern die Nahrung grob. Zunge und Kaumuskeln schieben sie zu den Backenzähnen, wo sie der Unterkiefer zermahlt. Speichel feuchtet die Nahrung an und verteilt sie über die ⏭ GESCHMACKSKNOSPEN auf der Zunge, damit wir sie schmecken können. Die Verdauung beginnt bereits im Mund, denn der Speichel enthält Substanzen, die die Nahrung chemisch zerkleinern.

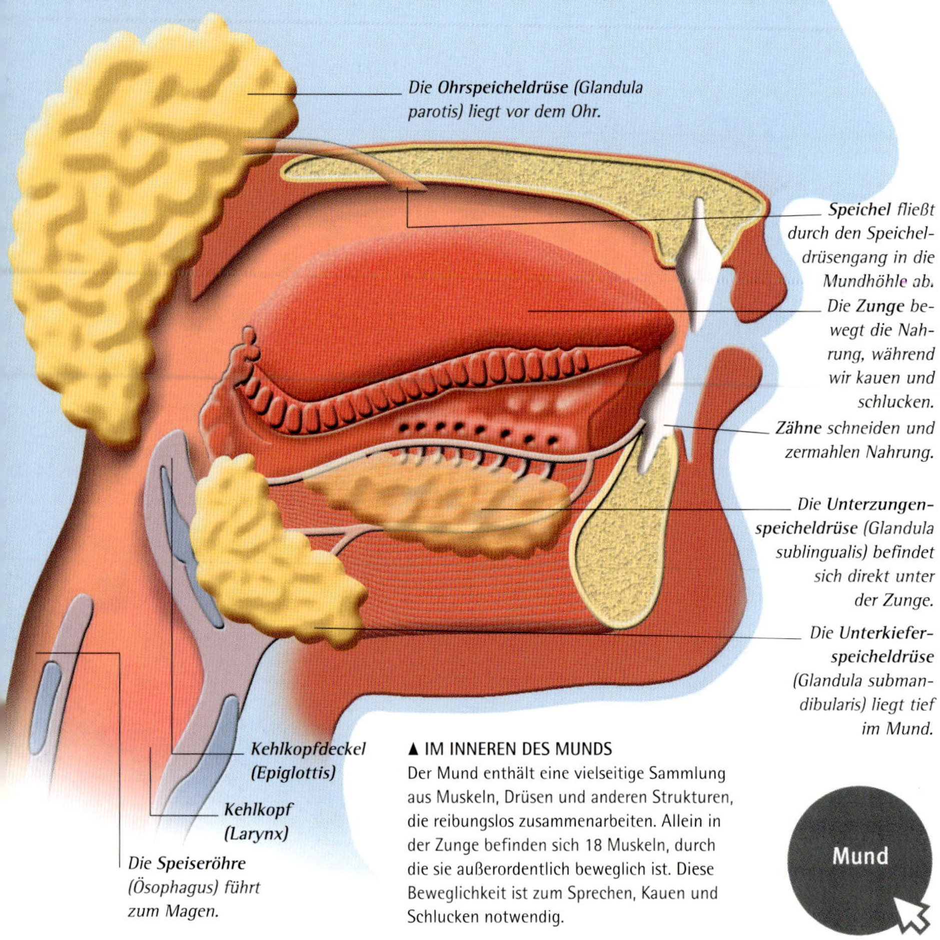

▲ IM INNEREN DES MUNDS
Der Mund enthält eine vielseitige Sammlung aus Muskeln, Drüsen und anderen Strukturen, die reibungslos zusammenarbeiten. Allein in der Zunge befinden sich 18 Muskeln, durch die sie außerordentlich beweglich ist. Diese Beweglichkeit ist zum Sprechen, Kauen und Schlucken notwendig.

Mund

GESCHMACKSKNOSPEN

Für den Geschmackssinn sind winzige Bündel von Geschmackssensoren verantwortlich, die man Geschmacksknospen nennt. Die etwa 10 000 Knospen verteilen sich auf der Zungenoberfläche, einige befinden sich auch am Gaumen und im Rachen.

WAS KANN DIE ZUNGE SCHMECKEN?

Mit der Zunge kann man fünf Geschmacksrichtungen schmecken: süß, sauer, salzig, bitter und umami (herzhaft). Die Substanzen, die den Geschmack hervorrufen, sind im Speichel gelöst und sickern in die Geschmacksknospen. Dort lösen sie an Rezeptoren Signale aus, die zum Gehirn geleitet werden.

ZUNGE ►
Man dachte lange Zeit, dass für jede Art von Geschmack ein anderer Bereich der Zunge zuständig ist. Heute weiß man, dass ein Geschmack, wie etwa bitter, an unterschiedlichen Stellen auf der Zunge geschmeckt wird.

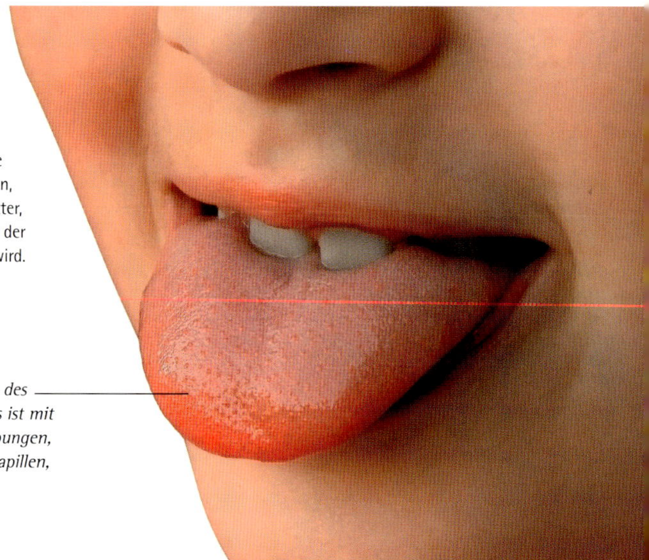

◄ DIE OBERFLÄCHE DER ZUNGE
Zahlreiche »Höcker«, die Papillen, verleihen der Zunge eine raue Oberfläche, mit der sie die Nahrung besser festhalten kann. Die meisten sind kleine Fadenpapillen (blau), die für den Tastsinn der Zunge zuständig sind. Nur die größeren Pilzpapillen (rosa) beherbergen die Geschmacksknospen.

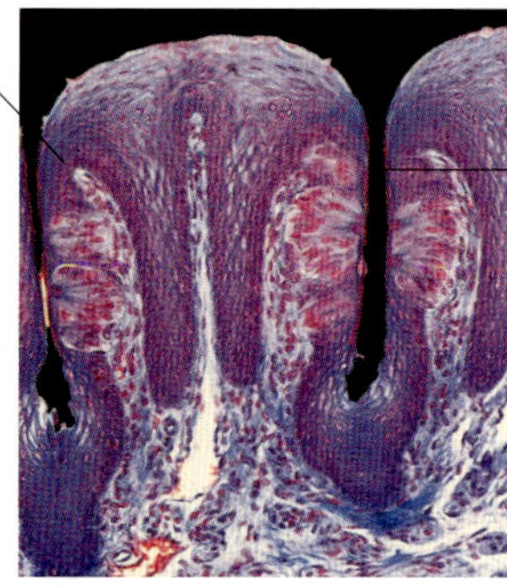

◄ GESCHMACKSKNOSPE
Die Vergrößerung zeigt eine Papille, an deren Rändern Geschmacksknospen sitzen. Jede Knospe besitzt eine winzige Öffnung (Geschmackspore), um gelöste Aromen aufzunehmen.

ZÄHNE

Die Zähne sind fest im Kieferknochen verankert. Sie beißen, kauen und zermahlen Nahrung, damit wir sie einfacher schlucken und verdauen können.

WORAUS BESTEHEN ZÄHNE?

Die weiße äußere Hülle besteht aus Zahnschmelz, das ist die härteste Substanz des Körpers. Darunter sitzt das Zahnbein oder Dentin. Im Zahninneren befindet sich das weiche Zahnmark oder die Zahnpulpa.

WARUM FAULEN ZÄHNE?

Wenn Zähne nicht gründlich gereinigt werden, bildet sich auf ihnen die Plaque, ein gelblicher Belag, der Bakterien enthält. Sie produzieren aus Zucker eine Säure, die das Kalzium aus Zahnschmelz und Zahnbein löst, sodass Löcher entstehen, die bis zur Zahnhöhle reichen können und die Zähne zerstören.

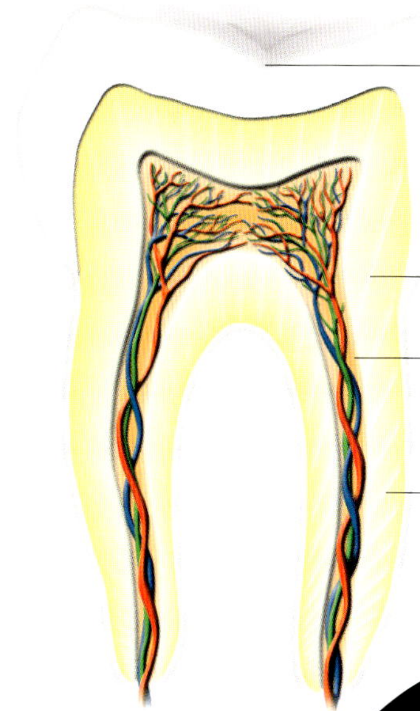

DAS INNERE EINES ZAHNS ► Unter der harten Oberfläche bildet das Zahnbein den Zahnkörper. Nerven (grün) und Blutgefäße (rot und blau), die im Zahnmark verlaufen und den Zahn versorgen, treten durch den Wurzelkanal ein und aus.

Zähne

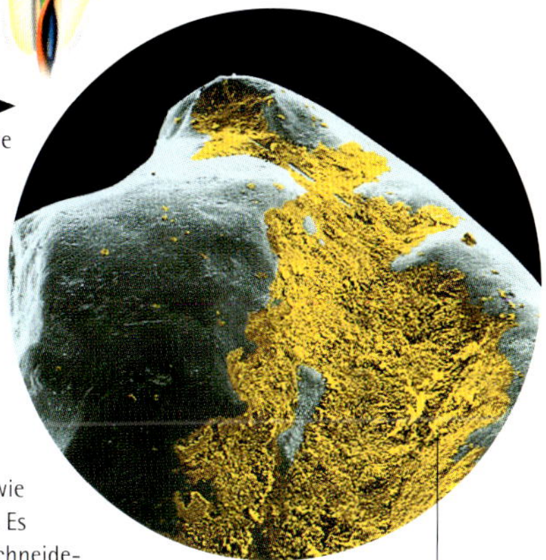

PLAQUE ► Ein klebriger Belag, die Plaque, bildet sich auf Zähnen, die nicht regelmäßig geputzt werden. Schleim, Nahrungsreste und Bakterien in der Plaque führen zum Zahnverfall.

Plaque (gelb) hat sich auf dem Zahnschmelz (grau) dieses Zahns gebildet.

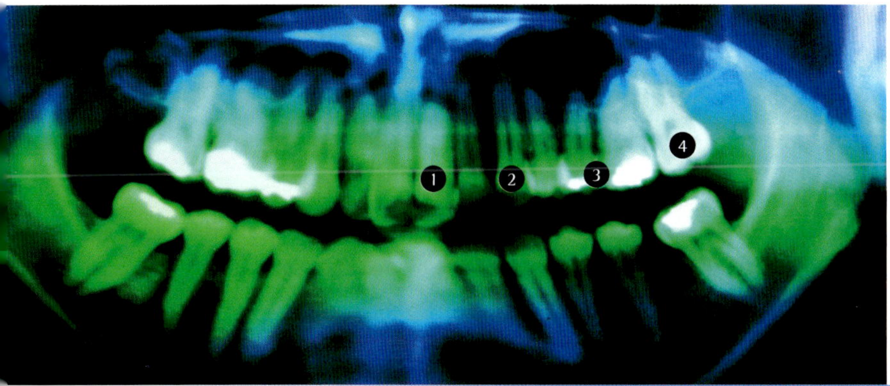

◄ RÖNTGENAUFNAHME DES MUNDES Die Aufnahme zeigt auch die langen Wurzeln der Zähne sowie die Plomben (weiße Bereiche). Es gibt vier Arten von Zähnen: Schneidezähne (1) zum Abbeißen, Eckzähne (2) zum Halten und Abreißen der Nahrung, vordere Backenzähne (3) und Backenzähne (4) zum Zerkleinern und Zermahlen.

SIEHE AUCH ⏭ Mikroorganismen 85 • Verdauung 144–145

NASE

Die meiste Luft gelangt durch die Nase in die Atemwege. Mit der Nase riechen wir auch. Ihre äußeren Teile bestehen vor allem aus biegsamem Knorpel.

WELCHE VORTEILE HAT DIE NASENATMUNG?

Nasenatmung schützt das Lungengewebe vor Erregern, Schmutzteilchen und sehr kalter und trockener Luft. Die Schleimhaut an der Naseninnenwand erwärmt und befeuchtet die Luft. Der klebrige Schleim bindet Staub, Ruß und Bakterien. Winzige Flimmerhärchen befördern den Schleim zum Rachen, wo er geschluckt wird.

WIE ERKENNT DIE NASE GERÜCHE?

Jeder Nasenflügel besitzt einen Bereich mit Geruchssensoren, das Riechepithel. Im Schleim gelöste Duftstoffe reizen dessen Geruchsrezeptoren, die Signale zum Riechkolben und weiter zum Gehirn leiten. Wir können mehr als 10 000 verschiedene Gerüche unterscheiden. Von manchen Duftstoffen erkennen wir auch ganz schwache Gerüche.

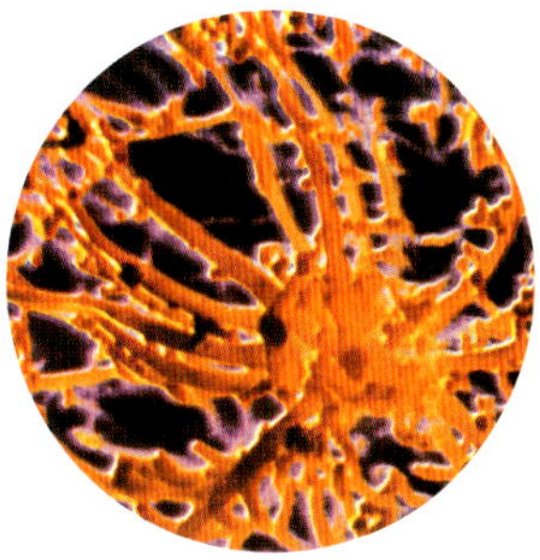

▲ GERUCHSREZEPTOREN Diese Vergrößerung zeigt ein Büschel Zilien (Flimmerhärchen), die aus einer Rezeptorzelle in die Nasenschleimhaut ragen.

Nase

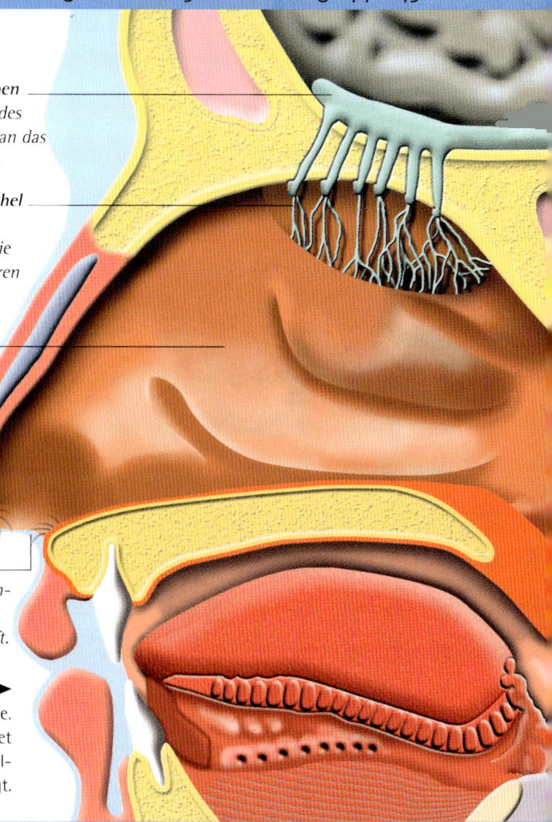

DIE NASE VON INNEN ► Im Inneren der Nase liegt die Nasenhöhle. Hier wird die Luft erwärmt, angefeuchtet und gereinigt, bevor sie durch den Kehlkopf (Rachen) zur Lunge gelangt.

SIEHE AUCH ⏭ Atmung 136 • Gehirn 139 • Verdauung 144–145

VERDAUUNG

Das Zerkleinern von Nahrung und ihr Abbau zu Molekülen, die der Körper aufnehmen kann, nennt man Verdauung. Zum Verdauungssystem gehören der Mund und viele Organe im Bauchraum. Verdauungsorgane produzieren ⏭ ENZYME, die Nahrung chemisch spalten.

WAS PASSIERT IM MAGEN?

Der Magen ist ein elastischer Muskelsack, der Nahrung so lange durchwalkt, bis ein dicker Brei entsteht. Drüsen in der Magenschleimhaut setzen Magensaft frei, der Pepsin und Salzsäure enthält. Pepsin ist ein Enzym, das Proteine spaltet, und Salzsäure tötet Erreger ab und unterstützt das Pepsin.

WAS GESCHIEHT DANN MIT DER NAHRUNG?

Der Speisebrei wird in den Dünndarm gepresst und mit Verdauungssäften vermischt. Galle aus der Leber löst die Fette, während das Sekret der Bauchspeicheldrüse die Magensäure neutralisiert und mit Enzymen Kohlenhydrate, Proteine und Fette spaltet.

▲ VILLI IM DÜNNDARM
Fingerartige Ausstülpungen, die Villi, kleiden die Innenwand des Dünndarms aus. Sie vergrößern seine Oberfläche enorm.

WARUM IST DER DÜNNDARM SO LANG?

Der Dünndarm ist etwa 6,5 m lang und das wichtigste Organ für die Verdauung und die Aufnahme der Nährstoffe in den Körper. Während der Speisebrei langsam durch den langen Dünndarm gleitet, bleibt genügend Zeit, um die Nahrung ganz abzubauen und alle Nährstoffe über die große Schleimhautfläche aufzunehmen.

WIE WERDEN DIE NÄHRSTOFFE AUFGENOMMEN?

Die Schleimhaut des Dünndarms besitzt winzige Ausstülpungen, die Villi, welche die Oberfläche der Schleimhaut erheblich vergrößern. Sie haben Kapillaren und Lymphgefäßverzweigungen, die die Nährstoffe aus dem Speisebrei aufnehmen und im Körper verteilen.

VERDAUUNGSSYSTEM ►
Das Verdauungssystem hat die Aufgabe, Nahrung so umzuwandeln, dass der Körper sie zur Energiegewinnung, zum Wachstum und zur Eigenreparatur nutzen kann. In diesem ausgedehnten System arbeiten verschiedene Organe, die der Nahrung Nährstoffe und Wasser entnehmen, bis nur noch Ballaststoffe übrig bleiben.

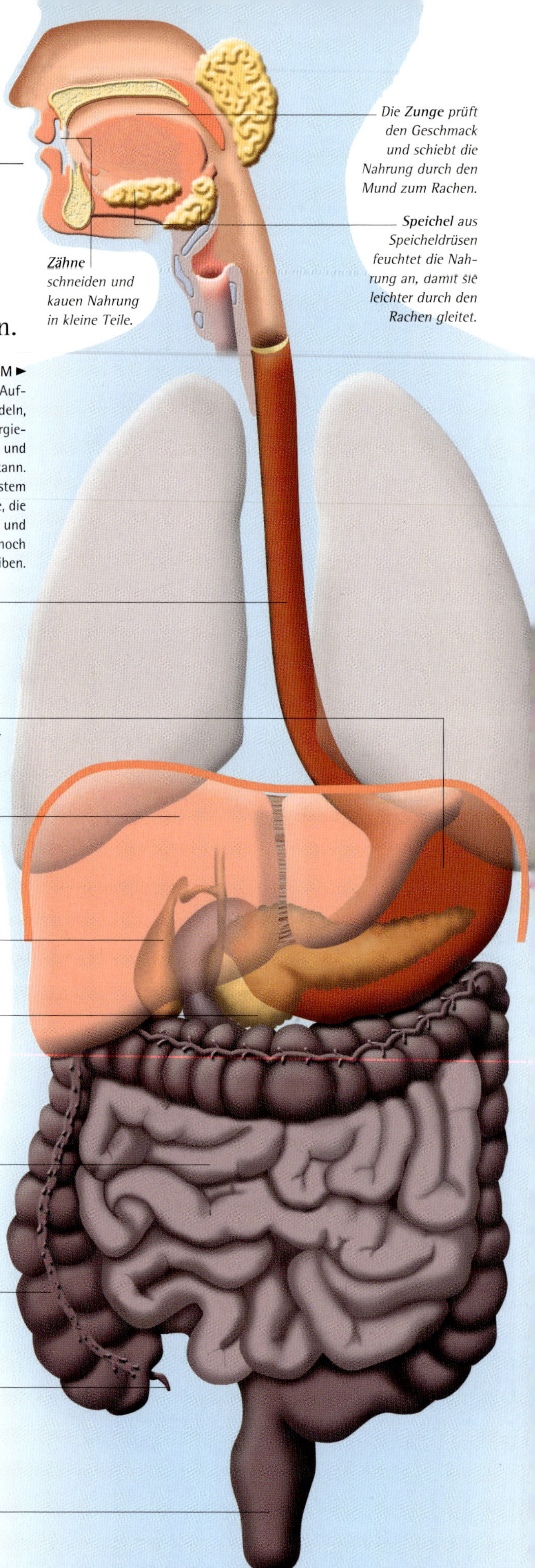

DER ZEITLICHE ABLAUF IM VERDAUUNGSSYSTEM

Eine normale Mahlzeit benötigt ungefähr 18,5 Stunden, um durch das Verdauungssystem zu gelangen. Kohlenhydratreiche Mahlzeiten, die Zucker und Stärke enthalten, werden am schnellsten und fettige Mahlzeiten am langsamsten verdaut.

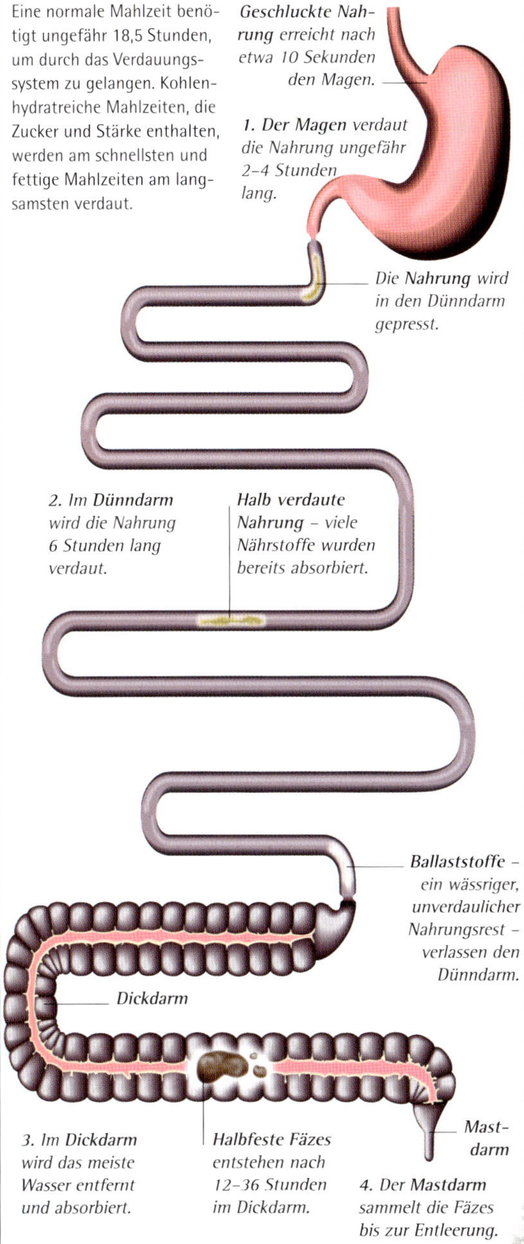

WARUM VERDAUEN SICH DIE VERDAUUNGSORGANE NICHT SELBST?

Die Schleimhäute des Magens und des Darms produzieren Schleim, der die Verdauungsorgane vor Enzymen und Säuren schützt. Er sorgt außerdem dafür, dass die Nahrung leichter durch den Darm gleitet. Die Schleimhäute des Darms werden wie die Haut ständig abgeschliffen und durch neue Zellen ersetzt.

WIE WIRD DIE NAHRUNG DURCH DAS VERDAUUNGSSYSTEM BEWEGT?

Die Wände von Speiseröhre, Magen, Dünn- und Dickdarm besitzen eine Muskelschicht. Wenn die Muskeln kontrahieren, verengt sich der Innenraum und befördert die Nahrung weiter: Die Muskeln ziehen sich wellenförmig zusammen und schieben die Nahrung vorwärts. Diese Bewegung nennt man Peristaltik.

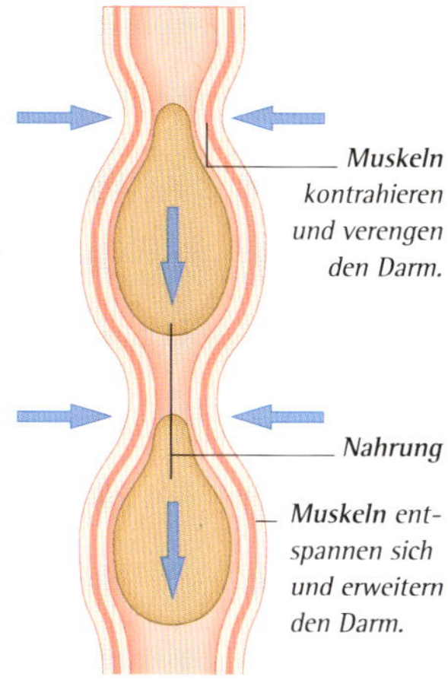

▲ PERISTALTIK
Die Muskelschichten in den Wänden ziehen sich wellenförmig zusammen, um die Nahrung weiterzuschieben.

WAS GESCHIEHT IM DICKDARM?

Unverdaute Reste, die Ballaststoffe, gelangen in den Dickdarm, der Wasser und Mineralien absorbiert. Er enthält außerdem Bakterien, die aus Ballaststoffen Vitamine herstellen. Der halbfeste Kot (Fäzes) sammelt sich im Mastdarm, bis dieser entleert wird.

BAKTERIEN IM DICKDARM ►
Die Aufnahme zeigt stäbchenförmige Bakterien (rosa) auf der Innenwand des Dickdarms. Milliarden nützlicher und harmloser Bakterien besiedeln den Dickdarm. Sie zählen zu den häufigsten Arten und produzieren Vitamine aus dem Nahrungsrest.

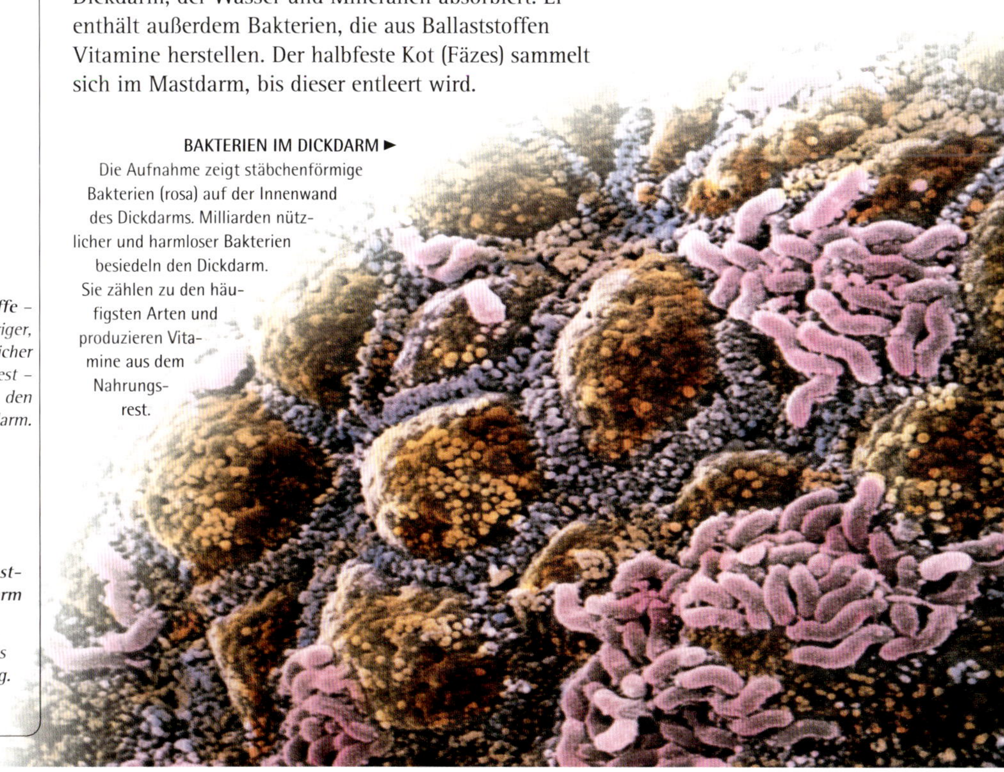

ENZYME

Die meisten chemischen Reaktionen von Lebewesen regulieren Enzyme. Die verschiedenen Enzyme haben jeweils eine bestimmte Aufgabe.

WIE ARBEITEN ENZYME?

Enzyme wirken wie Katalysatoren, die chemische Reaktionen beschleunigen. Sie besitzen eine besondere räumliche Struktur, sodass sie nur bestimmte Moleküle binden, die sie spalten bzw. zusammensetzen.

WELCHE ORGANE STELLEN VERDAUUNGSENZYME HER?

Speicheldrüsen, Magen, Bauchspeicheldrüse und Dünndarm stellen Verdauungsenzyme her. Diese Enzyme spalten Proteine, Kohlenhydrate und Fette in Einheiten, aus denen sie aufgebaut sind – Aminosäuren, Zucker und Fettsäuren. Sie sind klein genug, um durch die Zellmembran der Villi ins Blut zu gelangen.

◄ ENZYME DER BAUCHSPEICHELDRÜSE
Diese Vergrößerung zeigt Enzyme (gelb und orange) in der Bauchspeicheldrüse. Sie werden in den Dünndarm geleitet, um Nahrung zu verdauen.

Verdauung

SIEHE AUCH ⏭ Leber 146 • Mikroorganismen 85 • Mund 142 • Zähne 143

LEBER

Die Leber ist das zentrale Organ für den Stoffwechsel. In ihr laufen Hunderte chemischer Reaktionen ab, sie reguliert die Konzentration vieler Substanzen im Blut und produziert Galle. Die Leber ist mit 1,5 kg unser schwerstes Organ.

WIE SIEHT DIE LEBER INNEN AUS?

Die Leber besteht aus vielen Tausenden Leberläppchen – winzigen, sechseckigen Strukturen, die etwa 1 mm groß sind. Ein Netz arterieller Blutgefäße umgibt jedes Läppchen. Sie filtern das Blut, das die Leber durch die Lebervenen verlässt.

WIE GELANGT BLUT ZUR LEBER?

Die Leber erhält Blut aus zwei großen Gefäßen. Die Leberarterie versorgt sie mit sauerstoffreichem Blut, während die Pfortader ihr nährstoffreiches Blut aus dem Darm liefert. Dadurch entzieht die Leber dem Blut Nährstoffe und speichert diese, bevor das Blut im Körper zirkuliert.

WARUM IST DIE LEBER EINE »FABRIK«?

Die Leber bewältigt so viele Aufgaben wie eine chemische Fabrik. Sie filtert Eisen und Nährstoffe aus dem Blut, um diese zu speichern oder in andere Substanzen umzuwandeln. Sie entfernt auch zerfallene Blutkörperchen, entgiftet das Blut von Alkohol und Schadstoffen und stellt Vitamin A und viele lebenswichtige Substanzen her.

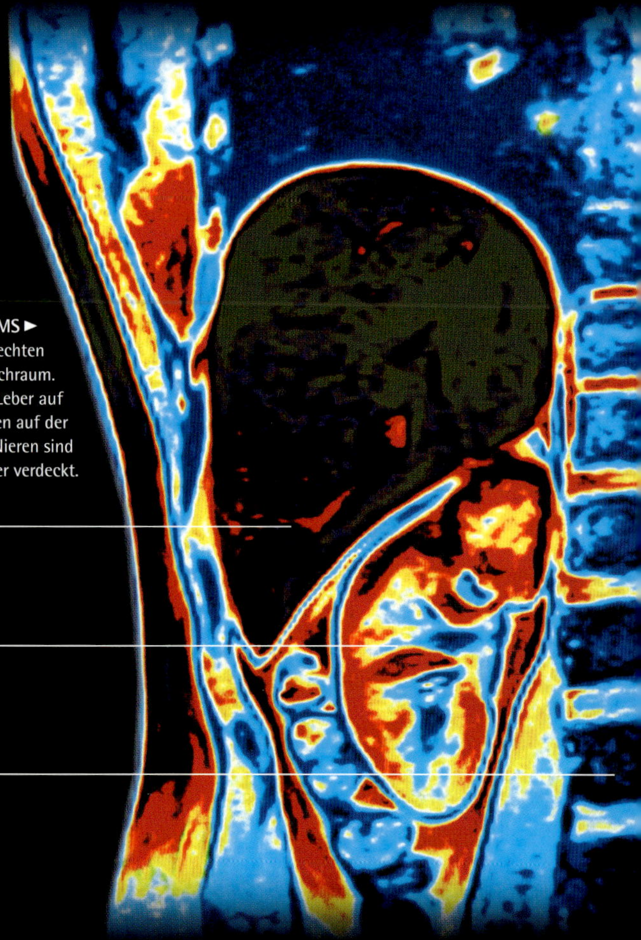

MRT-AUFNAHME DES BAUCHRAUMS ►
Diese Aufnahme zeigt einen senkrechten Schnitt durch den hinteren Bauchraum. Von vorn gesehen liegt die Leber auf der linken, der Magen auf der rechten Seite. Die Nieren sind von der Leber verdeckt.

Leber

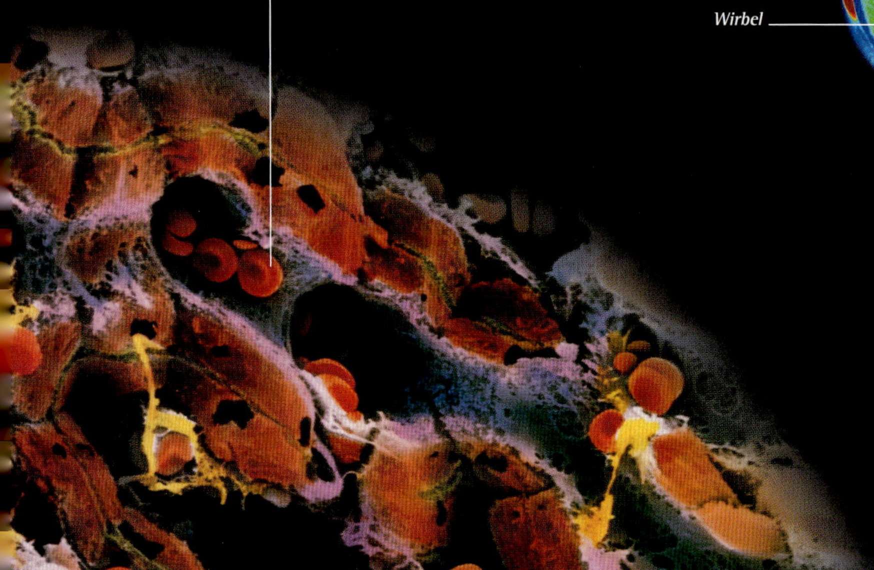

▼ LEBERZELLEN
Diese Vergrößerung zeigt rote Blutkörperchen, die in Sinusoiden zwischen den Zellen eines Leberläppchens strömen. Während die Leber das Blut filtert, reguliert sie die Blutkonzentration vieler Substanzen.

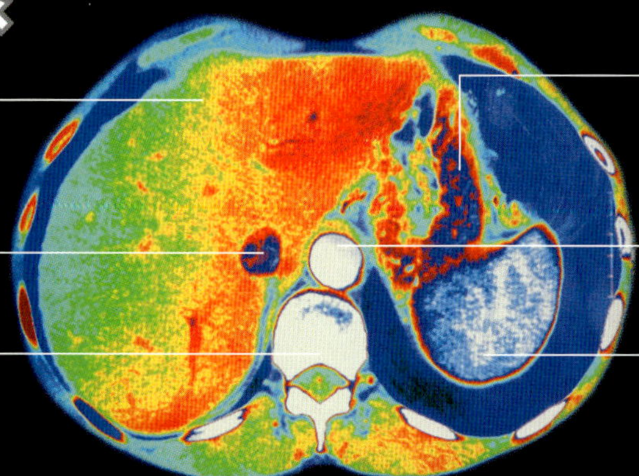

▲ WAAGERECHTER SCHNITT DURCH DEN KÖRPER
Diese Aufnahme zeigt einen waagerechten Schnitt durch den Bauchraum und die tatsächliche Größe der Leber. Sie ist das größte Organ im Körper und nimmt auch den größten Platz im oberen Bauchraum ein, wo sie direkt unter den Rippen liegt. Das blaue »Loch« in der Leber ist die untere Hohlvene – eine der größten Venen des Körpers.

WAS IST GALLE?

Die Leber produziert eine grünlich braune Flüssigkeit, die Galle. Sie wird in einem Schleimhautsack, der Gallenblase, gespeichert und in den Dünndarm abgegeben, um Fette zu lösen und zu resorbieren. Die Galle besteht aus Wasser, Gallensalzen und -säure, Cholesterin und Bilirubin, das die Fäzes färbt.

SIEHE AUCH ⏭ Kreislauf 134 • Verdauung 144–145

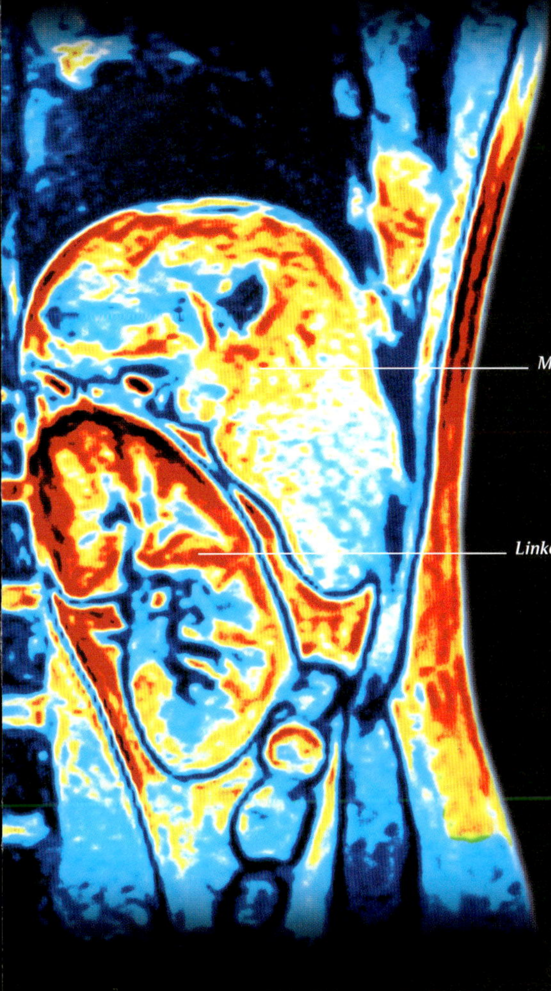

NIEREN

Nieren

Die Nieren sind zwei bohnenförmige Organe im hinteren Bauchraum. Sie filtern und reinigen das Blut und scheiden Abbauprodukte, überschüssiges Wasser und Salze als Urin aus.

WIE SEHEN DIE NIEREN INNEN AUS?

Jede Niere enthält etwa 1 Mio. winziger Filtereinheiten, die man Nephronen nennt. Blut fließt durch einen Filter am oberen Ende eines Nephrons und gelangt in ein System feiner Röhrchen. Dort werden nützliche Substanzen wie Zucker und Salze zurückgewonnen. Aus der restlichen Flüssigkeit entsteht Urin.

WARUM MUSS BLUT GEREINIGT WERDEN?

Wenn die Nieren das Blut nicht filtern, reichern sich Abbauprodukte an und wirken giftig. Die Nieren regulieren auch den Wasserhaushalt, indem sie mehr oder weniger Wasser im Nephron resorbieren. Wenn wir viel trinken, scheiden die Nieren das überschüssige Wasser aus, damit das Blut nicht verdünnt wird.

WOHIN FLIESST DER URIN?

Der Urin fließt durch eine Röhre ab, die man Harnleiter (Ureter) nennt, und sammelt sich in der Harnblase. In der Blasenwand sitzen Dehnungsrezeptoren, die Signale an das Gehirn senden, sobald die Blase gefüllt und die Blasenmuskulatur gedehnt ist. Im Großhirn entsteht das Gefühl des Harndrangs.

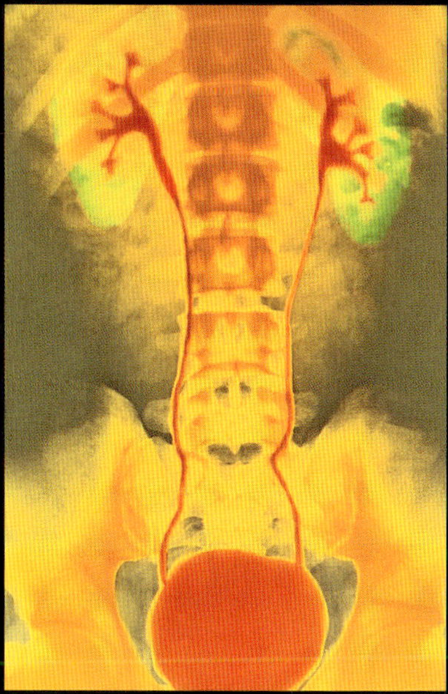

▲ **EINE GEFÜLLTE HARNBLASE** Diese Röntgenkontrastmittel-Aufnahme zeigt Urin, der aus den Nieren durch die Harnleiter in die Blase abläuft. Ein Erwachsener kann etwa 0,5 Liter Urin sammeln.

SIEHE AUCH ⏭ Gehirn 139 • Kreislauf 134

HORMONE

Hormone sind chemische Botenstoffe, die die Tätigkeit bestimmter Organe anregen oder abschwächen. Sie steuern z. B. chemische Reaktionen, Geschlechtsreife, Wachstum oder geben körpereigene Antworten auf Stress.

WIE WIRKEN HORMONE?

Hormonmoleküle gelangen durch das Blut an ihre Zielzellen, wo sie sich an einen Rezeptor binden. Dadurch lösen sie in der Zelle eine Reihe chemischer Reaktionen aus, z. B. um Gene ein- oder auszuschalten.

HIRNANHANGSDRÜSE ► Das dreidimensionale Bild zeigt die Hirnanhangsdrüse (Hypophyse), die an der Schädelbasis sitzt. Sie beeinflusst viele andere Drüsen, die Hormone freisetzen.

HORMONDRÜSEN UND IHRE AUFGABEN

Hirnanhangsdrüse	Diese zentrale Drüse setzt neun Hormone frei, die Körperabläufe bzw. andere Drüsen regulieren.	Nebenschilddrüse	Die vier kleinen Drüsen, die mit der Schilddrüse zusammenwirken, regulieren den Kalziumhaushalt.
Bauchspeicheldrüse	Sie schüttet Insulin und Glukagon aus, um die Zuckerkonzentration im Blut zu regulieren.	Zirbeldrüse	Sie schüttet Melatonin aus, das den täglichen Rhythmus von Schlafen und Wachsein steuert.
Nebenniere	Sie setzt Adrenalin frei, um Angst und Aufregung zu bewältigen, sowie Kortison.	Eierstöcke (bei Frauen)	Sie produzieren Östrogen und Progesteron, welche die Entwicklung der Geschlechtsorgane regulieren.
Schilddrüse	Sie produziert Thyroxin, um das Körperwachstum zu beschleunigen.	Hoden (bei Männern)	Sie produzieren Testosteron, das die Entwicklung der männlichen Geschlechtsorgane reguliert.

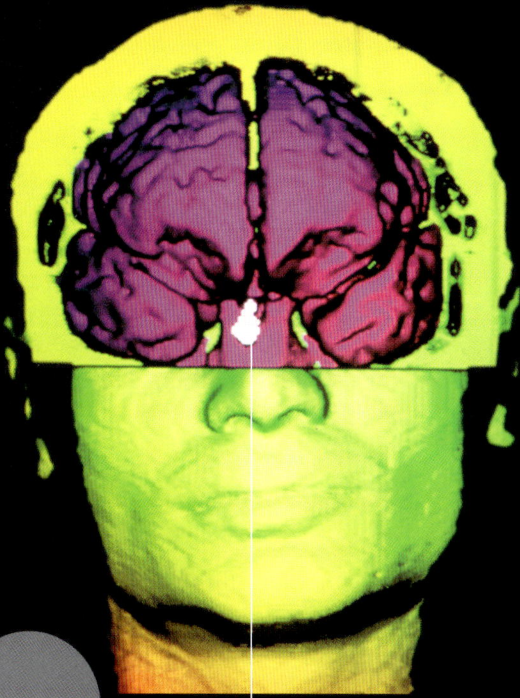

Die Hirnanhangsdrüse hat die Größe einer Erbse.

Hormone

SIEHE AUCH ⏭ Fortpflanzung 148 • Wachstum 149 • Zellen 73

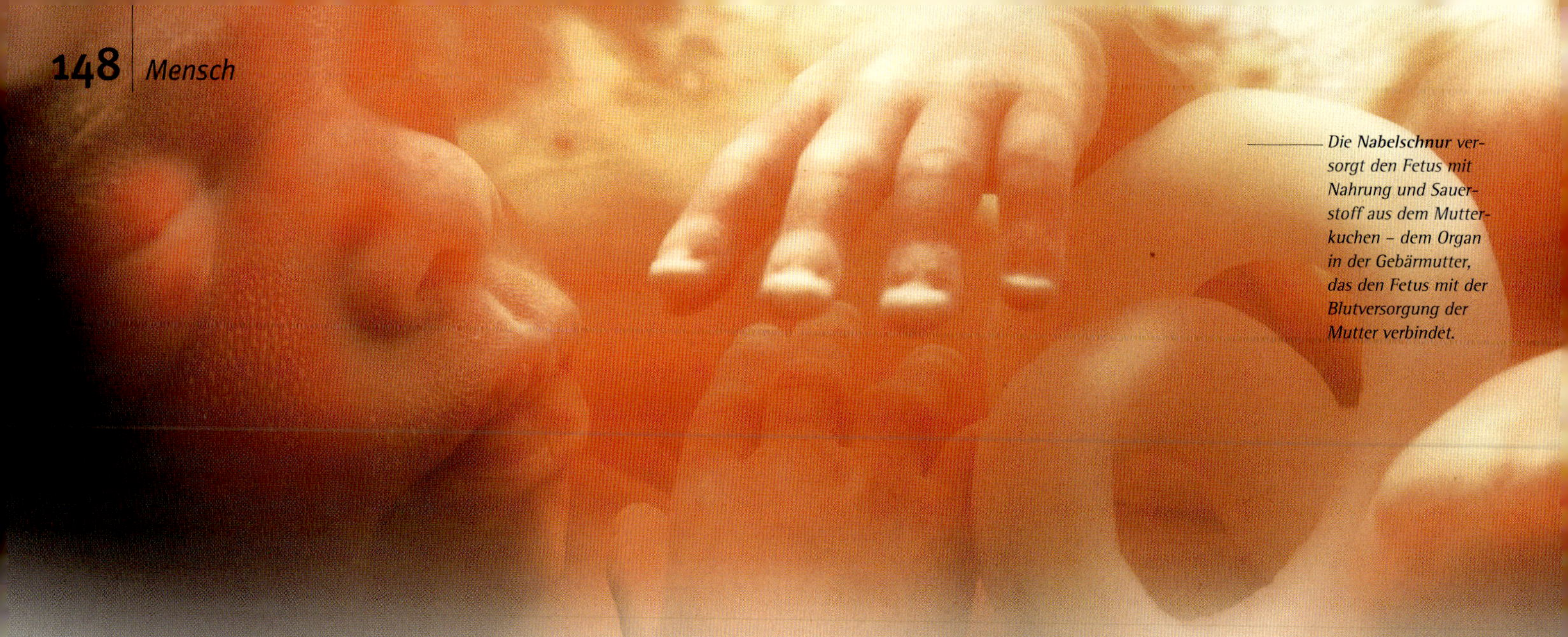

Die **Nabelschnur** versorgt den Fetus mit Nahrung und Sauerstoff aus dem Mutterkuchen – dem Organ in der Gebärmutter, das den Fetus mit der Blutversorgung der Mutter verbindet.

▲ WACHSENDER FETUS
Nach fünf Monaten wiegt der Fetus erst etwa 500 Gramm, aber er hat schon voll entwickelte Lippen, Augen, Finger und Zehen. Die Mutter kann nun seine Bewegungen spüren.

FORTPFLANZUNG

Neues Leben entsteht durch Fortpflanzung. Mutter und Vater produzieren Keimzellen, die verschmelzen und zum Embryo werden. Sie legen auch die ⏭ ERBANLAGE fest.

WOHER STAMMEN KEIMZELLEN?

Männliche Keimzellen, die Spermien, entstehen millionenfach in den Hoden – zwei kugelförmigen Drüsen, die im Hodensack sitzen. Weibliche Keimzellen, die Eizellen, werden bereits vor der Geburt in den beiden im Bauchraum gelegenen Eierstöcken gebildet.

WIE ENTSTEHT EIN EMBRYO?

Beim Geschlechtsakt führt der Mann seinen Penis in die Scheide der Frau ein. Die Spermien verlassen den Penis und gelangen in die Geschlechtsorgane der Frau. Haben die Eierstöcke vorher eine Eizelle freigesetzt, kann ein Spermium mit der Eizelle verschmelzen. Diesen Vorgang nennt man Befruchtung.

Spermien erreichen die Eizelle und versuchen einzudringen.

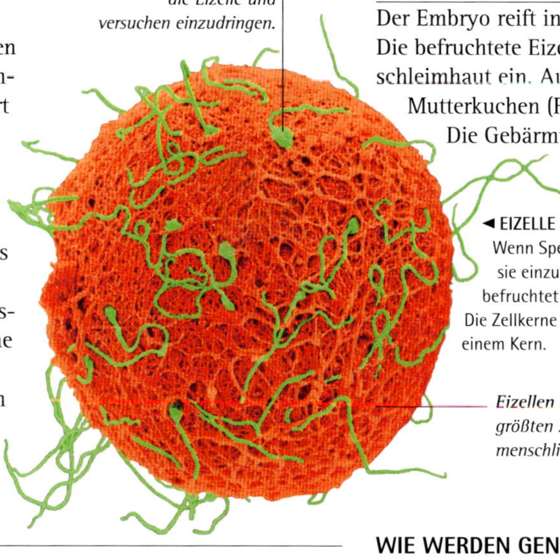

Eizellen sind die größten Zellen des menschlichen Körpers.

◄ EIZELLE UND SPERMIUM
Wenn Spermien auf eine Eizelle stoßen, versuchen sie einzudringen. Das erste eingedrungene Spermium befruchtet die Eizelle, während die anderen absterben. Die Zellkerne von Spermium und Eizelle verschmelzen zu einem Kern.

WO ENTWICKELT SICH DER EMBRYO?

Der Embryo reift in der Gebärmutter (Uterus) heran. Die befruchtete Eizelle nistet sich in der Gebärmutterschleimhaut ein. Aus der Eizelle entstehen Embryo und Mutterkuchen (Plazenta), der den Embryo ernährt. Die Gebärmutter besitzt eine dehnbare Wand, sodass der Embryo wachsen kann.

Fortpflanzung

ERBANLAGE

Mithilfe der Gene werden Körpermerkmale der Eltern an die Kinder vererbt. Gene bilden Abschnitte der Desoxyribonukleinsäure (DNA) in den Chromosomen und enthalten verschlüsselte Anweisungen.

▲ CHROMOSOMEN EINER FRAU
Chromosomen sind fadenförmige Gebilde in den Zellkernen. Jedes enthält ein langes DNA-Molekül. Wir haben 46 Chromosomen in 23 Paaren. Eine Hälfte jedes Paares stammt von der Mutter, die andere vom Vater.

*Nur das **Geschlechtschromosom** ist bei Mann und Frau unterschiedlich.*

WIE WERDEN GENE VERERBT?

Wir erhalten von der Mutter und vom Vater je eine Hälfte unserer Gene. Sie werden in Chromosomen durch die Keimzellen vererbt. Die Chromosomen können untereinander Teile austauschen, sodass Kinder derselben Eltern gemeinsame oder auch völlig verschiedene Merkmale haben. Außer eineiigen Zwillingen besitzt jeder einen einzigartigen Satz von Genen.

WIE BEEINFLUSSEN GENE DIE KÖRPERMERKMALE?

Gene bestimmen die meisten Körpermerkmale wie z. B. die Augenfarbe, die von nur wenigen Genen festgelegt wird. Bei anderen Merkmalen wie der Körpergröße sind dagegen viele Gene beteiligt. Gene beeinflussen auch Eigenschaften wie Persönlichkeit und Intelligenz. Beide werden jedoch auch entscheidend von unserer Erfahrung geprägt. Die Lehre von den Genen und der Vererbung nennt man Genetik.

SIEHE AUCH ⏭ Genetik 209 • Gentechnologie 210–211 • Zellen 73

WACHSTUM

Ein Embryo benötigt neun Monate, um in der Gebärmutter zu einem Baby heranzuwachsen. Nach der Geburt wächst das Kind für weitere 20 Jahre. Das Wachstum ist in den ersten Lebensjahren am schnellsten.

WIE WÄCHST EIN BABY HERAN?

Ein Embryo beginnt sein Leben als eine einzelne Zelle. Sie teilt sich wiederholt, bis sich ein Zellhaufen bildet. Nach vier Wochen erscheinen Gehirn und Rückgrat, nach sechs die Gliedmaßen und das Herz beginnt zu schlagen. Nach zwölf Wochen sieht er wie ein Mini-Baby aus.

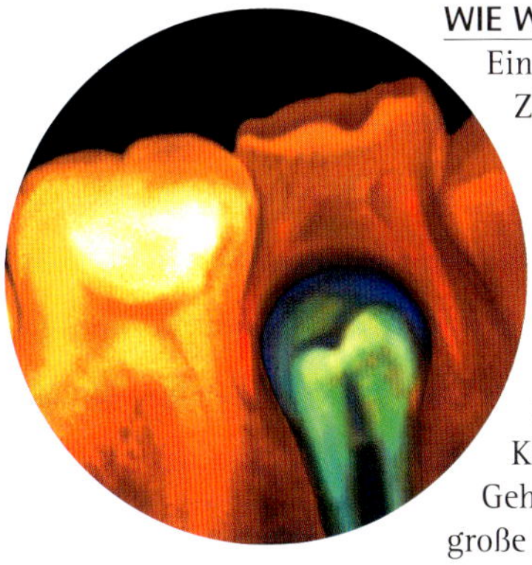

MILCHZÄHNE ▲
Menschen bekommen zweimal in ihrem Leben Zähne. Nach etwa sechs Monaten erscheinen die ersten Zähne, die Milchzähne. Sie fallen mit etwa sechs Jahren aus, wenn die bleibenden Zähne durchbrechen. Die meisten Erwachsenen besitzen zwei Zahnbögen mit 32 bleibenden Zähnen.

WAS GESCHIEHT, WENN KINDER WACHSEN?

Kinder ändern ständig ihr Aussehen, weil die Körperteile unterschiedlich schnell wachsen. Das Gehirn wächst am schnellsten, daher haben Babys große Köpfe. Muskeln und Knochen beginnen erst später zu wachsen. Das Wachstum verlangsamt sich, nur in der Pubertät erfolgt noch ein Wachstumsschub.

WIE VERÄNDERN SICH MÄDCHEN IN DER PUBERTÄT?

Die Zeit, in der ein Kind erwachsen wird, nennt man Pubertät. Bei Mädchen setzt sie meistens zwischen dem zehnten und zwölften Lebensjahr ein. Sie werden größer, bekommen Brüste und breitere Hüften. In den Achselhöhlen und in der Leiste wachsen Haare. Sie haben monatlich einen Eisprung und ihre Regel.

WAS GESCHIEHT, WENN MENSCHEN ALTERN?

Wenn der Körper ausgereift ist, lässt er mehr und mehr nach. Die Haut verliert ihre Geschmeidigkeit, Muskeln werden schwächer und Organe arbeiten schlechter. Bestimmte Krankheiten wie Herzerkrankungen und Krebs treten häufiger auf. Altern ist ein sehr langsamer Prozess. Die meisten Menschen führen bis in ihre 70er- oder 80er-Jahre ein aktives Leben.

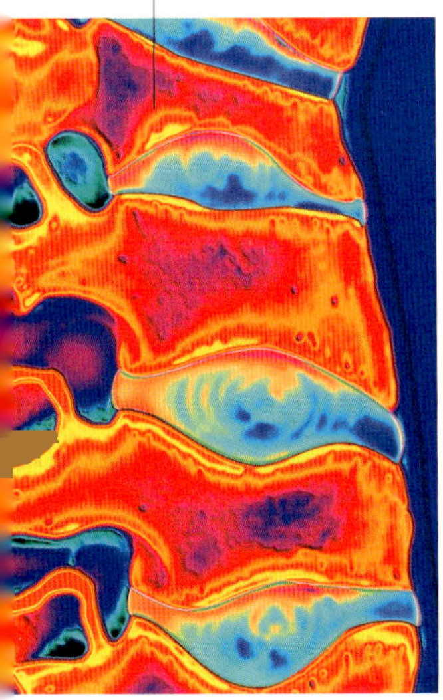

Diese Wirbelsäule (rot gefärbt) ist geschrumpft und keilförmig verformt.

▲ OSTEOPOROSE
Zum natürlichen Alterungsprozess gehört auch die Rückbildung von Knochen, die Osteoporose. Die Knochen werden dabei schwächer und brüchiger. Manche Menschen werden kleiner oder bekommen einen Buckel, weil sich ihre Wirbel verformen.

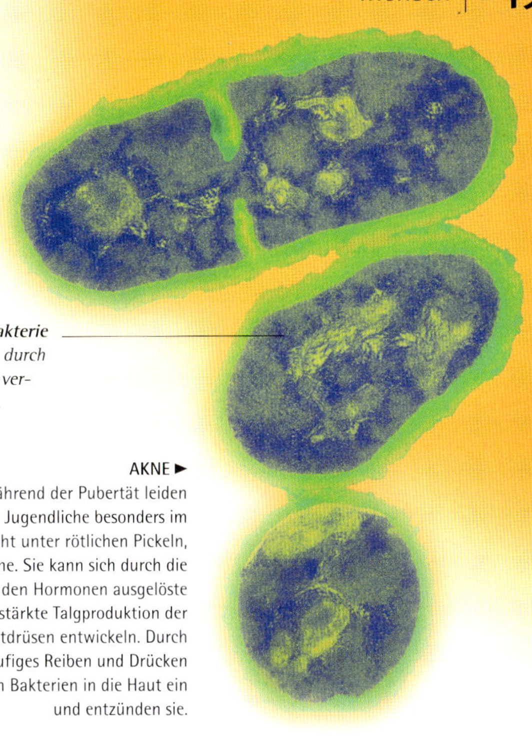

*Diese **Bakterie** hat sich durch Teilung verdoppelt.*

AKNE ►
Während der Pubertät leiden viele Jugendliche besonders im Gesicht unter rötlichen Pickeln, der Akne. Sie kann sich durch die von den Hormonen ausgelöste verstärkte Talgproduktion der Hautdrüsen entwickeln. Durch häufiges Reiben und Drücken dringen Bakterien in die Haut ein und entzünden sie.

WIE VERÄNDERN SICH JUNGEN IN DER PUBERTÄT?

Bei Jungen beginnt die Pubertät zwischen 12 und 14 Jahren. Sie schießen in die Höhe, ihr Brustkorb und ihre Schultern verbreitern sich. Im Gesicht, in den Achseln, in der Leiste und bei manchen auch auf der Brust setzt Haarwuchs ein. Ihre Stimme wird tiefer.

ALTERNDE HAUT ►
Die Hand eines Kindes und eines älteren Menschen verdeutlichen die Auswirkungen des Alterns auf die Haut. Die Oberhaut wird dünner und weniger geschmeidig. Weil der Körper Wasser verliert, wird die Haut runzlig. Oft erscheinen dunkle Flecken, weil der Körper zu viel Melanin produziert.

Wachstum

ENTWICKLUNG VON GEHIRN UND SCHÄDEL

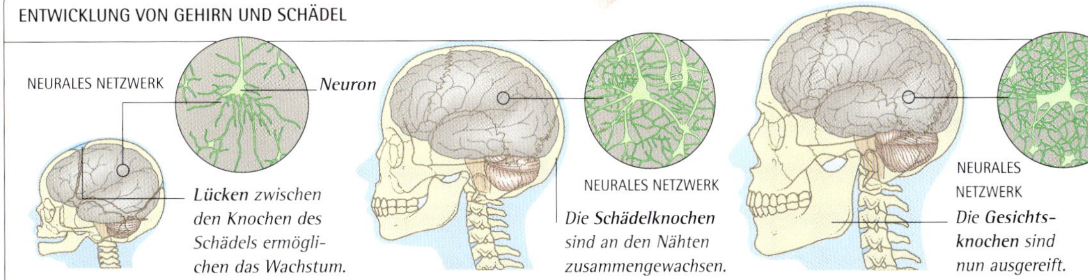

BEI DER GEBURT
Das Gehirn besitzt alle Neuronen, die aber nur wenige Kontakte ausgebildet haben. Es wächst in den ersten zwei Jahren sehr schnell.

MIT SECHS JAHREN
Das Gehirn hat seine Endgröße fast erreicht. Es entwickelt sich weiter, indem es neue Kontakte zwischen den Neuronen bildet.

MIT 18 JAHREN
Das Gehirn ist vollständig ausgebildet. Die Neurone bildeten Milliarden komplizierter Verknüpfungen. Wir lernen aber noch dazu.

SIEHE AUCH ⏭ Haut 133 • Hormone 147 • Skelett 130–131 • Zähne 143

GESUNDHEIT

Gesund zu sein bedeutet keine Krankheiten oder Verletzungen zu haben und ein erfülltes, aktives Leben zu führen. Faktoren wie Gene, Umwelt, ⏭ ERNÄHRUNG, Lebensstil und Glück beeinflussen unsere Gesundheit.

WELCHES SIND DIE GRÖSSTEN GESUNDHEITSRISIKEN?

In Entwicklungsländern führen vor allem verunreinigtes Trinkwasser und ein Mangel an geeigneter Nahrung zu Krankheiten. Ansteckende Krankheiten wie AIDS und Malaria bereiten solchen Ländern große Probleme, die nicht über die neuesten Medikamente verfügen und keine moderne Krankenversorgung besitzen. In den Industriestaaten dagegen macht der moderne Lebensstil die Menschen krank.

SAUBERES WASSER ► Sauberes Trinkwasser wie an diesem Brunnen in Kambodscha ist für die Gesundheit unerlässlich. In Gebieten ohne Abwasserkanäle verunreinigen Erreger häufig das Trinkwasser und verursachen Krankheiten wie Typhus und Cholera.

Gesundheit

WIE BEEINFLUSST DER LEBENSSTIL DIE GESUNDHEIT?

In den reichen Ländern führt der Wohlstand zu ernsthaften Erkrankungen. Herzinfarkte, Fettsucht, Schlaganfälle (ein Blutgefäß platzt im Gehirn) treten häufig bei Menschen auf, die sich wenig bewegen oder zu reichhaltig essen. Gesundheitliche Probleme durch Tabak-, Alkohol- und Drogensucht sind in reichen wie armen Ländern weitverbreitet.

LEBENSERWARTUNG

Diese Tabelle der Weltgesundheitsorganisation listet die Lebenserwartung von Babys auf, die 1999 geboren wurden. Menschen in reichen Ländern haben eine dreimal so hohe Lebenserwartung wie die in armen Ländern.

DIE ERSTEN FÜNF LÄNDER	DIE LETZTEN FÜNF LÄNDER
Japan 82,6 Jahre	Liberia 41,8 Jahre
Island 81,8 Jahre	Sierra Leone 41,3 Jahre
Schweiz 81,7 Jahre	Mosambik 41,2 Jahre
Australien 81,2 Jahre	Sambia 38,6 Jahre
Spanien 80,9 Jahre	Angola 38,2 Jahre

ERNÄHRUNG

Wir müssen unseren Körper mit Nährstoffen versorgen, die er zum Leben braucht. Eine ausgewogene Ernährung durch eine Vielfalt an Lebensmitteln ist wichtig, um gesund zu bleiben.

__Kekse, Öle__ und __Süßigkeiten__ enthalten viel Zucker und Fett. Sie sollten deshalb nur in kleinen Mengen gegessen werden.

__Milch, Käse, Butter__ und __Joghurt__ enthalten viel Kalzium.

__Fleisch, Eier, Fisch__ und __Nüsse__ sind reich an Proteinen, Vitaminen und Mineralien. Einige Fleischsorten sind jedoch zu fetthaltig, sodass sie nur gelegentlich gegessen werden sollten.

__Obst__ enthält viel Wasser, Ballaststoffe, Vitamine und Fruchtzucker, der uns zusätzliche Energie gibt.

__Gemüse__ haben Vitamine und Mineralien und sind reich an Ballaststoffen.

__Brot, Kartoffeln, Reis__ und __Nudeln__ bestehen vorwiegend aus Kohlenhydraten. Sie sind die wichtigste Energiequelle des Körpers.

WAS IST EINE AUSGEWOGENE ERNÄHRUNG?

Zu einer ausgewogenen Ernährung gehören Zucker, Proteine, Fette, Vitamine, Mineralien und Ballaststoffe. Süßigkeiten und Fastfood enthalten häufig zu viel Zucker und Fett, aber kaum Ballaststoffe, die notwendig sind. In Fastfood, das keine frischen Zutaten enthält, fehlen oft auch Vitamine und Mineralien.

WAS IST UNTERERNÄHRUNG?

Bei Unterernährung erhält der Körper zu wenig Nahrung oder es fehlen bestimmte Nährstoffe. Ein Proteinmangel kann z.B. zu einem verkümmerten Wachstum führen. Falsch ernährt sich auch, wer zu viel von bestimmten Inhaltsstoffen zu sich nimmt – zu viel Zucker und Fett führen z.B. zur Fettsucht.

WARUM IST FETTSUCHT EIN PROBLEM?

Fettsucht ist in Industriestaaten weit verbreitet. Das führt zu gesundheitlichen Problemen wie Diabetes, Herzinfarkt, Gehirnschlag und hohem Blutdruck. Übergewicht belastet den Körper sehr und kann Rückenschmerzen, Kurzatmigkeit und Arthritis verursachen.

◄ LEBENSMITTELPYRAMIDE Die Pyramide zeigt die Anteile verschiedener Lebensmittel für eine ausgewogene Ernährung. Reichlich frisches Obst und Gemüse und weniger gesättigte Fettsäuren und Zucker sind sehr wichtig.

SIEHE AUCH ⏭ Erkrankungen 151 • Genetik 209 • Zellen 73

ERKRANKUNGEN

Als Erkrankung bezeichnet man alles, was den Körper oder seine Funktion schädigt. Manche Erkrankungen werden durch Mikroorganismen (Erreger) verursacht, andere durch Verletzungen oder Vergiftungen. Die moderne ⏭ MEDIZIN kann viele Krankheiten heilen.

WAS SIND BAKTERIEN UND VIREN?

Bakterien und Viren verursachen die meisten Infektionen. Bakterien sind einzellige Organismen, die eigenständig leben. Sie vermehren sich in Körperflüssigkeiten und Wunden. Viele können durch Medikamente, die Antibiotika, abgetötet werden. Viren sind winzige Teilchen mit einem eigenen Genom. Sie können sich nur in unseren Zellen vermehren, die sie dabei verändern.

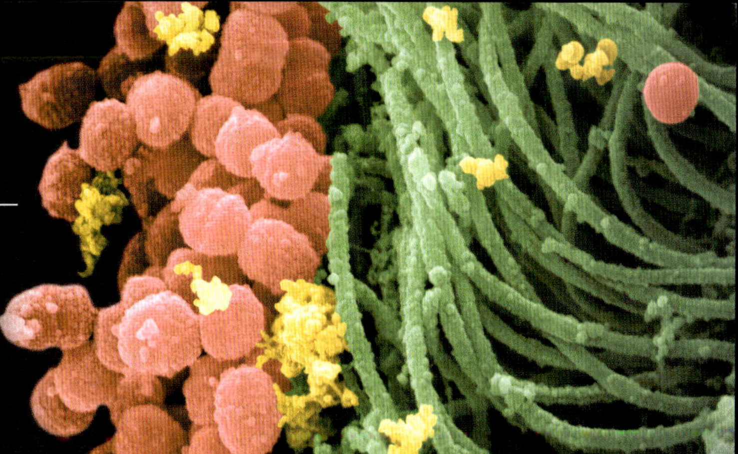

PNEUMOKOKKEN ►
Eine Lungenentzündung wird von Bakterien (Pneumokokken) oder Viren verursacht. Diese elektronenmikroskopische Aufnahme zeigt Pneumokokken (rosa), die auf winzigen Härchen (grün) in der Lunge sitzen. Eine Lungenentzündung kann jeder bekommen, kranke Menschen mit schwachem Immunsystem sind aber besonders anfällig.

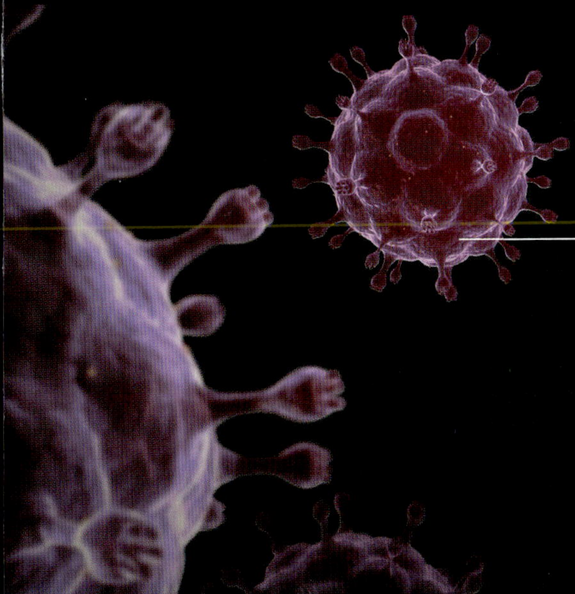

◄ HIV
Dieses Virus, das AIDS (engl. *Acquired Immune Deficiency Syndrome*; erworbenes Immunschwächesyndrom) verursacht, nennt man HIV (*Human Immunodeficiency Virus*). Es befällt Zellen des Immunsystems, sodass der Körper sich kaum wehren kann.

Auf dem Bild ist die Oberfläche des Virus deutlich zu sehen. Durch die hervorstehenden Glykoproteinkomplexe kann das Virus an die Zielzellen, etwa weiße Blutkörperchen, andocken und mit ihnen verschmelzen. Danach wird ein fortwährender infektiöser Kreislauf in Gang gesetzt.

Erkrankungen

WAS SIND ERBKRANKHEITEN?

Einige Erkrankungen wie Mukoviszidose und Muskeldystrophie werden durch bestimmte schädliche Gene vererbt. Manchmal geben von der Erkrankung nicht betroffene Eltern schädliche Gene unwissentlich weiter; in anderen Fällen verändert sich das Gen bei der Empfängnis.

WARUM HABEN MANCHE MENSCHEN ALLERGIEN?

Unser Körper besitzt eine raffinierte Verteidigung gegen angreifende Erreger, das Immunsystem. Manchmal jedoch greift das Immunsystem das falsche Ziel an – die Menschen zeigen eine allergische Reaktion gegen harmlose Substanzen wie Pollen und Staub.

WAS IST KREBS?

Es gibt verschiedene Arten von Krebs, die jedoch alle gemeinsam haben, dass sich Krebszellen unkontrolliert teilen und Tumoren bilden. Tumoren können Körperfunktionen empfindlich stören. Manche Tumoren werden durch bestimmte Substanzen (die Karzinogene) wie Sonnenlicht oder Nikotin hervorgerufen.

MEDIZIN

Die Erforschung und Behandlung von Erkrankungen nennt man Medizin. Sie versucht Krankheiten vorzubeugen und sie zu heilen. Zwar sind Erkrankungen wie Diabetes unheilbar, doch lindert eine Behandlung ihre Auswirkungen und erhöht die Lebensqualität.

KANN MAN KRANKHEITEN VORBEUGEN?

Gegen viele Infektionen helfen Impfungen, die den Körper vor bestimmten Erregern schützen. Mit Vorsorgeuntersuchungen kann man z. B. Krebs frühzeitig erkennen. Eine gesunde Lebensführung beugt Krankheiten wie dem Herzinfarkt vor.

WIE WERDEN KRANKHEITEN BEHANDELT?

Der Körper bekämpft die meisten Krankheiten aus eigener Kraft, z. B. wenn wir uns von einer Halsentzündung erholen. Bei schweren Erkrankungen helfen Medikamente, Operationen oder Strahlentherapie (Bestrahlung schädlicher Zellen).

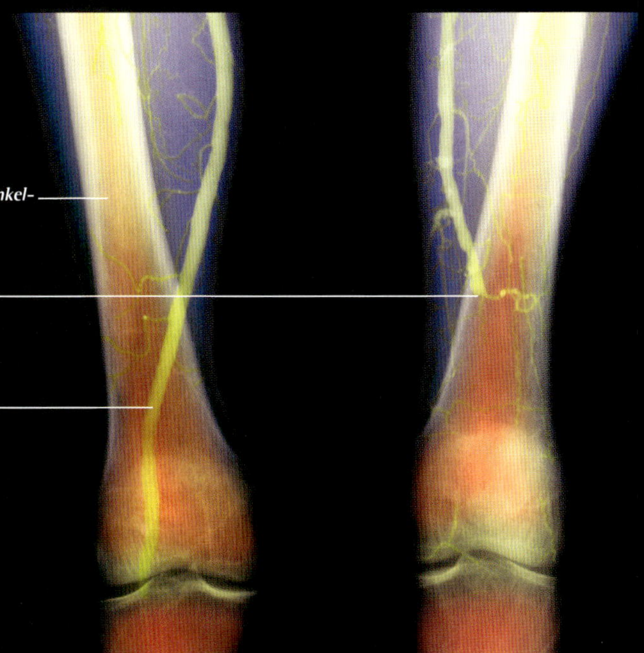

Oberschenkelknochen

Der Blutfluss in dieser Arterie wurde oberhalb des Kniegelenks gestoppt.

Oberschenkelarterie mit normalem Blutfluss

VERSTOPFTE ARTERIE ►
Röntgenaufnahmen zählen zu den bildgebenden Verfahren, die Ärzte zur Untersuchung und Diagnose benutzen. Diese Aufnahme zeigt die Verstopfung einer Hauptarterie in einem Bein.

SIEHE AUCH ⏭ Biotechnologie 208 • Der Mensch 128–129 • Mikroorganismen 85 • Roboter 194 • Zellen 73

CYM
set
max
P1
22
SW
C7
IC7
8306AB
LM324N
T13
IC6
IC18
LM
3080N
C65
C86
C90
C91

NATUR-WISSENSCHAFT und TECHNIK

WISSENSCHAFT

Warum leuchten Sterne? Weshalb ist der Himmel blau? Wie entstand das Leben? Auf solche Fragen versucht die Naturwissenschaft Antworten zu finden.

▲ **ERFORSCHEN UND ENTDECKEN**
Wissenschaftler untersuchen unsere natürliche Umgebung – von der Tiefsee bis in den Weltraum – mit Beobachtungen und Messungen.

WAS MACHEN WISSENSCHAFTLER?

Wissenschaftler versuchen mit Wissen und logischem Denken ein Problem zu lösen oder eine Beobachtung zu erklären. Sie untersuchen z. B. Materialien oder Krankheiten. Ohne sie hätte es keine Mondlandung gegeben, Computer und Penicillin wären nie entwickelt worden.

WAS SIND WISSENSCHAFTLICHE METHODEN?

Wissenschaftler entwickeln eine Theorie, um eine Beobachtung zu erklären. Zu einer guten Theorie gehören Vorhersagen, die durch weitere Beobachtungen und Experimente geprüft werden. Eine Testtheorie nennt man eine Hypothese. Treffen ihre Vorhersagen ein, wird die Hypothese bestätigt.

Naturwissenschaft

WAS SIND WISSENSCHAFTLICHE EXPERIMENTE?

Forscher nutzen Experimente zur Überprüfung ihrer Theorie und um Antworten auf bestimmte Fragen zu finden. Häufig setzen sie dazu Messinstrumente ein, um die Ergebnisse als Zahlenwerte zu erhalten.

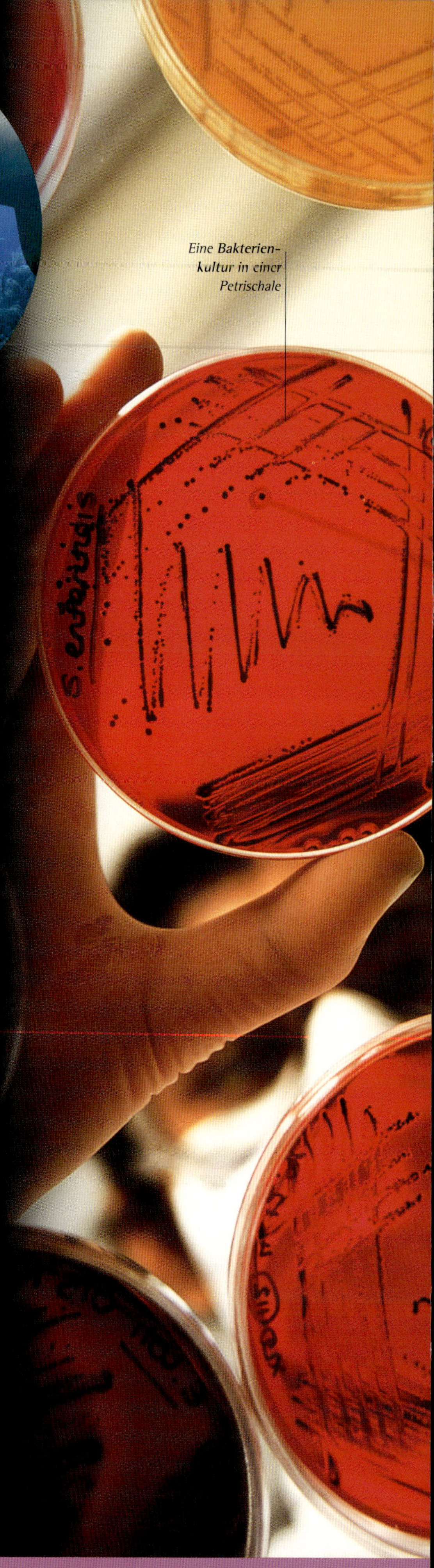

Eine Bakterienkultur in einer Petrischale

IM LABOR ►
Wissenschaftler überprüfen ihre Theorien mit Experimenten im Labor. Hier kontrolliert ein Forscher, wie Bakterien wachsen.

SIEHE AUCH ⏭ Biologie 72 • Chemie 162 • Physik 163

TECHNOLOGIE

Technologie ist die praktische Umsetzung von Wissen, um Maschinen, Gebäude, Fahrzeuge und andere nützliche Dinge zu bauen.

Technologie

WAS VERBINDET WISSENSCHAFT UND TECHNOLOGIE?

Alte Technologien wie der Schiffsbau beruhten auf Erfahrungen, die über Generationen weitergegeben wurden. Erst später entstand das Wissen über Materialien und Kräfte. Heute nutzen Ingenieure wissenschaftliche Ergebnisse, um Probleme zu lösen und Neues zu erfinden.

▲ **OFENTECHNOLOGIE**
Die richtige Technologie ist auf die Menschen und ihre Bedürfnisse zugeschnitten. Dieser energiesparende Ofen senkt den Brennholzkonsum in Bangladesch und schützt somit die Wälder.

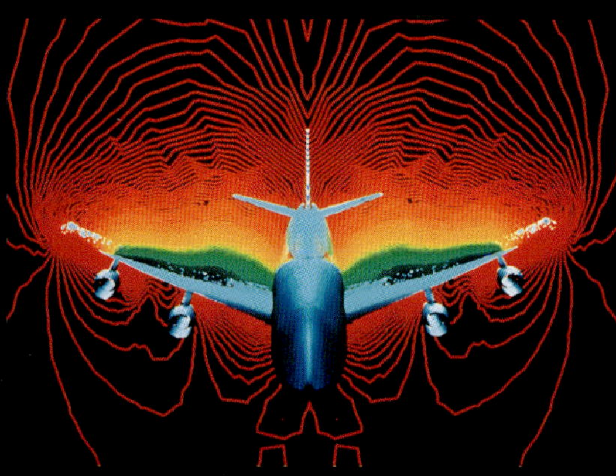

◄ **COMPUTERSIMULATION**
Schnelle Computer können komplizierte Aufgaben lösen. Ingenieure simulieren Strömungseigenschaften von Flugzeugen, um ihre Form zu verbessern.

SIEHE AUCH ⏭ Computer 190 • Design 326 • Maschinen 196–197

MASSEINHEITEN

Wie groß ist eine Ameise? Wie hoch ist ein Berg? Um eine beobachtete Eigenschaft als Zahlenwert einer Skala zu benennen, braucht man ein Maßsystem. Die Größe eines Kindes kann z. B. auf der Längenskala 1,2 m betragen.

MESSWAAGE

STOPPUHR

MESSZYLINDER

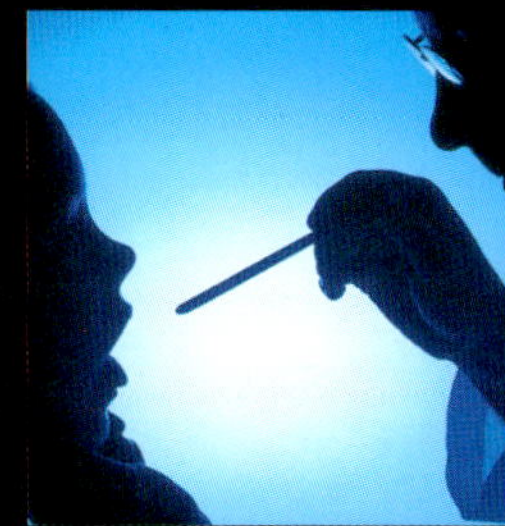

THERMOMETER

▲ MESSINSTRUMENTE
Für die verschiedenen Messgrößen brauchen Forscher geeignete Instrumente. Waagen messen die Masse, Stoppuhren die Zeit, Messzylinder das Volumen von Flüssigkeiten und Thermometer die Temperatur.

Maß-einheiten

WAS IST EINE MASSEINTEILUNG?

Eine einfache Maßeinteilung besteht aus einer Reihe von nummerierten Strichen auf einem Messinstrument. Moderne elektronische Messgeräte zeigen ihre Ergebnisse auf einem Bildschirm an.

MASSEINHEITEN

MESSGRÖSSE	*NAME DER EINHEIT*	*SYMBOL*
Basiseinheit		
Masse	Kilogramm	kg
Länge	Meter	m
Zeit	Sekunde	s
Elektrischer Strom	Ampere	A
Temperatur	Kelvin	K
Abgeleitete Größen		
Fläche	Quadratmeter	m^2
Volumen	Kubikmeter	m^3
Dichte	Kilogramm pro Kubikmeter	kg/m^3
Geschwindigkeit	Meter pro Sekunde	m/s
Beschleunigung	Meter pro Sekundenquadrat	m/s^2
Kraft	Newton	N (kg m/s^2)

WER ERFAND DIE ERSTEN MASSEINHEITEN?

Bereits im Altertum nutzten Menschen Maße, um Bauwerke wie Stonehenge oder die Pyramiden zu errichten. Für viele Maße wählten sie damals Körperteile: Eine Elle ist die Länge, die bei ausgestreckter Hand vom Ellbogen bis zu den Fingerspitzen reicht.

WIE WERDEN MASSEINHEITEN FESTGELEGT?

Durch internationale Vereinbarungen wird für jede Einheit ein Standardwert bestimmt. Die Einheit Kilogramm ist z. B. die Masse des Urkilogramms (ein Platin-Iridium-Zylinder), das im französischen Sèvres aufbewahrt wird. Der Meter ist genau die Strecke, die Licht im Vakuum in einer 299 792 458-stel-Sekunde zurücklegt.

SIEHE AUCH ⏭ Elektronik 188

MATHEMATIK

Mathematik beschreibt die Eigenschaften von Zahlen, Figuren und Räumen. Mit ihrer Hilfe können Forscher Formeln über Phänomene erstellen, die sie in der Natur beobachten, und daraus erklärende Modelle entwickeln.

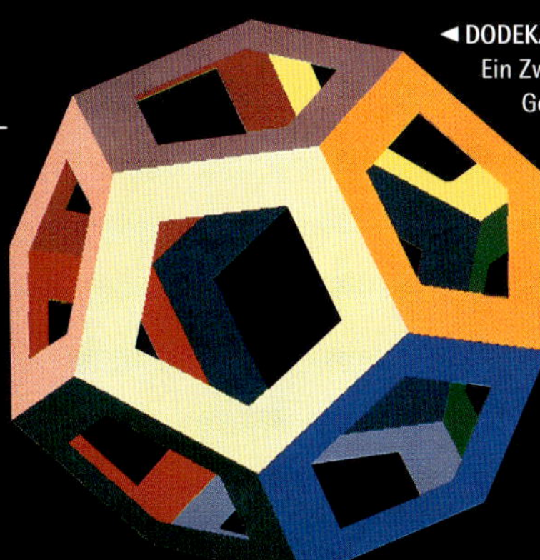

◄ DODEKAEDER
Ein Zweig der Mathematik ist die Geometrie, die sich mit Formen beschäftigt. Mit solchen Formen (links) entwerfen Ingenieure neue Muster. Dieses besitzt zwölf gleiche Flächen aus gleichmäßigen Pentagons mit je fünf gleichen Seiten.

Mathematik

WAS SIND MATHEMATISCHE MODELLE?

Diese Modelle bestehen aus Gleichungen, die tatsächliche Prozesse beschreiben. Ein einfaches Modell zu den Bewegungsgesetzen sagt z. B. voraus, dass die Geschwindigkeit eines fallenden Steins genauso groß ist wie die Fallzeit, multipliziert mit der Beschleunigung durch die Erdanziehungskraft. Mit Experimenten kann man die Aussage des Modells überprüfen.

WAS IST EINE WISSENSCHAFTLICHE NOTATION?

Wissenschaftler arbeiten mit sehr großen Zahlen wie z. B. der für die Lichtgeschwindigkeit und mit winzig kleinen wie der für die Atommasse. Eine wissenschaftliche Notation fasst solche Zahlen in einer Kurzform zusammen. Die Lichtgeschwindigkeit beträgt z. B. fast 300 000 000 m/s oder als Kurzform: $3{,}0 \times 10^8$ m/s. Die 8 steht für die Anzahl der Nullen hinter der 3.

SIEHE AUCH ⏭ Physik 163

MATERIE

Staub, Lebewesen, Ozeane, Berge und Planeten – alles besteht aus Materie. Mit einem Elektronenmikroskop kann man sehen, dass die gesamte Materie aus Teilchen besteht – winzigen Materiekörnchen, die wie Kristalle im Würfelzucker aneinander haften.

◄ URKNALL
Das Universum dehnt sich auch heute noch aus und kühlt sich ab. In dunklen Nebeln zieht sich Materie unter der eigenen Schwerkraft zusammen – dort entstehen neue Sterne und Galaxien.

WOHER KOMMT MATERIE?

Die gesamte Materie im Universum entstand vor 14 Milliarden Jahren durch den Urknall, der in weniger als einer Sekunde ungeheure Mengen Energie aus Licht und Wärme freisetzte. Durch die Explosion dehnte sich das Universum aus. Dabei kühlte es ab, sodass Teilchen entstanden, die eine ⏭ MASSE besitzen.

▲ FESTKÖRPER
Eis ist Wasser in festem Zustand. Die Temperatur des Eisbergs liegt bei 0 °C oder darunter.

▲ FLÜSSIGKEIT
Wenn die Temperatur über 0 °C steigt, schmilzt das Eis und wird zu Wasser. Der größte Teil des Wassers auf der Erde ist flüssig.

▲ GAS
Der heiße Dampf, der aus einem Geysir hochschießt, ist gasförmiges Wasser, das bei 100 °C siedet und gasförmig wird.

PLASMA ►
Wenn Materie sehr heiß wird, kann sie in einen vierten Aggregatzustand übergehen – wie die Flamme des Schweißbrenners. Plasma leuchtet sehr hell. Die Sterne und die heißesten Bereiche einer Flamme bestehen aus Plasma.

Materie

WAS SIND AGGREGATZUSTÄNDE?

Fast alle Materie auf der Erde nimmt einen von drei Aggregatzuständen ein – fest, flüssig oder gasförmig. In einem Festkörper sind alle Teilchen unbeweglich und starr geordnet. In einer Flüssigkeit sind sie beweglicher und ungeordnet. In einem Gas können sich alle Teilchen völlig frei bewegen.

WAS SIND ELEMENTARTEILCHEN?

Materie ist aus Teilchen aufgebaut. Die kleinsten Teilchen nennt man Elementarteilchen. Davon gibt es zwei Arten: Quarks und Leptonen. Um diese Teilchen nachzuweisen, lässt man größere Teilchen bei sehr hohen Geschwindigkeiten aufeinanderprallen, sodass sie in ihre Elementarteilchen zerfallen.

MASSE

Die Menge an Materie, die ein Körper besitzt, nennt man Masse. Alle Körper mit Masse sind träge (eine Kraft ist nötig, um sie zu bewegen) und ziehen sich gegenseitig durch ihre Schwerkraft an.

KANN MAN MATERIE ZERSTÖREN?

Materie kann zerstört werden, wenn ihre Masse in reine Energie umgewandelt wird. Dazu muss Materie mit Antimaterie zusammenstoßen. Diese beiden Formen der Materie löschen sich gegenseitig vollständig aus und geben ihre Energie als Strahlung ab.

TEILCHENSPUREN ►
In einem Teilchenbeschleuniger stoßen Teilchen mit hohen Energien zusammen. Einige Teilchen werden zerstört, während andere neu entstehen. Ihre Spuren breiten sich vom Aufprallort aus.

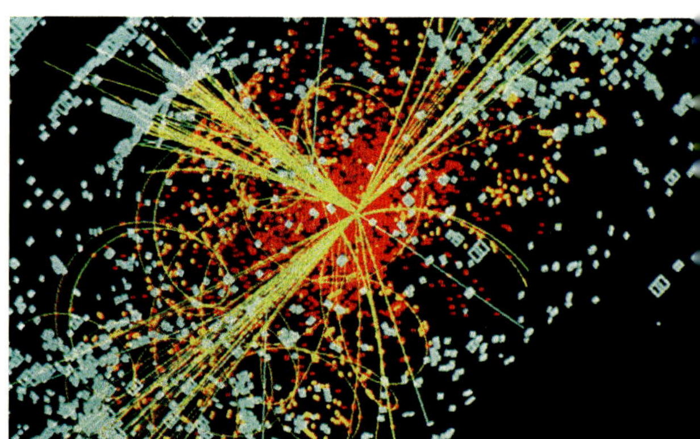

SIEHE AUCH ⏭ Atome 157 • Bewegung 165 • Energie 166 • Kräfte 164 • Universum 26 • Wärme 168–169

ATOME

Die gesamte Materie besteht aus Teilchen, den Atomen. Die alten Griechen bezeichneten Atome als die kleinsten Teilchen, aus denen alles besteht. Inzwischen wissen wir, dass Atome aus noch kleineren Teilchen bestehen. Atome können sich zu ⏭ MOLEKÜLEN verbinden.

WIE GROSS IST EIN ATOM?

Der Atomradius eines typischen Atoms ist ein zehnmilliardstel Meter groß. Für eine 1 m lange Kette braucht man so viele Atome, wie Menschen auf der Erde leben. Ein Stück Würfelzucker enthält so viele Atome, wie es Sterne im Weltall gibt. Das größte Atom (Cäsium) ist etwa neunmal so groß wie das kleinste (Helium).

ATOMBOMBE ►
Bei einer Kernexplosion wird der Atomkern gespalten. Dabei werden Neutronen herausgeschleudert, die andere Atomkerne spalten und eine Kettenreaktion auslösen. Die Explosion setzt ungeheure Mengen Licht, Wärme und Strahlung frei.

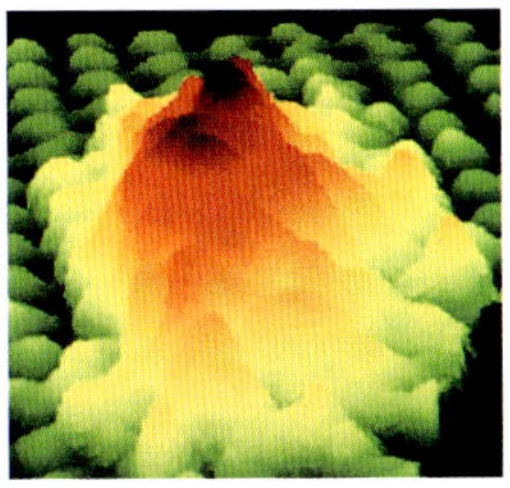

▲ ATOME BETRACHTEN
Ein Elektronenmikroskop vergrößert Objekte 10 Mio. Mal, um einzelne Atome darzustellen. Dieses Bild zeigt Goldatome (rot und gelb) auf einem gleichmäßigen Gitter aus Kohlenstoffatomen (grün).

WAS BEFINDET SICH IN EINEM ATOM?

Atome bestehen aus Elektronen, Protonen und Neutronen. Ihre Anordnung im Atom nennt man ⏭ ATOMSTRUKTUR. Elektronen gehören zu den Leptonen. Protonen und Neutronen sind dagegen Quarks. Leptonen und Quarks sind Elementarteilchen – die kleinsten Teilchen im Universum.

WIE KANN MAN ATOME SPALTEN?

Protonen und Neutronen werden im Atomkern, der im Zentrum des Atoms sitzt, durch eine starke Kraft zusammengehalten. Wenn man den Atomkern mit Neutronen, Protonen oder anderen Teilchen beschießt, kann man ihn spalten und neue Atome bilden. Die Kernspaltung findet in Kernkraftwerken oder bei Atombomben statt.

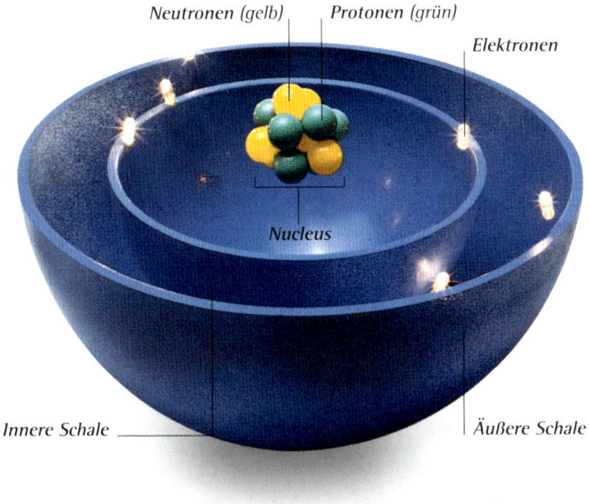

ATOMSTRUKTUR

Der größte Teil eines Atoms besteht aus leerem Raum. Im Atomkern befinden sich Neutronen und Protonen. Elektronen kreisen auf Schalen um den Atomkern. Jedes Atom besitzt gleich viele Elektronen und Protonen.

Atome

◄ KOHLENSTOFFATOM
Der Atomkern des Kohlenstoffatoms enthält sechs Neutronen und sechs Protonen. Insgesamt sechs Elektronen kreisen auf der inneren und äußeren Schale um den Atomkern.

WAS IST EINE ATOMBINDUNG?

Elektronen sind negativ geladen, während Protonen eine positive Ladung haben. Elektronen bleiben durch die Anziehungskraft der Protonen auf ihren Schalen. Bei einer Atombindung teilen sich zwei Atome ein oder mehrere Elektronen der äußeren Schale.

MOLEKÜLE

Eine Verbindung, die aus mindestens zwei Atomen besteht, nennt man ein Molekül. Wasser besteht z. B. aus einem Atom Sauerstoff und zwei Atomen Wasserstoff.

WELCHE FORM BESITZEN MOLEKÜLE?

Das einfachste Molekül besteht aus zwei Atomen und sieht wie eine Hantel aus. Atome können sich jedoch auf viele Arten miteinander verbinden und jede Form bilden – Ketten, Kugeln, Pyramiden, Spiralen und Ringe.

SUCHROSE ($C_{12}H_{22}O_{11}$)

WASSER (H_2O)

▲ EINFACHES MOLEKÜL
Ein einzelnes Wassermolekül besteht aus drei Atomen.

◄ KOMPLIZIERTER ZUCKER
Jedes Suchrose-Molekül besteht aus 45 Atomen, die miteinander verbunden sind.

SIEHE AUCH ⏭ Elektrizität 182 • Elemente 160–161 • Kernenergie 167

ZEIT

Mit dem Begriff der Zeit drücken wir aus, wann etwas passiert ist oder wie lange etwas andauert. Die Zeit scheint für alle gleich zu sein, doch Einsteins ⏭ RELATIVITÄTSTHEORIE bewies, dass sich die Zeit im Universum verändert.

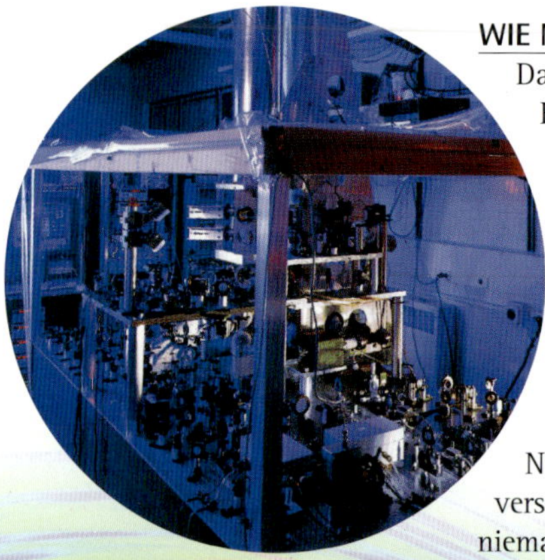

▲ ATOMUHR
Diese sehr genaue Uhr wird durch regelmäßige Schwingungen von Cäsium angetrieben. Sie geht in 1 Mio. Jahren nur drei Sekunden nach.

WIE MESSEN WIR DIE ZEIT?

Das Ticken einer Uhr zeigt an, wie die Zeit vergeht. Ein gutes Uhrwerk braucht einen Antrieb, der in exakten, unveränderbaren Abständen schlägt. Früher nutzten Uhren das Ausschwingen eines Pendels. Moderne Uhren werden durch Schwingungen eines Quarzkristalls betrieben.

HAT DIE ZEIT EINEN ANFANG UND EIN ENDE?

Die Zeit begann, als das Universum mit dem Urknall vor etwa 14 Milliarden Jahren entstand. Noch rätseln die Wissenschaftler, ob sich das Universum immer weiter ausdehnen wird und die Zeit niemals endet oder ob es in einer großen Implosion zusammenfällt und damit auch die Zeit endet.

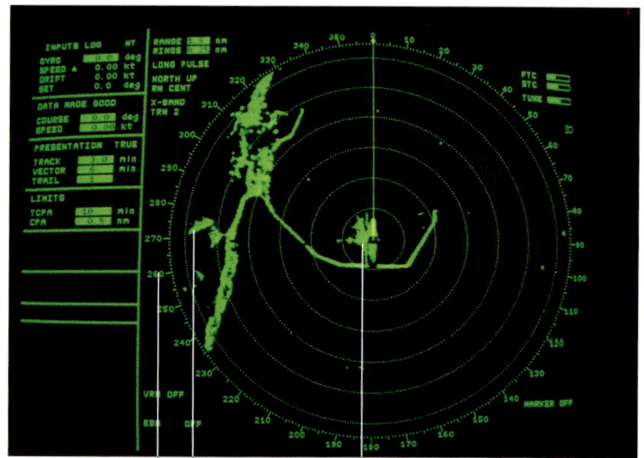

*Die **Koordinaten** geben die Position eines Schiffes zu einer bestimmten Zeit an.*

***Hafen**, in dem das Schiff liegt*

Küstenlinie

▲ RADAR
Von einem Radarsystem wird ein Signal ausgesendet, das z. B. von einem Schiff als Echo zurückgeworfen wird. Aus der Zeitspanne zwischen Aussenden und Empfangen des Signals lässt sich die Entfernung errechnen.

ALBERT EINSTEIN

Deutscher, 1879–1955

Albert Einstein war kein guter Schüler, aber er war von Mathematik und Physik begeistert. Seine Spezielle Relativitätstheorie (1905), die Allgemeine Relativitätstheorie (1915) und seine Arbeit zur Quantentheorie des Lichts machten ihn zum kreativsten Denker aller Zeiten. Er erhielt 1921 den Nobelpreis für Physik.

RELATIVITÄT

Nach Einsteins Theorie ist die Zeit nicht für jeden gleich. Sie vergeht langsamer, wenn sich jemand sehr schnell, fast mit Lichtgeschwindigkeit, bewegt.

WAS BEDEUTET RELATIVITÄT?

Eine Uhr, die z. B. in einer Rakete mit hoher Geschwindigkeit durchs All fliegt, tickt langsamer als eine identische Uhr, die auf der Erde steht. Für eine Person, die in der Rakete mitfliegt, scheint sich dagegen die Uhr auf der Erde zu bewegen und langsamer zu ticken.

◄ ABKÜRZUNG DURCH RAUM UND ZEIT
Wissenschaftliche Theorien besagen, dass zwei entfernte Teile des Weltalls durch einen kosmischen Tunnel, ein sogenanntes »Wurmloch«, verbunden sein können. Unter bestimmten Bedingungen wäre man bei einer Reise durch ein Wurmloch früher wieder zu Hause, als man abgereist ist.

SIEHE AUCH ⏭ Licht 178–179 • Quantentheorie 159 • Universum 26 • Weltall 10

QUANTENTHEORIE

Die Quantentheorie beruht auf den Ideen von Max Planck. Er fand heraus, dass Atome Energie nur in bestimmten Mengen, den Quanten, abgeben. Die Theorie erklärt das Verhalten von Teilchen und ihrer Energie, die sie ausstrahlen.

WAS IST EIN QUANTUM?

Ein Quantum ist die kleinste Energiemenge, die möglich ist. Einen Lichtquanten (oder eine andere elektromagnetische Strahlung) nennt man ein Photon. Ein Elektron kann ein Photon bei einem ⏭ QUANTENSPRUNG ausstrahlen (emittieren).

WARUM IST DIE QUANTENTHEORIE UNGEWOHNT?

Die Quantentheorie besagt, dass Energie gleichzeitig eine Welle und ein Teilchen ist. Quanten sind kleine Energiepakete, die wie Teilchen existieren – sie breiten sich jedoch wellenförmig wie auf einer Wasseroberfläche aus.

WIE NUTZEN WISSENSCHAFTLER DIE QUANTENTHEORIE?

Obwohl die Quantentheorie schwer zu verstehen ist, gehört sie zu den genauesten wissenschaftlichen Theorien, die jemals entwickelt wurden. Mit ihrer Hilfe lassen sich Eigenschaften von Atomen, Molekülen und Materialien vorhersagen. Sie unterstützt die Entwicklung von elektronischen Komponenten, neuen Materialien und Medikamenten. Ohne sie gäbe es keine Computer, Handys und viele andere Erfindungen.

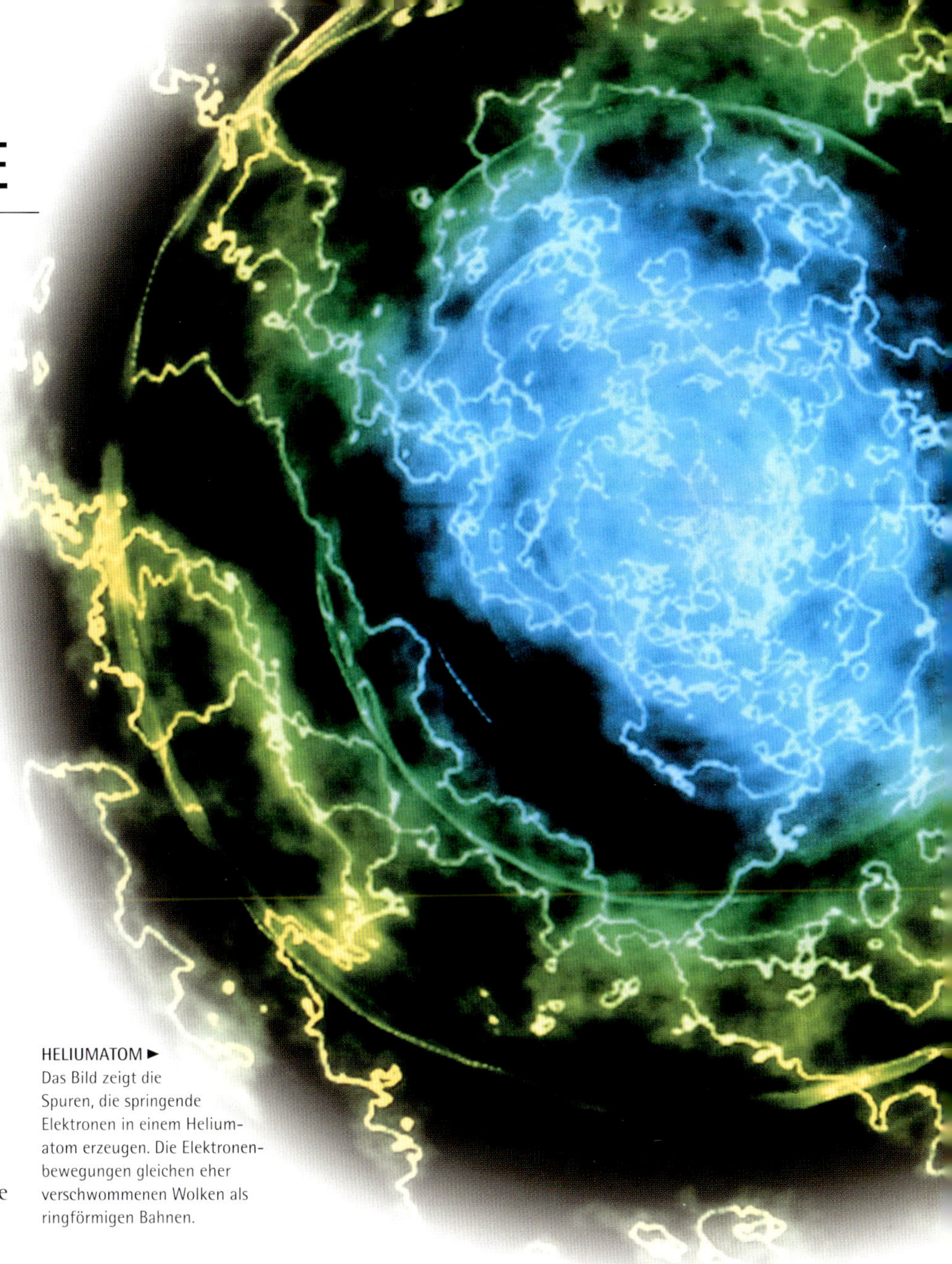

HELIUMATOM ►
Das Bild zeigt die Spuren, die springende Elektronen in einem Heliumatom erzeugen. Die Elektronenbewegungen gleichen eher verschwommenen Wolken als ringförmigen Bahnen.

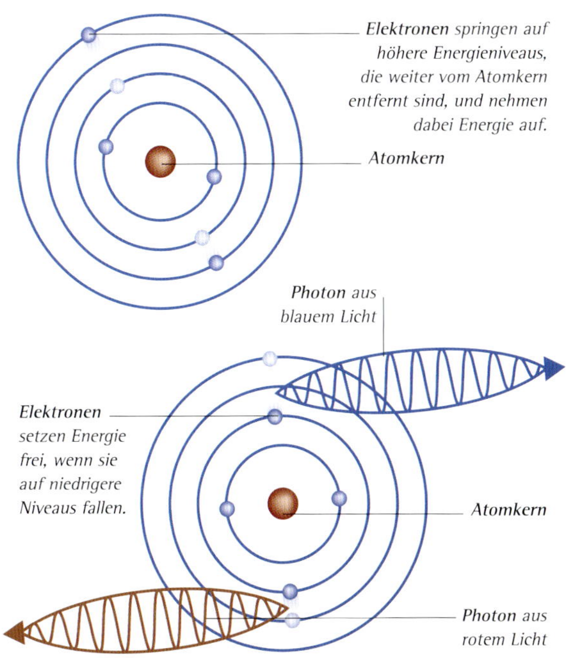

QUANTENSPRUNG

Elektronen besitzen auf ihren Schalen eine bestimmte Energie. Wenn ein Elektron auf eine höhere oder niedrigere Schale übergeht, nennt man das einen Quantensprung.

WAS IST DIE UNSCHÄRFERELATION?

Nach der Quantentheorie kann man Ort und Geschwindigkeit eines Quantums nicht genau bestimmen. Je genauer man den Ort kennt, umso weniger weiß man über die Geschwindigkeit (und umgekehrt). Mit der Unschärferelation kann man die Wahrscheinlichkeit über den Aufenthaltsort, nicht jedoch den exakten Ort berechnen.

◄ ABSORPTION UND EMISSION
Wenn ein Elektron Energie absorbiert (aufnimmt), springt es auf ein höheres Energieniveau. Fällt es auf sein Ausgangsniveau zurück, emittiert es ein Photon (gibt es ab). Ein Elektron, das ein Photon aus blauem Licht abgibt, verliert mehr Energie als ein Elektron, das ein Photon aus rotem Licht emittiert.

Quantentheorie

MAX PLANCK
Deutscher, 1858–1947
Max Planck wurde in Kiel geboren. Er war auch ein talentierter Musiker, entschied sich jedoch, sein Leben der Physik zu widmen. Mit dem planckschen Wirkungsquantum (eine Konstante) wird die Energie eines Quantums berechnet. Er erhielt 1918 den Nobelpreis für Physik.

SIEHE AUCH ⏭ Atome 157 • Bewegung 165 • Energie 166 • Licht 178–179

ELEMENTE

Eine Substanz, die nur aus einer Atomart besteht, nennt man Element. Gold ist z. B. ein Element, da es nur Goldatome enthält. Wasser besteht aus Sauerstoff und Wasserstoff und ist kein Element. Das ⏭ PERIODENSYSTEM ordnet alle Elemente nach ihrer Atomnummer. Die Atomnummer gibt die Zahl der Protonen an.

WIE VIELE ELEMENTE GIBT ES?

Bis heute wurden 92 Elemente entdeckt, die in der Natur vorkommen. Über drei Viertel der natürlichen Elemente sind ⏭ METALLE. Das schwerste Element ist Uran. In Kernreaktoren und Teilchenbeschleunigern wurden schon schwerere Elemente künstlich hergestellt.

▼ SUPERNOVA
Alle natürlichen Elemente entstehen in Kernreaktionen, die im Inneren der Sterne ablaufen. Nach vielen Milliarden Jahren explodieren große Sterne eindrucksvoll als Supernova und schleudern Atomkerne in das Weltall.

METALLE

Mehr als 60 Elemente sind Metalle. Sie besitzen nur ein oder zwei Elektronen auf ihrer Außenschale und haben ähnliche Eigenschaften – sie sind glänzend und hart. Metalle leiten Elektrizität und Wärme gut – deshalb eignen sie sich besonders für Kochgeschirr und Stromdrähte.

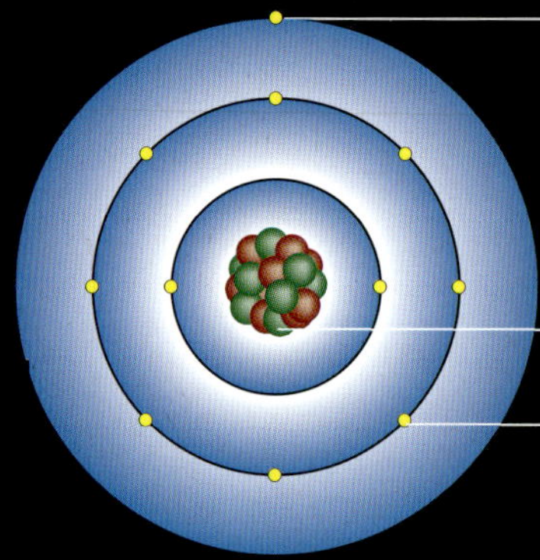

◀ NATRIUM
Dieses Metall besitzt ein Außenelektron.

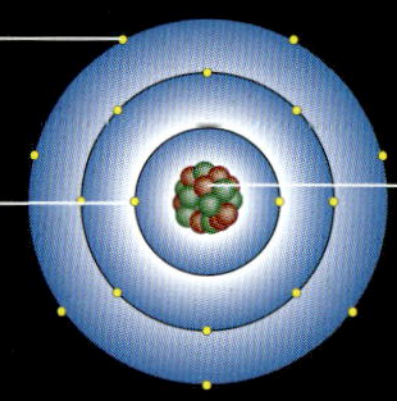

◀ CHLOR
Dieses Nichtmetall besitzt sieben Elektronen auf der äußeren Schale.

▲ METALLE UND NICHTMETALLE
Natrium ist ein silbrig weißes Metall, das sehr leicht reagiert und dabei sein Einzelelektron abgibt. Chlor ist ein Nichtmetall, das bei einer Reaktion ein Elektron aufnimmt. Chlor benötigt nur ein Elektron, um acht Außenelektronen zu besitzen. Elemente, die acht Außenelektronen haben wie die Gruppe der Edelgase, sind besonders reaktionsträge. Sie geben weder ein Elektron ab noch nehmen sie eines auf.

WARUM LEITEN METALLE STROM?

Die Außenelektronen der Metalle sind nicht sehr stark an den Atomkern gebunden. Sie können sich zwischen den Atomen, die meistens gitterförmig angeordnet sind, im Element frei bewegen. Elektrizität und Wärme werden in Metallen von freien Elektronen übertragen.

▼ GOLD
Gold ist ein Übergangsmetall. Übergangsmetalle besitzen die Eigenschaft von Metallen, sie sind jedoch nicht so reaktiv wie die Gruppe der Alkali- und Erdalkalimetalle.

PERIODENSYSTEM

Das Periodensystem ist eine Tabelle, in der alle bisher bekannten Elemente aufgeführt sind. Sie sind nach ihrer Atomnummer geordnet. Bei jedem Element stehen Atomnummer, Symbol, Name und Atommasse. Die senkrechten Spalten nennt man Gruppen, die waagrechten Reihen Perioden.

WELCHE AUFGABE HAT DAS PERIODENSYSTEM?

Das Periodensystem ordnet die Elemente nach ihrer chemischen Verwandtschaft. Elemente mit ähnlichen Eigenschaften sind in Gruppen (senkrecht) zusammengefasst. In den Perioden (waagrecht) ändern sich ihre Eigenschaften schrittweise – Elemente auf der linken Seite sind Metalle, während rechts die Nichtmetalle stehen. Die Atomnummer nimmt von links oben nach rechts unten zu. Das erste Element einer Periode besitzt ein Außenelektron, das letzte deren acht.

WARUM SIND ELEMENTE EINER GRUPPE ÄHNLICH?

Die chemischen Eigenschaften eines Elements hängen von der Zahl der Außenelektronen ab. Elemente der gleichen Gruppe besitzen die gleiche Anzahl Außenelektronen. Alle Elemente der ersten Gruppe (Alkalimetalle) haben ein Elektron auf ihrer Außenschale. Sie alle sind silbrig weiße, hoch reaktive Metalle.

79
Au
Gold
197

*Die **Atomnummer** gibt die Zahl der Protonen im Atomkern an.*

*Das **Symbol** ist eine Abkürzung, die in chemischen Formeln benutzt wird.*

*Die **Atommasse** gibt die Zahl der Neutronen und Protonen im Atomkern an. Im Periodensystem ist die Atommasse für die am häufigsten vorkommenden Isotope angegeben.*

LEGENDE

- Alkalimetalle
- Erdalkalimetalle
- Übergangsmetalle
- Seltene Erden (Lanthanoide)
- Radioaktive seltene Erden (Actinoide)
- Leichtmetalle
- Halbmetalle
- Nichtmetalle
- Edelgase
- Wasserstoff gehört zu keiner der Gruppen
- Undefiniert

1 H Wasserstoff 1																	2 He Helium 4
3 Li Lithium 7	4 Be Beryllium 9											5 B Bor 11	6 C Kohlenstoff 12	7 N Stickstoff 14	8 O Sauerstoff 16	9 F Fluor 19	10 Ne Neon 20
11 Na Natrium 23	12 Mg Magnesium 24											13 Al Aluminium 27	14 Si Silizium 28	15 P Phosphor 31	16 S Schwefel 32	17 Cl Chlor 35	18 Ar Argon 40
19 K Kalium 39	20 Ca Kalzium 40	21 Sc Scandium 45	22 Ti Titan 48	23 V Vanadium 51	24 Cr Chrom 52	25 Mn Mangan 55	26 Fe Eisen 56	27 Co Kobalt 59	28 Ni Nickel 58	29 Cu Kupfer 63	30 Zn Zink 64	31 Ga Gallium 69	32 Ge Germanium 74	33 As Arsen 75	34 Se Selen 80	35 Br Brom 79	36 Kr Krypton 84
37 Rb Rubidium 85	38 Sr Strontium 88	39 Y Yttrium 89	40 Zr Zirkonium 90	41 Nb Niob 93	42 Mo Molybdän 98	43 Tc Technetium 97	44 Ru Ruthenium 102	45 Rh Rhodium 103	46 Pd Palladium 106	47 Ag Silber 107	48 Cd Cadmium 114	49 In Indium 115	50 Sn Zinn 120	51 Sb Antimon 121	52 Te Tellur 130	53 I Jod 127	54 Xe Xenon 132
55 Cs Cäsium 133	56 Ba Barium 138	57-71	72 Hf Hafnium 180	73 Ta Tantal 181	74 W Wolfram 184	75 Re Rhenium 187	76 Os Osmium 192	77 Ir Iridium 193	78 Pt Platin 195	79 Au Gold 197	80 Hg Quecksilber 202	81 Ti Thallium 205	82 Pb Blei 208	83 Bi Wismut 209	84 Po Polonium 209	85 At Astat 210	86 Rn Radon 222
87 Fr Francium 223	88 Ra Radium 226	89-103	104 Rf Rutherfordium 261	105 Db Dubnium 262	106 Sg Seaborgium 268	107 Bh Bohrium 264	108 Hs Hassium 267	109 Mt Meitnerium 268	110 Ds Darmstadtium 281	111 Rg Roentgenium 281	112 Cn Copernicium 285	113 Uut Ununtrium 286	114 Uuq Ununquadium 289	115 Uup Ununpentium 289	116 Uuh Ununhexium 293	(117) (Uus) (Ununseptium) (unbekannt)	118 Uuo Ununoctium 294

57 La Lanthan 139	58 Ce Cer 140	59 Pr Praseodym 141	60 Nd Neodym 142	61 Pm Promethium 145	62 Sm Samarium 152	63 Eu Europium 153	64 Gd Gadolinium 158	65 Tb Terbium 159	66 Dy Dysprosium 164	67 Ho Holmium 165	68 Er Erbium 168	69 Tm Thulium 169	70 Yb Ytterbium 174	71 Lu Lutetium 175
89 Ac Actinium 227	90 Th Thorium 232	91 Pa Protactinium 231	92 U Uran 238	93 Np Neptunium 237	94 Pu Plutonium 244	95 Am Americium 243	96 Cm Curium 247	97 Bk Berkelium 247	98 Cf Californium 251	99 Es Einsteinium 254	100 Fm Fermium 257	101 Md Mendelevium 258	102 No Nobelium 255	103 Lr Lawrencium 256

Elemente

▲ **PERIODENSYSTEM**
Der russische Chemiker Dimitrij Iwanowitsch Mendelejew (1834–1907) entwickelte 1869 das erste Periodensystem der chemischen Elemente. Er musste mehrere Lücken im System belassen, weil die Elemente noch unbekannt waren. Auf diese Weise sagte er Existenz und Eigenschaften der später entdeckten Elemente Gallium, Germanium und Scandium genau voraus.

WAS IST EIN ISOTOP?

Alle Elemente haben verschiedene Formen, die Isotope. Jedes Isotop hat die gleiche Atomnummer, jedoch eine andere Atommasse. Kohlenstoff besteht zu 99 % aus dem Isotop C 12 und zu 1 % aus dem Isotop C 13. Beide haben je sechs Protonen, das Isotop C 13 besitzt jedoch sieben und C 12 sechs Neutronen.

WARUM IST DAS PERIODENSYSTEM NÜTZLICH?

Wissenschaftler können bereits vor einem Experiment viel über die Eigenschaften eines Elements erfahren, wenn sie seine Position im Periodensystem berücksichtigen. Sie wissen dann, ob es ein Metall oder Nichtmetall ist, wie gut es Elektrizität leitet und wie es mit anderen Elementen reagiert.

SIEHE AUCH ⏭ Atome 157 • Elektrizität 182 • Legierungen 174 • Materialien 170 • Materie 156 • Wärme 168–169

pH 14

Ätznatron (Ofenreiniger)
Ätznatron reagiert mit Fetten und Schmierölen, es greift Haut und Fleisch an.

pH 11

Magnesiumhydroxidkarbonat
Diese Alkaliverbindung kann eine Magenverstimmung heilen – sie neutralisiert die Magensäure.

pH 9

Flüssige Seife (Lauge)
Viele Reinigungsmittel sind Laugen, die sich seifig anfühlen.

pH 7,5

Blut
Blut enthält chemische Verbindungen, die Puffer. Sie regulieren den pH-Wert des Blutes.

pH 6–7

Reines Wasser
Reines Wasser ist neutral, weder sauer noch basisch. Es wird durch Destillation gewonnen.

pH 4

Apfelsinen
Apfelsinensaft enthält eine milde Säure und schmeckt leicht scharf.

pH 3

Essig
Essigsäure tötet Bakterien ab und wird deshalb als Konservierungsmittel genutzt.

pH 2

Zitronensaft
Der saure Geschmack der Zitronen kommt von der Zitronensäure.

pH 1

Salzsäure
Diese starke, ätzende Säure greift viele Metalle an und bildet dabei rauchenden Nebel.

CHEMIE

Chemie ist die Wissenschaft von der Materie, ihren Eigenschaften und ⏭ REAKTIONEN. Die ⏭ BIOCHEMIE befasst sich mit chemischen Vorgängen bei Lebewesen.

WAS IST EINE CHEMIKALIE?
Chemikalien sind die Grundstoffe der Materie. Elemente wie Sauerstoff und Wasserstoff sind Chemikalien. Dazu zählen auch Verbindungen wie Wasser, das aus verschiedenen Atomen besteht. Unser Körper, unsere Nahrung und Kleidung bestehen aus Chemikalien.

WAS SIND CHEMISCHE EIGENSCHAFTEN?
Die Eigenschaft einer Chemikalie beschreibt, wie sie mit anderen Chemikalien reagiert. Sauerstoff lässt z. B. Eisen rosten (oxidieren).

WARUM SIND EINIGE CHEMIKALIEN GEFÄHRLICH?
Unser Körper enthält Zehntausende Chemikalien, die mit ihren Reaktionen Energie erzeugen und uns am Leben erhalten. Toxische (giftige) Chemikalien stören diese Reaktionen. Manche Chemikalien sind ätzend – sie fressen sich durch Festkörper.

◄ DIE PH-SKALA
Die pH-Skala ist ein Maß für die Säure. Starke Säuren haben einen pH-Wert von 1, neutrale Chemikalien haben einen pH-Wert von 7 und starke Basen einen pH-Wert von 14.

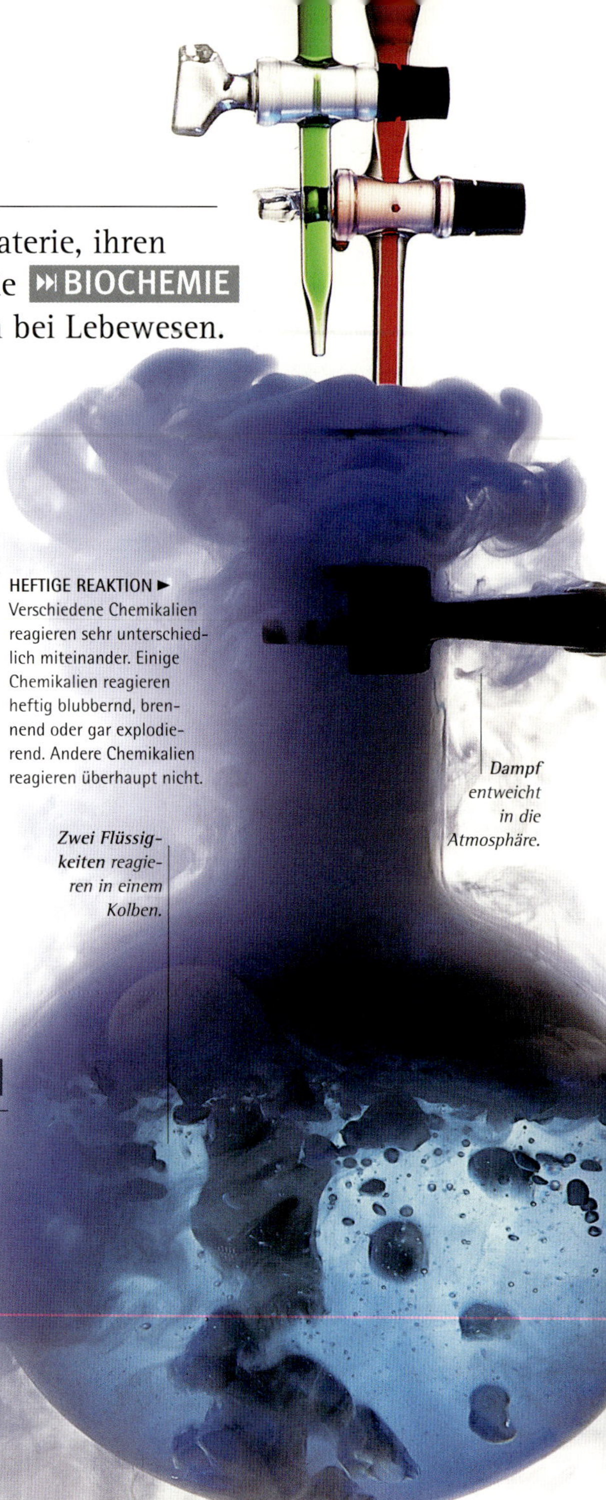

HEFTIGE REAKTION ►
Verschiedene Chemikalien reagieren sehr unterschiedlich miteinander. Einige Chemikalien reagieren heftig blubbernd, brennend oder gar explodierend. Andere Chemikalien reagieren überhaupt nicht.

CHEMISCHE REAKTIONEN

In einer chemischen Reaktion bildet sich aus zwei oder mehreren Chemikalien eine neue Verbindung. Häufig entsteht dabei Wärme (Verbrennung).

WAS SIND SÄUREN UND BASEN?
Säuren sind Chemikalien, die mit Metallen reagieren. Starke Säuren wie Schwefelsäure, Salpetersäure oder Salzsäure sind ätzend. Eine Base neutralisiert eine Säure. Wenn Säuren und Basen miteinander reagieren, entstehen daraus ihre Salze. Laugen sind Basen, die in Wasser gelöst sind.

◄ GRAFIT
Grafit besteht aus reinem Kohlenstoff. Seine Atomringe bilden Schichten, die leicht übereinander gleiten. Grafit ist deshalb weich (z. B. ein Bleistift).

DIAMANT ►
Die Kohlenstoffatome bilden eine dreidimensionale Struktur. Diamanten zählen zu den härtesten Materialien.

Chemie

BIOCHEMIE

Die Biochemie beschäftigt sich mit Molekülen in Lebewesen wie Pflanzen, Tieren und Menschen. Diese Moleküle sind organische Verbindungen, die aus Kohlenstoff bestehen.

WARUM BESTEHEN LEBEWESEN AUS KOHLENSTOFF?
Kohlenstoffatome verbinden sich miteinander (und mit anderen Atomen) auf viele Arten wie z. B. zu Ringen oder langen Ketten. Kohlenstoff ist deshalb ein wichtiges Element, dessen Verbindungen die Moleküle aller Lebewesen bilden.

SIEHE AUCH ⏭ Elemente 160–161 • Materialien 170 • Materie 156

PHYSIK

Physik ist die Lehre von der Energie, den Kräften und der Materie, aus der das Universum und alles in ihm bestehen. Die ⏭ ANGEWANDTE PHYSIK nutzt die Erkenntnisse der Physik für Medizin, Technik und andere Disziplinen.

ACHTERBAHN ▲
Ingenieure nutzen die Physik, damit die Achterbahn sicher ist, aber gleichzeitig Spaß bereitet. Mit den Bewegungsgesetzen können sie berechnen, welche Kräfte in Loopings und Kurven auf dich einwirken.

WAS UNTERSUCHEN PHYSIKER?

Physiker untersuchen, woraus Atome aufgebaut sind oder wie Kräfte die Planeten auf ihrer Umlaufbahn halten. Sie beschäftigen sich auch mit Elektrizität, Magnetismus, Licht, Schall und Wärme. Sie suchen nach Gesetzen, denen Materie und Energie gehorchen. Viele Entdeckungen schreiben sie als ⏭ FORMELN nieder.

WAS SIND PHYSIKALISCHE EIGENSCHAFTEN?

Viele physikalische Eigenschaften kann man in Zahlen messen – z. B. Länge, Gewicht und Volumen. Andere physikalische Eigenschaften beschreiben Härte, Dichte, Elastizität (wie biegsam ist ein Material?), Leitfähigkeit (wie gut leitet ein Material Elektrizität oder Wärme?) und Reflexion (wie gut spiegelt ein Material Licht?).

WIE ARBEITEN PHYSIKER?

Experimentalphysiker arbeiten im Labor, wo sie ihre Versuche planen, um physikalische Eigenschaften und Vorgänge zu messen. Theoretische Physiker entwickeln Ideen, Formeln und Modelle, um neue Gesetze zu entdecken, die Ergebnisse von Experimenten erklären oder sie vorhersagen.

SIR ISAAC NEWTON
Engländer, 1642–1727
Isaac Newton entwickelte einige der bedeutendsten wissenschaftlichen Theorien seiner Zeit. Seine Gesetze zur Bewegung und Schwerkraft erklären, wie sich alle Objekte, vom Atom bis zum Planeten, bewegen. Mit seiner Theorie über das Licht konnte er zeigen, dass Sonnenlicht aus allen Farben besteht.

FORMELN

Eine Formel ist eine mathematische Kurzform. Die Dichte z. B. ist ein Maß dafür, wie dicht die Materie gepackt ist. Die Formel Dichte = Masse/Volumen bedeutet: Die Dichte eines Objekts ist seine Masse geteilt durch das Volumen.

WAS KANN MAN AUS FORMELN LERNEN?

In einer Formel müssen die Beträge auf beiden Seiten des Gleichheitszeichens immer gleich groß sein. Physikalische Größen werden meistens mit Buchstaben benannt. Die Formel F = ma bedeutet: Kraft (F) ist gleich Masse (m) mal Beschleunigung (a). Einige Formeln wurden durch Experimente gewonnen, während andere eine Theorie vorhersagen.

▲ BREMSWEG
Der Anhalteweg (d in m) hängt von der Geschwindigkeit (v in km/h) ab. Er besteht aus Reaktionsweg (0,28v) und Bremsweg ($0{,}005v^2$). Der Reaktionsweg ist die Strecke, die der Fahrer noch fährt, bis er reagiert. Der Bremsweg ist die Strecke bis zum Stillstand. Diese Formel gilt für trockene Straßen, bei nassen Straßen ist der Bremsweg weiter ($0{,}01v^2$).

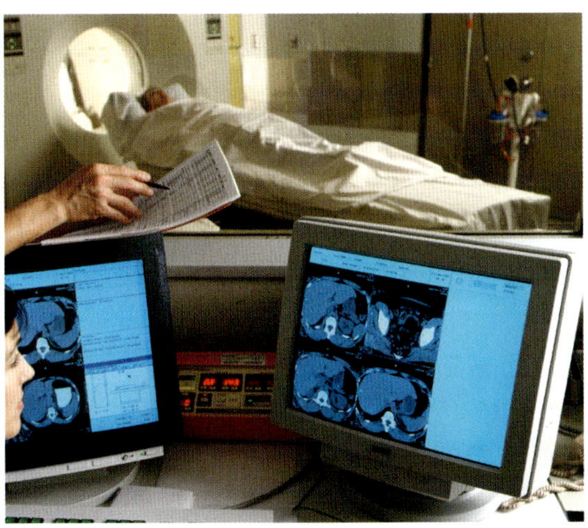

◄ MRT-AUFNAHME
Mit einer MRT-Aufnahme kann ein Arzt ohne Operation innere Gewebe eines Patienten begutachten. Die Kernspinresonanz-Tomografie nutzt magnetische Eigenschaften von bestimmten Atomkernen.

ANGEWANDTE PHYSIK

Physik

Die angewandte Physik wendet die Gesetze der Physik an. Sie entwickelt nützliche Werkzeuge und Techniken für viele Gebiete der Wissenschaft und Technologie wie z. B. Astronomie, Medizin, Meteorologie und Informationstechnologie.

WIE NUTZT DIE MEDIZIN DIE PHYSIK?

Mithilfe der Physik wurden viele wertvolle Instrumente und Techniken entwickelt. Laserchirurgie, Herzmonitore, Röntgengeräte und Strahlentherapie sind Beispiele, wie die Ergebnisse physikalischer Forschung genutzt werden.

SIEHE AUCH ⏭ Energie 166 • Kräfte 164 • Maßeinheiten 155 • Materie 156

ENERGIE

Ohne Energie wäre unsere Welt leblos, dunkel und still. Energie kann Arbeit verrichten und Veränderungen bewirken. Bewegung und Licht entstehen aus Energie. Sie wird benötigt, um Wärme und Elektrizität zu erzeugen und um Kräfte wie die Reibung zu überwinden.

WELCHE FORMEN KANN ENERGIE ANNEHMEN?

Rasende Autos, zischende Raketen, Wind und Wellen – sie alle besitzen ⏭ KINETISCHE ENERGIE (Bewegungsenergie). Ein gespanntes Gummiband besitzt potenzielle (gespeicherte) Energie, weil es seine ursprüngliche Form wieder annehmen will. Wärme ist die kinetische Energie der Moleküle in den Materialien. Licht ist eine Strahlungsenergie, die durch elektromagnetische Kräfte erzeugt wird.

*Die **kinetische Energie** nimmt mit der Geschwindigkeit zu.*

***Potenzielle Energie** wird gespeichert, während sich das Seil dehnt.*

*Die **Erdanziehungskraft** wirkt länger, je höher der Startpunkt über der Erde liegt.*

WIE ÄNDERT SICH DIE ENERGIEFORM?

Energie wird immer dann in eine andere Form umgewandelt, sobald etwas geschieht. Wenn du die Treppen hinaufsteigst, wandeln deine Muskeln chemische Energie aus der Nahrung in kinetische Energie um, weil du gegen die Schwerkraft arbeitest. Die umgesetzte Energiemenge nennt man ⏭ JOULE.

◄ BUNGEEJUMPING

Ein Springer beim Bungeejumping nutzt die Erdanziehungskraft für seinen Sprung. Beim Fall in die Tiefe wird die Schwerkraft in kinetische Energie umgewandelt. Während sich das Seil dehnt und den Fall bremst, wird aus kinetischer potenzielle Energie.

KANN ENERGIE VERNICHTET WERDEN?

Energie kann man nicht erzeugen oder zerstören, sie kann nur in andere Formen umgewandelt werden. Die Energiemenge nach einer Aktion ist genauso groß wie vorher, jedoch kann ein Teil der Energie z. B. als Abwärme entwichen sein.

KINETISCHE ENERGIE

Objekte, die sich bewegen, besitzen kinetische Energie. Diese Energie nimmt zu, wenn ein Objekt mehr Masse hat und wenn es sich schneller bewegt.

WARUM SIND UNFÄLLE BEI HOHEM TEMPO FATAL?

Vielleicht glaubst du, dass ein Unfall mit 64 km/h doppelt so gefährlich ist wie mit 32 km/h. Die kinetische Energie erhöht sich jedoch bei doppelter Geschwindigkeit um den Faktor 4, sodass bei 64 km/h eine viermal so große Kraft wirkt wie bei 32 km/h.

KINETISCHE ENERGIE ▲

Radrennfahrer wandeln Nahrung in Muskelenergie und dann in kinetische Energie um.

KRÄFTIGE SPIELER ▲

Spitzensportler verbrauchen viele Kilokalorien – bis zu einer Kilokalorie in nur einer Stunde. Wenn du so lange fernsiehst, verbrauchst du nur 0,05 Kilokalorien.

Energie

JOULE

Die internationale Einheit der Energie ist das Joule. Ein Joule entspricht der Energie, bei der eine Kraft von einem Newton über einen Meter bewegt wird.

WAS IST EINE KALORIE?

Die Kalorie ist die alte, nicht mehr gebräuchliche Einheit der Wärmeenergie. Die Einheit Kilokalorie (kcal) wird noch benutzt, um den Energiegehalt von Nahrung zu beschreiben. Eine Kilokalorie entspricht 4,2 Joule. Ein aktiver Jugendlicher braucht 2,0 bis 2,5 Kilokalorien am Tag. Der Körper speichert überschüssige Kilokalorien als Fett.

SIEHE AUCH ⏭ Bewegung 165 • Elektrizität 182 • Elektromagnetismus 186 • Kräfte 164 • Licht 178–179 • Wärme 168–169

KERNENERGIE

Die Energie, die Sterne leuchten lässt und Wärme in einem Kernkraftwerk erzeugt, nennt man Kernenergie. Sie entsteht aus den starken Kräften, die den Atomkern zusammenhalten.

WAS SIND FUSION UND SPALTUNG?

Kernenergie kann auf zwei Arten entstehen. Bei der Kernfusion verschmelzen zwei leichtere Atomkerne zu einem schwereren. Diese Reaktion liefert die Energie der Sterne. Bei einer Kernspaltung zerfällt ein instabiler Atomkern wie Uran in zwei Atomkerne. Die Kernspaltung erzeugt Energie in Kernkraftwerken.

WIE WIRD EINE KERNREAKTION GESTEUERT?

Die Kernspaltung von ⏭ RADIOAKTIVEM Uran erzeugt Kernenergie, bei der Neutronen eine Kettenreaktion auslösen. Die Kettenreaktion kann man durch Ein- oder Ausfahren von Kontrollstäben, die sich zwischen den Brennstäben befinden und Neutronen absorbieren, steuern und damit die freigesetzte Energie regulieren.

KERNBRENNSTOFF ▲
Brennstäbe in einem Kernkraftwerk werden sehr heiß. Auch die abgebrannten Brennstäbe sind noch heiß und radioaktiv. Mit einem ferngesteuerten Kran werden sie aus dem Reaktorkern in Abkühlbecken umgesetzt.

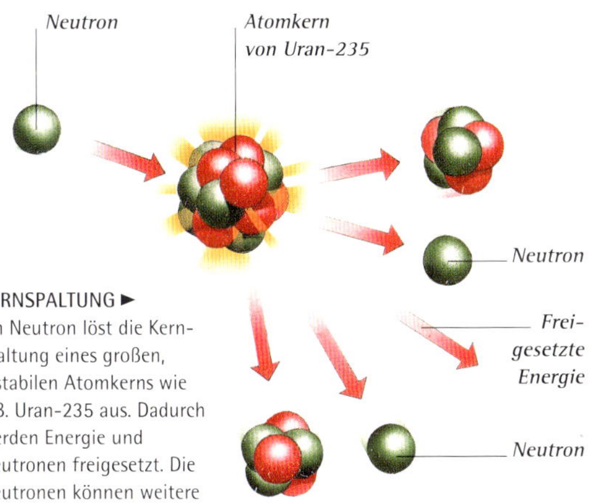

KERNSPALTUNG ►
Ein Neutron löst die Kernspaltung eines großen, instabilen Atomkerns wie z. B. Uran-235 aus. Dadurch werden Energie und Neutronen freigesetzt. Die Neutronen können weitere Kernspaltungen auslösen, sodass eine Kettenreaktion entsteht.

KERNFUSION ►
Bei sehr hohen Temperaturen, wie sie im Inneren eines Sterns vorkommen, verschmelzen die Atomkerne von Deuterium und Tritium (Isotope des Wasserstoffs) zu einem Heliumkern. Diese Reaktion setzt riesige Energiemengen frei.

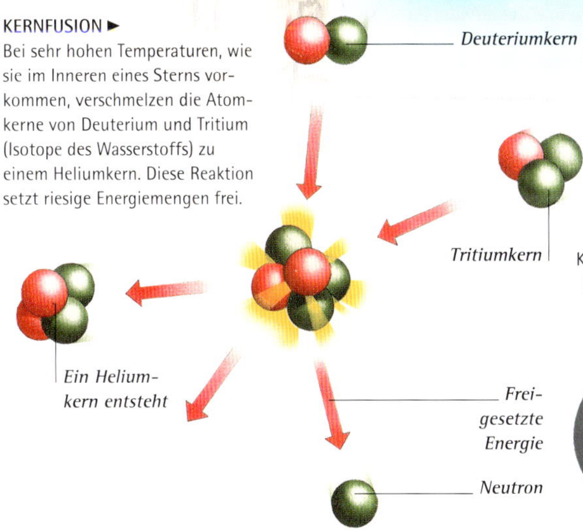

Kernenergie

RADIOAKTIVITÄT

In einem Atomkern wirken starke Kräfte. Einige Atome sind instabil – sie zerfallen und setzen Energie als Strahlung frei. Diese Atome nennt man radioaktiv. Es gibt drei Arten der radioaktiven Strahlung – Alpha, Beta und Gamma.

◄ RADIOAKTIVER ABFALL
Ein Kerntechniker untersucht Container, die radioaktiven Abfall enthalten, auf radioaktive Strahlung. Der Detektor misst die Strahlung (Betateilchen, Gammastrahlen), die durch die dicken Wände des Containers entweicht.

WIE KANN MAN RADIOAKTIVITÄT NUTZEN?

Radioaktive Substanzen zerfallen in bekannten Zeitabschnitten. Geologen und Archäologen datieren das Alter von Gestein, indem sie eine bestimmte radioaktive Substanz messen. Die Lebensmittelindustrie nutzt Radioaktivität, um Erreger vor dem Verpacken abzu-töten. Ärzte behandeln Krebs und sterilisieren Instrumente mit radioaktiven Substanzen.

WARUM IST RADIOAKTIVITÄT GEFÄHRLICH?

Auf lebende Zellen wirken Alpha- und Betateilchen oder Gammastrahlen wie Pistolenkugeln. Ihre Energie zerstört Moleküle und Stoffwechselwege. Eine lang anhaltende Bestrahlung kann Krebs wie Leukämie hervorrufen und eine einmalige, starke Bestrahlung kann zur Strahlenkrankheit führen. Mit radioaktiven Substanzen muss man sehr vorsichtig umgehen.

MARIE CURIE
Französin, 1867–1934
Die gebürtige Polin Marie Curie zählte zu den ersten Forschern, die Radioaktivität untersuchten. Sie entdeckte das Element Radium und erhielt als erste Person zweimal den Nobelpreis. Marie Curie starb an Leukämie, die durch die Strahlung verursacht wurde.

SIEHE AUCH ⏭ Atome 157 • Energie 166 • Energiequellen 60–61

WÄRME

Alles auf der Welt enthält Wärme. Sie ist eine Energieform – die Energie von Molekülen, die sich hin und her bewegen. Die ⏭ TEMPERATUR ist ein Maß dafür, wie kalt oder warm ein Objekt ist – sie wird mit einem ⏭ THERMOMETER gemessen.

WIE WIRD WÄRME ÜBERTRAGEN?

Wärme geht immer von Objekten mit hohen zu solchen mit niedrigeren Temperaturen über. Wenn du neben dem Heizkörper stehst, nimmst du die Wärme der Heizung auf. Verschiedene Materialien leiten Wärme unterschiedlich gut. Metalle sind die besten Wärmeleiter, während ⏭ WÄRMEISOLATOREN Wärme gar nicht leiten.

WELCHE ARTEN DER WÄRMEÜBERTRAGUNG GIBT ES?

Bei der Wärmeleitung übertragen energiereiche Moleküle Wärme an energiearme Moleküle, wenn diese zusammenstoßen. Die Wärmekonvektion überträgt Wärme durch Gase oder Flüssigkeiten. Warme Gase wie Luft steigen auf, während kalte Gase sinken. Diese Bewegungen nennt man Konvektionsströme. Eine Übertragung durch elektromagnetische Strahlen findet bei der Wärmestrahlung statt. Alle Objekte geben Strahlung ab.

▲ WÄRMEBILDER
Rettungskräfte suchen mit einer Wärmebildkamera nach Überlebenden in dichtem Rauch oder unter Trümmern. Ein warmer Körper wird auf dem Bild als helle Fläche dargestellt.

KANN MAN WÄRME SEHEN?

Wärme kann man nicht sehen, aber ihre Auswirkungen sind sichtbar. Konvektionsströme, die über heißem Asphalt aufsteigen, lassen die Luft flimmern. Eine Wärmebildkamera kann Strahlen eines heißen Objekts aufnehmen. Elektromagnetische Strahlen werden umgewandelt, sodass sie auf einem Bildschirm zu sehen sind.

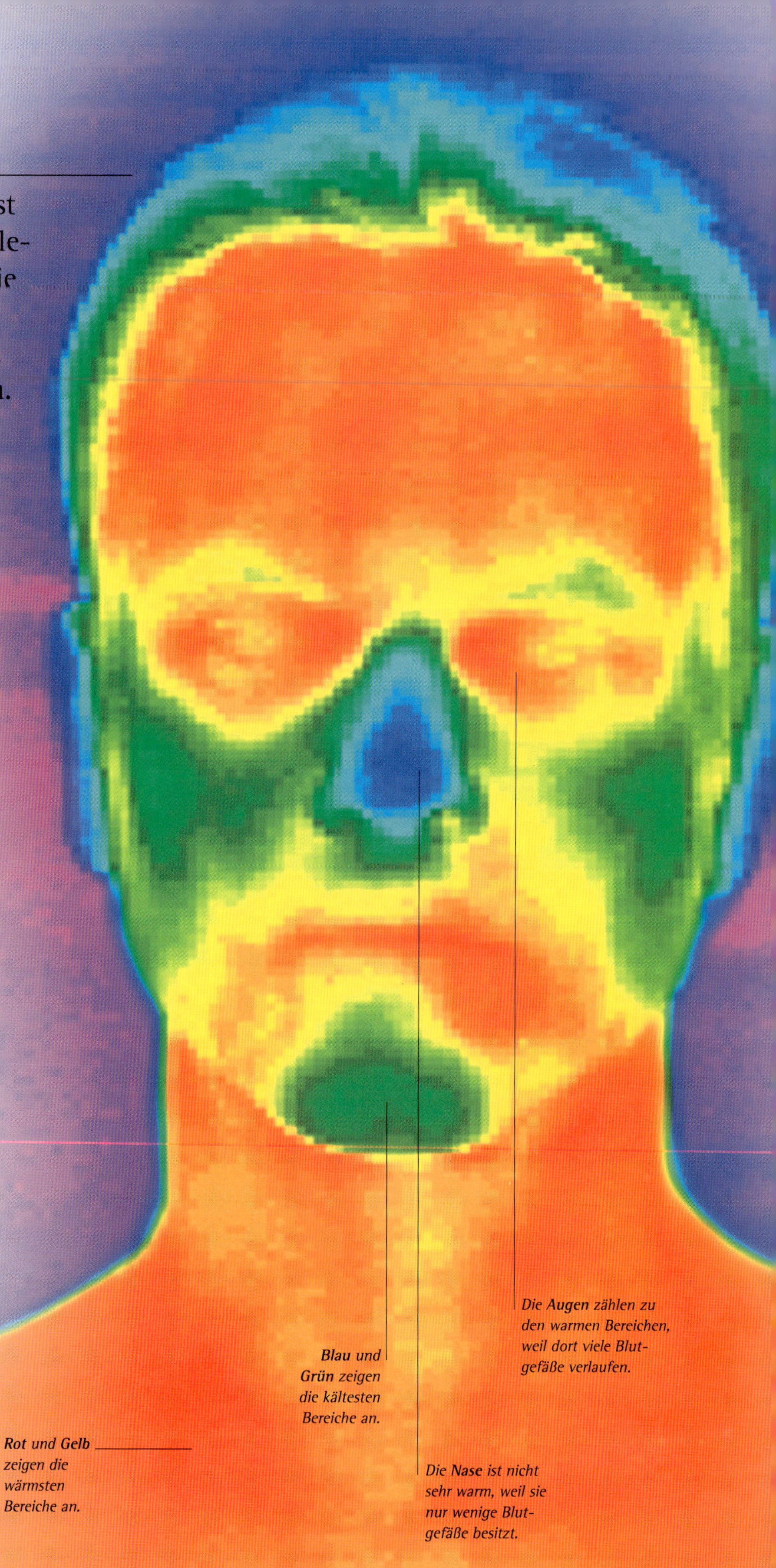

THERMOGRAFIE ▲
Diese Falschfarbendarstellung zeigt die Temperaturunterschiede am Kopf und am Hals. Wärmebildkameras an Flughäfen können Passagiere erkennen, die z. B. Fieber (erhöhte Temperatur) und damit vielleicht eine ansteckende Krankheit haben. Solche Kameras werden auch in Häfen eingesetzt, um nach blinden Passagieren zu suchen.

TEMPERATUR

Die Temperatur verrät uns, wie kalt oder heiß ein Objekt ist. Sie ist ein Maß dafür, wie schnell sich Teilchen bewegen. In einem heißen Objekt schwirren die Teilchen wild durcheinander. Die Temperatur wird in Grad auf einer Temperaturskala gemessen.

WAS IST DER ABSOLUTE NULLPUNKT?

Wenn ein Objekt seine gesamte Wärme abgibt, erstarren seine Moleküle. Die Temperatur, bei der sich Moleküle gar nicht mehr bewegen, nennt man den absoluten Nullpunkt. Er ist die tiefste Temperatur, die überhaupt möglich ist. Der absolute Nullpunkt liegt auf der Celsiusskala bei -273 °C.

WO IST DER HEISSESTE PLATZ IM WELTALL?

Im Zentrum der Sonne herrschen 14 Millionen Grad Celsius. 2010 wurden in einem Labor in New York 250 000-mal heißere Temperaturen erzeugt. Doch die höchste Temperatur entstand beim Urknall – sie betrug 10 Milliarden Milliarden Milliarden Grad Celsius!

Wärme

TEMPERATURSKALA ►
Drei verschiedene Temperaturskalen werden heute weltweit benutzt. Der Gefrierpunkt von Wasser liegt auf der Celsiusskala bei 0 °C, auf der Fahrenheitskala bei 32 °F (englischsprachiger Raum) und auf der Kelvinskala bei 273,15 K (Wissenschaft).

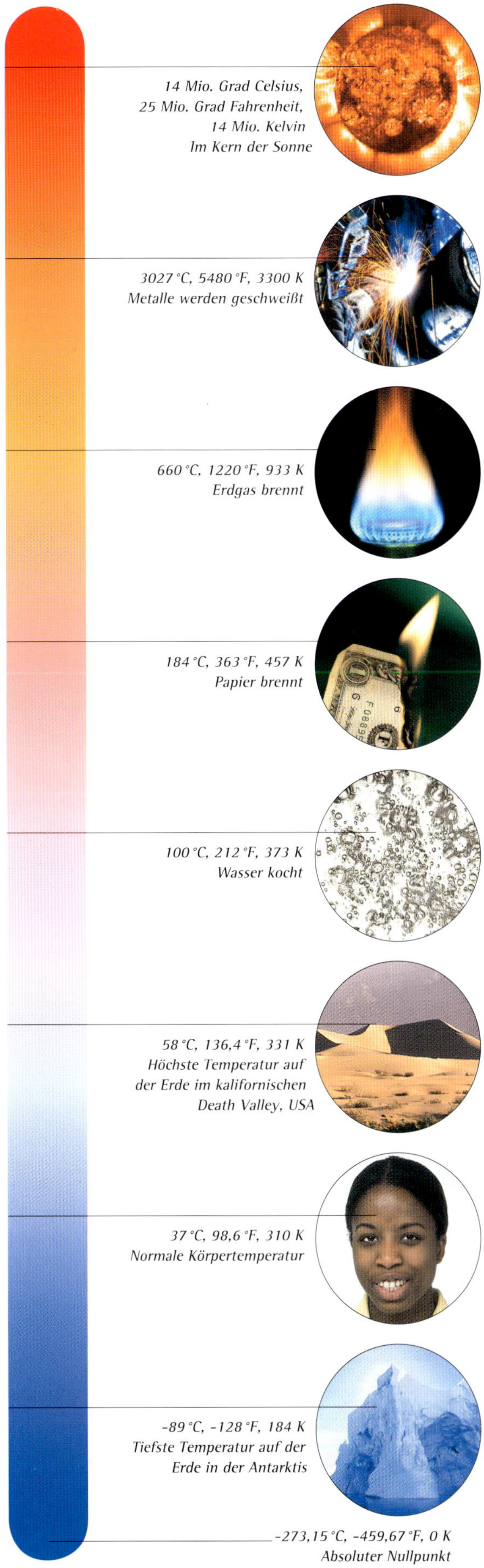

▲ GLASTHERMOMETER
Dieses Thermometer enthält einen Glaskolben mit Flüssigkeit. Sie dehnt sich beim Erwärmen aus und steigt im Kolben hoch. Eine Skala zeigt die Temperatur der Flüssigkeit an.

THERMOMETER

Um die Temperatur zu messen, besitzt ein Thermometer eine Skala. Die meisten Skalen richten sich nach zwei Punkten – dem Gefrierpunkt und dem Siedepunkt von Wasser. Alle Temperaturangaben beziehen sich auf diese beiden Punkte.

WIE ARBEITET EIN THERMOSTAT?

Thermostate regeln die Temperatur in Gebäuden oder Maschinen. Ein einfaches Thermostat besitzt einen Bimetallstreifen, der die Temperatur ein- und ausschaltet. Wenn die Temperatur steigt, dehnen sich beide Metalle unterschiedlich aus. Der Streifen wird gebogen und schaltet die Heizung aus. Bei sinkenden Temperaturen streckt sich der Streifen und schließt den Stromkreis, der die Heizung einschaltet.

WÄRMEISOLATOREN

Jedes Material, das Wärme nicht leitet, ist ein Wärmeisolator. Das Fell vieler Tiere ist ein guter Isolator – es verhindert, dass ihre Körperwärme abstrahlt.

WIE FUNKTIONIERT EINE THERMOSFLASCHE?

In einer Thermosflasche bleibt die Temperatur (heiß und kalt) von Getränken erhalten. Eine Doppelwand unterbricht die Wärmeleitung. Eine dünne Silberschicht auf einer Wand, die Strahlen reflektiert, verhindert die Wärmestrahlung. Der Raum zwischen den Wänden ist fast leer (Vakuum), um Wärmekonvektion zu unterbinden.

◄ VAKUUMFLASCHE
Diese Flasche hat Doppelwände, die mit Silber überzogen sind. Zwischen den Wänden ist ein Vakuum, sodass Wärme nicht übertragen werden kann.

SIEHE AUCH ⏭ Atome 157 • Energie 166 • Kreislauf 134 • Sonne 15

MATERIALIEN

Materialien

Jede Substanz, aus der man etwas herstellen kann, ist ein Material. Natürliche Materialien wie Holz und Steine werden so verarbeitet, wie sie in der Natur vorkommen. ⏭ KUNSTSTOFFE werden durch chemische Reaktionen aus natürlichen Materialien hergestellt.

WAS SIND MATERIALEIGENSCHAFTEN?

Materialien werden nach bestimmten Eigenschaften ausgewählt. Mechanische Eigenschaften wie Stärke sind wichtig bei Materialien, die in Bauten eingesetzt werden. Ob ein Material mit anderen reagiert, zeigen seine chemischen Eigenschaften. Thermische Eigenschaften zeigen, wie ein Material Wärme leitet.

DEHNUNGSTEST ▶
Diese Maschine testet mit einem Zugarm, ob die Plastikfigur stabil genug ist. Löst sich der Kopf zu leicht, könnte ein Kleinkind ihn in den Mund nehmen und daran ersticken.

▲ SPINNENNETZ
Spinnen weben ihr Netz mit Seidenfäden, die aus dem Protein Fibroin bestehen. Die Seide reißt nicht so leicht, weil sie fest und elastisch ist.

WIE FEST IST EIN SPINNENNETZ?

In Millionen Jahren der Evolution entstanden natürliche Materialien, die ihre Aufgaben ideal erfüllen. Ein Spinnennetz ist, gemessen am Gewicht, zehnmal stärker als Stahl und weitaus elastischer. Knochen, Stoßzähne und Zähne sind ebenfalls sehr harte Materialien, die in der Natur vorkommen.

WIE WERDEN MATERIALIEN VERARBEITET?

Die meisten Materialien werden geformt und miteinander verbunden. Holz wird durch Bohren, Hobeln und Sägen bearbeitet. Nägel, Schrauben oder Leim halten es zusammen. Metalle werden gebogen und gehämmert – oder sie werden geschmolzen und in Formen gegossen. Metallverbindungen bestehen aus Schrauben, Nieten oder Schweißnähten.

KUNSTSTOFFE

Eine Substanz, die künstlich durch chemische Reaktionen entsteht, ist ein Kunststoff. Er kann ähnliche oder völlig andere Eigenschaften wie ein Naturprodukt besitzen.

WELCHER WAR DER ERSTE KUNSTSTOFF?

Glas entsteht aus Sand und anderen Mineralien, die geschmolzen werden. Vor über 3500 Jahren stellten die alten Ägypter die ersten Glasflaschen her. Den ersten modernen Kunststoff, das Bakelit, entwickelte 1909 der amerikanische Chemiker Leo Baekeland.

WAS SIND VERBUNDWERKSTOFFE?

Verbundwerkstoffe besitzen die nützlichen Eigenschaften von zwei oder mehreren Materialien. Stahl ist hart und Beton ist es auch, doch Stahlbeton ist wesentlich härter. Hochhäuser und große Spannbrücken sind aus Stahlbeton gebaut.

▲ STUHL AUS GLASFASERN
Ein Stuhl aus Glasfasern ist leicht und stabil. Glasfasern sind ein verstärkter Kunststoff. Sie verhindern, dass sich Risse im Material bilden.

▲ HITZEBESTÄNDIGER SCHUTZANZUG
Viele natürliche und künstliche Fasern brennen sehr leicht. Die Fasern jedoch, aus denen dieser Schutzanzug besteht, sind hitze- und feuerfest. Auf dem Schutzanzug ist eine dünne Aluminiumschicht aufgetragen, um die Hitze wie ein Spiegel zu reflektieren.

SIEHE AUCH ⏭ Chemie 162 • Legierungen 174 • Neue Materialien 175 • Wärme 168–169

MATERIALUMWANDLUNG

Chemische Reaktionen und Wärme können Eigenschaften von Materialien verändern. Manche Veränderungen sind ⏭ PERMANENT, andere ⏭ REVERSIBEL.

WIE VERÄNDERN CHEMISCHE REAKTIONEN MATERIALIEN?

Chemische Reaktionen lösen bestehende Bindungen zwischen Atomen und knüpfen neue. Wenn man z.B. das Gas Ethylen unter Druck erhitzt, verbinden sich seine Moleküle in langen Ketten zu dem Kunststoff Polyethylen. Aus Polyethylen entstehen z.B. Plastikschüsseln, Spritzflaschen und Tragetaschen.

WIE FUNKTIONIERT LEIM?

Ein guter Leim ist eine Substanz, die zuerst flüssig ist und zu einem Festkörper erstarrt, wenn sie mit Luft reagiert. Flüssiger Leim verteilt sich in allen Ritzen und Spalten, wo er sich mit den Molekülen der Materialien verbindet. Nachdem er erstarrt ist, sind beide Teile fest zusammengefügt.

Material-umwandlung

WIE VERÄNDERT WÄRME MATERIALIEN?

Viele Materialien, insbesondere Metalle, werden durch Wärme weicher und formbar. Mit steigenden Temperaturen schmelzen viele Festkörper und werden flüssig. Wärme kann in einer Mischung auch chemische Reaktionen auslösen. Ein dickflüssiger Teig wird z.B. im Backofen durch Wärme zu einem lockeren Kuchen.

ROSTENDES EISEN ▲
Eisen, das im Freien der Nässe ausgesetzt ist, bekommt eine rotbraune Oberfläche, den Rost. Rosten ist eine Reaktion zwischen Eisen, Sauerstoff und Wasser.

VERFAULEN ►
Die komplizierten Moleküle in Lebewesen werden nach ihrem Tod von Mikroorganismen abgebaut.

FRISCHE NEKTARINE

VERFAULTE NEKTARINE

REVERSIBLE ÄNDERUNGEN

Schmelzen und Sieden sind reversible (umkehrbare) Veränderungen, die Wärme bewirken kann. Wasserdampf aus einem Kessel kondensiert an kalten Flächen wieder zu flüssigem Wasser.

◄ LAVAFLUSS
Flüssige Lava aus einem Vulkan besteht aus Gestein, das durch Erdwärme bei 700 °C schmilzt. Die Oberfläche kühlt zuerst ab und bildet Falten, weil die Lava darunter weiterfließt. Nachdem sie erstarrt ist, wird sie wieder festes Gestein.

KANN GESTEIN SCHMELZEN?

Kerzenwachs schmilzt bei 60 °C, Blei bei 327,5 °C und Eisen bei 1538 °C. Sogar Steine können schmelzen. Das Element, das den höchsten bekannten Schmelzpunkt besitzt, ist das Metall Wolfram. Es wird erst bei 3387 °C flüssig. Dünne Drähte aus Wolfram werden als Glühfaden in Glühbirnen und als Glühkathoden in Bildröhren von Fernsehern genutzt.

PERMANENTE ÄNDERUNGEN

Verbrennen, Rosten und Kochen führen zu permanenten (dauerhaften) Änderungen, die nicht umkehrbar sind.

WIE WIRD AUS FLÜSSIGEM BETON EIN FESTKÖRPER?

Beton ist eine Mischung, die aus Kies, Sand, Wasser und Zement besteht. Zement enthält Kalziumoxid (Kalk) und Silikate oder andere Verbindungen. Sobald Zement mit Wasser gemischt wird, reagieren die Verbindungen miteinander und erstarren. Der trocknende Zement bindet Sand und Kies, sodass ein dauerhaftes, festes Material entsteht.

BETON ►
Eine Elektronenmikroskop-Aufnahme von Beton zeigt die Veränderungen, die während des Trocknens ablaufen. Wenn Zement mit Wasser reagiert, bilden sich Kristalle und verbinden Sand und Kies miteinander.

SIEHE AUCH ⏭ Atome 157 • Chemie 162 • Elektrizität 182 • Materie 156 • Mikroorganismen 85 • Mischungen 172 • Wärme 168–169

MISCHUNGEN

Eine Mischung besteht aus verschiedenen Substanzen. Erde ist z. B. eine Mischung aus Sand, Ton, Steinen, Wurzeln sowie pflanzlichen und tierischen Überresten. Luft besteht aus mehreren Gasen. Meerwasser enthält diverse Verbindungen in einer ⏭ LÖSUNG.

UNTERSCHEIDEN SICH MISCHUNG UND VERBINDUNG?
Eine Mischung enthält einzelne Substanzen, die nicht chemisch miteinander reagieren. Substanzen, die chemisch miteinander reagieren, verbinden sich, sodass ein Material mit neuen Eigenschaften entsteht.

SIND FESTKÖRPER, FLÜSSIGKEITEN UND GASE MISCHBAR?
Substanzen können sich in allen Aggregatzuständen mit sich selbst und mit allen anderen mischen. Die meisten Steine bestehen z. B. aus verschiedenen Mineralien. Einige Flüssigkeiten wie Wasser und Alkohol mischen sich leicht, während andere wie Wasser und Öl sich überhaupt nicht mischen lassen. Auch Gase vermischen sich leicht durch ⏭ DIFFUSION.

WARUM IST MISCHEN EINFACHER ALS TRENNEN?
Einen Eimer mit roten Bällen mit einem Eimer weißer Bälle zu vermischen ist ganz einfach – du brauchst sie nur zusammenschütten. Die Bälle geraten durcheinander oder, wissenschaftlich ausgedrückt: Sie haben eine größere Entropie (Unordnung). Sie wieder voneinander zu trennen ist dagegen schwieriger. Dazu musst du sie einzeln aus dem Eimer nehmen und sortieren.

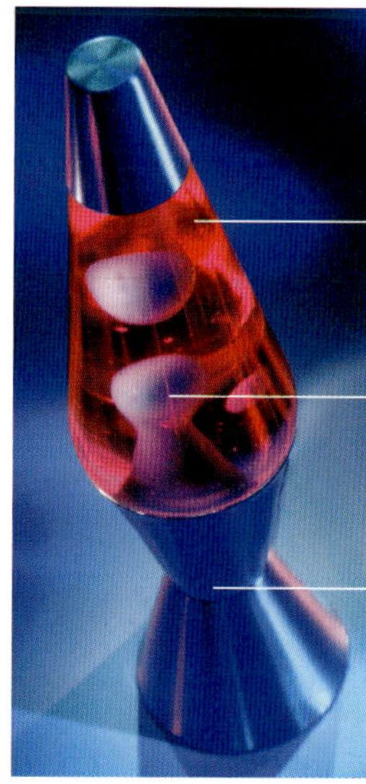

◄ LAVALEUCHTE
Diese Lampe enthält zwei Flüssigkeiten mit verschiedenen Dichten, die sich nicht mischen.

Warme Blasen steigen hoch, kühlen sich ab und sinken.

Flüssigkeitsblasen dehnen sich aus und steigen auf.

Im Lampenfuß befindet sich die Glühbirne. Sie erwärmt die Flüssigkeit. Die Flüssigkeit direkt über der Birne dehnt sich aus, wird weniger dicht und steigt hoch.

LÖSUNG

Eine Lösung ist eine flüssige Mischung. Die Moleküle eines Festkörpers verteilen sich zwischen Flüssigkeitsmolekülen – sie sind gelöst. Die Menge eines Festkörpers, die sich in einer Flüssigkeit lösen kann, nennt man Löslichkeit.

◄ SCHICHTEN AUS ÖL UND WASSER
Wasser und Öl mischen sich nicht und bilden deshalb keine Lösung.

WARUM MISCHEN SICH WASSER UND ÖL NICHT?
Öl ist in Wasser unlöslich, weil sich die Moleküle beider Substanzen gegenseitig abstoßen. Wenn man Pflanzenöl und Wasser kräftig schüttelt, sind beide für kurze Zeit gemischt. Lässt man die Mischung etwas stehen, trennen sich beide wieder. Öl besitzt eine geringere Dichte als Wasser und schwimmt deshalb an der Oberfläche.

Mischungen

DIFFUSION

Wenn sich zwei Gase oder Flüssigkeiten in einem Behälter befinden, bewegen sich ihre Moleküle, bis die Mischung im Behälter gleichmäßig verteilt ist. Diesen Vorgang nennt man Diffusion.

WAS IST EINE ZITTERBEWEGUNG?
Moleküle in einem Gas oder einer Flüssigkeit schwirren zickzackförmig umher. Sie bewegen sich durch ihre Wärmeenergie und ändern ständig ihre Richtung, weil sie mit anderen Molekülen zusammenstoßen. Gasmoleküle verteilen sich überall. Deshalb kann man z. B. Parfüms im gesamten Raum riechen.

◄ MISCHEN DURCH DIFFUSION
Kristalle aus Kaliumpermanganat lösen sich in Wasser und färben es violett. Die Moleküle verteilen sich im klaren Wasser, ohne dass sie umgerührt werden müssen.

Kaliumpermanganat löst sich in Wasser.

Kristalle aus Kaliumpermanganat

MISCHUNGEN TRENNEN

Wie holt man das Salz aus dem Meerwasser? Um Mischungen zu trennen, nutzt man die unterschiedichen physikalischen Eigenschaften ihrer Verbindungen.

Mischungen trennen

WIE WERDEN FESTKÖRPER VONEINANDER GETRENNT?

Die meisten Festkörper unterscheiden sich in ihrer Dichte, Größe und Löslichkeit. Mit Wasser kann man z. B. Salz von Sand trennen – das Salz löst sich im Wasser, der Sand dagegen nicht. Eine ⏭ FILTRATION trennt einen unlöslichen Stoff aus einer Flüssigkeit.

GOLDWÄSCHE ► Goldsucher müssen Gold und Kies trennen. Da Gold schwerer ist als Kies, bleibt es auf dem Boden der Pfanne liegen.

WIE FUNKTIONIERT EINE DESTILLATION?

In einer Flüssigkeitsmischung verdampft zuerst die Komponente, die den niedrigeren Siedepunkt besitzt. Durch Kühlung kondensiert der Dampf und wird wieder flüssig. Bei einer fraktionierten Destillation werden mehrere Komponenten nacheinander getrennt, während die Temperatur ansteigt.

◄ LABORDESTILLATION Dieses Bild zeigt den typischen Geräteaufbau einer Destillation. Ein Bunsenbrenner erhitzt einen Kolben, sodass die Flüssigkeit verdampft. Der Dampf strömt in einen Kühler, der mit Wasser arbeitet (Liebigkühler). Er ist leicht abfallend angebracht, sodass das Kondensat in den Auffangkolben abfließt.

WIE TRENNT MAN GASE VONEINANDER?

Um Stickstoff, Sauerstoff und andere Gase aus der Luft zu isolieren, wird Luft zunächst auf -196 °C gekühlt. Anschließend wird die flüssige Luft fraktioniert destilliert. Gase kann man auch mit einer Membran voneinander trennen. Leichtere Gasmoleküle diffundieren schneller durch die Membran als schwerere.

FILTRATION

Die Filtration ist ein Trennverfahren, um Festkörper aus einer Flüssigkeit durch einen Filter, der nur die Flüssigkeit durchlässt, abzuscheiden. Ein Kaffeefilter trennt z. B. die gemahlenen Kaffeebohnen vom gelösten Kaffee. Die Größe der Poren (Löcher) im Filter entscheidet, welche Teilchen durchfließen können.

ZENTRIFUGE ► Ein Eppendorfgefäß mit einer Blutprobe wird in eine Tischzentrifuge gestellt. Durch die hochtourigen Umdrehungen trennen sich Blutkörperchen und Plasma.

WAS IST EINE DIALYSE?

Die Nieren reinigen das Blut. Im Blut gelöste Substanzen fließen dabei durch eine Membran und werden mit dem Urin ausgeschieden. Blutkörperchen sind so groß, dass sie nicht durch die Membran gelangen. Wenn die Nieren ausfallen, werden Patienten mithilfe einer Dialysemaschine behandelt. Sie arbeitet wie eine künstliche Niere außerhalb des Körpers.

WAS IST EINE ZENTRIFUGE?

Eine Zentrifuge funktioniert wie eine Schleuder, die Wasser aus der Wäsche drückt. In Röhrchen werden Flüssigkeiten, die Festkörper enthalten, mit hohen Geschwindigkeiten gedreht. Schwerere Teilchen mit hoher Dichte sinken auf den Boden des Röhrchens, während die leichteren gelöst bleiben. Eine Zentrifuge trennt z. B. Blutkörperchen vom Plasma.

SIEHE AUCH ⏭ Chemische Industrie 206–207 • Materie 156 • Mischungen 172 • Nieren 147

LEGIERUNGEN

Legierungen

Eine Mischung aus einem Grundmetall und anderen Metallen oder Nichtmetallen nennt man eine Legierung. Sie verbessert die Eigenschaften des Grundmetalls. Bronze ist eine Legierung aus den Metallen Kupfer und Zinn, die nicht mit Wasser reagiert und beständig ist.

METALLWERKZEUGE ►
Gute Werkzeuge sind aus hartem Metall, um beschlagen und geschliffen werden zu können. Moderne Werkzeuge enthalten Eisen, das mit Kohlenstoff verstärkt wurde.

*Diese **Sichel aus der Bronzezeit** besitzt einen Holzgriff und eine Klinge aus Bronze.*

*Diese **Sichel aus der Eisenzeit** besteht aus dem Metall Eisen, das aus Erzen geschmolzen wurde.*

◄ STAHL
Das Atomium in Brüssel ist eine Stahlkonstruktion. Stahl ist eine Legierung aus Eisen und Kohlenstoff. Die Außenhaut des Atomiums besteht aus einer Aluminiumschicht, um es vor Wettereinflüssen zu schützen. Die neun Kugeln sind wie die Atome im Eisen angeordnet. Sie beherbergen ein Wissenschaftsmuseum.

SIND LEGIERUNGEN HÄRTER ALS REINE METALLE?

Ein reines Metall besitzt gleich große Atome in regelmäßigen Schichten, die leicht übereinandergleiten. Legierungen sind meist härter, weil die unterschiedlich großen Atome diese Schichten unterbrechen, sodass sie schlechter übereinandergleiten.

SCHMELZEN LEGIERUNGEN LEICHT?

Die unterschiedlichen Atome einer Legierung sind unregelmäßig angeordnet. Deshalb sind die Bindungen zwischen den Atomen schwächer, sodass Legierungen eher schmelzen. Legierungen mit sehr niedrigem Schmelzpunkt wie z. B. ⏭ LOT sind von großem Nutzen.

WER NUTZTE ZUERST LEGIERUNGEN?

Bronze gab es schon vor über 6000 Jahren, als unsere Vorfahren im Vorderen Orient Kupfer- und Zinnerze erhitzten. Bronze ist härter und beständiger als reines Kupfer. Das Zeitalter, als Bronze das wichtigste Material war, nennt man Bronzezeit.

LEGIERUNGEN

NAME	*HAUPTBESTANDTEILE*	*NUTZEN*
Messing	Kupfer, Zink	Dekorationen, Musikinstrumente
Bronze	Kupfer, Zinn	Achsenlager, Münzen, Statuen
Kupfernickel	Kupfer, Nickel	Münzen
Duralumin	Aluminium, Kupfer, Magnesium, Mangan	Fahrräder, Flugzeugbau
Nickelchrom	Nickel, Chrom	Elektrische Heizelemente
Stahl	Eisen, Kohlenstoff	Autos, Gebäude, Werkzeuge
Edelstahl	Eisen, Chrom, Kohlenstoff	Chirurgische Instrumente, Küchengeräte, Schneidwerkzeuge
Lot	Blei, Zinn	Lötmetall

LOT (LÖTMETALL)

Blei ist ein schweres, weiches Metall, das bei 328 °C schmilzt. Eine Legierung aus Blei und Zinn schmilzt bei tieferen Temperaturen (Weichlot) und eignet sich zum Löten.

WAS IST EIN FLUSSMITTEL?

Flussmittel sind Substanzen, die eine Oxidation (Reaktion mit Sauerstoff) beim Schmelzen verhindern. Die meisten Metalle oxidieren an der Luft – Wärme beschleunigt diesen Vorgang. Wenn ein Klempner ein Kupferrohr lötet, schmiert er die Lötstellen vorher mit Flussmittel ein. Da das Lot auf oxidiertem Kupfer nicht haftet, würde die Verbindung sonst undicht werden.

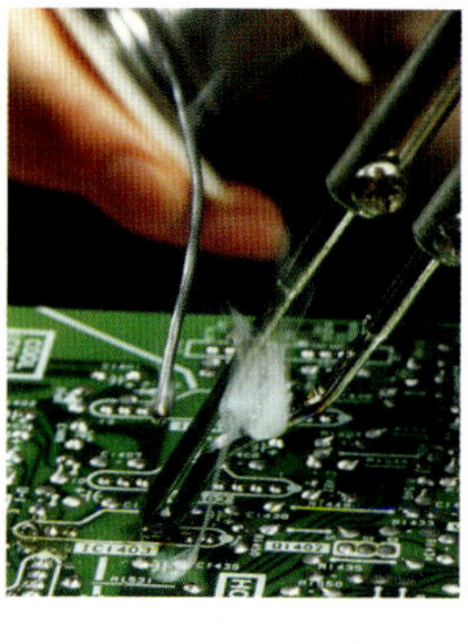

LÖTMETALLE ▲
Das Lot wird mit einem Lötkolben geschmolzen, um elektronische Komponenten auf einer Schalttafel zu verbinden.

SIEHE AUCH ⏭ Bronze- und Eisenzeit 367 • Elemente 160–161 • Stromkreise 184–185

NEUE MATERIALIEN

Die Materialwissenschaft erforscht neue Produktionsverfahren, um z.B. Materialien mit ⏭INTELLIGENTEN Eigenschaften zu entwickeln. Fensterscheiben, die ihre Farbe ändern, um die Raumtemperatur zu regeln, oder künstliche Arterien, die selbst Blut pumpen – diese Materialien sind bereits entwickelt.

SEAGEL ▲
Dieses Material ist aus Agar-Agar (Extrakt aus Rotalgen) hergestellt. Es könnte Kunststoffverpackungen ersetzen.

WIE ENTSTEHEN MODERNE MATERIALIEN?

Die meisten modernen Materialien sind Weiterentwicklungen bereits vorhandener. Durch neue Zusammensetzung verschiedener Substanzen, Wärme und Druck entstehen neue Eigenschaften.

WELCHE EIGENSCHAFTEN MÜSSEN MODERNE MATERIALIEN BESITZEN?

Die Eigenschaften richten sich danach, welchen Zweck das Material erfüllen soll. Materialien, die im menschlichen Körper eingesetzt werden, dürfen nicht giftig sein und nicht mit Blut reagieren. Neue Verpackungen müssen preiswert herstellbar, einfach zu recyceln oder abbaubar sein.

WARUM SIND KARBONFASERN SO HART?

Die neuesten Tennisschläger und Fahrräder aus Karbonfasern sind so leicht wie Holz, aber dennoch so hart wie Stahl. Diamanten sind die härtesten Materialien – die Bindungen der Kohlenstoffatome sind so stark, weil sie in einem Gitter wie Honigwaben angeordnet sind. Karbonfasern bestehen aus langen Ketten von Kohlenstoffatomen, die fest verbunden sind.

INTELLIGENTE MATERIALIEN

Intelligente Materialien reagieren auf ihre Umgebung wie die Haut eines Chamäleons. Intelligente Kleidung kann die Körpertemperatur regeln, im Dunkeln leuchten oder sich selbst sauber halten.

◄ DURCHSICHTIGE KLEIDUNG
Das Bild auf der Vorderseite des Mantels zeigt, was sich hinter der Frau auf der Straße abspielt. Der Mantel ist mit winzigen Perlen besetzt, die eine Aufnahme der Straßenszene wiedergeben. Menschen, Fahrzeuge oder Häuser können mit solchen Materialien unsichtbar werden.

KÖNNEN SICH METALLE ERINNERN?

Legierungen aus Nickel und Titan merken sich ihre Form. Die Anordnung der Atome ändert sich, wenn das Metall gebogen oder verdreht wird. Durch Erwärmen springen die Atome in ihre Ausgangsposition zurück. Aus diesem Material werden z.B. Brillen hergestellt.

KÖNNEN BILDSCHIRME NOCH FLACHER WERDEN?

Einige moderne Polymere (Kunststoffe) leiten Strom, durch den sie auch Licht ausstrahlen können. Bildschirme aus diesen Polymeren sind so dünn und biegsam wie Papier, sodass Handys bald ultradünne Bildschirme haben können. Vielleicht kann man in Zukunft sogar einen Bildschirm auf ein T-Shirt sprühen!

SIEHE AUCH ⏭ Chemie 162 • Elektrizität 182 • Elemente 160–161 • Materialien 170 • Technologie 154

LICHT

Licht breitet sich als elektromagnetische Strahlung aus. Heiße Objekte wie die Sonne, Glühbirne und ⏭ LASER können Licht erzeugen. Auf Oberflächen werden Lichtstrahlen absorbiert, ⏭ GESPIEGELT oder durch ⏭ BEUGUNG abgelenkt.

WAS IST LICHT?

Licht besteht aus kleinen Energiepaketen, die man Photonen nennt. Die meisten Photonen entstehen, wenn Atome in einem Objekt erwärmt werden. Durch die Wärme erhalten die Elektronen im Atom zusätzliche Energie, die sie als Photon freisetzen. Je mehr Wärme ein Objekt empfängt, umso mehr Photonen gibt es ab.

WIE BREITET SICH LICHT AUS?

Lichtstrahlen breiten sich wellenförmig aus. Aber im Gegensatz zu Schall- oder Wasserwellen braucht Licht keine Materie, um sich auszubreiten. Licht durchquert deshalb auch ein Vakuum – einen vollständig leeren Raum. (Schall benötigt dagegen Festkörper, Flüssigkeiten oder ein Gas, um sich auszubreiten.) Nichts ist schneller als Licht, es erreicht im Vakuum des Weltalls fast 300 000 km pro Sekunde.

◄ POLARISIERTES LICHT
Heller Sonnenschein, der von der Straße gespiegelt wird, blendet deine Augen. Ein Polarisationsfilter verhindert das Blenden. Lichtwellen streuen normalerweise in alle Richtungen. Ein solcher Filter jedoch lässt nur Lichtwellen durch, die in einer Richtung schwingen.

Licht

WAS SIND SCHATTEN?

Lichtwellen breiten sich von ihrer Quelle geradlinig als Strahlen aus. Treffen sie auf ein undurchsichtiges Objekt, werden sie von diesem blockiert, sodass sie die andere Seite des Objekts nicht erreichen. Die Stelle hinter dem Objekt bleibt deshalb als Schatten dunkel.

WARUM SIND EINIGE MATERIALIEN UNDURCHSICHTIG?

Licht, das auf ein Material trifft, kann die Atome im Material beeinflussen. Metalle z. B. absorbieren die Photonen, sodass Licht nicht durch Metall scheint. Diese Materialien nennt man undurchsichtig. Bei anderen Materialien wie Glas können die Atome die Photonen nicht absorbieren, sodass Licht durch sie hindurchscheint. Sie nennt man transparente Materialien.

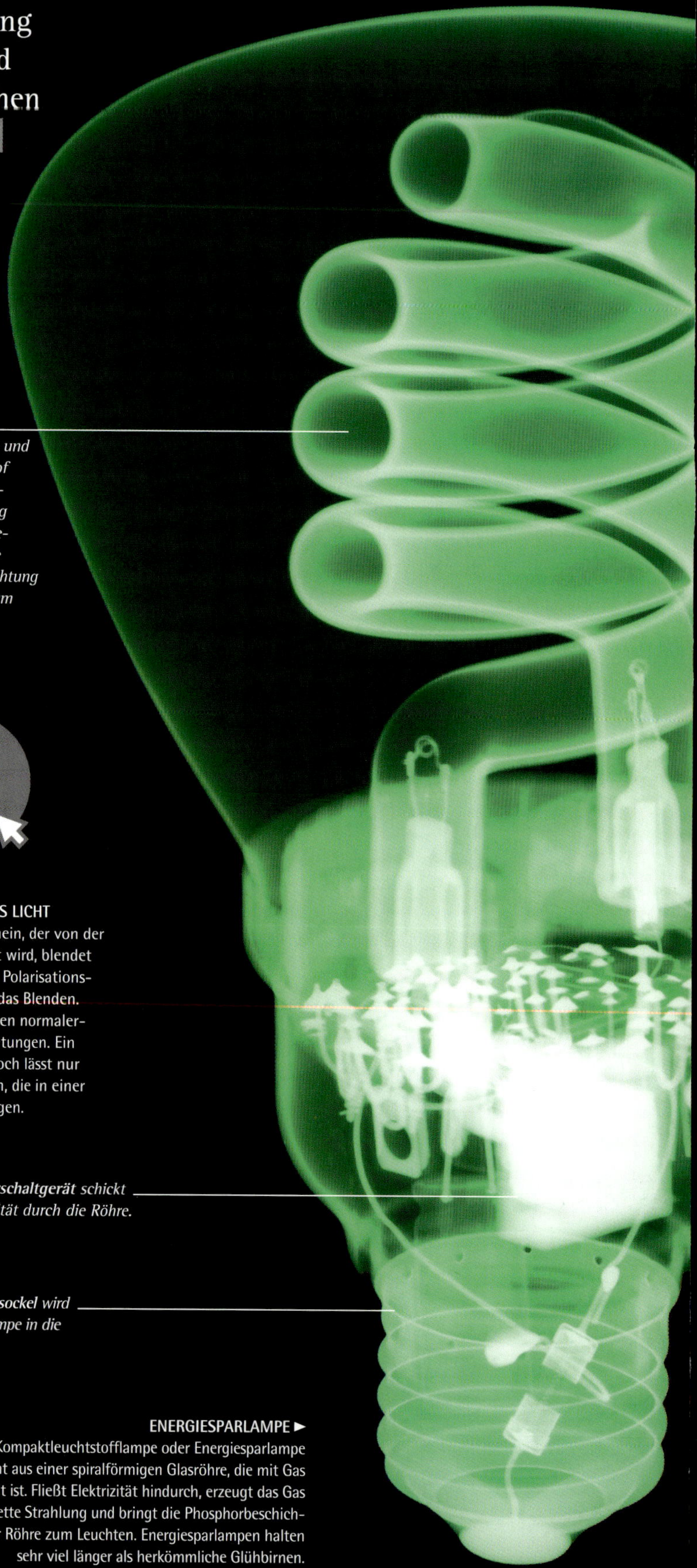

*Die **Glasröhre** ist mit Argongas und Quecksilberdampf gefüllt, der ultraviolette Strahlung abgibt. Diese wiederum bringt die Phosphorbeschichtung auf der Röhre zum Leuchten.*

*Das **Vorschaltgerät** schickt Elektrizität durch die Röhre.*

*Mit dem **Schraubsockel** wird die Energiesparlampe in die Fassung gedreht.*

ENERGIESPARLAMPE ►
Die Kompaktleuchtstofflampe oder Energiesparlampe besteht aus einer spiralförmigen Glasröhre, die mit Gas gefüllt ist. Fließt Elektrizität hindurch, erzeugt das Gas ultraviolette Strahlung und bringt die Phosphorbeschichtung der Röhre zum Leuchten. Energiesparlampen halten sehr viel länger als herkömmliche Glühbirnen.

SPIEGELUNG (REFLEXION)

Lichtstrahlen, die von Oberflächen abprallen, werden gespiegelt. Der Mond leuchtet, weil er Sonnenlicht spiegelt. Spiegel reflektieren Licht in nur einer Richtung.

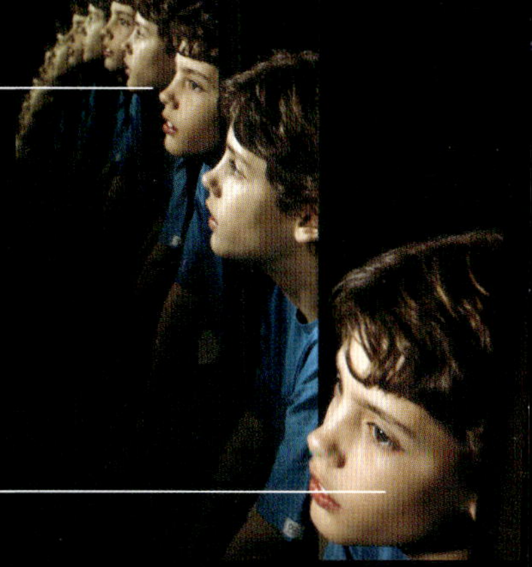

*Die **Spiegelungen** zeigen seitenverkehrte Bilder von seitenverkehrten Bildern.*

SPIEGELUNGEN ►
Wenn du zwischen zwei Spiegeln stehst, die sich genau gegenüber befinden, siehst du unendlich viele Spiegelungen deiner Spiegelbilder.

*Ein **Junge**, der in den Spiegel sieht*

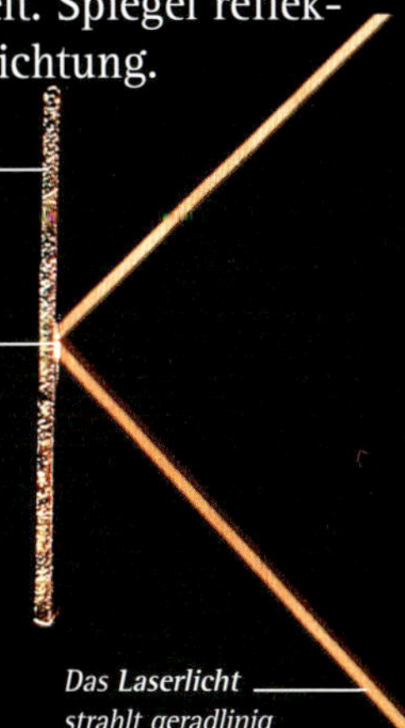

*Ein **Glasspiegel** besitzt auf einer Seite eine reflektierende Metallschicht.*

*Ein **Lichtstrahl** trifft auf den Spiegel und wird reflektiert, so wie eine Billardkugel vom Tischrand zurückprallt.*

REFLEXIONSGESETZ ►
Ein Lichtstrahl wird in dem Winkel reflektiert, mit dem er auf die Fläche traf (Einfallswinkel ist gleich Ausfallswinkel).

*Das **Laserlicht** strahlt geradlinig durch die Luft*

WAS GESCHIEHT, WENN DU IN DEN SPIEGEL SIEHST?

Auf den ersten Blick siehst du ein identisches Bild von dir. Doch wenn du die rechte Hand hebst, bemerkst du, dass dein Spiegelbild die linke Hand hebt. Ein Spiegelbild ist immer seitenverkehrt. Wenn du ein Blatt mit Text vor den Spiegel hältst, kannst du die Zeilen von hinten nach vorn »lesen«.

BEUGUNG (REFRAKTION)

Licht breitet sich in einigen Materialien langsamer aus als in anderen. Es ändert, wenn es abgebremst wird, auch seine Richtung. Diese Änderung nennt man Beugung.

*Der **Laserstrahl** wird beim Austritt leicht abgelenkt, er verläuft aber noch parallel zum einfallenden Strahl.*

Laserstrahl in der Luft

*Der **Laserstrahl** wird im Glasblock gebeugt.*

▲ BEUGUNG
Ein Laserstrahl wird gebeugt (gebrochen), wenn er aus der Luft in einen Glasblock eintritt.

◄ OPTISCHE TÄUSCHUNG
Der Körper des Mädchens erscheint näher als der Kopf, wenn man das Mädchen von der Wasseroberfläche aus sieht. Lichtstrahlen ändern ihre Richtung, wenn sie aus der Luft ins Wasser eintreten.

WARUM IST EIN POOL TIEFER, ALS ER AUSSIEHT?

Durch die Lichtbeugung scheinen manche Dinge näher am Betrachter zu sein, als sie tatsächlich sind. Tritt ein Lichtstrahl aus der Luft ins Wasser, scheint der Pool nur 3 m tief zu sein, obwohl er 4 m tief ist. Glas beugt (oder bricht) Licht ebenfalls. Diese Eigenschaften nutzt man, um Brillen und andere Linsen herzustellen.

LASER

Laser erzeugen starke, gebündelte Lichtstrahlen. Im Laser wird Licht von mehreren Spiegeln hin und her reflektiert, bis es die gewünschte Stärke erreicht hat und als Laserstrahl austritt.

WAS IST DAS BESONDERE AN LASERSTRAHLEN?

Laserstrahlen verteilen sich nicht strahlenförmig wie Licht anderer Quellen. Alle Lichtwellen in einem Laserstrahl stimmen exakt überein. Laserstrahlen sind deshalb gebündelt und lassen sich besser regulieren. Sie können Fernsehbilder und andere Signale ohne Qualitätsverlust über weite Strecken aussenden.

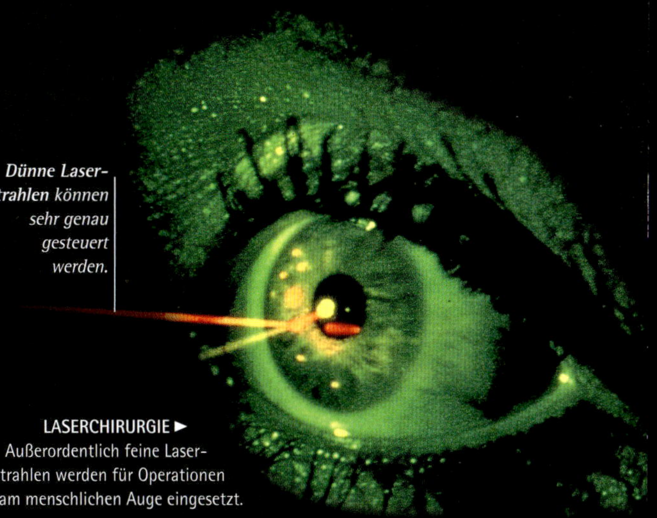

***Dünne Laserstrahlen** können sehr genau gesteuert werden.*

LASERCHIRURGIE ►
Außerordentlich feine Laserstrahlen werden für Operationen am menschlichen Auge eingesetzt.

SIEHE AUCH ⏭ Atome 157 • Auge 140 • Farbe 180 • Linsen 181 • Materie 156

FARBE

Licht strahlt mit verschiedenen Wellenlängen, die wir als Farben sehen. Dieser Bereich ist das sichtbare Spektrum, das man mit ⏭ STREUUNG in seine Farben trennen kann.

LICHTBEUGUNG IN EINEM PRISMA ▲
Die verschiedenen Wellenlängen des Lichts breiten sich mit unterschiedlicher Geschwindigkeit im Prisma aus. Das Prisma beugt die kürzeste Wellenlänge, das violette Licht, am stärksten. Die längste Wellenlänge, ein intensives Rot, wird nur leicht gebeugt.

◄ REGENBOGEN DES LICHTS
Sonnenlicht ist eine Mischung aus allen Farben des Spektrums – Rot, Orange, Gelb, Grün, Blau, Indigo und Violett.

WAS IST DAS SICHTBARE SPEKTRUM?

Lichtwellen sind nur eine Art von elektromagnetischen Wellen. Zum elektromagnetischen Spektrum zählen auch Radiowellen, Röntgen- und Gammastrahlen. Das sichtbare Spektrum ist der einzige Teil dieses Spektrums, den das menschliche Auge sehen kann. Das sichtbare Spektrum reicht von Violett bis Rot.

WAS SIND GRUNDFARBEN?

Die lichtempfindlichen Zellen im menschlichen Auge reagieren auf nur drei Lichtstrahlen: rote, grüne und blaue Wellenlängen, die drei Grundfarben des Lichts. Wenn die drei Farben gleich stark scheinen, sehen wir weißes Licht. Fällt nur rotes und grünes Licht ins Auge, sehen wir diese Mischung als Gelb.

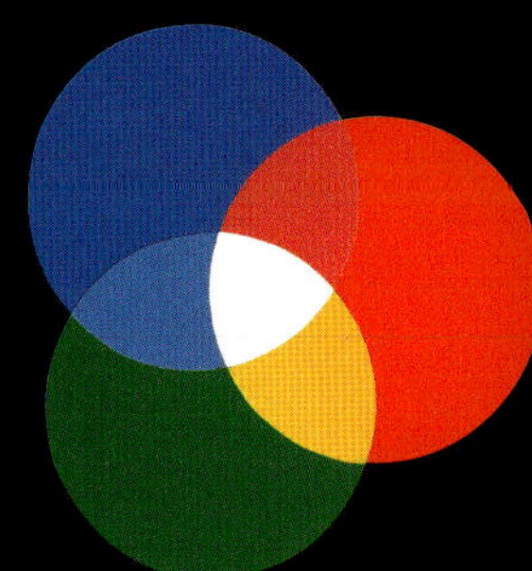

▲ GRUNDFARBEN
Aus den drei Grundfarben des Lichts, Rot, Grün und Blau, entstehen Mischfarben. Rot und Grün ergeben z. B. Gelb, aus Blau und Grün entsteht Cyan und Rot und Blau mischen sich zu Magenta. Alle drei Farben zusammen ergeben Weiß.

WIE VIELE FARBEN KÖNNEN WIR SEHEN?

Verschiedene Wellenlängen können sich mischen, sodass Millionen Farben entstehen. Das menschliche Auge kann über 10 Mio. Farbnuancen unterscheiden – einige davon sind zu einem ⏭ FARBKREIS zusammengefasst. Wir können Farben nur im hellen Licht sehen. Im Dunkeln erkennen wir nur Grauschattierungen.

STREUUNG

Weißes Licht, das durch ein besonders geformtes Glas, ein Prisma, fällt, wird durch Streuung in seine verschiedenen Wellenlängen aufgeteilt. Die einzelnen Wellenlängen bilden dabei das Spektrum. Der Forscher Isaac Newton nutzte bereits 1665 ein Prisma, um Sonnenlicht in sein Spektrum zu zerlegen.

WIE ENTSTEHT EIN REGENBOGEN?

Wenn bei Regen gleichzeitig die Sonne scheint, kann ein Regenbogen entstehen. Die Wassertropfen wirken wie kleine Prismen, sie brechen und spiegeln das Sonnenlicht und zerlegen es in seine Farben. Um einen Regenbogen zu sehen, musst du in einem bestimmten Winkel zu den Tropfen und dem Sonnenlicht stehen.

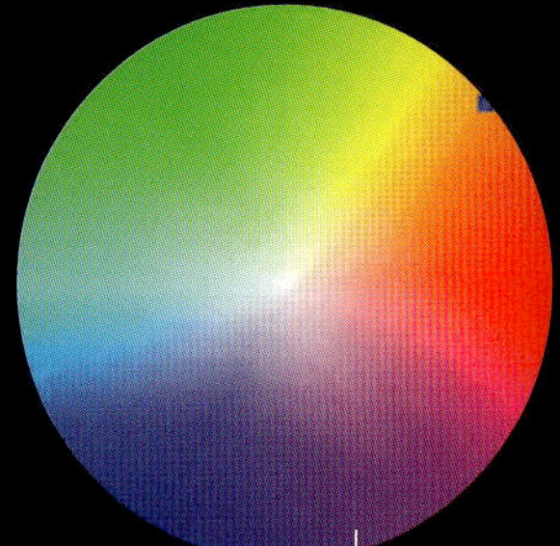

Am Computer kann man mit einem Schieberegler die Helligkeit von Farbtönen einstellen.

Dieser Kreis zeigt alle möglichen Farbtöne bei maximaler Helligkeit an.

FARBKREIS

Der Farbkreis ist eine Möglichkeit, Farben systematisch anzuordnen. Er beschreibt alle Farben, sodass man z. B. für Wandfarben oder Textilien einen Farbton gezielt auswählen kann.

◄ HSB-MODELL
Dieses Modell beschreibt eine Farbe nach drei Eigenschaften: Der Farbton (engl. *hue*) gibt die Grundfarbe an, die Sättigung (engl. *saturation*) zeigt an, wie kräftig eine Farbe ist, und die Helligkeit (engl. *brightness*) legt fest, wie viele Weiß- oder Schwarzanteile eine Farbe besitzt. Jeder Farbton kann verschiedene Werte der drei Eigenschaften annehmen. Das HSB-Modell wird bei den meisten Computern zur Farbauswahl genutzt.

WIE ENTSTEHEN FARBEN AM COMPUTER?

Die meisten Grafikprogramme besitzen einen elektronischen Farbkreis. Der Benutzer kann aus einer vorgegebenen Farbpalette wählen oder einzelne Prozentsätze der Grundfarben Rot, Grün und Blau angeben (RGB-Modell).

SIEHE AUCH ⏭ Auge 140 • Licht 178–179

LINSEN

Optische Geräte wie Vergrößerungsgläser oder Kameras enthalten Linsen. Sie sind aus Glas oder durchsichtigem Kunststoff und haben gewölbte Oberflächen. Eine Linse ist entweder ⏭ **KONKAV** oder ⏭ **KONVEX** gewölbt.

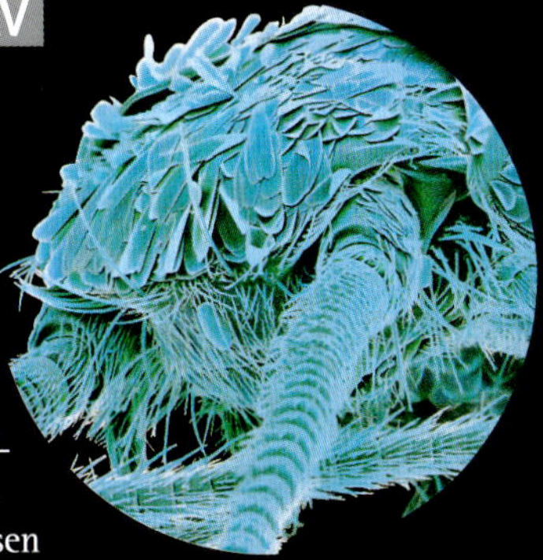

▲ VERGRÖSSERUNGEN
Lichtmikroskope arbeiten mit Lichtstrahlen, während Elektronenmikroskope Elektronenstrahlen nutzen, um Präparate zu vergrößern. Dieses Bild eines Silberfischs wurde 1000-fach vergrößert.

WAS BEWIRKT EINE LINSE?

Eine Linse beugt Lichtstrahlen und ändert ihre Richtung. Sie entwirft von einem Objekt ein Bild, das entweder kleiner (Kamera) oder größer (Mikroskop) ist. Lichtstrahlen werden unterschiedlich stark gebeugt, weil sie auf verschiedene Stellen der gewölbten Linse treffen. In konkaven Linsen divergieren sie (laufen auseinander) und in konvexen konvergieren sie (laufen zusammen).

WORIN UNTERSCHEIDEN SICH MIKROSKOPE UND FERNROHRE?

Ein Mikroskop vergrößert ein winziges Objekt aus geringem Abstand, während ein Fernrohr riesige Objekte vergrößert, deren Abstände weit entfernt sind. In beiden Instrumenten fällt Licht durch zwei oder mehrere Linsen, um ein Bild zu erzeugen. Durch die unterschiedlich gewölbten Linsen entsteht in jedem Instrument ein etwa gleich großes Bild.

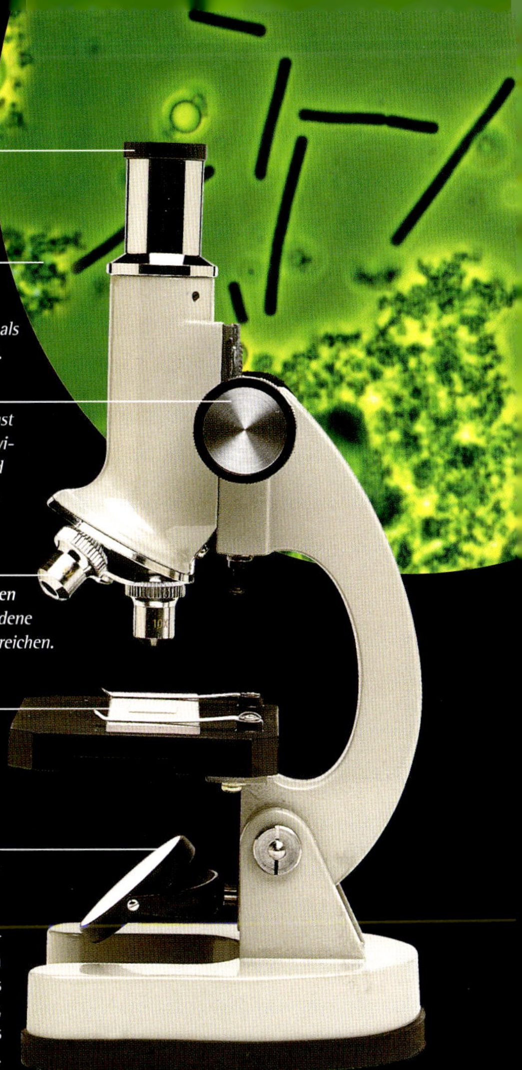

*Durch das **Okular** siehst du ein vergrößertes Bild.*

*Dieses Bild zeigt **Bakterien**, die 400-mal größer erscheinen, als sie tatsächlich sind.*

*Mit der **Feinstellschraube** kannst du den Abstand zwischen Präparat und Objektiv verstellen.*

*Mit **unterschiedlichen Objektivlinsen** kannst du verschiedene Vergrößerungen erreichen.*

*Die **Präparate** befinden sich in einem Objektträger auf dem Objekttisch.*

*Ein **Spiegel** lenkt Licht auf das Präparat.*

LICHTMIKROSKOP ►
Diese Mikroskope arbeiten mit Licht und können Präparate 2000-fach vergrößern. Licht strahlt auf das Präparat und wird dann von Linsen im Objektiv gebündelt, sodass ein Bild entsteht. Das Okular enthält ebenfalls Linsen für stärkere Vergrößerungen.

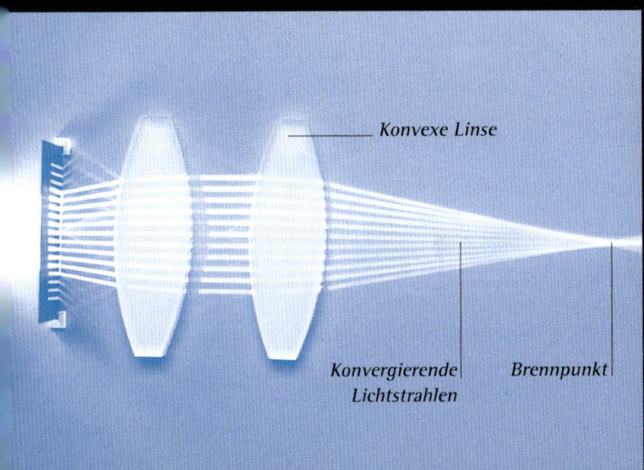

KONVEXE LINSEN

Diese Linsenart besitzt ein bauchiges Zentrum. Parallele Lichtstrahlen, die auf einer Seite einfallen, werden auf der anderen Seite im Brennpunkt gebündelt. Vergrößerungsgläser (Lupe) und Mikroskope besitzen konvexe Linsen.

Linsen

◄ KONVERGIERENDE LINSEN
Auseinanderlaufende Lichtstrahlen werden von der ersten konvexen Linse zu parallelen Strahlen gebeugt. Die zweite konvexe Linse beugt die parallelen Lichtstrahlen erneut, sodass sie sich im Brennpunkt sammeln.

WIE FUNKTIONIERT EINE LUPE?

Durch eine Lupe erscheint ein Objekt viel größer. Wenn du sie nahe an das Objekt hältst, siehst du auf der Seite, auf der sich das Objekt befindet, ein vergrößertes Bild. Das Objekt erscheint viel größer, als es tatsächlich ist. Für stärkere Vergrößerungen brauchst du eine Lupe, die dickere Linsen besitzt.

KONKAVE LINSEN

Eine konkave Linse ist in der Mitte dünner als am Rand. Parallele Lichtstrahlen, die auf einer Seite einfallen, laufen auf der anderen Seite auseinander.

WIE HELFEN KONKAVE LINSEN BEIM SEHEN?

Bei kurzsichtigen Menschen bündelt das Auge die Lichtstrahlen vor der Netzhaut, sodass ein verschwommenes Bild entsteht. Eine konkave Linse streut die Lichtstrahlen, bevor sie ins Auge fallen, sodass das Bild direkt auf der Netzhaut entsteht und scharf erscheint.

DIVERGIERENDE LINSEN ►
Konvexe Linsen machen auseinanderlaufende Lichtstrahlen parallel. Wenn diese durch eine konkave Linse gehen, laufen sie wieder auseinander.

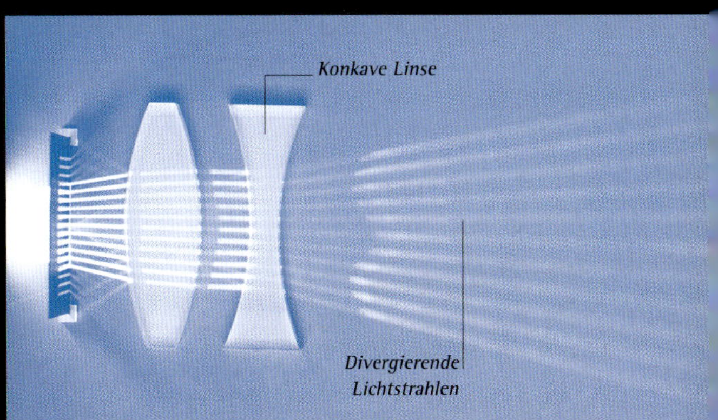

SIEHE AUCH ⏭ Auge 140 • Licht 178–179

ELEKTRIZITÄT

In einem Gewitter entlädt sich die ungeheure Energie der Elektrizität. Die intensiven Blitze aus Wärme und Licht entstehen durch natürliche statische Elektrizität. Kraftwerke erzeugen die gleiche elektrische Kraft, um unsere Wohnungen, Fabriken und ganze Städte mit Strom zu versorgen.

Der Blitz erwärmt die umgebende Luft auf etwa 30 000 °C.

Ein Blitz zwischen der Wolke und der Erde kann bis zu 14 km hoch sein.

ELEKTRISCHER BLITZ ►
Wenn sich eine Gewitterwolke auflädt und sich auf der Erde eine entgegengesetzte Ladung aufbaut, kann diese elektrische Spannung sich in einem gewaltigen Blitz zwischen Wolke und Erde entladen.

WAS IST ELEKTRIZITÄT?

Jedes Atom besitzt Elektronen und Protonen, die jeweils eine elektrische Ladung tragen. Elektronen sind negativ und Protonen sind positiv geladen. Ungleiche (entgegengesetzte) Ladungen ziehen sich an, während sich gleiche Ladungen abstoßen. Diese Anziehungs- und Abstoßungskraft nennt man Elektrizität.

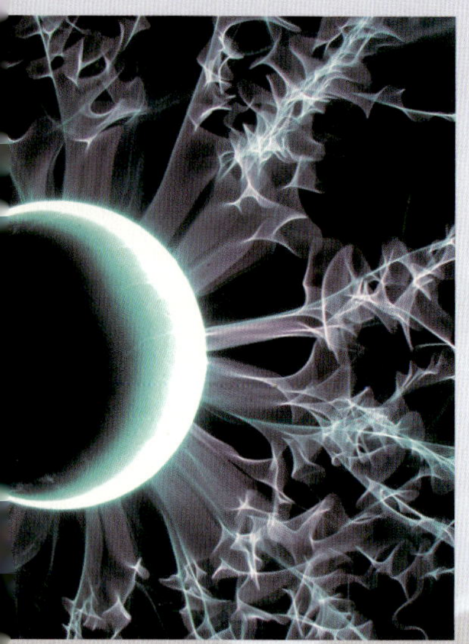

WIE VIELE ARTEN VON ELEKTRIZITÄT GIBT ES?

Elektrizität gibt es als elektrischen Strom, bei dem elektrische Ladungen fließen, und als statische Elektrizität, bei der keine Ladung fließt. Die meisten Materialien sind neutral (sie haben keine Ladung), doch wenn sie viele Elektronen erhalten oder abgeben, werden sie statisch aufgeladen.

WIE WERDEN MATERIALIEN AUFGELADEN?

Materialien werden durch ⏭ INDUKTION oder Reibung statisch aufgeladen. Wenn du zwei Oberflächen aneinanderreibst, gehen Elektronen von einem Material auf das andere über. Das abgebende Material wird positiv und das aufnehmende negativ geladen. Ein Nylonkamm wird negativ geladen, wenn du dich kämmst.

◄ PLASMAKUGEL
Eine geladene Metallkugel entzieht Gasatomen in einem Glasgefäß Elektronen. Sie erzeugen Leuchtspuren, während sie durch das Gas fliegen.

ELEKTROSTATISCHE INDUKTION

Durch elektrische Induktion kann ein aufgeladenes Objekt ein anderes aufladen, ohne es zu berühren. Ein aufgeladener Nylonkamm kann z. B. Papierschnipsel anziehen, auch wenn die Schnipsel selbst ungeladen sind.

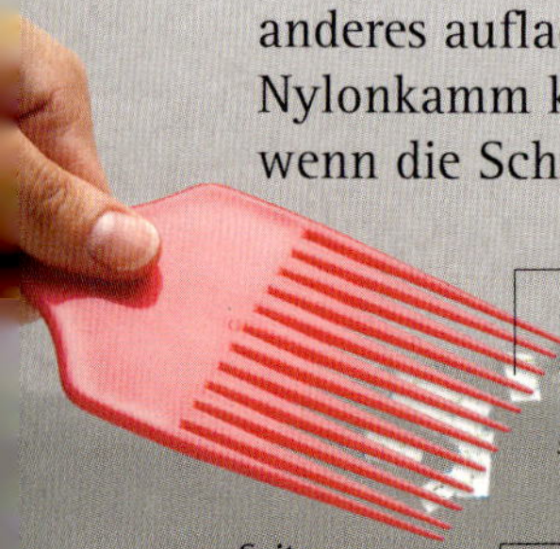

Geladener Nylonkamm zieht Papierschnipsel an

WIE FUNKTIONIERT INDUKTION?

Wenn der geladene Kamm nahe am Papier ist, stößt seine negative Ladung die Elektronen im Papier ab. Dadurch entsteht im Papier auf der Seite, die dem Kamm zugewandt ist, eine positive Ladung (weniger Elektronen). Positive und negative Ladungen ziehen sich an, sodass das Papier am Kamm haftet.

◄ GOLDFOLIEN-ELEKTROSKOP
Mit einem Elektroskop wie dem einfachen Goldfolien-Elektroskop kann man elektrische Ladungen messen. Ein geladenes Objekt, das an die Spitze gehalten wird, zieht Ladungen über den Stab an. Am anderen Ende des Stabs stoßen sich gleiche Ladungen ab, sodass sich die Goldfolie vom Stab entfernt. Auf einer Skala kann man ablesen, wie groß die Ladung war.

▼ ELEKTROSTATIK
Der Lackierer und die Karosserie haben entgegengesetzte Ladungen. Dadurch wird der Lack angezogen und gelangt in alle Ritzen und Hohlräume.

SIEHE AUCH ⏭ Atome 157 • Bewegung 165 • Kräfte 164 • Stromkreise 184–185

MAGNETISMUS

Magnetismus ist eine unsichtbare Kraft, die einige Materialien wie Eisen anzieht bzw. abstößt, andere wie Kunststoff dagegen nicht. Die Atome eines Magneten sind in ⏭ MAGNETISCHEN BEREICHEN angeordnet.

WAS SIND MAGNETISCHE POLE?

Jeder Magnet besitzt einen magnetischen Nord- und einen magnetischen Südpol. An diesen Stellen wirkt die magnetische Kraft am stärksten. Wie bei der Elektrizität ziehen sich magnetisch ungleiche Pole an, während sich magnetisch gleiche Pole abstoßen.

WAS SIND MAGNETISCHE MATERIALIEN?

Die Elemente Eisen, Nickel und Kobalt sind magnetische Substanzen – sie können durch andere Magnete magnetisiert werden. Als reine Elemente verlieren sie ihren Magnetismus durch Wärme oder Bearbeiten. Dauermagneten sind Mischungen dieser Elemente mit anderen wie z.B. Stahl (Eisen und Kohlenstoff).

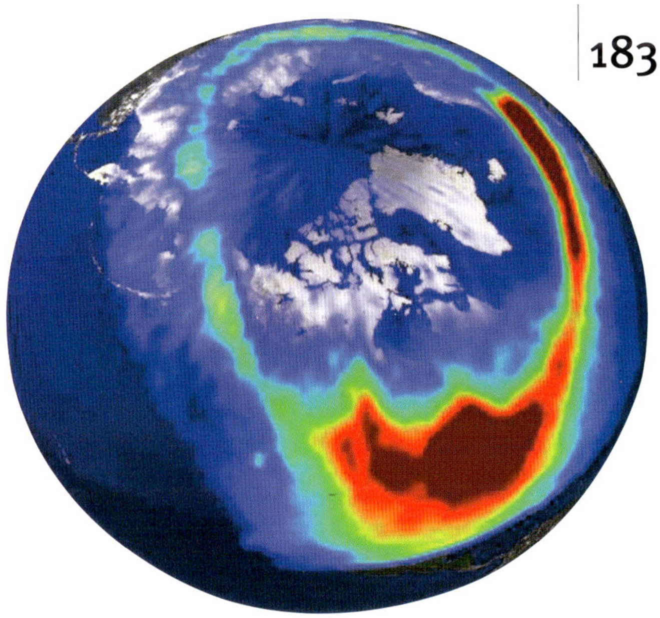

▲ MAGNETISCHE ERDE
Die Magnetpole der Erde ziehen Teilchen von der Sonne an, die in der Erdatmosphäre verglühen. Im roten Bereich – über den magnetischen Polen der Erde – ist die Anziehungskraft am größten.

WIE FUNKTIONIERT EIN MAGNETKOMPASS?

Der Erdkern wirkt wie ein riesiger Magnet und erzeugt ein ⏭ MAGNETFELD. Bei einem Magnetkompass richtet sich die Kompassnadel in der magnetischen Nord-Süd-Richtung der Erde aus. Die Nadel zeigt immer auf den Nordpol, der auf einer Rosette markiert ist.

Magnetismus

MAGNETISCHE BEREICHE

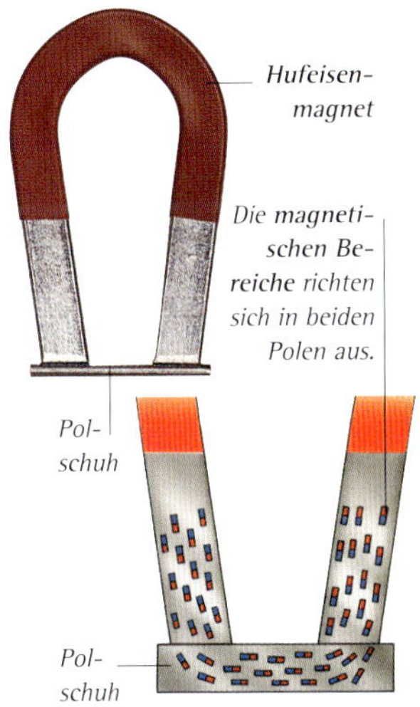

Jedes Atom in einem Eisenstück ist ein winziger Permanentmagnet. Die winzigen Magneten lagern sich in magnetischen Bereichen zusammen. Wenn ihre magnetischen Pole in verschiedene Richtungen weisen, löschen sie ihren Magnetismus gegenseitig aus.

◀ MAGNETISCHE KRAFT
Um die magnetische Kraft zu erhalten, verbindest du beide Pole mit einem Polschuh aus Eisen. Die Pole magnetisieren den Polschuh. Dieser wiederum richtet die magnetischen Bereiche in die gleiche Richtung aus und erhält somit den Magnetismus.

WIE ENTSTEHT EIN DAUERMAGNET?

In einem Dauermagneten weisen die magnetischen Pole der Bereiche immer in eine Richtung, sodass sich ihre magnetischen Kräfte verstärken. Das magnetische Material wird durch einen Magneten magnetisiert, der die Bereiche ausrichtet. Wärme zerstört diese Ordnung, sodass das Material seinen Magnetismus verliert.

MAGNETFELD

Ein Magnet erzeugt eine Kraft, die im Raum um ihn wirkt. Diesen Raum nennt man Magnetfeld. Du kannst dir ein Magnetfeld als Linien vorstellen, die von den Polen in alle Richtungen wegstrahlen.

WIE KANN MAN EIN MAGNETFELD SEHEN?

Wenn du um einen Magneten Eisenfeilspäne streust, richten sie sich an den Feldlinien des Magnetfelds aus. Das Muster der Späne zeigt dir, wie die Feldlinien zwischen den beiden Magnetpolen bogenförmig nach außen strahlen. Das Magnetfeld wird schwächer, je weiter die Feldlinien vom Magneten entfernt sind.

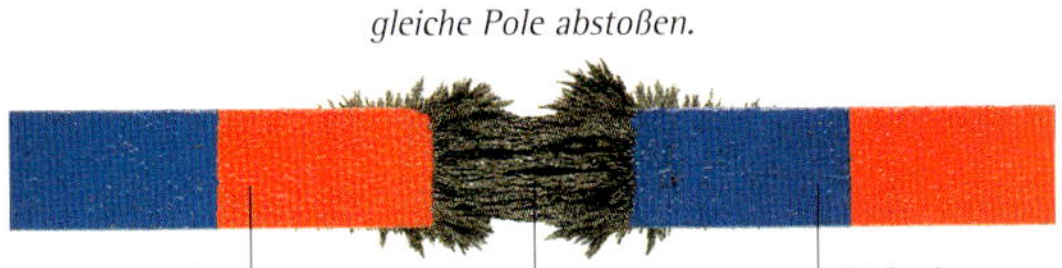

MAGNETISCHE POLE ▲
Eisenfeilspäne machen die Anziehung zwischen ungleichen Polen oder die Abstoßung zwischen gleichen Polen sichtbar.

SIEHE AUCH ⏭ Atome 157 • Elektromagnetismus 186 • Elemente 160–161

STROMKREISE

Elektrischer Strom fließt nur in einem geschlossenen Kreis – um Lampen oder andere ⏭ KOMPONENTEN zu versorgen. Ein Stromkreis enthält mehrere Komponenten, die über Stromkabel verbunden sind. Eine Energiequelle wie eine ⏭ BATTERIE liefert Strom.

FLIPPER ►
Bei einem Flipper sind verschiedene Komponenten mit einem parallelen Stromkreis verbunden, um Geräusche, Licht und Bewegungen zu erzeugen. Der Stromkreis wird über Schalter gesteuert. Wenn die Metallkugel einen Schalter berührt, ertönt eine Glocke, leuchtet eine Lampe oder schießen Federn die Kugel weg.

WAS IST ELEKTRISCHER STROM?

Elektrischer Strom besteht aus elektrischen Ladungen (normalerweise Elektronen), die durch eine Substanz fließen. Die Substanz oder der Leiter ist häufig ein Metalldraht, aber Strom fließt auch durch Gase, Flüssigkeiten und andere Materialien.

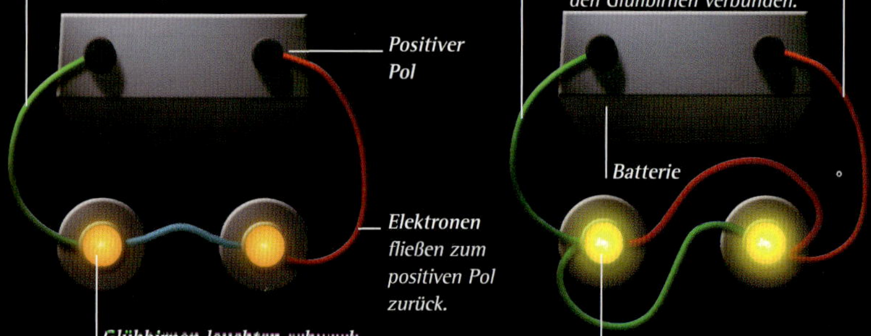

Stromkreise

▲ PARALLEL UND IN REIHE
Die Verbraucher in einem Stromkreis sind entweder hintereinander (in Reihe) oder nebeneinander (parallel) geschaltet. In einer Reihenschaltung erhalten alle Verbraucher weniger Strom als in einer Parallelschaltung.

WANN FLIESST STROM IN EINEM STROMKREIS?

Strom fließt nur dann, wenn ein Stromkreis geschlossen und nicht durch Lücken unterbrochen ist. Elektronen fließen in einem geschlossenen Stromkreis vom negativen Pol der Energiequelle (Stromanschluss) durch die Kabel, welche die Komponenten verbindet, zurück zum positiven Pol der Quelle.

WARUM FLIESST STROM IN EINEM STROMKREIS?

Elektrischer Strom fließt in einem Stromkreis nur dann, wenn eine Komponente (z. B. Glühbirne) Strom verbraucht. Der Stromfluss bricht ab, wenn die Quelle (z. B. Batterie) erschöpft ist oder der Verbraucher durch einen Schalter abgeschaltet wird.

BATTERIE

Eine Batterie ist eine kompakte und tragbare Energiequelle. In einem Stromkreis liefert sie die Energie, die als Strom fließt. Batterien enthalten chemische Substanzen, die miteinander reagieren, um negative und positive Ladungen zu erzeugen.

◄ EINFACHE BATTERIE
Für eine einfache Batterie brauchst du einen Zink- und einen Kupferstreifen, die du in Essig tauchst.

WAS BEFINDET SICH IN EINER BATTERIE?

Eine Batterie besteht aus einer oder mehreren Zellen. Jede Zelle enthält zwei Chemikalien, die Elektroden. Sie sind durch eine Flüssigkeit oder Paste, den Elektrolyten, getrennt. Kleine Batterien besitzen nur eine Zelle und große (Autobatterie) sechs Zellen.

WIE ARBEITET EINE BATTERIEZELLE?

In jeder Zelle reagiert der Elektrolyt mit den Elektroden und erzeugt Elektronen, die von einer Elektrode zur anderen fließen. Eine Elektrode gibt Elektronen ab, während die andere sie aufnimmt. Die beiden Elektroden sind der negative und der positive Pol.

KOMPONENTEN

Ein Stromkreis besteht aus drei wichtigen Teilen, die man Komponenten nennt. Eine Energiequelle (z. B. Batterie) liefert Strom, der durch den Leiter (z. B. Kupferdraht) fließt und die Verbraucher (z. B. Glühbirne) versorgt. Die Verbraucher wandeln Strom in Bewegung, Licht oder Wärme um.

WAS IST EIN LEITER?

Ein Material, in dem Strom sehr gut fließt, bezeichnet man als Leiter. Metalle sind gute Leiter, weil ihre Elektronen frei beweglich sind. Kupfer und Silber leiten Strom am besten. Die meisten Elektrokabel haben einen Kern aus Kupfer und einen Isoliermantel aus Kunststoff, der Stromschläge verhindert.

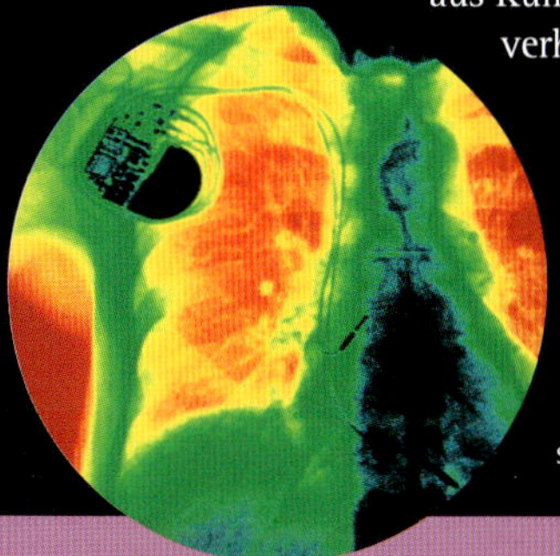

◄ HERZSCHRITTMACHER
Die Batterie und andere Komponenten geben elektrische Impulse ab, damit das Herz regelmäßig schlägt. Ein Herzschrittmacher wird dann implantiert, wenn das Herz selbst nur noch unregelmäßig schlägt.

WAS IST EIN ISOLATOR?

Einige Materialien leiten Strom nicht. Sie widerstehen dem Elektronenfluss. Solche Materialien nennt man Isolatoren. Glas, Gummi, Keramik und Kunststoff sind gute Isolatoren. Mit ihnen werden Drähte und Komponenten umhüllt, um Benutzer zu schützen und zu verhindern, dass Strom unerwünscht abfließt.

WIE FUNKTIONIERT EIN SCHALTER?

Schalter sind wie Sperren, die den Stromfluss in einem Stromkreis regulieren. Wenn ein Schalter ausgeschaltet ist, unterbricht er den Stromkreis, sodass kein Strom fließt. Die meisten Stromkreise wie z. B. den Stromkreis für das Licht zu Hause kann man durch Schalter ein- oder ausschalten.

WAS IST EIN STROMNETZ?

Die meiste Elektrizität, die wir zu Hause oder am Arbeitsplatz nutzen, kommt aus dem Stromnetz. Kraftwerke erzeugen Strom mit Generatoren und speisen ihn in das Stromnetz. Der Strom wird durch Überlandleitungen zu Verteilern in den Städten weitergeleitet.

ELEKTRISCHE GRÖSSEN (EINHEIT)

Spannung (Volt)	ist der Unterschied elektrischer Ladungen zwischen zwei Teilen (Batterie und Glühbirne), damit Strom fließt.
Stromstärke (Ampere)	ist die Menge an Elektronen, die im Stromkreis fließt.
Leistung (Watt)	ist die Menge an elektrischer Energie, die in einer Sekunde verbraucht wurde.

STARKE ISOLATOREN ►
Strom fließt über weite Strecken durch Überlandleitungen. Die riesigen Keramikisolatoren verhindern, dass Strom in den Boden abfließt.

SIEHE AUCH ⏭ Chemie 162 • Elektrizität 182 • Elektromagnetismus 186 • Stromversorgung 187

ELEKTROMAGNETISMUS

Elektrischer Strom erzeugt Magnetismus und Magneten können Strom produzieren. Die beiden Kräfte sind so eng miteinander verknüpft, dass sie zu einer Kraft, dem Elektromagnetismus, zusammengefasst sind. Ohne ihn gäbe es weder Stromversorgung noch ⏭ ELEKTROMOTOREN.

Elektro-
magnetismus

Der Kranausleger bringt den Magneten an seinen Einsatzort.

Der Elektromagnet hängt an Ketten.

Die Kabel versorgen den Magneten mit Strom.

Eisen- und Stahlschrott werden vom Magneten angezogen, sobald dieser eingeschaltet ist.

◄ ELEKTROMAGNET
Im Gegensatz zu Dauermagneten können Elektromagneten ein- und ausgeschaltet werden. Diesen Vorteil nutzen Schrotthändler, die mit starken Elektromagneten Eisen und Stahl von anderen Materialien trennen.

Nichtmagnetische Materialien bleiben zurück.

WIE ERZEUGT ELEKTRIZITÄT MAGNETISMUS?

Jedes Elektron ist von einer Kraft umgeben, dem elektrischen Feld. Wenn Elektronen fließen, erzeugen sie ein zweites Feld – ein magnetisches Feld. Fließen sie durch einen Leiter wie ein Metallstück, wird dieses Metallstück zu einem vorübergehenden Magneten – einem Elektromagneten.

◄ METALLDETEKTOR
Ein Metalldetektor entdeckt mit Elektromagnetismus Landminen aus Metall, die im Boden versteckt sind. Drahtspulen im Detektor erzeugen ein wechselndes Magnetfeld, das elektrischen Strom induziert (hervorruft), der in die Minen fließt. Die Landminen wiederum erzeugen ein Magnetfeld, das der Detektor misst.

WIE ERZEUGT MAGNETISMUS ELEKTRIZITÄT?

Ein Magnet mit einem unveränderten Magnetfeld bewirkt in einer Drahtspule, die neben ihm liegt, nichts. Doch wenn der Magnet vor- und zurückbewegt wird oder sich um die Spule dreht, ändert sich das Magnetfeld und erzeugt in der Spule elektrischen Strom.

WIE ARBEITEN GENERATOREN?

Den meisten Strom, den wir verbrauchen, erzeugen Generatoren. Sie wandeln mechanische Energie (Bewegung) in elektrische Energie um. Im Generator dreht sich eine Drahtspule in einem starken Magnetfeld und erzeugt Strom. Große Generatoren produzieren so viel Strom, dass sie eine Stadt versorgen können.

ELEKTROMOTOREN

Ein Elektromotor ist das Gegenteil eines Generators, er wandelt elektrische in mechanische Energie um. Es gibt kleine Elektromotoren, z. B. für Haartrockner, oder riesige wie in Elektrolokomotiven.

WIE ARBEITEN ELEKTROMOTOREN?

Fließt Strom durch eine Spule, wird sie zu einem Elektromagneten. Wenn der Strom seine Richtung ändert, ändern sich auch die Pole des Elektromagneten. Dreht sich die Spule zwischen zwei Dauermagneten, ziehen sich zwei Pole an und die anderen stoßen sich ab, sodass die Spule sich dreht. Die Spule sitzt auf einer Achse, die eine Maschine antreibt.

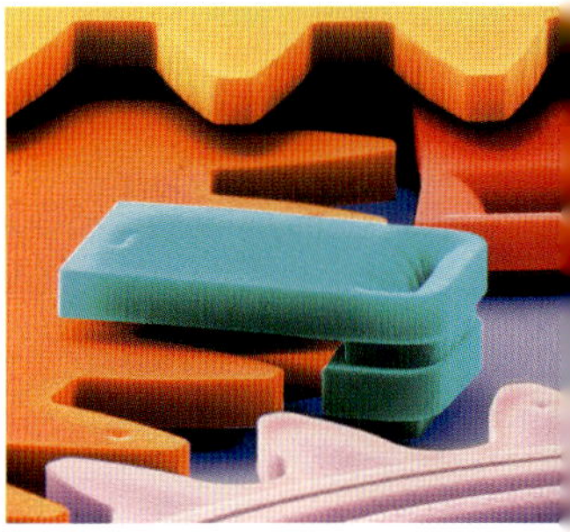

▲ MIKROMOTORGETRIEBE
Der Ingenieur William McLean baute 1960 einen Motor aus 13 Einzelteilen, der so groß wie ein Punkt am Satzende ist. Heute bauen Ingenieure Motoren, die tausendmal kleiner sind. Dieses Bild wurde 200-fach vergrößert.

STROMVERSORGUNG

Elektrizität hat unser Leben nachhaltig verändert. Sie wird in großen ⏭ KRAFTWERKEN erzeugt, die oft weit entfernt von den Städten stehen. Ein Netz von Überlandleitungen versorgt Büros, Fabriken und Haushalte mit Strom.

WAS TREIBT DIE MEISTEN GENERATOREN AN?

In einem Generator treiben Turbinen Drahtspulen an, um Elektrizität zu erzeugen. Die meisten Turbinen werden mit Wasserdampf angetrieben. Die Wärme für das Verdampfen des Wassers entsteht durch fossile Brennstoffe (Öl, Kohle) oder in einem Kernkraftwerk. Bei Wasserkraftwerken treibt herabstürzendes Wasser die Turbinen an.

STROMNETZ ►
Kraftwerke speisen die Elektrizität, die sie erzeugen, in ein Stromnetz aus Überlandleitungen ein. Diese transportieren den Strom überall dorthin, wo er gebraucht wird. Wenn du das Licht einschaltest, weißt du nicht, aus welchem Kraftwerk der Strom stammt.

WAS IST EIN STROMNETZ?

Kraftwerke speisen den erzeugten Strom in ein weites Netz aus Kabeln und Drähten, das Stromnetz, ein. Das Stromnetz verteilt die Elektrizität in fast alle Winkel eines Landes. Die Überwachung des Stromnetzes ist schwierig. Ingenieure müssen sicherstellen, dass ausreichend Strom erzeugt wird, wenn dieser benötigt wird.

Strom-versorgung

▲ NACHTLICHTER
Dieses Satellitenfoto zeigt, wie künstliches Licht die Nacht erhellt. Nordamerika, Europa, Indien, China und Japan sind die am hellsten erleuchteten Gebiete.

WAS IST WECHSELSTROM?

Strom kann man auf zwei Arten erzeugen: Gleichstrom (engl.: direct current, DC) und Wechselstrom (engl.: alternating current, AC). Batterien geben z. B. Gleichstrom ab, der nur in einer Richtung fließt. Kraftwerke erzeugen Wechselstrom, der ständig seine Richtung ändert: in Deutschland genau 50-mal pro Sekunde (50 Hz).

KRAFTWERKE

Kraftwerke laufen Tag und Nacht, um Elektrizität zu erzeugen. Elektrizität versorgt uns mit Licht und Wärme und treibt vielerlei Geräte wie Haartrockner, Kühlschränke und Fernseher an.

WIE KOMMT ELEKTRIZITÄT VON DEN KRAFTWERKEN ZU UNS?

Um Strom in Überlandleitungen zu transportieren, wird seine Spannung von 25 000 Volt auf 400 000 Volt erhöht. Endabnehmer benötigen jedoch eine niedrige Spannung. Transformatoren senken die Spannung für z. B. Fabriken, Haushalte und Eisenbahn.

ENERGIEVERSORGUNG

KRAFTWERK
Ein großes Kohlekraftwerk wie dieses liefert eine ständige Leistung von 1000 MW (Megawatt) Elektrizität. Damit können 20 Mio. Glühbirnen leuchten oder eine Kleinstadt versorgt werden.

ÜBERLANDLEITUNGEN
Elektrischer Strom wird durch Überlandleitungen im ganzen Land verteilt. Die Leitungen sind zwischen riesigen Strommasten gespannt. In Städten verlaufen sie meistens unterirdisch. Strom in Überlandleitungen besitzt eine Spannung von 400 000 Volt – fast 1800-mal stärker als in unseren Wohnungen.

UMSPANNSTATIONEN
An bestimmten Stellen befinden sich Umspannstationen. Sie enthalten Transformatoren, die den Strom von Mittel- auf Niederspannung umformen. Strom erreicht als Niederspannung, der für uns sicherer ist, Büros und Haushalte.

FABRIKEN
Große Industrieanlagen wie diese chemische Fabrik brauchen enorme Mengen elektrischer Energie. Viele Fabriken besitzen eine eigene Stromversorgung.

HAUSHALTE
Elektrischer Strom erreicht die Haushalte in unterirdischen Leitungen oder in leichten Oberleitungen. Die Spannung wird für Haushalte auf 230 Volt gesenkt. Jeder Haushalt besitzt einen eigenen Stromzähler, der den Verbrauch aufzeichnet.

SIEHE AUCH ⏭ Elektrizität 182 • Motoren 198–199 • Stromkreise 184–185

COMPUTER

Ein Computer ist ein elektronisches Gerät, das den Binärcode benutzt, um Daten zu verarbeiten und zu speichern. Der Binärcode verschlüsselt Bilder, Filme, Texte und Töne. Diese Daten werden im Speicher, auf magnetischen Platten, CD-ROMs oder DVDs gespeichert.

WAS IST EIN MIKROPROZESSOR?

Ein Mikroprozessor ist das Gehirn des Computers. Er ist ein integrierter Schaltkreis aus Millionen Transistoren. Sie führen Anweisungen (Programme) aus, damit der Computer arbeitet. Alles, was der Computer durchführt, wird in kleine Schritte zerlegt. Die Stärke eines Mikroprozessors beschreibt die Geschwindigkeit, mit der er Befehle weiterleitet.

WAS IST EIN SPEICHER?

Daten werden im Binärcode auf Mikrochips gespeichert. Diese bestehen aus Millionen Transistoren, die ein- oder ausgeschaltet sind: 1 oder 0 im Binärcode. Die Kapazität (Größe) eines Speichers wird in Megabyte (MB) angegeben. Ein Byte ist eine achtstellige Binärzahl. Ein Megabyte hat 1 048 576 Bytes.

WIE ENTSTEHT DIE VIRTUELLE REALITÄT?

Die virtuelle Realität ist eine künstliche Welt, die dich interaktiv einbindet. Mit einer 3-D-Brille ändert sich die Umgebung, während du gehst. Du kannst mit besonderen Handschuhen oder Anzügen, die Sensoren besitzen, deine Umgebung berühren oder irgendwo hinzeigen. Geräusche steigern diese Realität.

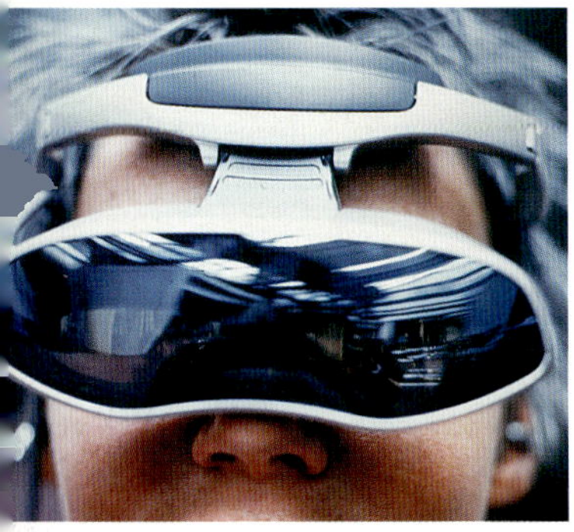

▲ VIRTUELLE REALITÄT
Eine 3-D-Brille zeigt dem linken und dem rechten Auge leicht unterschiedliche Bilder, um eine dreidimensionale Umgebung zu schaffen. Diese Brille verwandelt Baupläne in fertige Gebäude.

▲ FESTPLATTENLAUFWERK
Festplatten sind der Hauptspeicherort für Programme, Bilder, Dokumente und andere Dateien. Sie besitzen heutzutage Kapazitäten von bis zu 100 Gigabyte (GB). Daten werden von elektromagnetischen Köpfen geschrieben (gespeichert) und gelesen, die über die Festplatte fahren, während diese sich mit hoher Geschwindigkeit dreht.

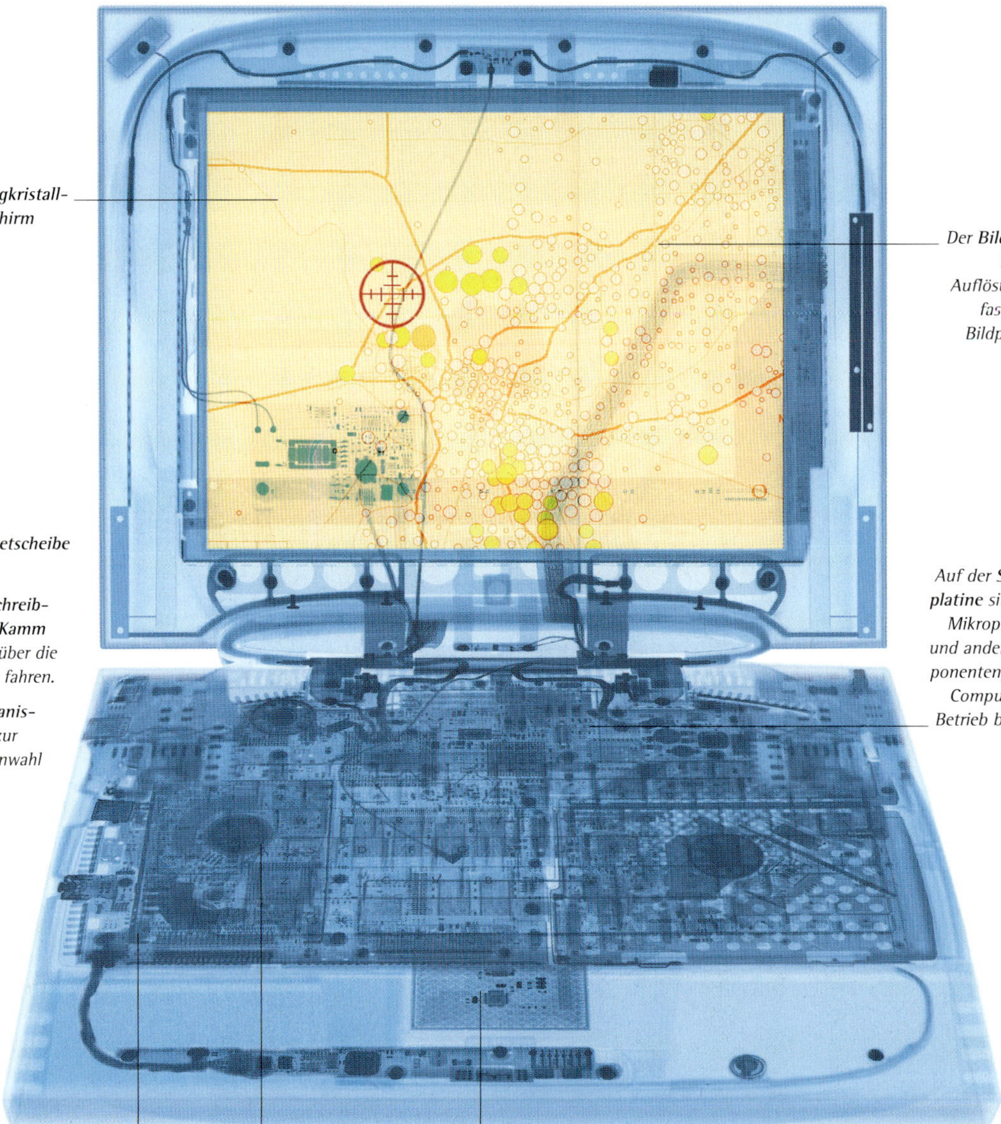

▲ NOTEBOOK
Alle Komponenten, die ein Personalcomputer besitzt, kann man auch in handliche Geräte einsetzen, die so groß wie Aktenordner sind. Einige Notebooks nutzen Techniken, die sie drahtlos über Radiowellen mit Druckern, Scannern und auch dem Internet verbinden, z. B. Bluetooth oder WLAN.

Computer

SIEHE AUCH ⏭ Elektronik 188 • Roboter 194

NETZWERKE

Menschen, Orte oder Geräte, die untereinander verbunden sind, bilden ein Netzwerk. Ein Computernetzwerk verbindet mehrere Computer miteinander.

◄ **NETZWERKKONTROLLE**
Das weltweite Telefonsystem ist das größte Kommunikationsnetzwerk der Welt. Ingenieure in diesem Kontrollzentrum überwachen die Verbindungen und regeln den Informationsfluss.

WAS IST DAS PROBLEM EINES HANDELSVERTRETERS?

Ein Straßennetz verbindet Städte miteinander, die ein Handelsvertreter besuchen muss. Wie findet er die kürzeste Strecke heraus, um jede Stadt nur einmal anzufahren? Das ist ein schwieriges mathematisches Problem. Das gleiche Problem haben Ingenieure, die ein Kommunikationsnetzwerk planen.

SIEHE AUCH ⏭ Internet 191 • Telekommunikation 192–193

INTERNET

Das weltweite Computernetz, das Computer über Telefonkabel, Glasfaserkabel und Mikrowellen verbindet, nennt man Internet. Es ist das wichtigste Medium für elektronische Kommunikation rund um die Welt.

TIMOTHY BERNERS-LEE
Brite, geb. 1955
MARC ANDREESSEN
Amerikaner, geb. 1971
Berners-Lee schuf ab 1980 das World Wide Web, um Informationen zwischen Wissenschaftlern auszutauschen. Andreessen entwickelte 1993 den ersten Browser (Mosaik), um Texte und Bilder anzuzeigen.

WIE FUNKTIONIERT DAS INTERNET?

Jeder Computer, der mit dem Internet verbunden ist, besitzt eine Adresse, seine IP-Nummer. Eine E-Mail sendet ein Computer als kleine Datenpakete, welche die Adresse des Absenders und die des Empfängers enthalten. Die Datenpakete werden über besondere Computer, Server und Router, weitergeleitet.

WAS IST DAS WORLD WIDE WEB?

Das World Wide Web (WWW) ist ein weltweites Datennetz, das auf Servern Informationen und auch ⏭ SUCHMASCHINEN enthält. Die Informationen sind mit Hypertext verfasst, um sie miteinander zu verknüpfen. Jede Seite besitzt eine Internetadresse (URL), die mit einem Browser (engl. *to browse* = durchblättern) aufgerufen wird. Die Anfrage wird durch das Internet geleitet und die Seite zurückgesendet.

NUTZUNGSMÖGLICHKEITEN DES INTERNET ▲
Wir finden ständig neue Möglichkeiten, das Internet zu nutzen, etwa zum Senden von Textnachrichten in Chat-Programmen oder für Online-Computerspiele. Auch die hier gezeigte Video-Telefonie, bei der man miteinander sprechen und sich gleichzeitig sehen kann, wird immer beliebter.

WAS IST HYPERTEXT?

Internetseiten sind mit Hypertext geschrieben. Hypertext wird in einer Sprache verfasst, die man HTML nennt. Ein Hypertext enthält bestimmte Worte oder Ausdrücke, die mit Stellen im selben oder in anderen Dokumenten verknüpft sind. Über diese Verknüpfungen (engl. *link*) kann man andere Seiten aufrufen.

SUCHMASCHINEN

Wenn du nach Informationen im Internet suchst, benutzt du ein bestimmtes Programm, eine Suchmaschine. Dazu gibst du einen Suchbegriff ein und die Suchmaschine listet dir mit Hypertext alle Seiten auf, die diesen Begriff enthalten.

Glasfasern leiten Licht durch Reflexionen weiter.

◄ **LICHTLEITFASERN**
Ein Lichtleiter ist ein hauchdünner Faden aus reinem Glas, der Computerdaten als Lichtimpulse leitet. Die Lichtimpulse werden in der Faser gespiegelt, sodass sie dort eingeschlossen sind und ohne Verlust ankommen.

WIE WERDEN SUCHERGEBNISSE BEWERTET?

Der Suchbegriff »weiße Rose« listet Tausende Treffer auf. Die Suchmaschine platziert die bedeutendsten Seiten an den Anfang der Liste. Verschiedene Suchmaschinen arbeiten dabei mit unterschiedlichen Methoden. Manche prüfen, ob alle Worte enthalten sind, andere, wie oft die Suchbegriffe vorkommen.

SIEHE AUCH ⏭ Computer 190 • Licht 178–179 • Telekommunikation 192–193

TELEKOMMUNIKATION

Telekommunikation nutzt elektrische Signale und Wellen aus dem ⏭ ELEKTROMAGNETISCHEN SPEKTRUM, um Mitteilungen um die Welt zu senden. Dazu zählen Radio und Fernsehübertragungen und Telefonate.

WIE FUNKTIONIERT EIN TELEFON?

Ein Telefon besitzt ein Mikrofon und einen Hörer. Das Mikrofon wandelt Schall in elektrische Signale um, die mit Lichtgeschwindigkeit durch Glasfasern oder mit Radiowellen weitergeleitet werden. Im Hörer befindet sich ein Lautsprecher, der die elektrischen Signale wieder in Schall umformt.

WIE FUNKTIONIERT EIN RADIO?

Radioübertragungen entstehen bei einem Sender. In einem Rundfunkstudio wandeln Mikrofone den Schall in elektrische Signale um, die über Radiowellen ausgestrahlt werden. Ein Radio besitzt einen Empfänger, der die Radiowellen aufnimmt. Ein Lautsprecher wandelt die Signale in Schall zurück.

KARL F. BRAUN

Deutscher, 1850–1918

Der Physiker gilt als einer der Pioniere der Funktechnik. Seine Erfindungen wie der Kristalldetektorempfänger und der gekoppelte Schwingkreis bei Funksendern ermöglichten den weltweiten Funkverkehr. Hierfür erhielt Braun 1909 mit G. Marconi den Nobelpreis für Physik. Er erfand auch die nach ihm benannte braunsche Röhre.

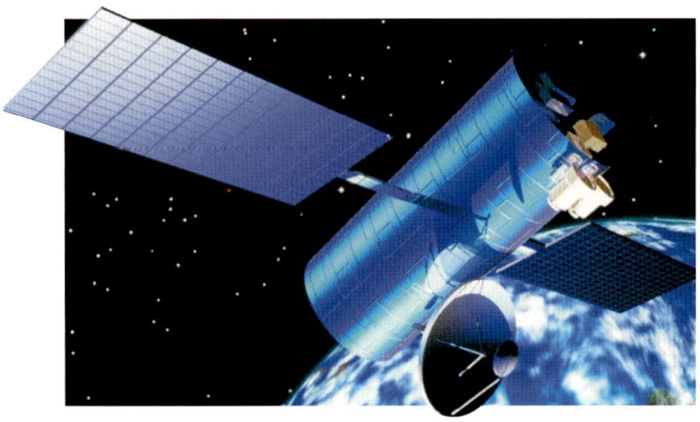

◄ KOMMUNIKATIONSSATELLIT
Ein Kommunikationssatellit leitet Telekommunikationssignale von einer Erdhälfte zur anderen. Der Satellit kreist auf einer geostationären Bahn, sodass er immer über demselben Gebiet auf der Erde fliegt.

WIE FUNKTIONIERT EIN FERNSEHER?

Ein analoger Fernsehsender strahlt Bild und Ton mit Radiowellen über Antenne aus oder leitet sie durch Kabel. Der ⏭ DIGITALE RUNDFUNK sendet Bild und Ton im Binärcode durch Kabel oder über Satelliten.

WIE FUNKTIONIERT EIN MOBILTELEFON?

Ein Mobiltelefon (Handy) sendet und empfängt Signale im Mikrowellenbereich. Die Reichweite von Mobiltelefonen beträgt nur wenige Kilometer, sodass sie Basisstationen benötigen. Das Gebiet, das eine Basisstation abdeckt, nennt man Funkzelle. Mobiltelefone senden ihre Signale immer zur nächsten Basisstation, die sie in das Telefonnetz weiterleitet.

Telekommunikation

◄ VERSTECKTE BASISSTATION
Um ein Mobiltelefon überall zu nutzen, müssen landesweit Basisstationen zur Übertragung aufgestellt sein. An einigen Orten wirken die Masten in der Landschaft oder vor historischen Gebäuden störend. Dieser Mast wurde als Baum »verkleidet«.

Warnleuchten blinken auf dem Dach und an den Seiten des Turms.

Die schüsselförmigen Mikrowellenantennen sind auf ähnliche Antennen in anderen Städten ausgerichtet.

FUNKTURM ►
Der BT-Turm in London dient zur Telekommunikation in und außerhalb der Stadt. Er ist die elektronische Schaltzentrale für Rundfunk- und Fernsehübertragungen, Telefondienste und für die Übermittlung digitaler Computerdaten.

ELEKTROMAGNETISCHES SPEKTRUM

Dieses Spektrum umfasst alle Strahlen, die sich als Wellen einer elektromagnetischen Kraft mit Lichtgeschwindigkeit ausbreiten.

WAS SIND RADIOWELLEN?

Elektronen erzeugen Radiowellen durch ihre Schwingungen. Radiowellen haben eine niedrige Frequenz und große Wellenlänge. Radiosendungen nutzen die niedrigen und Fernsehübertragungen die hohen Frequenzen.

WIE NUTZT MAN EINZELNE WELLENBÄNDER?

Die Wellen sind durch ihre Frequenzen in Bänder unterteilt. Niedrige bis mittlere Frequenzen besitzen eine große Reichweite, die im Schiffsfunk genutzt wird. Radio und Telefon nutzen hohe Frequenzen. Ultra- bis extrem hohe Frequenzen leiten riesige Informationsmengen, wie sie Fernsehen, Mobiltelefon, Radarsignale und Mikrowellenkommunikation nutzen.

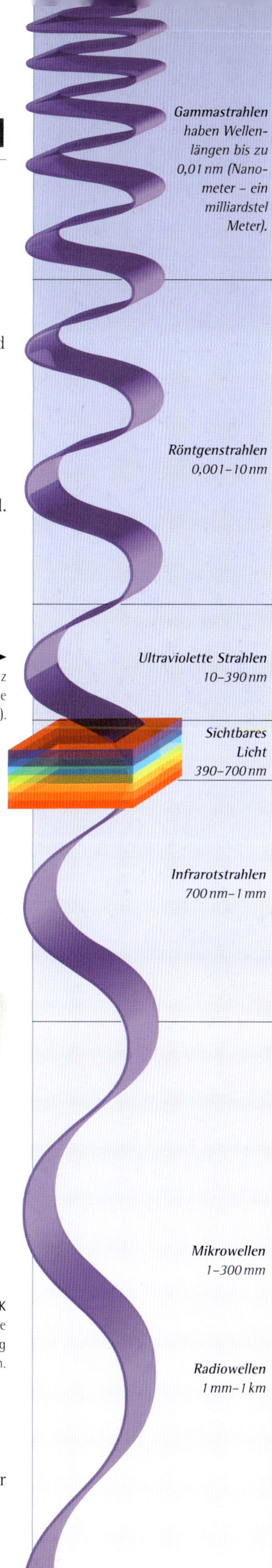

ELEKTROMAGNETISCHES SPEKTRUM ►
Das Spektrum ordnet die Wellen nach ihrer Frequenz (Zahl der Wellen pro Sekunde) und ihrer Wellenlänge (Abstand zwischen zwei Wellenspitzen).

▲ GAMMASTRAHLEN
Kernreaktionen und radioaktiver Zerfall senden diese energiereichen Strahlen aus.

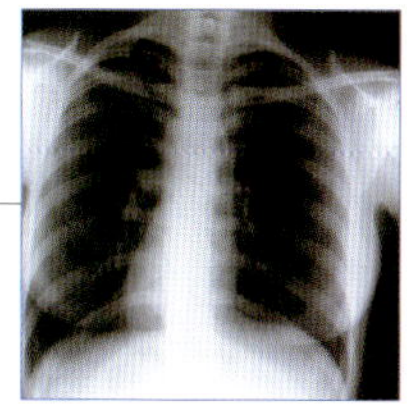

▲ RÖNTGENSTRAHLEN
Sie durchdringen Materialien wie Bekleidung und die Haut.

▲ UV-STRAHLEN
Ultraviolette Strahlen der Sonne können die Haut schädigen.

▲ INFRAROTSTRAHLEN
Nachtsichtgeräte mit Infrarotdetektoren ermöglichen Wärmebilder.

▲ RADAR
Radarsysteme senden Radiowellen aus, um Schiffe und Flugzeuge zu entdecken.

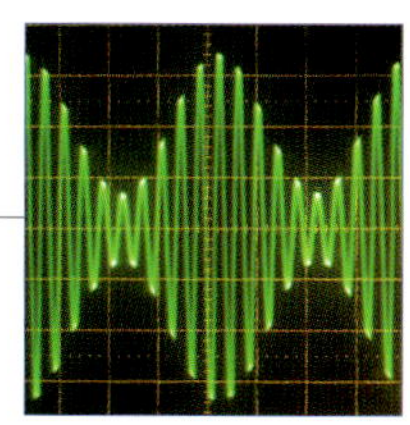

▲ RADIOWELLEN
Sie werden für Radio, Fernsehen, Telefon und Satellitenkommunikation eingesetzt.

DIGITALER RUNDFUNK

Können Fernsehbilder so scharf sein wie Computergrafiken? Der digitale Rundfunk überträgt Bild und Ton mit dem Binärcode. Dadurch verbessert er die Empfangsqualität und bietet außerdem mehr Kanäle an.

▲ DIGITALER RUNDFUNK
Ein Kameramann zeichnet ein Fußballspiel digital auf. Für eine flimmerfreie Aufzeichnung werden 25 Bilder pro Sekunde analog aufgezeichnet, die in digitale Signale umgewandelt werden.

WIE FUNKTIONIERT DIGITALER RUNDFUNK?

Der digitale Rundfunk wandelt Bild und Ton in den Binärcode um, der über elektromagnetische Wellen ausgestrahlt wird. Digitale Bilder sind schärfer, weil der Code komprimiert (verkleinert) werden kann. Er kann mehr Informationen über die Bilder zum Empfänger transportieren und zusätzliche Kanäle anbieten.

SIEHE AUCH ⏭ Internet 191 • Medien 298–299 • Netzwerke 191 • Satelliten 28 • Schall 176–177 • Unterhaltungselektronik 351

ROBOTER

Ein Roboter ist eine programmierbare Maschine. Einige Roboter erledigen Fließbandarbeit – schneller, genauer und sicherer als Menschen. Andere können mit Gefahrstoffen umgehen oder entfernte Planeten erkunden.

WAS LEISTEN ROBOTER?

Roboter nehmen ihre Umgebung wahr und reagieren auf sie. Sie können Aufgaben mit größter Präzision ausführen wie z.B. bei einer Augenoperation, aber auch große Kraft aufbieten, um z.B. ein Auto zusammenzubauen. Mithilfe der ⏭ KÜNSTLICHEN INTELLIGENZ können sie eigene Entscheidungen fällen.

WIE EMPFINDEN ROBOTER?

Roboter hören und sehen mit elektronischen Sensoren. Eine Zwillingskamera vermittelt ihnen ein dreidimensionales Bild ihrer Umgebung. Mithilfe von Drucksensoren wissen sie, wie sie ein rohes Ei anfassen dürfen. Eingebaute Computer senden und empfangen Informationen über Radiowellen.

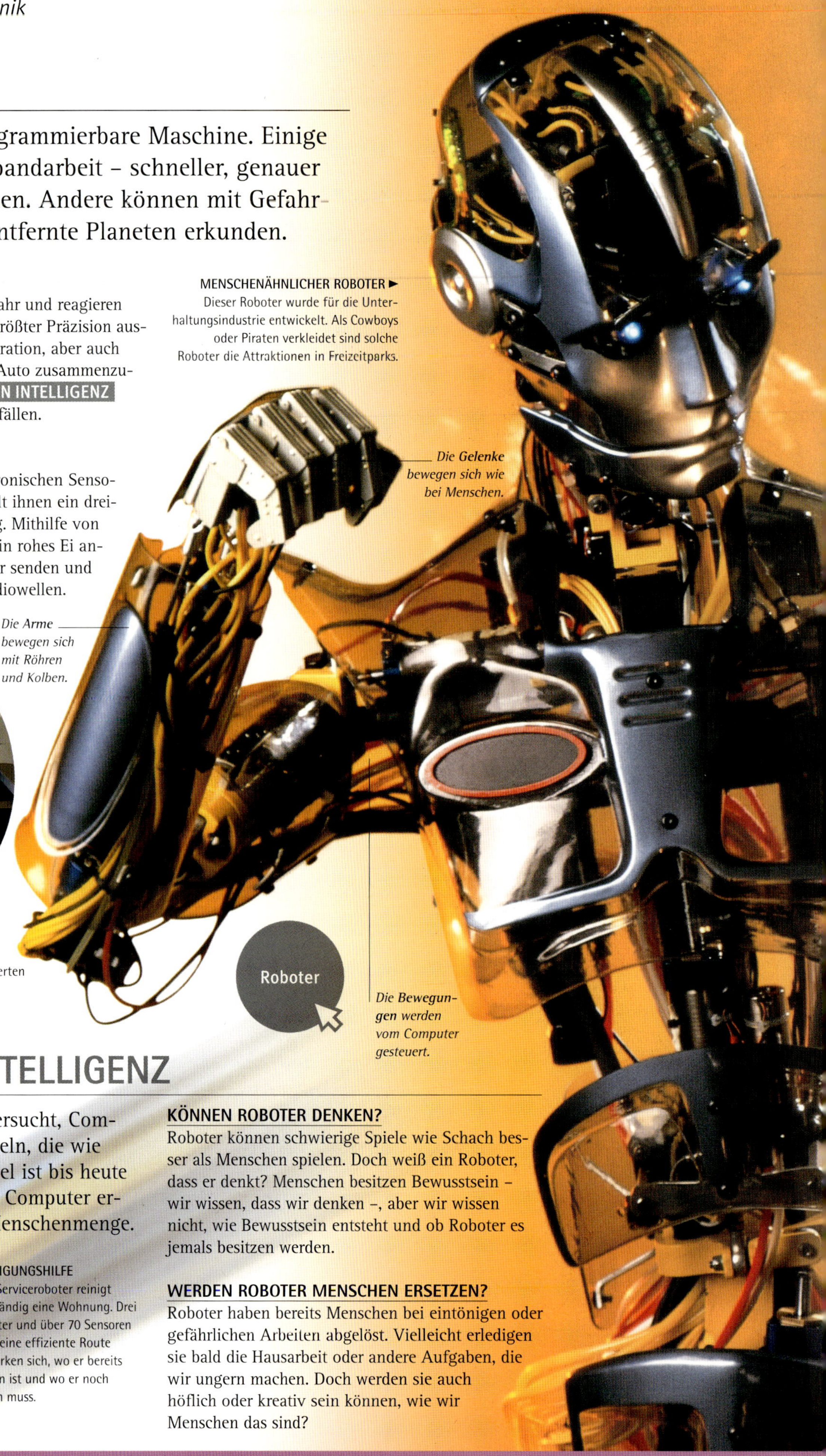

MENSCHENÄHNLICHER ROBOTER ► Dieser Roboter wurde für die Unterhaltungsindustrie entwickelt. Als Cowboys oder Piraten verkleidet sind solche Roboter die Attraktionen in Freizeitparks.

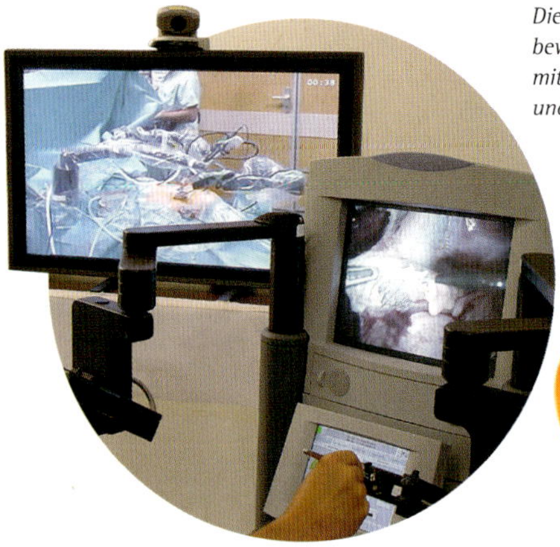

▲ ROBOTER IM KRANKENHAUS
Ein erfahrener Chirurg operiert mit ferngesteuerten Instrumenten und beobachtet den Verlauf der Operation am Kontrollmonitor.

Roboter

KÜNSTLICHE INTELLIGENZ

Die künstliche Intelligenz versucht, Computerprogramme zu entwickeln, die wie Menschen denken. Dieses Ziel ist bis heute nicht erreicht, doch manche Computer erkennen Gesichter in einer Menschenmenge.

◄ REINIGUNGSHILFE
Dieser Serviceroboter reinigt selbstständig eine Wohnung. Drei Computer und über 70 Sensoren planen eine effiziente Route und merken sich, wo er bereits gewesen ist und wo er noch reinigen muss.

KÖNNEN ROBOTER DENKEN?

Roboter können schwierige Spiele wie Schach besser als Menschen spielen. Doch weiß ein Roboter, dass er denkt? Menschen besitzen Bewusstsein – wir wissen, dass wir denken –, aber wir wissen nicht, wie Bewusstsein entsteht und ob Roboter es jemals besitzen werden.

WERDEN ROBOTER MENSCHEN ERSETZEN?

Roboter haben bereits Menschen bei eintönigen oder gefährlichen Arbeiten abgelöst. Vielleicht erledigen sie bald die Hausarbeit oder andere Aufgaben, die wir ungern machen. Doch werden sie auch höflich oder kreativ sein können, wie wir Menschen das sind?

SIEHE AUCH ⏭ Computer 190 • Industrie 204 • Maschinen 196–197

NANOTECHNOLOGIE

Ein Nanometer ist ein milliardstel Meter. Selbst der Punkt am Ende dieses Satzes ist eine Million Mal größer. Die Nanotechnologie baut winzige Maschinen im Nanomaßstab.

Nano-technologie

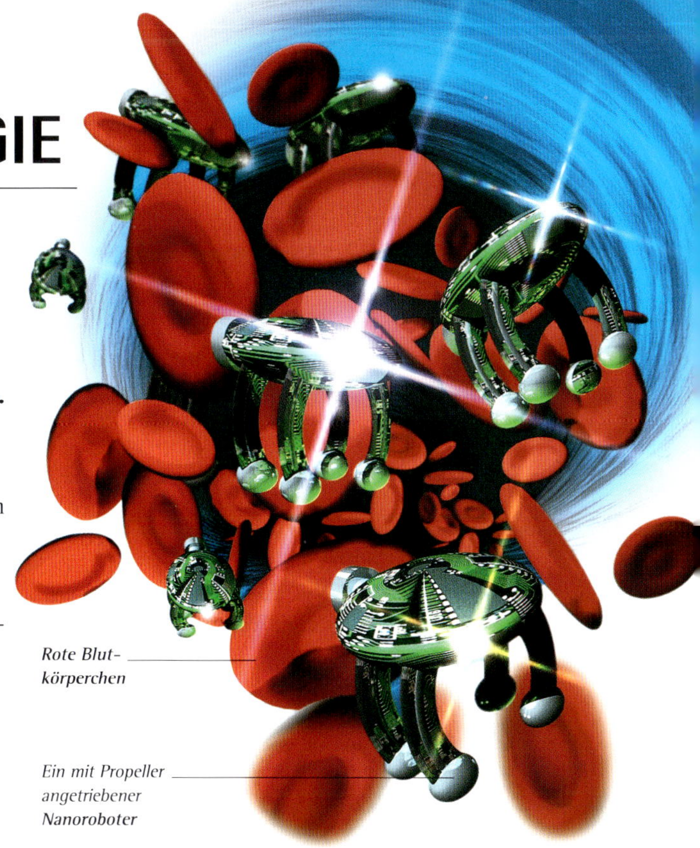

NANOTECHNOLOGIE IN DER MEDIZIN ▲
Diese Computergrafik zeigt, wie Nanotechnologie in der Medizin genutzt werden kann. Winzige Nanoroboter, die so groß wie Blutkörperchen sind, durchqueren die Blutgefäße, um geschädigte Organe und Gewebe zu reparieren.

WAS IST EINE NANOMASCHINE?

Eine Nanomaschine ist aus einzelnen Atomen nach dem Baukastensystem aufgebaut und besitzt Motoren und Räder aus Atomen. Sie kann aus Atomen andere Produkte herstellen, z.B. ein Nanofahrzeug – um Medikamente durch Blutgefäße zu transportieren. Nanomaschinen können auch ⏭ KOHLENSTOFF-MIKROCHIPS aus einzelnen Atomen zusammenbauen.

WAS BEDEUTET SELF-ASSEMBLY?

Nanomaschinen können sich selbst zusammensetzen und kopieren. Als Vorbild dienen die Gene von Lebewesen, die sich selbst vervielfältigen. Für größere Strukturen wie z.B. ein Auto müssten Milliarden Nanomaschinen organisiert zusammenarbeiten.

NANOTECHNOLOGIE-LAGER ►
Wissenschaftler entwickeln zunächst Maschinenteile wie Hebel, Getriebe, Lager und Motoren im Nanomaßstab, bevor sie komplette Maschinen und Roboter entwerfen. Diese Computergrafik zeigt ein reibungsfreies Lager, das aus einzelnen Atomen zusammengesetzt ist.

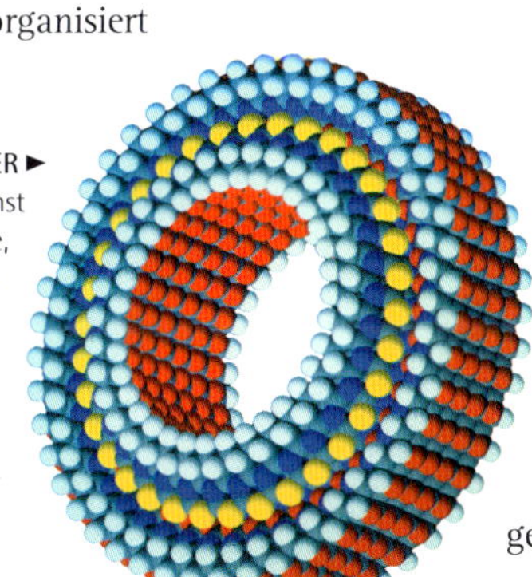

IST NANOTECHNOLOGIE GEFÄHRLICH?

Eine Gefahr der Nanotechnologie besteht darin, dass sich Nanomaschinen unkontrolliert vervielfältigen – und natürliche Ressourcen vernichten. Sie müssen deshalb so programmiert sein, dass sie nicht in die Umwelt gelangen und diese schädigen.

KOHLENSTOFF-MIKROCHIP

Kohlenstoffatome besitzen für Mikrochips bessere elektrische Eigenschaften als Silizium. Elektronische Schaltkreise können aus einzelnen Kohlenstoffatomen gebaut werden. Diese Arbeit müssen Nanomaschinen erledigen.

◄ NANOFLIEGE
Mit Nanoteilen aus Kohlenstoff und anderen Atomen kann man vielleicht intelligente Roboterinsekten wie diese Fliege herstellen – die hier auf einer Taste sitzt. Solche winzigen Maschinen könnten unzugängliche Räume überwachen.

KANN DIE NANOTECHNOLOGIE EIN AUTO AUS KOHLENSTOFF BAUEN?

Nanomaschinen müssten einzelne Kohlenstoffatome zu einem Diamantgitter zusammensetzen, um ein Kohlenstoffauto zu bauen. Ein solches Auto wäre sehr viel stabiler und dennoch leichter als die Autos, die heute aus Aluminium, Titan und Stahl gebaut werden. Ein Kohlenstoffauto wäre so leicht, dass man es mit einer Hand hochheben könnte.

WAS HAT DIE NANOTECHNOLOGIE BIS HEUTE ERREICHT?

Die Nanotechnologie ist noch eine sehr junge Disziplin, die jedoch bereits Fortschritte erzielt hat. Einfache Achsen, Getriebe oder Räder wurden schon entwickelt. Aus Kohlenstoff wurden Buchstaben und Zahlen im Nanomaßstab hergestellt.

SIEHE AUCH ⏭ Atome 157 • Maschinen 196–197

MASCHINEN

Flaschenöffner und Kräne sind Maschinen, die die Arbeit erleichtern. Zu den einfachen Maschinen zählen ⏭HEBEL, ⏭ROLLEN, ⏭GENEIGTE EBENEN und ⏭ZAHNRÄDER. Sie übertragen Kraft und Bewegung von einem Ort zum anderen, oft verstärken sie beide gleichzeitig.

WAS IST EIN MECHANISCHER VORTEIL?

Der mechanische Vorteil ist der Betrag, um den eine Maschine eine Kraft vervielfältigt und eine Last überwindet (z. B. hebt). Nussknacker haben einen mechanischen Vorteil von etwa 5. Die Kraft, die du aufwendest, wird fünfmal verstärkt – damit kannst du sogar die härteste Nuss knacken.

WAS IST DER WIRKUNGSGRAD EINER MASCHINE?

Der Wirkungsgrad einer Maschine ist das Verhältnis zwischen der Arbeit, die eine Maschine leistet, und der Arbeit, die hineingesteckt wird. Eine vollkommene Maschine setzt die gesamte Arbeit (Energie) in Leistung um, sie hat einen Wirkungsgrad von 1. Die meisten Maschinen geben jedoch Energie z. B. durch Reibung ab.

PLANIERRAUPE ▶
Eine komplizierte Maschine wie diese Raupe besteht aus vielen einfachen Maschinen, die zusammenarbeiten. Die Arme der Raupe wirken als Hebel und die Zähne der Schaufel als geneigte Ebenen. Der Fahrer kann damit Lasten bewegen, die seine Kräfte bei Weitem übersteigen.

Maschinen

HEBEL

Ein Hebel ist eine Stange, bei der eine Kraft, die an einem Ende ansetzt, über einen Dreh- oder Angelpunkt eine Last am anderen Ende bewegt. Bei den drei Hebelarten unterscheidet man, an welchen Stellen Kraft, Last und Drehpunkt angreifen.

WELCHE DREI HEBELARTEN GIBT ES?

Die drei Hebelarten beschreiben jeweils unterschiedliche Arbeitsweisen. Bei einem Hebel 1. Ordnung (Wippe) befindet sich der Drehpunkt zwischen Kraft und Last. Sitzt der Drehpunkt an einem Ende und die Kraft am anderen, ist das ein Hebel 2. Ordnung (Flaschenöffner). Bei einem Hebel 3. Ordnung (Pinzette) befinden sich Drehpunkt und Last an den jeweiligen Enden und die Kraft in der Mitte.

WIE WIRKEN RAD UND ACHSE?

Das Lenkrad eines Autos wirkt wie ein kreisförmiger Hebel – es verstärkt das Drehmoment. Die Hände am Lenkrad legen eine größere Strecke zurück als die Achse. Diese Drehung verstärkt die Kraft, um die Räder des Autos zu bewegen. Eine Kurbel arbeitet auf die gleiche Art. Um z. B. einen Eimer Wasser aus einem Brunnen hochzuziehen, muss man nur wenig Kraft an der Kurbel aufwenden.

▲ HEBEL 1. ORDNUNG
Diese Zange ist ein Hebel 1. Ordnung. Der Drehpunkt sitzt zwischen Kraft und Last. Ihre Kraft wird vervielfältigt, weil sich die Last näher am Drehpunkt befindet.

▲ HEBEL 2. ORDNUNG
Bei einem Nussknacker sitzen der Drehpunkt an einem Ende und die Kraft am anderen. Die Last befindet sich dazwischen.

◀ HEBEL 3. ORDNUNG
Bei Essstäbchen befindet sich die Kraft zwischen Last und Drehpunkt. Dieser Hebel besitzt keinen mechanischen Vorteil, er vergrößert jedoch die Bewegung. Du brauchst deine Hand nur etwas bewegen, um alles vom Reiskorn bis zur Nuss aufzuheben – nur knacken kannst du die Nuss damit nicht!

ROLLEN

Diese einfache Maschine besteht aus einer Rolle, über die ein Seil läuft. Eine einzige Rolle kehrt nur die Richtung der Kraft um, ohne sie zu verstärken – um z. B. eine Flagge am Mast zu hissen.

WAS IST EIN FLASCHENZUG?

Bei einem Flaschenzug sind zwei Rollen über ein Seil miteinander verbunden. Wenn man am Seil zieht, kommen sich beide Rollen näher. Die Kraft wird dadurch so verstärkt, dass man schwere Lasten heben oder senken kann – z. B. einen Automotor. Solche Flaschenzüge werden seit Jahrhunderten benutzt, um Segel zu setzen und Schiffe zu beladen.

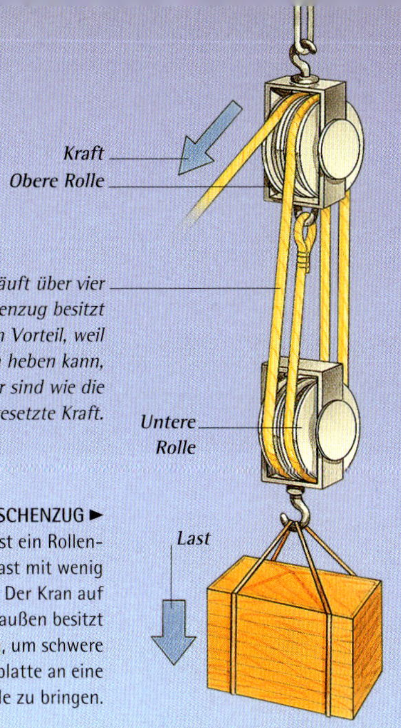

FLASCHENZUG ►
Ein Flaschenzug ist ein Rollensystem, um eine Last mit wenig Kraft anzuheben. Der Kran auf dem Bild rechts außen besitzt einen Flaschenzug, um schwere Lasten wie die Stahlplatte an eine andere Stelle zu bringen.

GENEIGTE EBENEN

Die erste Baumaschine war wahrscheinlich eine geneigte Ebene. Die Arbeiter mussten Lasten wie z. B. Steinblöcke über eine leicht ansteigende Strecke transportieren. Bei kleinen Steigungen fiel die Arbeit leichter, dafür war jedoch der Weg länger, den sie zurücklegen mussten.

WARUM LASSEN SICH LASTEN ÜBER EINE SCHRÄGE LEICHTER IN DIE HÖHE BEFÖRDERN?

Wenn du die Last über eine Schräge hochschiebst, verteilt sich das Gewicht der Last auf deine Kraft und auf die Steigung. Du musst die Last nicht mit einem Mal nach oben bringen. Deine Kraft ist zwar kleiner, du hast dafür aber einen längeren Weg. Wenn du auf Serpentinen einen Berg besteigst, fällt dir jeder Schritt leichter. Du benötigst jedoch mehr Schritte zum Gipfel als auf dem direkten Weg.

WAS IST EIN KEIL?

Ein Keil ist eine bewegliche geneigte Ebene. Er lenkt eine vorwärtsgerichtete Kraft zu beiden Seiten um. Einen spitzen Keil muss man weiter vorwärtstreiben, um die gleiche Seitwärtsbewegung zu erzielen. Er entwickelt dafür jedoch größere Kräfte. Die Klinge einer Axt ist ein Keil, der mit seiner Kraft harte Materialien wie Holz, Felsen oder Eis spaltet.

◄ GENEIGTE EBENE
Diese Serpentine führt bergan. Die Strecke ist wesentlich länger als der direkte Weg, die Steigung jedoch geringer, sodass man weniger Kraft braucht.

Der Fahrer sitzt in der ***Kabine*** *und steuert die Raupe.*

ZAHNRÄDER

Zahnräder übertragen Drehbewegungen und Drehkräfte von einer Stelle an eine andere wie z. B. vom Motor auf die Räder eines Autos. Die Zähne von zwei Zahnrädern greifen ineinander, sodass ein Rad das andere in entgegengesetzter Richtung dreht.

WAS IST EIN ÜBERSETZUNGSVERHÄLTNIS?

Wenn zwei Zahnräder die gleiche Anzahl an Zähnen besitzen, drehen sie sich gleich schnell und mit gleicher Kraft. Hat ein Zahnrad jedoch doppelt so viele Zähne, dreht es sich nur halb so schnell, aber mit doppelter Kraft wie das andere.

UHRWERK ►
Die Zahnräder in diesem Uhrwerk übertragen das Drehmoment der Feder, die sich in der Mitte der Uhr befindet, auf die Zeiger über dem Zifferblatt.

SIEHE AUCH ⏭ Bewegung 165 • Kräfte 164 • Motoren 198–199

MOTOREN

Eine Maschine, die Energie aus Brennstoffen in Arbeit umwandelt, nennt man einen Motor. Dampfmaschinen waren die ersten Motoren. Autos und viele Züge fahren mit Verbrennungsmotoren. Flugzeuge fliegen mit Triebwerken, Schiffe werden von ⏭ TURBINEN angetrieben.

WAS IST EIN WÄRMEMOTOR?

Wärmemotoren wandeln Wärmeenergie in Bewegung um. Brennstoffe wie Kohle, Benzin oder Wasserstoffgas liefern die Wärme. Durch die Wärme dehnt sich ein Gas wie z.B. Luft aus. Bei einem Kolbenmotor drückt das expandierende Gas den Kolben herunter und dreht die Kurbelwelle, die den Motor antreibt. Die Brennstoffmenge, die ein Motor in einer bestimmten Zeit benötigt, nennt man ⏭ TREIBSTOFFVERBRAUCH.

WAS IST EIN VERBRENNUNGSMOTOR?

Dieser Motor verbrennt Treibstoffe in Zylindern. Sie saugen Luft und Treibstoff durch ein Ventil an, während sich der Kolben senkt. Wenn der Kolben hochkommt, presst er das Gemisch zusammen und erwärmt es. Das Gemisch zündet (explodiert) und die expandierenden Gase drücken den Kolben nach unten.

WIE ARBEITET EINE DAMPFMASCHINE?

In einer Dampfmaschine wird der Brennstoff außerhalb der Zylinder verbrannt. Kohle erwärmt das Wasser in einem Kessel. Der Dampf entweicht in die Zylinder, dehnt sich aus und drückt auf die Kolben. Die Kolben bewegen die Kurbelwelle und treiben die Maschine an.

◄ DAMPFMASCHINE
Die ersten Dampfmaschinen pumpten Wasser aus tiefen Stollen. Der schottische Ingenieur James Watt (1736–1819) führte zahlreiche Verbesserungen bei seinen Dampfmaschinen ein. Seine Ideen führten zu wirkungsvollen Dampfmaschinen, die Fabriken versorgten oder Lokomotiven wie diese aus der Mandschurei antrieben.

BENZINMOTOR

Benzinmotoren sind interne Verbrennungsmotoren. Moderne Benzinmotoren arbeiten im Viertaktverfahren. Benzin und Luft werden in den Zylinder gesaugt, die Mischung wird komprimiert und gezündet. Die sich ausdehnenden Gase treiben den Kolben nach unten, der die Kraft auf die Kurbelwelle überträgt. Anschließend werden die Abgase herausgetrieben. Alle Zylinder arbeiten unabhängig voneinander, obwohl ihre Reihenfolge abgestimmt ist. Dadurch wird die Kurbelwelle gleichmäßig angetrieben.

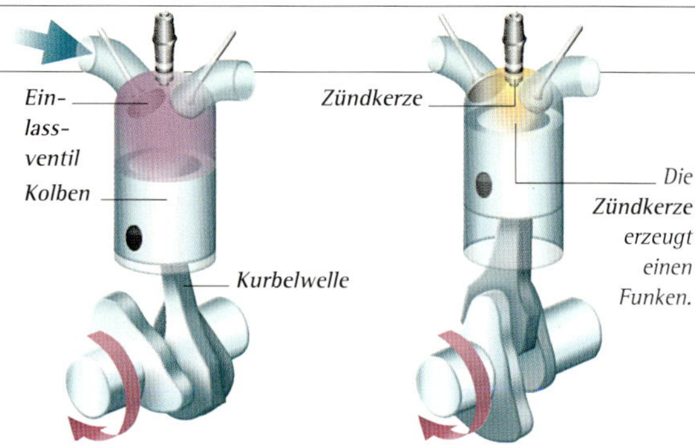

ERSTER TAKT (ANSAUGEN)
Das Einlassventil wird geöffnet. Benzin und Luft werden in den Zylinder angesaugt, während sich der Kolben senkt.

ZWEITER TAKT (VERDICHTEN)
Das Gemisch aus Benzin und Luft wird verdichtet, während sich der Kolben hebt. Dann zündet die Zündkerze das Gemisch.

WIE ARBEITET EIN TRIEBWERK?

Ein Triebwerk saugt vorn Luft an, presst sie durch Rotorschaufeln zusammen und leitet sie in die Verbrennungskammer. Dort wird Kerosin mit der Luft gemischt und bei hohen Temperaturen verbrannt. Die Verbrennungsgase schießen mit hohem Druck hinten aus dem Triebwerk heraus und erzeugen die Schubkraft.

Der Keilriemen treibt die Lichtmaschine an, die die Batterie auflädt.

◄ AUTOMOTOR
In diesem kräftigen Sechszylindermotor ist der Arbeitstakt der Kolben genau abgestimmt. Die Kraft wird reibungslos von der Kurbelwelle auf das Getriebe und die Räder übertragen.

NIKOLAUS A. OTTO
Deutscher, 1832–1891
1876 verwirklichte der Ingenieur N. A. Otto die Idee des Viertaktmotors, der mit der Verdichtung eines Gas-Luft-Gemischs arbeitete. Damit begann von Köln aus die Motorisierung der Welt.

ENTWICKLUNG DES MOTORS

Um 60	Dampf treibt eine Maschine an.
1698	Die erste funktionierende Dampfpumpe
1765–1790	**James Watt** verbessert Dampfmaschinen.
1804	Die erste Dampflokomotive
1876	Der erste Verbrennungsmotor
1903	Erste Gasturbine
1937	Erstes Düsenflugzeug

Die heißen Gase dehnen sich aus und treiben den Kolben nach unten.

Die Kurbelwelle dreht sich.

DRITTER TAKT (ARBEITEN)
Die heißen Gase dehnen sich aus, drücken den Kolben nach unten und treiben die Kurbelwelle an.

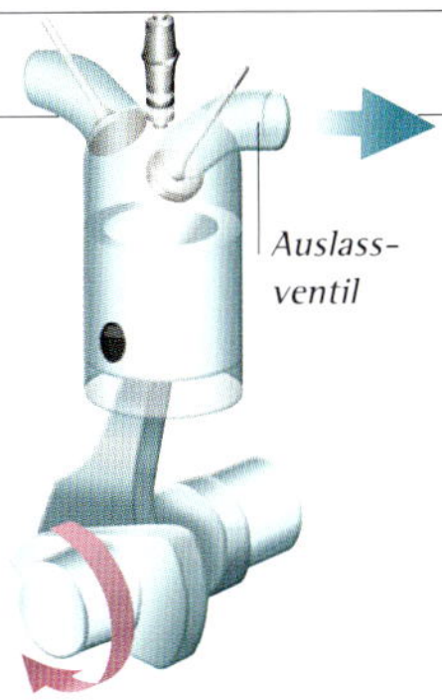

Auslassventil

VIERTER TAKT (AUSSTOSSEN)
Das Auslassventil öffnet sich. Die Abgase werden aus dem Zylinder getrieben, während der Kolben nach oben kommt.

TURBINEN

Eine Maschine mit Schaufeln, die von einer Flüssigkeit oder einem Gas angetrieben werden, nennt man eine Turbine. Schiffe und Wasserkraftwerke nutzen Turbinen.

WELCHE TURBINENARTEN GIBT ES?

Wasser- und Windmühlen sind Beispiele für Wasser und Windturbinen. Sie sind keine Wärmekraftmaschinen, weil sie Bewegung auch ohne Wärme erzeugen. Gas- und Dampfturbinen sind starke Wärmekraftmaschinen – ihre Turbinenschaufeln werden von heißen Gasen oder mit Dampfdruck angetrieben. Sie werden von großen Schiffen und in vielen Kraftwerken eingesetzt.

WAS TREIBT EINE TURBINE AN?

Strömende Gase oder Flüssigkeiten drücken auf die Schaufeln, die eine Welle drehen. Die Turbine ist an einen Generator angeschlossen. Moderne Turbinen besitzen Schaufeln, die wie Flugzeugtragflächen gekrümmt sind. Flüssigkeiten strömen an zwei, drei oder mehreren Schaufelreihen hintereinander vorbei, um möglichst viel Energie in Bewegung umzuwandeln.

▲ DAMPFTURBINE
Hoher Dampfdruck dreht diese Turbinenlaufräder. Sie treiben einen Generator an, um in einem Kraftwerk Elektrizität zu erzeugen. Diese Turbine besitzt mehrere Turbinenstufen. Sie sind am wirkungsvollsten, weil sie die gesamte Energie umwandeln.

TREIBSTOFFVERBRAUCH

Der Treibstoffverbrauch beschreibt die Menge Treibstoff, die ein Fahrzeug auf einer bestimmten Strecke verbraucht. Der Verbrauch hängt von Motorkraft, Gewicht, Aerodynamik, Geschwindigkeit des Fahrzeugs und auch vom Fahrverhalten ab.

WIE VERBESSERT MAN DEN WIRKUNGSGRAD?

Ein Auto, das viel Benzin verbraucht, besitzt keinen wirkungsvollen Motor. Inzwischen wurden Autos entwickelt, die weniger Benzin verbrauchen. Sie belasten die Umwelt nicht so sehr. Es gibt auch Autos, die andere Energiequellen wie Solarzellen, Elektromotoren oder Wasserstoff, der schadstofffrei ist, nutzen.

▼ ELEKTROAUTO
Die Solarzellen auf dem Autodach speisen Batterien. Elektroautos produzieren keine Abgase und verschmutzen die Umwelt nicht.

Motoren

SIEHE AUCH ⏭ Eingriffe in die Natur 64–65 • Elektromagnetismus 186 • Energie 166 • Maschinen 196–197 • Raketen 28 • Verkehr 200–201

BAUTECHNIK

Autobahnen, Brücken, Häuser und Hochhäuser – überall stehen Bauten aus verschiedenen Materialien. Architekten entwerfen Bauten, die gut aussehen und ihren Zweck erfüllen, ⏭ INGENIEURE entwickeln die Haustechnik.

VIRTUELLE HALBKUGEL ▲
Ein Architekt testet seine Pläne in einer virtuellen Kuppel. Mit einem Joystick wählt er verschiedene Ansichten aus.

WAS MACHT EIN ARCHITEKT?

Architekten entwerfen Pläne für neue Gebäude und Bauwerke. Sie berücksichtigen, wozu das Bauwerk genutzt wird, wählen das Material aus und untersuchen die Umgebung. In ihren Plänen sind die genauen Positionen aller Einzelheiten festgehalten, sogar die Steckdosen.

WIE WIRD DAS MATERIAL AUSGEWÄHLT?

Die meisten großen Gebäude bestehen aus Stahlbeton. Aus Beton wird zunächst ein Fundament gegossen. Der Beton von Bögen, Mauern und Türmen wird mit Stahl verstärkt, damit er stabiler ist. Holz wird nur bei kleinen Häusern verwendet, insbesondere beim ⏭ FERTIGBAU. Es ist sehr leicht, aber trotzdem stabil.

WIE WIRD EINE STRASSE GEBAUT?

Zuerst wird der Straßenverlauf geplant, damit Landschaften oder Siedlungen nicht zerstört werden. Dann wird geprüft, ob Tunnel durch Berge oder Brücken über Flüsse notwendig sind. Anschließend wird die Trasse ausgehoben und der Unterbau mit Steinen aufgeschüttet. Zum Abschluss wird die Fahrbahndecke geteert.

BAU EINES WOLKENKRATZERS ►
Eine Baufirma plant ihren Neubau in einem Geschäftsviertel einer Großstadt so, dass Verkehr und Handel in der Nachbarschaft nicht beeinträchtigt werden. Dieser Wolkenkratzer im Finanzviertel von Hongkong wird 88 Stockwerke hoch sein, wenn er fertig ist.

FERTIGBAU

Große Bauteile moderner Häuser werden in Fabriken vorgefertigt und zur Baustelle geliefert, um sie zusammenzusetzen. Alle Fertigbauteile sind so geplant, dass sie genau zusammenpassen. Fertigbauhäuser senken Baukosten und Bauzeit.

▲ KLEINE WOHNUNGEN
Diese Fertigbauwohnungen in Tokio beanspruchen nur wenig Platz. Sie sind kostengünstiger, weil sie kleiner als normale Wohnungen und einfacher zu bauen sind.

WAS IST DIE HAUSTECHNIK?

Zu einem Gebäude zählen nicht nur Fundament, Wände und Dach, sondern auch Heizung, Licht, Sanitär- und Belüftungssysteme. Normalerweise wird diese Technik erst installiert, nachdem der Rohbau fertiggestellt ist. Einige Fertigbauteile haben jedoch schon vorinstallierte Bäder und Stromversorgung.

INGENIEURSWESEN

Ingenieure sorgen dafür, dass die Entwürfe der Bauwerke den wissenschaftlichen Erkenntnissen entsprechen. Bauingenieure berechnen z. B. die Stabilität eines Bauwerks (Statik). Tiefbauingenieure planen den Bau von Staudämmen, Schienenwegen und Straßen.

▼ BRÜCKEN
Diese Brücken zählen zu den schönsten Bauwerken der Ingenieurskunst. Sie können schwere Lasten tragen und starken Stürmen standhalten.

BOGENBRÜCKE

SCHRÄGSEILBRÜCKE

AUSLEGERBRÜCKE

HÄNGEBRÜCKE

*Der **Rohbau aus Stahlbeton** erhält später eine Glasfassade, die attraktiv aussieht und die Fenster verbirgt.*

WIE TRÄGT EINE BRÜCKE IHRE BELASTUNG?

Ein gerader Balken biegt sich in der Mitte, wenn er belastet wird. Eine Balkenbrücke kann nur ein schmales Tal überwinden, eine längere Brücke muss stabiler sein. Eine Bogenbrücke stützt ihre Last von unten – sie verteilt die Belastung mit dem Bogen über beide Seiten auf den Boden. Eine Hängebrücke trägt ihre Last über Kabel von oben.

▲ BOGENSTAUMAUER
Diese Staumauer erhält ihre Stabilität durch die Bogenform. Der größte Teil des Wasserdrucks wird durch den Bogen auf die beiden Seiten geleitet, sodass der felsige Grund am Fuß der Staumauer die Hauptlast trägt.

WIE HOCH KANN MAN BAUEN?

Bautechnik

2010 wurde der 828 m hohe Burj Dubai, das höchste Gebäude der Welt, fertiggestellt. Ingenieure können Wolkenkratzer aber noch höher bauen, doch sie sind dann teurer und müssen extra gesichert werden.

WELCHE FORM EIGNET SICH FÜR EINEN STAUDAMM?

Ein Staudamm hält Wasser in einem Stausee zurück. Der Wasserdruck wächst mit der Tiefe der Talsperre. Der größte Druck herrscht deshalb am Grund – die Mauer des Staudamms ist dort viel dicker als an der Krone.

▲ TUNNELARBEITEN
Für den Bau des Eurotunnels zwischen England und Frankreich wurden elf Tunnelbohrgeräte eingesetzt, um die Verkehrs- und Versorgungsröhren zu bohren. Hinter den Bohrgeräten brachten Förderbänder jede Stunde 1000 Tonnen Abraum aus dem Tunnel.

WIE BOHRT MAN EINEN TUNNEL?

Tunnel werden heute mit Tunnelbohrgeräten vorgetrieben, die sich durch den Berg bohren. Ein kreisrunder Stahlzylinder mit einem Messerschild, der die Größe des späteren Tunnels besitzt, gräbt sich mit etwa 1,6 km/h vorwärts. Hinter dem Bohrgerät wird die Tunneldecke mit verstärktem Spritzbeton befestigt.

SIEHE AUCH ⏭ Architektur 328–329 • Computer 190

INDUSTRIE

Der Begriff Industrie fasst alle produzierenden Gewerbe zusammen, die uns mit Gütern und Rohstoffen versorgen. Dazu zählen der Bergbau, das verarbeitende Gewerbe, das Baugewerbe und die Energiewirtschaft. Neben diesen Sektoren gibt es den Dienstleistungsbereich, der immer mehr an Bedeutung gewinnt.

WAS SIND PRIMÄRER UND SEKUNDÄRER SEKTOR?

Der primäre Wirtschaftssektor versorgt uns mit Nahrung wie z.B. Getreide und Fleisch und pflanzlichen Rohstoffen wie Holz. Der Bergbau des sekundären Sektors fördert ⏭ ROHSTOFFE wie z.B. Eisenerze, um Stahl zu gewinnen. Zu diesem Sektor gehört auch das verarbeitende Gewerbe, das aus diesen Rohstoffen z.B. Autos produziert.

WO ENTSTEHEN INDUSTRIESTANDORTE?

Industrie siedelt sich überall dort an, wo sie günstige Bedingungen findet. Stahlhütten brauchen z.B. Kohle als Brennstoff, sie entstehen häufig in der Nähe von Bergwerken. Werften findet man in Küstennähe. Andere Industriezweige achten auf eine gute Verkehrsanbindung oder auf niedrige Lohnkosten.

WAS IST HEIMARBEIT?

Einige Menschen arbeiten nicht im Büro oder in einer Fabrik, sondern zu Hause. Vor der industriellen Revolution wurden die meisten Waren in Heimarbeit hergestellt. Nachnamen wie Müller oder Weber weisen auf ehemalige Familienbetriebe hin. Heute arbeiten viele Menschen zu Hause am Computer, der sie über das Internet mit ihrer Firma und den Kunden verbindet.

▲ TEEANBAU
Der Anbau von Tee gehört zur arbeitsintensiven Landwirtschaft, weil die Arbeiter die Teeblätter von Hand pflücken. Heute übernehmen Maschinen viele Arbeiten in der Landwirtschaft.

AUTOMOBILINDUSTRIE ►
Die Automobilindustrie zählt zu den größten Industriezweigen der Welt. Täglich verlassen weltweit Tausende Autos die Fließbänder der Werkshallen.

▲ TAGEBAU
Im Tagebau werden Rohstoffe wie Kohle, Eisenerze und Gesteine abgebaut, die direkt unterhalb der Oberfläche liegen.

ROHSTOFFE

Rohstoffe sind natürliche Materialien, um Brennstoffe oder andere Waren zu erzeugen. Erdöl dient zur Energieversorgung und zur Herstellung von Kunststoffen. Aus Metallerzen wird z.B. Eisen gewonnen und aus Sand wird Glas produziert.

WIE WERDEN ROHSTOFFE VERARBEITET?

Viele Rohstoffe werden mit chemischen Reaktionen und Wärme verarbeitet. Eisenerz wird z.B. erst zerkleinert und dann mit Kohle in einem Hochofen erhitzt. Chemische Reaktionen mit Kohle und Luft lösen aus dem Erz flüssiges Eisen, das aus dem Hochofen abfließt und erstarrt.

WAS SIND NEBENPRODUKTE?

Nebenprodukte sind nützliche Materialien oder Produkte, die bei der gewerblichen Verarbeitung anfallen. Hochofenschlacke bleibt z.B. beim Schmelzen (Verhüttung) von Eisenerz übrig und wird im Straßenbau als Unterbau verwendet. Gold, Silber und Platin sind wertvolle Nebenprodukte der Kupferherstellung.

Industrie

SIEHE AUCH ⏭ Energiequellen 60–61 • Fischerei 67 • Forstwirtschaft 67 • Gestein 46–47 • Landwirtschaft 66 • Materialien 170

PRODUKTION

Nahezu alles, was wir benutzen – von den Socken bis zum Flugzeug – wird produziert. Mit der Produktion entstehen aus Materialien Güter. Sie werden von Hand oder von computergesteuerten ⏭ FLIESSBÄNDERN hergestellt.

WOHER KOMMEN NEUE PRODUKTE?

Die Entwicklung neuer Produkte beginnt mit einer Idee – ein neues Design für ein Auto oder ein neues Spiel. Zunächst wird ein Modell gebaut und getestet. Dann wird es der Öffentlichkeit vorgestellt, um ihre Reaktion darauf zu testen. Nur wenn die Verkaufschancen gut sind, geht es in die Produktion.

▼ TEXTILPRODUKTION
Früher wurden alle Gewebe (Textilien) von Hand gesponnen und gewebt. Heute erledigen Maschinen diese Arbeit. Gleichzeitig stellen sie viele verschiedene Gewebe her – von Baumwolle über Seide zu Nylon und sogar Teppichen.

HENRY FORD
Amerikaner, 1863–1947
Henry Ford gründete 1903 die Ford Motor Company und führte Fließbandarbeit für die Automobilproduktion ein. Dadurch wurden Autos zum ersten Mal für viele Menschen erschwinglich. Das erste Auto, das er baute, war das berühmte Ford Modell T. Ford versprach seinen Kunden, dass sie sich jede Farbe aussuchen könnten, »solange es Schwarz ist«.

WAS IST MASSENPRODUKTION?

Bei der Massenproduktion wird eine riesige Zahl gleicher Produkte von Maschinen hergestellt. Früher wurden Bücher z.B. manuell (von Hand) gedruckt. Heute übernehmen diese Arbeit Druckmaschinen, die Bücher schnell und in hoher Auflage drucken.

FLIESSBAND

Fließbänder sind wichtige Mittel der Massenproduktion, um komplizierte Produkte herzustellen. Henry Ford nutzte als Erster Fließbänder, um seine Autos schneller und preisgünstiger zu produzieren.

Produktion

▲ AUTOMATISCHE PRODUKTION
In dieser Abfüllanlage werden Flaschen von Maschinen gereinigt, gefüllt und verschlossen. Menschen überwachen die Arbeit und greifen bei Problemen ein, die sie meist besser lösen als Maschinen.

WIE ARBEITET EIN FLIESSBAND?

Ein Fließband (eine Fertigungsstraße) durchläuft mehrere Arbeitsstationen. An jeder Station führen Arbeiter (oder Maschinen) immer wieder dieselben Handgriffe aus, während die halb fertigen Produkte an ihnen vorbeilaufen. Auf diese Weise werden täglich mehr Produkte fertig als durch einzelne Arbeitsgruppen, die ein Produkt vollständig herstellen.

WAS IST EINE QUALITÄTSKONTROLLE?

Bei jeder Produktion kann etwas schiefgehen. Maschinen haben einen Defekt, Materialien sind nicht vorhanden oder es sind die falschen. Solche Probleme führen zu fehlerhaften Produkten, die nicht verkauft werden können. Durch Qualitätskontrollen werden alle fertigen Produkte überprüft, um hohe Standards zu erfüllen.

SIEHE AUCH ⏭ Materialien 170 • Materialumwandlung 171 • Roboter 194

CHEMISCHE INDUSTRIE

Chemische Industrie

Kunststoffe, ⏭AGROCHEMIKALIEN, ⏭ARZNEIMITTEL, Farben und Reagenzien sind nur einige Produkte der chemischen Industrie, die in Chemiewerken erzeugt werden. Ihre Vorstufen kommen aus ⏭ÖLRAFFINERIEN.

▲ ÖLRAFFINERIE
In der Raffinerie wird Rohöl in seine verschiedenen Bestandteile für die chemische Industrie zerlegt. Eine Raffinerie arbeitet rund um die Uhr – nachts sehen ihre beleuchteten Rohre, Tanks und Türme wie eine kleine Stadt aus.

WAS PRODUZIERT EIN CHEMIEWERK?

Natürliche Substanzen wie Salze, Schwefel, Stickstoff und Erdgas sind die Rohstoffe der chemischen Industrie. In einem Chemiewerk werden sie in bestimmten Zusammensetzungen vermischt, erwärmt und veredelt. Chemische Reaktionen wandeln die Rohstoffe in Laugen, Säuren und andere wertvolle Verbindungen um.

WIE WERDEN LAUGEN UND SÄUREN VERARBEITET?

Schwefelsäure entsteht aus Schwefel, Luft und Wasser. Sie ist das wichtigste Einzelprodukt der chemischen Industrie, das z. B. in Batterien, Farben und Dünger verwendet wird. Aus anderen Säuren entstehen Kerosin, Lacke und Sprengstoffe. Natriumkarbonat ist eine Lauge, aus der Seife und Glas erzeugt wird.

BOHRINSEL ►
Eine Bohrinsel fördert Rohöl, das unter dem Meeresboden lagert. Diese gigantischen Plattformen sind die größten Konstruktionen der Welt, die auf dem Meer arbeiten. Sie sind im Meeresboden verankert und besitzen alle Ausrüstungen, um im Meer nach Öl zu bohren.

ÖLRAFFINERIE

Rohöl wird von den Erdölfeldern mit Öltankern zu den Raffinerien gebracht. Der dickflüssige, schwarze Rohstoff ist eine Mischung aus vielen verschiedenen Kohlenstoffverbindungen. Sie werden in der Raffinerie durch fraktionierte Destillation voneinander getrennt.

WAS IST EINE FRAKTIONIERTE DESTILLATION?

In der Raffinerie wird Rohöl erhitzt, bis es siedet und ein Dampfgemisch entsteht. Die verschiedenen Verbindungen kondensieren an unterschiedlichen Punkten in der Destillationskolonne, sodass sie getrennt werden. Schweres Heizöl kondensiert z. B. am Boden der Kolonne und leichtes Benzin an ihrer Spitze.

WAS KANN MAN AUS ERDÖL HERSTELLEN?

Aus leichten Erdölbestandteilen entstehen wichtige Brennstoffe wie Benzin und Kerosin. Sie sind auch die Grundstoffe für Textilfasern, Kunststoffe, Lösungsmittel für Farben, Tinten, Klebstoffe, Kosmetika und Medikamente. Die schwereren Bestandteile werden zu Schmierfetten und Teer verarbeitet.

AGROCHEMIKALIEN

Pflanzen brauchen Mineralstoffe aus dem Boden, um zu wachsen. Doch mit der Zeit laugt der Boden aus, sodass weniger Pflanzen darauf wachsen. Die Landwirtschaft setzt Agrochemikalien ein, um die Bodenqualität zu verbessern und Schädlinge (Pestizide) und Krankheiten zu bekämpfen, die sonst die Pflanzen schädigen.

▲ FRÜCHTE BESPRÜHEN
In einer Obstplantage werden Pestizide gesprüht, um Insekten und andere Schädlinge zu vernichten und die Früchte zu schützen. Doch nützliche Insekten wie Bienen sollten davon verschont bleiben.

WAS IST DER BIOLOGISCHE ANBAU?

Biobauern fürchten negative Auswirkungen von künstlichem Dünger und Pestiziden auf die Umwelt. Sie düngen stattdessen mit Tiermist und Kompost und bauen Getreide im Fruchtwechsel mit Bohnen und Erbsen an. Schädlinge bekämpfen sie mit natürlichen Methoden, indem sie z.B. Zwiebeln zwischen Möhren pflanzen, um Möhrenfliegen zu vertreiben.

WAS SIND SELEKTIVE HERBIZIDE?

In der Vergangenheit nutzten Landwirte Meersalz und andere Chemikalien, um Unkraut zu vernichten. Doch diese Substanzen schädigten auch ihr Getreide. Moderne Herbizide (Unkrautvernichtungsmittel) sind organische Chemikalien. Einige vernichten nur Unkraut, nicht jedoch Getreide. Man nennt sie selektive Herbizide.

ARZNEIMITTEL

Ein Arzneimittel ist jede Substanz, die Krankheiten heilt oder ihnen vorbeugt. Seit alters her experimentieren Menschen, um aus Pflanzen Medizin zu gewinnen. Häufig vergifteten sie sich dabei, doch manchmal entdeckten sie auch so nützliche Substanzen wie Aspirin. Heute forscht die Pharmaindustrie mit wissenschaftlichen Methoden.

WIE WERDEN MEDIKAMENTE ENTWICKELT?

Biochemiker verstehen die Vorgänge in Zellen und entwerfen Moleküle, um Krankheiten zu besiegen. Sie synthetisieren die Moleküle im Labor und setzen sie in Zellkulturen (in vitro) ein. Erfolgreiche Substanzen werden im Tierversuch getestet (in vivo).

WIE WERDEN NEUE MEDIKAMENTE GETESTET?

Auf die Laborversuche folgen die klinischen Studien. Dabei erhalten einige Patienten das neue Medikament, während andere nur ein Placebo (Scheinmedikament) bekommen. Solche Studien zeigen die echte Wirkung des neuen Medikaments, weil kein Patient weiß, welches Medikament ihm verabreicht wird.

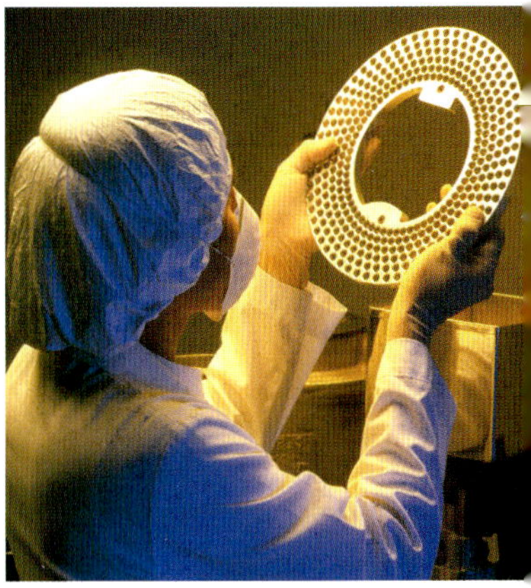

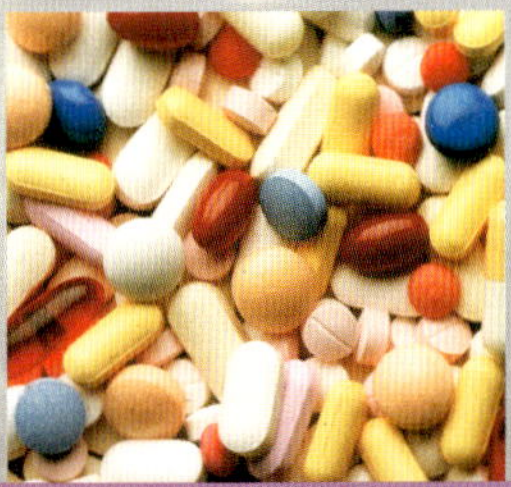

◄ MEDIKAMENTENPRODUKTION
In dieser Gussform werden Tabletten geformt, die das Medikament enthalten. Die verschiedenen Wirkstoffe werden in Tabletten verpackt, die sich in Farbe, Form, Größe und Muster unterscheiden. Dadurch werden sie nicht so leicht verwechselt.

MEDIKAMENTENEINNAHME ▲
Die meisten Medikamente nimmt man oral (durch den Mund) als Pillen, Tabletten oder Pulver ein. Manche Medikamente werden flüssig geschluckt und andere unter die Haut gespritzt. Einige Medikamente werden sogar durch die Haut aufgenommen.

SIEHE AUCH ⏭ Atome 157 • Chemie 162 • Landwirtschaft 66 • Zellen 73

BIOTECHNOLOGIE

Die Biotechnologie nutzt den Stoffwechsel von Mikroben (Mikroorganismen), um Stoffe zu erzeugen oder zu verarbeiten. Bakterien und Hefen produzieren Produkte wie Joghurt, Käse und Wein durch ⏭ FERMENTATION.

SIR ALEXANDER FLEMING
Schotte, 1881–1955

Alexander Fleming erhielt 1945 den Nobelpreis für Medizin, weil er das Penicillin entdeckt hatte. Er suchte nach einem Stoff, der Bakterien abtötete, ohne den Körper zu schädigen. In einer Glasschale entdeckte er eine abgestorbene Bakterienkultur, die versehentlich mit einem Schimmelpilz verunreinigt war. Fleming isolierte die antibiotische Substanz und nannte sie Penicillin.

WIE ARBEITEN MIKROORGANISMEN?

Mikroorganismen sind winzige Chemiefabriken. Sie stellen Enzyme her, die Substanzen aus ihrer Umgebung abbauen, um Nährstoffe zu gewinnen und sich zu vermehren. Dabei entstehen chemische Substanzen wie z. B. bei Hefen, die ein Enzym herstellen, um aus Zucker Alkohol zu gewinnen.

◄ PENICILLINWACHSTUM
Diese Nahaufnahme zeigt eine strahlenförmige Kultur (Wachstum) eines grünen Schimmelpilzes, der auf einem Agarnährboden in einer Petrischale wächst. Penicillin ist ein Antibiotikum, das der Schimmelpilz *Penicillium notatum* produziert. Es gehörte zu den ersten Antibiotika, die entdeckt wurden, und noch heute wird es bei vielen Infektionen eingesetzt.

WAS SIND ANTIBIOTIKA?

Einige Mikroorganismen produzieren Substanzen, die schädliche Bakterien abtöten. Diese Substanzen nennt man Antibiotika. Sie zerstören die Bakterien vollständig oder hindern sie daran, sich zu vermehren. Das Penicillin, eines der ersten Antibiotika, wurde zufällig 1928 in einem Schimmelpilz entdeckt.

FERMENTATION

Fermentation ist die Umsetzung biologischer Materialien wie Getreide, Früchte, Milch, Zucker und anderer Nahrungsmittel durch Bakterien und Hefen. Im Brotteig z. B. wandeln Hefezellen Zucker in Kohlendioxid und Wasser um, damit das Brot leicht und locker wird.

◄ KÄSEHERSTELLUNG
Die verschiedenen Käsesorten entstehen durch unterschiedliche Mikroorganismen und durch unterschiedliche Bedingungen, unter denen sie reifen. Aus dem Käsebruch in diesem Becken wird ein Schweizer Käse.

WIE STELLT MAN KÄSE AUS MILCH HER?

Das Enzym Rennin (aus dem Kälbermagen) oder Milchsäurebakterien wandeln Milchzucker in Milchsäure um, die den Käsebruch von der flüssigen Molke trennt. Der Bruch wird in Formen gepresst, in denen er zum Käse reift. Durch Mikroorganismen erhält der Käse seinen Geschmack und sein typisches Aussehen.

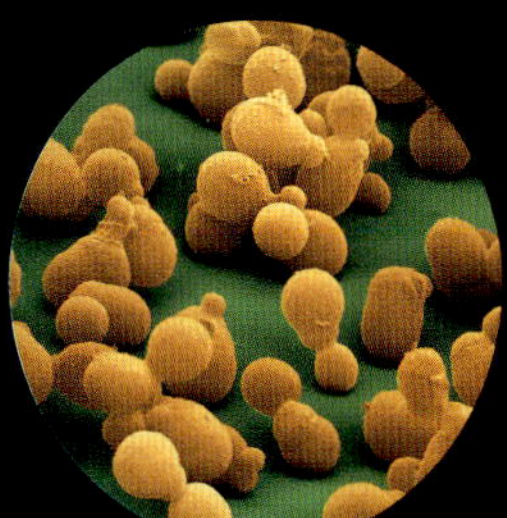

▲ HEFE
Die elektronenmikroskopische Aufnahme zeigt einzelne Hefezellen. Einige der Zellen teilen sich, sodass aus einer zwei Zellen entstehen.

WIE STELLT MAN WEIN AUS WEINTRAUBEN HER?

Natürliche Hefen auf den Trauben verarbeiten den Fruchtzucker zu Alkohol. Die Gärung endet nach 10–30 Tagen, wenn der gesamte Zucker umgesetzt ist oder wenn der Alkoholgehalt, der Hefezellen hemmt, 12–15 % beträgt. Der Wein wird in Fässer umgefüllt. Wenn er mit Luft in Berührung kommt, oxidiert Alkohol zu Essigsäure und der Wein wird sauer.

◄ SEKTKELTERUNG
Bei der traditionellen Kelterung von Schaumwein (Sekt) wird der Wein in der Flasche ein zweites Mal vergärt. Die Flaschen stehen dabei auf dem Kopf, damit sich die Hefe absetzen kann. Sie werden regelmäßig geschüttelt. Zum Abschluss wird der Korken kurz abgenommen, um die Hefe zu entfernen.

Biotechnologie

SIEHE AUCH ⏭ Mikroorganismen 85 • Verdauung 144–145

GENETIK

Die Genetik beschäftigt sich mit der Vererbung von Merkmalen wie dem Geschlecht oder Krankheiten. Diese Informationen sind in den Genen enthalten.

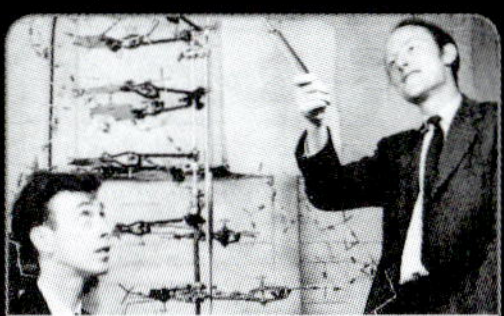

FRANCIS CRICK
Engländer, 1916–2004
JAMES WATSON
Amerikaner, geb. 1928

Crick und Watson bauten 1953 nach Ideen von Rosalind Franklin ein Modell der DNA-Doppelhelix, die über die Nukleinsäurepaare A–T und C–G verknüpft war.

WAS IST DER GENETISCHE CODE?
Der genetische Code besteht aus den vier Buchstaben A, C, G und T, die für bestimmte Moleküle, die Nukleinsäuren, stehen. Diese bilden die DNA, die alle Informationen zur Entwicklung der Lebewesen enthält. Jeweils drei Nukleinsäuren (Tripletts) codieren eine Aminosäure, aus denen Proteine bestehen. Gene bestehen aus langen Reihen dieser Tripletts. Sie sind die Bauanweisungen für Proteine.

WAS IST DAS GENOM?
Alle Gene eines Lebewesens bilden das Genom. Das ⏭ MENSCHLICHE GENOM besteht aus etwa drei Milliarden Nukleinsäuren. Mit besonderen Techniken kann man die DNA entziffern.

DNA-DOPPELHELIX ►
Dieses Kalottenmodell zeigt eine spiralförmige DNA-Doppelhelix. Einzelne Atome, die als Kugeln dargestellt sind, bilden die Nukleinsäuren. Die beiden Stränge der Helix sind durch die Nukleinsäuren miteinander verbunden.

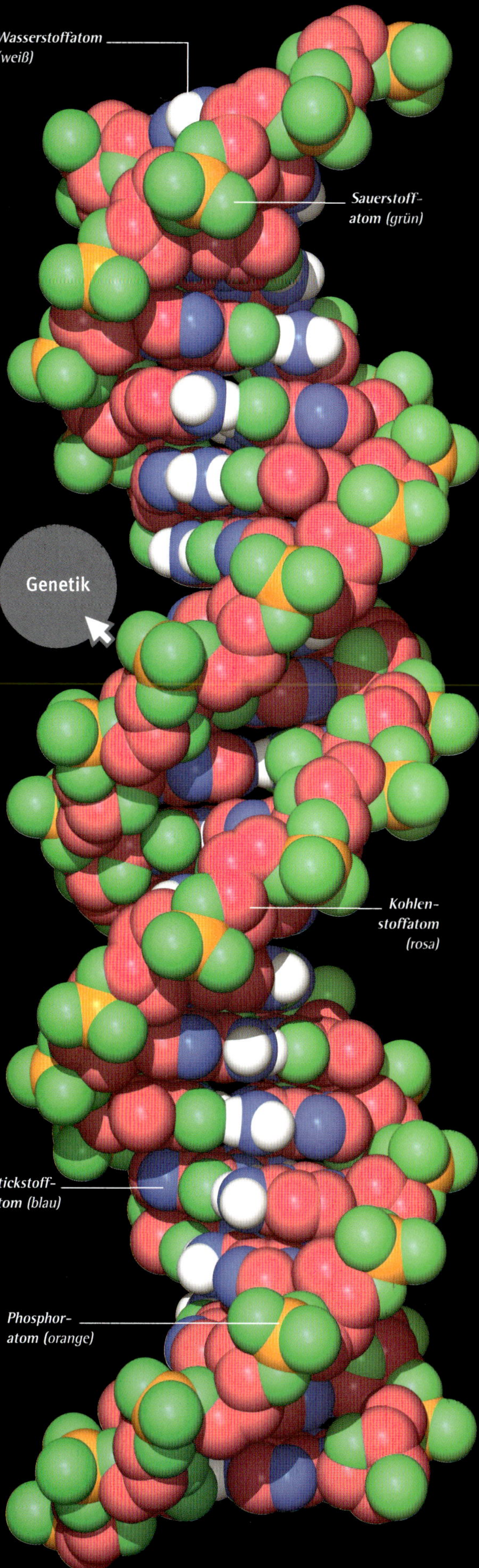

Genetik

DAS HUMAN-GENOM-PROJEKT

Dieses Projekt hat sich zum Ziel gesetzt, die Struktur des gesamten menschlichen Genoms aufzuklären.

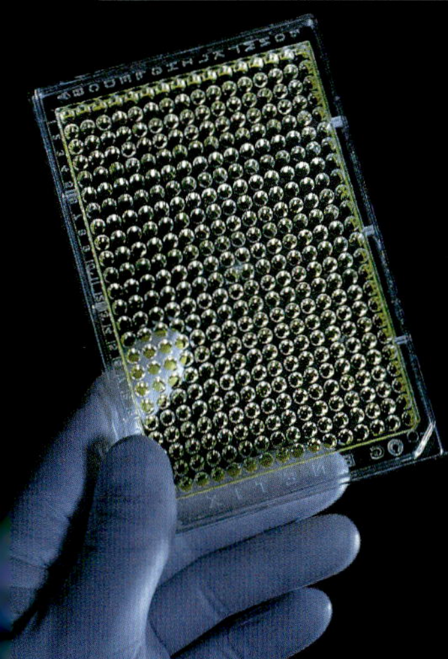

WIE WIRD DAS MENSCHLICHE GENOM GENUTZT?
Forscher wollen mit den Ergebnissen des Human-Genom-Projekts Erbkrankheiten wie die Mukoviszidose aufklären. Wenn das defekte Gen identifiziert ist, kann man die Krankheit schneller feststellen und wirkungsvolle Medikamente entwickeln. Bereits heute kann man jeden Einzelnen durch seinen ⏭ GENETISCHEN FINGERABDRUCK identifizieren.

◄ MENSCHLICHES GENOM
Jedes Loch dieser Platte enthält ein anderes Teil menschlicher DNA. Für das gesamte Genom benötigt man 60 Platten.

GENETISCHER FINGERABDRUCK

Außer Zwillingen besitzt jeder Mensch eine einzigartige DNA. Aus nur zehn Abschnitten (jeweils 500 Nukleinsäuren) kann man einen genetischen Fingerabdruck erstellen.

KANN DIE DNA TÄTER ÜBERFÜHREN?
Wenn an einem Tatort z.B. ein Haar gefunden wurde, bei dem zehn DNA-Abschnitte mit denen eines Verdächtigen übereinstimmen, kann man sicher davon ausgehen, dass es von ihm stammt.

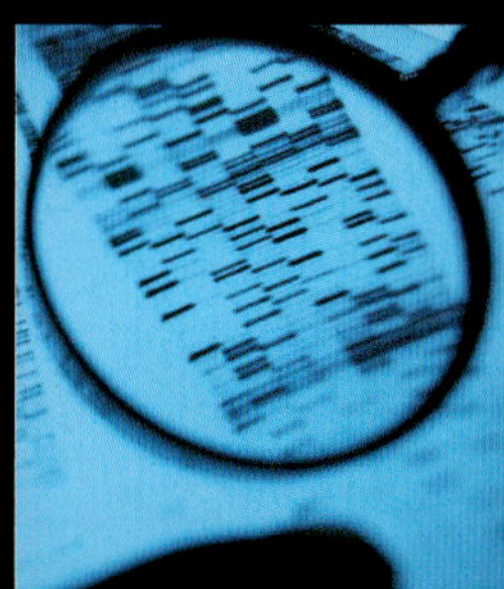

GENETISCHER FINGERABDRUCK ▲
Muster und Stärke dieser Banden (Streifen) zeigen die DNA-Abschnitte von Proben, die von einem einzelnen Menschen stammen.

SIEHE AUCH ⏭ Fortpflanzung 148 • Gentechnologie 210–211 • Zellen 73

GENTECHNOLOGIE

Gentechnologie ist eine Methode, um einzelne Gene zu verändern oder um fremde Gene in einen anderen Organismus einzusetzen. Mit dieser Methode kann man ⏭ GENLEBENSMITTEL züchten oder Embryonen ⏭ KLONEN, um ⏭ STAMMZELLEN zu gewinnen.

Gen-technologie

WAS BEDEUTET GENETISCHE VIELFALT?
Die Unterschiede zwischen den Arten und Individuen werden durch die Unterschiede in den Genen hervorgerufen. Diese Vielfalt entsteht durch die geschlechtliche Fortpflanzung, bei der die Gene der Eltern zufällig miteinander kombiniert werden.

WIE KANN MAN GENE MANIPULIEREN?
Um Welpen zu züchten, die kurze Ruten besitzen, wählen Hundezüchter nur ebensolche Tiere aus. Diese besitzen ein Gen für kurze Ruten, das vererbt wird, während die Gene für lange Ruten aussterben. Heute werden Gene gezielt manipuliert. Um einer Anfälligkeit vorzubeugen, kann man z.B. ein Gen aus der DNA einer Pflanze ausschneiden und einer anderen einsetzen.

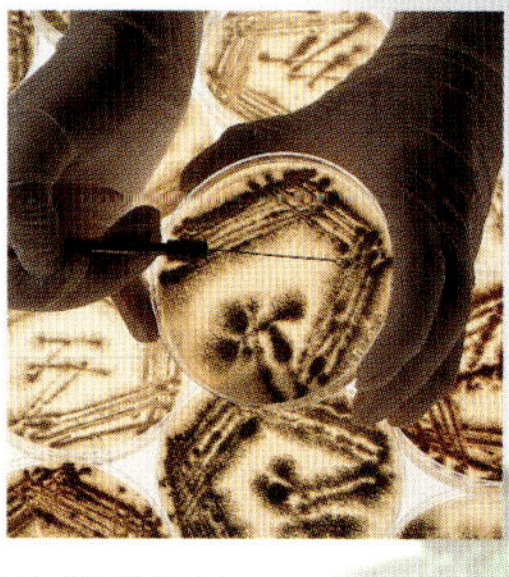

PILZKOLONIE ▲
Die Gentechnologie wird meistens bei Mikroorganismen angewandt, die im Labor wachsen wie diese Pilze. Ihnen werden Gene eingesetzt, damit sie Substanzen gegen Krankheiten produzieren.

GENLEBENSMITTEL

Die erste gentechnisch veränderte Pflanze wurde bereits 1994 verkauft. Die neue Tomatensorte nannte man Flavr Savr (Geschmacksretter). Sie braucht mehr Zeit, um zu reifen, sodass sie mehr Geschmack entwickelt und sich länger frisch hält.

◄ VERÄNDERT ODER NICHT?
Genlebensmittel wie diese Tomate sehen wie die natürlichen Arten aus. Die gentechnischen Änderungen beeinflussen ihre Widerstandsfähigkeit gegenüber Krankheiten oder ihre Lagerfähigkeit, sie sind aber äußerlich nicht sichtbar.

SIND GENLEBENSMITTEL SICHER?
Manche Landwirte trauen Genlebensmitteln nicht. Sie befürchten, dass die eingefügten Gene auch auf andere Arten überspringen. Außerdem kann Getreide, das gegen bestimmte Herbizide und Pestizide resistent ist, dazu führen, dass zu viel von diesen Substanzen versprüht wird, was den Wildtieren schaden würde.

WAS WAR DIE GRÜNE REVOLUTION?
Ab 1960 versuchte man neue Getreidesorten zu züchten, um die Nahrungsknappheit in den Entwicklungsländern zu beenden. Das Getreide war gegen bestimmte Krankheiten unempfindlich. In Indien stieg die Getreideproduktion, doch in anderen Ländern konnten die Landwirte den dort benötigten Dünger für die neuen Arten nicht bezahlen.

GENETISCH VERÄNDERTE PFLANZE ►
Diese Pflanze besitzt genetisches Material einer anderen Art, das in ihr Genom eingesetzt wurde. Die Gentechnologie versucht Pflanzen so zu verändern, dass sie Krankheiten, Schädlingen, Pestiziden und sogar schlechtem Wetter widerstehen.

Die Blätter sind so manipuliert, dass sie weniger Dünger brauchen.

KLONE

Verschiedene Individuen mit den gleichen Genen nennt man Klone. Sie kommen in der Natur häufig vor. Eine Bakterie klont sich selbst, indem sie sich in zwei identische Bakterien teilt. Mit künstlichen Klonierungstechniken werden inzwischen Säugetiere geklont.

WIE WERDEN TIERE GEKLONT?

Das erste Tier, das aus der DNA eines erwachsenen Tiers geklont wurde, war 1997 das Schaf Dolly. Die DNA seiner Mutter wurde in eine Eizelle (deren eigene DNA entfernt wurde) eines anderen Schafs gespritzt. Die Eizelle teilte sich und entwickelte sich bis zum Embryo, der von einem dritten Schaf ausgetragen wurde – Dollys Ersatzmutter. Solche Tierklone dienen der medizinischen Forschung.

KLONSCHAF DOLLY ▲
Dollys Mutter war sechs Jahre alt, als ihre DNA geklont wurde. Schafe werden elf oder zwölf Jahre alt, Dolly aber starb bereits im Alter von sechs Jahren.

WIE WERDEN BANANEN GEKLONT?

Manche Pflanzen vermehren sich ungeschlechtlich. Jede neue Pflanze besitzt die gleiche DNA und ist deshalb ein Klon. Auf einer Plantage sind alle Bananen Klone ihrer Elternpflanzen.

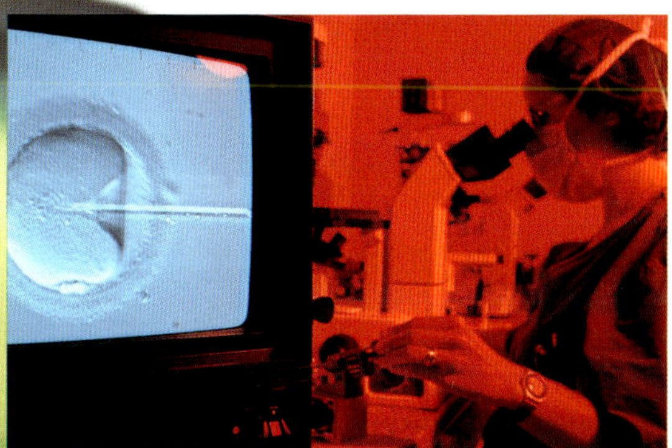

KANN MAN MENSCHEN KLONEN?

Menschen könnten prinzipiell genauso geklont werden wie Tiere, um z. B. Menschen zu helfen, die keine Kinder bekommen können. Doch das Klonen von Menschen ist ethisch äußerst umstritten. In einigen Ländern wurde es bereits verboten.

◄ INTRACYTOPLASMATISCHE SPERMIENINJEKTION (ICSI)
Die ICSI kann Paaren helfen, die keine Kinder bekommen können. Dabei wird das Sperma des Vaters in die Eizelle der Mutter gespritzt (Injektion). Bei einer Klonierung wird dagegen der Zellkern aus der Eizelle entfernt und durch einen Zellkern einer reifen Zelle der Mutter ersetzt. Sperma wird nicht benötigt.

STAMMZELLEN

Die Zellen, aus denen sich ein Embryo entwickelt, nennt man Stammzellen. Sie teilen sich, während der Embryo wächst, und reifen zu anderen Zellen wie z. B. Nerven oder Blutkörperchen.

KANN UNS DIE STAMMZELLFORSCHUNG HELFEN?

Die Forschung versucht mit Stammzellen, geschädigtes oder erkranktes Gewebe zu heilen. Ein Körper kann z. B. erkrankte oder verletzte Nervenzellen nicht reparieren oder ersetzen. Transplantierte Stammzellen könnten neue Nervenzellen bilden und Krankheiten wie Alzheimer oder Parkinson heilen.

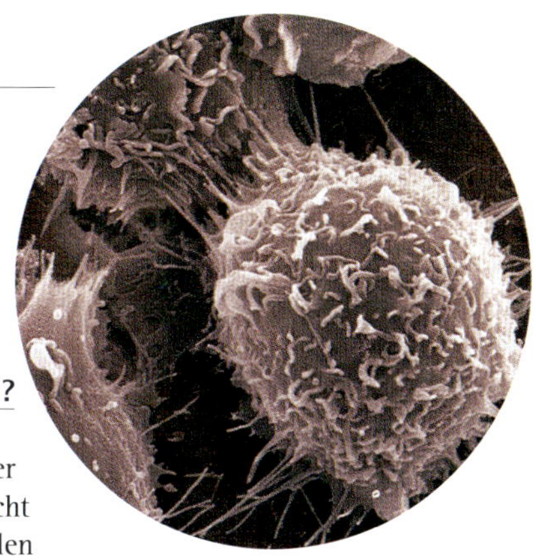

▲ STAMMZELLFORSCHUNG
Diese Elektronenmikroskop-Aufnahme zeigt Stammzellen aus dem Knochenmark eines Erwachsenen. Erwachsene besitzen nur diese Stammzellen. Sie entwickeln sich zu den verschiedenen Blutkörperchen. Nur embryonale Zellen können noch zu allen Zellen ausreifen, aus denen der menschliche Körper besteht.

WAS SPRICHT GEGEN DIESE FORSCHUNG?

Die Stammzellforschung ist umstritten, weil die Zellen von menschlichen Embryos entnommen werden, die im Labor gezeugt wurden. Um eine Abstoßung zu vermeiden, sollten die Zellen idealerweise aus der DNA des Patienten kloniert werden. Viele Menschen fürchten, dass Embryos missbraucht werden.

SIEHE AUCH ⏭ Fortpflanzung 148 • Landwirtschaft 66 • Nervensystem 138 • Wachstum 149 • Zellen 73

LÄNDER der WELT

PHYSISCHE WELTKARTE

Unser Planet heißt zwar Erde, aber mehr als zwei Drittel der Oberfläche sind mit Wasser bedeckt. Der übrige Teil besteht aus sieben großen Landmassen, den Kontinenten. Der größte ist Asien, gefolgt von Afrika, Nordamerika, Südamerika, der Antarktis, Europa und Australien. Sie weisen eine erstaunliche Vielfalt von Landschaften auf – Berge, Wüsten, Wälder, tropische Regenwälder und polare Eiskappen.

▲ **DIE PYRENÄEN**
Die Pyrenäen sind 435 km lang und erstrecken sich vom Golf von Biskaya bis zum Mittelmeer. Wie die meisten Gebirge entstanden die Pyrenäen durch Bewegungen der Erdkruste, die dazu führten, dass sich das Land darüber auffaltete.

HÖHE ÜBER DEM MEERESSPIEGEL

- über 4000 m
- 2000–4000 m
- 1000–2000 m
- 500–1000 m
- 250–500 m
- 100–250 m
- 0–100 m
- unterhalb des Meeresspiegels

MEERESTIEFE

- 0–250 m
- 250–2000 m
- 2000–4000 m
- unter 4000 m

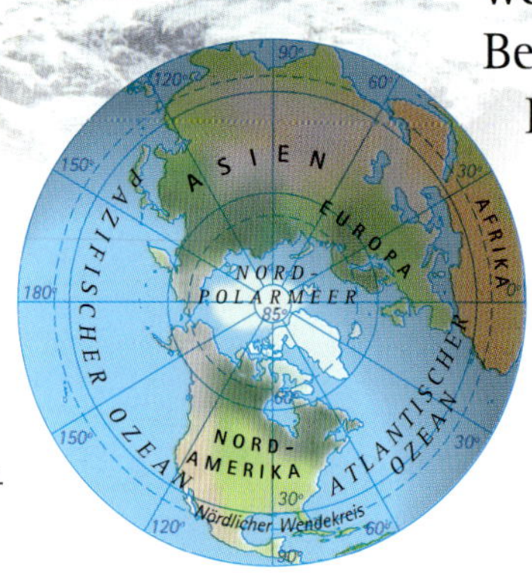

▲ **NORDHALBKUGEL**
Der größte Teil der Landmasse befindet sich auf der Nordhalbkugel, obwohl nur Nordamerika und Europa komplett im Norden liegen.

Physische Weltkarte

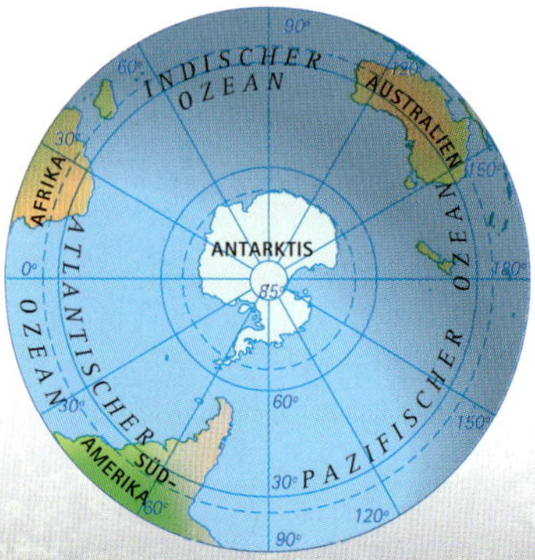

◄ **SÜDHALBKUGEL**
Die Südhalbkugel besteht überwiegend aus Ozeanen. Von den Kontinenten liegen nur Australien und die Antarktis komplett im Süden.

◄ **DER AMAZONAS**
Mit einer Länge von 6439 km ist der Amazonas der zweitlängste Fluss der Welt. Er führt mehr Wasser als jeder andere Fluss und entwässert ein Gebiet von 6 475 000 km² – ungefähr 40 % der Fläche Südamerikas.

SAHARA ►
Die größte Trockenwüste der Welt, die Sahara, erstreckt sich vom Atlantik im Westen bis zum Roten Meer im Osten über ganz Nordafrika.

◄ IGUAÇUFÄLLE
Zwei große Wasserfälle bilden dieses Naturwunder an der Grenze zwischen Argentinien und Brasilien. Beide bestehen aus Hunderten von einzelnen Fällen mit riesigen Felsen dazwischen. Der Name Iguaçu stammt von den Guarani-Indianern und bedeutet »großes Wasser«.

PHYSISCHE WELT

Längster Fluss: Nil 6695 km

Größter See: Kaspisches Meer 371 000 km²

Höchste Erhebung: Mount Everest 8850 m

Tiefster Punkt: Totes Meer 400 m unter dem Meeresspiegel

Tiefster untermeerischer Punkt: Marianengraben im Pazifik 11 034 m tief

Größter Ozean: Pazifischer Ozean 165 384 000 km²

Größte Wüste: Sahara 9 065 000 km²

Größte Insel: Grönland 2 175 219 km²

Kältester Ort: Verchojansk (Sibirien), -70 °C im Januar

Heißester Ort: Bagdad (Irak), 43 °C im Juli und August

Feuchtester Ort: Buenaventura (Kolumbien), 673 cm Regen pro Jahr

Trockenster Ort: Aswan (Ägypten), 0,5 mm Regen pro Jahr

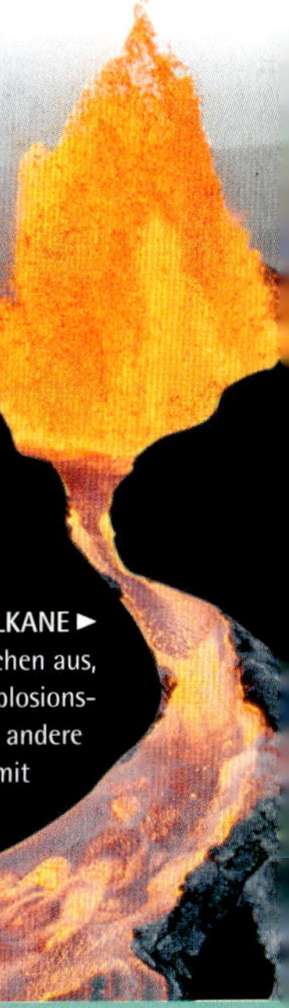

VULKANE ►
Vulkane wie der Kilauea auf Hawaii brechen aus, wenn heißes Magma aus dem Erdmantel aufsteigt und explosionsartig zu Tage tritt. Manche Vulkane brechen regelmäßig aus, andere dagegen bleiben viele Jahre lang inaktiv. Dann brechen sie mit ungeheurer Gewalt aus.

▲ WELT UNTER WASSER
71 % der Oberfläche unseres Planeten sind mit Wasser bedeckt – in Form von Ozeanen, Seen und Flüssen. Der höchste Berg, der tiefste Graben und der längste Gebirgszug: Sie alle befinden sich unter dem Meer.

SIEHE AUCH ⏭ Berge 45 • Flüsse 56–57 • Kontinente 39 • Ozeane 40–41 • Planet Erde 36–37 • Vulkane 44

BEVÖLKERUNG

Seit 2 Mio. Jahren leben Menschen auf der Erde. Lange stieg die Bevölkerungszahl kaum an, da sich Geburten- und Sterberate ausglichen. In jüngster Zeit führten Fortschritte in der Medizin und in der Landwirtschaft, bessere hygienische Verhältnisse und der Rückgang schwerer körperlicher Arbeit dazu, dass die Kindersterblichkeit abnahm und die Menschen immer älter wurden. So kam es zu einem raschen Anstieg der Weltbevölkerung in den letzten 150 Jahren. Heute leben fast 7 Mrd. Menschen auf der Erde und jede Woche kommt 1 Mio. dazu.

▲ MULTIKULTURELLE GESELLSCHAFT
Die Fußgängerzonen großer europäischer Städte, wie hier in Amsterdam, zeigen, wie multikulturell die Gesellschaft in vielen Städten und Ländern heute ist. Zu diesem großen Wandel beigetragen haben mehr Zuwanderung, aber auch wachsender Welthandel und Tourismus.

BEVÖLKERUNG

Die fünf größten Städte:
- Tokio (Japan), 33,8 Mio.
- Seoul (Südkorea), 23,9 Mio.
- Mexiko-Stadt (Mexiko), 22,91 Mio.
- Neu-Dehli (Indien), 22,4 Mio.
- Bombay (Indien) 22,3 Mio.

Die wenigsten Einwohner: Vatikanstadt, 826 Einw.

Die größte Bevölkerungsdichte: Monaco 16 477 Menschen pro km²

Die niedrigste Bevölkerungsdichte: Mongolei 2 Menschen pro km²

Die höchste Geburtenrate: Niger, 52 pro 1000 Einw.

Die niedrigste Geburtenrate: Japan 7 pro 1000 Einwohner

Die höchste Sterblichkeit: Swasiland 31 pro 1000 Einwohner

Die niedrigste Sterblichkeit: Vereinigte Arabische Emirate 2 pro 1000 Einwohner

Die höchste Lebenserwartung: Andorra (83)

Die niedrigste Lebenserwartung: Swasiland (32)

Das reichste Land (höchstes Bruttosozialprodukt): Vereinigte Staaten 10 207 Mrd. Dollar

Das ärmste Land (niedrigstes Bruttosozialprodukt): Tuvalu 21 Mio. Dollar

WELTBEVÖLKERUNG ►
Die 6 Mrd. Menschen auf der Welt sind nicht gleichmäßig über den Planeten verteilt, sondern konzentrieren sich auf Gebiete mit günstigem Klima und guten Siedlungsbedingungen. Der Gradmesser für diese Konzentration ist die Bevölkerungsdichte. Diese Zahl gibt an, wie viele Menschen im Durchschnitt auf einem Quadratkilometer leben.

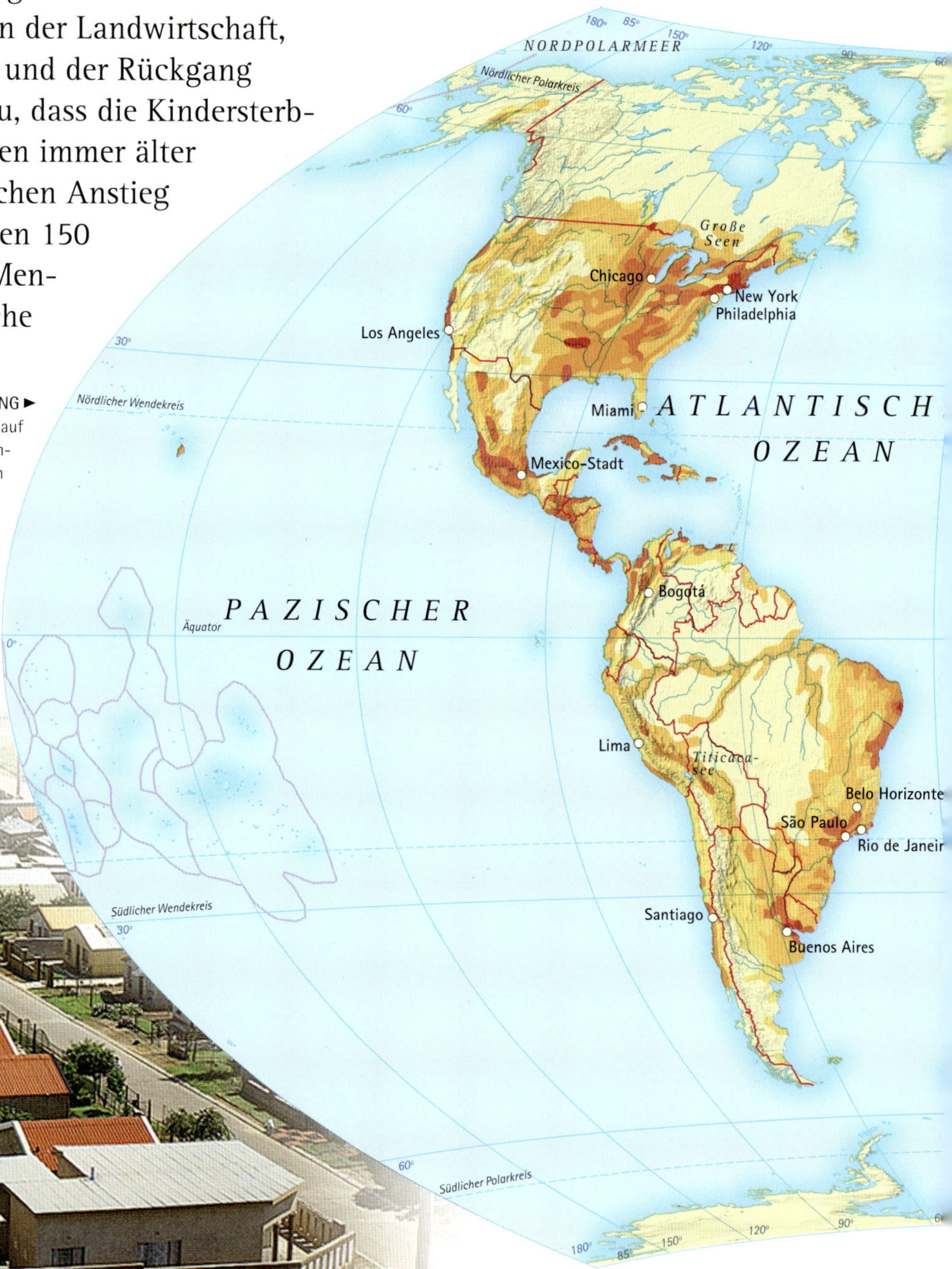

◄ SOWETO, SÜDAFRIKA
In dem als Wohnsiedlung für Schwarze geplanten Stadtteil von Johannesburg leben 3 Mio. Menschen. Die soziale Lage hat sich zwar gebessert, aber Armut, Übervölkerung und Kriminalität sind noch immer ein Problem.

LEGENDE

○ Stadt mit über 5 Mio. Einwohnern

BEVÖLKERUNGSDICHTE

Menschen pro km²

- über 200
- 101–200
- 51–100
- 21–50
- 13–20
- 6–12
- 1–5
- weniger als 1

HONGKONG, CHINA ►
Viele Großstädte wie Hongkong lösen ihr Platzproblem, indem sie mehr in die Höhe als in die Breite wachsen. Diese Entwicklung hat dazu geführt, dass es immer mehr sogenannte Megastädte mit mehr als 10 Mio. Einwohnern gibt. Aufgrund der vielen Menschen, schlechter Luft und weniger Grünanlagen ist die Lebensqualität dort gering.

Bevölkerung

FLÜCHTLINGE ►
Wie diese Albaner verlassen viele Menschen ihr verarmtes Land, weil sie sich anderswo Arbeit und ein besseres Leben erhoffen.

SIEHE AUCH ⏭ Architektur 328–329 • Eingriffe in die Natur 64–65 • Internationale Organisationen 434 • Soziale Gerechtigkeit 304–305

KARTOGRAFIE

Auf einer Landkarte ist ein bestimmter Ausschnitt der Erdoberfläche abgebildet, meist von oben und verkleinert. Die Darstellung kann die ganze Erde umfassen, ein einzelnes Land oder die Straße, in der du lebst. Im Gegensatz zu einem Foto enthalten Landkarten Informationen wie Ortsnamen, Höhenangaben oder Ländergrenzen.

DIE NEUE WELT ►
Diese Weltkarte entstand 1584, genau 62 Jahre nachdem Ferdinand Magellan und Juan de Elcano die erste Weltumsegelung gelungen war. Damalige Kartografen mussten oft auf ihre Vorstellungskraft zurückgreifen, da viele Teile der Welt wie etwa Australien, die Arktis und die Antarktis noch nicht bekannt waren und viele Küstenlinien erst noch erforscht werden mussten.

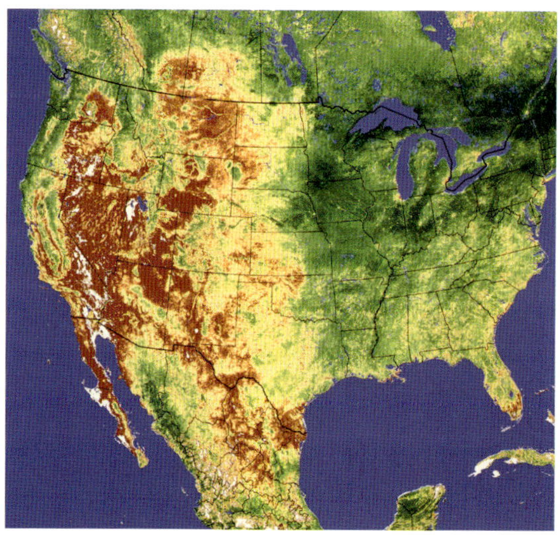

◄ MODERNE TECHNOLOGIE
Kartografen verwenden heute komplizierte Satellitenbilder. Auf dieser Karte der USA, die nach einem Satellitenfoto angefertigt wurde, sind die Umrisse und die Vegetation des Landes genau zu erkennen.

ZEITZONEN ▼
Ausgehend von der Greenwichzeit (Greenwich Mean Time, GMT), die am Nullmeridian gemessen wird, ist die Welt in 24 Zeitzonen unterteilt. Östlich dieser Linie nimmt der zeitliche Abstand zur GMT zu, westlich davon nimmt er ab. Die internationale Datumsgrenze liegt auf dem 180. Längengrad. Die westliche Seite dieser Linie ist der östlichen um einen Tag voraus.

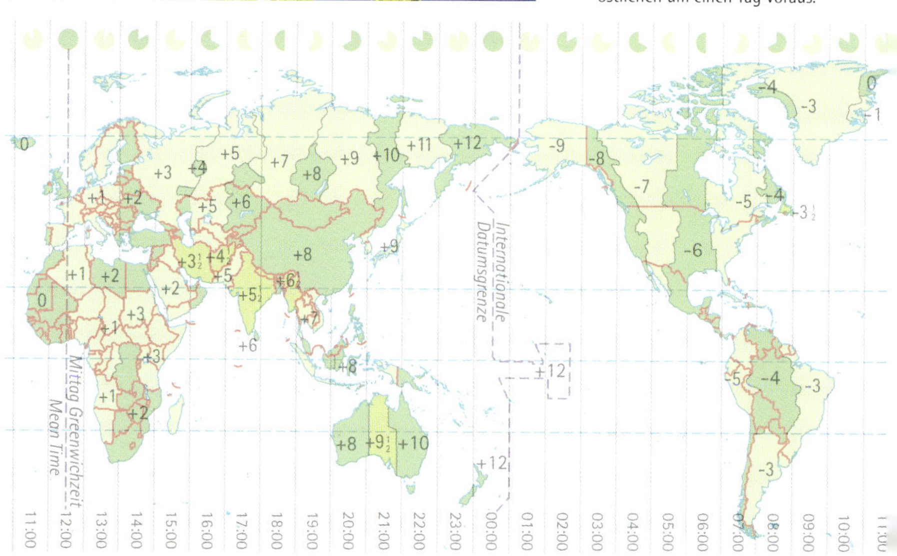

PHYSISCHE MERKMALE

VICTORIAFÄLLE
Große Wasserfälle wie die am Sambesi in Afrika gelegenen Victoriafälle sind auf den hier folgenden Karten verzeichnet. Die in Wirklichkeit sehr beeindruckenden Naturschauspiele sind auf Karten, die einen ganzen Kontinent abbilden, natürlich nicht im Detail darstellbar.

GROSSES BARRIERERIFF
Das Große Barriereriff besteht aus Millionen winziger Korallenpolypen und ist die größte Ansammlung von Lebewesen auf der Erde. Es erstreckt sich über 2000 km entlang der Küste Australiens. Bedeutende Naturerscheinungen sind auf den folgenden Karten verzeichnet.

KILIMANDSCHARO
Hohe Gebirge sind auf Landkarten weiß gekennzeichnet. Ein Dreieckssymbol verweist auf einzelne Erhebungen wie den Kilimandscharo in Tansania. Ein Beispiel dafür findest du in der Legende auf der Seite gegenüber.

TSCHADSEE
Niederschläge sammeln sich in Seen oder unterirdischen Hohlräumen und gelangen mit den Flüssen in die Meere. Große Flüsse und Seen wie der Tschadsee in Zentralafrika erscheinen auf allen Landkarten blau. Ein Beispiel dafür findest du in der Legende auf der Seite gegenüber.

NAMIBWÜSTE
Heiße und trockene Wüstenregionen wie die Namibwüste in Südafrika bedecken große Teile der Welt. Die Böden bestehen meist aus Sand, auf dem außer Kakteen kaum Pflanzen wachsen. Die großen Wüsten sind in den folgenden Erdteilkarten eingezeichnet.

PAZIFISCHER OZEAN
71 % der Erdoberfläche sind mit Wasser bedeckt. Den Großteil davon machen die Meere aus, wie etwa der Pazifik, der größte Ozean der Welt. Auf den folgenden Karten sind alle Ozeane blau eingezeichnet und beschriftet.

BENUTZUNG DER KARTEN

Dieses Kapitel behandelt die Länder der Welt und ihre Bewohner. Die Erde gliedert sich in sieben Kontinente und jeder Kontinent wird mit einer eigenen Karte und Fotos auf einer Doppelseite im Überblick vorgestellt. Darauf folgen detaillierte, ebenfalls bebilderte Einzeldarstellungen seiner verschiedenen Regionen.

GEOGRAFISCHE BREITE UND LÄNGE

Breitengrade Imaginäre Linien, die sich wie ein Gitter über die Erde legen, dienen zur Lagebezeichnung von Punkten auf der Erdoberfläche. Die Breitengrade verlaufen waagrecht von Ost nach West und parallel zum Äquator. Dieser trägt den Wert 0 Grad, alle anderen Breitenkreise werden gemäß ihrer Verschiebung nach Norden oder Süden beziffert. Sie geben an, wie weit nördlich oder südlich sich ein Punkt befindet.

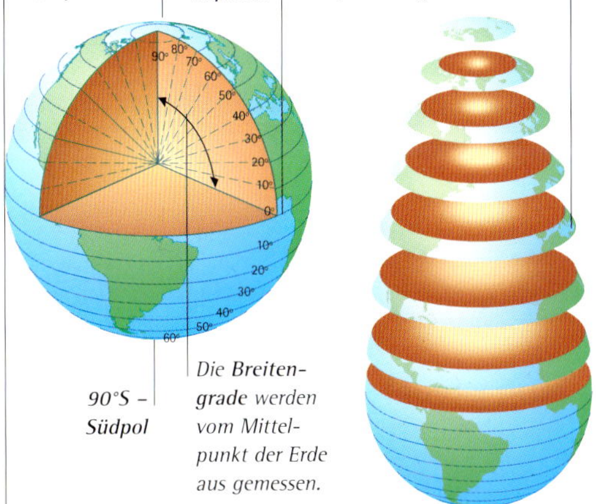

Längengrad Zwischen den Polen verlaufen senkrecht die Längengrade oder Meridiane. Der Nullmeridian verläuft durch den Stadtteil Greenwich in London. Alle anderen Längenkreise werden in Graden östlich oder westlich dieser Linie angegeben. Dem Nullmeridian gegenüber, auf der anderen Seite der Welt, liegt der 180. Längengrad. Die Längengrade geben an, wie weit östlich oder westlich sich ein Punkt befindet.

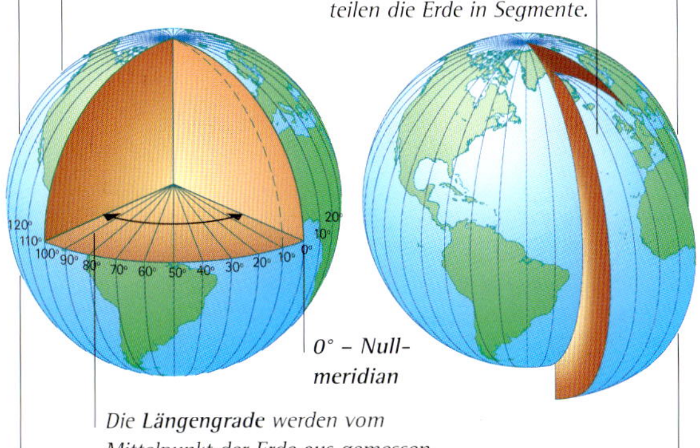

ERDTEILKARTE ►

Diese Karte von Afrika zeigt, wie die Erdteilkarten in diesem Kapitel aussehen. Alle Landschaftsmerkmale wie Gebirge, Wüsten, Flüsse, Seen und Meere werden dargestellt. Auch Länder, Hauptstädte und andere wichtige Städte sind eingetragen.

HÖHE

- über 4000 m
- 2000–4000 m
- 1000–2000 m
- 500–1000 m
- 250–500 m
- 100–250 m
- 0–100 m
- unterhalb des Meeresspiegels

LEGENDE

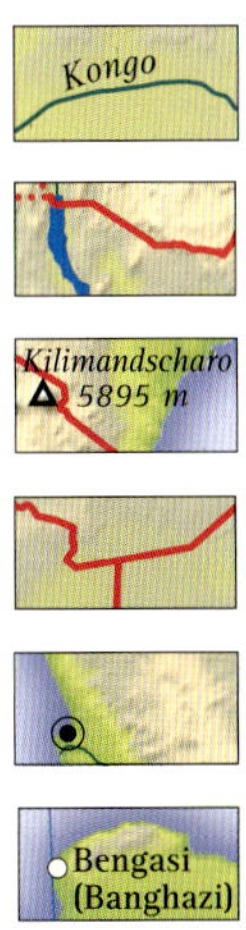

- *Fluss*
- *See*
- *Berg mit Höhenangabe in Metern*
- *Internationale Staatsgrenze*
- *Hauptstadt eines Staates*
- *Größere Stadt*

MASSSTAB

0 km 400 800

Kartografie

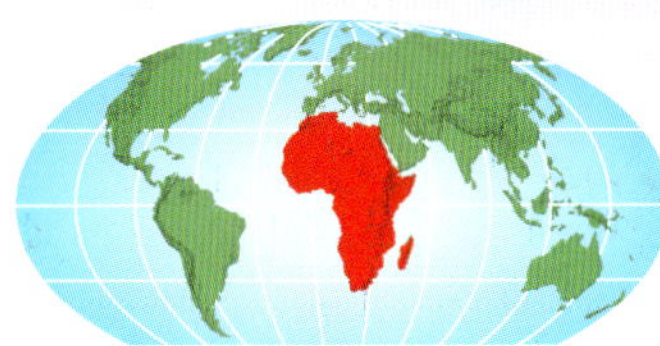

ORIENTIERUNGSGLOBUS ►

Jede der sieben Erdteilkarten verfügt über einen Orientierungsglobus. Er zeigt die genaue Lage des besprochenen Erdteils. Dieser erscheint rot, der Rest der Welt grün.

ORIENTIERUNGSKARTE ►

Die auf den Detailseiten jeweils vorgestellte Einzelregion ist zur besseren Orientierung in eine kleine Erdteilkarte eingezeichnet: rot für die Region und grün für den Rest des Kontinents.

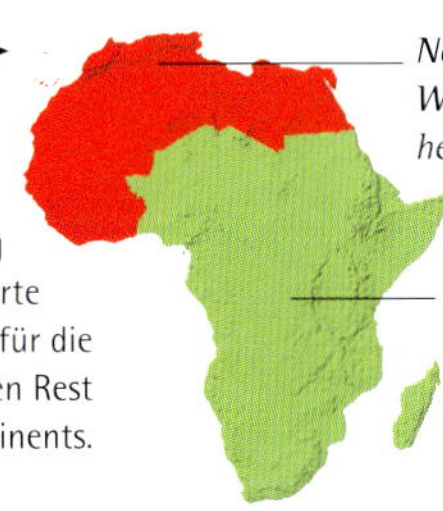

SIEHE AUCH ⏭ Entdeckungszeitalter 400–401 • Lebensräume 82–84

NORDAMERIKA

Nordamerika ist ein Kontinent enormer Gegensätze. Neben hohen Gebirgszügen und weiten Grasebenen gibt es heiße Wüsten und ewiges Eis. Im Süden liegen die Tropeninseln der Karibik und die Regenwälder Mittelamerikas. Hoch im Norden bedeckt eine 3 km dicke Eisschicht fast ganz Grönland. Die meisten Nordamerikaner leben in den großen Städten an der Ost- oder Westküste. Die Great Plains und die Wüsten westlich des Mississippi sind wie die Wälder und Tundren im Norden Kanadas und Alaskas nur dünn besiedelt.

▲ ROCKY MOUNTAINS
Die Rocky Mountains sind ungefähr 80 Mio. Jahre alt und erstrecken sich im Westen des Kontinents von der Arktis im Norden bis nach Mexiko im Süden. Als relativ junges Gebirge sind sie kaum abgetragen und bieten einen wild zerklüfteten Anblick.

▲ EISHOCKEY
In Kanada ist Eishockey die beliebteste Sportart. Wichtige Spiele werden von Millionen Zuschauern verfolgt. Auf Schlittschuhen versuchen die Spieler, den Puck, eine Hartgummischeibe, mit einem Schläger in das gegnerische Tor zu schießen. Bei den Winterspielen des Jahres 2002 gewann Kanada olympisches Gold.

◄ GREAT PLAINS
Die Großen Ebenen in der Mitte Kanadas und der USA liegen zwischen den Rocky Mountains und dem Mississippi. Einst durchstreiften riesige Bisonherden dieses weite Grasland, heute werden sie überwiegend landwirtschaftlich genutzt. Im Norden baut man Weizen, im Süden Mais an.

▲ DIE FREIHEITSSTATUE VON NEW YORK
Die Freiheitsstatue ist 93 m hoch und wurde 1886 im Hafen von New York aufgestellt. Für Millionen Einwanderer war sie das Erste, was sie von Amerika zu sehen bekamen. So wurde diese Statue im Lauf der Zeit zum Symbol für Wohlstand und ein besseres Leben.

JUNKANOO-FESTIVAL ►
Ausgelassene Karnevalsfeiern wie das Junkanoo-Festival auf den Bahamas finden überall in der Karibik statt. In fantastischen Kostümen tanzen die Menschen auf der Straße und veranstalten prachtvolle Umzüge. Diese Feste finden vor der 40 Tage dauernden Fastenzeit statt, mit der sich die Christen auf das Osterfest vorbereiten.

NORDAMERIKA	
Gesamtfläche:	24 238 000 km²
Gesamtbevölkerung:	501 Mio.
Größtes Land:	Kanada, 9 984 670 km²
Kleinstes Land:	St. Kitts und Nevis, 261 km²
Bevölkerungsreichstes Land:	USA, 310 Mio.
Größte Stadt:	New York, 21,8 Mio.
Größter See:	Oberer See, Kanada/USA 83 270 km²
Längster Fluss:	Mississippi-Missouri, USA 5969 km
Höchste Erhebung:	Mt. McKinley, Alaska, USA 6194 m
Große Wüsten:	Great Basin, Mojave-, Sonoran-, Chihuahua-Wüste
Größte Insel:	Grönland, 2 175 219 km²

SIEHE AUCH ⏭ Amerikanische Revolution 414 • Kolonisierung Nordamerikas 409 • Leistungssport 354–355 • Ureinwohner Amerikas 380

DER OSTEN DER USA

Die Osthälfte der USA ist der am dichtesten besiedelte Teil des Landes. Besonders in den großen Städten entlang der Küste leben viele Amerikaner. Im Osten liegen auch die Hauptstadt Washington und die 13 Gründungsstaaten, die sich 1776 zusammenschlossen. Die Großen Seen im Norden und der Sankt-Lorenz-Strom bilden die Grenze zu Kanada.

▲ EVERGLADES
In den regenreichen Sommermonaten können die Alligatoren, Schlangen und anderen Bewohner der Everglades im ganzen Nationalpark herumstreifen. Im trockenen Winter beschränkt sich ihr Lebensraum auf wenige verbleibende Wasserlöcher.

NACH WEM WURDE DIE HAUPTSTADT BENANNT?

Washington D.C. (D.C. bedeutet District of Columbia) ist nach George Washington benannt, dem Oberbefehlshaber der amerikanischen Truppen im Unabhängigkeitskrieg gegen Großbritannien und ersten Präsidenten der USA. Washington ist das politische Zentrum des Landes und Amtssitz des Präsidenten.

WAS SIND DIE EVERGLADES?

Das riesige Sumpfgebiet im Süden Floridas ist ein Rückzugsgebiet für viele seltene Tierarten wie etwa den Florida-Panter oder die Seekuh. Eine ständige Bedrohung für die Everglades sind Entwässerungspläne. Damit würde man zwar Siedlungsfläche gewinnen, aber gleichzeitig den Lebensraum dieser Tiere für immer zerstören.

WARUM NENNT MAN DIE USA AUCH SCHMELZTIEGEL?

Im Lauf der Jahrhunderte kamen viele Menschen aus der ganzen Welt in ein Land, in dem bis dahin nur die indianischen Ureinwohner gelebt hatten: aus Afrika verschleppte Sklaven und Menschen, die in Europa politisch oder religiös verfolgt wurden oder neue Chancen suchten. Die USA sind sehr stolz darauf, dass all diese Menschen unterschiedlichster Herkunft friedlich zusammenleben, aber Rassentrennung und Spannungen unter den Kulturen sind noch immer ein großes Problem.

◄ HERBST IN NEUENGLAND
Die weiten Laubwälder, die einen Großteil Neuenglands bedecken, verwandeln sich im Herbst in ein wahres Feuerwerk von Farben. Touristen kommen wegen dieser prachtvollen Landschaft hierher, aber auch zum Wandern, Skilaufen oder Fischen.

▼ NEW YORK
Die Skyline von Manhattan gehört zu den berühmtesten der Welt. Zwischen engen Straßenschluchten steht dort ein Wolkenkratzer neben dem anderen. New York ist das geschäftliche und kulturelle Zentrum der USA.

WAS IST THANKSGIVING?

1621 feierten Pilgerväter (Einwanderer aus England) und Indianer das erste Thanksgiving-Fest. Nach der ersten gemeinsamen Ernte setzten sie damit ein Zeichen der Freundschaft. Seitdem feiern die Amerikaner im November ihr Erntedankfest mit dem traditionellen Truthahnbraten und anderen speziellen Speisen.

WARUM SIND DIE USA SO MÄCHTIG?

Ihre wirtschaftliche Stärke haben die USA zum mächtigsten Land der Welt gemacht. Sie unterhalten riesige, technisch hoch entwickelte Streitkräfte. Dadurch wurden sie zur einzigen Supermacht der Welt. Amerikanische Firmen sind führend in der Weltwirtschaft und amerikanische Popmusik und Filme prägen das kulturelle Leben vieler Länder.

WELTRAUMFÄHRE ►
Auf Kap Canaveral in Florida befindet sich das amerikanische Raumfahrtzentrum. Damit die Weltraumfähre nach einer Mission ins All sicher landen kann, müssen Mitarbeiter die Landebahn nach verirrten Alligatoren oder Rotluchsen absuchen.

Schubraketen und ein externer Treibstofftank dienen dem Spaceshuttle als Starthilfe.

Die Weltraumfähre, auch Spaceshuttle genannt, hat drei Triebwerke und bietet Platz für eine siebenköpfige Besatzung.

Osten der USA

WARUM STARTEN DIE RAKETEN IN FLORIDA?

Die NASA (US-Bundesbehörde für Luft- und Raumfahrt) lässt ihre Raketen, Raumfähren und Satelliten von Kap Canaveral aus starten. Der Grund dafür ist das meist schöne Wetter an der Ostküste Floridas und die abgeschiedene Lage. Somit wird kaum jemand durch den großen Lärm beim Start belästigt.

▲ DIE GROSSEN SEEN
Eriesee, Oberer See, Michigan-, Huron- und Ontariosee liegen an der Grenze zwischen den USA und Kanada. Über den Sankt-Lorenz-Strom sind sie mit dem Atlantik verbunden, sodass Frachtschiffe weit ins Binnenland fahren können.

WAS PASSIERT BEI HOCHWASSER AM MISSISSIPPI?

In den Fluten versinken Äcker, Wiesen, ganze Ortschaften und das Vieh ertrinkt. So entstehen Schäden in einer Höhe von mehreren Milliarden Dollar. Ein natürlicher Grund für das Hochwasser sind schwere Regenfälle, aber die intensive Landwirtschaft und Waldrodung haben das Problem verschlimmert.

USA

Hauptstadt: Washington D.C.
Fläche: 9 629 091 km²
Einwohner: 301 Mio.
Amtssprache: Englisch
Hauptreligion: Protestantismus
Währung: US-Dollar

NEW YORK YANKEES ►
Führende Baseball-Mannschaften wie die New York Yankees haben zahlreiche Fans im ganzen Land. Neben Football und Basketball gehört Baseball zu den beliebtesten Sportarten.

DAS KAPITOL IN WASHINGTON D.C. ▲
Das Kapitol ist Sitz des amerikanischen Parlaments, des Kongresses. Er besteht aus zwei Kammern, dem Senat und dem Repräsentantenhaus. Der Kongress erlässt Gesetze und kontrolliert den Präsidenten und das Oberste Bundesgericht. In unmittelbarer Nähe des Kapitols befindet sich das Weiße Haus, der Amtssitz des Präsidenten.

SIEHE AUCH ⏭ Amerikanische Revolution 414 • Kolonisierung Nordamerikas 409 • Spaceshuttle 32

DER WESTEN DER USA

Jenseits des Mississippi steigt der Westen der USA über die Great Plains bis zu den Rocky Mountains hin sanft an. Dann fällt das Land zu den Küstengebirgen und den Küstenebenen am Pazifik ab. Dort finden sich Wälder, Obstkulturen, Farmen, aber auch Wüsten und abgeflachte Felsmassive. Die meisten Menschen leben in den Staaten im Südwesten und in den Städten an der Pazifikküste.

LOS ANGELES ►
Das bequemste Verkehrsmittel in Amerika ist das Auto. Autobahnen wie dieser sechsspurige Highway in Los Angeles (L. A.) werden täglich von Tausenden von Fahrzeugen befahren. Abgase, Sonne und Nebel erzeugen den braunen Smog, für den L. A. berühmt ist.

◄ SAN FRANCISCO
In den steilen Straßen der kalifornischen Stadt San Francisco fahren Cable Cars. Über ein Zugseil werden die Straßenbahnen aufwärtsgezogen. Auf der anderen Seite des Hügels gleiten sie dann an dem Seil entlang langsam nach unten.

WIE FRUCHTBAR IST DIE WESTKÜSTE?

Die Küstenebenen sind äußerst fruchtbar. Flüsse führen Wasser heran, die Bewässerungsanlagen speisen, und die Sonne scheint das ganze Jahr über. Im Bundesstaat Washington gedeihen Apfelkulturen, in Kalifornien werden Zitrusfrüchte und Gemüse angebaut. Die Weine aus dem Napa Valley gehören zu den besten der Welt.

▼ DER YOSEMITE-NATIONALPARK
Der Yosemite in der Mitte Kaliforniens war der erste Nationalpark, der in den USA eingerichtet wurde. Die atemberaubende Kulisse von zerklüfteten Bergen und tosenden Wasserfällen ist Lebensraum von über 2000 Pflanzen- und Tierarten.

WARUM IST DIE LUFT IN LOS ANGELES SO SCHLECHT?

Los Angeles bildet das Zentrum eines Siedlungsraums mit einer Gesamtbevölkerung von 15 Mio. Menschen. Öffentliche Verkehrsmittel gibt es kaum und deshalb fahren alle mit dem Auto. Da die Stadt zwischen der Küste und einem Ring umgebender Berge eingekesselt ist, ist die Luftverschmutzung extrem hoch.

BESITZEN DIE INDIANER IHR EIGENES LAND?

Früher durchstreiften die Indianer auf ihren Wanderungen den gesamten Westen. Sie jagten Bisons und sammelten Früchte. Heute leben sie in einigen Reservaten (selbst verwalteten Gebieten). Aber die Böden sind oft karg und es gibt kaum Arbeit. Deshalb leben und arbeiten heute viele Indianer außerhalb der Reservate.

IST ES AN DER PAZIFIKKÜSTE GEFÄHRLICH?

An der San-Andreas-Verwerfung kommt es immer wieder zu Erschütterungen und Erdbeben, besonders in der Gegend um San Francisco. Nach langen Trockenperioden brechen häufig schwere Waldbrände aus, die sogar die großen Städte an der Westküste bedrohen können. Da sich der Küstenstreifen langsam absenkt, bilden auch Überschwemmungen eine große Gefahr.

▲ RODEO
Noch heute überwachen Cowboys die riesigen Viehherden auf den Ranches von Montana bis hinunter nach Texas. Aber statt Pferden kommen immer öfter Jeeps und Hubschrauber zum Einsatz. Auf Rodeos zeigen Cowboys, wie geschickt sie mit Rindern umgehen.

WAS IST DAS TAL DES TODES?

Zwischen den Bergen der Küstenkette liegen einige der trockensten und heißesten Regionen Nordamerikas. In einer dieser Gegenden, dem Tal des Todes, regnet es fast nie und die Temperaturen erreichen bis zu 57 °C. Die Landschaft ist kahl, aber sehr beeindruckend. Die Canyons und Felsformationen ziehen viele Touristen an.

◄ MONUMENT VALLEY
Die zerklüfteten Felswände und Felssäulen des Monument Valley im nördlichen Arizona entstanden im Lauf von Millionen Jahren. Das traditionelle Siedlungsgebiet der Navajo-Indianer diente auch als Kulisse zahlreicher Filme.

MOUNT RUSHMORE ▲
Die Gesichter von vier großen amerikanischen Präsidenten blicken einem aus dem Granitfelsen des Mount Rushmore in South Dakota entgegen. Jedes der vier Gesichter ist ca. 18 m hoch. Sie wurden zwischen 1927 und 1941 von 400 Arbeitern aus dem Stein gemeißelt.

WAS MACHT TEXAS SO REICH?

1901 wurde in Texas Erdöl gefunden. Heute ist es nach Alaska der wichtigste Erdölerzeugerstaat der USA. Aber auch reiche Bestände an Eisenerz, Magnesium, Uran und anderen Mineralien sowie Viehzucht und Baumwollanbau tragen dazu bei, dass Texas zu den reicheren US-Staaten gehört.

KANN MAN DEN GRAND CANYON VOM WELTALL AUS SEHEN?

Der Grand Canyon ist die tiefste Schlucht der Erde, sodass man ihn sogar vom Weltall aus sehen kann. Er liegt im Norden Arizonas und ist 1,6 km tief und 446 km lang. Vor über 1 Mio. Jahren begann der Colorado River sich in ein Felsplateau einzugraben, das er im Lauf der Zeit immer tiefer ausgewaschen hat.

Westen der USA

SIEHE AUCH ►► Erdbeben 43 • Indianer 408

MEXIKO, ZENTRALAMERIKA UND DIE KARIBIK

Schneebedeckte Berge und heiße Wüsten im Norden Mexikos, tropische Wälder an der Küste Nicaraguas – diese Region hat von allem etwas zu bieten. Zentralamerika besteht aus sieben kleinen Ländern auf der Landbrücke zwischen Mexiko und Südamerika. Östlich von ihnen liegen die Tropeninseln der Karibik.

RADIOTELESKOPE IN MEXIKO ►
Ihre große Höhe und die klare Luft machen die Sierra Madre in Mexiko zum idealen Standort für Radioteleskope.

KARIBISCHE INSELN ►
Die Sandstrände der Karibik sind besonders bei jenen Touristen beliebt, die dem Winter in den USA oder in Europa entfliehen möchten. Auch Kreuzfahrtschiffe machen an den vielen Inseln Halt. Mit ihren Ausgaben unterstützen die Passagiere die heimische Wirtschaft.

◄ AZTEKEN, MEXIKO
Die Azteken waren das letzte Volk in einer 2700 Jahre zurückreichenden Reihe von Hochkulturen. Ihr Reich wurde 1521 von den Spaniern erobert. Diese Kriegerstatue stammt von den Tolteken, die von 950–1150 lebten.

PANAMAKANAL ►
Der Panamakanal ist über 80 km lang und verbindet den Atlantik mit dem Pazifik. Ihn passieren mehr als 14 000 Schiffe jährlich, darunter Tanker, Fracht- und Kreuzfahrtschiffe.

WAS BLIEB VON DER KULTUR DER MAYA UND DER AZTEKEN ÜBRIG?

Das Maya- und das Aztekenreich sind untergegangen, nur die Überreste vieler bedeutender Bauten sind noch erhalten. Tempel und Ruinenstätten der Maya finden sich in den Wäldern von Mexiko, Belize und Guatemala. Überreste der Kultur der Azteken liegen noch heute unter den Gebäuden von Mexiko-Stadt verborgen.

WAS IST DER »TAG DER TOTEN«?

Jedes Jahr am 1. November feiern die Mexikaner ein großes Fest für ihre toten Angehörigen und Freunde. Der Tod gehört für sie zum Leben dazu. Am Tag der Toten schmücken sie die Straßen mit Blumen und Skeletten aus Pappmaschee. Die Familien treffen sich auf den Friedhöfen und essen und trinken miteinander, als wären die Toten unter ihnen.

GIBT ES NOCH UREINWOHNER IN ZENTRALAMERIKA?

Im 16. Jh. eroberten die Europäer Zentralamerika und nahmen den Ureinwohnern ihr Land weg. Als Folge davon gibt es heute viele Mestizen (Nachkommen von Europäern und Ureinwohnern). Nur noch 10 % der Bevölkerung sind direkte Nachfahren der Ureinwohner.

DIA DE LOS MUERTOS ▼
Am Tag der Toten verkleiden sich die Menschen als Skelett und veranstalten fröhliche Umzüge. Bei sich zu Hause errichten sie kleine Altäre, die sie mit Blumen, Kerzen, Essen und den Fotos von Verstorbenen schmücken.

▲ BANANEN AUS DER KARIBIK
Inseln wie Dominica, St. Lucia und St. Vincent sind in hohem Maße abhängig vom Export von Bananen in die USA und nach Europa. Ein möglicher Verlust dieser Märkte durch billigere Bananen aus Zentralamerika würde viele Bauern in ihrer Existenz bedrohen.

WAS SIND DIE HAUPTEXPORTGÜTER DER KARIBIK?

Die Karibischen Inseln exportieren Zucker, Bananen, Tabak, Kaffee und Rum. Viel wichtiger ist aber der Export von Kultur. Aus Armut waren viele Bewohner dazu gezwungen, auszuwandern. Ihre Lebensfreude und karibische Rhythmen bereichern ihre neue Heimat.

WARUM GIBT ES IN DER KARIBIK SO VIELE INSELN?

Die östlichen Karibikinseln sitzen auf dem Rand einer kleineren tektonischen Platte der Erdkruste, die von größeren Platten umgeben ist. Da diese Platten im Lauf von Millionen Jahren aufeinander einwirkten, entstand eine Kette von Vulkaninseln. Die meisten dieser Vulkane sind heute erloschen, aber einige sind unlängst erneut ausgebrochen, darunter der Vulkan Soufrière Hills auf Montserrat.

WARUM SIND VIELE LÄNDER IN ZENTRALAMERIKA SO ARM?

In den letzten Jahren haben viele dieser Länder unter dem Preisverfall für Kaffee, Bananen und andere Anbauprodukte gelitten. Zudem hatten sie sich Geld im Ausland für den Bau von Straßen und Krankenhäusern geliehen und sind somit hoch verschuldet. Auch politische Instabilität und Bürgerkriege sind für die andauernde Armut verantwortlich.

WIE LEBT MAN IN MEXIKO-STADT?

Das Leben in Mexiko-Stadt ist hart, da viele Häuser sehr alt und noch dazu ständig von Erdbeben bedroht sind. Mit mehr als 20 Mio. Einwohnern gehört die Hauptstadt von Mexiko zu den größten Städten der Welt. Die Abgase von Autos und Fabriken können wegen der Berge in der Umgebung nicht abziehen und so ist die Luftverschmutzung ein großes Problem.

Zentral-amerika

MEXIKO-STADT ►
Fehlende Umweltauflagen und das schlecht ausgebaute Nahverkehrsnetz haben dazu geführt, dass die Luft in keiner anderen Weltmetropole so schlecht ist wie in Mexiko-Stadt. Manchmal müssen die Kinder sogar das Ende der Rushhour abwarten, ehe sie zur Schule gehen können.

Karibik

NORDAMERIKA
MEXIKO
Hauptstadt: Mexiko-Stadt
ZENTRALAMERIKA
GUATEMALA
Hauptstadt: Guatemala-Stadt
BELIZE
Hauptstadt: Belmopan
EL SALVADOR
Hauptstadt: San Salvador
HONDURAS
Hauptstadt: Tegucigalpa
NICARAGUA
Hauptstadt: Managua
COSTA RICA
Hauptstadt: San José
PANAMA
Hauptstadt: Panama-Stadt
KARIBISCHE INSELN
KUBA
Hauptstadt: Havanna
BAHAMAS
Hauptstadt: Nassau
JAMAIKA
Hauptstadt: Kingston
HAITI
Hauptstadt: Port-au-Prince
DOMINIKANISCHE REPUBLIK
Hauptstadt: Santo Domingo
ARUBA (zu Niederl.)
Hauptstadt: Oranjestad
PUERTO RICO
Hauptstadt: San Juan
ST. KITTS UND NEVIS
Hauptstadt: Basse-Terre
ANTIGUA UND BARBUDA
Hauptstadt: St. John's
GOUADELOUPE (zu Frankr.)
Hauptstadt: Basse-Terre
DOMINICA
Hauptstadt: Roseau
MARTINIQUE (zu Frankr.)
Hauptstadt: Fort-de-France
ST. LUCIA
Hauptstadt: Castries
BARBADOS
Hauptstadt: Bridgetown
ST. VINCENT UND DIE GRENADINEN
Hauptstadt: Kingstown
GRENADA
Hauptstadt: St. George's
TRINIDAD UND TOBAGO
Hauptstadt: Port of Spain

SIEHE AUCH ⏭ Astronomie 11 • Azteken 403 • Inseln 42 • Kontinente 39 • Maya 381

SÜDAMERIKA

Der dreieckig geformte Kontinent beginnt etwas nördlich des Äquators und erstreckt sich fast bis zum südlichen Polarkreis. Er weist drei sehr unterschiedliche Landschaften auf. An der Pazifikküste im Westen durchziehen die bis zu 6959 m hohen Anden wie ein Rückgrat den gesamten Kontinent. Dichte Regenwälder im Amazonasbecken und an der Karibikküste bedecken weite Teile des Nordens und Nordostens. Im Süden erstrecken sich Grasebenen und trockene Pampas bis zur kalten, felsigen Spitze des Kontinents am Kap Hoorn.

◄ ATACAMA
Diese Wüstenregion im Norden Chiles ist die trockenste Gegend der Erde – mancherorts fiel dort seit hundert Jahren kein Regen. Wenn es aber einmal regnet, bilden sich oft verheerende Sturzbäche. Die Region ist außerdem reich an Kupfer.

▲ SÃO PAULO, BRASILIEN
Mit rund 20 Mio. Einwohnern gehört São Paulo zu den größten und am schnellsten wachsenden Städten der Welt. Da weite Teile des Binnenlands in Südamerika unbewohnbar sind, liegen alle größeren Städte an der Küste. Auf der Suche nach Arbeit und besseren Lebensbedingungen ziehen immer mehr Menschen in die Städte.

TEXTILIEN AUS PERU ►
Die handgewebten bunten Wollponchos dieser peruanischen Frauen basieren auf traditionellen indianischen Mustern, die von Generation zu Generation weitergegeben werden.

▲ DIE ANDEN
Die Anden, der längste Gebirgszug der Erde, bedecken über eine Länge von 7250 km den westlichen Rand Südamerikas. Die steilen Hänge sind meist terrassiert. Dort wachsen in den höheren Lagen Gerste, Kartoffeln und Weizen, während in den tieferen wärmeren Regionen Kaffee, Tabak und Mais angebaut werden.

TUKANE IM URWALD ►
Der Regenwald Amazoniens bedeckt ein Gebiet von der Größe Australiens. Dort findet sich auch die größte Artenvielfalt der Erde, darunter der sich von Früchten ernährende Riesentukan.

Südamerika

SÜDAMERIKA

Gesamtfläche: 17 835 000 km²

Gesamtbevölkerung: 386 Mio.

Länder: 12

Größtes Land: Brasilien, 8 511 965 km²

Kleinstes Land: Suriname, 163 270 km²

Bevölkerungsreichstes Land: Brasilien, 192 Mio.

Größter See: Titicacasee, Bolivien/Peru 8340 km²

Längster Fluss: Amazonas, Brasilien 6516 km

Höchste Erhebung: Acon-cagua, Argentinien, 6959 m

Große Wüsten: Atacama, Chile

Größte Insel: Tierra del Fuego, 47 000 km²

◄ FLUGZEUGBAU
Brasilien gehört heute zu den großen Industrienationen der Welt und produziert u. a. Flugzeuge, Autos und Computer. Aber die Kredite für die Modernisierung der Industrie haben zu hoher Verschuldung geführt.

GOLDGRÄBER IN BRASILIEN ►
Südamerika hat große Vorkommen an Gold, Silber, Eisen, Kupfer und Mangan. Die Arbeitsbedingungen in den Minen sind oft primitiv und hart, da es kaum Maschinen gibt. Dieser brasilianische Goldgräber ruht sich auf Säcken voller Erde aus der Mine aus, die später mittels großer Siebe nach Goldstückchen durchsucht werden.

GLETSCHER IN PATAGONIEN ►
Patagonien liegt an der Südspitze Südamerikas, nahe der Antarktis. Das Klima ist extrem – mit Kälte, Nässe und Stürmen. Gletscher haben die Berge tief zerklüftet und das Meer ist voller Eisberge. Auf Kreuzfahrtschiffen erkunden zahllose Touristen die vielen Fjorde und bestaunen die bizarre Landschaft.

SIEHE AUCH ⏭ Entdeckungszeitalter 400–401 • Industrie 204 • Lebensräume 82–84

DER NORDEN SÜDAMERIKAS

Der spanische Einfluss in den vier Ländern, die ehemals spanische Kolonien waren (Peru, Ecuador, Kolumbien, Venezuela), ist noch immer groß. Kolonialherren der anderen Länder waren die Briten (Guyana), die Niederländer (Suriname) und die Franzosen (Französisch-Guayana) – die letzte europäische Kolonie. Die Bevölkerung bilden Ureinwohner, Europäer und die Nachfahren afrikanischer Sklaven.

*Einer von zwei **Gipfeln**, die die hoch gelegene Stadt überragen*

◄ MACHU PICCHU, PERU
Diese hoch in den peruanischen Anden gelegene Inkastadt blieb den spanischen Eroberern verborgen und verfiel langsam. Die Ruinen wurden 1911 entdeckt und sind heute eine Touristenattraktion.

Die Steilhänge sind terrassiert für Ackerbau und Siedlungen.

Die verschiedenen Ebenen sind durch mehr als 3000 Stufen verbunden.

Wohnhäuser, Tempel und andere Kultstätten umgeben einen zentralen Platz.

WAS IST LATEINAMERIKA?

Als Lateinamerika bezeichnet man Südamerika, Mexiko, Mittelamerika sowie die Karibikinseln Kuba, Puerto Rico und die Dominikanische Republik. Ihre Bewohner sprechen Spanisch und Portugiesisch, zwei Sprachen, die auf dem Lateinischen basieren, weil sich dort im 16. Jh. viele Siedler aus Spanien und Portugal niederließen. Noch heute sind Lateinamerika, Spanien und Portugal durch Kultur, Sprache und Religion miteinander verbunden.

MEERSALZGEWINNUNG IN KOLUMBIEN ►
An den Stränden des Karibischen Meers heben Arbeiter Löcher aus, die sich bei Flut mit Wasser füllen. Wenn das Wasser bei Ebbe verdunstet, bleibt reines Meersalz zurück.

WOVON LEBEN DIE MENSCHEN IN DEN ANDEN?

Die Menschen dort sind überwiegend Bauern. Um die Anbaufläche zu vergrößern, graben sie Terrassen in die steilen Hänge. Im heißen, feuchten Klima der tieferen Lagen baut man andere Feldfrüchte an als in den kühleren Hochlagen. Als Fleisch- und Wolllieferanten halten die Bauern Lamas und Alpakas.

HABEN BODENSCHÄTZE DAS NÖRDLICHE SÜDAMERIKA VORANGEBRACHT?

Diese Region ist überaus reich an Erdöl und Mineralien: Die Ölreserven Venezuelas sind die größten außerhalb des Nahen Ostens, und Kolumbien ist der weltweit größte Produzent von Smaragden. Aber trotz dieses Reichtums ist die soziale Absicherung schlecht und die gefährliche Arbeit in den Bergwerken unterbezahlt.

SIND ECUADORS MANGROVENSÜMPFE IN GEFAHR?

In den Sümpfen an der Pazifikküste Ecuadors – für die Einheimischen eine wichtige Nahrungsquelle und Lieferant von Bau- und Feuerholz – wimmelt es von Garnelen, dem zweitwichtigsten Exportprodukt des Landes. Die Garnelenfarmen schaffen zwar Arbeitsplätze, zerstören jedoch die Umwelt, von der sie abhängig sind.

Norden Südamerikas

▲ TOMATENERNTE IN ECUADOR
Die heiße, feuchte Küstenebene Ecuadors bietet ideale Bedingungen für den Anbau von Tomaten. Wichtige Produkte sind aber auch Bananen, Kaffee und Kakao, die in großem Stil für den Export angebaut werden.

WAS PASSIERT MIT DEN REGENWÄLDERN SÜDAMERIKAS?

Der Amazonasregenwald in Brasilien ist Lebensraum für 30 % aller Pflanzen- und Tierarten der Erde und viele Indianerstämme. Leider wurden schon große Gebiete abgeholzt – zur Gewinnung von Bauholz und neuer Flächen für Viehzucht und Straßenbau. Bedroht ist auch der Regenwald in Kolumbien und Ecuador.

◄ BOGOTÁ
Die Hauptstadt Kolumbiens liegt in einer Hochebene mit feuchtkühlem Klima im Osten der Anden. Mit ihren rund 5 Mio. Einwohnern bildet die Stadt das wirtschaftliche Zentrum des Landes.

▲ RAUMFAHRTZENTRUM IN FRANZÖSISCH-GUAYANA
Das französische Überseedepartement Französisch-Guayana ist Sitz einer Raketenbasis der Europäischen Raumfahrtorganisation. Von hier aus starten die *Ariane*-Raketen.

WELCHE ZEUGNISSE DER INKA-KULTUR GIBT ES?

Die Spanier zerstörten das Inka-Reich nach ihrer Landung 1532, aber einzelne Bauten und Städte blieben erhalten, darunter die Gebirgsstadt Machu Picchu. Der bedeutendste Stamm unter den Inka waren die Quechua-Indianer, von denen noch heute einige Gruppen in den Hochebenen der Anden leben.

WAS IST DIE »VERLORENE WELT« VENEZUELAS?

Mehr als 100 gigantische Tafelberge aus Sandstein, die Tepuis, ragen zum Teil 1000 m hoch aus dem Regenwald Venezuelas. Man nennt sie »Verlorene Welt«, weil sich in ihrer Abgeschiedenheit einzigartige Tier- und Pflanzenarten entwickeln konnten.

WIE LEBEN DIE OTAVALO-INDIANER?

Die Otavalo in Ecuador haben sich mit der Moderne arrangiert und gehören zu den wohlhabendsten Indianervölkern Südamerikas. Sie weben prächtige Ponchos, Decken und Teppiche, die in Europa und den USA sehr beliebt sind. Die Einnahmen aus dem Verkauf ermöglichen es ihnen, an ihrem traditionellen Lebensstil festzuhalten.

Lamas tragen Lasten in große Höhen.

Diese Quechua-Indianerin trägt einen Hut, dessen Muster an das alte Inka-Reich erinnert: »Reich der vier Weltgegenden«.

◄ INDIANERFRAU IN PERU
Die Quechua-Indianer züchten Lamas und Alpakas, die an die großen Höhen der Anden gewöhnt sind. Alpakas werden für ihre wertvolle Wolle geschätzt, Lamas als Lasttiere und Lieferanten von Milch und Fleisch.

NÖRDLICHES SÜDAMERIKA

PERU

- **Hauptstadt:** Lima
- **Fläche:** 1 285 000 km²
- **Einwohner:** 28,8 Mio.
- **Amtssprachen:** Spanisch, Quechua
- **Hauptreligion:** Katholizismus
- **Währung:** Neuer Sol

ECUADOR

- **Hauptstadt:** Quito
- **Fläche:** 283 560 km²
- **Einwohner:** 13,6 Mio.
- **Amtssprache:** Spanisch
- **Hauptreligion:** Katholizismus
- **Währung:** US-Dollar

KOLUMBIEN

- **Hauptstadt:** Bogotá
- **Fläche:** 1 138 910 km²
- **Einwohner:** 45 Mio.
- **Amtssprache:** Spanisch
- **Hauptreligion:** Katholizismus
- **Währung:** Kolumbianischer Peso

VENEZUELA

- **Hauptstadt:** Caracas
- **Fläche:** 912 050 km²
- **Einwohner:** 27,9 Mio.
- **Amtssprache:** Spanisch
- **Hauptreligion:** Katholizismus
- **Währung:** Bolivar

GUYANA
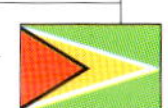
- **Hauptstadt:** Georgetown
- **Fläche:** 214 970 km²
- **Einwohner:** 769 000
- **Amtssprache:** Englisch
- **Hauptreligion:** Christentum
- **Währung:** Guyana-Dollar

SURINAME

- **Hauptstadt:** Paramaribo
- **Fläche:** 163 270 km²
- **Einwohner:** 471 000
- **Amtssprache:** Niederländisch
- **Hauptreligionen:** Hinduismus, Protestantismus, Katholizismus, Islam
- **Währung:** Suriname-Dollar

FRANZÖSISCH-GUAYANA (zu Frankr.)

- **Hauptstadt:** Cayenne
- **Fläche:** 90 000 km²
- **Einwohner:** 222 000
- **Amtssprache:** Französisch
- **Hauptreligion:** Katholizismus
- **Währung:** Euro

SIEHE AUCH ⏭ Eingriffe in die Natur 64–65 • Entdeckungszeitalter 400–401 • Inka 402 • Lebensräume 82–84

DER SÜDEN SÜDAMERIKAS

Der Riese Südamerikas, Brasilien, ist fast halb so groß wie der ganze Kontinent und über die Hälfte aller Südamerikaner sind Brasilianer. Das ehemals reiche Argentinien wurde von korrupten Regierungen heruntergewirtschaftet. Alle sechs Länder dieser Region standen früher unter der Herrschaft von Militärdiktaturen. Heute sind sie demokratische Staaten.

WIE LANG IST DER AMAZONAS?

Mit einer Länge von 6516 km ist der Amazonas der längste Fluss Südamerikas und nach dem Nil der zweitlängste Fluss der Welt. Von den Anden in Peru fließt er ostwärts durch Brasilien zum Atlantik. Der Amazonas transportiert ein Fünftel der Süßwasserreserven der Welt, was dazu führt, dass das Meer noch in einer Entfernung von 180 km von der Mündung nur wenig salzhaltig ist.

WAS IST DIE PAMPA?

Die Pampa ist eine Grasebene, die sich über Argentinien und Uruguay erstreckt. Sie ist sehr fruchtbar und ideal für den Anbau von Weizen und anderen Getreidesorten, aber auch für die Rinder- und Schafzucht – wichtige Wirtschaftszweige für beide Länder. Die Gauchos (Viehhirten), die das Bild der Pampa mehr als 300 Jahre lang prägten, sind heute fast völlig verschwunden, da es kaum noch Arbeit für sie gibt.

▲ GAUCHOS
Gauchos sind die Cowboys Südamerikas. Das Wort ist indianischen Ursprungs und bedeutet »Außenseiter«, da die Gauchos fernab von den Städten und nach ihren eigenen Gesetzen lebten.

◄ FAVELAS IN BRASILIEN
Die Lebensbedingungen sind sehr schlecht in den Favelas, den Slums am Rand der großen Städte Brasiliens. Wegen der unzureichenden sanitären Einrichtungen sind viele Bewohner häufig krank.

AMAZONAS ►
Der Amazonas ist ein wichtiger Transportweg für Brasilien. Vom Meer aus können Schiffe 1600 km weit bis nach Manaus ins Binnenland fahren. Überschwemmungen erhalten den Boden fruchtbar.

WAS SIND DIE FAVELAS?

Favelas nennt man die stetig wachsenden Armensiedlungen der Vorstädte Südamerikas. Besonders in São Paulo und Rio de Janeiro zwingen Überbevölkerung und der Mangel an bezahlbaren Wohnungen die Menschen dazu, sich aus Abfallmaterial Behausungen zu bauen. In den Favelas gibt es oft weder fließendes Wasser noch sanitäre Einrichtungen. Selbsthilfeprogramme haben jüngst zu Verbesserungen geführt.

LEBEN IM REGENWALD NOCH INDIANERSTÄMME?

Im Amazonasregenwald lebten einmal mehr als 2 Mio. Indianer, von denen nur 240 000 überlebt haben. Die meisten fielen eingeschleppten Krankheiten wie Masern oder Grippe zum Opfer. Heute ist der Lebensraum vieler Stämme von Rodung bedroht, von der Landwirtschaft, aber auch von Goldsuchern. Einige Stämme, so die Xingu, leben heute in geschützten Gebieten.

KAYAPÓ-INDIANER ►
Der Kopfschmuck dieses Kayapó-Ältesten besteht aus Storchen- und Arafedern. In Brasilien sind heute beide Vogelarten vom Aussterben bedroht.

▲ AUTOINDUSTRIE IN BRASILIEN
Brasilien, eine der großen Industrienationen, produziert Eisen und Stahl, aber auch Computer, Flugzeuge und Autos wie in diesem Volkswagenwerk in San José dos Pinhais. Das Land verfügt über große Mineralvorkommen und ist ein Hauptexporteur von Kaffee und Zucker.

WELCHES IST DIE SÜDLICHSTE STADT SÜDAMERIKAS?

Die argentinische Stadt Ushuaia liegt so nahe an der Antarktis, dass es dort fast das ganze Jahr über bitterkalt ist. Sie liegt auf Tierra del Fuego, der Hauptinsel eines Archipels, nach welcher der gesamte Archipel benannt ist: Feuerland. Ushuaia, als Hafenstadt für den Walfang gegründet, ist heute eine pulsierende moderne Stadt.

WARUM SIND SO VIELE EUROPÄER NACH ARGENTINIEN AUSGEWANDERT?

Rund 98 % der argentinischen Bevölkerung sind Nachfahren europäischer Siedler. Zu ihnen gehören u. a. 2 Mio. Italiener, die in den Jahren vor dem Ersten Weltkrieg der Armut in ihrer Heimat entflohen. In ihrer neuen Heimat erwarteten die Einwanderer ein bescheidener Wohlstand und nahezu unbegrenzte Flächen fruchtbaren Ackerlands.

WAS IST DER NATIONALTANZ ARGENTINIENS?

Im späten 19. Jh. in den Slums der argentinischen Hauptstadt Buenos Aires entstanden, erfreut sich der Tango Argentino heute weltweiter Beliebtheit. Abrupte Bewegungen und vor allem Leidenschaft zeichnen diesen Tanz aus. Die Tänzer werden meist von einem Bandoneon und einer Gitarre begleitet.

◄ SANTIAGO DE CHILE
Die chilenische Hauptstadt ist zwar eine reiche Metropole, aber der Wohlstand ist ungleich verteilt. Ein Drittel aller Chilenen lebt knapp über oder sogar unterhalb der Armutsgrenze.

BRASILIANISCHER FUSSBALL ►
Fußball ist die große Leidenschaft aller Brasilianer. Die Kinder spielen dort auf jeder freien Fläche und Stars wie Pelé, Ronaldo und Ronaldinho sind Nationalhelden. 2002 wurde Brasilien mit dem fünften Titel Rekordweltmeister.

SÜDLICHES SÜDAMERIKA

BRASILIEN
Hauptstadt: Brasília
Fläche: 8 511 965 km²
Einwohner: 191 Mio.
Amtssprache: Portugiesisch
Hauptreligion: Katholizismus
Währung: Real

CHILE
Hauptstadt: Santiago
Fläche: 756 950 km²
Einwohner: 16,6 Mio.
Amtssprache: Spanisch
Hauptreligion: Katholizismus
Währung: Chilenischer Peso

BOLIVIEN
Hauptstadt: Sucre; Regierungssitz: La Paz
Fläche: 1 098 580 km²
Einwohner: 9,5 Mio.
Amtssprachen: Spanisch, Quechua und Aimará
Hauptreligion: Katholizismus
Währung: Boliviano

ARGENTINIEN
Hauptstadt: Buenos Aires
Fläche: 2 766 890 km²
Einwohner: 39,5 Mio.
Amtssprache: Spanisch
Hauptreligion: Katholizismus
Währung: Argentinischer Peso

PARAGUAY
Hauptstadt: Asunción
Fläche: 406 750 km²
Einwohner: 6,4 Mio.
Amtssprache: Spanisch
Hauptreligion: Katholizismus
Währung: Guarani

URUGUAY
Hauptstadt: Montevideo
Fläche: 176 220 km²
Einwohner: 3,5 Mio.
Amtssprache: Spanisch
Hauptreligion: Katholizismus
Währung: Uruguay-Peso

Süden Südamerikas

SIEHE AUCH ⏭ Bedrohte Arten 124 • Politik 306–307 • Tanz 336–337 • Unabhängigkeit Südamerikas 420

AFRIKA

Afrika ist der nach Asien zweitgrößte Erdteil. In Afrika leben über 1 Mrd. Menschen – mehr als jeder Siebte der Weltbevölkerung. Die Afrikaner sind mehrheitlich Muslime oder Christen, aber es gibt auch viele Stammesreligionen. Die meisten Menschen leben in Kleinstädten oder Dörfern. Ihre Lebensgrundlage bilden Ackerbau und Viehzucht, manchmal auch Tourismus und Industrie. Wegen des Bevölkerungswachstums ziehen viele Menschen auf der Suche nach Arbeit vom Land in die Städte. Ein Grund für die Landflucht sind oft auch Stammesfehden, Dürreperioden und Hungersnöte.

Ein Nomade durchquert mit seiner Karawane die Wüste.

SAHARA ▲
In Afrika gibt es drei große Wüsten: die Kalahari und die Namib im Süden und die Sahara im Norden. Die Sahara ist die größte Wüste der Erde. Nur wenige Tiere können den dort herrschenden extremen Bedingungen trotzen.

BEDROHTE TIERWELT ▼
Wie diese Elefanten in Namibia sind viele Wildtiere in Afrika vom Aussterben bedroht. Wilderer töten sie wegen ihres Elfenbeins, ihrer Felle oder nur wegen des Fleischs. Heute gibt es Wildreservate, in denen diese wunderbaren Tiere von Touristen in ihrem natürlichen Lebensraum beobachtet werden können.

JOHANNESBURG ▼
Die Stadt ist das wirtschaftliche und industrielle Zentrum der Republik Südafrika und der Mittelpunkt der Gold- und Diamantenproduktion. Obwohl die Stadt sehr reich ist, leben viele Menschen in Slums am Stadtrand, einfach weil sie zu wenig verdienen und weil es zu wenig Wohnungen gibt.

MARKTTAG IN NORDAFRIKA ▲
Märkte wie dieser in Marokko werden Souk genannt. Sie sind der pulsierende Mittelpunkt jeder Stadt in Nordafrika. Die Bauern hier verkaufen Gemüse und Obst, das Angebot umfasst aber auch Naturfarben, Kräuter und Gewürze, edlen Silberschmuck und handgefertigte Lederwaren.

AFRIKA

Gesamtfläche: 30 335 000 km²
Gesamtbevölkerung: 1 Mrd.
Länder: 54
Größtes Land: Sudan, 2 505 810 km²
Kleinstes Land: Seychellen, 455 km²
Bevölkerungsreichstes Land: Nigeria, 151 Mio.
Größter See: Victoriasee Kenia/Tansania/Uganda 68 880 km²
Längster Fluss: Nil Uganda/Sudan/Ägypten 6695 km
Höchste Erhebung: Kilimandscharo, Tansania 5895 m
Größte Wüste: Sahara
Größte Insel: Madagaskar 87 040 km²

Abbildungen von Häusern schmücken das Heim dieses Ndebele-Paars.

NDEBELE-STIL ▲
Die Ndebele in Südafrika sind berühmt für ihren ausgeprägten Sinn für Farben und Muster. Ihre Häuser dekorieren sie farbenprächtig mit strengen geometrischen Formen. Für die Instandhaltung der Häuser, die jedes Frühjahr neu gestrichen werden, sind die Frauen verantwortlich.

Afrika

VICTORIAFÄLLE ►
Auf seinem langen Lauf von Sambia bis zum Indischen Ozean stürzt der Sambesi bei den Victoriafällen 108 m in die Tiefe. Die Fälle erzeugen so viel Lärm und Gischt, dass die Einheimischen sie »donnernder Rauch« nennen. Sie sind nach der englischen Königin Victoria benannt, da sie der Forscher Ken Livingstone 1855 in der Regierungszeit dieser Monarchin entdeckte.

SIEHE AUCH ⏭ Christentum 288 • Imperialismus 422–423 • Islam 290 • Mittelalter in Afrika 394–395 • Stammesreligionen 283

DER NORDEN UND WESTEN AFRIKAS

Die Wüste Sahara erstreckt sich vom Atlantik im Westen bis zum Roten Meer im Osten und bedeckt weite Teile Nord- und Westafrikas. Das nur dünn besiedelte Gebiet trennt die Berber und Araber im Norden von den überwiegend schwarzafrikanischen Völkern im Süden. Die meisten der 290 Mio. Afrikaner in dieser Region leben entlang der Küste, wo das Klima milder ist.

DATTELN AUS ALGERIEN ►
Dattelpalmen wachsen im Umfeld von Oasen (Wasserstellen), auf die man in der trockenen und heißen Sahara vereinzelt stößt. Ihre süßen Früchte sind als »Brot der Wüste« bekannt. Von den sehr nährstoffreichen Datteln ernähren sich Menschen und Tiere, aber auch die anderen Teile dieser Pflanze finden Verwendung.

WELCHE ROLLE SPIELTE DER ISLAM?

Im 7. Jh. n. Chr. eroberten Araber von der Arabischen Halbinsel den Norden Afrikas und brachten ihren neuen Glauben mit, den Islam. Heute sind die meisten Menschen in Nord- und Westafrika Muslime. Sie sprechen Arabisch und teilen eine auf dem Islam basierende Kultur. In jeder Stadt gibt es mindestens eine Moschee, in der sich die Gläubigen zum Gebet versammeln.

WER LEBT IN DER SAHARA?

In der Sahara steigen die Temperaturen regelmäßig auf über 50 °C an und Wasser ist sehr knapp. Stämme wie die Tuareg sind an diese extremen Bedingungen gewöhnt. Sie leben vom Salzhandel und vom Transport anderer Güter. Ihr Verkehrsmittel sind Kamele, die auch als Lieferanten von Milch, Fleisch und Häuten dienen. Jedoch haben viele Tuareg wegen langer Trockenzeiten das Leben in der Wüste aufgegeben.

WAS IST VERSTEPPUNG?

Wenn sich Wüsten immer weiter ausbreiten, nennt man dies Versteppung. Das passiert, wenn die Menschen zu viel Grundwasser entnehmen, Flüsse in Städte umleiten oder zu viel Vieh auf den Weiden grasen lassen. Der Boden trocknet aus und wird unfruchtbar. Beispielsweise breitet sich die Sahara immer weiter nach Süden aus und bedroht dort große Regionen.

▲ KAIRO
Die ägyptische Hauptstadt ist mit 7 Mio. Einwohnern die größte Stadt Afrikas. Die moderne, am Nil gelegene Metropole beherbergt auch viele historische Bauwerke, die im Lauf ihrer langen Geschichte entstanden sind, und das Ägyptische Museum.

◄ MINARETT
Jede Moschee verfügt über ein Minarett, einen Turm, von dem aus der Muezzin die Muslime fünfmal am Tag zum Gebet ruft. Minarette sind oft mit Inschriften und Steinmetzarbeiten aufwendig verziert. Meist sind sie das höchste Bauwerk einer muslimischen Stadt.

Die charakteristischen ***blauen Gewänder*** *werden mit Spezialfarben gefärbt.*

TUAREG-NOMADEN ►
Die Tuareg leben als Nomaden (umherziehende Stämme) in der westlichen Sahara. Früher durchquerten sie in langen Karawanen die Wüste vom Süden bis zum Mittelmeer und transportierten Sklaven, Elfenbein, Gold und Salz. Heute haben die meisten von ihnen die Lebensweise ihrer Vorfahren aufgegeben und sind sesshaft geworden.

Norden Afrikas

◄ FISCHERBOOTE AUF DEM NIL
Der Nil ist eine wichtige Nahrungsquelle für die Ägypter. Die Fischer befahren den breiten Fluss mit seinen vielen Sandbänken und gefährlichen Strömungen auf Felukken, flachen Kähnen mit nur einem Segel.

Westen Afrikas

◄ MARKTSZENE AN DER ELFENBEINKÜSTE
In Westafrika sind überwiegend Frauen für den Feldbau zuständig. Die Früchte sind für den Eigenverbrauch oder zum Verkauf bestimmt. Diese Frau von der Elfenbeinküste bietet getrockneten Fisch zum Kauf an. Andere verkaufen Datteln, Erdnüsse oder Palmöl.

WARUM LEBEN DIE MENSCHEN IN KÜSTENNÄHE?

Die meisten Menschen dieser Region leben an den Küsten des Mittelmeers und des Atlantiks. Der Küstenstreifen mit seinem im Winter warmen und feuchten, im Sommer heißen und trockenen Klima ist für die Landwirtschaft geeignet. Die Produktpalette reicht von Zitrusfrüchten und Datteln bis zu Tomaten und Oliven.

WAS KANN MAN AUF EINEM SOUK KAUFEN?

Das Angebot ist breit auf den bunten und geschäftigen Souks (Märkten) in Marokko und Tunesien. Es reicht von traditionellem Kunsthandwerk wie Schmuck, Lederwaren, Teppichen und bestickten Textilien bis hin zu frischem Fleisch, Fisch, Gemüse und Haushaltswaren. Die Souks sind ein wichtiger Wirtschaftsfaktor einer Stadt, aber auch Treffpunkt für Handwerker, Bauern und Händler aus der Umgebung.

WARUM IST DER NIL SO WICHTIG?

Der Nil, der längste Fluss der Welt, ist die Lebensader Ägyptens. Seine Überschwemmungen führen das für den Ackerbau erforderliche Wasser und fruchtbaren Schlamm aus dem Hochland Äthiopiens heran. Die Anwohner des Nils verdanken dem Fluss auch ihr Trinkwasser – und Geld von den Touristen, die die vielen historischen Stätten an seinen Ufern besuchen.

▲ DOGON-DORF IN MALI
Die Menschen in Afrika verwenden zum Bau ihrer Häuser die Materialien, die sie gerade zur Verfügung haben. Die Dogon in Mali z. B. bauen hohe, schmale Häuser aus Sandstein mit kegelförmigen roten Dächern. Dieses Dorf ist zur Verteidigung von einer Steinmauer umgeben und nur durch einen kleinen Eingang zu betreten.

WAS IST DAS UNGEWÖHNLICHE AN DER MAROKKANISCHEN STADT FES?

Fes hat sich seit Jahrhunderten nicht verändert. Wie alle islamischen Städte wurde die Altstadt von Fes nach den Regeln des Korans errichtet. Das Zentrum bildet die Moschee, jede Volksgruppe hat ihr eigenes Viertel, und die Straßen sind so schmal, dass sie Schatten spenden, aber auch breit genug, dass zwei voll beladene Kamele nebeneinander passieren können.

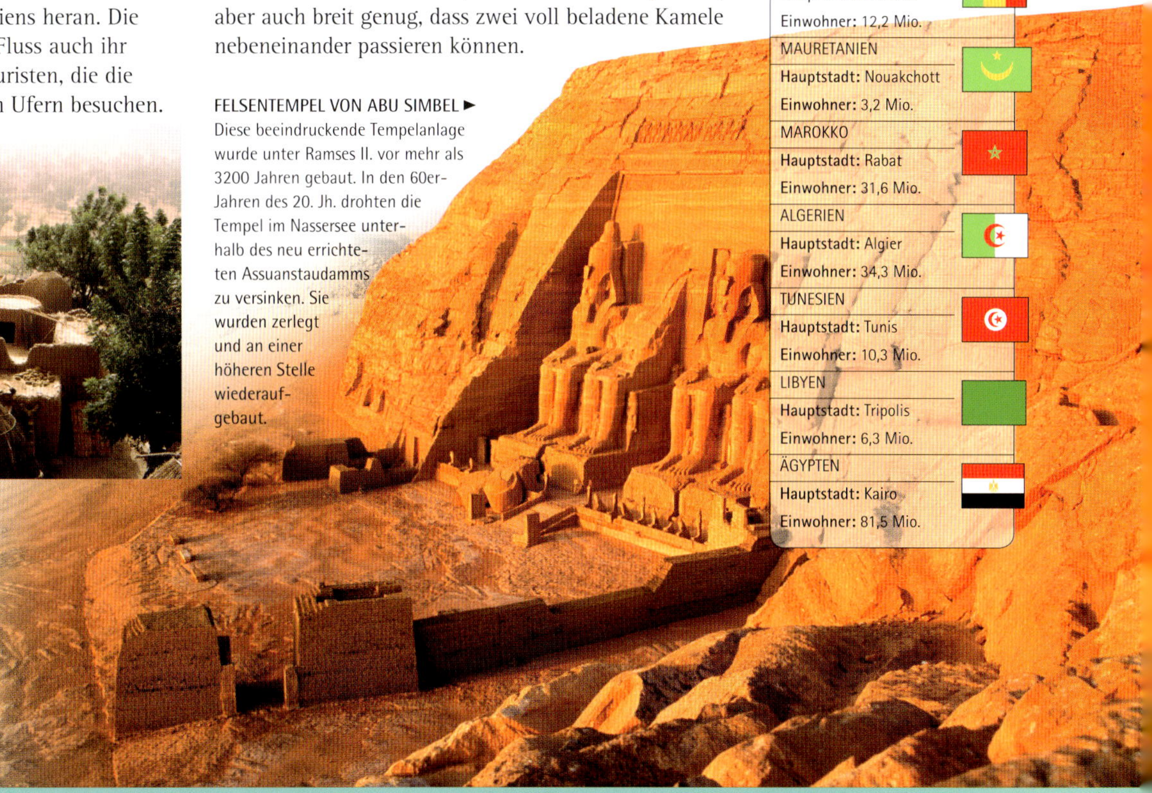

FELSENTEMPEL VON ABU SIMBEL ►
Diese beeindruckende Tempelanlage wurde unter Ramses II. vor mehr als 3200 Jahren gebaut. In den 60er-Jahren des 20. Jh. drohten die Tempel im Nassersee unterhalb des neu errichteten Assuanstaudamms zu versinken. Sie wurden zerlegt und an einer höheren Stelle wiederaufgebaut.

NORD- UND WESTAFRIKA	Hauptstadt	Einwohner
KAP VERDE	Praia	498 700
SENEGAL	Dakar	12,2 Mio.
GAMBIA	Banjul	1,7 Mio.
GUINEA-BISSAU	Bissau	1,6 Mio.
GUINEA	Conakry	9,8 Mio.
SIERRA LEONE	Freetown	5,6 Mio.
LIBERIA	Monrovia	3,8 Mio.
ELFENBEINKÜSTE	Yamoussoukro	20,6 Mio.
GHANA	Accra	23,3 Mio.
TOGO	Lomé	6,5 Mio.
BENIN	Porto-Novo	8,7 Mio.
BURKINA FASO	Ouagadougou	15,7 Mio.
MALI	Bamako	12,2 Mio.
MAURETANIEN	Nouakchott	3,2 Mio.
MAROKKO	Rabat	31,6 Mio.
ALGERIEN	Algier	34,3 Mio.
TUNESIEN	Tunis	10,3 Mio.
LIBYEN	Tripolis	6,3 Mio.
ÄGYPTEN	Kairo	81,5 Mio.

SIEHE AUCH ⏭ Altes Ägypten 370–371 • Islam 290 • Islamische Kulturen 386–387 • Mittelalter in Afrika 394–395

ZENTRAL- UND OSTAFRIKA

Zentralafrika ist ein fruchtbares Gebiet mit Savannen, tropischen Regenwäldern und vielen Flüssen und Seen. Jedoch bestehen die Länder Niger und Tschad überwiegend aus Wüsten, und der Tschadsee ist auf ein Zehntel seiner einstigen Größe geschrumpft, weil seine Zuflüsse ausgetrocknet sind. Viele Länder sind sehr fruchtbar und reich an Bodenschätzen, aber dennoch leben die Menschen wegen anhaltender Bürgerkriege in großer Armut.

▲ FLÜCHTLINGE AUS RUANDA
Seit 1993 sind bei den Kämpfen zwischen der Hutu-Mehrheit und den Angehörigen der Tutsi in Burundi und Ruanda mindestens 1 Mio. Menschen ums Leben gekommen. Der Konflikt hat beide Länder wirtschaftlich ruiniert und zwei Millionen Menschen zu Flüchtlingen gemacht.

WIE KANN MAN DIE TIERE SCHÜTZEN?

In manchen Ländern wurden Nationalparks und Wildreservate eingerichtet, darunter der Massai Mara in Kenia und der Serengeti-Nationalpark in Tansania. Hier können Touristen auf Safari gehen und die Tiere in ihrem natürlichen Lebensraum beobachten, was auch noch Geld in die Kassen der Einheimischen bringt.

WODURCH IST DIE TIERWELT AFRIKAS BEDROHT?

Afrika hat eine erstaunliche Artenvielfalt, die aber zunehmend durch Wilderer bedroht ist. Elefanten werden wegen ihrer Stoßzähne aus Elfenbein getötet, Spitzmaulnashörner wegen ihres Horns. Diese und weitere Arten sind heute vom Aussterben bedroht, andere sind bereits für immer verschwunden.

BOOTSFAHRT AUF DEM NIGER ▲
Der Niger fließt in östlicher Richtung durch Guinea, Mali und Niger, dann durch Nigeria in südlicher Richtung weiter in den Golf von Guinea. Für die Anrainer ist er ein wichtiger Transportweg.

▼ GORILLAS
Die Gorillas in den Wäldern Ostafrikas, in Ruanda, Uganda und weiteren Ländern stehen kurz vor dem Aussterben. Sie werden rücksichtslos gejagt und ihr Lebensraum durch Abholzung immer mehr eingeschränkt. Einige leben heute im Schutz von Nationalparks.

Ostafrika

ZENTRAL- UND OSTAFRIKA			
NIGER	Hauptstadt: Niamey	Einwohner: 14,7 Mio.	
NIGERIA	Hauptstadt: Abuja	Einwohner: 151,2 Mio.	
ÄQUATORIAL-GUINEA	Hauptstadt: Malabo	Einwohner: 651 200	
SÃO TOMÉ UND PRÍNCIPE	Hauptstadt: São Tomé	Einwohner: 212 600	
KONGO	Hauptstadt: Brazzaville	Einwohner: 3,6 Mio.	
GABUN	Hauptstadt: Libreville	Einwohner: 1,4 Mio.	
KAMERUN	Hauptstadt: Jaunde	Einwohner: 19 Mio.	
TSCHAD	Hauptstadt: N'Djamena	Einwohner: 10,9 Mio.	
ZENTRALAFRIKAN. REP.	Hauptstadt: Bangui	Einwohner: 4,3 Mio.	
DEMOKRATISCHE REPUBLIK KONGO	Hauptstadt: Kinshasa	Einwohner: 66 Mio.	
TANSANIA	Hauptstadt: Dodoma	Einwohner: 42,5 Mio.	
BURUNDI	Hauptstadt: Bujumbura	Einwohner: 8 Mio.	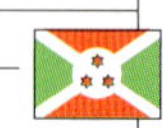
RUANDA	Hauptstadt: Kigali	Bevölkerung: 9,7 Mio.	
UGANDA	Hauptstadt: Kampala	Bevölkerung: 31,6 Mio.	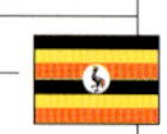
SUDAN	Hauptstadt: Khartum	Einwohner: 41,3 Mio.	
SÜDSUDAN	Hauptstadt: Juba	Einwohner: 9,7 Mio.	
ERITREA	Hauptstadt: Asmara	Einwohner: 4,9 Mio.	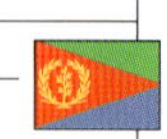
DSCHIBUTI	Hauptstadt: Dschibuti	Einwohner: 849 200	
ÄTHIOPIEN	Hauptstadt: Addis Abeba	Einwohner: 80,7 Mio.	
KENIA	Hauptstadt: Nairobi	Bevölkerung: 38,8 Mio.	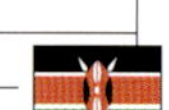
SOMALIA	Hauptstadt: Mogadischu	Einwohner: 8,9 Mio.	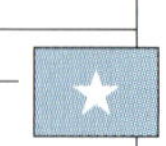
SEYCHELLEN	Hauptstadt: Victoria	Einwohner: 82 000	

RIFT VALLEY ►
Das Rift Valley erstreckt sich über eine Länge von 4830 km von Syrien im Nahen Osten südwärts durch das Rote Meer bis Mosambik. Die wunderbare Landschaft ist geprägt von tiefen Seen und Tälern, Hochplateaus und Vulkankegeln.

▼ ÖLFÖRDERUNG IN NIGERIA
Nigeria gehört zu den großen Erdölproduzenten der Welt und verfügt zudem über beachtliche Erdgasreserven. Mit dem Verfall der Ölpreise in den 80er-Jahren des 20. Jh. gingen Anstrengungen einher, andere Exportgüter zu entwickeln, um die Abhängigkeit vom Öl zu reduzieren.

WELCHE FOLGEN HAT DIE LAGE AM ÄQUATOR?

Afrika ist der einzige Erdteil, durch den der Äquator und sowohl der Nördliche als auch der Südliche Wendekreis laufen. Direkt am Äquator ist die Landschaft wegen starker Regenfälle sehr feucht, mit Flüssen, Seen und üppigem tropischen Regenwald. Nördlich und südlich des Äquators gleichen sich Klima und Vegetation sehr stark. An beiden Wendekreisen bilden sich wegen des heißen und trockenen Klimas große Wüsten.

IST NIGERIA EIN REICHES LAND?

Nigeria könnte das reichste Land Afrikas sein. Es hat große Reserven an Erdöl, Erdgas, Kohle, Zinn und Eisen und ist zudem ein sehr fruchtbares Land, geeignet für den Anbau von Baumwolle, Kaffee, Zucker und vielen anderen Feldfrüchten. Doch Korruption und Misswirtschaft haben dazu geführt, dass trotz hoher Einnahmen aus der Nutzung dieser natürlichen Ressourcen viele Nigerianer in Armut leben.

WAS ARBEITEN DIE MENSCHEN IN DIESER REGION?

Die Landbewohner leben von Ackerbau und Viehzucht. Sie halten Schafe und Ziegen und bauen Mais, Maniok und Yams an. In Ostafrika arbeiten viele Menschen auf den Tee- und Kaffeeplantagen, im Einzugsbereich der Wildreservate schafft der Tourismus Arbeitsplätze. Tausende sind in der Ölindustrie in Nigeria und Kamerun und in den Bergwerken im Kongo beschäftigt.

WELCHER FLUSS ÄNDERTE SEINEN NAMEN?

1971 benannte Präsident Mobutu den Fluss Kongo in Zaire um (die portugiesische Version seines afrikanischen Namens *nzere*, „Fluss, der alle Flüsse schluckt"). Nach Mobutus Sturz 1997 wurde der Name des Flusses wieder in Kongo geändert. Der Fluss verläuft quer durch die Demokratische Republik Kongo und ist für die Kongolesen eine wichtige Lebensader.

WARUM KOMMT ES OFT ZU HUNGERSNÖTEN?

Äthiopien und Somalia wurden in den letzten Jahren von anhaltenden Bürgerkriegen heimgesucht, die Millionen Menschen entwurzelt und zu Flüchtlingen gemacht haben. Ein großes Problem in beiden Ländern sind auch Dürreperioden, Ernteausfälle und die Übernutzung magerer oder erschöpfter Böden. All dies bewirkt, dass es immer wieder zu Hungersnöten kommt.

Zentral-afrika

Die Kinder tragen Umhänge aus selbst gesponnener Baumwolle.

Die Massai trinken nicht nur die Milch ihrer Rinder, sondern auch deren Blut.

DIE MASSAI ►
Die Massai leben als Halbnomaden im Rift Valley in Kenia und Tansania. Mit ihren Rindern, Ziegen und Schafen ziehen sie umher, aber es gibt auch sesshafte Bauern unter ihnen. Obschon die Massai einmal gefürchtete Krieger waren, leben sie heute im Frieden mit ihren Nachbarn.

EUROPA

Europa ist der zweitkleinste Erdteil mit der drittgrößten Bevölkerungszahl. Von den gefrorenen Tundren und Wäldern im Norden bis zu den heißen und trockenen Hügeln im Mittelmeerraum ist die Landschaft vielfältig gegliedert. Zwischen dem Kantabrischen Gebirge im Westen und dem Ural im Osten, der die Grenze zu Asien bildet, erstreckt sich fruchtbares Land. Der dicht bevölkerte Kontinent teilt sich in mehr als 40 Staaten auf. Verschiedene Konflikte führten bis in die jüngste Vergangenheit immer wieder zu Kriegen. Heute lebt die Mehrheit der Menschen in Städten. Ihren hohen Lebensstandard verdanken sie den natürlichen Reichtümern des Landes, einem erfolgreichen Agrarsektor und moderner Industrie.

▲ EUROPARAT
Institutionen wie der 1949 gegründete Europarat mit Sitz in Straßburg haben viel zur Völkerverständigung und zur Verhinderung von Kriegen beigetragen. Heute sind fast alle europäischen Staaten in der Europäischen Union (EU) zusammengeschlossen. Zu ihren Aufgaben gehört die gemeinsame Regelung wirtschaftlicher, politischer und kultureller Belange. Die EU wird geführt von der Europäischen Kommission mit Sitz in Brüssel.

◄ GRIECHISCH-ORTHODOXE KIRCHE AUF SANTORIN
Die Christen in Griechenland gehören der 700 Jahre alten orthodoxen Kirche an, dem östlichen Zweig des Christentums. Das Christentum ist seit etwa 1500 Jahren die vorherrschende Religion in Europa. Es hatte großen Einfluss auf Kunst Kultur und Architektur.

Der historische Gebäudekomplex des Louvre beherbergt Gemälde, Skulpturen und Altertümer.

Die Eingangspyramide aus Glas und Stahl stammt aus den 80er-Jahren des 20. Jh.

◄ DER LOUVRE IN PARIS
Die gläserne Eingangshalle des Pariser Louvre symbolisiert Alt und Neu im heutigen Europa. Viele der alten Städte Europas sind dynamische Metropolen, in denen sich Tradition und ein quirliges multikulturelles Leben verbinden.

EUROPA

Gesamtfläche:
10 498 000 km²

Gesamtbevölkerung:
831,4 Mio.

Länder: 44

Größtes Land:
Russland (europäischer Teil)
3 955 818 km²

Kleinstes Land:
Vatikanstadt, 0,44 km²

Bevölkerungsreichstes Land:
Russland, 141,9 Mio.

Größter See:
Ladogasee, Russland
18 390 km²

Längster Fluss:
Wolga, Russland, 3688 km

Höchste Erhebung:
Elbrus, Kaukasus, Russland
5642 m

▲ **FLAMENCO-TÄNZERIN**
Spanien ist berühmt für seinen Flamenco, der sich aus andalusischen, Zigeuner- und maurischen Wurzeln entwickelt hat und im frühen 19. Jh. populär wurde. Europa ist nur ein kleiner Kontinent, aber seine vielen Länder weisen eine reiche Mischung unterschiedlichster Kulturen und Traditionen auf.

▲ **OLIVENHAIN IN GRIECHENLAND**
Die Böden in Europa sind überwiegend nährstoffreich und fruchtbar und mehr als die Hälfte der Flächen wird landwirtschaftlich genutzt. Olivenbäume wachsen im Mittelmeerraum, wo die Sommer trocken und heiß sind.

*Das **Matterhorn** in der Schweiz hat einen pyramidenförmigen Gipfel.*

DIE ALPEN ►
Die Alpen, das höchste Gebirge Europas, erstrecken sich von der südöstlichen Spitze Frankreichs über die Schweiz bis nach Italien und Österreich. Über Jahrmillionen hat Eis die Landschaft geformt. Es entstanden bizarr anmutende Gipfel, schmale Grate, Wasserfälle und Bergseen.

SIEHE AUCH ⏭ Architektur 328–329 • Berge 45 • Christentum 288 • Tanz 336–337 • Zweiter Weltkrieg 432–433

SKANDINAVIEN UND ISLAND

Zu Skandinavien, Europas nördlichster Region, gehören Norwegen, Schweden, Dänemark und Finnland. Wie die Vulkaninsel Island sind diese Länder mit ihren Bergen, Kiefernwäldern und glasklaren Seen nur dünn besiedelt. Ganz im Norden schneit es sechs Monate im Jahr. Skandinavien ist zum Teil hoch industrialisiert, während in Dänemark und Teilen Finnlands auch der Agrarsektor von Bedeutung ist, da das flache Land landwirtschaftlich besser nutzbar ist.

▲ WINTER IN NORWEGEN
Blockhütten aus horizontal geschichteten Baumstämmen und mit geneigtem Dach sind so gebaut, dass sie großen Schneemengen widerstehen.

WO LEBEN DIE MEISTEN SKANDINAVIER?

Die meisten Skandinavier leben im Süden der Region, weitab vom harten Klima des Nordens. Städte, Straßen und Eisenbahnlinien entstanden auf ebenem Gelände in Tälern, an Küsten und Seen. Viele Küstenstädte, darunter alle Hauptstädte, sind wichtige Seehäfen. In Skandinavien gibt es so viele Flüsse und Seen, dass Boote ein wichtiges Transportmittel für Menschen und Güter sind.

Skandinavien

Glaswände nutzen Wärme und Licht der Sonne optimal.

◄ BAUEN IN SKANDINAVIEN
Skandinavien ist berühmt für seinen Architekturstil. Aus heimischen Materialien wie Holz und Glas werden moderne, gut isolierte Häuser gebaut, die sich in die Landschaft einfügen. Viele Häuser werden mit Solarenergie beheizt.

WARUM IST HOLZ FÜR FINNLAND SO WICHTIG?

Bäume sind der natürliche Reichtum Finnlands. Rund drei Viertel des Landes bedecken Kiefern-, Fichten- und Birkenwälder. Das Weichholz findet Verwendung in der Bau- und Möbelindustrie und macht ungefähr ein Drittel des Exportvolumens aus. Finnland ist auch der weltweit größte Produzent von Sperrholz, Holzschliff und Papier.

▲ HOLZLAGER IN FINNLAND
Finnland mit seinen vielen Wäldern ist von der Holzindustrie geprägt. Nach den Vorgaben nachhaltiger Waldwirtschaft werden abgeholzte Gebiete sofort wieder aufgeforstet.

HABEN DIE SKANDINAVIER EINEN HOHEN LEBENSSTANDARD?

Die Menschen dieser Region leben in großem Wohlstand. Die skandinavischen Länder mit ihren wenigen Einwohnern bieten gute Möglichkeiten der Kinderbetreuung, Schulen und Universitäten sowie Gesundheitsvorsorge für jeden. Bei niedriger Arbeitslosigkeit wird das soziale Netz über hohe Steuern finanziert.

IST DER UMWELTSCHUTZ WICHTIG IN SKANDINAVIEN?

Die Skandinavier setzen alles daran, ihre intakte Landschaft zu schützen. Sie vermeiden Umweltverschmutzung durch das Recycling von Abfallstoffen und die Nutzung natürlicher Energien. Strom wird in Dänemark mit Windkraft erzeugt, in Island mit geothermischer Energie (Erdwärme) und überall in der Region mit Wasserkraft.

Häuser in bunten Farben und Marktstände säumen den Kai.

▲ KOPENHAGEN
Die dänische Hauptstadt Kopenhagen liegt direkt am Meer auf der Insel Seeland. Diese größte Stadt Skandinaviens ist ein pulsierendes Handelszentrum. An ihren Kanälen, Gassen und autofreien Straßen findet man viele historische Bauten und Kirchen.

▲ VEREISTER KÜSTENSTREIFEN IN SCHWEDEN
Im Norden Schwedens sind die Winter extrem und es liegt sechs Monate lang Schnee. Die eisigen Temperaturen führen dazu, dass der Bottnische Meerbusen zwischen Schweden und Finnland zufriert.

WO IST DAS LAND DER MITTERNACHTSSONNE?

Der hohe Norden Skandinaviens ist als Land der Mitternachtssonne bekannt. Zur Zeit des Mittsommers geht die Sonne nie unter und scheint fast 24 Stunden am Tag. Mitten im Winter dagegen geht die Sonne nie richtig auf und es gibt tagsüber nur wenige Stunden Dämmerlicht. Manche Menschen leiden unter dieser Dunkelheit und werden krank davon.

WAS IST LAPPLAND?

Lappland erstreckt sich über die nördlichsten Teile Norwegens, Schwedens und Finnlands bis weit in den Polarkreis hinein. Die Samen, die dort seit Jahrhunderten siedeln, können die langen, harten Winter nur überleben, weil ihre Rentierherden sie mit Fleisch, Milch und Häuten versorgen. Die Samen, die auch Lappen genannt werden, pflegen zwar ihre Sprache und Bräuche, dennoch ist ihr traditioneller Lebensstil bedroht.

*Die **Samen** tragen dicke Stiefel und eine zweckmäßige Tracht.*

***Rentiere** ernähren sich von Flechten, die sie unter der Schneedecke finden.*

SAME MIT SEINEN RENTIEREN ▲
Die Samen (oder Lappen) leben in Lappland, der unwirtlichen arktischen Region Nordskandinaviens. Ihre Rentiere versorgen sie seit Jahrtausenden mit Fleisch und einer besonders fetten, sahnigen Milch.

SKANDINAVIEN UND ISLAND

DÄNEMARK
Hauptstadt: Kopenhagen
Fläche: 43 094 km²
Einwohner: 5,5 Mio.
Amtssprache: Dänisch
Hauptreligion: Protestantismus
Währung: Dänische Krone

FINNLAND
Hauptstadt: Helsinki
Fläche: 337 030 km²
Einwohner: 5,3 Mio.
Amtssprachen: Finnisch und Schwedisch
Hauptreligion: Protestantismus
Währung: Euro

ISLAND
Hauptstadt: Reykjavik
Fläche: 103 000 km²
Einwohner: 317 400
Amtssprache: Isländisch
Hauptreligion: Protestantismus
Währung: Isländische Krone

NORWEGEN
Hauptstadt: Oslo
Fläche: 324 220 km
Einwohner: 4,8 Mio.
Amtssprache: Norwegisch
Hauptreligion: Protestantismus
Währung: Norwegische Krone

SCHWEDEN
Hauptstadt: Stockholm
Fläche: 449 964 km²
Einwohner: 9,2 Mio.
Amtssprache: Schwedisch
Hauptreligion: Protestantismus
Währung: Schwedische Krone

*Aus dem warmen Wasser des Beckens steigt **Dampf** auf.*

▲ THERMALBECKEN IN ISLAND
Diese Isländer genießen das warme, mineralstoffreiche Wasser eines natürlichen Thermalbeckens. Das Kraftwerk nebenan treibt mit den unterirdischen heißen Dämpfen Turbinen an, um Elektrizität zu produzieren.

WIE NUTZT ISLAND SEINE AKTIVEN VULKANE?

In Island gibt es mehr als 100 Vulkane. Mindestens 20 davon sind aktiv und könnten jederzeit ausbrechen. Die von Vulkanen erzeugte unterirdische Hitze wird geothermische Energie genannt und zur Stromgewinnung verwendet. Geothermische Kraftwerke sind sauber, kostengünstig und liefern auch Heizenergie und heißes Wasser. Island deckt heute seinen gesamten Energiebedarf mit geothermischer Energie und Wasserkraft.

Island

*Die **geschützte Lage** und das **tiefe Wasser** sind als Naturhafen ideal für Schiffe und Boote.*

NORWEGISCHER FJORD ►
Die stark zerklüftete Westküste Norwegens ist berühmt für ihre langen, tiefen Fjorde. Sie wurden während der Eiszeiten von Gletschern geformt. Heute bieten diese idealen Naturhäfen auch Schutz für Städte und Dörfer.

SIEHE AUCH ⏭ Energiequellen 60–61 • Forstwirtschaft 67 • Vulkane 44 • Wikinger 388

BRITISCHE INSELN

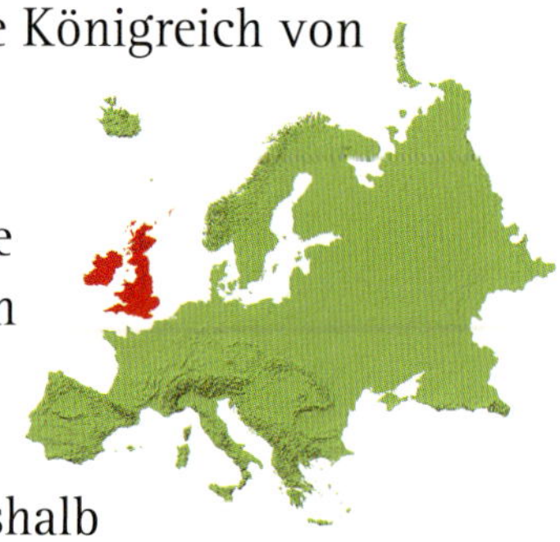

Auf den Britischen Inseln liegt das Vereinigte Königreich von Großbritannien und Nordirland sowie die Republik Irland. Die Inseln haben eine zerklüftete Küstenlinie und eine vielfältige Landschaft mit Bergen, Mooren, Sümpfen und fruchtbarem Ackerland. In den vergangenen Jahrhunderten herrschte Großbritannien über ein Weltreich, weshalb man heute in vielen Ländern Englisch spricht.

◄ LONDON EYE
Das »Londoner Auge«, ein 135 m hohes Riesenrad, ermöglicht den Fahrgästen einen Rundblick über London und seine Sehenswürdigkeiten, darunter die St. Paul's Cathedral, den Buckingham Palace und die Houses of Parliament.

*Das »**Auge**« ist über 200-mal so groß wie ein Fahrradreifen.*

32 Kabinen aus Glas befördern täglich bis zu 15 000 Passagiere.

WARUM GEHÖRT LONDON ZU DEN FÜHRENDEN FINANZZENTREN?

Die Londoner City ist Sitz der Banken und Finanzdienstleister des Landes. In London blüht der Devisenhandel wie an keinem anderen Ort.

▲ DIE LONDONER CITY
London ist eine traditionsreiche und multikulturelle Stadt. Es bleibt die Hauptstadt des Vereinigten Königreichs, trotz des Mitspracherechts der neuen Regionalparlamente in Schottland und Wales.

◄ DAS TRINITY COLLEGE IN DUBLIN
Die berühmteste Universität des Landes ist ein bekanntes Wahrzeichen der irischen Hauptstadt. Früher mussten die Absolventen auf der Suche nach Jobs oftmals das Land verlassen. Heute bleiben viele in ihrer Heimat, da die Wirtschaft des Landes wächst, seit Irland Mitglied der EU ist.

Britische Inseln

WARUM IST IRLAND DIE »GRÜNE INSEL«?

Irland erhielt den Beinamen »Grüne Insel« wegen der üppig grünen Landschaft. Wiesen und Weiden gedeihen in dem milden, feuchten Klima prächtig – beste Voraussetzungen für Viehhaltung und Pferdezucht. Seit dem EU-Beitritt 1973 entwickelte sich das bis dahin agrarisch geprägte Irland zu einer modernen, technisch hoch entwickelten Industrienation.

IST DIE BRITISCHE GESELLSCHAFT MULTIKULTURELL?

In Großbritannien gehört einer von 20 Einwohnern einer ethnischen Minderheit an. Seit den 50er-Jahren des 20. Jh. sind viele Menschen aus den ehemaligen britischen Kolonien in Afrika, Indien und der Karibik ins Land gekommen und in jüngster Zeit haben Flüchtlinge aus aller Welt in Großbritannien Zuflucht gefunden. Die Zuwanderer sind weitgehend in die britische Gesellschaft integriert.

WER GEHÖRT ZU GROSSBRITANNIEN?

Die Länder England, Schottland und Wales bilden zusammen die Insel Großbritannien. Wales wurde 1536 an England angeschlossen, Schottland 1707. Alle drei Länder haben eine eigene Identität, Bräuche und Traditionen. Amtssprache ist noch immer Englisch, auch wenn in Wales sehr häufig Walisisch und von manchen Schotten zunehmend Gälisch gesprochen wird.

▲ MILLENNIUM-STADION IN CARDIFF
Das neue Stadion von Wales ist der Stolz des Landes und die Attraktion seiner Hauptstadt Cardiff. Das Stadion mit zurückfahrbarem Dach bietet Platz für 74 000 Zuschauer und ist Schauplatz großer Sportereignisse.

◄ NEWCASTLE IN ENGLAND
In Städten des Nordens wie Newcastle und Manchester entstanden aus alten Industriekomplexen moderne Wohn- und Geschäftszentren. Mit der Unterstützung reicher Investoren entwickelten sie sich zu dynamischen Metropolen.

WARUM KOMMEN SO VIELE TOURISTEN HIERHER?

Über 23 Mio. Touristen besuchen die Britischen Inseln jährlich. Sie besichtigen die königlichen Paläste, die mittelalterlichen Städte Oxford und Cambridge, die alte Römerstadt Bath und Stratford-upon-Avon, die Geburtsstadt Shakespeares. Aber auch die atemberaubende Landschaft in Irland und Wales und das schottische Hochland ziehen die Menschen an.

WELCHE FOLGEN HATTE DER RÜCKGANG DES NORDSEEÖLS AUF DEN ARBEITSMARKT IN SCHOTTLAND?

In den 60er-Jahren des 20. Jh. führte die Entdeckung großer Öl- und Gasvorkommen in der Nordsee zu einem Aufschwung der schottischen Wirtschaft. Die Energieindustrie schuf Arbeitsplätze auf Bohrinseln und in Raffinerien. Der Rückgang der Reserven wirkte sich auch auf die Zahl der Beschäftigten aus. Doch es entstanden neue Arbeitsplätze in der Textil- und Elektronikindustrie.

WIE PFLEGEN DIE WALISER IHR KULTURELLES ERBE?

In Wales finden alljährlich Kunst- und Literaturfestivals statt, sogenannte Eisteddfods, Wettbewerbe für Dichter, Dramatiker und Sänger. Die Waliser sind berühmt für ihre Liebe zum Gesang und in Dörfern, Städten und sogar Fabriken gibt es viele Männerchöre. Der Nationalsport des Landes ist Rugby. Die walisische Mannschaft spielt im Millenium-Stadion in Cardiff, das 1999 eröffnet wurde.

BRITISCHE INSELN

IRLAND

- **Hauptstadt:** Dublin
- **Fläche:** 70 282 km²
- **Einwohner:** 4,4 Mio.
- **Amtssprachen:** irisches Gälisch, Englisch
- **Hauptreligion:** Katholizismus
- **Währung:** Euro

VEREINIGTES KÖNIGREICH

- **Hauptstadt:** London
- **Fläche:** 244 820 km²
- **Einwohner:** 61,4 Mio.
- **Amtssprache:** Englisch
- **Hauptreligion:** Anglikanische Kirche und Katholizismus
- **Währung:** Pfund Sterling

◄ FARM IN WALES
Wales ist wegen des kühlen und nassen Klimas und wegen der vielen Hügel für den Ackerbau ungeeignet. Dafür ist die Schafzucht weit verbreitet. Die Tiere grasen auf saftigen Weiden und Lammfleisch aus Wales ist geschätzt und teuer.

HIGHLAND GAMES IN SCHOTTLAND ►
Hier sind Schotten im traditionellen Kilt beim Tauziehen zu sehen. Die Schotten haben ein ausgeprägtes Nationalgefühl, das mit diesen Veranstaltungen am Leben erhalten wird. Kilts sind Faltenröcke aus kariertem Wollstoff, wobei die großen Familien des Landes, die Clans, ihr eigenes Muster haben.

▼ SEE IN SCHOTTLAND
Die Landschaft der Highlands zieht viele Touristen in den Norden des Landes. Endlose Hügel, romantische Schlösser und Seen bieten eine Entschädigung für die kühlen und feuchten Sommer und harten Winter dieser Region.

SIEHE AUCH ►► Energiequellen 60–61 • Imperialismus 422–423 • Internationale Organisationen 434 • Landwirtschaft 66

MITTELEUROPA

Neun sehr unterschiedliche Länder bilden das Herzstück Europas. Deutschland, Luxemburg und die Niederlande sind ökonomisch stabil, während Länder wie etwa Polen, Tschechien oder die Slowakei nach 40 Jahren Kommunismus mit großen Schwierigkeiten zu kämpfen haben. Durch das überwiegend flache Land fließen große Flüsse zur Nordsee.

◄ SKILAUFEN IN DEN ALPEN
Skilaufen und Snowboarding sind beliebte Sportarten in den vielen Wintersportzentren der Alpen. Die schöne Landschaft und malerische Dörfer ziehen auch im Sommer viele Besucher in die Berge.

WELCHE FOLGEN HAT DER WINTERSPORT IN DEN ALPEN FÜR DIE UMWELT?

Über 100 Mio. Touristen kommen jährlich in die Alpen, für die eine Infrastruktur aus Hotels, Straßen und Liftanlagen errichtet wurde. Für die Umwelt ist das mit großen Belastungen verbunden. Waldrodungen und Bodenerosion gefährden den Fortbestand von Tieren und Pflanzen und erhöhen die Lawinengefahr. In jüngster Zeit wurden noch intakte Gebiete in Schutzzonen und Nationalparks verwandelt.

Mittel-europa

WELCHES LAND IST EUROPAS GRÖSSTER BLUMENPRODUZENT?

Die Niederlande sind ein bedeutender Erzeuger von Schnittblumen, die täglich frisch in die gesamte Welt versandt werden. Berühmt ist das Land auch für die Züchtung von Blumenzwiebeln, darunter Krokusse, Narzissen, Hyazinthen und Tulpen, die man hier seit mehr als 400 Jahren betreibt. Im Frühling sind die Tulpenfelder eine große Touristenattraktion.

▲ TULPENFELDER IN DEN NIEDERLANDEN
Im Frühjahr erblühen auf niederländischen Feldern massenhaft Tulpen und andere Zwiebelpflanzen. Die ersten Tulpen kamen um 1630 aus der Türkei ins Land. Heute sind sie der wohl berühmteste Exportartikel des Landes.

WARUM SPIELT LUXEMBURG EINE SO GROSSE ROLLE FÜR DIE EU?

Luxemburg, das kleinste Land Mitteleuropas, ist Sitz des Europäischen Gerichtshofs und des Generalsekretariats des Europäischen Parlaments. Die EU garantiert den freien Handel und die wirtschaftliche Zusammenarbeit unter den heute 25 Mitgliedsländern, von denen zwölf eine gemeinsame Währung besitzen, den Euro.

WOHER KOMMT DER NAME NIEDERLANDE?

Der Name leitet sich ab von der Tatsache, dass ein Großteil des flachen Landes sehr tief gelegen ist. Fast ein Drittel des Landes liegt unterhalb des Meeresspiegels. An der Küste wurden weite Gebiete neu gewonnen. Dieses trockengelegte, durch Deiche geschützte Land ist sehr fruchtbar.

▼ DIE HAFENSTADT ROTTERDAM
In der bedeutenden Hafenstadt Rotterdam überspannt die Erasmusbrücke den Rhein. Die Stadt liegt an der Mündung des Rheins, der einen wichtigen Transportweg für die Länder dieser Region darstellt. Rotterdam ist ein Umschlagplatz für Import- und Exportgüter, die auf großen Containerschiffen transportiert werden. Der Hafen wird von 110 000 Schiffen jährlich frequentiert.

▲ POTSDAMER PLATZ IN BERLIN
Die neu gebauten Hochhäuser am Potsdamer Platz, dem geschäftlichen Zentrum Berlins, sind ein Zeichen des wirtschaftlichen Aufschwungs in der wiedervereinigten Hauptstadt Deutschlands. Neue Regierungsgebäude, Geschäfts- und Hotelbauten sind Teil eines riesigen Baubooms.

WELCHE FOLGEN HATTE DIE WIEDERVEREINIGUNG FÜR DEUTSCHLAND?

Die Wiedervereinigung von West- und Ostdeutschland im Jahr 1990 brachte große Umbrüche mit sich. Während die demokratische BRD nach 1945 eine reiche Industrienation wurde, war die sozialistisch regierte DDR wirtschaftlich schlecht entwickelt. Seit 1990 versucht man das wirtschaftliche Gefälle auszugleichen.

▲ POSEN
Städte wie Posen, eine ehemalige Provinzhauptstadt Preußens, gibt es viele in Polen. Zahlreiche Gebäude in Posen stammen aus dem Mittelalter, darunter auch diese ehemaligen Patrizierhäuser am Marktplatz.

IN WELCHEN LÄNDERN GIBT ES SCHWERINDUSTRIE?

Polen und die Tschechische Republik sind wichtige Produzenten von Eisen, Stahl, Pkws, Schiffen und Maschinen, während Polen auch ein wichtiger Exporteur von Rohmetallen und Kohle ist. Die überwiegend maroden Industriebetriebe in diesen ehemaligen kommunistischen Ländern verschmutzen die Umwelt, aber die Regierungen bemühen sich, sie zu modernisieren.

▲ PRAG
Prag, die traditionsreiche Hauptstadt der Tschechischen Republik, ist ein beliebtes Reiseziel für Touristen. Die Stadt ist ein aufstrebendes industrielles Zentrum, jedoch stellen veraltete Fabrikanlagen eine große Gefahr für die Umwelt dar.

WARUM IST DER RHEIN FÜR EUROPA SO WICHTIG?

Der Rhein ist einer der bedeutendsten Verkehrswege Europas. Auf der viel befahrenen Wasserstraße transportieren riesige Lastkähne Güter wie Holz, Kohle und Getreide. Der Rhein entspringt in den Schweizer Alpen und fließt über eine Strecke von 1320 km durch Deutschland und Frankreich in Richtung Nordwesten. Bei Rotterdam mündet er in die Nordsee.

▼ BURGANLAGE HOCH ÜBER DEM RHEIN
Burg Stahleck ist nur eine von vielen Festungen, die sich majestätisch über dem Mittelrhein erheben. Von Ausflugsbooten aus genießen Touristen den Blick auf die Weinberge, die Burgen und die romantische Szenerie.

MITTELEUROPA

BELGIEN
Hauptstadt: Brüssel
Fläche: 30 510 km²
Einwohner: 10,7 Mio.
Amtssprachen: Niederländisch, Französisch, Deutsch
Hauptreligion: Katholizismus

NIEDERLANDE
Hauptstadt: Amsterdam
Fläche: 41 526 km²
Einwohner: 16,4 Mio.
Amtssprache: Niederländisch
Hauptreligion: Katholizismus und Protestantismus

LUXEMBURG
Hauptstadt: Luxemburg
Fläche: 2568 km²
Einwohner: 488 700
Amtssprachen: Luxemburgisch, Französisch, Deutsch
Hauptreligion: Katholizismus

DEUTSCHLAND
Hauptstadt: Berlin
Fläche: 357 021 km²
Einwohner: 82,1 Mio.
Amtssprache: Deutsch
Hauptreligion: Protestantismus und Katholizismus

LIECHTENSTEIN
Hauptstadt: Vaduz
Fläche: 160 km²
Einwohner: 35 600
Amtssprache: Deutsch
Hauptreligion: Katholizismus

ÖSTERREICH
Hauptstadt: Wien
Fläche: 83 858 km²
Einwohner: 8,3 Mio.
Amtssprache: Deutsch
Hauptreligion: Katholizismus

TSCHECHISCHE REPUBLIK
Hauptstadt: Prag
Fläche: 78 866 km²
Einwohner: 10,4 Mio.
Amtssprache: Tschechisch
Hauptreligion: Katholizismus

POLEN
Hauptstadt: Warschau
Fläche: 312 685 km²
Einwohner: 38,1 Mio.
Amtssprache: Polnisch
Hauptreligion: Katholizismus

SLOWAKEI
Hauptstadt: Pressburg
Fläche: 48 845 km²
Einwohner: 5,4 Mio.
Amtssprache: Slowakisch
Hauptreligion: Katholizismus

SIEHE AUCH ⏭ Flüsse 56–57 • Industrie 204 • Mittelalter in Europa 390–391 • Politik 306–307 • Zweiter Weltkrieg 432–433

SÜDOSTEUROPA

Südosteuropa, der sogenannte Balkan, umfasst ein Gemisch vieler Völker, Religionen und Sprachen. In den 90er-Jahren des 20. Jh. führten ethnische Spannungen zum Krieg und zur Bildung einzelner Kleinstaaten. Die Region ist berühmt für ihre traditionsreichen Städte, ihre bewaldeten Berge, tiefen Täler, fruchtbaren Ebenen und Seen. Die zerklüftete Küstenlinie reicht bis nach Griechenland mit seinen vielen Inseln.

▲ OHRIDSEE IN MAZEDONIEN
Diese orthodoxe Kirche (der osteuropäische Zweig des Christentums) steht am Ufer des Ohridsees mitten in den malerischen Bergen Südwestmazedoniens. Ethnische Spannungen haben dazu geführt, dass Touristen diese ehemals beliebte Ferienregion heute meiden.

Südosteuropa

WO LIEGT DAS TAL DER ROSEN?

Das Tal der Rosen liegt in den Ausläufern des Balkangebirges nahe der Stadt Kazanlâk in Bulgarien. Man züchtet dort Rosen auf riesigen Feldern, aus deren Blütenblättern man Attar herstellt, ein intensiv duftendes Rosenöl. Bulgarien ist der weltweit größte Produzent von Attar, das vor allem in der Parfümherstellung Verwendung findet.

▲ DAS TAL DER ROSEN IN BULGARIEN
Frühmorgens ziehen Frauen in die Rosenfelder Zentralbulgariens, um die Blüten der Damaszenerrose zu ernten. Das daraus hergestellte Rosenöl, auch Attar genannt, gehört zu den wichtigsten Exportgütern des Landes.

WELCHE AUSWIRKUNGEN HATTE DER KRIEG IM EHEMALIGEN JUGOSLAWIEN AUF DIE REGION?

Kroatien, Bosnien-Herzegowina, Mazedonien und Slowenien waren früher Teil des kommunistisch regierten Vielvölkerstaats Jugoslawien. Als sich dieser 1991 auflöste, kam es zum Bürgerkrieg. Tausende kamen ums Leben oder verloren ihre Heimat, und die Wirtschaft der Region hat sich bis heute nicht von den Spätfolgen erholt.

WARUM WAR ALBANIEN ISOLIERT?

Von 1944 bis 1991 herrschte in Albanien eine kommunistische Diktatur, die das Land vom übrigen Europa abschottete. Redefreiheit und Religionsausübung waren gesetzlich verboten, Privatautos ebenfalls. Das heute demokratische Land ist dabei, die Isolation zu überwinden, leidet aber noch immer unter großer Armut.

DUBROVNIK IN KROATIEN ►
Die historische Altstadt Dubrovniks und die Adriaküste haben ihre Bedeutung als Touristenattraktion zurückgewonnen. Der Tourismus spielt eine wichtige Rolle für die Wiederbelebung der Wirtschaft nach dem Krieg.

▲ DIE AKROPOLIS IN ATHEN
Wie in der Antike beherrscht die Akropolis das Stadtbild. Auf dem Kalksteinfelsen thronen die Ruinen des über 2400 Jahre alten Parthenontempels.

▲ RUMÄNISCHE BAUERN
Heu erntet man in Rumänien vielerorts noch wie vor Jahrhunderten. Die Landwirtschaft ist für Rumänien unverzichtbar – auf den fruchtbaren Böden werden überwiegend Weizen, Mais, Kartoffeln und Obst angebaut.

WELCHES LAND BESTEHT AUS 2000 INSELN?

Im Ägäischen und Ionischen Meer liegen Hunderte kleiner Inseln verstreut – sicher ein Grund dafür, dass jährlich mehr als 9 Mio. Touristen nach Griechenland kommen. So sind Tourismus und das Kunstgewerbe heute eine wichtigere Einnahmequelle als die traditionelleren Wirtschaftszweige Landwirtschaft und Fischerei.

WARUM ERLÄSST DIE STADT ATHEN FAHRVERBOTE?

Um die antiken Bauten vor Schäden durch Abgase zu schützen, werden Autos von Zeit zu Zeit aus den Straßen Athens verbannt. Der Autoverkehr verursacht Abgase, die zur Luftverschmutzung und dichtem Smog führen. Das behindert den Blick auf die Akropolis und den Parthenontempel und zerstört die Substanz des uralten Gesteins.

WELCHE BEIDEN LÄNDER SIND DURCH DIE DONAU GETRENNT?

Bulgarien und Rumänien liegen an der Donau, welche die Grenze zwischen beiden Ländern bildet. Die Bewohner der fruchtbaren Ebenen beiderseits des Flusses halten Rinder, Ziegen und Schafe. Auf den Äckern gedeihen Sonnenblumen, Weizen, Mais, Kartoffeln und Obst.

▲ HAFEN AUF DER INSEL LESBOS
In diesem Hafen der griechischen Insel Lesbos liegen Fischerboote vor Anker. Die Fischerei ist ein wichtiger wirtschaftlicher Faktor dieser Insel und Fischgerichte stehen in jedem Restaurant auf der Speisekarte.

◄ THERMALBAD IN BUDAPEST
In Ungarn gibt es zahlreiche Kurorte, deren mineralhaltiges Wasser bei vielen Leiden Linderung verschaffen soll. Manche Badegäste verweilen so lange im Wasser, dass sogar Zeit für ein Schachspiel bleibt.

WELCHES LAND IST BERÜHMT FÜR HEISSE QUELLEN?

Ungarn ist berühmt für seine Thermalquellen. Das mineralhaltige Wasser steigt aus dem Boden auf und soll heilend wirken. Es wurde schon in römischer Zeit genutzt. Heute gibt es mehr als 150 Kur- und Badeorte.

SÜDOSTEUROPA

ALBANIEN

Hauptstadt: Tirana
Fläche: 28 748 km²
Einwohner: 3,1 Mio.
Amtssprache: Albanisch

BOSNIEN-HERZEGOWINA

Hauptstadt: Sarajevo
Fläche: 51 129 km²
Einwohner: 4,6 Mio.
Amtssprache: Serbokroatisch

BULGARIEN
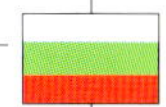
Hauptstadt: Sofia
Fläche: 110 910 km²
Einwohner: 7,6 Mio.
Amtssprache: Bulgarisch

KROATIEN

Hauptstadt: Zagreb
Fläche: 56 542 km²
Einwohner: 4,4 Mio.
Amtssprache: Kroatisch

GRIECHENLAND

Hauptstadt: Athen
Fläche: 131 940 km²
Einwohner: 11,2 Mio.
Amtssprache: Griechisch

UNGARN

Hauptstadt: Budapest
Fläche: 93 030 km²
Einwohner: 10 Mio.
Amtssprache: Ungarisch

KOSOVO

Hauptstadt: Priština
Fläche: 10 908 km²
Einwohner: 2,1 Mio.
Amtssprache: Albanisch, Serbisch

MAZEDONIEN

Hauptstadt: Skopje
Fläche: 25 333 km²
Einwohner: 2 Mio.
Amtssprachen: Mazedonisch und Albanisch

MONTENEGRO

Hauptstadt: Podgorica
Fläche: 14 026 km²
Einwohner: 622 300
Amtssprache: Serbisch

RUMÄNIEN

Hauptstadt: Bukarest
Fläche: 237 500 km²
Einwohner: 21,5 Mio.
Amtssprache: Rumänisch

SERBIEN

Hauptstadt: Belgrad
Fläche: 88 361 km²
Einwohner: 7,3 Mio.
Amtssprache: Serbisch

SLOWENIEN

Hauptstadt: Laibach
Fläche: 20 253 km²
Einwohner: 2 Mio.
Amtssprache: Slowenisch

SIEHE AUCH ⏭ Inseln 42 • Olympische Spiele 356–357

OSTEUROPA

Die heute unabhängigen Staaten Osteuropas gehörten früher zur Sowjetunion. Die Region erstreckt sich von der Arktis im Norden bis zur Krim im Süden und von der Ostsee im Westen bis zum Ural im Osten. Das Land ist überwiegend bewaldet. Im Ostseeraum gibt es auch Berge und Seen, in Weißrussland Sümpfe, in der Ukraine und Russland weite Ebenen.

▲ REVAL (TALLINN)
Reval (landessprachlich Tallinn), die Hauptstadt von Estland, gehört zu den bedeutenden Ostseehäfen. Von dort aus verkehren regelmäßig Fähren nach Skandinavien. Deren hoch entwickelte Technik bildet einen starken Kontrast zur Altstadt mit ihren mittelalterlichen Gassen.

WELCHES SIND DIE BALTISCHEN STAATEN?

Als die baltischen Staaten bezeichnet man Lettland, Litauen und Estland. Sie liegen alle an der Ostsee und haben somit Zugang zu den Schifffahrtsrouten zwischen Nord- und Osteuropa. Jedoch gefrieren die Häfen im Winter zu. Im Sommer zieht die ausgedehnte Küste viele Touristen aus Skandinavien und Finnland an. Sie genießen die Natur, die Strände, Dünen und Inseln.

WARUM WAR DIE UKRAINE FRÜHER ALS KORNKAMMER BEKANNT?

Die Ukraine ist das zweitgrößte Land Europas. Den Beinamen Kornkammer trug sie, weil sie früher einen Großteil des Getreidebedarfs der ehemaligen Sowjetunion deckte. In den endlos weiten Ebenen des Landes überwiegen die sehr fruchtbaren Schwarzerdeböden. Riesige landwirtschaftliche Betriebe produzieren dort große Mengen an Weizen, Mais, Gerste, Hafer, Buchweizen und Roggen. Die Ukraine löste sich 1991 von der Sowjetunion.

▲ KARTOFFELN AUS DER UKRAINE
Kartoffeln, Karotten und anderes Wurzelgemüse werden überall in der Ukraine angebaut. Gemüse ist eine wichtige Nahrungsgrundlage dieser Menschen und das Land ist berühmt für seinen Borschtsch, eine Suppe aus Roter Bete.

WARUM LEBT DIE RUSSISCHE BEVÖLKERUNG ÜBERWIEGEND IM EUROPÄISCHEN TEIL RUSSLANDS?

Im europäischen Teil Russlands leben über 100 Mio. Menschen, weil das Klima dort milder ist und es Arbeit in der Landwirtschaft und Industrie gibt. Die meisten Menschen leben in großen Städten wie St. Petersburg und der Hauptstadt Moskau. Russland ist das größte Land der Welt. Zwei Drittel davon liegen in Asien, sind aber wegen des rauen Klimas weitgehend unbewohnt.

IST RUSSLAND REICH AN BODENSCHÄTZEN?

Russland verfügt über ergiebige Rohstofflager. Das Land hat reiche Mineralvorkommen und in vielen Bergwerken werden Diamanten, Gold, Nickel, Kupfer, Eisen und andere Metalle abgebaut. Das Land ist auch ein bedeutender Produzent von Erdöl und Erdgas und hat zudem enorme Kohlereserven.

◄ ÖLBOHRUNG IN RUSSLAND
Wegen der ergiebigen Mineralvorkommen spielt der Bergbau im europäischen Teil Russlands eine wichtige Rolle. Aber die Bodenschätze bleiben zum Teil ungenutzt, weil es an Investitionen und Technologie fehlt.

Osteuropa

▲ BALLETT IN RUSSLAND
Ballett ist in Russland sehr beliebt. Das Bolschoiballett aus Moskau und das Kirowballett aus St. Petersburg sind weltberühmt.

▲ PRIPJATSÜMPFE IN WEISSRUSSLAND
Pferde grasen in den Pripjatsümpfen im südlichen Weißrussland. Das ausgedehnte Sumpfgebiet geht in riesige, von Erlen, Kiefern und Eichen bestandene Wälder über, in welchen Rotwild und Nerze leben.

WELCHER KOSTBARE ROHSTOFF WIRD AN DER OSTSEEKÜSTE ABGEBAUT?

Zwei Drittel der Bernsteinvorkommen weltweit finden sich an den baltischen Stränden, wo sie in unterschiedlicher Form und Größe angespült werden. Bernstein ist das fossile Harz von Nadelbäumen. Er bildete sich über Millionen von Jahren hinweg im Sediment unter dem Meer. Bernstein schimmert gelb, braun oder goldfarben und wird zu Schmuck verarbeitet.

WAS WÄCHST AUF DEN FRUCHTBAREN BÖDEN MOLDAWIENS?

Auf den fruchtbaren Schwarzerdeböden Moldawiens gedeihen verschiedene Feldfrüchte, darunter Weizen, Mais und Sonnenblumen. Das milde Klima des Landes erlaubt auch den Anbau von Obst und Trauben, die zu Wein verarbeitet werden.

WARUM KOMMEN DIE MENSCHEN AUF DIE KRIM IM SÜDOSTEN DER UKRAINE?

Die Krim ist eine Halbinsel am Schwarzen Meer. Ihre warmen Sommer und milden Winter ziehen viele Touristen an, die sich auf überfüllten Stränden drängen. Ferienorte wie Jalta und Sewastopol bieten alles für ihre Gäste, die hier erholsame Kuren machen können.

WO LIEGEN DIE GRÖSSTEN SÜMPFE EUROPAS?

Weite Gebiete im Süden Weißrusslands liegen tief und sind von Sümpfen bedeckt, die von den Flüssen Dnjepr und Beresina gespeist werden. Mit einer Größe von 40 000 km^2 sind die Pripjatsümpfe das größte Feuchtgebiet Europas. Sie bilden mit den angrenzenden Wäldern ein wichtiges Rückzugsgebiet für viele bedrohte Tierarten wie Elch, Luchs, Wildschwein und Moorhuhn.

▼ DER KREML
Der Kreml in Moskau hat eine bewegte Geschichte hinter sich. Ursprünglich war diese »Festung«, so die wörtliche Übersetzung, die Residenz der russischen Zaren. Nach der Revolution 1917 beherrschten die Kommunisten von dort aus das Land. Heute ist er symbolträchtiger Sitz der Regierung Russlands.

OSTEUROPA

ESTLAND
- **Hauptstadt:** Reval
- **Fläche:** 45 226 km^2
- **Einwohner:** 1,3 Mio.
- **Amtssprache:** Estnisch
- **Hauptreligion:** Protestantismus
- **Währung:** Estnische Krone

LETTLAND
- **Hauptstadt:** Riga
- **Fläche:** 64 589 km^2
- **Einwohner:** 2,3 Mio.
- **Amtssprache:** Lettisch
- **Hauptreligion:** Protestantismus
- **Währung:** Lats

LITAUEN
- **Hauptstadt:** Wilna
- **Fläche:** 65 200 km^2
- **Einwohner:** 3,4 Mio.
- **Amtssprache:** Litauisch
- **Hauptreligion:** Katholizismus
- **Währung:** Litas

WEISSRUSSLAND
- **Hauptstadt:** Minsk
- **Fläche:** 207 600 km^2
- **Einwohner:** 9,7 Mio.
- **Amtssprachen:** Weißrussisch und Russisch
- **Hauptreligion:** Christentum (russisch-orthodox)
- **Währung:** Belarus-Rubel

UKRAINE
- **Hauptstadt:** Kiew
- **Fläche:** 603 700 km^2
- **Einwohner:** 46,3 Mio.
- **Amtssprache:** Ukrainisch
- **Hauptreligion:** Christentum (ukrainisch-orthodox)
- **Währung:** Griwna

MOLDAWIEN
- **Hauptstadt:** Kischinau
- **Fläche:** 33 843 km^2
- **Einwohner:** 3,6 Mio.
- **Amtssprache:** Moldawisch
- **Hauptreligion:** Christentum (orthodox)
- **Währung:** Moldau-Leu

RUSSLAND
- **Hauptstadt:** Moskau
- **Fläche:** 17 075 400 km^2
- **Einwohner:** 141,9 Mio.
- **Amtssprache:** Russisch
- **Hauptreligion:** Christentum (russisch-orthodox)
- **Währung:** Rubel

SIEHE AUCH ⏭ Gestein 46–47 • Kalter Krieg 435 • Lebensräume 82–84 • Russische Revolution 428

ASIEN

Asien ist der größte aller Kontinente und bedeckt fast ein Drittel der Landmasse unserer Erde. Die Landschaft umfasst die gefrorene Tundra im Norden, die glühend heißen Wüsten des Nahen Ostens, riesige Nadelwälder und den Himalaja – das höchste Gebirge der Welt. Weite Teile Asiens sind unbewohnbar, aber es gibt riesige Grasebenen und fruchtbare Täler an den Ufern des Indus, des Mekongs und anderer mächtiger Ströme. Im Südosten des Erdteils gibt es Tausende von kleinen Vulkaninseln mit tropischem Regenwald. Zwei Drittel der Weltbevölkerung leben in Asien. Sie sind ein Spiegel der unterschiedlichsten Lebensweisen, Kulturen und Religionen.

SIBIRISCHER TIGER ▲
Der sehr seltene Sibirische Tiger, die mächtigste aller Großkatzen, lebt in den Wäldern im Osten Russlands. Rund 400 dieser imposanten Tiere leben noch in freier Wildbahn. Sie sind strengstens geschützt.

▲ **SCHWIMMENDER MARKT IN BANGKOK**
Noch immer transportiert man Obst und Gemüse aus dem Umland auf flachen Booten nach Bangkok. Dort bilden diese Sampans einen schwimmenden Markt. Die Hauptstadt Thailands liegt an einem Fluss und ihre Straßen waren früher einmal Kanäle.

Frische Produkte aus dem Umland kommen in die Stadt.

▼ **MOUNT EVEREST**
Mit einer Höhe von 8850 m ist der Mount Everest der höchste Berg der Welt. Er liegt im Himalaja, jenem Gebirgszug, der die natürliche Grenze zwischen dem Indischen Subkontinent und dem nördlichen Asien bildet.

VULKANAUSBRUCH AUF DEN PHILIPPINEN ►
Der bisher schlimmste Ausbruch des Pinatubo auf der Philippinen-Insel Luzon im Jahr 1991 hatte verheerende Folgen. Nur mit dem Nötigsten verließen die Menschen ihre Häuser, ehe diese von der Lava begraben wurden.

Asien

CHINESISCHER DRACHE ► Das chinesische Neujahrsfest, das wichtigste Ereignis im Jahresablauf, fällt zwischen den 21. Januar und den 19. Februar. Der Höhepunkt der mehrere Tage dauernden Feiern sind spektakuläre Umzüge, bei denen die Menschen in farbenprächtigen Drachenkostümen wie diesem durch die Straßen ziehen.

▲ HONGKONG Eine moderne Skyline aus Wolkenkratzern spiegelt den Reichtum der ehemaligen britischen Kronkolonie wieder. 1997 gaben die Briten Hongkong an das kommunistisch regierte China zurück. Seitdem garantiert ein Sonderstatus die Förderung von Wirtschaft und Außenhandel. Hongkong ist ein bedeutendes Handels- und Finanzzentrum.

◄ JERUSALEM Die historische Altstadt Jerusalems ist ein Heiligtum für Juden, Christen und Muslime, was das Spannungspotenzial dieses Landes erahnen lässt. Die Juden sehen in der Klagemauer (Vordergrund) ihr größtes Heiligtum, während der ebenfalls abgebildete Felsendom von den Muslimen verehrt wird.

ASIEN

Gesamtfläche: 43 608 000 km²

Gesamtbevölkerung: 4 Mrd.

Länder: 48 (einschließlich Russlands)

Größtes Land: Russland (asiatischer Teil) 13 119 582 km²

Kleinstes Land: Malediven 300 km²

Bevölkerungsreichstes Land: China 1,3 Mrd.

Größter See: Kaspisches Meer, 371 000 km²

Längster Fluss: Jangtsekiang, China, 6299 km

Höchste Erhebung: Mount Everest, China/Nepal 8850 m

Größte Wüste: Gobi, Mongolei

Größte Insel: Borneo, 757 050 km²

SIEHE AUCH ⏭ Artenschutz 125 • Berge 45 • Judentum 287 • Vulkane 44

RUSSLAND UND MITTELASIEN

Der asiatische Teil Russlands besteht aus karger, gefrorener Tundra und Nadelwäldern in eisiger Kälte. Weiter im Süden und im Westen fegt der Wind über Steppen, zerklüftetes, bergiges Hochland und trockene Wüsten.

▲ REGISTAN-PLATZ IN SAMARKAND
Samarkand in Usbekistan hat einige herausragende Beispiele islamischer Architektur aus dem 14. Jh. vorzuweisen, darunter diese mit aufwendigen Mosaiken verkleidete Koranschule.

Russland

WELCHE ALTE STADT IN USBEKISTAN LIEGT AN DER SEIDENSTRASSE?

Die islamische Stadt Samarkand liegt an der Seidenstraße, jenem alten Handelsweg, der China mit Zentralasien, dem Nahen Osten und Europa verband. Samarkand war das Zentrum des chinesischen Seidenhandels und noch heute ist die Verarbeitung von Seide und Baumwolle zu Textilien der wichtigste Erwerbszweig der Stadt.

◄ KIRGISISCHE NOMADEN
Die Kirgisen in Kirgisistan sind Nomaden. Sie leben in Jurten, das sind Zelte aus Tierhäuten. Auf der Suche nach Weideland ziehen sie mit ihren Tieren umher. Diese Frau kocht eine Mahlzeit unter freiem Himmel.

▲ TEPPICHHÄNDLER IN AFGHANISTAN
In Usbekistan, Turkmenistan und dem nördlichen Afghanistan stellen die Menschen Teppiche aus der feinen Wolle des Karakulschafs her. Diese sind von Hand gewebt und berühmt für ihre charakteristischen Muster in verschiedenen Rot- und Brauntönen.

WIE LEBEN DIE MENSCHEN IN MITTELASIEN?

Viele Menschen in den Steppen Mittelasiens sind Nomaden, die mit ihren Viehherden umherziehen. Die afghanischen Schafhirten z. B. leben mit ihrer bescheidenen Habe in Zelten. Was sie zum Leben brauchen – Fleisch, Milch und Wolle –, stammt von ihren Tieren. Was davon übrig bleibt, verkaufen sie in Städten und Dörfern.

◄ DIE NENET IN SIBIRIEN
Das Volk der Nenet lebt in Sibirien, in der kalten und unwirtlichen arktischen Region Russlands. Ihre Lebensgrundlage war seit alters her die Rentierzucht und die Pelztierjagd mit Fallen. Heute wird ihr Lebensraum wegen riesiger Erdgaslager zunehmend erschlossen.

▼ RUSSISCHES RAUMFAHRTZENTRUM IN KASACHSTAN
Eine Rakete wird zur Abschussrampe im Kosmodrom von Baikonur gebracht, dem russischen Raumfahrtzentrum. Von hier aus startete 1957 der erste künstliche Satellit, *Sputnik 1*, ins All. 1961 flog Gagarin als erster Mensch von hier aus in den Weltraum.

LEBEN VIELE MENSCHEN IN SIBIRIEN?

Sibirien, eine riesige Region mit Tundra, Nadelwäldern, Flüssen und Seen, ist nur dünn besiedelt. Einheimische Völker wie die Jakuten leben von der Jagd, dem Fischfang und der Rentierzucht. Sibirien erstreckt sich vom Ural im Westen bis zum Pazifik im Osten. Das Land ist reich an Bodenschätzen, darunter Kohle, Erdöl, Erdgas, Diamanten und Gold.

WARUM WIRD DER ARALSEE IMMER KLEINER?

Der Aralsee, ein Salzsee zwischen Usbekistan und Kasachstan, war einmal der viertgrößte See der Welt. Heute ist er sehr geschrumpft, weil die beiden größten Zuflüsse, Syrdarja und Amudarja, zur Bewässerung von Baumwollfeldern umgeleitet wurden. Ein Fischerdorf, das ehemals an seinem Ufer lag, befindet sich heute 48 km vom See entfernt.

◄ HOCHOFEN IN RUSSLAND
Diese Kupfergießerei in Westsibirien ist ein typisches Beispiel für die Schwerindustrie, die von jeher das Rückgrat der russischen Wirtschaft bildet. Viele der Betriebe sind veraltet, unwirtschaftlich und verschmutzen die Umwelt.

WELCHES IST DIE LÄNGSTE BAHNSTRECKE DER WELT?

Die längste durchgehende Schienentrasse der Erde verläuft quer durch Russland von Moskau über eine Strecke von 9446 km nach Wladiwostok am Pazifik. Die Züge der Transsibirischen Eisenbahn brauchen acht Tage für die Fahrt und durchqueren dabei acht Zeitzonen.

Mittelasien

RUSSLAND UND MITTELASIEN

GEORGIEN
Hauptstadt: Tiflis
Fläche: 69 700 km^2
Einwohner: 9,8 Mio.
Amtssprachen: Georgisch und Abchasisch

ARMENIEN
Hauptstadt: Jerewan
Fläche: 29 800 km^2
Einwohner: 3,1 Mio.
Amtssprache: Armenisch

ASERBAIDSCHAN
Hauptstadt: Baku
Fläche: 86 600 km^2
Einwohner: 8,7 Mio.
Amtssprache: Aserbaidschanisch

KASACHSTAN
Hauptstadt: Astana
Fläche: 2 717 300 km^2
Einwohner: 15,7 Mio.
Amtssprache: Kasachisch

TURKMENISTAN
Hauptstadt: Aschchabad
Fläche: 488 100 km^2
Einwohner: 5 Mio.
Amtssprache: Turkmenisch

AFGHANISTAN
Hauptstadt: Kabul
Fläche: 647 500 km^2
Einwohner: 29 Mio.
Amtssprachen: Paschtu und Dari

USBEKISTAN
Hauptstadt: Taschkent
Fläche: 447 400 km^2
Einwohner: 27,3 Mio.
Amtssprache: Usbekisch

TADSCHIKISTAN
Hauptstadt: Duschanbe
Fläche: 143 100 km^2
Einwohner: 6,8 Mio.
Amtssprache: Tadschikisch

KIRGISISTAN
Hauptstadt: Bischkek
Fläche: 198 500 km^2
Einwohner: 5,3 Mio.
Amtssprachen: Kirgisisch und Russisch

RUSSLAND
Hauptstadt: Moskau
Fläche: 17 075 400 km^2
Einwohner: 141,9 Mio.
Amtssprache: Russisch

SIEHE AUCH ⏭ Chinas erster Kaiser 378 • Islam 290 • Lebensräume 82–84 • Weltraumstationen 33

▲ BAD IM GANGES
Nach Varanasi, wo Ufertreppen (Ghats) zum Wasser hinabführen, kommen die Hindus, um ein Bad im heiligen Fluss Ganges zu nehmen. Varanasi gilt als Stadt des Schöpfergottes Shiva.

SÜDASIEN

Südasien, Heimat eines Fünftels der Weltbevölkerung, wird im Süden vom Meer begrenzt, im Norden vom Himalaja. Die Region besitzt vielfältige Landschaften und unterschiedliche Klimazonen, trockene Sandwüsten im Nordwesten, tropische Regenwälder im Süden. Im Osten vereinigen sich drei große Flüsse – Brahmaputra, Meghna und Ganges – und fließen zusammen zum Golf von Bengalen, wo sie das größte Delta der Welt bilden.

WARUM PILGERN DIE HINDUS NACH VARANASI?

Die Stadt Varanasi gilt den Hindus, die 90% der Bevölkerung Indiens ausmachen, als heilig. Millionen Pilger versammeln sich in jedem Jahr auf den Steinstufen an den Ufern des Ganges. Hier, auf den Ghats, meditieren sie, beten und nehmen ein rituelles Bad im heiligen Fluss. Auf Scheiterhaufen verbrennt man Tote, deren Asche in den Fluss gestreut wird.

WIE ZERSTÖREN TREKKINGTOUREN DEN HIMALAJA?

Der Trekking-Tourismus im Himalaja stellt eine große Gefahr für das labile Ökosystem des Hochgebirges dar. Jährlich kommen 300 000 Touristen nach Nepal, um im Gebiet des Mount Everest und anderer Berge Touren zu unternehmen. Dabei zerstören sie die Bergpfade, die dem Ansturm nicht gewachsen sind, und lassen große Mengen Müll zurück.

Pfahlbauten im Deltagebiet von Bangladesch

▲ ÜBERFLUTUNGEN IN BANGLADESCH
Die jährlichen Monsunregen lassen die Wasserstände in Bangladesch auf 6 m über dem normalen Stand ansteigen. Die Fluten sind eine große Gefahr für Häuser, Tiere und Felder und führen zur Verbreitung von Krankheiten. Mehr als 50% der Bangladeschis leben in großer Armut und für Hochwasserschutzmaßnahmen hat das Land kein Geld.

Südasien

WARUM WIRD BANGLADESCH OFT ÜBERFLUTET?

Weite Gebiete in der Mitte und im Süden des Landes sind flache, tief gelegene Flussebenen, die während des Sommermonsuns überflutet werden. In guten Jahren wässern und düngen die Fluten die Felder. In schlechten Jahren sind die Folgen verheerend. Dann versinken in ihnen ganze Dörfer, das Vieh und die Ernte.

WO REGIERT DER DRACHENKÖNIG?

Bhutan ist ein kleines buddhistisches Königreich im Himalaja. Der herrschende Monarch trägt den Beinamen Drachenkönig. Das Land hat kaum Kontakte mit der Außenwelt, wenn auch 1999 das Fernsehen eingeführt wurde. Die Bevölkerung lebt überwiegend von der Landwirtschaft.

◄ BERGEXPEDITION IM HIMALAJA
Die in Nepal lebenden Sherpa sind mit dem Hochgebirge vertraut. Deshalb arbeiten viele von ihnen als Führer und Träger bei Bergexpeditionen. Der Trekking-Tourismus ist eine wichtige Einnahmequelle Nepals.

*Die **Stelzen** werden von den Vätern an die Söhne vererbt.*

WIE HAT GROSSBRITANNIEN INDIEN GEPRÄGT?

Indien war britische Kolonie von der Mitte des 19. Jh. bis 1947, dem Jahr seiner Unabhängigkeit. Noch heute ist der britische Einfluss nicht zu übersehen, etwa in der weiten Verbreitung des Englischen, dem europäischen Baustil, dem großen Eisenbahnnetz, der Leidenschaft für Kricket und dem Aufbau von Staat und Justiz.

◄ **TAG DER REPUBLIK IN INDIEN**
Mit Paraden feiert man in Neu-Delhi alljährlich am 26. Januar den Tag der Republik, die an diesem Tag im Jahr 1950 ausgerufen wurde.

WIE LEBT MAN IN EINER INDISCHEN STADT?

Die beiden größten Städte Indiens sind laute, übervölkerte Metropolen, in denen moderne Bürotürme neben alten Tempeln stehen. Kalkutta ist eine bedeutende Industriestadt und Bombay das Zentrum der indischen Filmindustrie. Da immer mehr Menschen auf der Suche nach Arbeit in die Städte ziehen, ist das Anwachsen der Slums ein großes Problem.

BOMBAY ►
Das an der Westküste Indiens gelegene Bombay hat eine moderne Hochhaus-Skyline. In der Stadt gibt es extremen Reichtum, aber auch extreme Armut: 100 000 Menschen leben auf der Straße.

Bombays Oberschicht lebt vornehm am Arabischen Meer.

WAS BAUT MAN IN SRI LANKA HAUPTSÄCHLICH AN?

Die Insel Sri Lanka ist mit ihren über 2000 Teeplantagen der größte Tee-Exporteur der Welt. Die besten Sorten gedeihen an den Hängen des kühleren zentralen Hochlands. Tee wird von Hand geerntet, da bei maschineller Ernte das feine Aroma Schaden nehmen könnte. Nach dem Trocknen wird der Tee für den Export abgepackt.

Fischfang auf Stelzen ist eine jahrtausendealte Methode.

▼ **FISCHFANG AUF SRI LANKA**
Sri Lanka ist berühmt für seine Stelzenfischer. Sie sitzen auf einem im Meeresboden verankerten Pfahl und werfen von dort ihre Angel aus. Die kleinen Fische in den seichten Gewässern sind eine begehrte Beute.

SÜDASIEN

PAKISTAN

Hauptstadt: Islamabad
Fläche: 803 940 km^2
Einwohner: 166 Mio.
Amtssprache: Urdu
Hauptreligion: Islam (Sunniten)
Währung: Pakistanische Rupie

INDIEN

Hauptstadt: Neu-Delhi
Fläche: 3 287 590 km^2
Einwohner: 1,14 Mrd.
Amtssprachen: Hindi und Englisch
Hauptreligion: Hinduismus
Währung: Indische Rupie

MALEDIVEN

Hauptstadt: Male
Fläche: 300 km^2
Einwohner: 305 000
Amtssprache: Divehi
Hauptreligion: Islam (Sunniten)
Währung: Rufiyaa

SRI LANKA

Hauptstadt: Colombo
Fläche: 65 610 km^2
Einwohner: 20,1 Mio.
Amtssprachen: Singhalesisch, Tamilisch und Englisch
Hauptreligion: Buddhismus
Währung: Sri-Lanka-Rupie

NEPAL

Hauptstadt: Katmandu
Fläche: 140 800 km^2
Einwohner: 28,8 Mio.
Amtssprache: Nepali
Hauptreligion: Hinduismus
Währung: Nepalesische Rupie

BANGLADESCH
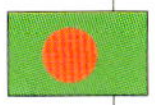
Hauptstadt: Dhaka
Fläche: 144 000 km^2
Einwohner: 160 Mio.
Amtssprache: Bengali
Hauptreligion: Islam (überwiegend Sunniten)
Währung: Taka

BHUTAN

Hauptstadt: Thimbu
Fläche: 47 000 km^2
Einwohner: 2,2 Mio.
Amtssprache: Dzongkha
Hauptreligion: lamaistischer Buddhismus
Währung: Ngultrum

SIEHE AUCH ►► Hinduismus 286 • Imperialismus 422–423 • Kino 346–347 • Winde 51

ZENTRAL- UND OSTASIEN

Die kargen Landschaften Zentralasiens umfassen abgelegene Gebirge, kalte Wüsten und die weiten Steppen der Mongolei. Im Südosten Chinas gibt es Ebenen und Täler, die von mächtigen Flüssen bewässert werden. Nord- und Südkorea bilden zusammen eine gebirgige, dicht bewaldete Halbinsel – landschaftliche Merkmale, die auch der benachbarte Inselstaat Japan besitzt.

WIE LANG IST DIE CHINESISCHE MAUER?

Die Chinesische Mauer erstreckt sich über 6400 km durch die Berge und Wüsten Nordchinas. Sie ist das längste von Menschenhand geschaffene Bauwerk. Die Arbeiten begannen vor 2200 Jahren unter Ch'eng Shihuang-ti, dem ersten chinesischen Kaiser. Der entscheidende Ausbau erfolgte im 15. Jh. zur Abwehr der Mongolen.

▼ DIE CHINESISCHE MAUER
Die Chinesische Mauer besteht aus einem beidseits mit Steinmauern geschützten Erdwall. Oben erhielt er eine Pflasterung, sodass eine ca. 4 m breite Straße entstand. Verteilt über die ganze Länge sichern 25 000 Wachtürme die Anlage.

Männer in Wachtürmen registrierten jedes Anzeichen von Gefahr.

▲ HONGKONG
Eine Dschunke segelt in den Hafen von Hongkong. Hongkong ist ein führendes Finanzzentrum, ein wichtiger Produzent von Textilien und Elektronikwaren und besitzt einen der bedeutendsten Häfen der Welt.

BIS WANN WAR HONGKONG BRITISCHE KOLONIE?

Nach 99 Jahren britischer Kolonialherrschaft wurde Hongkong 1997 an China zurückgegeben. Dieses kleine, von 6,5 Millionen Menschen bevölkerte Territorium liegt im Südosten Chinas. Es besteht aus gebirgigem Festland mit 236 vorgelagerten Inseln.

WO LEBEN DIE 1,3 MILLIARDEN CHINESEN?

Ungefähr 80 % aller Chinesen leben als Bauern auf dem Land. Der Rest lebt in übervölkerten Städten, in denen Wohnraum Mangelware ist. China ist das bevölkerungsreichste Land der Welt, dem dennoch eine Grundversorgung aller mit Nahrung und Schulbildung gelingt.

▲ MONGOLISCHER REITER
Die Mongolen sind unglaublich geschickte Reiter. Dieser Kasache jagt mit einem abgerichteten Steinadler. Die Kasachen bilden die größte ethnische Minderheit in der Mongolei.

Ostasien

◀ SHANGHAI
Shanghai, die an der Ostküste gelegene größte Stadt des Landes, ist Chinas Tor zur Welt. Mit über 9 Mio. Einwohnern ist Shanghai ein bedeutendes Industrie- und Handelszentrum und wichtige Hafenstadt. Die Skyline setzt sich aus Bürotürmen, Kongresszentren und modernen Shopping Malls zusammen.

WARUM IST FISCH FÜR DIE JAPANER SO WICHTIG?

Japan besteht weitgehend aus gebirgigen Inseln ohne landwirtschaftlich nutzbare Flächen, weshalb die Menschen auf das Meer als Nahrungsquelle angewiesen sind. Japans Fischfangflotte, die zweitgrößte der Welt, fängt rund 6 Mio. Tonnen Fisch jährlich. Fisch bildet die Hauptgrundlage der japanischen Küche.

Kimonos werden von einer Schärpe, Obi genannt, zusammengehalten.

▲ JAPANISCHE MÄDCHEN IM KIMONO
Die Japanerinnen tragen zu bestimmten Anlässen gern Kimonos. Diese traditionellen Wickelkleider mit weitem Ärmel bestehen aus bunt bedruckten Seidenstoffen, denen eine Schärpe den Sitz verleiht.

WAS IST UNGEWÖHNLICH AN DER WÜSTE GOBI?

In der Wüste Gobi sind die Sommer heiß, die Winter jedoch bitterkalt. Die dort lebenden Kamele sind gegen die Kälte mit einem dichten Winterpelz geschützt, den sie im Frühjahr wieder verlieren. In der Wüste Gobi gibt es nur Sand und Geröll. Berühmt wurde sie durch die Funde fossiler Skelette und Eier von Sauriern, die dort vor 85 Mio. Jahren gelebt haben.

WAS IST DAS GRUNDNAHRUNGSMITTEL DER REGION?

Das Grundnahrungsmittel in Ostasien ist Reis, der in riesigen Mengen produziert wird. Die fruchtbaren Reisfelder in Südchina bringen zwei Ernten pro Jahr. Allerdings werden die Felder noch von Hand bestellt und abgeerntet, lediglich Wasserbüffel oder Ochsen ziehen landwirtschaftliches Gerät. Im Gegensatz dazu wird der Reisanbau in Japan intensiv betrieben.

◀ SEOUL
Das Bild zeigt eine belebte nächtliche Geschäftsstraße in Seoul. In der Hauptstadt Südkoreas lebt ein Viertel der Bevölkerung des Landes.

WARUM GIBT ES ZWEI KOREAS?

Korea wurde gegen Ende des Zweiten Weltkriegs von russischen und amerikanischen Truppen besetzt. Zur Teilung kam es 1948, als sich der demokratische Süden von seinem kommunistischen Nachbarn im Norden abspaltete. Die Feindseligkeiten zwischen den beiden Staaten führten zum Koreakrieg (1950–1953). Heute ist Südkorea eine bedeutende Industrienation, während das Regime in Nordkorea politisch isoliert bleibt.

ZENTRAL- UND OSTASIEN

VOLKSREPUBLIK CHINA
- **Hauptstadt:** Peking
- **Fläche:** 9 596 960 km²
- **Bevölkerung:** 1,3 Mrd.
- **Amtssprache:** Chinesisch (Mandarin)
- **Hauptreligion:** Atheismus
- **Währung:** Renminbi (Yuan genannt)

MONGOLEI
- **Hauptstadt:** Ulan-Bator
- **Fläche:** 1 565 000 km²
- **Bevölkerung:** 2,6 Mio.
- **Amtssprache:** Mongolisch (Khalkha)
- **Hauptreligion:** lamaistischer Buddhismus
- **Währung:** Tugrik

NORDKOREA
- **Hauptstadt:** Pjöngjang
- **Fläche:** 120 540 km²
- **Bevölkerung:** 28,8 Mio.
- **Amtssprache:** Koreanisch
- **Hauptreligion:** Atheismus
- **Währung:** Nordkoreanischer Won

SÜDKOREA
- **Hauptstadt:** Seoul
- **Fläche:** 98 480 km²
- **Bevölkerung:** 48,6 Mio.
- **Amtssprache:** Koreanisch
- **Hauptreligion:** Buddhismus und Protestantismus
- **Währung:** Südkoreanischer Won

TAIWAN (REPUBLIK CHINA)
- **Hauptstadt:** Taipeh
- **Fläche:** 35 980 km²
- **Bevölkerung:** 23,1 Mio.
- **Amtssprache:** Chinesisch (Mandarin)
- **Hauptreligion:** Buddhismus
- **Währung:** Taiwan-Dollar

JAPAN
- **Hauptstadt:** Tokio
- **Fläche:** 377 835 km²
- **Bevölkerung:** 127,7 Mio.
- **Amtssprache:** Japanisch
- **Hauptreligion:** Schintoismus und Buddhismus
- **Währung:** Yen

SIEHE AUCH ⏭ Dinosaurier 78–79 • Fischerei 67 • Kaiserreich China 393 • Kalter Krieg 435 • Landwirtschaft 66

SÜDOSTASIEN

Südostasien besteht aus einer großen Festlandshalbinsel und einer maritimen Region aus 20000 verstreut im Pazifischen und Indischen Ozean liegenden Inseln. Fast das ganze Gebiet ist gebirgig und mit dichtem Tropenwald bedeckt.

▲ KALKSTEININSELN IN VIETNAM
Eine Vietnamesin rudert ihr Boot zwischen den Kalksteininseln der Ha-Long-Bucht. Die besonders schöne Küste zieht viele Touristen in das Delta des Roten Flusses.

WELCHE FOLGEN HAT DIE ENTWALDUNG?

Die Abholzung großer Gebiete in Indonesien, Thailand, Laos und Myanmar hat den Lebensraum vieler seltener Pflanzen und Tiere, darunter Tiger und Elefanten, zerstört und führt zu Überflutungen und Bodenerosion. Leider erzielen Tropenhölzer noch immer hohe Weltmarktpreise! 1989 hat Thailand den kommerziellen Holzeinschlag verboten.

WIE HAT SICH DER REISANBAU VERÄNDERT?

In den letzten 20 Jahren kamen vermehrt neue, ertragreichere Sorten und technisch hoch entwickelte Maschinen zum Einsatz. Zudem wurde der Reisanbau mittels staatlicher Programme gefördert. So konnten Länder wir Indonesien ihren Lebensstandard erhöhen. Indonesien ist heute drittgrößter Reisproduzent. Reis, das wichtigste Grundnahrungsmittel der Region, wächst in dem warmen und feuchten Klima besonders gut.

WARUM GIBT ES IN SÜDOSTASIEN EINE SO LANGE TRADITION DER DARSTELLENDEN KÜNSTE?

Musik, Tanz und Theater in Südostasien haben sich aus religiösen Bräuchen entwickelt. Die hoch stilisierten Tänze Kambodschas haben ihren Ursprung in Hindutänzen des 12. Jh., während das indonesische Theater auf Hindumythen basiert. Indonesien ist auch berühmt für sein Schattentheater.

Südostasien

*Der **aufwändige Kopfputz** und Schmuck aus Edelsteinen verwandeln die Tänzerin in eine Göttin.*

*Die **Handhaltung** ist von besonderer Bedeutung.*

KLASSISCHER TANZ IN KAMBODSCHA ►
In ihrer eng anliegenden, traditionellen Seidenrobe vollführt eine Tänzerin die anmutigen Bewegungen klassischer Tanzkunst in Kambodscha.

*Die **Terrassen** wurden vor 2000 Jahren in Handarbeit angelegt.*

***Steinmauern** verhindern die Erosion an den Hängen.*

▲ REISTERRASSEN AUF DEN PHILIPPINEN
Die Steinmauern dieser alten Reisterrassen auf den Philippinen verhindern, dass das Wasser der einzelnen Stufen abfließt. Reis wird in Südostasien seit 7000 Jahren kultiviert.

WAS IST DIE HAUPTRELIGION AUF DEM FESTLAND?

Auf dem Festland Südostasiens ist der Buddhismus die wichtigste Religion und es gibt dort Tausende von Klöstern und prächtigen buddhistischen Tempeln. In Thailand sind 95% der Menschen Buddhisten und fast jedes Dorf hat seinen eigenen Tempel (Wat). Sie sind der Mittelpunkt des dörflichen Lebens.

◄ BUDDHISTISCHER MÖNCH IN THAILAND
Das Orange seiner Kleidung und der geschorene Schädel weisen diesen Thailänder als buddhistischen Mönch aus. Er kniet zu Füßen einer Buddhastatue in einem Tempel in Bangkok.

WO BEFINDET SICH DER FEUERGÜRTEL?

Feuergürtel nennt man eine Kette aktiver Vulkane, die sich durch das maritime Südostasien und rings um den Pazifik erstreckt. Die Vulkane befinden sich an den Rändern zweier Platten der Erdkruste. Wenn die Platten aneinanderstoßen, kommt es auf den Inseln dieser Region zu Erdbeben und Vulkanausbrüchen.

WAS LÖSTE 2004 DEN TSUNAMI IN SÜDOSTASIEN AUS?

Am 26. Dezember 2004 löste ein Seebeben im Indischen Ozean einen Tsunami (Riesenwelle) von 30 m Höhe aus. Er verwüstete weite Küstenabschnitte vieler asiatischer Länder, darunter Indonesien, Sri Lanka, Thailand und Südindien und forderte mehr als 280 000 Todesopfer.

WELCHE STAATEN SIND DIE TIGERSTAATEN?

Mehrere südostasiatische Länder, darunter Singapur, die Philippinen, Malaysia und Indonesien, werden wegen ihrer Wirtschaftskraft als Tigerstaaten bezeichnet. Aufgrund der niedrigen Löhne, die dort bezahlt werden, sind die Produkte dieser Länder (Textilien, Unterhaltungselektronik) sehr billig.

◄ JAKARTA
Jakarta, die Hauptstadt Indonesiens, ist eine moderne Metropole. Die alten Kolonialbauten aus der Zeit, als die Insel Java noch zu Holland gehörte, werden heute von Wolkenkratzern überragt.

Zwei 88 Stockwerke hohe Türme sind in der 42. Etage durch eine »Himmelsbrücke« verbunden.

▲ DIE PETRONAS TOWERS IN KUALA LUMPUR
Mit einer Höhe von 452 m gehören die Petronas Towers zu den höchsten Gebäuden der Welt. Sie beherbergen Läden, Firmen, ein Museum und sogar eine Moschee.

SÜDOSTASIEN	Hauptstadt	Fläche	Einwohner
MYANMAR (BIRMA)	Rangun	678 500 km^2	49,6 Mio.
THAILAND	Bangkok	514 000 km^2	67,4 Mio.
LAOS	Vientiane	236 800 km^2	6,2 Mio.
VIETNAM	Hanoi	329 560 km^2	86,2 Mio.
KAMBODSCHA	Phnom Penh	181 040 km^2	14,5 Mio.
MALAYSIA	Kuala Lumpur	329 750 km^2	27 Mio.
SINGAPUR	Singapur	647,5 km^2	4,8 Mio.
BRUNEI	Bandar Seri Begawan	5770 km^2	392 300
INDONESIEN	Jakarta	1 919 440 km^2	227,3 Mio.
PHILIPPINEN	Manila	300 000 km^2	90,3 Mio.
OSTTIMOR	Dili	14 874 km^2	1,1 Mio.

SIEHE AUCH ⏭ Buddhismus 289 • Inseln 42 • Kontinente 39 • Landwirtschaft 66 • Vulkane 44

AUSTRALIEN UND OZEANIEN

Die Insel Australien ist der kleinste Kontinent der Erde. Seine vielfältigen Landschaften reichen von tropischem Regenwald und trockenen Wüsten bis hin zu Vulkanen und trockenem Grasland. Ozeanien besteht aus rund 7500 Vulkan- oder Koralleninseln, die über ein riesiges Gebiet im Pazifik verstreut liegen. Die Inseln teilt man in drei Gruppen ein: Melanesien, Mikronesien und Polynesien. Manche der Inseln sind gebirgig und dicht bewaldet, viele sind unbewohnt.

AUSTRALIEN UND OZEANIEN

Gesamtfläche:
8 508 238 km²

Gesamtbevölkerung:
67 Mio.

Größtes Land:
Australien, 7 686 850 km²

Kleinstes Land:
Nauru, 21 km²

Bevölkerungsreichstes Land:
Australien, 21,4 Mio.

Größter See:
Eyresee, Australien
9583 km²

Längster Fluss:
Murray, Australien
3750 km

Höchste Erhebung:
Mount Wilhelm
Papua-Neuguinea 4509 m

Größte Wüste:
Große Viktoriawüste
Australien

Größtes Korallenriff:
Großes Barriereriff
Australien, 2000 km

◄ DIE HAFENBRÜCKE VON SYDNEY
Diese imposante Brücke ist eines der Wahrzeichen von Sydney. Sie überspannt den Hafen der größten Stadt Australiens.

▲ **TROPENINSEL DES KÖNIGREICHS TONGA**
Im Pazifik liegen Tausende von kleinen tropischen Inseln, die ringförmig von Korallenriffs umgeben sind. Viele Inseln sind vollständig mit Kokospalmen bedeckt, die trotz karger Böden und wenig Frischwasser in der ganzen Region gedeihen. Ihre Früchte, insbesondere die Kokosmilch, dienen den Einheimischen als Nahrungsmittel. Aus den faserigen Schalen stellen sie Seile und Matten her.

MIKRONESIEN	
PALAU	Hauptstadt: Ngerulmud
FÖDERIERTE STAATEN VON MIKRONESIEN	Hauptstadt: Palikir
MARSHALLINSELN	Hauptstadt: Majuro
NAURU	Hauptstadt: Yaren
KIRIBATI	Hauptstadt: Bairiki (Tarawa-Atoll)
MELANESIEN	
PAPUA-NEUGUINEA	Hauptstadt: Port Moresby
SALOMONEN	Hauptstadt: Honiara
VANUATU	Hauptstadt: Port Vila
FIDSCHI	Hauptstadt: Suva
POLYNESIEN	
TUVALU	Hauptstadt: Vaiaku (Funafuti-Atoll)
SAMOA	Hauptstadt: Apia
TONGA	Hauptstadt: Nuku'alofa

DIE SÜDINSEL VON NEUSEELAND ►
Diese üppig grünen Weiten sind typisch für die Nordspitze von Neuseelands Südinsel. Das Land ist eher dünn besiedelt und die unzerstörte Natur zieht viele Touristen an.

SIEHE AUCH ⏭ Australien 425 • Inseln 42 • Lebensräume 82–84 • Neuseeland 425 • Vulkane 44

AUSTRALIEN UND NEUSEELAND

Australien, zwischen dem Pazifischen und Indischen Ozean gelegen, ist Inselstaat und Kontinent zugleich. Die vielfältigen Landschaften umfassen ein heißes, trockenes (als Outback bekanntes) Kernland, tropische Regenwälder, schneebedeckte Berge und paradiesische Strände. Neuseeland liegt rund 1500 km südöstlich von Australien. Auf der Nordinsel findet man Wälder, Vulkane und heiße Quellen. Die gebirgigere Südinsel besitzt Gletscher, Fjorde und Seen.

▲ LEBEN DER UREINWOHNER
Manche Aborigines leben noch heute wie ihre Vorfahren und durchstreifen den Outback auf der Suche nach Nahrung zu Fuß. Mit Speer und Bumerang jagen die Männer Kängurus und Opossums.

▲ AUSTRALISCHE KÄNGURUS
Kängurus, die größte in Australien lebende Beuteltierart, können bis zu 56 km/h laufen. Die Tiere leben in Herden im Outback. Sie grasen nur in der Dämmerung. Untertags suchen sie Schutz vor der heißen Sonne.

WAS IST EINZIGARTIG AN DER TIERWELT AUSTRALIENS?

Viele der Tiere Australiens gibt es sonst nirgendwo auf der Welt. Beuteltiere wie Kängurus, Koalas und Wombats sowie Eier legende Säugetiere wie das Schnabeltier gibt es nur in diesem Land. Diese Arten konnten sich hier ausbilden, weil sie über 30 Mio. Jahre lang durch riesige Ozeane vom Rest der Welt isoliert waren.

SYDNEY ►
Mit 4 Mio. Einwohnern ist Sydney die größte Stadt Australiens und ein bedeutendes kulturelles Zentrum. Das markante Opernhaus steht am Hafen. In der Dachkonstruktion spiegelt sich der Anblick vorbeifahrender Segelschiffe wider.

WELCHE SPORTARTEN KENNT MAN IN AUSTRALIEN?

Die Mehrheit der Australier lebt an der Küste und das sonnige Klima, die Sandstrände und das warme Wasser verlocken zum Schwimmen, Surfen, Segeln und Tauchen. Aber auch Sportarten, die die Massen faszinieren, erfreuen sich in Australien großer Beliebtheit. Die Tennisspieler und die Kricket- und Rugby-Mannschaften des Landes sind international sehr erfolgreich.

Australien

WELCHE MENSCHEN LEBEN IN AUSTRALIEN?

Australien hat eine vielschichtige multikulturelle Bevölkerung. Viele Menschen sind europäischen Ursprungs, aber es kamen auch Einwanderer aus China, Indonesien und Vietnam. Australiens Ureinwohner sind die Aborigines, die schon seit 50 000 Jahren dort leben.

WELCHER BERG IN DER WÜSTE GILT ALS HEILIG?

Dieser riesige Inselberg aus rotem Sandstein liegt mitten in der australischen Wüste. Er trägt den Namen Uluru, was »Kieselstein« bedeutet. Der Berg gilt den Aborigines als heilig und spielt eine große Rolle in ihren Schöpfungsmythen.

▲ DER ULURU IN AUSTRALIEN
Der Uluru (Ayers Rock) entstand vor mehr als 570 Mio. Jahren. Der 3,6 km lange Gesteinsblock erhebt sich 867 m über die Wüste. Bei Sonnenuntergang »erglüht« der Berg purpurrot.

Neuseeland

◄ DAS GROSSE BARRIERERIFF IN AUSTRALIEN
Das Große Barriereriff, eine 2000 km lange Kette von Korallenriffen, liegt im Pazifik. Die vielfältige Unterwasserwelt ist ein beliebtes Ziel bei Tauchern und Touristen in Glasboden-Booten. Zu bewundern gibt es 350 farbenprächtige Korallenarten, 1500 Arten von Fischen, Seeanemonen, Venusmuscheln und alle möglichen Sorten von Schwämmen.

AUSTRALIEN UND NEUSEELAND	
AUSTRALIEN	
Hauptstadt:	Canberra
Fläche:	7 686 850 km²
Einwohner:	21,4 Mio.
Amtssprache:	Englisch
Hauptreligion:	Katholizismus und Anglikanische Kirche
Währung:	Australischer Dollar
NEUSEELAND	
Hauptstadt:	Wellington
Fläche:	268 680 km²
Einwohner:	4,3 Mio.
Amtssprachen:	Englisch und Maori
Hauptreligion:	Anglikanische und Presbyterianische Kirche
Währung:	Neuseeland-Dollar

WARUM IST DAS GROSSE BARRIERERIFF GEFÄHRDET?

Die größte Gefährdung für dieses fragile Naturwunder vor der Nordostküste Australiens stellt der Tourismus dar. Er verursacht Umweltverschmutzung und die schrittweise Zerstörung des größten Korallenriffs der Welt, das über Tausende von Jahren hinweg aus den Skeletten winziger Wassertiere entstanden ist. Eine Gefahr für das Riff ist auch das massenhafte Auftreten der Dornenkrone, einer Seesternart, die sich von Korallen ernährt.

WER WAREN DIE ERSTEN SIEDLER AUF NEUSEELAND?

Vor mehr als 1000 Jahren kamen die Maori von anderen Inseln im Pazifik nach Neuseeland, das damals unbewohnt war. Die ersten Europäer siedelten sich im 19. Jh. an. In jüngster Zeit kamen auch Menschen aus Polynesien, die nicht dem Volk der Maori angehören, sowie Asiaten. So entstand eine multikulturelle Gesellschaft, in der die Maori – die eigentlichen Ureinwohner – nur noch mit 12 % vertreten sind.

WAS KANN MAN IN NEUSEELÄNDISCHEN NATIONALPARKS BESICHTIGEN?

Fast 13 % der Gesamtfläche Neuseelands gehören zu Nationalparks. Die zerklüfteten Berge, die Gletscher, Seen, Fjorde und Wälder bieten sich geradezu an für Trekkingtouren, zum Segeln und Kanufahren. Markante Erscheinungen dieser Landschaft sind Vulkane, brodelnde Geysire und dampfende Schlammlöcher.

GEYSIRE IN NEUSEELAND ►
Geysire schießen Fontänen kochend heißen Wassers in bis zu 460 m Höhe. Das Wasser wird in unterirdischen Kammern durch vulkanisches Gestein im Erdinneren erhitzt. Der dabei entstehende Druck führt zum Ausbruch des Geysirs.

◄ SCHAFE IN NEUSEELAND
Seit es Schiffe mit Tiefkühlladeräumen gibt, hat die Schafhaltung in Neuseeland stark zugenommen. Lammfleisch wird nach Asien, Europa und in die USA exportiert.

WARUM GIBT ES SO VIELE SCHAFE IN DER REGION?

Das feuchte Klima und die ganzjährig grünen Weiden sind der Grund dafür, dass sich die Schafhaltung in Neuseeland mit über 44 Mio. Tieren zum wichtigsten Wirtschaftszweig entwickelt hat. Wolle und Lammfleisch gehören zu den Hauptexportgütern. Australien ist der größte Wollproduzent der Welt. 120 Mio. Schafe werden auf »Stationen« gehalten, die oft bis zu 15 000 km² groß sind und von Flugzeugen aus kontrolliert werden.

SIEHE AUCH ⏭ Erste Menschen 362–363 • Inseln 42 • Nesseltiere 103 • Polynesien 396 • Säugetiere 120–123

DIE ANTARKTIS

Die Antarktis, ein klirrend kalter und menschenfeindlicher Kontinent, wurde erst spät erforscht. Die ausgedehnte und gebirgige Landmasse am Südpol ist von gefrorenen Meeren umgeben und mit einer bis zu 4 km dicken Eisschicht bedeckt. Es gibt in der Antarktis keine Länder und keine Bevölkerung. Bei Wintertemperaturen bis zu –80 °C wohnen nur Wissenschaftler für befristete Zeit dort.

WEM GEHÖRT DIE ANTARKTIS?

Die Antarktis gehört zu keinem Land. Sie steht unter dem Schutz eines internationalen Abkommens, das die wirtschaftliche Nutzung untersagt. Nach dem Antarktisvertrag aus dem Jahr 1959, den bisher 45 Länder unterzeichnet haben, bleiben auch die von sieben Ländern erhobenen Gebietsansprüche wirkungslos. Heute ist die Antarktis ein »Kontinent für die Wissenschaft«, der nur für friedliche Zwecke genutzt wird.

WELCHE FORSCHUNGEN FÜHREN WISSENSCHAFTLER IN DER ANTARKTIS DURCH?

Wissenschaftler aus aller Welt kommen in die Antarktis, um Wetter, Klima, geologische Strukturen und Tierwelt dieser einzigartigen Region zu studieren. Ihre Forschungen haben eine Menge zur Erklärung globaler Probleme wie etwa des Klimawandels beigetragen. Im Sommer arbeiten rund 3700 Wissenschaftler in den 46 auf dem Kontinent verteilten Forschungsstationen. Nur 1200 bleiben auch den Winter über dort.

◄ **PINGUINKOLONIE IN DER ANTARKTIS**
Kaiserpinguine ernähren sich von Fisch und leben fast das ganze Jahr am Meer. Auf das Eis ziehen sie sich zurück, um dort in riesigen Kolonien zu brüten.

◄ **DIE AMUNDSEN-SCOTT-STATION**
Diese amerikanische Forschungsstation am Südpol trägt den Namen zweier berühmter Antarktisforscher. Sie ist gegen die große Kälte isoliert. Einige Teile liegen unterirdisch, um Wärme zu speichern.

ANTARKTIS

Fläche: 14 Mio. km²

Einwohner: Keine einheimischen Bewohner, jedoch gibt es Forschungsstationen mit je nach Jahreszeit wechselnder Besetzung.

Länder: keines

Höchste Erhebung: Vinson-Massiv, 4897 m

Große Wüsten: Der ganze Kontinent ist eine Eiswüste.

Größte Insel: Alexander Island

Niedrigste Temperatur der Erde: –89,2 °C, gemessen von der Forschungsstation Vostok

DIE ARKTIS

Die Arktis ist ein gefrorenes Meeresgebiet um den Nordpol. Es ist von den nördlichen Ausläufern der Kontinente Europa, Asien und Nordamerika umgeben, deren flache, karge Landschaft als Tundra bezeichnet wird. In der unwirtlichen Region leben kaum Menschen. Dagegen hat das Nordpolarmeer eine vielfältige Tierwelt aufzuweisen.

◄ **EISBÄR IN DER ARKTIS**
Das dicke weiße Fell des Eisbären schützt vor Kälte und dient bei der Jagd auf Seehunde und andere Tiere als Tarnung.

WELCHE TIERE KÖNNEN IN DER ARKTIS ÜBERLEBEN?
Im Nordpolarmeer tummeln sich Seehunde, Walrosse und viele Walarten, die mit einer dicken Fettschicht vor den kalten Fluten geschützt sind. Auf dem Festland gehen in den Sommermonaten Rentiere, Moschusochsen, Hasen und Polarfüchse auf Nahrungssuche, ziehen sich jedoch in den eisigen Wintern in den Süden zurück.

SIEHE AUCH ⏭ Eingriffe in die Natur 64–65 • Eis 58 • Kanada, Alaska und Grönland 224–225 • Lebensräume 82–84

RELIGION und GESELLSCHAFT

RELIGION

Zu einer Religion gehören der Glaube an einen ⏭ GOTT oder an Götter, bestimmte Praktiken und eine Morallehre, die den Glauben stützt. Die Lehren einer Religion sind oft in einem heiligen Buch niedergeschrieben. Sie sollen den Menschen helfen die Bedeutung des Lebens zu verstehen. Jede Religion hat eigene Vorstellungen über das Ziel des Lebens, eigene Orte zur Gottesanbetung, eigene Rituale und Lebensregeln.

◄ **DER HEILIGE FLUSS**
Der Ganges, der auch als Göttin Ganga verehrt wird, gilt bei den Hindus als der heiligste Fluss überhaupt. Pilger trinken das Wasser und baden darin. Auch die Asche von Toten wird in einem Akt spiritueller Reinigung in die heiligen Fluten gestreut.

*In der Stadt Varanasi (Benares) nehmen **Hindu-Pilger** an einem religiösen Festtag rituelle Waschungen vor.*

▲ **EVANGELIENHANDSCHRIFT**
Vor der Erfindung des Buchdrucks schufen Schreiber wunderschöne Handschriften heiliger Bücher. In Klöstern fertigten Mönche Abschriften der Bibel an, wie dieses Neue Testament in altgriechischer Sprache.

GIBT ES VIELE RELIGIONEN?

Man kann Religionen schwer zählen. Der Islam, das Juden- und das Christentum haben gemeinsame Ursprünge, sind aber doch getrennt. Auch haben sich immer wieder Anhänger einer bestimmten Richtung abgespalten, wie etwa die Protestanten im Christentum.

GOTT

Bei den meisten Religionen steht der Glaube an einen oder mehrere Götter im Mittelpunkt. Götter sind allwissende und allmächtige Wesen, die den Menschen gut oder böse gesinnt sein können. In manchen Religionen bitten die Gläubigen im Gebet um Hilfe. In anderen meditieren sie, um sich ihrer Pflichten bewusst zu werden.

HAT JEDER GLAUBE EINEN GOTT?

Hinduismus und Buddhismus sind zwar verwandt, aber die Buddhisten verehren keinen bestimmten Gott. Sie streben mithilfe der Lehren Buddhas geistige Vollkommenheit an. Im Mittelpunkt der Lehren des Konfuzius steht die kosmische Harmonie. Die Anhänger vieler Stammesreligionen verehren Naturgeister.

WARUM GIBT ES LEID IN DER WELT?

In vielen Religionen wird Leid als Strafe für sündhaftes Verhalten angesehen. Die Menschen sündigen, weil sie ein Teufel dazu verführt, oder aber aus Habgier und Egoismus. In den westlichen Religionen wird das Leid im Allgemeinen als Folge menschlichen Fehlverhaltens angesehen. Die östlichen Religionen bringen es eher mit Unwissen in Verbindung.

▲ EINHEIT IM GLAUBEN
Ein jüdischer Rabbi, ein muslimischer Scheich, ein christlicher Bischof und ein buddhistischer Mönch aus Japan demonstrieren für den Weltfrieden. Das zeigt, dass ein großes Ziel wichtiger sein kann als religiöse Unterschiede.

GLAUBENSRICHTUNGEN UND GLÄUBIGE

GLAUBE	*ANZAHL DER GLÄUBIGEN*
Christentum	2,1 Milliarden
Islam	1,5 Milliarden
Ohne Bekenntnis	920 Millionen
Hinduismus	900 Millionen
Konfuzianismus/Taoismus	540 Millionen
Buddhismus	330 Millionen
Schintoismus	119 Millionen
Sikhreligion	26 Millionen
Judentum	14 Millionen
Zoroastrismus	150 000

WER HAT KEINEN GLAUBEN?
Atheisten lehnen jeden Glauben an überirdische Wesen ab. Für Agnostiker kann es Gott durchaus geben, aber sie können sich trotzdem keinem Glauben verpflichten. Viele Menschen sind nicht religiös, aber offen für eine wie auch immer geartete Spiritualität.

WIE ERLERNEN WIR EINE RELIGION?
Junge Menschen übernehmen meistens die Religion ihrer Eltern. Zusammen mit ihnen begehen sie dieselben Rituale und Festtage. Zudem gibt es in fast allen Religionen Unterricht, durch den Kinder z. B. etwas über die ⏭ SCHÖPFUNG erfahren können.

HABEN RELIGIONEN AUF ALLE FRAGEN EINE ANTWORT?
Heranwachsende stellen viele Fragen. Was ist der Sinn des Lebens? Warum leiden die Menschen? Gibt es Gott? Die Weltreligionen geben die unterschiedlichsten Antworten auf diese Fragen. In den westlichen Religionen liegt der Schwerpunkt auf Frömmigkeit und Seelenheil, während für östliche Religionen vor allem Selbsterkenntnis und Erlösung vom Kreislauf der ewigen Wiedergeburt wichtig sind.

WARUM GLAUBEN DIE MENSCHEN AN GOTT?
Die Geheimnisse der Natur und des Universums haben seit jeher religiöse Gefühle hervorgerufen. Auch heute können die Naturwissenschaften nicht alles erklären. Und so ist die Religion noch immer ein Mittel für die Menschen, mit dem sie sich die Welt erklären.

Religion

DIE SCHÖPFUNG

Alle Religionen erzählen vom Ursprung des Weltalls und des Menschen. Man nennt diese Geschichten Schöpfungsmythen. In ihnen wird oft altes Wissen über den Menschen und seine Beziehung zur Natur weitergegeben. Auch die Urknalltheorie ist für manche nur ein weiterer Schöpfungsmythos.

WIE IST DIE WELT ENTSTANDEN?
Manche Religionen erzählen ausführlich von der Entstehung der Welt. Die australischen Ureinwohner sprechen von einer Traumzeit, in der mythische Vorfahren auf der Erde wandelten und die Landschaft gestalteten. Christen und Juden glauben an die Genesis, nach der Gott die Welt in sieben Tagen erschaffen hat.

WIE STEHEN DIE RELIGIONEN ZUM WELTUNTERGANG?
Die meisten Religionen haben eigene Zeitvorstellungen. Nach dem Kalender der Maya endet die gegenwärtige Welt im Jahr 2012. Hinduisten und Buddhisten stellen sich die Zeit als Kreislauf vor, sodass alles, auch die Welt, immer wieder neu geboren wird. Christen und Muslime haben eine lineare Zeitvorstellung. Danach endet diese Welt am Tag des Jüngsten Gerichts.

▲ YEI-TEPPICH DER NAVAJO
Die Figuren auf diesem Teppich wurden ursprünglich nur zu den Nachtgesängen, einer Heilungszeremonie, gezeigt. Medizinmänner schufen dazu Bilder aus farbigem Sand auf dem Boden.

Yei sind heilige Wesen, möglicherweise Vorfahren, die die Navajo verehrten.

SIEHE AUCH ⏭ Südasien 266–267 • Universum 26

ALTE RELIGIONEN

Manche Religionen sind mit den Kulturen, die ihnen anhingen, untergegangen. Relikte erzählen noch heute von ihnen und ihren Vorstellungen wie etwa dem ⏭ JENSEITSGLAUBEN. Die bekanntesten stammen aus Ägypten, Griechenland und Mittelamerika.

WER WAR RE?

Der ägyptische Sonnengott Re konnte durch einen Falken, einen Widder oder einen Greis dargestellt werden. Er wurde in ganz Ägypten verehrt. Es gab zahlreiche Götter, die nur lokale Bedeutung hatten.

WER VEREHRTE EINE GEFIEDERTE SCHLANGE?

Der oberste Gott der Azteken war Quetzalcoatl, der Schöpfer der Welt, der in Darstellungen als Schlange mit den Federn des Quetzal-Vogels erscheint. Als der spanische Eroberer Cortez in Mexiko landete, glaubte der Herrscher der Azteken, dieser sei Quetzalcoatl, der auf die Erde zurückkehrt.

SIND DIE ALTEN GÖTTER NOCH UNTER UNS?

Die Namen der griechischen und römischen Götter sind als Bezeichnungen noch immer lebendig. Alle Planeten des Sonnensystems (außer der Erde) sind z. B. nach römischen Göttern benannt.

▲ DER KRIEGSGOTT MARS
An Mars, den Kriegsgott der Römer, erinnern heute der vierte Planet unseres Sonnensystems und der Monat März, den wir aus dem altrömischen Kalender übernommen haben.

▲ DEM HIMMEL EIN STÜCK NÄHER
Zur Zeit der mittelamerikanischen Kultur der Zapoteken entstanden riesige Tempel in Form von Pyramiden (Bild ganz oben). Stufen führten zu den Opferstätten auf der höchsten Plattform. Der Fuji (oben) gilt im Schintoismus als heilig.

JENSEITSGLAUBE

Die Vorstellung eines Lebens nach dem Tod ist so alt wie die ältesten Religionen. Herrscher und andere bedeutende Persönlichkeiten wurden oft mit vielen Grabbeigaben bestattet. Modellboote und Lebensmittel z. B. sollten ihnen das Leben im Jenseits erleichtern.

Alte Religionen

◀ ÄGYPTISCHE MUMIE
In Ägypten mumifizierte man hochrangige Persönlichkeiten nach ihrem Tod, sodass ihre Körper für das Jenseits erhalten blieben. Die Eingeweide wurden in Gefäßen aufbewahrt.

WAS IST EINE SEELE?

Viele Religionen sind überzeugt von der Existenz eines unsterblichen, gottähnlichen Teils im Menschen, der Seele genannt wird. Nach Ansicht der Hindus sind sogar alle lebenden Wesen beseelt. Die Seele lebt nach dem Tod im Himmel oder in der Hölle weiter, oder aber sie kommt in einem neuen Körper auf die Erde zurück.

WAS SIND DIE PYRAMIDEN?

Die Pyramiden im alten Ägypten dienten als Grabmäler für die Pharaonen. Sinn der Riesenmonumente war es, symbolisch zu den Sternen zu zeigen und so der Seele des Pharaos den Weg in den Himmel zu weisen.

SIEHE AUCH ⏭ Altes Ägypten 370–371 • Konquistadoren 405

STAMMESRELIGIONEN

Stammesreligionen finden wir bei Völkern, die fernab von der modernen Gesellschaft leben. Sie werden nicht durch heilige Bücher überliefert, sondern mündlich, durch Kultobjekte und ⏭ RITUALE. Neben Göttern und Naturgeistern werden auch die Vorfahren verehrt.

ULURU ►
Der Uluru (auch Ayers Rock genannt), ein roter Inselberg im Bundesstaat Northern Territory in Australien, gilt bei den Ureinwohnern als heilig.

WARUM GELTEN MANCHE ORTE ALS HEILIG?

Heilige Stätten haben eine besondere Bedeutung im Leben eines jeden Stammes. Wasserstellen, Versammlungsorte, Stätten, die im Leben der Vorfahren wichtig waren, Grenzen: Sie alle können heilig sein. Manche Stämme bestatten ihre Toten an diesen Orten.

WAS IST AHNENKULT?

Viele Stämme auf der ganzen Welt versuchen ihre toten Vorfahren mit Opfergaben und Gebeten gnädig zu stimmen. Besonders in Asien ist dieses Ritual weit verbreitet. Man glaubt, die Toten setzen sich bei den Göttern für ihre lebenden Verwandten ein.

WOZU DIENT EIN FETISCH?

Fetische sind meist geschnitzte Gegenstände, von denen man glaubt, es halte sich ein Geist in ihnen auf oder sie verfügten über magische Kräfte. Der Eigentümer des Fetisches möchte an diesen Kräften teilhaben oder er verwendet ihn als Schutz vor Unglück und Krankheit.

TOTEMPFAHL ►
Totempfähle waren besonders bei den Indianern an der Nordwestküste Amerikas verbreitet. Die Schnitzereien in Form von Tiergeistern stellen eine Art Stammbaum des Besitzers dar.

RITUALE

Wie die großen Weltreligionen haben auch Stammesreligionen ihre Rituale: Handlungen und Gebete, die die Gläubigen gemeinsam erleben. Besonders Wendepunkte des Lebens wie Geburt oder Tod werden von Ritualen, sogenannten Übergangsriten, begleitet.

WAS SIND SCHAMANEN?

In fast allen Stammesreligionen gibt es Schamanen oder Medizinmänner, die über geheimes Wissen verfügen. Ihre wichtigste Aufgabe ist die Heilung von Kranken. Dabei kommen Rituale, Zaubersprüche und Heilpflanzen zum Einsatz.

SCHAMANENTANZ ►
Dieser Schamane vom Stamm der Dayak in Indonesien vollführt einen kultischen Tanz. Viele Schamanen versetzen sich mit Tänzen in einen anderen Bewusstseinszustand. So treten sie in Kontakt mit der übersinnlichen Welt.

Stammesreligionen

SIEHE AUCH ⏭ Kanada, Alaska und Grönland 224–225

HINDUISMUS

Der Hinduismus, eine der ältesten Religionen der Welt, ist die Hauptreligion in Indien. Er stellt mehr eine Lebenshaltung dar, denn es gibt keine Glaubenssätze. Er entwickelte sich ohne einen Religionsstifter über lange Zeit aus mehreren Stammesreligionen.

WAS IST BRAHMAN?

Viele Hindus glauben an eine universelle Weltseele. Sie ist die ewige Schöpferkraft, aus der das Universum entstand und zu der alles zurückkehrt. Die menschliche Seele wird in einem ewigen Kreislauf der ⏭ REINKARNATION immer wieder neu geboren.

HABEN DIE HINDUS GÖTTERSTATUEN?

Statuen sind Symbole der Gegenwart eines Gottes, vor denen oft Opfergaben abgelegt werden. Zu den beliebtesten Göttern gehören der elefantenköpfige Ganesh, Sinnbild für Reichtum und Erfolg, und der Affenkopf Hanuman, Sinnbild für Heldenmut und Treue.

▲ **HEILIGE KLÄNGE**
Die Silbe Om wird als Mantra verwendet, das sich Meditierende immer wieder vorsagen. Sie ist heilig und repräsentiert Brahma.

SHIVA, DER TÄNZER ►
Gott Shiva repräsentiert das zerstörerische und das schöpferische Prinzip. Hier tanzt er auf dem Körper eines Dämonen. Der Flammenreif um ihn herum steht für die Energie des Universums.

▲ **FEST DER FARBEN**
Holi ist das hinduistische Frühlingsfest. Tagsüber besuchen sich die Menschen und in Erinnerung an die hinterlistigen Streiche des Gottes Krishna bespritzen sie sich mit gefärbtem Wasser und bestreuen sich mit buntem Puder.

Hinduismus

▲ **»HEIL DIR, KRISHNA«**
Die Hare-Krishna-Bewegung wurde um 1960 in Amerika gegründet. Ihre Anhänger verehren Krishna, eine Inkarnation des Gottes Vishnu. Ihr Name leitet sich von dem Mantra ab, das sie ständig vor sich hin murmeln: »Hare Krishna« (»Heil dir, Krishna«).

BRAHMA ►
Brahma, der Schöpfer des Universums (nicht zu verwechseln mit Brahman), hat vier Köpfe, um in alle Richtungen sehen zu können. Zusammen mit Vishnu, dem Bewahrer, und Shiva, dem Zerstörer, bildet er das, was die Hindus Trimurti nennen, »drei Formen«.

◄ **HEILIGER SADHU**
Sadhus sind besitzlose Wandermönche, die als heilig gelten. Sie haben alle familiären Bindungen aufgegeben und leben von Almosen. Mit ihrer Lebensweise möchten sie Weisheit und Moksha (Erlösung aus dem Kreislauf der ewigen Wiedergeburt) erlangen.

REINKARNATION

Im Hinduglauben sind alle Lebewesen in einem ewigen Kreislauf von Tod und Wiedergeburt gefangen, der Samsara genannt wird. Die soziale Stellung nach der Wiedergeburt hängt von den Handlungen im gegenwärtigen Leben ab.

SPIELT DIE WIEDERGEBURT AUCH IN ANDEREN RELIGIONEN EINE ROLLE?

Auch im Buddhismus steht die hinduistische Vorstellung von der ewigen Wiedergeburt im Mittelpunkt. Buddhisten können diesen Kreislauf durchbrechen und ins Nirwana eingehen, indem sie Hass, Gier und Unwissen überwinden.

SIEHE AUCH ⏭ Buddhismus 289 • Südasien 266–267

JUDENTUM

Das Judentum ist die älteste monotheistische Religion der Welt. Ihrem Glauben nach sind die Juden das auserwählte Volk Gottes, der ihnen das Land Israel versprach, wenn sie sich an seine Gebote halten. Diese sind in den heiligen Schriftrollen der ⏭ THORA niedergeschrieben.

WIE VIELE RICHTUNGEN GIBT ES IM JUDENTUM?

Es gibt orthodoxe und nicht orthodoxe Juden. Für die orthodoxen Juden sind die Vorschriften der Thora oberstes Gebot. Nicht orthodoxe Juden versuchen ihren Glauben an die heutige Zeit anzupassen. Beide Gruppen halten sich an die ⏭ FEIERTAGE.

AB WANN GELTEN JUNGEN ALS ERWACHSEN?

Jüdische Jungen erreichen mit 13 Jahren die Mündigkeit und gelten von da an als Bar-Mizwa (»Sohn des Gebots«). Mit einer feierlichen Zeremonie gleichen Namens werden sie in die jüdische Glaubensgemeinschaft aufgenommen.

*Der **Rabbi** ist der Vorsteher der jüdischen Gemeinde.*

*Als Zeichen ihres Respekts vor Gott bedecken die Juden beim Gebet den Kopf mit einem **Gebetskäppchen**, der Kippa.*

*Der **Gebetsschal**, der Tallit, ist weiß mit blauen Streifen.*

*Der **Yad**, ein silberner Zeigestab, dient als Hilfe beim Lesen.*

*Die **Thora** ist der am meisten verehrte Kultgegenstand im jüdischen Ritus.*

BAR-MIZWA ▲
Bei der Feier ihrer Bar-Mizwa dürfen jüdische Jungen erstmals in der Synagoge aus der Thora vorlesen.

DAVIDSSTERN ►
Der sechszackige Davidsstern war schon im 14. Jh. bekannt. Die zwölf Kanten stehen für die zwölf israelitischen Stämme, die von König David vereint wurden. Heute ziert der Davidsstern die israelische Flagge.

THORA

Die heiligsten Schriften des Judentums sind die ersten fünf Bücher des Alten Testaments. Sie heißen Thora, was Gesetzbuch bedeutet. Orthodoxe Juden glauben, dass Moses die Worte der Thora von Gott empfangen hat. In jeder Synagoge gibt es eine Thorarolle, die im Thoraschrein an der Jerusalem zugekehrten Seite aufbewahrt wird.

IST DIE THORA DIE EINZIGE RELIGIÖSE SCHRIFT?

Die hebräische Bibel (bei den Christen das Alte Testament) besteht aus der Thora und zwei weiteren Büchern: dem Buch der Propheten und dem Buch der Schriften. Wichtig ist auch der Talmud, ein Gesetzeswerk, das Kommentare zur Thora enthält.

◄ ENTZÜNDEN DER MENORAH
Das jüdische Chanukka- oder Lichterfest dauert acht Tage. Im Lauf dieser Zeit wird an der Menorah, dem achtarmigen Leuchter, jeden Tag eine weitere Kerze entzündet.

FEIERTAGE

Jüdische Familien feiern gemeinsam die bedeutenden Feste des Jahres wie das Passahfest (Auszug aus Ägypten), Jom Kippur (Versöhnungstag) und Rosch-ha-Schana (Neujahr). Eines der wichtigsten Gebote ist es, den Sabbat als Ruhetag zu ehren.

WAS BEDEUTET SABBAT?

Der Sabbat gilt den Juden als heilig. Er beginnt bei Sonnenuntergang am Freitagabend und endet 24 Stunden später. An diesem Tag sollte jede Arbeit ruhen. Die Juden erweisen damit Gott die Ehre, der nach der Erschaffung der Welt am siebten Tag ruhte.

SIEHE AUCH ⏭ Christentum 288 • Kulturen im Nahen Osten 372–373 • Westasien und Naher Osten 264–265

CHRISTENTUM

Christen glauben an einen dreieinigen Gott: Gott Vater, Gott Sohn (Jesus Christus) und Gott Heiliger Geist. Das Leben Jesu als Messias, als Erlöser der Menschheit, der vor ca. 2000 Jahren lebte, ist in der ⏭ BIBEL beschrieben.

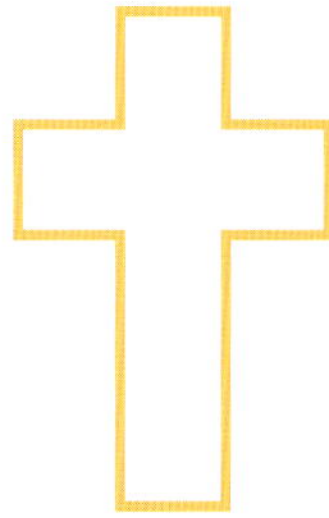

▲ DAS KREUZ
Von den Römern wurde Jesus an ein Holzkreuz genagelt – eine damals übliche Hinrichtungsart, die Kreuzigung genannt wurde.

WARUM WIRD JESUS KÖNIG DER JUDEN GENANNT?

Nach dem jüdischen Glauben wird ein Messias, oder ein heiliger König, auf die Erde kommen, um die Menschheit zu erlösen. Nach christlicher Auffassung war Jesus (der ein Jude war) dieser Messias, während die Juden nur einen Propheten in ihm sehen.

WAS BEDEUTET DAS KREUZ?

Das Kreuz symbolisiert Tod und ⏭ AUFERSTEHUNG von Jesus Christus. Er hat die Menschen erlöst, indem er mit seinem Tod für ihre Sünden büßte. Das Kreuzzeichen, das bei der christlichen Taufe auf der Stirn des Täuflings gemacht wird, erinnert an diesen Opfertod.

*Die **Fahne** mit dem roten Kreuz symbolisiert die Auferstehung Christi.*

*Gott entsendet **Engel** als Boten und Beistand.*

Jesus bei der Auferstehung

*Die **Wunden** an Händen und Füßen rühren von der Kreuzigung her.*

DIE AUFERSTEHUNG ▲
Dieses Buntglasfenster aus der Kathedrale von Lincoln zeigt, wie Jesus von den Toten aufersteht. Die Christen feiern dieses Ereignis mit dem Osterfest.

▲ DIE BASILIUS-KATHEDRALE IN MOSKAU
Diese Kirche aus dem 16. Jh. gehört zur orthodoxen Tradition des Christentums. Die osteuropäische Richtung des Christentums spaltete sich im 11. Jh. von der römisch-katholischen Kirche und dem Papst ab.

AUFERSTEHUNG

Die Christen glauben, dass Jesus Christus drei Tage nach seinem Tod auferstanden und danach in den Himmel aufgefahren ist, wo er zur Rechten Gottes thront. Sie sehen darin ein Zeichen der Hoffnung.

WIE LANGE HAT JESUS AUF DER ERDE GELEBT?

Jesus lebte im damals von den Römern besetzten Palästina. Seine Mutter war die Jungfrau Maria, sein Vater war Joseph. Ehe er anfing zu predigen, arbeitete er als Zimmermann. Seine Lehren verärgerten die Römer und Religionsführer des Landes so sehr, dass sie ihn im Alter von 33 Jahren hinrichteten.

Christentum

BIBEL

Die heilige Schrift der Christen heißt Bibel. Sie besteht aus dem Alten und dem Neuen Testament. Letzteres ist zwischen 50 und 150 n. Chr. entstanden und erzählt die Lebensgeschichte Christi.

NEHMEN DIE CHRISTEN DIE BIBEL WÖRTLICH?

Für viele Christen ist die Bibel das Wort Gottes und damit Wort für Wort wahr. Andere sehen darin eher eine Zusammenstellung von Geschichten und Gleichnissen, die man unterschiedlich deuten kann.

BIBELHANDSCHRIFT ►
Vor der Erfindung des Buchdrucks schrieben Mönche die lateinische oder griechische Version der Bibel von Hand ab. Ihre Auftraggeber waren gebildete und reiche Adelige.

SIEHE AUCH ⏭ Judentum 287 • Normannen 389

BUDDHISMUS

Der Buddhismus wurde vor ca. 2500 Jahren in Indien durch Siddhartha Gautama (Ehrentitel: Buddha, d. h. »der Erleuchtete«) begründet. Er deutete hinduistische Vorstellungen über ⏭ KARMA und Wiedergeburt neu und zeigte damit, wie Leid überwunden werden kann.

▲ BUDDHAS FUSSABDRUCK
Diese Darstellung der Fußabdrücke Buddhas befindet sich an einer Säule im Großen Stupa von Sanchi, einem uralten indischen Tempel.

WOZU DIENT MEDITATION?

Buddha soll zur Erleuchtung gefunden haben, als er unter einem Feigenbaum meditierte. Bei der Meditation geht es darum, den Geist von allen hinderlichen Gedanken leer zu machen, um so inneren Frieden und tiefe Erkenntnis zu erlangen.

GIBT ES IM BUDDHISMUS HEILIGE BAUTEN?

Viele Buddhisten besuchen Tempel, um Buddha zu verehren. Die älteste Form buddhistischer Kultstätten nennt man Stupa. Die glockenförmigen Bauten dienten zur Aufbewahrung von Reliquien. Die Kultstätten in Japan und China sind mehrstöckige Türme (Pagoden).

▲ BUDDHISTISCHE MÖNCHE
Diese jungen thailändischen Mönche tragen die typischen orangefarbenen Kutten. Ihre Mönchsgemeinschaft nennt man Sangha. Buddhistische Mönche und Nonnen können sich schon im Alter von fünf Jahren für ein Klosterleben entscheiden.

Buddhismus

KARMA

Karma hat mit der Vorstellung zu tun, dass die Taten eines Menschen sein nächstes Leben bestimmen. Die Buddhisten glauben, dass die Ungleichheit unter den Menschen Ausdruck des Karmas ist, das sich im Lauf vieler Leben angesammelt hat.

WAS VERSTEHT MAN UNTER NIRWANA?

Nirwana ist der Zustand der Erleuchtung, der Befreiung aus dem Kreislauf ewiger Wiedergeburt, ein Zustand ewiger Glückseligkeit. Er wird erreicht, indem sich der Mensch von Hass, Gier, Unwissen und aller Gebundenheit befreit. Im Gegensatz zu den Hindus glauben die Buddhisten nicht an die Unsterblichkeit der Seele.

TIBETANISCHE GEBETSMÜHLE ►
Darin befinden sich Hunderte von geschriebenen Gebeten, die in die Welt entlassen werden, wenn man die Mühle im Kreis dreht.

▲ MANDALA
Ein Mandala stellt ein Abbild des Universums dar, das beim Meditieren die Konzentration fördert. Dieses Mandala haben Mönche in monatelanger Arbeit aus gefärbtem Sand auf dem Boden angelegt. Es begleitet die Aufnahme eines jungen Mönchs und wird danach wieder zerstört.

◄ BUDDHA, DER ERLEUCHTETE
Viele Statuen stellen Buddha im Zustand der Erleuchtung dar, entweder sitzend mit verschränkten Beinen oder auf der Seite liegend. Diese 30 m hohe Statue ist eine von vier Statuen der Kyaikpun-Pagode in Pegu in Myanmar (dem ehemaligen Birma).

SIEHE AUCH ⏭ Hinduismus 286 • Südasien 266–267

ISLAM

Islam bedeutet Ergebung in den Willen Allahs. Die Lehre und Gesetze des Islam, die im ⏭ KORAN niedergelegt sind, empfing der Prophet Mohammed direkt von Allah. Die Anhänger des Islam bezeichnen sich als Muslime (die Gehorsamen).

WO BETEN DIE MUSLIME ZU ALLAH?

Muslime können überall beten, versammeln sich aber oft in der Moschee zum Gebet. Zu einer Moschee gehört ein Minarett, von dem aus der Muezzin fünfmal täglich zum Gebet ruft. Beim Gebet blicken Muslime in Richtung Mekka. Die sogenannte Mihrab (Gebetsnische) in den Mauern der Moschee erleichtert die Orientierung.

WARUM BLICKEN SIE DABEI NACH MEKKA?

Mekka liegt in Saudi-Arabien und gilt als heiligste Stadt des Islam, weil Mohammed dort geboren wurde. Es gehört zu den Pflichten der Muslime, wenigstens einmal im Leben an der Pilgerfahrt nach Mekka, dem ⏭ HADSCH, teilzunehmen.

▲ KAABA
In Mekka gehen die Pilger siebenmal um die Kaaba herum. Dieser würfelförmige, mit einem schwarzen Tuch verhüllte Bau ist ihr höchstes Heiligtum.

FRAU BEIM GEBET ►
Diese muslimische Frau betet in einem von den Männern getrennten Teil der Moschee. Die Muster des Teppichs lenken ihre Aufmerksamkeit in Richtung Mekka. Zum Zeichen ihres Respekts ist ihr Kopf verhüllt.

▲ MOSCHEE IN DJENNÉ, MALI
Die Architektur des Islam passt sich wie die vieler Weltreligionen an ihre Umgebung an. Diese im 14. Jh. aus Lehm gebaute afrikanische Moschee wirkt wie eine Festung in einer Stadt, die einmal ein bedeutendes Zentrum für Handel und Kultur war.

▲ HALBMOND
Der Hilal oder Halbmond ist das wichtigste Symbol des Islam. Er steht von alters her in engem Bezug zu islamischen Herrscherhäusern und belegt die Bedeutung des Mondkalenders für das religiöse Leben der Muslime.

HADSCH

Als Hadsch bezeichnet man die Pilgerfahrt nach Mekka. Der Hadsch gehört zu den Fünf Säulen des Islam – die daneben das Aufsagen des Glaubensbekenntnisses, tägliches Beten, Fasten und Wohltätigkeit umfassen.

WAS IST DIE KAABA?

Die Kaaba ist der heilige Schrein im Hof der Hauptmoschee von Mekka. Es heißt, dass sie Abraham an einer Stelle erbaut hat, die durch Adam, den ersten Menschen, heilig wurde. In der Zeit vor dem Islam war sie ein Schrein für 360 arabische Götter. 630 n. Chr. weihte Mohammed den Schrein Allah.

KORAN

Der Koran ist die heilige Schrift des Islam, die der Prophet Mohammed direkt von Allah empfangen haben soll. Er vereint die Muslime aller Nationalitäten, da diese Arabisch lernen müssen, um ihn lesen zu können.

Islam

WIE »SPRICHT« DER KORAN?

Das arabische Wort Koran bedeutet »Vortrag«, und das erste Wort, das Allah an Mohammed richtete, lautet »Rezitiere!«. Die Verse und Kapitel sind so angeordnet, dass man gut daraus vorlesen kann. Bestimmte Zeichen am Ende der Verse markieren die Atempausen.

REICH VERZIERTER KORAN ►
Viele Ausgaben des Koran wie diese aus dem 17. Jh. sind wertvolle Kunstwerke. Die Worte Allahs schön zu gestalten, ist selbst ein Akt der Gottesverehrung.

SIEHE AUCH ⏭ Der Norden und Westen Afrikas 240–241 • Judentum 287

SIKHRELIGION

Der Sikhismus wurde vor über 500 Jahren im Punjab in Indien gegründet. ⏭ GURU Nanak, der erste einer Reihe von zehn Gurus, lehrte, dass allen Religionen ein und dieselbe Wahrheit zugrunde liegt und dass Gott im Herzen zu finden ist. Sikh bedeutet wörtlich »Jünger«.

◄ KHANDA-SYMBOL
Dieses Emblem, das sich aus vier Waffen zusammensetzt, ist das Symbol der Sikhreligion. Das zweischneidige Khanda-Schwert steht für den Glauben an die Macht der Wahrheit. Der Kreis ist ein Chakram, ein scharfer Wurfring, der für Einheit und Ewigkeit steht. Die Krummsäbel verkörpern den Kampfgeist.

▲ DER GOLDENE TEMPEL, AMRITSAR
Der Goldene Tempel oder Harimandir Sahib (Haus Gottes) wurde seit seiner Errichtung im Jahr 1601 mehrmals zerstört und wieder aufgebaut. »Sahib« ist ein Ausdruck des Respekts, den Sikhs Orten und Menschen gleichermaßen zuteil werden lassen.

WO IST DAS GEISTIGE ZENTRUM DER SIKHS?

Der Harmandir oder Goldene Tempel ist das Hauptheiligtum der Sikhs und ein bedeutendes Pilgerzentrum. Der vierte Guru, Ram Das, gründete die Stadt Amritsar am heiligen See, dem Ort, an dem Guru Nanak meditiert hatte. Der fünfte Guru, Arjan, errichtete den Goldenen Tempel und sammelte die Lehren aller Gurus im Granth Sahib, dem heiligen Buch der Sikhs.

WIE BETEN DIE SIKHS?

Guru Nanak lehrte: »Der einzig wichtige Tempel ist in dir selbst.« Die Sikhs beten zu Hause, aber auch im Tempel. Dabei lesen sie Hymnen aus dem heiligen Buch. Im Zentrum der Anbetung steht Nam, die göttliche Kraft in einem selbst. Die Gurudvara (Tempel) der Sikhs verfügen über einen Speiseraum, den Langar, in dem sie gemeinsam, aber auch mit Fremden essen.

GURU

Das Wort Guru bezeichnet einen weisen Lehrer oder wörtlich »Enthüller von Licht und Dunkelheit«. Die zehn Gurus gelten bei den Sikhs als lebende spirituelle Flamme, die von Gott auf Guru Nanak überging und von dort aus vielleicht alle Sikhs erreicht.

WER WAR GURU GOVIND SINGH?

Guru Govind Singh, der zehnte Guru (1666–1708), gründete 1699 die Khalsa, eine Art militärischen Orden. Diese Glaubenssoldaten verteidigten ihr Volk und waren auch bereit zu sterben. Als Zeichen ihrer Verbundenheit mit der Khalsa bekennen sich noch heute alle männlichen Sikhs zu den fünf Ks, darunter der Kirpan (Dolch) und der Kangha (Kamm).

WO WIRD DAS HEILIGE BUCH AUFBEWAHRT?

Der zehnte Guru Govind Singh erklärte das heilige Buch Adigrantha (»Erstes Buch«) zu seinem Nachfolger, weil ihm kein menschlicher Guru nachfolgen sollte. Bald nannten die Sikhs das Buch Guru Granth Sahib. Sie bewahren Abschriften in Tempeln auf und behandeln sie mit dem Respekt, der sonst menschlichen Gurus gilt.

Sikhreligion

DIE ZEHN GURUS ►
Dieses Heiligenbild der Sikhs zeigt alle zehn Gurus: Guru Nanak (oben), Guru Govind Singh (oben rechts), Guru Granth Sahib (Mitte). Der Knabe ist Guru Har Krishnan. Er starb bei der Verteidigung gegen Angriffe aus dem Mogulenreich.

SIEHE AUCH ⏭ Hinduismus 286 • Südasien 266–267

PHILOSOPHIE

Das Wort Philosophie kommt aus dem Altgriechischen und bedeutet »Liebe zur Weisheit«. In der Philosophie geht es darum, mit den Mitteln der Vernunft nach der Wahrheit zu suchen. Die am häufigsten gestellten Fragen lauten: »Warum existieren wir?«, »Wie ist die Wirklichkeit beschaffen?« und »Wie sollen wir handeln?«

BERÜHMTE AUSSPRÜCHE BERÜHMTER PHILOSOPHEN	
Der Mensch ist das Maß aller Dinge.	Protagoras 5. Jh. v. Chr.
Wissen ist Macht.	Francis Bacon 1561–1626
Ich denke, also bin ich.	René Descartes 1596–1650
[Ohne] Gesetz keine Freiheit.	John Locke 1632–1704
Der Mensch wurde frei geboren und überall liegt er in Ketten.	Jean-Jacques Rousseau 1712–1778
Der Mensch ist zur Freiheit verurteilt.	Jean-Paul Sartre 1905–1980

WER WAREN DIE ERSTEN PHILOSOPHEN?

Die Anfänge der Philosophie kennen wir nicht. Wir wissen nur, dass altgriechische Denker wie Platon und Aristoteles um 500 v. Chr. mit ihren Schriften die abendländische Denktradition begründeten. Ihre Gedanken über Logik, Wissenschaft, Ethik und Politik bestimmen westliche Traditionen seit über 2000 Jahren.

WAS HABEN PHILOSOPHIE UND RELIGION GEMEINSAM?

Wie die Religion versucht auch die Philosophie, die Geheimnisse der Welt und der menschlichen Existenz zu erklären. Sie verzichtet jedoch auf den Glauben und verlässt sich ganz auf das Denken. So hofft sie Probleme wie etwa den Zwiespalt zwischen moralischer Verpflichtung und dem freien Willen des Menschen lösen zu können.

WAS IST LOGIK?

Mithilfe der Logik unterscheiden Philosophen richtiges und falsches Schlussfolgern. Von Sokrates stammt das klassische Beispiel, wie man aus zwei Grundaussagen einen Schluss zieht: »Wenn Sokrates ein Mensch ist und alle Menschen sterblich sind, dann ist auch Sokrates sterblich.«

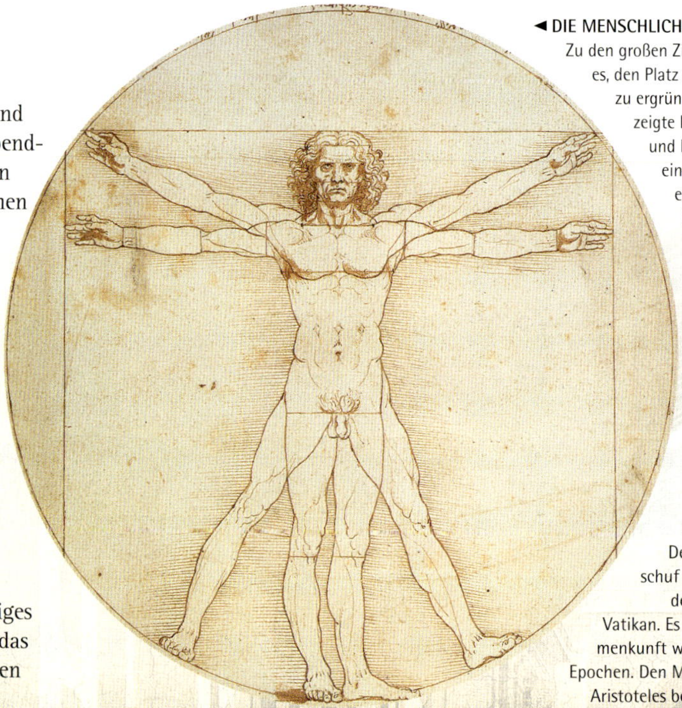

◄ **DIE MENSCHLICHEN PROPORTIONEN**
Zu den großen Zielen der Philosophie gehört es, den Platz des Menschen im Universum zu ergründen. In der Renaissance zeigte Leonardo da Vinci, wie Arme und Beine des Menschen in einen Kreis und in ein Quadrat eingepasst werden können. Er war der Meinung, diese beiden Formen bildeten die Grundlage des Universums.

Philosophie

DIE SCHULE VON ATHEN ▼
Der italienische Maler Raffael schuf dieses Fresko zum Schmuck der päpstlichen Gemächer im Vatikan. Es zeigt die imaginäre Zusammenkunft weiser Männer verschiedener Epochen. Den Mittelpunkt bilden Plato und Aristoteles beim philosophischen Disput.

Sokrates beim philosophischen Disput mit Xenophon und Alexander dem Großen (in Rüstung)

Plato zeigt nach oben und verweist damit auf das Universum und abstraktes Denken.

Aristoteles zeigt nach unten und verweist damit auf die Erde und ethisches Denken.

▲ ARJUNA UND KRISHNA
Die Bhagavadgita (»Gesang des Erhabenen«) ist ein philosophischer Dialog zwischen Krishna (dem Gott Vishnu in Menschengestalt) und seinem Freund Arjuna. Mit praktischen Ratschlägen befördert Krishna die Entscheidungen des Soldaten Arjuna.

Die lodernde Fackel gilt als Freiheitssymbol.

◄ DIE FREIHEITSSTATUE, USA
Als Symbol der freiheitlichen Demokratie überragt die Kolossalfigur den Hafen von New York. Die Ideen, die 1776 zur amerikanischen Unabhängigkeit führten, stammen von politischen Denkern wie John Locke und Jean Jacques Rousseau.

Die Strahlen der Krone repräsentieren die sieben Erdteile und Meere.

WARUM IST WAHRHEIT WICHTIG?

Die Wahrheitssuche – was Wahrheit ist und wie man sie erkennt – gehört zu den ältesten Fragen in der Geschichte der Philosophie. Nach Ansicht mancher Philosophen kommen die abstrakten Regeln der Mathematik der absoluten Wahrheit am nächsten. Andere wiederum behaupten, dass es überhaupt keine absolute Wahrheit gibt, sondern nur die relative Wahrheit individueller Sichtweisen – dass der »Mensch das Maß aller Dinge« ist.

WAS IST DER FREIE WILLE?

Bei der Frage nach dem freien Willen – ein wichtiges Anliegen auch vieler Religionen – geht es darum, was unser Leben bestimmt. Können wir unser Schicksal selbst bestimmen oder sind unsere Handlungen beschränkt durch frühere Ereignisse (Determinismus) bzw. den Willen Gottes (Prädestination)?

WAS IST ETHIK?

Ethik oder Moralphilosophie befasst sich mit der Frage, wie die Menschen richtiges und falsches Verhalten einschätzen und auf dieser Basis Moralsysteme errichten. Beruht gutes Verhalten auf Gottergebenheit oder persönlichen Vorstellungen über ein richtiges Leben? Nicht in allen Gesellschaften herrschen die gleichen ethischen Ansichten – im Allgemeinen kommen die Freiheiten des Einzelnen in der westlichen Welt stärker zur Geltung als im Osten.

Zarathustra (einen Globus haltend) spricht mit Ptolemäus über Geografie.

SIEHE AUCH ⏭ Altes Griechenland 376–377 • Hinduismus 286

KULTUR

Grundlage jeder Kultur sind die gemeinsamen Werte, Bräuche und Überzeugungen, die eine Gesellschaft zusammenhalten. Dazu gehören die ⏭ SPRACHE, Rituale, Moden, Kunst, Essen, Literatur und Lebensweisen.

TEILEN ALLE MITGLIEDER EINER GESELLSCHAFT DIE GLEICHE KULTUR?

In traditionellen Gesellschaften gibt es meist eine gemeinsame Kultur. Für größere, komplexere Gesellschaften ist eine übergeordnete Kultur bestimmend, mit der sich die Mehrheit identifizieren kann. Daneben existieren eine oder mehrere ⏭ SUBKULTUREN, die auf den Werten oder Interessen kleinerer Gruppen wie etwa der Jugend oder Einwanderern beruhen.

GIBT ES EINE WELTUMSPANNENDE KULTUR?

Zunehmender Handel und Kommunikation bewirken, dass sich Kulturen ausbreiten und wechselseitig beeinflussen. Die moderne Technologie hat die Kulturen der Welt einander nahegebracht wie nie zuvor. Hollywood-Filme z. B. werden auf der ganzen Welt gesehen – aber den größten Einfluss auf die Menschen haben eigene kulturelle Traditionen wie die Sprache und eine gemeinsame Geschichte.

▲ AMISCHE KULTUR
Die Amische in Nordamerika leben außerhalb der vorherrschenden amerikanischen Kultur. Aus religiösen Gründen verzichten sie bewusst auf die Errungenschaften des Fortschritts wie etwa Elektrizität oder Maschinen. Äußerlich sichtbar trennt sie vor allem ihre einfache Kleidung von jenen, die ihre Kultur nicht teilen.

◄ KULTURELLER FLICKENTEPPICH
Jede dieser Kulturen ist einzigartig. Zusammen ergeben sie eine einzige große globale Kultur. Ein tieferes Verständnis für die Kulturen der Welt bedeutet auch, dass sich die Menschen für unterschiedliche Lebensweisen öffnen.

VERÄNDERN SICH KULTUREN?

Kulturen entstehen aus der Geschichte und den Erfahrungen einer Gesellschaft – ihrer ⏭ TRADITION. Rapide soziale Veränderungen oder gar Revolutionen können eine Kultur von Grund auf ändern. Der moderne Massentourismus und ein weltumspannendes Kommunikationsnetz ermöglichen es den Menschen, andere kulturelle Einflüsse zu übernehmen.

WIE ERLERNEN WIR EINE KULTUR?

Die meisten Menschen wachsen umgeben von ihrer Kultur auf. Sie werden kulturell geprägt durch die Familie, durch Rituale und Bräuche, über die Sprache, die Kunst, soziale Gewohnheiten und eine gemeinsame Geschichte. Zusätzlich lernen die Menschen vieles über ihre Kultur, etwa in der Schule oder aus dem Fernsehen.

FEIERTAGE DER WELT

TAG DER TOTEN
In Mexiko beten die Menschen an Allerseelen zu ihren verstorbenen Angehörigen und laden sie ein, für ein letztes großes Fest auf die Erde zurückzukehren. Hier ist zu sehen, wie der Festtag in Los Angeles begangen wird, einer Stadt mit vielen Menschen hispanischer Abstammung.

TANZ BEI DEN MASSAI
Die Männer der Massai leben nach dem Alter getrennt in sogenannten Brüderschaften. Dort praktizieren sie das Eunotoritual, einen Tanz, bei dem sie mit gestreckten Beinen hüpfen. Es dient dazu, den Übergang vom Jugendlichen zum Erwachsenen feierlich zu begehen.

UNABHÄNGIGKEITSTAG
Jedes Jahr am 4. Juli feiern Amerikaner jeglicher Herkunft den Jahrestag der Befreiung der Vereinigten Staaten von britischer Oberherrschaft. Feiertage, die auf große Ereignisse in der Geschichte einer Nation verweisen, ermutigen die Menschen dazu, stolz auf ihr Land zu sein.

DUSSEHRA-FEST
Dieses alljährlich in Indien stattfindende farbenprächtige Spektakel erinnert an den Sieg Ramas über Ravana in einem Kampf zwischen Gut und Böse. In Mysore schmückt und bemalt man Elefanten wie in früherer Zeit, als Könige auf ihnen in den Krieg ritten.

GEBURTSTAGSPARADE
Den offiziellen Geburtstag von Königin Elisabeth II., dem britischen Staatsoberhaupt, begeht das Land mit einer Parade in London. Altehrwürdige Rituale, Uniformen, Flaggen und die Kutsche mit der Königin heben Tradition und Stabilität hervor.

HÄNDE HOCH
Die Zuschauer bei diesem amerikanischen Fußballspiel stehen reihenweise auf und reißen die Arme hoch, um die berühmte La-Ola-Welle durch das Stadion laufen zu lassen. Große, anfeuernde Zuschauermengen bei einer Sportveranstaltung vermitteln ein intensives Gemeinsamkeitsgefühl.

TRADITION

Als Traditionen gelten feste Bräuche und Überzeugungen, die die Identität einer Gruppe widerspiegeln. Sie werden durch Anleitung und Praxis von einer Generation an die nächste weitergegeben.

WARUM HABEN WIR TRADITIONEN?

Traditionen entspringen meist tief verwurzelten Überzeugungen oder sind zu einem bestimmten Zeitpunkt spontan entstanden. Besondere Ereignisse wie z. B. der Tag der Deutschen Einheit halten die Erinnerung wach und vermitteln den Menschen das Gefühl, an einer gemeinsamen kulturellen Vergangenheit teilzuhaben.

TEEZEREMONIE ►
Eine Japanerin in Landestracht vollzieht vor ausgewählten Gästen die Teezeremonie. Aufgrund der vielen Regeln ist die Zeremonie ziemlich schwierig. Ursprünglich lieferte sie den formalen Rahmen für den Empfang von Gästen.

SPRACHE

Alle Kulturen verständigen sich mit dem Mittel der Sprache – einem Bestand an Worten und grammatischen Regeln. Es gibt ungefähr 5000 verschiedene Sprachen.

STOPPZEICHEN ►
Dieses Stoppzeichen ist zweisprachig, arabisch und englisch. Durch die spezielle Form und die Farbe ist es aber auch ohne Worte verständlich.

WIE VERÄNDERN SICH SPRACHEN?

Sprachen entwickeln sich ebenso wie Kulturen – durch den Austausch mit anderen Sprachen. Sprachen nehmen ständig neue Wörter auf, während alte Wörter verschwinden. Manchmal bekommen alte Wörter auch neue Bedeutungen. Regionale Varianten einer Sprache nennt man Dialekte. Wenn eine Gruppe von Sprechern ihr Land verlässt, bilden sie andernorts sogenannte Sprachinseln, wie etwa die spanischen Siedler in Südamerika.

▲ ANARCHIE, MUSIK UND MODE
Die Subkultur der Punks entstand in den späten 70er-Jahren des 20. Jh. In der Musik überwogen harte Rhythmen und aggressive Texte, in der Mode gefärbte Haare und Piercings – alles ideal, um zu schockieren und gegen Eltern und Gesellschaft zu rebellieren.

SUBKULTUR

Viele komplexe Gesellschaften sind gerade deshalb so vielfältig, weil in ihnen auch Subkulturen ihren Platz haben, kleinere Gruppen mit eigenen Werten, Ansichten und Verhaltensweisen. Über Mode, Kunst und Musik beeinflussen Subkulturen oft die Mehrheitskultur.

WAS IST BANDENKULTUR?

Menschen, die das Abenteuer suchen, ein starkes Wir-Gefühl und ein festes Lebensmotto, schließen sich oft einer »Bande« an. Das können Geheimbünde sein oder Motorradbanden. Diese Subkulturen haben meist ihren eigenen Kleidungsstil, eigene Sprachformen und eine eigene Musik. Die auffallenden Merkmale drücken die Verbundenheit der Mitglieder untereinander aus und ihren Stolz, dazuzugehören. Musikrichtungen der Mehrheitskultur wie der »Gangsta Rap« sind oft von Bandenkulturen beeinflusst.

WER SCHLIESST SICH EINER SUBKULTUR AN?

Besonders junge Menschen schließen sich einer Subkultur an, um damit ihren Interessen und ihrer Identität Ausdruck zu verleihen. Teenager und junge Erwachsene können sich mit den Werten der Mehrheitsgesellschaft oft nicht identifizieren. Sie suchen sich daher Gruppen Gleichgesinnter – mit ähnlichen musikalischen, sportlichen oder politischen Interessen –, die ihnen das Gefühl geben, dazuzugehören.

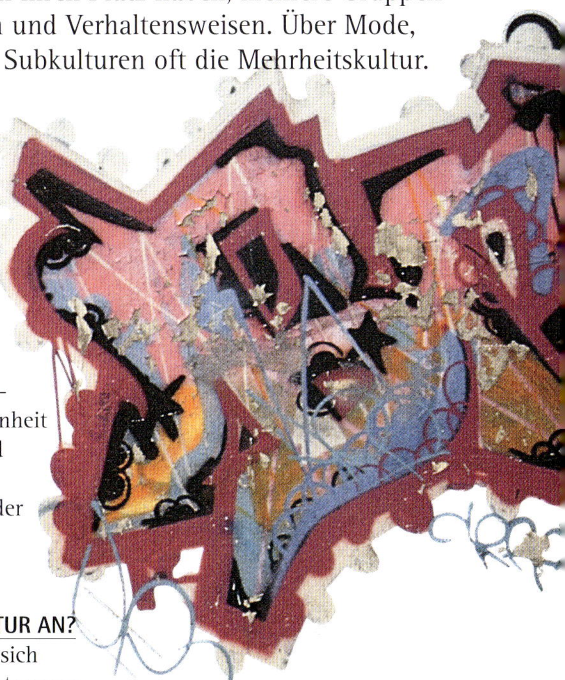

GRAFFITI ▲
Bandenmitglieder verwenden oft Graffiti – auf Wände gesprühte Slogans oder abstrakte Muster –, um ihren Einflussbereich zu markieren. Der typische Stil von Graffiti hat längst Eingang in die Kunst der Mehrheitskultur gefunden.

SIEHE AUCH ⏭ Gesellschaftsformen 294–295 • Kino 346–347 • Popmusik 334

MEDIEN

Die Medien (auch Massenmedien genannt) umfassen alle Institutionen und Technologien, die Informationen und Unterhaltung verbreiten. Dazu gehören Printmedien (⏭ PRESSE), ⏭ ELEKTRONISCHE MEDIEN (Rundfunk und Fernsehen) und neue Medien wie das Internet.

WER BEZAHLT FÜR DIE ELEKTRONISCHEN MEDIEN?

Öffentlich-rechtliche Sender wie ARD und ZDF finanzieren sich über feste Beiträge der Zuschauer. Dagegen sind Privatsender ausschließlich auf ⏭ WERBUNG angewiesen. Sie verkaufen Sendezeit an die Wirtschaft. Wegen der großen Zuschauerzahlen sind die letzten Sekunden vor den Hauptnachrichten am teuersten.

DRUCKFRISCH ►
Zeitungen müssen geschrieben, massenweise gedruckt und ausgeliefert werden, bevor die Nachrichten veraltet sind. Eine typische Tageszeitung hat um ein Uhr morgens Redaktionsschluss und bereits um sechs Uhr liegt die neueste Ausgabe am Kiosk.

WELCHE FOLGEN HABEN DIE MASSENMEDIEN?

Mit ihrem Bedürfnis, sich zu informieren, sind die Menschen in hohem Maße von den Medien abhängig. Seriöse Medien streben eine objektive Berichterstattung an. Aber die Massenmedien können auch für Propagandazwecke eingesetzt werden und mit verzerrten Darstellungen die öffentliche Meinung steuern.

SUPERMAN

▲ HOLLYWOOD-FILME
Die amerikanische Filmindustrie arbeitet gezielt für ein Massenpublikum. Liebes-, Action- und Trickfilme lassen überall auf der Welt die Kinokassen klingeln. Aber oft spielen nur wirkliche Knüller wie *Superman* die hohen Produktionskosten wieder ein.

WAS IST DAS BESONDERE AM INTERNET?

Bei den meisten Massenmedien fließt der Informationsstrom nur in einer Richtung – vom Erzeuger zum Publikum. Dagegen ist durch das Internet eine »virtuelle« Gemeinschaft entstanden, deren Mitglieder über E-Mails, Chatrooms und virtuelle Pinnwände miteinander kommunizieren. Zwar überprüft niemand den Inhalt von Internetseiten, sie sind aber trotzdem eine Alternative zu den herkömmlichen Medien, da sie die unterschiedlichsten Stimmen zu Wort kommen lassen.

◄ DIE WELT IST NUR EINEN MAUSKLICK ENTFERNT
Mehr als eine Milliarde Menschen nutzen das Internet. Ein Computer mit Modem und ein Telefonanschluss genügen, und schon hat man Zugang zu einer nie da gewesenen Fülle von Informationen. Über moderne Handys kann man sich praktisch von überall einloggen.

PRESSE

Zeitungen und Magazine, aber auch die Journalisten, die für sie schreiben, bezeichnet man als »die Presse«. Bei Tageszeitungen unterscheidet man zwischen solchen mit regionaler und überregionaler Verbreitung. Magazine erscheinen meist wöchentlich.

WER LIEST WELCHE ZEITUNG?

Meist wählen die Leser die Zeitung, die ihre eigenen politischen Ansichten widerspiegelt. Jede Zeitung hat ihr eigenes Profil, das bestimmt, wie die Meldungen präsentiert werden. Dabei unterscheidet sich die Qualitätspresse stark von der Boulevardpresse, die in erster Linie auf Sensationen und Exklusivgeschichten setzt.

PRESSEMEUTE ►
Bei Presseterminen sind Politiker oder Prominente meist von einer großen Fotografenschar umlagert.

▲ RADIO OHNE BATTERIE
Dieses Mädchen aus Burundi lebt in einem Flüchtlingslager in Tansania. Weil es dort keine Schule gibt, hört sie ihre Lektionen auf einem batterielosen Radio. Diese Geräte laufen mit Solarenergie oder indem man sie aufzieht.

ELEKTRONISCHE MEDIEN

Elektronische Medien erreichen mithilfe modernster Technik ein Massenpublikum. Das Radio sendete erstmals in den 20er-Jahren, das Fernsehen in den 30er-Jahren des letzten Jahrhunderts. In jüngster Zeit hat die digitale Technik zu einer enormen Ausweitung der Programme geführt.

WER HÖRT RADIO?

Radio ist das wichtigste Medium für Nachrichten sowie Musik- und Sprachsendungen. Weltweit werden jährlich mehr als 3 Mio. Transistorradios verkauft. Sie sind besonders in den Entwicklungsländern eine preiswerte Alternative zum Fernsehen – entweder weil die Geräte zu teuer sind oder weil es keinen Strom gibt.

WERBUNG

Industrie und Dienstleistungsgewerbe werben für ihre Produkte. Dazu kaufen sie Werbeplätze in dem Medium, über das sie ihre Zielgruppe am besten erreichen. Dort präsentieren sie ihre Produkte auf eine Art, die mögliche Kunden anspricht.

MACHT SICH WERBUNG BEZAHLT?

Kaum ein Verbraucher würde zugeben, dass er sich von der Werbung beeinflussen lässt, aber Werbung steigert tatsächlich den Umsatz. Auf der ganzen Welt pumpen die Firmen 200 Mrd. Dollar jährlich in die Werbung, wobei 40% des Gesamtbudgets auf die Fernsehwerbung fallen.

STARKE MARKEN ►
Coca-Cola zählt zu den erfolgreichsten Produkten der Welt. Die Softdrinks sind fast überall zu haben und das charakteristische Logo ist auf der ganzen Welt bekannt.

Medien

SIEHE AUCH ⏭ Drucktechnik 339 • Internet 191 • Kino 346–347 • Telekommunikation 192–193

FAMILIE

Die Familie ist eine grundlegende soziale Einheit, die es in allen Kulturen gibt. Der wichtigste Zweck von Familien, die in der Regel durch Heirat begründet werden, besteht in der ⏭ KINDERFÜRSORGE.

WAS IST EINE KLEIN- ODER KERNFAMILIE?

Eine Kleinfamilie besteht aus zwei verheirateten Erwachsenen und deren Kindern. Sie ist der wichtigste Familientyp in den westlichen Gesellschaften. Durch die Zunahme von Scheidungen gibt es immer mehr Alleinerziehende, aber auch Patchwork-Familien.

▲ FAMILIENLEBEN
Erweiterte Familien wie diese Gemeinschaft von Yak-Hirten in Bhutan funktionieren wie eine Mini-Gesellschaft. Arbeit, Haushalt, Kinder- und Altenpflege tragen die Mitglieder zum Wohl aller gemeinsam.

WAS SIND ERWEITERTE FAMILIEN?

In den meisten Gesellschaften, besonders in vorindustriellen Gemeinschaften, ist es üblich, dass ein großer Kreis von Verwandten einer oder beider Seiten der Familie in einem Haushalt zusammenleben. Man nennt diesen Familientyp eine erweiterte Familie.

GRÜNDET JEDE FAMILIE AUF DER EHE?

In den meisten Kulturen ist eine Hochzeitsfeier ohne religiöse Rituale nicht denkbar. Manche Paare lehnen diese Tradition ab und heiraten nur standesamtlich. Wieder andere gründen eine Familie ohne Eheschließung.

Familie

◄ ÄLTER UND WEISER
Dank besserer medizinischer Versorgung werden die Menschen immer älter. Viele Familien kümmern sich selbst um ihre älteren Angehörigen, aber in manchen Ländern übernimmt dies der Staat.

HINDU-HOCHZEIT ▲
Eine Ehe unter Hindus besteht nicht nur aus dem Band zwischen Mann und Frau. In der jungen Familie nehmen Angehörige beider Familien Einfluss.

*Der **Bräutigam** trägt einen kunstvollen Turban.*

KINDERFÜRSORGE

Eltern und Kinder sind auf besondere Weise aufeinander bezogen. Sich um seine Kinder fürsorglich zu kümmern bedeutet, sie in liebevoller Umgebung großzuziehen und sie für ihre Rolle im Erwachsenenleben vorzubereiten. Diese Aufgabe können auch Adoptiveltern übernehmen.

WARUM BRAUCHEN KINDER ELTERN?

Babys und Kleinkinder sind hilflos und von ihren Eltern abhängig. Deren Aufgabe besteht in den ersten Jahren darin, die Kinder zu ernähren und zu schützen. Später legen sie Verhaltensregeln fest, sodass die Kinder nach und nach lernen, für sich selbst Verantwortung zu übernehmen. Auch wenn sie schon fast groß sind, bekommen sie weiter finanzielle und emotionale Unterstützung von den Eltern, bis sie die ersten Schritte ins Erwachsenenleben unternehmen.

▲ FAMILIENBANDE
Dieses südamerikanische Mädchen wird auf die Fürsorge seiner Eltern angewiesen sein, bis es erwachsen ist. In manchen Kulturen unterrichten die Eltern ihre Kinder selbst und lehren sie ein Handwerk oder Geschäft.

SIEHE AUCH ⏭ Gesellschaftsformen 294–295 • Hinduismus 286 • Industrielle Revolution 418–419

SOZIALES LEBEN

Soziales Leben

Viele Menschen drängt ihr Interesse am Gemeinwohl in soziale Netzwerke außerhalb ihrer ursprünglichen Familie. Sie engagieren sich für eine bestimmte Sache, organisieren Sportveranstaltungen und andere Freizeitaktivitäten.

▲ HANDELSKOOPERATIVE INDIANISCHER FRAUEN
Reiche Einzelpersonen und Firmen spenden manchmal Teile ihres Vermögens für wohltätige Zwecke. Ihre Stiftungen unterstützen Projekte im Umweltschutz oder in der Entwicklungshilfe.

WAS SIND EHRENAMTLICHE TÄTIGKEITEN?

Soziale und andere gemeinnützige Dienste sind oft von der unbezahlten Arbeit Freiwilliger abhängig. Diese ehrenamtlichen Mitarbeiter halten ein Anliegen für unterstützungswürdig oder sie finden Befriedigung darin, anderen zu helfen. Oft finden sie bei ihrer Arbeit auch neue Freunde oder profitieren beruflich davon.

WARUM GRÜNDEN MENSCHEN VEREINE?

Vor allem in wohlhabenden Gesellschaften haben die Menschen Zeit für Interessen außerhalb von Beruf und Familie, etwa im Bereich der Kunst oder des Sports. Wer einem Verein beitritt, hat am Zusammengehörigkeitsgefühl Gleichgesinnter teil. Wohltätigkeitsvereine dienen dem Zweck, Arme und Bedürftige zu unterstützen.

▲ »FEED THE WORLD!«
1985 organisierte der Verein »Live Aid« zwei Konzerte in den USA und in England für Hungernde in Afrika. Während der Live-Übertragung im Fernsehen spendeten die Zuschauer 28 Mio. Euro.

SIEHE AUCH ⏭ Gesellschaftsformen 294–295 • Hinduismus 286

WIRTSCHAFT

Die Menschen betreiben Landwirtschaft, gewinnen Rohstoffe oder stellen Waren her, die der ⏭VERBRAUCHER später kauft. Dienstleister wie z. B. Banken erleichtern unser Leben. ⏭ PRODUKTION und Verteilung all dieser Dinge ergeben zusammen das, was man Wirtschaft nennt.

WAS IST ANGEBOT UND NACHFRAGE?

In der Wirtschaft gibt es Anbieter von Waren und Dienstleistungen sowie Kunden, die diese zu einem bestimmten Preis kaufen. Mit dem Gesetz von Angebot und Nachfrage kann man Preisschwankungen sowie das Verhalten von Erzeugern und Verbrauchern erklären. Wenn beispielsweise die Nachfrage groß ist, steigen die Preise. Wenn das Angebot groß ist, sinken sie.

WAS IST DER MARKT?

Der Markt ist der Ort oder Bereich, wo Käufer und Anbieter gegen Geld Waren und Dienstleistungen tauschen. Alle Aktivitäten des Marktes beruhen auf dem Angebot von und der Nachfrage nach diesen Gütern.

▲ HAUSARBEIT
Diese Frau wäscht am nächstgelegenen Fluss die Wäsche ihrer Familie. Hausarbeit gilt nicht als Teil der Wirtschaft.

WELCHE ARTEN VON WIRTSCHAFT GIBT ES?

In traditionellen Gesellschaften erzeugen die Menschen nur wenig mehr, als sie selbst verbrauchen. Den Überschuss verkaufen sie auf den Märkten der Umgebung. Eine Planwirtschaft wird nicht von Privatunternehmern und den Kräften des Marktes gesteuert, sondern von der Regierung. Bei einer gemischten Wirtschaftsform befinden sich manche Industrien in privater Hand, andere, wie etwa der öffentliche Personenverkehr, werden von der Regierung geregelt.

WAS GEHÖRT NICHT ZUR WIRTSCHAFT?

Hausarbeit gilt nicht als Teil der Wirtschaft, es sei denn, jemand wird dafür bezahlt. Auch die verbotene Schwarzarbeit gehört nicht zur Wirtschaft, weil in diesem Bereich keine Steuern und Abgaben bezahlt werden.

Computer ermitteln den günstigsten Zeitpunkt zum Kauf oder Verkauf von Aktien. Ein Teil des Aktienhandels läuft sogar automatisch ab.

Notizzettel landen auf dem Boden, wenn die Börsenmakler sie mit Zahlen vollgekritzelt haben.

NEW YORKER BÖRSE ►
Große Firmen gehören meist vielen Tausend Einzelpersonen. Diese besitzen Anteile an der Firma, sogenannte Aktien, die an der Börse gehandelt werden. Die Käufer von Aktien wollen an den Gewinnen einer Firma teilhaben. Sie gehen aber immer das Risiko ein, Geld zu verlieren, wenn es der Firma schlecht geht und der Preis für ihre Aktien stark fällt.

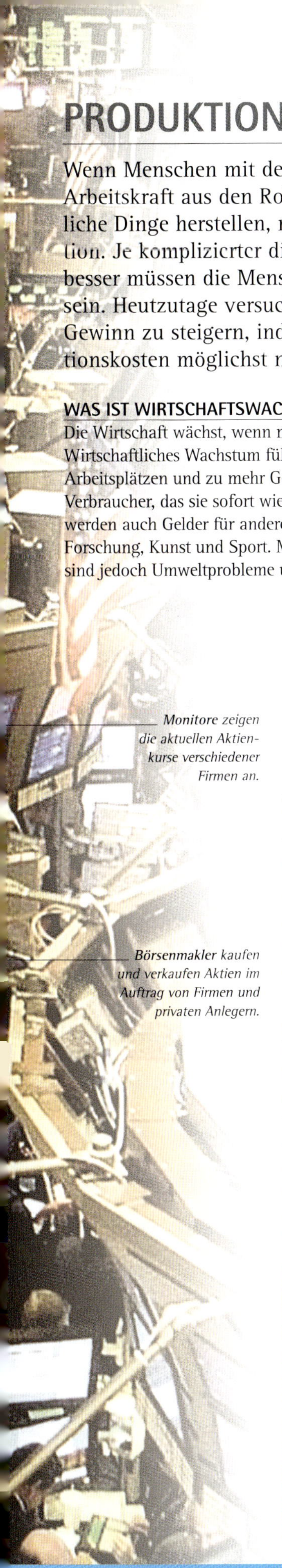

PRODUKTION

Wenn Menschen mit dem Einsatz ihrer Arbeitskraft aus den Rohstoffen der Erde nützliche Dinge herstellen, nennt man das Produktion. Je komplizierter die Produkte sind, umso besser müssen die Menschen ausgebildet sein. Heutzutage versuchen alle Firmen, den Gewinn zu steigern, indem sie die Produktionskosten möglichst niedrig halten.

WAS IST WIRTSCHAFTSWACHSTUM?

Die Wirtschaft wächst, wenn mehr produziert wird. Wirtschaftliches Wachstum führt fast immer zu mehr Arbeitsplätzen und zu mehr Geld in den Taschen der Verbraucher, das sie sofort wieder ausgeben können. Es werden auch Gelder für andere Zwecke frei, darunter Forschung, Kunst und Sport. Mögliche negative Folgen sind jedoch Umweltprobleme und soziale Ungleichheit.

Wirtschaft

GRÖSSTER PRODUKTIONSUMSATZ (IN MRD. DOLLAR)	
USA	1700
Japan	934
China	893
Deutschland	595
Italien	299
Frankreich	283
Großbritannien	270
Südkorea	240

MASSENPRODUKTION ▲
Diese Autos werden in einer hochmodernen Fertigungsstraße montiert. Vollautomatische Montagebänder halten die Herstellungskosten niedrig. Manche Hersteller geben diese Einsparungen in Form niedrigerer Preise an den Verbraucher weiter. Damit erhoffen sie sich einen Vorteil gegenüber ihren Konkurrenten.

Monitore zeigen die aktuellen Aktienkurse verschiedener Firmen an.

Börsenmakler kaufen und verkaufen Aktien im Auftrag von Firmen und privaten Anlegern.

VERBRAUCHER

Die Käufer von Waren und Dienstleistungen heißen Verbraucher. Wir sind fast alle Verbraucher, weil wir die Dinge des täglichen Bedarfs kaufen müssen. Dazu gehören Essen, Kleidung und Wohnraum.

WAS VERLEIHT DEN VERBRAUCHERN MACHT?

Ehe die Verbraucher sich für das eine oder andere Produkt entscheiden, müssen sie genügend Geld in der Tasche (Kaufkraft) haben. Dieses Geld stammt von Einnahmen aus beruflicher Arbeit oder aus einem großen Vermögen (Immobilien- oder Kapitalvermögen). Je mehr Auswahl die Verbraucher haben, umso mehr Macht haben sie über die Produzenten, da eine Firma schnell pleitegeht, wenn die Verbraucher ihre Produkte nicht kaufen.

▲ DIE MACHT DER VERBRAUCHER
Die Macht der Verbraucher ist besonders groß, wenn es viele Händler gibt. Auf dem Wochenmarkt z. B. kann der Kunde Preise und Qualität der angebotenen Waren schnell vergleichen.

WAS SIND KONSUMGÜTER?

Konsumgüter sind jene Produkte, die den persönlichen Bedarf befriedigen. Güter, die zur Produktion anderer Waren und Dienstleistungen erforderlich sind, heißen Produktionsgüter. Das breite Spektrum der Konsumgüter kann alles Mögliche umfassen, von Kleidung und CDs bis hin zu Spielzeug und Coca-Cola™. Oft wird die Nachfrage nach Konsumgütern durch die Werbung oder technische Neuerungen geweckt.

◄ WELTWEIT NACHGEFRAGT
Diese Autos werden in die ganze Welt verschifft, wo sie die Nachfrage der Verbraucher befriedigen. Manche Autohersteller produzieren an nur einem Ort, andere lagern die Produktion bestimmter Teile aus.

SIEHE AUCH ⏭ Eingriffe in die Natur 64–65 • Industrie 204 • Produktion 205

SOZIALE GERECHTIGKEIT

Alle Gesellschaften gliedern sich in Schichten, die man mit Begriffen wie Klasse, Ethnie oder Geschlecht bestimmen kann. Daraus ergeben sich soziale Ungleichheiten, weil manche mehr Vorteile haben als andere.

WARUM GIBT ES SOZIALE UNTERSCHIEDE?

Unterschiede zwischen den Menschen selbst wie die Zugehörigkeit zum einen oder anderen ⏭ GESCHLECHT oder zu einer bestimmten ⏭ ETHNIE können den Rang in der sozialen Hierarchie festschreiben. Oft sind Frauen sozial benachteiligt, weil sie die größere Last in der Kindererziehung tragen. Zu Benachteiligungen führt auch die unterschiedliche Verteilung von ⏭ REICHTUM.

GRENZEN ÜBERWINDEN ► Wenn die Menschen ihre Talente dafür einsetzen, soziale und körperliche Barrieren zu überwinden, gibt das auch anderen Kraft. Der Sänger Stevie Wonder und der ehemalige US-Präsident Bill Clinton haben beide für ihre Erfolge gekämpft.

WAS SIND KASTEN- UND KLASSENSYSTEME?

Im Kastensystem wird der soziale Status vererbt. In Indien, wo es seit jeher verbreitet ist, beruht es auf dem Hinduglauben. Angehörige einer Kaste haben zwar oft einen gesicherten Beruf, aber das bedeutet auch, dass ein gesellschaftlicher Aufstieg unmöglich ist. In den meisten anderen Ländern werden die Menschen in eine soziale Schicht oder Klasse hineingeboren. Sie haben aber die Möglichkeit, durch eine gute Schulbildung und beruflichen Erfolg ihren gesellschaftlichen Status zu verbessern.

◄ BILDUNG FÜR ALLE Kinder brauchen eine möglichst gute Ausbildung, damit ihre Talente sich entfalten können. Deshalb schicken wohlhabende Eltern ihre Kinder oft auf teure Privatschulen mit einem breiteren Unterrichtsangebot auch in Fächern wie Sport und Musik. In vielen Entwicklungsländern endet die Schulausbildung mit der Grundschule.

KANN MAN SOZIALE UNGLEICHHEIT BESEITIGEN?

Gesellschaftlicher Wandel ist möglich, wenn man die sozialen Chancen benachteiligter Gruppen verbessert. Der Friedensprozess zwischen Protestanten und Katholiken in Nordirland soll z.B. für mehr Gerechtigkeit bei der Vergabe von Arbeitsplätzen und politischen Ämtern sorgen.

WIE IST GLEICHBEHANDLUNG MÖGLICH?

In vielen Ländern gibt es Gesetze, die die Benachteiligung von Menschen nur wegen ihrer Rasse oder ihres Geschlechts verbieten. Damit ist sichergestellt, dass alle Menschen von Arbeitgebern und der Verwaltung gleich behandelt werden. Viele dieser Gesetze orientieren sich an den Menschenrechten.

▲ GRUNDBEDÜRFNISSE Dieser Junge aus Peru gehört zu den vielen Millionen Menschen auf der Welt, die in Armut leben und ihre Grundbedürfnisse nicht befriedigen können – das betrifft etwa ein Drittel der Weltbevölkerung. Arme Menschen können sich oft auch keine Schulen und Ärzte leisten.

▲ EINE FRAU IN EINER MÄNNERWELT
Berufe, die auch körperliche Kraft erfordern, wurden seit jeher von Männern beansprucht. Aber aufgrund der modernen Technik gibt es immer weniger Berufe, für die Muskelkraft unabdingbar ist. Frauen wie die Astronautin Mary Ellen Weber (oben) haben zur Emanzipation beigetragen, weil sie sich für Berufe entschieden haben, die früher nur Männern vorbehalten waren.

GESCHLECHT

In vielen Kulturen ist die Geschlechtszugehörigkeit Anlass für eine ungleiche Behandlung von Mann und Frau. Die Folgen davon sind mangelnde Chancengleichheit im Beruf und soziale Diskriminierung.

SIND FRAUEN GLEICHBERECHTIGT?

In den letzten hundert Jahren haben sich die Frauen wichtige Rechte erkämpft. Trotzdem werden Frauen fast überall auf der Welt noch immer nicht gleich behandelt. Durch Anti-Diskriminierungsgesetze hat sich die Lage zwar in vielen Ländern gebessert, aber an wichtigen Positionen in Wirtschaft und Politik sitzen noch immer mehr Männer als Frauen. Zudem werden Frauen für gleiche Arbeit oft schlechter bezahlt.

REICHTUM

In jeder Gesellschaft gibt es eine kleine Gruppe von Superreichen, die sehr viel Geld verdienen oder Vermögen von ihren Familien erben. Dank ihres Reichtums haben sie mehr Chancen im Leben und manchmal auch mehr Einfluss in der Gesellschaft.

WIE FÜHRT REICHTUM ZU UNGLEICHHEIT?

Reichtum verleiht Macht, weil reiche Menschen die Zeit anderer kaufen und nutzen können. Man kann das als Belohnung für persönlichen Erfolg sehen. Wenn aber nur die Reichen Aussichten auf Erfolg haben, gibt es keine Chancengleichheit. Die Zahlen in der Tabelle unten zeigen, dass sich die Schere zwischen Arm und Reich immer weiter öffnet.

VERTEILUNG DES REICHTUMS WELTWEIT

US-Dollar (Kapitalvermögen)	*Anzahl der Menschen*
Mehr als 1 Mrd.	480
5 Mio.–1 Mrd.	483 000
1 Mio.–5 Mio.	6 500 000
100 000–1 Mio.	25 000 000
10 000–100 000	180 000 000
0–10 000	5 700 000 000

▲ WAS ES BEDEUTET, REICH ZU SEIN
Wer reich ist, kann seinen Lebensstil frei wählen – ohne die Schranken, die anderen gesetzt sind. Die Reichen entscheiden darüber, wo sie ihr Geld investieren und ausgeben und wem sie etwas spenden. Damit können sie über das Leben anderer bestimmen.

Soziale Gerechtigkeit

◄ RASSENTRENNUNG
In Südafrika verfolgte die weiße Minderheit jahrelang eine Politik strikter Rassentrennung, die den Schwarzen grundlegende Rechte verweigerte. Dieses als Apartheid bezeichnete System wurde 1993 abgeschafft.

ETHNIE

Der Begriff Ethnie bezeichnet eine Gruppe von Menschen, die sich durch gemeinsame Eigenschaften wie Sprache, Kultur oder Religion verbunden fühlt.

WAS IST EINE MULTIKULTURELLE GESELLSCHAFT?

Gesellschaften, die verschiedene ethnische Gruppen mit eigenen kulturellen Traditionen umfassen, nennt man multikulturell. Seit dem 20. Jh. sind viele multikulturelle Gesellschaften bemüht, die Rechte ethnischer Minderheiten zu stärken und eine Verbesserung der Chancengleichheit zu erreichen.

SIEHE AUCH ⏭ Entkolonisierung 434 • Gesellschaftsformen 294–295 • Menschenrechte 317

POLITIK

In der Politik wird erworbene Macht dazu genutzt, Werte und Regeln einer Gesellschaft festzulegen. Dies geschieht in einer ⏭ DEMOKRATIE vonseiten gewählter Politiker, in anderen Systemen vonseiten nicht gewählter Herrscher.

▲ ERREGTE DEBATTE
Jüdische und arabisch-israelische Abgeordnete streiten sich in der Knesset, dem israelischen Parlament. Diese Art der Auseinandersetzung ist eine mögliche Alternative zu einem gewaltsamen Konflikt.

WARUM INTERESSIEREN SICH DIE MENSCHEN FÜR POLITIK?

Mit ihren Entscheidungen bestimmen die Politiker das Leben der Menschen. Sie setzen fest, wie hoch die Steuern sind, die der Staat seinen Bürgern abverlangt, um damit Schulen, Krankenhäuser oder die Armee zu finanzieren. Sie machen aber auch die Gesetze, die in das Alltagsleben der Menschen eingreifen.

▲ DAS PARLAMENT IN LONDON
In Großbritannien und anderen Demokratien ist die Staatsmacht in drei Bereiche unterteilt: Das Parlament beschließt die Gesetze, die Richter gewährleisten ihre gerechte Anwendung und das Kabinett und die Verwaltung führen die Gesetze aus.

KANN DIE POLITIK DIE GESELLSCHAFT VERÄNDERN?

Politisches Denken allein verändert die Gesellschaft nicht. Aber wenn sich Menschen mit gleichen Ideen zu einer ⏭ PARTEI zusammenschließen, können sie gesellschaftliche Veränderungen beeinflussen. Der Wandel kann sich allmählich vollziehen, aber auch sehr abrupt wie bei einer Revolution. Das passierte z.B. in Frankreich, in den USA und im zaristischen Russland.

HAT JEDER EIN MITSPRACHERECHT?

Es gibt zwei Regierungsformen: die demokratische und die autoritäre. In einer Demokratie bestimmen die Erwachsenen über den Kurs der Politik in ihrem Land, indem sie bei freien Wahlen für die eine oder andere Partei stimmen. Das Wahlrecht gehört zu ihren ⏭ BÜRGERRECHTEN.

▼ IM BUNDESTAG
Die Abgeordneten des deutschen Parlaments werden nach dem Verhältniswahlrecht gewählt. Nach der Wiedervereinigung von Ost- und Westdeutschland 1991 wurde der Bundestag von Bonn nach Berlin verlegt.

SIEHE AUCH ⏭ Der Staat 308–309 • Entkolonisierung 434 • Französische Revolution 415

▲ NELSON MANDELA BEI DER STIMMABGABE IN SÜDAFRIKA
Bei Wahlen kreuzen die Wahlberechtigten den Namen ihres Wunschkandidaten auf dem Wahlzettel an. Anschließend werfen sie den Zettel gefaltet in die Wahlurne. Es gibt Wahlen, bei denen man eine bestimmte Person wählt, und solche, bei denen man eine Partei wählt.

DEMOKRATIE

In einer Demokratie (griech. für »Volksherrschaft«) wählen die Staatsbürger politische Vertreter, die in ihrem Auftrag die Regierungsgeschäfte übernehmen. Da die Herrschenden auch wieder abgewählt werden können, ist ihre Macht begrenzt.

WIE VIELE ARTEN DER DEMOKRATIE GIBT ES?

In einer präsidialen Demokratie, wie die USA oder Frankreich es sind, wählen die Bürger einen Präsidenten, der dann die Regierung ernennt. In einer parlamentarischen Demokratie, wie etwa Deutschland, bestimmen die Bürger über die Zusammensetzung des Parlaments. Die Mehrheitspartei stellt die Regierung.

WAS IST EIN VOLKSENTSCHEID?

Manche Entscheidungen sind zu bedeutend, als dass man sie allein dem Parlament überlassen könnte. In diesen Fällen wird ein Volksentscheid durchgeführt, bei dem die Menschen mit einem schlichten Ja oder Nein auf eine Frage antworten.

Politik

MARTIN LUTHER KING
Amerikaner, 1929–1968
»Aus schmerzlicher Erfahrung wissen wir, dass Unterdrücker nie von sich aus Freiheit gewähren; sie muss von den Unterdrückten erkämpft werden.« In den 50er- und 60er-Jahren des 20. Jh. protestierte King gegen Rassendiskriminierung und für die Gleichberechtigung der Schwarzen in Amerika.

BÜRGERRECHTE

Die Bürger einer Demokratie haben einen Anspruch darauf, am politischen Leben teilzunehmen. Dazu gehören das Wahlrecht und das Recht auf Zugang zu öffentlichen Ämtern. Die Bürgerrechte sollen eine gerechte Gesellschaft garantieren.

SIND BÜRGERRECHTE NOTWENDIG?

Manche Gesetze repräsentieren zwar den Willen der Mehrheit, können aber die Freiheit anderer einschränken. Sie können Minderheiten benachteiligen und so die Idee der Demokratie infrage stellen. Die Bürgerrechte schützen die Freiheit aller Bürger.

FRAUENDEMO ►
Frauen in Aceh, Indonesien, protestieren gegen die Notstandsgesetze ihrer Regierung, weil sie die Bürgerrechte erheblich einschränken.

PARTEIEN

Politische Parteien repräsentieren unterschiedliche Interessen. Diese können wirtschaftlich, sozial oder religiös begründet sein. Sie haben alle eigene Vorstellungen darüber, wie ein Land regiert werden soll.

WIE WERDEN POLITISCHE PARTEIEN GEGRÜNDET?

Neue Parteien entstehen, wenn bestimmte gesellschaftliche Gruppen sich im Parlament nicht vertreten fühlen. Sie geben sich einen Namen und stellen eine Liste ihrer politischen Grundsätze zusammen, das sogenannte Parteiprogramm.

◄ PARTEIVERSAMMLUNG
Parteien veranstalten oft große Treffen, wie z. B. diesen Parteitag der Demokraten in den USA. Bei derartigen Anlässen werden die Vorsitzenden gewählt und Parteiprogramme diskutiert.

SIEHE AUCH ⏭ Recht und Gesetz 310–311 • Russische Revolution 428

DER STAAT

Ein Staat ist ein Gebiet, das keiner anderen Macht untersteht als der Regierung. Ein moderner Staat verfügt über Militär und über Zivilbehörden, die die Arbeit der Regierung erledigen. Dem Staat unterstehen im Allgemeinen auch die Polizei und andere Notdienste sowie die Gesundheits-, Erziehungs- und Sozialbehörden. Außerdem besitzt er eine ZENTRALBANK.

WER ARBEITET FÜR DEN STAAT?

Jeder Staat beschäftigt ein ganzes Heer von Beamten. Nur so kann er seine Aufgaben bewältigen. Beim Staat angestellt sind z. B. Polizisten, Sozialarbeiter, Lehrer und Verwaltungsbeamte. Er hat also auch eine wichtige Funktion als Arbeitgeber.

WARUM GIBT ES ÜBERHAUPT STAATEN?

Die ersten Staaten wurden vor vielenTausend Jahren gebildet. Damals ging es vor allem darum, das Staatsgebiet gegen Angreifer von außen zu verteidigen. Heutige Staaten haben sehr viel mehr Aufgaben. Sie bauen Verkehrswege, sorgen für die innere Sicherheit und dafür, dass kein Bürger verhungern muss.

STAATSAUSGABEN PRO BÜRGER UND JAHR (IN EURO)	
Deutschland	8054
Italien	7351
Großbritannien	7230
USA	4726
Japan	4506
Kanada	4099
Frankreich	3248
Russland	240

***Hammer und Sichel** waren das Staatssymbol der ehemaligen Sowjetunion.*

WOHER BEKOMMT DER STAAT SEIN GELD?

Einmal im Jahr erstellt jede Regierung einen Plan für die bevorstehenden Staatsausgaben. Ein Großteil dieser Gelder stammt aus den STEUERN, die der Staat seinen Bürgern abverlangt. Der Staat kann sich seine Leistungen aber auch bezahlen lassen, etwa in Form einer Nutzungsgebühr für Straßen. Verschuldete Staaten können sich Geld bei Banken, anderen Staaten oder beim Internationalen Währungsfonds leihen.

Staat

◄ MINISTERIEN
In Russland hat der Staat in vielen Bereichen der Gesellschaft ein Mitspracherecht. Viele Beamte sind damit beschäftigt, Beschlüsse der Regierung umzusetzen. Sie arbeiten in großen Gebäuden wie dem hier abgebildeten Außenministerium.

▲ STREITKRÄFTE
Staaten geben viel Geld für die Verteidigung aus. Allein die Entwicklung dieses amerikanischen F-22-Jagdbombers kostete ca. 70 Mrd. Dollar. Die Firma, die das Flugzeug baut, erhält dafür Geld vom Staat.

▲ SCHULWESEN
Seit dem 19. Jh. finanzieren Staaten Schulen und Universitäten. Diese Investitionen nützen dem Staat, weil sie den Bildungsstand der Bevölkerung erhöhen und so zu einem stabilen Wirtschaftswachstum beitragen.

▲ VERKEHRSWESEN
Der Bau von Straßen und Brücken ist schwierig und teuer. Staaten finanzieren Verkehrsnetze wie diese Kreuzung in Shanghai, weil gut ausgebaute Straßen die wirtschaftliche Entwicklung fördern.

▲ KUNST
Das Opernhaus von Sydney in Australien wurde mit Geld des Staates gebaut. Staaten fördern die Kunst – besonders Orchester, Theater, Opernhäuser und Museen –, weil sie ein Teil der Identität der Nation ist.

STEUERN

Steuern sind das Geld, das die Bürger eines Staates zahlen müssen, damit dieser seine Aufgaben erfüllen kann. Staaten erheben direkte Steuern auf das Einkommen jedes Bürgers sowie indirekte Steuern in Form eines Preisaufschlags auf bestimmte Waren wie z.B. Benzin.

WAS SIND STEUERANREIZE?

Ein Staat kann mit Steueranreizen das Konsumverhalten seiner Bürger beeinflussen. Weil jeder nur ungern Steuern bezahlt, kann ein Staat Anreize für ein bestimmtes Verhalten geben, indem er die Steuern darauf reduziert oder ganz abschafft. Im Gegensatz dazu kann ein Staat bestimmte Steuern auch erhöhen. So sollen hohe Steuern auf Zigaretten und Alkohol vom Konsum dieser gesundheitsschädlichen Produkte abschrecken.

KÖNNEN STEUERN FÜR SOZIALE GERECHTIGKEIT SORGEN?

Der Staat bestimmt, wie und ob Steuern in einer Gesellschaft soziale Gerechtigkeit herstellen. Beispielsweise belastet eine progressive (= fortschrittliche) Einkommenssteuer reiche Bürger mehr als arme. Dagegen gehen regressive (= rückschrittliche) Steuern, wie z.B. die Pauschalsteuer, auf Kosten der armen Bürger.

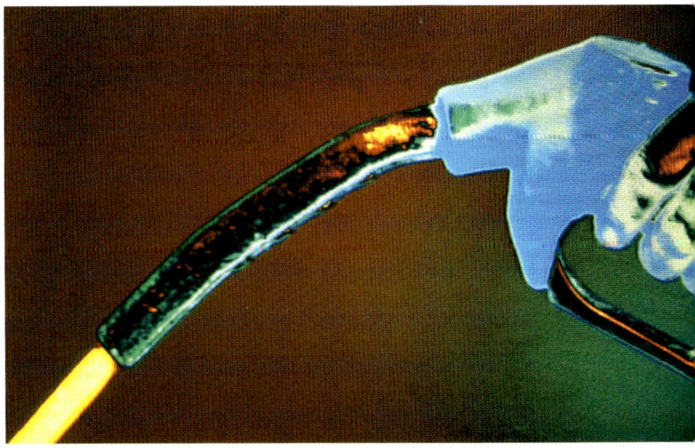

▲ STEUERN AN DER TANKSTELLE ZAHLEN
Autofahren schadet der Umwelt. Deshalb erheben viele Regierungen Steuern auf den Verbrauch von Benzin. Hohe Mineralölsteuern fördern die Entwicklung und den Kauf von Autos, die weniger Benzin verbrauchen.

▲ WOHLFAHRTSPFLEGE
In Zeiten wirtschaftlicher Krisen steigt die Zahl der Menschen, die auf staatliche Hilfe angewiesen sind. Dieses Bild aus den 30er-Jahren des 20. Jh. zeigt Arbeitslose in New York, die für ein freies Weihnachtsessen anstehen.

WOHLFAHRT

Der Begriff Wohlfahrt bezeichnet das Wohlergehen aller Gesellschaftsmitglieder besonders in finanzieller Hinsicht. Viele Staaten haben den Anspruch, bedürftige Bürger, die nicht selbst für ihr eigenes Wohlergehen sorgen können, zu unterstützen. Betroffen davon sind meist Behinderte und Alte, aber auch Arbeitslose.

SIND ALLE LÄNDER WOHLFAHRTSSTAATEN?

Nicht in allen Ländern haben die Bürger Anspruch auf staatliche Unterstützung. Die politischen Parteien sind meist unterschiedlicher Ansicht darüber, inwieweit jeder Bürger für sich selbst verantwortlich ist. In manchen Ländern sind die Bedürftigen ausschließlich von Wohlfahrtsverbänden abhängig.

ZENTRALBANK

Staaten mit eigener Währung besitzen eine Zentralbank, die das Geld herstellt und verwaltet. Zentralbanken regeln die staatliche Wirtschaft, indem sie den Zinssatz beeinflussen. Damit sorgen sie für wirtschaftliche Stabilität und verhindern starke Schwankungen auf dem Geldmarkt.

WAS SIND ZINSEN?

Als Zins bezeichnet man den Preis des Geldes, das man borgt. Wer sich bei einer Bank Geld für eine größere Anschaffung ausleiht, muss für diese Summe Zinsen bezahlen. Die Zentralbank legt den Leitzins fest. An diesen halten sich die privaten Bankunternehmen, wenn die Menschen bei ihnen einen Kredit aushandeln.

▲ GOLDLAGER DER AMERIKANISCHEN ZENTRALBANK IN FORT KNOX
Jedes Land hat eine eigene Währung. Zu den Aufgaben der Zentralbanken gehört es, darüber zu wachen, wie viel Geld jeweils in Umlauf ist. Bis 1971 gab es für jeden Dollar, der sich im Umlauf befand, einen entsprechenden Gegenwert in Gold, das in Fort Knox gelagert wurde.

SIEHE AUCH ⏭ Kultur 296–297 • Recht und Gesetz 310–311 • Weltwirtschaftskrise 430 • Wirtschaft 302–303

RECHT UND GESETZ

Gesetze sind formelle Regeln, die sich eine Gesellschaft selbst gibt. Sie dienen zum Schlichten von Streitfällen, der Aufrechterhaltung einer friedlichen Ordnung und sie garantieren Gerechtigkeit für jedermann.

▲ JUSTITIA
Themis, die griechische Göttin der Gerechtigkeit (bei den Römern Justitia), ziert als Statue Gerichtsgebäude überall auf der Welt. Ihr Symbol ist die Waage.

WER MACHT IN EINER DEMOKRATIE DIE GESETZE?

In einem demokratischen Verfassungsstaat werden die Gesetze vom Parlament erlassen, der sogenannten Legislative. In Deutschland haben die Bundesregierung, der Bundesrat und die Abgeordneten des Bundestags das Recht, Gesetzesvorlagen im Parlament einzubringen. Dort werden sie formal beraten und, wenn die Mehrheit dafür ist, verabschiedet.

KÖNNEN POLITIKER GESETZE NACH BELIEBEN ERLASSEN?

Die Gesetzgebungskompetenz ist in jedem Land anders gestaltet. In manchen Ländern kann das Staatsoberhaupt neue Gesetze zurückweisen. Sollte ein neues Gesetz Rechte oder Freiheiten der Bürger einschränken, haben diese die Möglichkeit, das Gesetz von einem ⏭ GERICHT überprüfen zu lassen.

WAS UNTERSCHEIDET STRAFRECHT UND ZIVILRECHT?

Das Strafrecht ahndet Vergehen gegen die Gesellschaft als Ganzes. Gegen das Strafrecht zu verstoßen ist immer auch ein Verstoß gegen das Gemeinwohl, weshalb der Staat Straftäter im Namen der Öffentlichkeit verfolgt. Das Zivilrecht regelt die rechtlichen Beziehungen der Bürger untereinander. In diesen Bereich fallen z.B. das Vertragsrecht und das Eherecht.

WARUM HALTEN SICH DIE MENSCHEN AN GESETZE?

Die meisten Menschen erkennen die Notwendigkeit von Gesetzen an, weil sie die innere Sicherheit einer Gesellschaft gewährleisten. Für die Einhaltung der Gesetze sorgt die ⏭ POLIZEI. Es kommt jedoch vor, dass politische Aktivisten Gesetze bewusst brechen – man bezeichnet dieses Verhalten als zivilen Ungehorsam.

UNTERSCHEIDEN SICH DIE GESETZE DER EINZELNEN LÄNDER?

Weil die Gesetzgebung in die Verantwortlichkeit der einzelnen Staaten fällt, haben die meisten Länder sehr unterschiedliche Gesetze. Englischsprachige Länder orientieren sich oft am britischen Common Law, französischsprachige Länder am Code Napoléon. Es gibt aber auch internationale Vereinbarungen, die viele Länder als Gesetz anerkennen. Dazu gehören die Menschenrechte.

SUPREME COURT DER USA ►
Fast in jedem Land gibt es ein oberstes Gericht, dessen Entscheidungen jeden Bürger betreffen. Der Supreme Court in den USA besteht aus neun Richtern. Die ca. 6500 Fälle jährlich sind fast alle Berufungsverfahren. Entscheidungen werden durch Mehrheitsbeschluss herbeigeführt.

Recht und Gesetz

▲ POLIZEIKETTE IN JAPAN
Die Ansammlung großer Massen – z. B. bei Fußballspielen, Popkonzerten oder zur Rushhour auf Bahnsteigen – kann gefährlich sein. Diese japanischen Polizisten bilden eine Kette, um die Menge zurückzuhalten und zu verhindern, dass jemand auf die Gleise fällt.

POLIZEI

Jeder Staat braucht starke Polizeikräfte, um Gesetzesbrecher zu verfolgen, ihnen Straftaten nachzuweisen und sie der Justiz zu übergeben. Die Polizei sorgt für die Durchsetzung von Recht und Gesetz und schützt die Rechte der Bürger.

WARUM SCHÜTZEN SICH DIE BÜRGER NICHT SELBST?

Die Mitglieder kleinerer Gesellschaften kümmern sich meist selbst um die Einhaltung gültiger Regeln. In komplexen, mobilen Gesellschaften ist der Zusammenhalt schwächer und die Bürger können sich nicht so gut selbst schützen. Zudem gibt es Verbrechen, für deren Aufklärung Spezialisten erforderlich sind.

WAS IST EINE BEDROHUNG FÜR DIE ÖFFENTLICHE ORDNUNG?

Einer der Gründe, warum Anfang des 19. Jh. die Polizei gegründet wurde, war die Erhaltung der öffentlichen Ordnung. Heute gehören dazu die Kontrolle großer Menschenmengen, etwa bei Demonstrationen, sowie der Schutz von Eigentum. Polizisten dürfen die öffentliche Ordnung notfalls auch mit Gewalt wiederherstellen.

KANN DIE POLIZEI STRAFTATEN VERHINDERN?

Die Polizei rät den Bürgern, Verbrechen vorzubeugen – z. B. durch den Einbau einbruchssicherer Schlösser. Auch ein hohes Risiko, entdeckt zu werden, wirkt abschreckend. Die Aufklärungsquote variiert je nach Land, wobei die Aufklärung kleinerer Delikte meist weniger Aufwand erfordert als die von Kapitalverbrechen.

▲ BÜRGERNAHE POLIZEI
Dieser amerikanische Polizist geht als Drogenberater direkt in die Klassenzimmer. Aufklärungskampagnen dieser Art zeigen den Kindern, dass Straßenbanden und Gewalt der falsche Weg sind.

GERICHTE

Wer einer Straftat beschuldigt wird, muss sich vor einem Gericht verantworten. Den Vorsitz im Gerichtssaal führt ein Vertreter des Staates, der Richter. Dieser wägt ab, welche Aussagen für bzw. gegen den Angeklagten sprechen. Im Urteilsspruch kann der Angeklagte freigesprochen oder zu einer Strafe verurteilt werden.

GEFÄNGNIS ►
Für manche Verbrechen sieht das Gesetz eine Haftstrafe vor. Das Risiko, in einem Gefängnis wie diesem eingesperrt zu sein und seine persönliche Freiheit zu verlieren, kann von einer Straftat abschrecken.

WAS SIND SCHÖFFEN?

Bei geringeren Strafsachen werden dem Strafrichter zwei Schöffen zur Seite gestellt. Diese sind Laienrichter ohne juristische Ausbildung. Gemeinsam entscheiden sie über das Urteil, wobei jede Stimme gleich viel zählt. In Amerika z. B. nennt man die Laienrichter Geschworene.

WIE WERDEN GESETZESBRECHER BESTRAFT?

Unterschiedliche Rechtssysteme sehen unterschiedliche Arten der Bestrafung vor. In traditionalistischen Kulturen gibt es noch heute körperliche Strafen (die Prügelstrafe oder Abhacken z. B. einer Hand bei Dieben). Moderne westliche Staaten sind davon abgekommen. Dort hat man Haft- oder Geldstrafen.

◄ GERICHTSSAAL
Für manche Fälle sind ausschließlich Richter und keine Geschworenen zuständig. Dieser Prozess gegen einen Soldaten der US-Armee, der in Japan ein Verbrechen begangen haben sollte, war politisch zu heikel, als dass man ihn Geschworenen hätte überlassen können.

MENSCHEN IM GEFÄNGNIS

LAND	INHAFTIERTE	PRO 100 000 EINWOHNER
USA	2 293 000	756
Russland	891 700	629
Südafrika	164 300	335
Singapur	11 800	267
Großbritannien	92 900	131
China	1 565 000	119
Frankreich	60 000	96
Deutschland	73 000	89
Japan	81 000	60
Indien	373 000	33

SIEHE AUCH ⏭ Der Staat 308–309 • Gesellschaftsformen 294–295 • Globalisierungsgegner 316 • Menschenrechte 317 • Politik 306–307

NATIONEN

Als Nation (lateinisch für »Volk«) bezeichnet man eine große Gruppe von Menschen mit gemeinsamer Sprache, Religion, Kultur und Geschichte. Fast alle Nationen leben in einem unabhängigen, von einer ⏭GRENZE umgebenen Nationalstaat. Das Gegenstück dazu ist der Vielvölkerstaat.

▲ NATIONALER DIALOG
Die Staatsoberhäupter Kubas und der Sowjetunion, Fidel Castro (links) und Nikita Chruschtschow (rechts), bei der Unterzeichnung eines Freundschaftsvertrags (1963). Solche Verträge fördern das gegenseitige Vertrauen.

WARUM GIBT ES NATIONEN?

Die modernen Nationalstaaten sind entstanden, weil Menschen gleicher Sprache und Kultur das natürliche Bedürfnis danach haben, in einem eigenen Staat zu leben. Nationen bieten Schutz vor Angriffen von außen. Im Gegenzug sind die Bürger aber dazu aufgerufen, Militärdienst zu leisten. Je stärker eine Nation wirtschaftlich und militärisch ist, umso besser kann sie eigene Interessen durchsetzen.

◄ EINE NATION OHNE LAND
Diese Kurden sind heimatlos. Ihr Siedlungsgebiet verteilt sich auf fünf Staaten.

WIE BILDEN SICH NATIONEN?

Die Gründe, die zur Entstehung einer Nation führen, sind verschieden. Einige Nationen wie z. B. Großbritannien sind entstanden, weil ihre isolierte geografische Lage dazu beigetragen hat. Andere bildeten sich durch Einwanderung, wobei oft angestammte Völker vertrieben wurden. Wieder andere wie z. B. Kroatien entstanden im Zuge des Zusammenbruchs von Vielvölkerstaaten. Manche Nationen kämpfen noch heute um ihren eigenen Staat, so Kurden und Palästinenser.

WIE ARBEITEN DIE NATIONEN ZUSAMMEN?

Nationen arbeiten auf vielen Ebenen zusammen. Handelsabkommen sind die Grundlage für den Austausch von Waren und Dienstleistungen. Formelle Vereinbarungen fördern freundschaftliche Beziehungen und die Zusammenarbeit auf verschiedenen Gebieten wie der Verteidigung. Internationale Zusammenschlüsse garantieren, dass sich alle Mitgliedsnationen an dieselben Regeln halten.

GRENZEN

Grenzen markieren die Territorien einzelner Nationalstaaten. Auf Landkarten ist jeder Grenzverlauf eingetragen, aber in Wirklichkeit ist von einer Grenze zwischen befreundeten Staaten oft nichts zu sehen. Umstrittene Grenzen werden schwer bewacht. Sie sind nur über scharf kontrollierte Grenzübergänge passierbar.

WARUM GIBT ES GRENZSTREITIGKEITEN?

Der Streit um Land oder wertvolle Rohstoffe wie Erdöl führt oft zu Grenzkriegen und dazu, dass die Grenze zwischen zwei Nationen neu gezogen wird. Neue Grenzen können auch dazu führen, dass sich Menschen plötzlich auf der falschen Grenzseite befinden, was, wie im ehemaligen Jugoslawien, schwere Konflikte auslösen kann.

IST DER KÜSTENVERLAUF GLEICHZEITIG EINE GRENZE?

Das offene Meer befindet sich nicht im Besitz bestimmter Nationen. Diese kontrollieren lediglich einen 5 km breiten Streifen vor ihrer Küste. Schiffe anderer Länder, die in diesen Hoheitsgewässern fischen wollen, brauchen eine spezielle Genehmigung.

Nationen

▲ SYMBOLISCHE GRENZMARKIERUNG
Dieser »Friedensbogen« markiert die 8893 km lange Grenze zwischen den USA und Kanada, die ansonsten nahezu unsichtbar verläuft. Schwerer zu kontrollieren ist die Südgrenze der USA zu Mexiko. Mit über 500 Mio. Menschen, die die Grenze pro Jahr passieren, gehört sie zu den meistfrequentierten der Welt.

SIEHE AUCH ⏭ Entkolonisierung 434 • Nationalismus 421 • Neue Weltordnung 314–315 • Politische Weltkarte 216–217

KRIEG

Wenn Nationen ihre Konflikte nicht friedlich lösen können, ist ein Krieg oft das letzte Mittel, oder aber mächtige Nationen greifen zur Waffe, um Land oder Rohstoffe zu gewinnen. Bürgerkrieg bedeutet Krieg unter den Angehörigen ein und derselben Nation. Der Grund sind meist unüberbrückbare politische oder ethnische Unterschiede.

IST IN EINEM KRIEG ALLES ERLAUBT?

Henri Dunant gründete das Rote Kreuz in der Absicht, die medizinische Versorgung Verwundeter in Kriegen zu verbessern. Das erste Genfer Abkommen aus dem Jahr 1864 und spätere Abkommen sollten die Leiden des Krieges begrenzen und die respektvolle Behandlung von Gefangenen und Zivilisten sicherstellen. Der ⏭ TERRORISMUS ist eine Form des Krieges, in dem niemand diese Regeln anerkennt.

WIE WERDEN KRIEGE BEENDET?

Kriege gelten als beendet, wenn die politische Führung der einen Seite kapituliert. Das Ende eines Krieges kann auch eintreten, wenn eine militärische Pattsituation herrscht oder wenn die Gefahr besteht, dass das unzufriedene Volk sich auflehnt.

▲ BERUFSSOLDATEN
In einem Krieg sind die Nationen von gut ausgebildeten Streitkräften – Heer, Marine und Luftwaffe – abhängig. Viele Länder unterhalten eine Armee von Berufssoldaten. In anderen Staaten müssen alle erwachsenen Männer Wehrdienst leisten.

▲ KRIEGSWAFFEN
Eine teure, hochmoderne Ausrüstung ermöglicht es reichen Ländern, weit von den eigenen Grenzen entfernt Krieg zu führen. Dieses russische U-Boot der Taifunklasse ist das größte U-Boot der Welt. Es ist 170 m lang und hat eine Besatzung von 150 Mann.

TERRORISMUS

Wenn eine Gruppe ihre Ziele nicht mittels nationaler oder internationaler Regeln erreichen kann, wählt sie möglicherweise den Terrorismus als Ausweg. Terroristen wenden dabei Gewalt an. Manche nehmen politische Feinde ins Visier, andere die allgemeine Öffentlichkeit.

WAS UNTERSCHEIDET TERRORISMUS VON KRIEG?

Terrorismus gab es schon im 1. Jh. n. Chr. Heute ist es oft schwierig, Terrorismus von anderen Formen kriegerischer Auseinandersetzung zu unterscheiden. Guerillakämpfer, die Armeen angreifen, verwenden oft Taktiken von Terroristen, und auch Staaten üben mittels ihrer Geheimdienste oftmals illegal Gewalt aus.

Krieg

▲ GEWALT UND GEGENGEWALT
Weltweit gibt es eine zunehmende Bereitschaft, bestehende Konflikte durch Terrorangriffe zu lösen. Diese Kämpfer der prosyrischen Amal-Miliz greifen ein Flüchtlingslager im Libanon an, weil sie vermuten, dass sich dort eine palästinensische Terrorgruppe versteckt. Derartigen Angriffen fielen Tausende von unschuldigen Flüchtlingen zum Opfer.

SIEHE AUCH ⏭ Neue Weltordnung 314–315 • Politische Weltkarte 216–217

NEUE WELTORDNUNG

Von 1945 an beherrschten zwei feindliche Mächte die ⏭ INTERNATIONALE STAATENGEMEINSCHAFT: die Sowjetunion und die Vereinigten Staaten. Mit dem Zusammenbruch der Sowjetunion und dem Ende des Kalten Krieges im Jahr 1990 begann eine neue Weltordnung mit den USA als einziger Supermacht.

◄ ZEMIN UND BUSH
Der chinesische Präsident Jiang Zemin und der ehemalige US-Präsident George W. Bush trafen sich im Oktober 2001, um die Beziehungen beider Länder zu verbessern. In der Zeit des Kalten Krieges waren die USA und China Feinde.

WIE SIEHT DAS NEUE MACHTGLEICHGEWICHT AUS?

Die USA sind heute das mächtigste Land der Welt mit einer führenden Rolle in allen globalen Fragen. Ihrem Führungsanspruch stehen ausgleichend die Staaten der Europäischen Union (EU) entgegen, die Arabische Liga und der Zusammenschluss südostasiatischer Staaten (ASEAN). Ihre wechselseitigen Beziehungen sind von Kooperation und Konflikten geprägt.

IST DIE NEUE ORDNUNG STABIL?

Die Weltordnung des Kalten Krieges schuf ⏭ SICHERHEIT durch Militärbündnisse, innerhalb derer sich einzelne Nationen in den Schutz der beiden Supermächte stellten. Heute hängt Stabilität davon ab, ob es den Nationen gelingt, andere Anlässe zur Zusammenarbeit zu finden.

WIE ENTWICKELT SICH DIE NEUE ORDNUNG?

Die Wirtschaftsmacht einzelner Nationen wird heute weitgehend von der ⏭ GLOBALISIERUNG bestimmt. Zusammenschlüsse wie die EU werden ein Gegengewicht zu den USA bilden. Die Sicherheitsprobleme durch den weltweiten Terror müssen gelöst werden.

ZERSTÖRUNGEN IN TSCHETSCHENIEN ►
Mit dem Zusammenbrechen der Sowjetmacht am Ende des Kalten Krieges entstanden Konfliktherde an den Grenzen der ehemaligen UdSSR. In Tschetschenien tobt noch heute ein heftiger Kampf um Unabhängigkeit.

GLOBALISIERUNG

Nach dem Ende des Kalten Krieges bildete sich ein kontinenteübergreifender Weltmarkt heraus. Die großen Konzerne errichteten Fabriken überall auf der Erde – was der Welt neuen Reichtum, aber auch neue Probleme bescherte. Globalisierung bedeutet auch die weitere Verbreitung der westlichen Kultur.

▲ FIRMEN IM AUSLAND
Wie dieser deutsche Autohersteller produzieren heute viele große Firmen auch im Ausland. Grund für derartige Verlagerungen sind die meist niedrigeren Löhne.

WO LIEGEN DIE ANFÄNGE DER GLOBALISIERUNG?

Der Begriff Globalisierung stammt aus den 80er-Jahren des 20. Jh., aber schon im 16. und 17. Jh. errichteten Portugal, Spanien, die Niederlande und Großbritannien weltumspannende Handelsnetze. Auch die industrielle Revolution im 19. Jh. trug dazu bei, die Märkte zu vereinen. Während der beiden Weltkriege kam der Welthandel nahezu zum Erliegen, erholte sich aber spätestens seit dem Ende des Kalten Krieges.

WELCHE RISIKEN BIRGT DIE GLOBALISIERUNG?

Ein gemeinsamer Weltmarkt, an dem wirklich alle Nationen beteiligt sind, könnte sich positiv auf den Lebensstandard aller Menschen auswirken. Wenn jedoch ein Teil der Welt ausgeschlossen wird, könnte sich die Kluft zwischen Arm und Reich eher vergrößern. Zudem müssen die Staaten darauf achten, dass die Wirtschaftsmacht großer Konzerne nicht die Rechte des Einzelnen untergräbt.

HABEN EINZELNE NATIONEN NOCH EINFLUSS?

Einzelne Nationen sind allein ziemlich machtlos, aber sie können sich für den Welthandel öffnen, indem sie einem größeren Verbund beitreten. Nationen können sich auch gemeinsam auf weltweit gültige Regeln einigen, die für alle Firmen unabhängig von ihrem Standort bindend sind und die Firmenpolitik zum Wohl aller kontrollieren.

INTERNATIONALE STAATENGEMEINSCHAFT

Repräsentanten der 193 Staaten der Welt kommen auf unterschiedlichen Foren, darunter die Vereinten Nationen und die Weltbank, zu Gesprächen zusammen. Innerhalb dieser Gemeinschaft arbeiten die Staaten zusammen, um globale Probleme zusammen zu lösen.

WELCHE ZIELE VERFOLGEN DIE VEREINTEN NATIONEN?

Die wichtigsten Ziele der Vereinten Nationen sind in ihrer Charta festgelegt. Erstes Ziel ist es, die Souveränität der Mitgliedsstaaten anzuerkennen. Zweites Ziel ist die Nichteinmischung in deren innere Angelegenheiten.

KANN DIE STAATENGEMEINSCHAFT DEN SCHWACHEN HELFEN?

Die Vereinten Nationen versuchen Kriege zu verhindern, weil diese den sozialen Fortschritt gefährden. Zudem unterstützen sie Länder in Not – z. B. Länder, die unter den Folgen von Hunger, Schulden oder Kriegen leiden. Sie liefern Nahrungsmittel und Medikamente oder unterstützen Verträge zur Minderung der Schuldenlast.

▼ **FRIEDENSTRUPPE DER VEREINTEN NATIONEN**
Der Sicherheitsrat der Vereinten Nationen kann selbst Truppen in Krisenregionen entsenden. Diese Soldaten kämpfen nicht, sondern versuchen, die verfeindeten Parteien auseinanderzuhalten.

Soldaten der UN-Truppen tragen blaue Helme.

Ölzweige auf der Flagge der Vereinten Nationen symbolisieren den Weltfrieden.

Die Farbe Weiß ist Fahrzeugen der Vereinten Nationen vorbehalten.

Länderabzeichen verweisen auf die Nationalität des Soldaten.

SICHERHEIT

Staaten brauchen Sicherheitssysteme, damit sie ihre Bürger schützen und das Land gegen Angriffe verteidigen können. Zudem müssen sie in der Lage sein, Informationen zu sammeln, um gegen zukünftige Angriffe gewappnet zu sein. Die neue Weltordnung zwingt zur Zusammenarbeit im Namen der globalen Sicherheit.

IST SICHERHEIT IN DER NEUEN WELTORDNUNG WICHTIG?

Nach dem Kalten Krieg ging man in vielen Ländern davon aus, die Militärausgaben kürzen zu können, um das Geld stattdessen für soziale Zwecke zu verwenden. Aber die neue Weltordnung schuf neue Spannungen und Krisenherde überall auf der Welt, weshalb die Verteidigungsausgaben seit 1995 wieder ansteigen.

WIE VIEL KOSTET SICHERHEIT?

Die Kosten für die Verteidigung und die innere Sicherheit sind enorm. Die Militärausgaben weltweit betragen rund 1 200 000 000 000 (1,2 Billionen) Dollar oder 2,4 % des Bruttosozialprodukts der ganzen Welt. Ein Drittel davon entfällt auf die USA.

Sonnensegel erzeugen Energie.

Infrarotsensoren lokalisieren Wärmequellen im Weltall.

MILITÄRSATELLIT ►
Dieser Aufklärungssatellit spürt Abschussrampen für Raketen auf. Darüber hinaus liefert er den USA Informationen über das Atomprogramm einzelner Länder.

SIEHE AUCH ⏭ Industrielle Revolution 418–419 • Internationale Organisationen 434 • Nahostkonflikt 435 • Satelliten 28

GLOBALISIERUNGSGEGNER

Immer wieder protestieren Menschen gegen ihre Regierung. Viele Fragen wie z.B. die der ⏭ VERSCHULDUNG und des Schutzes der ⏭ UMWELT betreffen Menschen überall auf der Welt. Daher entstand in den 90er-Jahren des letzten Jh. ein weltweites Netz von Protestgruppen.

WIE ORGANISIERT SICH DER INTERNATIONALE PROTEST?

Dank besserer Reise- und Kommunikationsmöglichkeiten, wie sie z.B. das Internet bietet, können heute Menschen aus unterschiedlichen Ländern – motiviert durch ihre gemeinsame Überzeugung – zusammenkommen und Protestaktionen planen.

WAS KÖNNEN PROTESTE BEWIRKEN?

Indem sie Entscheidungen von Politikern und Wirtschaftsmanagern anprangern, können die Protestierenden einen größeren Personenkreis auf ein Problem aufmerksam machen. Die Sensibilisierung der Öffentlichkeit ist ungemein wichtig. Nicht zuletzt dient der weltweite Protest auch dem Erfahrungsaustausch untereinander.

◄ AUF DER STRASSE
Protestaktionen können die Öffentlichkeit wachrütteln. Diese Demonstration in Seattle im Jahr 1999 weckte das Interesse der Medien für die Politik der Welthandelsorganisation. Sie ermunterte auch Menschen anderer Länder, sich dem globalen Protest anzuschließen.

WOGEGEN RICHTET SICH DER PROTEST?

Der weltweite Protest hat unterschiedliche Anliegen, aber die Grundforderung vieler Aktionen ist die nach sozialer Gerechtigkeit. Viele Demonstrationen machen z.B. klar, dass die Menschen ärmerer Länder ungerecht behandelt werden, weil mächtige Länder die Spielregeln so gestalten, dass diese nur ihren eigenen Volkswirtschaften nützen.

VERSCHULDUNG

Reiche Staaten verleihen Geld an ärmere Regierungen. Infolgedessen haben die ärmsten Länder jeden Tag Schulden von 100 Mio. US-Dollar. Diese Belastung kommt zu den Kosten des täglichen Überlebens hinzu und erschwert es, der Armut zu entrinnen.

KÖNNEN SCHULDEN ERLASSEN WERDEN?

Die reichen Länder haben den Entwicklungsländern ungefähr 5% ihrer Schulden erlassen. Im Gegenzug dazu mussten sich diese bereit erklären, ihre Märkte für die Weltwirtschaft zu öffnen. Aktivisten kämpfen dafür, dass ein größerer Teil dieser Schulden schneller und gegen weniger Auflagen erlassen wird.

Globalisierungsgegner

UMWELT

Firmen, die auf dem Weltmarkt konkurrieren müssen, nehmen oft wenig Rücksicht auf die Umwelt. Umweltschutzaktivisten machen auf die Zerstörung natürlicher Lebensräume und den Klimawandel aufmerksam und drängen auf internationale Schutzvereinbarungen.

WAS IST NACHHALTIGE ENTWICKLUNG?

Westliche Länder haben natürliche Ressourcen wie Kohle oder Wälder oft rücksichtslos ausgebeutet, ohne auf mögliche Spätfolgen für die Umwelt zu achten. Das Ziel nachhaltiger Entwicklung ist Wachstum im Einklang mit der Natur, nicht gegen sie – indem man z.B. Wälder nach einem Holzeinschlag wieder aufforstet.

GENMANIPULATION ►
Greenpeace-Aktivisten zerstören ein Feld mit genmanipulierten Pflanzen. Damit möchten sie auf die Risiken der Genmanipulation aufmerksam machen.

SIEHE AUCH ⏭ Eingriffe in die Natur 64–65 • Neue Weltordnung 314–315 • Wirtschaft 302–303

MENSCHENRECHTE

Die Menschenrechte sind die Grundrechte und -freiheiten eines jeden Einzelnen. Nach dem Zweiten Weltkrieg stellten die Vereinten Nationen eine Liste von Menschenrechten zusammen. Sie dienen dem Schutz aller Bürger und garantieren die Rechte des Einzelnen.

SIND DIE MENSCHENRECHTE WELTWEIT ANERKANNT?

Die Menschenrechte werden von fast allen Kulturen und politischen Parteien anerkannt, jedoch nicht in allen Punkten. Rechte, die die politische Freiheit garantieren, wie z. B. das Wahlrecht, sind in mehr Ländern anerkannt als Rechte, die soziale und ökonomische Freiheiten garantieren, wie z. B. die Gleichberechtigung der Frau.

WAS IST SOUVERÄNITÄT?

Das Recht einer Nation, ihre inneren Angelegenheiten ohne Einmischung von außen zu regeln, nennt man Souveränität. Souveränität kann bei der Durchsetzung von ⏭ HUMANITÄT hinderlich sein, wenn etwa eine Nation eigene Menschenrechtsprobleme nicht anerkennt.

▲ ALLGEMEINE ERKLÄRUNG DER MENSCHENRECHTE
Am 10. Dezember 1948 verabschiedeten die Vereinten Nationen eine Entschließung, die die Menschenrechte für alle Völker garantiert. Die Sowjetunion, Saudi-Arabien und Südafrika nahmen an der Abstimmung nicht teil.

◄ MENSCHENRECHTS-DEMONSTRATION
Gruppen wie Amnesty International setzen sich weltweit für die Menschenrechte ein. Diese Demonstranten in Pakistan prangern die Unterstützung der Taliban-Herrschaft im Nachbarland Afghanistan an.

▲ INTERNATIONALER GERICHTSHOF IN DEN HAAG
Die Mitglieder der Vereinten Nationen können andere Länder für deren Verbrechen am Internationalen Gerichtshof in Den Haag anklagen. Bei dieser Sitzung im Jahr 1999 wurden die NATO-Länder von dem Vorwurf Jugoslawiens freigesprochen, sie hätten das Land zu Unrecht bombardiert.

WERDEN MENSCHENRECHTSVERLETZUNGEN BESTRAFT?

Das Völkerrecht gestattet es der internationalen Gemeinschaft, einzuschreiten, wenn die Menschenrechte in einem Land verletzt werden. Viele Staaten lehnen diese Möglichkeit jedoch ab. Sie sehen darin eher eine Gefahr für die Souveränität eines Landes als den Willen, die Menschenrechtssituation zu verbessern.

Menschenrechte

HUMANITÄT

Ziel aller humanitären Bestrebungen ist es, das Wohlergehen der Menschen über alles zu stellen. In einem Krieg z. B. ist es ein Gebot der Menschlichkeit, dass die Ärzte auch die Verwundeten des Feindes behandeln. Internationale Organisationen stellen bei Kriegen oder Naturkatastrophen humanitäre Hilfe auf breiter Basis zur Verfügung.

WAS IST UNPARTEIISCHE HILFE?

Hilfsorganisationen wie das Rote Kreuz sind berechtigt, in Krisengebiete vorzustoßen. In Konflikten gleich welcher Art vertrauen beide Seiten darauf, dass es unparteiische Hilfe leistet und allen Menschen hilft, unabhängig davon, auf welcher Seite sie stehen. Es gibt auch Hilfsorganisationen, die eindeutig parteiisch sind und nur jenen Menschen helfen, deren politische Überzeugung sie teilen.

▲ VERSORGUNG HUNGERNDER MIT NAHRUNGSMITTELN
2001 unterstützten die reichen Länder Tausende von afghanischen Flüchtlingen über das Welternährungsprogramm. Kriegsflüchtlinge oder politisch Verfolgte müssen mit Essen, sauberem Wasser und Zelten versorgt werden.

SIEHE AUCH ⏭ Internationale Organisationen 434 • Kalter Krieg 435

Photograph of Josette Bushell-Mingo as 'Rafiki' from the Original London Company of THE LION KING by Catherine Ashmore

KUNST und UNTERHALTUNG

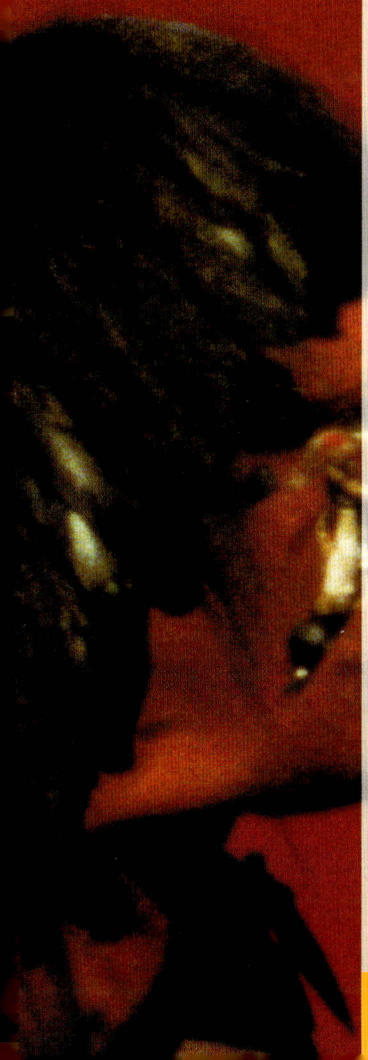

MALEREI

Malerei ist die Kunst, Gemälde zu erschaffen, indem man Farbe auf eine Oberfläche aufträgt. Gemälde können Ereignisse festhalten, Personen, Orte oder Gegenstände darstellen, Geschichten erzählen, Wände schmücken, Texte illustrieren und Gefühle oder Ideen ausdrücken.

WELCHE ARTEN VON FARBE VERWENDEN KÜNSTLER?

Farben bestehen aus Pigmenten (farbiges Pulver), die man mit einem Bindemittel vermischt. Für Temperafarben verwendet man Ei als Bindemittel, für Ölfarben Leinöl und für Acrylfarben Acrylharze. Bei der Freskomalerei werden in Wasser gelöste Pigmente direkt auf den feuchten Putz aufgebracht. Wasserfarben bestehen aus Pigmenten und wasserlöslichem Gummiarabikum.

WIE UND WANN ENTSTANDEN DIE ERSTEN BILDER?

Vor rund 30000 Jahren begannen die Menschen Erde, Holzkohle und Mineralien zu zerreiben, um mit dem farbigen Pulver die Wände von Höhlen zu bemalen. Mit Speichel oder Tierfetten vermischt ergab das Pulver eine flüssige Farbe, die sie mit den Fingern aufbrachten. Die ersten Gemälde stellten wilde Tiere dar.

▲ *KANGAROO DREAMING*, MICHAEL NELSON JAGAMARA, 2000
Die Gemälde der Aborigines erzählen fast immer Geschichten ihrer Vorfahren. Das abstrakte Symbol in der Mitte repräsentiert Feuer und Regen. Die Schlangen stellen ein übernatürliches Wesen dar, die Regenbogenschlange.

WELCHE THEMEN GIBT ES IN DER MALEREI?

Manche Maler stellen Themen der sichtbaren Welt dar, darunter Porträts, Stillleben, Landschaften oder Szenen aus Geschichte und Literatur. Man nennt diese Gemälde realistisch. Es gibt aber auch abstrakte Gemälde, deren Maler sich bewusst von der Realität abwenden und stattdessen ihre Gefühle, Stimmungen und Gedanken unmittelbar darstellen. Ihre Bilder bestehen aus Farben, Formen und Konturen.

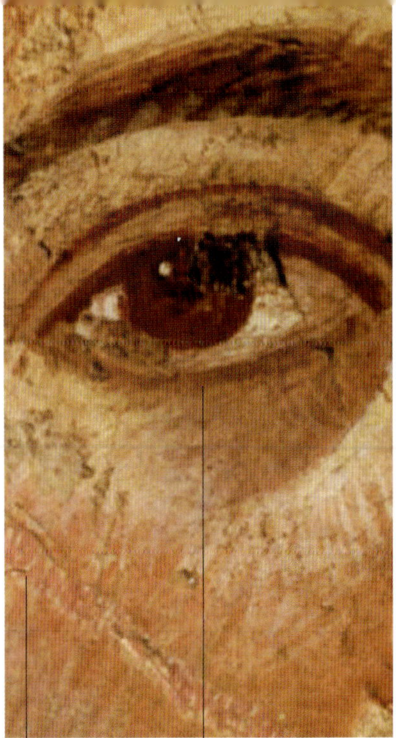

***Individuelle**, parallele Pinselstriche*

***Deutliche Konturen** betonen das Auge.*

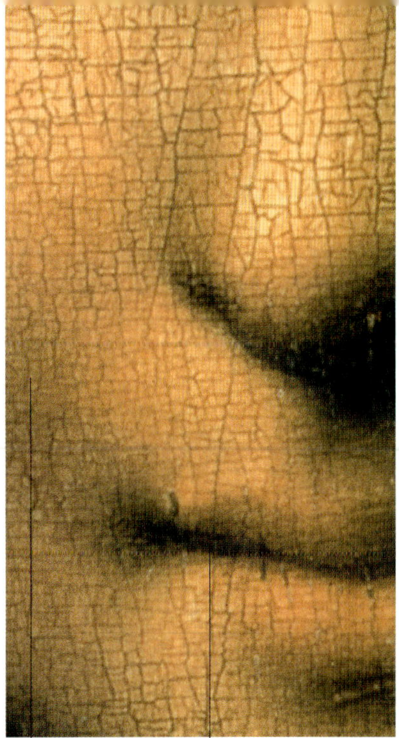

***Krakelure** nennt man die feinen Risse alter Gemälde.*

***Sfumato** (verraucht) heißt die Technik, die Grenzen verwischt.*

***Risse** im Putz, auf den das Fresko vor langer Zeit gemalt wurde.*

*Der **Griffel** verweist auf einen hohen Rang in der Gesellschaft.*

▲ PORTRÄT EINES RÖMISCHEN PAARS, 1. JH. N. CHR.
Dieses Fresko eines unbekannten Künstlers stammt aus den Ruinen von Pompeji. Der Künstler, ein Meister der Porträtmalerei, war bedacht darauf, den sozialen Rang des jungen Paars zu verdeutlichen. Es handelt sich wohl um einen Advokaten und dessen Frau.

***Felslandschaften** kommen bei Leonardo da Vinci häufig vor.*

***Verschränkte** Arme gelten als Zeichen der Gelassenheit.*

▲ *MONA LISA*, UM 1503–1506
Die *Mona Lisa* von Leonardo da Vinci (1452–1519) ist wohl das berühmteste Gemälde der westlichen Kunst. Vor dem Hintergrund einer dunstigen Berglandschaft blickt uns die Porträtierte entgegen, auf ihren Lippen das berühmte geheimnisvolle Lächeln.

OCULUS IM PALAST DER GONZAGA IN MANTUA ▼
Dieses Deckengemälde von Andrea Mantegna (um 1431–1506) erweckt den Anschein einer kreisförmigen Öffnung (oculus) zum Himmel. Der abwärtsgerichtete Blick der über den Rand gebeugten Figuren zieht den Blick des Betrachters nach oben. Täuschungen dieser Art nennt man Illusionismus.

*Die **Blätter** sind mit weichem Pinselstrich gemalt.*

*Die **Ölfarbe** wurde mit Terpentin verdünnt, um einen leuchtenden Effekt zu erzielen.*

*Die **Textur** der Leinwand scheint durch die Farbe hindurch.*

*Die **Wellenlinien** bestehen aus dick aufgetragener Farbe.*

Ausladende Äste umrahmen den Kopf der Porträtierten.

*Die **entspannte Sitzhaltung** vermittelt Natürlichkeit.*

▲ *MRS RICHARD BRINSLEY SHERIDAN*, UM 1785
Thomas Gainsborough (1727–1788), ein Meister der Porträt- und Landschaftsmalerei, malte dieses hübsche Ganzkörperporträt. Mrs Sheridan war eine berühmte Sängerin. Ihre Schönheit kommt in der einfühlsam gemalten Umgebung voll zur Geltung.

*Unrealistische **Farben** drücken Gefühle aus.*

*Das **Rot des Barts** kontrastiert mit den überwiegenden Grün- und Blautönen.*

▲ *SELBSTPORTRÄT*, 1889
Vincent van Gogh (1853–1890) malte zahlreiche Selbstporträts. Dieses beeindruckende Bild entstand bei einem Aufenthalt in einer Nervenklinik. Die starken Farben, der breite Pinselstrich und der stechende Blick bringen den Seelenzustand des Malers zum Ausdruck.

PERSPEKTIVE

Perspektive ist ein Mittel, mit dem man Raumwirkung auf einer zweidimensionalen Fläche erzielt. In der Realität wirkt alles umso kleiner, je weiter entfernt es ist, und parallele Linien scheinen zusammenzulaufen. Die perspektivische Darstellung ahmt diese Wirkung nach.

WER HAT DIE PERSPEKTIVE ERFUNDEN?

Die Perspektive wurde in der italienischen Renaissance von den Malern Leon Battista Alberti (1404–1472) und Filippo Brunelleschi (1377–1446) entwickelt. Sie schufen ein mathematisches System und experimentierten damit. Vor der Erfindung der Perspektive waren fast alle Bilder ohne jede Tiefenwirkung. Nun waren die Maler in der Lage, die räumliche Illusion perfekt wiederzugeben.

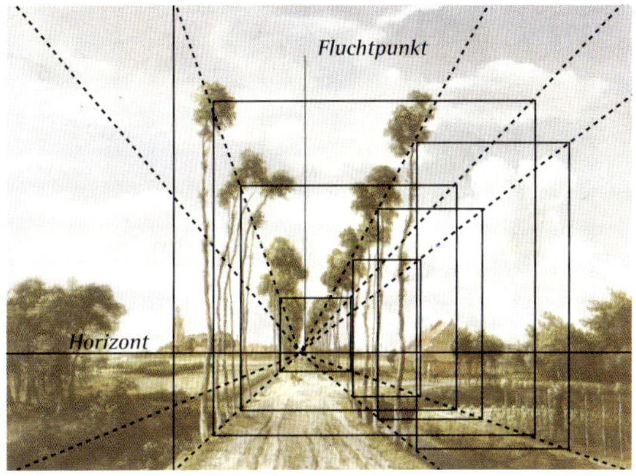

▲ *DIE ALLEE VON MIDDELHARNIS*, MEINDERT HOBBEMA, 1689
Dieses Landschaftsbild zeigt die Anwendung der Zentralperspektive. Die parallelen Linien der schnurgeraden Straße und der Bäume laufen auf den Fluchtpunkt am Horizont zu. Die Linien zeigen den mathematischen Denkansatz, der der Erfindung der Perspektive zugrunde liegt.

WAS IST DER FLUCHTPUNKT?

Der Fluchtpunkt ist jener Punkt auf der Horizontlinie (wo Himmel und Erde aneinandergrenzen), an dem die Linien, die in Wirklichkeit parallel verlaufen, scheinbar zusammentreffen. Da die Linien nach innen auf den Fluchtpunkt zulaufen, ziehen sie den Blick des Betrachters förmlich in die imaginäre Tiefe des Bildes. Indem man sich auf die kleine Figur auf der Straße, direkt unterhalb des Fluchtpunkts, konzentriert, hat man das Gefühl, man könnte beinahe in das Bild hineinsteigen.

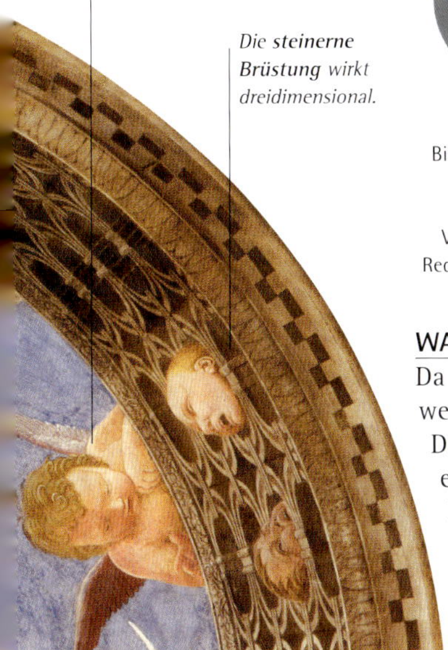

*Ein **Putto** beugt sich über den Rand und sieht andere Putti an.*

*Die **steinerne Brüstung** wirkt dreidimensional.*

Malerei

AQUARELL ►
Bis zur Erfindung der Fotografie war die Aquarellmalerei das verbreitetste Mittel zur Abbildung von Tieren und Pflanzen. Von dem berühmten Zeichner Pierre-Joseph Redoute (1759–1814) stammen viele detailgetreue Aquarellstudien wie diese Wildrose.

WAS IST ILLUSIONISMUS?

Da Gemälde nur zweidimensional (flach) sind, verwenden Maler Kunstgriffe wie die perspektivische Darstellung, um die Illusion eines realen Eindrucks zu erzeugen. Eine Form des Illusionismus nennt sich auf Italienisch *sotto in sù*, was »von unten nach oben« heißt. Danach werden auf Deckengemälden Gegenstände von unten gemalt, sodass sie über dem Kopf des Betrachters räumlich wirken.

GROSSE EPOCHEN DER MALEREI

EPOCHE	*ZEIT*	*BEDEUTENDE WERKE*
Gotik	13.–15. Jh.	Mariä Himmelfahrt, Simone Martini
Renaissance	14.–16. Jh.	Die Hochzeit des Arnolfini, van Eyck Die Schule von Athen, Raphael
Barock	17.–18. Jh.	Kreuzabnahme, Rubens
Rokoko	17.–18. Jh.	Die Schaukel, Fragonard
Neoklassizismus	18.–19. Jh.	Der Schwur des Horaz, David
Romantik	18.–19. Jh.	Das Floß der Medusa, Géricault
Impressionismus	Spätes 19. Jh.	Ball im Moulin de la Galette, Renoir Mont Sainte-Victoire, Cézanne
Kubismus	20. Jh.	Les Demoiselles d'Avignon, Picasso

SIEHE AUCH ⏭ Erste Menschen 362–363 • Grafik 322 • Künstler 324 • Renaissance 398

GRAFIK

Beim Zeichnen dienen vor allem Linien und Striche zur künstlerischen Gestaltung eines Themas. Künstler fertigen Zeichnungen oft als Vorstudien für Gemälde und Skulpturen an. Sie gelten aber auch als eigenständige Kunstwerke.

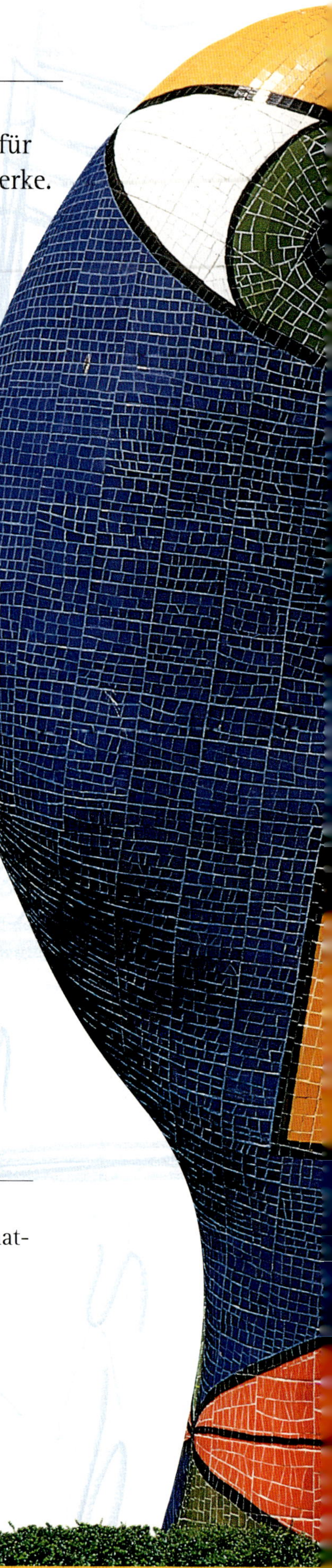

▲ *TÄNZERINNEN*, EDGAR DEGAS, UM 1900
Degas (1834–1917) arbeitete viel mit Pastellkreide, Stiften aus pulverisierter Farbe. Pastellzeichnungen kommen der Malerei sehr nahe.

SIND ZEICHNUNGEN IMMER SCHWARZ-WEISS?

Künstler arbeiten auch mit farbigen Zeichenmitteln wie Bunststiften, Wachsmalkreiden, Tinten, Kreiden und Pastellstiften. Manche sind für ihre Pastellzeichnungen ebenso berühmt wie für ihre Gemälde.

WOMIT ZEICHNEN KÜNSTLER?

Künstler verwenden für ihre Arbeiten Bleistifte, Tuschfeder, Kreide, Filzstifte, Kohle, Buntstifte und Pastellkreide. Ehe die ersten Bleistifte im 18. Jh. aufkamen, verwendete man in der westlichen Kunst Silberstifte, die allerdings speziell präpariertes Papier erforderten.

WAS BEDEUTEN DIE ZIFFERN UND BUCHSTABEN AUF BLEISTIFTEN?

Die Markierungen auf Bleistiften geben den Härtegrad und die Schwärze an. HB z.B. bedeutet mittelhart mit dünner Linie. 6B dagegen ist weicher und auch dunkler – ideal zum ⏭ SCHATTIEREN.

Präzis gezogene Linien zeigen jedes Detail der Rüstung.

▲ *BILDNIS EINES KRIEGERS*, UM 1475
Leonardo da Vinci (1452–1519) gestaltete in seinen Zeichnungen verschiedene Themen, darunter diesen Krieger in fantastischer Rüstung.

▲ SCHATTIERTES GESICHT
Einfallendes Licht erzeugt hellere und dunklere Partien. Der Künstler gibt diesen Effekt wieder, um einen realistischen Eindruck zu erzeugen.

SCHATTIERUNG

Von Schattierung spricht man, wenn ein Künstler mit abgestuften Helligkeitswerten arbeitet. Es gibt verschiedene Techniken der Schattierung. Parallele Linien bezeichnet man als Schraffur. Bei einer Kohlezeichnung verreiben die Künstler oft Kohlekrümel mit dem Finger auf dem Papier, um helle oder dunkle Effekte zu erzeugen.

WIE ENTSTEHEN SCHRAFFUREN?

Durch die Variation von Breite, Abstand und Stärke paralleler Linien lassen sich mittels Schraffuren unterschiedliche Helldunkel-Töne erzeugen. Eine aus kreuzweise gesetzten Linien bestehende Schraffur nennt man Kreuzschraffur. Diese Technik wird oft für Drucke verwendet, bei denen die Vorlage in Holz oder Metall geschnitten wird.

Grafik

BILDHAUEREI

Schon im Altertum schufen Bildhauer dreidimensionale Kunstobjekte. Sie bearbeiteten feste Materialien wie Stein oder Holz mit Werkzeugen oder modellierten weiche Materialien wie Ton. Moderne Künstler probieren neue Materialien und Techniken aus.

*Die **Skulptur** ist 4,1 m hoch.*

*Die **verwendeten Materialien** sind Maschendraht, Kunstschaum und eine Haut aus Fiberglas, die mosaikartig mit Keramikfliesen abgedeckt wurde.*

*Das **große Gesicht** ist typisch für Halperns Skulpturen, die oft von Picasso inspiriert sind.*

◄ *OPHELIA*, DEBORAH HALPERN, 1996
Die australische Künstlerin Deborah Halpern stellt ihre Werke im Freien auf. Ophelia erfreut in ihrer überschwänglichen Farbigkeit die Einwohner von Melbourne.

*Die **Kobra** als Schlangendämon repräsentiert das Böse.*

MASKE AUS HOLZ ►
Aus Holz kann man Skulpturen oder Gebrauchsgegenstände wie diese bemalte Maske schnitzen. Sie wird von Tänzern auf Sri Lanka getragen.

WAS BEDEUTET DREIDIMENSIONAL?

Der Ausdruck ist von den drei Dimensionen des Raums abgeleitet – Breite, Höhe und Tiefe. Als Kriterium zur Unterscheidung zweidimensionaler Kunstwerke wie Gemälden, Zeichnungen und Drucken von den dreidimensionalen Objekten der Bildhauerei ist er sehr hilfreich.

▲ RELIEF
Diese Detailansicht gehört zu einem in Stein gehauenen Hindu-Relief in Tamil Nadu, einem Bundesstaat im Südosten Indiens. Als Entstehungszeit gilt das 7. oder 8. Jh.

DIE PFERDE VON SAN MARCO ▼
In der Markuskirche in Venedig stehen vier lebensgroße Pferde. Sie stammen aus der Zeit zwischen dem 4. Jh. v. Chr. und dem 4. Jh. n. Chr. Aus Konstantinopel wurden sie im 13. Jh. nach Venedig gebracht.

__Bronze__ besteht aus Kupfer mit geringen Beimengungen von Blei und Zinn. Diese Bronzeplastik wurde vergoldet.

SIND ALLE SKULPTUREN RUNDUM GESTALTET?

Nicht alle Skulpturen sind rundum bearbeitet. Reliefs sind nur von einer Seite plastisch gestaltet und ragen so aus dem Hintergrund heraus. Figurenreliefs wurden schon im Altertum als Schmuck bedeutender Bauten wie Kirchen und Tempel verwendet.

WIE WERDEN SKULPTUREN GEMACHT?

Stein oder Holz werden meist mit Hammer und Meißel bearbeitet, während der Künstler beim Modellieren von Ton direkt mit den Händen arbeitet. Modelle aus Ton können auch in Bronze gegossen werden. So entsteht eine stabile Plastik. Moderne Künstler verwenden die Technik des Schweißens und neue Materialien wie Kunststoff, Fiberglas oder Beton.

Bildhauerei

KÜNSTLER

Künstler sind Menschen, die Kunstwerke schaffen. Abgesehen von einigen wenigen Genies haben alle großen Künstler eine Ausbildung durchlaufen. Heutzutage kann man Kunst an Akademien studieren, in früheren Zeiten jedoch gingen junge Künstler bei erfahrenen Meistern in die Lehre.

WO ARBEITEN KÜNSTLER?

Die meisten Künstler haben ein Atelier – einen oder mehrere Räume, in denen sie arbeiten. Viele tun dies auch im Freien. Landschaftsmaler z. B. fertigen oft Skizzen in der Natur an, die sie dann im Atelier ausarbeiten. Wieder andere Künstler malen draußen gleich fertige Bilder oder sie stellen sogenannte Land-Art her, bei der die Landschaft Gestaltungsmaterial wird.

VERDIENT MAN ALS KÜNSTLER VIEL GELD?

Manchmal bekommen Künstler Aufträge von einem Mäzen – einem reichen Gönner. Schon bestehende Werke werden zuweilen von Einzelpersonen oder einer ⏭ GALERIE gekauft. Seinen Lebensunterhalt als Künstler zu verdienen ist meist nicht einfach. Vincent van Gogh (1853–1890), dessen Bilder heute Rekordpreise erzielen, verkaufte zu Lebzeiten kaum ein Bild.

▲ *SURROUNDED ISLANDS*
Christo und Jeanne-Claude verpackten 1983 diese Inseln in Florida in rosafarbene Folie.

▲ *DAS KÜNSTLERATELIER, JAN VERMEER*, UM 1665
Der Niederländer Vermeer (1632–1675) lässt uns hier bei seiner Arbeit zusehen. Er malt gerade ein Modell, das als Clio posiert – die Muse der Geschichtsschreibung.

▲ PABLO PICASSO IN SEINEM ATELIER BEIM MISCHEN VON FARBEN
Zu den vielseitigsten und einflussreichsten Künstlern des 20. Jh. gehört der spanische Maler Pablo Picasso (1881–1973). Er wurde weltberühmt.

▲ BARBARA HEPWORTH BEI EINER SCHNITZARBEIT
Frauen finden in der Kunst oft nicht die gebührende Anerkennung. Die Bildhauerin Hepworth (1903–1975) zählt zu den berühmtesten Künstlerinnen des 20. Jh.

▲ METROPOLITAN MUSEUM
Hier sehen wir eine Führung durch das Metropolitan Museum in New York. Ein Experte führt Besucher durch die Räume und erklärt ihnen die Gemälde.

GALERIEN

Galerien sind Räume, in denen Kunstwerke ausgestellt werden. In Galerien sind alle Kunstgattungen vertreten – Malerei, Bildhauerei, Keramik, Installationen, Video und Fotografie. Es gibt private und öffentliche Galerien. Die Exponate der Letzteren sind unverkäuflich.

Künstler

SIND ALLE GALERIEN KUNSTHANDLUNGEN?

In Privatgalerien kann man Kunstwerke auch kaufen. Die meisten Galerien dieser Art sind auf eine bestimmte Richtung spezialisiert – z. B. zeitgenössische Kunst. Öffentliche Galerien kaufen Kunstwerke für ihre ständige Sammlung – nicht um sie wieder zu verkaufen, sondern um sie auszustellen.

BEDEUTENDE GALERIEN DER WELT

STADT	*BERÜHMTE GALERIEN*
London	National Gallery, Tate, Victoria & Albert Museum
Madrid	Prado
New York	Metropolitan Museum of Art, Museum of Modern Art
Paris	Louvre, Musée d'Art Moderne, Musée d'Orsay
Rom	Vatikanische Museen

FOTOGRAFIE

Das Wort Fotografie setzt sich aus den beiden altgriechischen Worten für »Licht« und »Zeichnen« zusammen. Beim Fotografieren wird ein Lichtbild auf einer chemisch behandelten Oberfläche oder auf dem Bildsensor einer Digitalkamera sichtbar gemacht.

▲ BEWEGUNG AUF BILDERN
Eadweard Muybridge (1830–1904) entwickelte eine Technik, mit der er eine schnelle Abfolge von Fotos machen konnte. Diese lieferten erstaunliche Erkenntnisse über die Bewegungsabläufe von Tieren. Vor der Veröffentlichung seiner Fotos stellten Maler galoppierende Pferde völlig falsch dar.

WER HAT DIE FOTOGRAFIE ERFUNDEN?

Das erste Foto machte Joseph Nicéphore Niepce (1765–1833) um 1827. Die Belichtungsdauer betrug jedoch acht Stunden und das Bild war sehr verschwommen. 1837 gelang Louis Daguerre (1787–1851) eine scharfe, aber nicht reproduzierbare Aufnahme innerhalb weniger Minuten. 1839 kreierte William Henry Fox Talbot (1800–1877) das Negativ-Positiv-Verfahren.

SEIT WANN GIBT ES TRAGBARE KAMERAS?

Die ersten Kameras waren große und unpraktische Kästen und für jedes einzelne Bild war eine Glasplatte erforderlich. Der große Durchbruch kam mit der Erfindung des Papierfilmstreifens durch George Eastman (1854–1932). 1888 brachte er die Kodakkamera auf den Markt – sie war klein, handlich und mit einem Rollfilm bestückt. Bald waren Schnappschüsse groß in Mode.

▲ LANDSCHAFTSAUFNAHME VON DENNIS STOCK
Auf diesem Farbfoto nutzte der amerikanische Fotograf Dennis Stock (1928–2010) Himmel und Wolken, um Stimmung zu erzeugen. Die dunklen Schatten im Vordergrund kontrastieren mit dem Weg und den Bäumen, die hell angestrahlt sind.

▲ INNENANSICHT VON EUGÈNE ATGET
Der französische Fotograf Atget (1857–1927) hielt die rasanten Veränderungen im Paris des 19. und 20. Jh. fest. Seine Dokumentarfotos haben den Rang von Kunstwerken.

HAT DIE FOTOGRAFIE DIE MALEREI BEEINFLUSST?

Beide Künste haben sich wechselseitig beeinflusst. Die Impressionisten z. B. ließen sich von den zufälligen Ergebnissen der Schnappschüsse inspirieren, etwa wenn Personen verschwommen abgebildet oder am Bildrand einfach abgeschnitten waren. Die Porträt- und Landschaftsfotografie ist oft von der Malerei beeinflusst.

◄ *AFGHANISCHES MÄDCHEN*, STEVE MCCURRY
Dieses Foto eines afghanischen Mädchens entstand 1984 in einem Flüchtlingslager in Pakistan und erschien erstmals auf der Titelseite der Zeitschrift *National Geographic*. Den Blick dem Fotografen und dem Betrachter direkt zugewandt, hat das Mädchen trotz Armut und Angst nichts von seiner Würde verloren. Ein unvergessliches Porträt – wie die Mona Lisa von Leonardo da Vinci.

WIE FUNKTIONIERT DIE FARBFOTOGRAFIE?

In der Fotografie setzen sich alle Farben aus den drei Grundfarben Rot, Blau und Grün zusammen. Ein Farbfilm hat drei lichtempfindliche Schichten, von denen jede auf eine dieser drei Farben reagiert. So entstehen drei Bilder in diesen Grundfarben, die man übereinanderlegt, um eine Wiedergabe aller Farben zu erreichen.

WIE FUNKTIONIERT DIGITALE FOTOGRAFIE?

Digitalkameras werden immer beliebter. Sie arbeiten nicht mit Film, sondern mit lichtempfindlichen Sensoren. Digitalkameras sorgen dafür, dass das Motiv automatisch perfekt belichtet und dank Autofokus scharf abgebildet wird. Die Fotos werden auf entfernbaren Karten gespeichert. Man kann sie über den PC ausdrucken lassen oder im Internet versenden.

SIEHE AUCH ⏭ Farbe 180 • Licht 178–179 • Linsen 181 • Malerei 320–321 • Medien 298–299

DESIGN

Design bezeichnet die Art und Weise, wie etwas geplant, entworfen und hergestellt wird. Ein Designer versucht Dinge zu schaffen, die gut aussehen und ihren Zweck erfüllen. Fast alle Produkte – auch diese Buchseite, die Kleider, die wir tragen, und der Stuhl, auf dem wir sitzen – werden von Designern entworfen.

Ein Irrgarten ist Blickfang und Unterhaltung zugleich.

Pflanzen fügen sich in ein strenges Grundmuster.

▲ GARTENGESTALTUNG Dieser wunderbare Renaissance-Garten der Villa d'Este in Italien beruht auf einem streng geometrischen Design. Manche Gartenentwürfe – wie dieser mit Springbrunnen und Irrgärten – sind akribisch geplant, andere sind eher naturnah und weniger streng gehalten.

WAS MACHT GUTES DESIGN AUS?

Das erfolgreiche Zusammenspiel von Form (wie gut etwas aussieht) und Funktion (wie gut etwas funktioniert) ist die Basis von professionellem Design. Ein Stuhl z.B. sollte schön sein und seinen Zweck erfüllen – nämlich als sicheres und bequemes Sitzmöbel. Es gibt viele Institutionen, die besonders herausragendes Design prämieren.

WARUM ÄNDERT SICH DAS DESIGN MIT DER ZEIT?

Design reagiert immer auf das Lebensgefühl und den Geschmack der Menschen, aber auch auf neue Materialien und Technologien. Die Essgewohnheiten z.B. änderten sich im 20. Jh., die Zubereitung der Speisen sollte schneller erfolgen. Gleichzeitig kamen neue Materialien wie etwa Edelstahl auf. Daher kamen Designerküchen groß in Mode.

Ein Plastikvogel dient als Pfeife

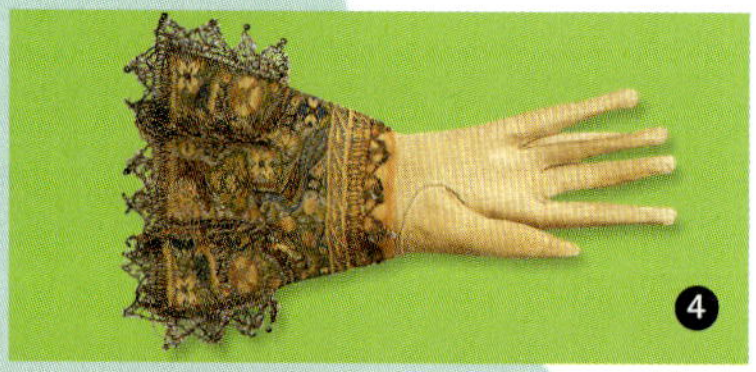

1 Grafikdesign: Dieses Filmplakat wurde von Saul Bass für *Vertigo* (1958) entworfen. Die Spirale erzeugt ein Schwindelgefühl (»vertigo«). **2 Haushalt:** Dieser stilvolle Kessel wurde von Michael Graves entworfen und von Alessi 1985 produziert. **3 Möbeldesign:** Um 1898 kreierte Charles Rennie Mackintosh diesen eleganten Stuhl. **4 Modedesign:** Diesen Lederhandschuh aus dem 16. oder 17. Jh. zieren Brokatstulpen. **5 Markendesign:** Dies ist das Logo von Apple Macintosh, dem Hersteller der ersten farbigen Computer. **6 Produktdesign:** Praktischer Ring-Pull-Verschluss. **7 Modedesign:** Diesen neuen Look führte Twiggy 1967 vor. **8 Autodesign:** 1998 brachte VW das Modell Käfer aus den 30er-Jahren des 20. Jh. neu heraus.

WIE WIRD EIN PRODUKT ENTWORFEN?

Zuerst machen Designer eine grobe Skizze und denken über das Material nach, um dann genauere Zeichnungen anzufertigen. Am Computer kreieren sie dreidimensionale Modelle, die sie auf dem Bildschirm von allen Seiten betrachten können. Meist wird zuerst ein Prototyp gebaut und getestet, ehe das neue Produkt in Serie geht.

WIE LANGE GIBT ES SCHON MODEDESIGN?

Mit Nadeln aus Mammut-Elfenbein oder Rentierknochen nähten die Menschen vor ca. 40 000 Jahren die ersten Kleider aus Fellen. Diese sollten vor Kälte schützen, aber mit der Zeit legte man auch immer mehr Wert auf ihr Aussehen. In vielen alten Kulturen wie Ägypten, Griechenland und Rom war Mode ein Zeichen von Reichtum und Rang.

Design

SIEHE AUCH ⏭ Architektur 328–329 • Bautechnik 202–203 • Kino 346–347 • Renaissance 398 • Technologie 154

ANGEWANDTE KUNST

Im Gegensatz zu den Kunstgattungen Malerei und Bildhauerei bezeichnet der Begriff Angewandte Kunst besonders gestaltete Gebrauchsgegenstände. Dazu zählen Textilien, Schmuck und Produkte aus Glas und Keramik.

WELCHE GROSSEN NAMEN GIBT ES IN DER ANGEWANDTEN KUNST?

Der berühmteste Kunsthandwerker ist wohl William Morris (1834–1896). Er war der Meinung, dass das Kunsthandwerk das Leben der Menschen verbessert. Seine Firma stellte Möbel her, Wandteppiche, Buntglas, Stoffe, Teppiche und Tapeten – in Mustern, die noch heute beliebt sind. Andere berühmte Namen sind Clarice Cliff (1899–1972) und Louis Comfort Tiffany (1848–1933).

WANDUHR *STARBURST*, 1953 ►
Diese Uhr des amerikanischen Designers George Nelson besitzt zwölf bunte Strahlen zur Markierung der Stunden.

1 Keramik: Vase aus dem alten Griechenland. **2 Keramik:** Dieser Art-déco-Teller im Design »Autumn« wurde von Clarice Cliff handbemalt. **3 Textilien:** Der finnische Designer Maija Isola schuf dieses florale Muster in den 60er-Jahren des 20. Jh. **4 Textilien:** Stofftapeten nach diesem Entwurf von William Morris werden noch heute produziert.

5 Textilien: Ausschnitt aus einem persischen Bidjar-Teppich, um 1890. **6 Schmuck:** Emailbrosche im Art-déco-Stil, um 1925. **7 Metallarbeit:** Der Lampenschirm *Artischocke* wurde von Paul Henningsen 1958 kreiert. Er wird von der Firma Louis Poulsen in Kupfer und Stahl hergestellt und ist noch heute beliebt. **8 Buntglas:** Diese gläserne Tischlampe schuf der amerikanische Glasdesigner Tiffany im Art-nouveau-Stil.

WAS IST ART DÉCO?

Zwischen den beiden Weltkriegen eroberte dieser dekorative Stil alle Bereiche der angewandten Kunst – vom Schmuck bis zu Keramik, Möbeln und Architektur. Er nahm gestalterische Elemente von Schmuckgegenständen der Azteken, der alten Ägypter und des Kubismus auf. Seine Hauptmerkmale sind klare Linien, kräftige Farben und geometrische Formen.

WO WURDE DAS ERSTE PORZELLAN HERGESTELLT?

Porzellan kommt ursprünglich aus China, wo es seit über 1000 Jahren hergestellt wird. Ende des 13. Jh. kamen die ersten Porzellangegenstände nach Europa, aber erst im 18. Jh. gelang es auch in Deutschland, Porzellan herzustellen. Die Stadt Meißen, in der 1710 die erste Porzellanmanufaktur entstand, ist bis heute für dieses Kunsthandwerk berühmt.

Angewandte Kunst

SIEHE AUCH ⏭ Altes Griechenland 376–377 • Bildhauerei 323 • Chinas erster Kaiser 378

ARCHITEKTUR

Architektur ist die Kunst, Gebäude zu entwerfen. Architekten entwerfen Gebäude unterschiedlicher Größen und Formen, vom einstöckigen Haus bis zu ⏭ WOLKENKRATZERN. Das Zusammenspiel von Form und Funktion muss stimmen, da Gebäude sicher sein und ihren Zweck erfüllen müssen, aber auch gut aussehen sollen.

WARUM SEHEN BAUTEN SO UNTERSCHIEDLICH AUS?

Das Aussehen eines Gebäudes hängt von mehreren Faktoren ab: von Baustoff und Bautechnik, dem architektonischen Entwurf und dem Zweck. Wohnhäuser, Bürogebäude und Sakralbauten z.B. erfüllen ganz unterschiedliche Funktionen, was sich im Baustil widerspiegelt.

▲ MAILÄNDER DOM
Das im 14. Jh. begonnene und im 19. Jh. fertiggestellte Bauwerk gehört zu den größten Kathedralen der Welt. In der Fassade spiegeln sich mehrere Stile wider, darunter Gotik und Neoklassizismus.

WAS IST NACHHALTIGE ARCHITEKTUR?

Das Ziel nachhaltiger Architektur ist es, durch einen möglichst sparsamen Verbrauch von Energie und Rohstoffen schon in der Bauphase die Umwelt zu schonen. Zum Einsatz kommen erneuerbare Baumaterialien, nicht giftige Farben, Sonnenkollektoren, gute Isolierung und Toiletten mit sparsamem Wasserverbrauch.

WIE ARBEITEN ARCHITEKTEN?

Zusammen mit seinem Kunden bespricht der Architekt den Typ des gewünschten Hauses und den Baupreis. Dann setzt er sich ans Zeichenbrett oder er erstellt die Pläne gleich mithilfe eines Computerprogramms. Bauingenieure überprüfen anschließend Sicherheit und Stabilität des geplanten Neubaus.

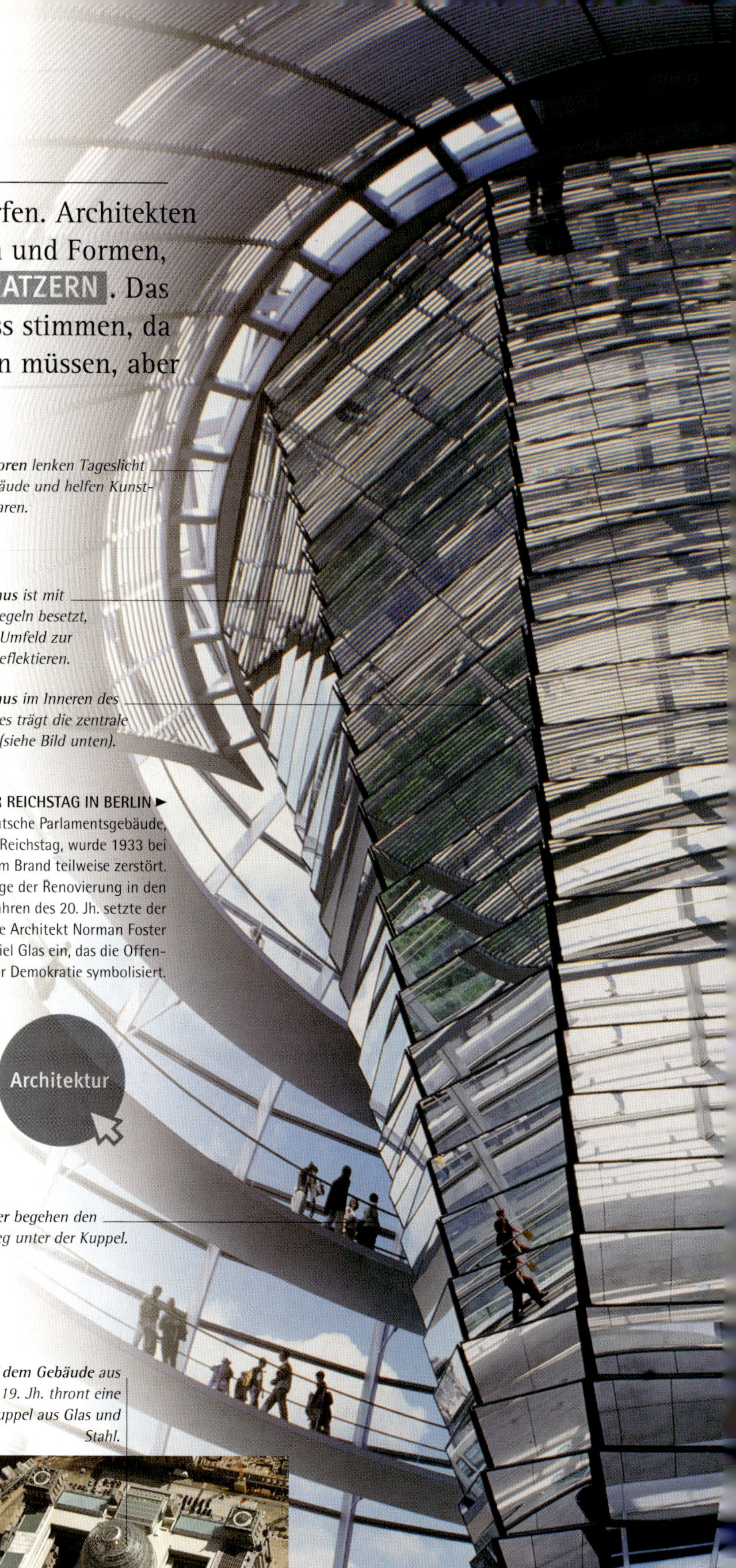

DER REICHSTAG IN BERLIN ►
Das deutsche Parlamentsgebäude, der Reichstag, wurde 1933 bei einem Brand teilweise zerstört. Im Zuge der Renovierung in den 90er-Jahren des 20. Jh. setzte der britische Architekt Norman Foster sehr viel Glas ein, das die Offenheit der Demokratie symbolisiert.

Architektur

AUSSENANSICHT DES REICHSTAGS

DER SAPPORO DOME IN JAPAN ► Dieses futuristische Stadion wurde für die Fußballweltmeisterschaft des Jahres 2002 gebaut. Das durchsichtige Kuppeldach besteht aus Fiberglas mit Teflonbeschichtung. Der Platz aus Naturrasen kann heraus- und hineingefahren werden.

WELCHE MATERIALIEN VERWENDEN ARCHITEKTEN?

Herkömmliche Materialien sind Stein, Holz, Ziegel und Beton. Aber im Zuge neuer Techniken entwickeln sich auch neue Materialien. Stahl und Glas etwa sind heute weit verbreitet. Fiberglas mit einer haltbaren Kunststoffschicht aus Teflon überzogen ergibt eine Membran, die wie eine Haut über ein Stahlgitter gespannt werden kann.

WAS BEDEUTET KLASSISCHE ARCHITEKTUR?

Die Architektur der alten Griechen und Römer mit ihren ausgewogenen, harmonischen Proportionen gilt als klassisch. Sie hat die westliche Baukunst in hohem Maß beeinflusst. Manche modernen Architekten verwenden noch heute Elemente der klassischen Tradition.

▲ PARTHENONTEMPEL IN ATHEN
Die dorischen Säulen dieses Tempels trugen einst an Vorder- und Rückseite des Tempels ein mit Skulpturen geschmücktes Tympanon (Giebelfeld). Der Parthenon war einst ein Meisterwerk klassischer Architektur.

KLASSISCHE SÄULENORDNUNGEN

Die Architektur des antiken Griechenland gliedert sich in drei Ordnungen (Stile). Jede hatte ihre besonderen Merkmale in der Gestaltung der Säulen.

WOLKENKRATZER

Der Ausdruck Wolkenkratzer kam um 1885 in den USA auf. Er bezeichnete damals neuartige, sehr hohe Bürogebäude in New York und Chicago. Mit bis zu zwölf Stockwerken galten diese Gebäude als einzigartig.

WAS IST DAS HÖCHSTE GEBÄUDE DER WELT?

Bis zur Erfindung der Stahlskelettbauweise konnte man nur bis zu einer Höhe von 75 m bauen. 2010 wurden die Petronas Towers in Kuala Lumpur – mit je 452 m die höchsten Gebäude der Welt seit 1998 – von einem neuen Wolkenkratzer in Dubai überboten. Der Burdsch Chalifa ist 828 m hoch.

DAS CHRYSLER BUILDING IN NEW YORK ►
Dieses 1930 fertiggestellte Meisterwerk des Art déco ist 319 m hoch und galt für kurze Zeit als das höchste Gebäude der Welt. Schon 1931 wurde ihm dieser Rang vom 381 m hohen Empire State Building abgelaufen.

SIEHE AUCH ⏭ Altes Griechenland 376–377 • Bautechnik 202–203 • Design 326

MUSIK

Musik ist die Kunst, Töne so zu erzeugen und anzuordnen, dass sie unterhalten. Die Menschen hören und kreieren Musik aus Freude oder um Ideen und Gefühle auszudrücken. Musikrichtungen sind u. a. Klassik, Jazz und Pop.

WIE ENTSTEHT MUSIK?

Instrumente bringen wie auch die menschliche Stimme Töne hervor. Jeder Ton hat eine bestimmte ⏭ TONHÖHE. Diese Töne werden so arrangiert, dass sich ⏭ RHYTHMUS und ⏭ MELODIE ergeben. Musik kann spontan entstehen oder aber durch die jahrelange Arbeit eines Komponisten.

▲ WOODSTOCK, USA, 1969
Joe Cocker und seine Band auf der Bühne des Woodstock-Festivals. Rund 500 000 Menschen erlebten damals den Auftritt von 30 Spitzenbands und Musikern. Es war das erste Festival für populäre Musik.

WIE KÖNNEN WIR MUSIK FESTHALTEN?

Man kann Musik auswendig lernen, sie aufschreiben oder technisch aufzeichnen. Die heute bei uns übliche Notenschrift beruht auf einem System fünf paralleler Notenlinien, die alle eine bestimmte Tonhöhe darstellen. Mithilfe von Symbolen, den Noten, schreibt ein Komponist Melodie und Rhythmus eines Musikstücks auf.

KONZERTE ►
Konzerte finden auf einer Bühne vor Publikum statt. Die meisten Menschen hören vor allem Aufnahmen (auf CD, im Radio und in Clubs), aber Musikern unmittelbar beim Spielen zuzuhören, ist ein einzigartiges Erlebnis.

*Ein **Kontrabass** hat vier Saiten, es kann aber eine fünfte für tiefere Noten aufgezogen werden.*

*Die **Saiten** mit der Hand zu zupfen erzeugt einen markanteren Rhythmus als sie mit dem Bogen zu streichen.*

*Die Saiten werden über den **Untersattel** gespannt.*

Musik

RHYTHMUS

Die Basis jeder Musik ist der Taktschlag, der das Tempo vorgibt. In Bezug auf den Taktschlag können die einzelnen Töne verschiedene Längen haben. Indem er die jeweilige Länge der aufeinanderfolgenden Töne festlegt, gibt der Komponist den Rhythmus eines Musikstücks vor.

WELCHE GRUNDRHYTHMEN GIBT ES?

Der einfachste Rhythmus besteht aus einer Folge von zwei Schlägen (1-2) und ist in etwa den Schritten beim Gehen vergleichbar. Ein anderer Grundrhythmus ist der Walzer mit drei Schlägen (1-2-3). Beide werden jeweils auf dem ersten Schlag betont. Den Grundrhythmus eines Musikstücks bezeichnet man als Takt.

▲ TROMMELN
Man schlägt den Rhythmus mit Schlägeln per Hand oder Fußpedal.

Das **Saxofon** ist ein Holzblasinstrument, kein Blechblasinstrument, da das Mundstück aus einem Rohrblatt besteht.

TONHÖHE

Töne oder Noten haben immer eine bestimmte Tonhöhe. Erklingen zwei oder mehrere Töne gleichzeitig, nennt man das Harmonie. Harmonien können die Stimmung eines Musikstücks beeinflussen und es eher fröhlich oder traurig klingen lassen.

WARUM HABEN NOTEN VERSCHIEDENE TONHÖHEN?

Die Höhe einer Note hängt davon ab, wie schnell der Ton schwingt: Schnelles Schwingen erzeugt einen hohen Ton, langsames einen tieferen Ton. Die Anzahl der Schwingungen pro Sekunde nennt man auch die Frequenz des Tons. Der Kammerton A ist der Grundton, nach dem die meisten Instrumente gestimmt werden.

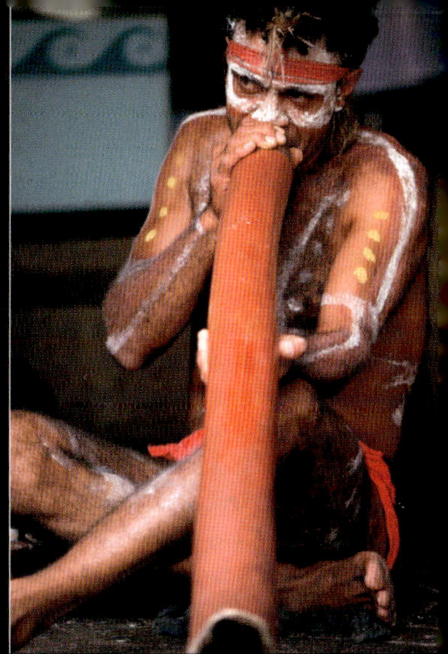

▲ DIDGERIDOO
Die Töne, die man mit einem Didgeridoo erzeugen kann, haben eine niedrige Frequenz und sind deshalb sehr tief.

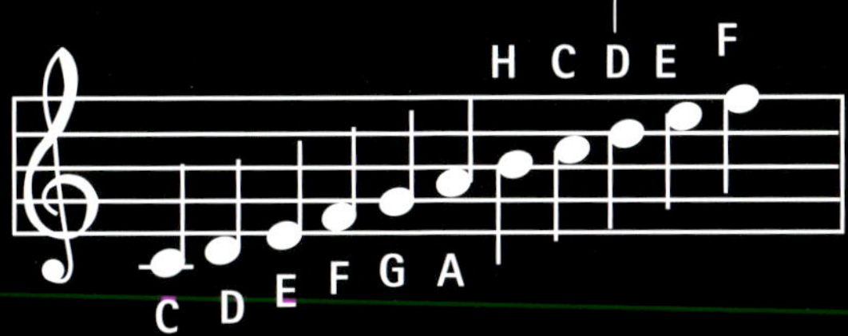

Die ***Töne*** *einer Tonleiter werden mit Buchstaben bezeichnet. Nach einer Oktave (acht Töne) beginnen sie wieder von vorn.*

◄ TONLEITER IN C-DUR
Die Tonart, z. B. C-Dur, gibt vor, auf welchem Grundton eine Tonleiter aufbaut und welche Töne dadurch in ihrer Tonhöhe verändert werden. C-Dur ist die Grundtonart.

MELODIE

Die Aneinanderreihung von Tönen unterschiedlicher Höhe und Länge ergibt eine Melodie. Einfache Melodien bestehen nur aus wenigen, komplexere jedoch aus vielen verschiedenen Tönen und Rhythmen. Gute Melodien werden oft zu Ohrwürmern.

WIE VIELE MELODIEN GIBT ES?

Komponisten lassen sich immer wieder neue Melodien einfallen, wenn auch viele oft sehr ähnlich klingen. Die Tonleiter der westlichen Musik besteht nur aus sieben Grundtönen, aber die Möglichkeiten, diese zu Harmonien und Rhythmen zu arrangieren, sind scheinbar endlos. Andere Kulturen haben kompliziertere Tonleitern, auf deren Basis sich noch mehr Melodien bilden lassen.

▲ RAVI SHANKAR
Der Sitar-Spieler Ravi Shankar (geb. 1920) spielt Ragas. In der klassischen indischen Musik gibt es rund 130 dieser Melodieformen.

◄ BILLIE HOLIDAY
Billie Holiday (1915–1959) war eine berühmte Jazzsängerin. Sie sang hauptsächlich bereits bekannte Lieder, aber ihre herausragende Stimme machte jedes Stück einzigartig.

SIEHE AUCH ⏭ Komposition 333 • Musical 338 • Musikinstrumente 332 • Oper 338 • Orchester 335 • Popmusik 334

MUSIKINSTRUMENTE

Es gibt die unterschiedlichsten Instrumente, um Töne zu erzeugen und Musik zu machen. Manche bestehen nur aus einem Stück Holz, andere sind sehr kompliziert. Jedes der zahllosen verschiedenen Instrumente auf der Welt hat seinen eigenen Klang.

▲ FLÜGEL
Beim Anschlagen einer Taste schlägt im Inneren ein Hammer eine Saite an. Diese vibriert und erzeugt einen Ton. Bei einem Flügel verlaufen die Saiten waagrecht, bei einem Klavier aus Platzgründen senkrecht.

*Die **Tastatur** besteht aus 88 Tasten. Dazwischen liegt jeweils ein Halbton.*

*Am **Stimmwirbel** lassen sich Spannung und Tonhöhe der Saite regulieren.*

*Ein mit Filz **bezogener Hammer** schlägt die Saite an.*

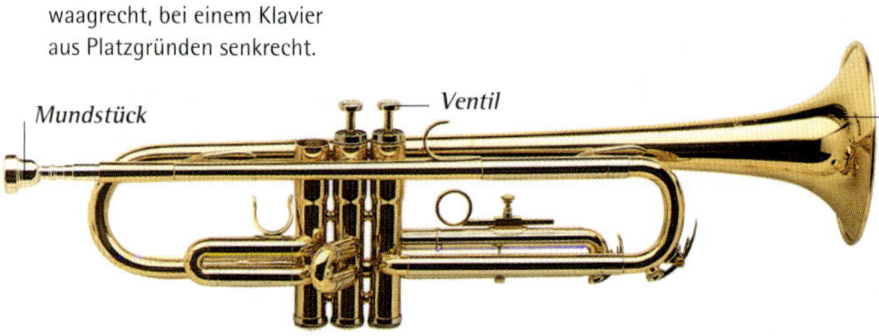

*Der **Schalltrichter** verbreitet den Klang.*

▲ TROMPETE
Blechblasinstrumente werden durch ein metallenes Mundstück angeblasen, die vibrierenden Lippen des Bläsers versetzen dabei die Luft in Schwingung. Über die Ventile variiert man die Rohrlänge und somit die Tonhöhe.

WIE TEILT MAN DIE MUSIKINSTRUMENTE EIN?

Bei akustischen Instrumenten entsteht der Klang durch bestimmte physikalische Vorgänge. Danach teilt man sie in verschiedene Gruppen ein: Schlaginstrumente, Blasinstrumente (Blechblas- und Holzblasinstrumente), Saiteninstrumente und Tasteninstrumente.

▲ SCHLAGZEUG
Trommeln gehören zu den Schlaginstrumenten. Dieses Standard-Schlagzeug verwenden Jazz- und Rockmusiker. Ein Drummer braucht eine gute Koordination, da oft mehrere Instrumente gleichzeitig bedient werden.

WIE BRINGEN INSTRUMENTE TÖNE HERVOR?

Ein Instrument klingt, wenn Teile davon in Schwingung versetzt werden. Die Luftsäule im Inneren eines Blasinstruments, die Saiten eines Streichinstruments oder das gespannte Fell einer Trommel: Sie alle vibrieren beim Spielen. Diese Schwingungen erzeugen Schallwellen in der Luft, die wir als Töne wahrnehmen.

◄ VIOLINE
Wie fast alle Saiteninstrumente hat auch die Violine vier Saiten. Die Saiten werden durch Zupfen oder Streichen mit dem Bogen in Schwingung versetzt.

WIE FUNKTIONIEREN ELEKTRONISCHE INSTRUMENTE?

Elektronische Instrumente sind mit akustischen Instrumenten nicht vergleichbar. Sie erzeugen ein elektrisches Signal, das dann zu einem Verstärker weitergeleitet und über einen Lautsprecher hörbar gemacht wird. Mithilfe eines Synthese genannten Verfahrens kann man auf elektronischen Instrumenten herkömmliche Klänge imitieren oder ganz neuartige erzeugen.

Musik-instrumente

SIEHE AUCH ⏭ Musik 330–331 • Orchester 335 • Schall 176–177

KOMPOSITION

Musik entsteht fast immer zuerst im Kopf des Komponisten und wird dann in einer ⏭ PARTITUR niedergeschrieben. Man unterscheidet zwischen Vokal- und Instrumentalmusik. Ein Musikstück kann wenige Minuten oder mehrere Stunden dauern. Ein Popsong, eine Filmmusik oder eine Mozart-Sinfonie – allesamt sind Kompositionen.

▲ SÄNGER UND SONGWRITER
Die Amerikanerin Alicia Keys (geb. 1981) schreibt die Texte und Musik fast aller ihrer Lieder selbst. Dagegen war die Jazzsängerin Ella Fitzgerald (1917–1996) berühmt für ihre Interpretationen der Werke anderer Komponisten.

WOHER NEHMEN KOMPONISTEN IHRE IDEEN?

Komponisten lassen sich von einer schon bestehenden Melodie inspirieren oder von wenigen Noten, die sie gehört haben. Manchmal verleihen sie auch ihrer Stimmung Ausdruck. Außerdem können Personen, Theaterstücke, Gedichte, Romane, Gemälde oder Landschaften Komponisten zu einem Musikstück anregen. Sakrale Musik ist vom Glauben an Gott inspiriert.

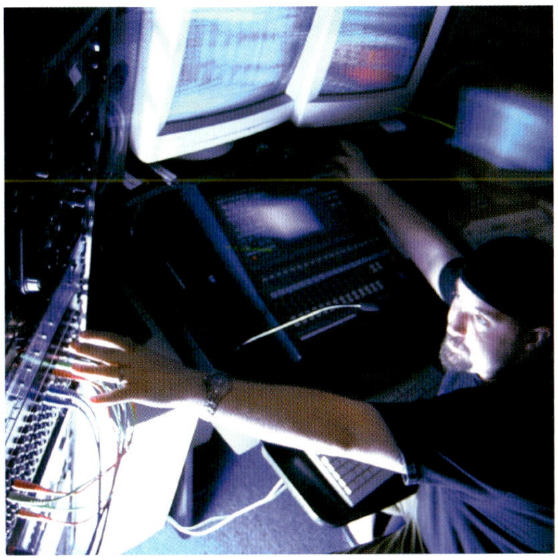

▲ TECHNIK IN DER MUSIK
Computer haben das Komponieren schneller gemacht. Anstatt von Hand können Komponisten eine Partitur mithilfe einer speziellen Software schreiben. Mit elektronischen Instrumenten können sie auch Melodien aufzeichnen, um auf diese Weise ein Stück nach und nach aufzubauen.

AUS WELCHEN TEILEN BESTEHT EINE KOMPOSITION?

Es gibt Vokalmusik (mit Gesang) und Instrumentalmusik (ohne Gesang). Lieder bestehen meist aus mehreren Strophen mit einem Refrain. Instrumentalmusik kann aus mehreren Sätzen bestehen. Ein Konzert für ein Orchester und einen oder mehrere Solisten hat meist drei Sätze, während eine Sinfonie, ein großes Orchesterwerk, vier oder fünf Sätze umfasst.

WAS ENTSTEHT ZUERST – DER TEXT ODER DIE MUSIK?

Manche Komponisten schreiben zuerst die Musik, die dann die Inspiration für den Textschreiber liefert. Andere Komponisten brauchen eine Textgrundlage als Inspirationsquelle zum Komponieren. Manchmal verfasst auch ein Komponist den Text und die Musik.

WERDEN ALLE MUSIKSTÜCKE KOMPONIERT?

Jazzmusik entsteht häufig spontan, indem die Musiker improvisieren. Sie beginnen oft gemeinsam mit einer Melodie, die sie dann einzeln oder als Gruppe abwandeln, bis ein neues Stück daraus entsteht. Folk und Blues waren immer von freiem Improvisieren bestimmt, d.h., Texte und Musik wurden spontan verändert.

GROSSE KOMPONISTEN

1567–1643	Claudio Monteverdi
1685–1750	Johann Sebastian Bach
1685–1759	Georg Friedrich Händel
1756–1791	Wolfgang Amadeus Mozart
1770–1827	Ludwig van Beethoven
1882–1971	Igor Strawinski

Komposition

PARTITUR

Eine Partitur ist eine Komposition in schriftlicher Form. In ihr sind Tempus, Rhythmus, Tonart und Instrumente verzeichnet. Früher schrieb man Partituren von Hand, heute entstehen die meisten am Computer.

WAS SIND STIMMEN IN EINER PARTITUR?

Eine vollständige Partitur enthält die komplette Komposition für alle Musiker, während die Stimmen einer Partitur nur jene Noten umfassen, die ein einzelner Musiker spielt oder singt. Der Dirigent hat eine Ausgabe der Gesamtkomposition vor sich. Einzelne Musiker brauchen dagegen nur die Noten für ihr Instrument.

*Das **Pausenzeichen** zeigt, dass eine Stimme an dieser Stelle nicht spielt.*

***Zwei Notenzeilen** repräsentieren die Ober- und Unterstimme. In diesem Klavierstück spielt die rechte Hand die Oberstimme, die linke Hand die Unterstimme.*

HANDSCHRIFTLICHE PARTITUR ►
Die Partitur ist aus dem berühmten Klavierstück *Das wohltemperierte Klavier* von Johann Sebastian Bach. Diese Fuge wurde in der Tonart C-Moll geschrieben. Eine Fuge ist eine Kompositionsform, in der die verschiedenen Stimmen Variationen eines Themas spielen.

SIEHE AUCH ⏭ Kino 346–347 • Lyrik 343 • Musik 330–331 • Oper 338 • Orchester 335

*Die **akustische Gitarre** tauschte Elvis später gegen die elektrische Gitarre aus.*

***Glamouröse Bühnenkleidung** wie dieses Cowboyhemd aus Satin wurde zu Elvis' Markenzeichen.*

▲ ELVIS PRESLEY (1935–1977)
Elvis Presley ist der berühmteste Rock 'n' Roller und einer der erfolgreichsten Sänger aller Zeiten. Er war ebenso berühmt für seinen Hüftschwung wie für seine warme, unverwechselbare Stimme. Seine Songs waren an die amerikanische Country- und Bluestradition angelehnt.

POPMUSIK

Popmusik ist überwiegend Vokalmusik für ein meist junges Massenpublikum. Früher erschien sie als Vinylplatte, während Musik heute fast nur noch als Compact Disc (CD) oder als Download-Datei erhältlich ist. Ihr Erfolg spiegelt sich in der Position in den ⏭ CHARTS wider.

WANN ENTSTAND POPMUSIK?

Populäre Musik gibt es seit Ende des 19., Anfang des 20. Jahrhunderts. Varieté-Besucher durften die beliebten Lieder, die während der Vorstellung gespielt wurden, in Form von Notenblättern mit nach Hause nehmen. Ab etwa 1930 traten Bing Crosby und Frank Sinatra zusammen mit Swing-Orchestern auf. In den 50er-Jahren wurde Rock 'n' Roll mit Songs über Rebellion und Liebe populär.

WELCHE STILE GIBT ES IN DER POPMUSIK?

Bands der eigentlichen Popmusik bestehen aus Sängern, Gitarre, Keyboard und Schlagzeug. Rockmusik ist härter und von Gitarrenriffs geprägt. Auch der Reggae aus Jamaika, Countrysongs aus den USA und Ethnomusik wie Rai aus Algerien sind auf der ganzen Welt populär.

Popmusik

◄ POPSTAR
Popgrößen wie Britney Spears sind international berühmt. Ihre Platten verkaufen sich millionenfach.

GOLDENE SCHALLPLATTE ►
Erreicht ein Album oder eine Single eine bestimmte Verkaufszahl, verleiht die Plattenfirma dem Künstler ein vergoldetes Exemplar der Platte. Diese Scheibe erhielt die schwedische Gruppe Abba.

DIE CHARTS

Die Charts sind eine Verkaufsrangliste, an der sich die Popularität aktueller Popsongs ablesen lässt. Nummer eins zu werden ist der Traum aller Popmusiker. Die Charts zeigen Spitzentitel, die Platzierung von Neuzugängen sowie Aufsteiger und Absteiger.

WARUM GIBT ES MEHRERE CHARTS?

Musikzeitschriften, Radio- und Fernsehsender und verschiedene Organisationen stellen eigene Charts zusammen. Am bekanntesten sind die wöchentlichen Popcharts für Alben und Singles, aber es gibt auch Charts für andere Musikrichtungen wie Klassik oder Jazz. Charts erscheinen in unterschiedlichen Zeitabständen in fast allen Ländern.

WIE KOMMT MAN AUF PLATZ EINS?

Ein Titel kommt auf Platz eins, weil in einem bestimmten Zeitraum die meisten Platten von ihm verkauft wurden. Damit keine Plattenfirma versucht mit Sonderpreisen und anderen Tricks die Verkaufszahlen in die Höhe zu treiben und so die Charts zu beeinflussen, werden alle Hitlisten auf ihre Richtigkeit hin überprüft.

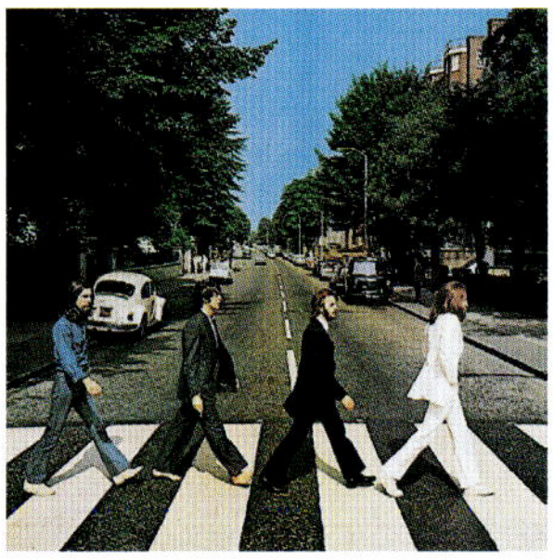

▲ DIE BEATLES AUF DER ABBEY ROAD
Das Album *Abbey Road* wurde in den Studios an der Abbey Road in London aufgenommen. 1969 kam es auf Platz eins der Albumhitlisten. In England blieb es 81 Wochen in den Charts.

SIEHE AUCH ⏭ Komposition 333 • Musical 338 • Musik 330–331

ORCHESTER

Eine Gruppe von Musikern, die unter der Leitung eines Dirigenten musiziert, bezeichnet man als Orchester. Dieses spielt Musik, die speziell für die Aufführung durch ein Orchester mit bestimmten Instrumenten komponiert wurde. Manchmal wird ein Orchester auch von Solisten angeführt.

▲ SIR SIMON RATTLE
Sir Simon Rattle ist ein berühmter Dirigent, der mit Mimik und Gestik seine Vorstellung vermittelt, wie die Musik klingen soll.

▲ INDONESISCHES GAMELAN-ENSEMBLE
Das javanische Gamelan-Orchester besteht überwiegend aus Schlaginstrumenten, darunter Gongs, Metallofonen und Trommeln. Holzblas- und Saiteninstrumente wie Flöten und Lauten vervollständigen den faszinierenden, vom Rhythmus getragenen Klang, der sich ganz wesentlich von dem eines westlichen Sinfonieorchesters unterscheidet.

WELCHE ARTEN VON ORCHESTERN GIBT ES?

Große Orchester nennt man Sinfonieorchester oder philharmonische Orchester, kleinere Orchester heißen Kammerorchester. Bestimmte Teile eines Orchesters können auch einzeln musizieren – dann spricht man z.B. von einem Streichorchester.

IN WELCHER ANORDNUNG SITZEN DIE MUSIKER?

Ein Orchester ist in Instrumentengruppen unterteilt. Die Streicher – Violinen und Cellos – sitzen vorn. Die Holzbläser – Oboen, Klarinetten und Fagotte – und die Blechbläser – Trompeten, Hörner – sitzen in der Mitte. Die Schlaginstrumente – Pauken und Xylofon – haben ihren Platz ganz hinten.

WAS IST DIE AUFGABE EINES DIRIGENTEN?

Ein Dirigent achtet darauf, dass die Musiker perfekt zusammenspielen. Er gibt das Tempo und die Anzahl der Schläge pro Takt an. Der Taktstock soll seine Handbewegungen verdeutlichen.

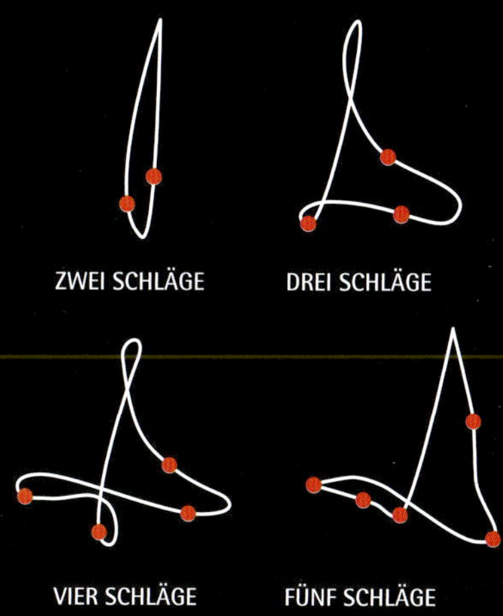

▲ SCHLAGMUSTER
Feste Schlagmuster geben den Takt an.

▲ ORCHESTER
Das Zusammenspiel aller Musiker eines Orchesters bietet eines der eindrucksvollsten Klangerlebnisse der klassischen Musik.

SIEHE AUCH ⏭ Komposition 333 • Musikinstrumente 332 • Oper 338

OPER

Opern sind vertonte Theaterstücke, in denen fast nur gesungen wird. Sie kommen oft in prachtvollen Opernhäusern zur Aufführung – mit Kostümen und Dekorationen von eindrucksvoller Opulenz. Die Musik ist voller Dramatik und Leidenschaft. Die Ursprünge der Oper liegen im Europa der Renaissance.

Oper

WELCHE STIMMLAGEN GIBT ES IN DER OPER?

Operngesang ist technisch schwierig und erfordert eine jahrelange Ausbildung. Die stimmliche Bandbreite bei den Frauen reicht vom Sopran (hoch) über Mezzosopran (mittel) bis zum Alt (tief), bei den Männern vom Tenor (hoch) über den Bariton (mittel) bis hin zum Bass (tief).

AUS WELCHEN TEILEN BESTEHT EINE OPER?

Am Anfang steht die Ouvertüre (instrumental). Die Lieder der Solisten werden Arien (italienisch für »Melodie«) genannt. Dazwischen gibt es gesprochene Abschnitte, Rezitative, die die Handlung vorantreiben. Die großen Opern bestehen aus mehreren Akten.

▼ *LA TRAVIATA*
Eine der berühmtesten Opern ist *La Traviata* (Die vom Weg Abgekommene) von Giuseppe Verdi (1813–1901), einem italienischen Komponisten. Sie handelt von der tragischen Liebe zwischen Violetta und Alfredo.

SIEHE AUCH ⏭ Musik 330–331 • Theater 344–345

▲ *SINGIN' IN THE RAIN*
Dieses Filmmusical aus dem Jahr 1952 mit Gene Kelly in der Hauptrolle wurde dank seiner Titelmelodie weltberühmt. Kelly singt dieses Lied und tänzelt dabei in strömendem Regen von einer Straßenlaterne zur nächsten.

MUSICAL

Musicals sind Stücke mit Gesang und Tanz. Im Mittelpunkt stehen eingängige Melodien sowie eine dramatische und sich rasant entwickelnde Handlung. Musicals werden in Theatern aufgeführt, aber meist auch verfilmt. Beliebte Musicals stehen oft jahrelang auf dem Spielplan.

WO LIEGEN DIE URSPRÜNGE DES MUSICALS?

Das Musical entstand in Großbritannien im späten 19. Jh. Es ist eine Verschmelzung der Operette (heiteres musikalisches Bühnenwerk) mit den Gesangs- und Tanzeinlagen der Music Hall. Seine moderne Form, die einer unterhaltsamen Show aus Musik und Tanz, erlangte das Musical in den Theatern am Broadway in New York.

WIE ENTSTEHT EINE MUSICALPRODUKTION?

Musicals sind meist aufwendige Produktionen mit einer großen Truppe aus Sängern und Tänzern. Ein Musicalfilm erfordert oft Hunderte von Ausstattungsextras. Ein Komponist schreibt die Musik, die Tanzeinlagen kreiert ein Choreograf. Gesangs- und Tanzlehrer helfen den Darstellern bei der Bewältigung ihrer Rollen. Musicalinszenierungen sind oft optisch spektakulär.

Musical

SIEHE AUCH ⏭ Kino 346–347 • Tanz 336–337

SCHREIBEN

Zunächst mussten die Menschen alles Wissen im Kopf behalten. Erst die Schrift ermöglichte, dass Wissen aufgezeichnet werden konnte. Später wurde das Schreiben auch zu einer Möglichkeit, sich selbst auszudrücken.

Verzierte Großbuchstaben, Initialen, leiten das Kapitel ein.

Die Seitenränder schmücken farbige Illustrationen – hier ein Blumenmuster.

Der lateinische Text beschreibt das Leben des hl. Sebastian.

STUNDENBUCH ►
Diese mittelalterlichen Gebetbücher wurden oft von Mönchen verfertigt. Sie dienten der privaten Andacht zu bestimmten Tageszeiten. Die sorgfältig auf Pergament verfassten Handschriften wurden mit farbiger Tinte koloriert. Dieses Exemplar entstand 1470 im Auftrag der französischen Adelsdame Margaret de Foix.

WIRD DAS SCHREIBEN VON HAND AUSSTERBEN?

Die ersten Schriftzeichen wurden in Lehm geritzt und die alten Ägypter schrieben mit Federn oder Stäbchen, die sie in Tinte tauchten. All diese Techniken sind heute ausgestorben und vielleicht wird die Textverarbeitung die Handschrift eines Tages ganz ersetzen.

WAS IST KREATIVES SCHREIBEN?

Mit kreativem Schreiben erzählt man Geschichten, beschreibt Ereignisse und Orte aus der Fantasie und drückt Gedanken aus. Geschichtsbücher und Biografien dagegen zeichnen Fakten auf. Kreatives Schreiben bringt Gedichte hervor, Romane, Erzählungen und Dramen, aber auch Tagebücher bieten Platz für Kreativität.

Diese steinernen Hieroglyphen aus dem 7. Jh. stammen aus dem Palast von Palenque in Mexiko.

◄ DIE SCHRIFT DER MAYA
Die Hieroglyphenschrift der Maya beruht auf Bild- und Symbolzeichen. Diese Hieroglyphen zeigen vier Piktogramme.

Schreiben

WAS IST ANALPHABETENTUM?

Analphabeten können weder lesen noch schreiben. Diese Menschen sind im Alltag sehr benachteiligt. Sie haben keinen Zugang zu schriftlichen Informationen, können keine Formulare ausfüllen und auch keine Briefe und E-Mails schreiben.

SIEHE AUCH ⏭ Erste Schriften 369 • Schriftsteller 348

DRUCKTECHNIK

Die Drucktechnik ermöglichte die massenhafte Verbreitung des geschriebenen Worts. Schon im 8. Jh. kannten die Chinesen Holzdruckstöcke. Um 1450 erfand Johannes Gutenberg den Druck mit beweglichen Metalllettern.

Druck-technik

▲ FRÜHE DRUCKWERKSTATT
Dieses Gemälde zeigt eine Druckwerkstatt im Frankreich des 17. Jh. Man setzte die Lettern (Buchstaben) zuerst in einem Rahmen zusammen und fügte dann Druckfarbe hinzu. Mittels einer Holzpresse konnten dann von dieser Druckvorlage beliebig viele Drucke hergestellt werden.

WIE VERLIEF DIE ENTWICKLUNG DES BUCHDRUCKS?

Bewegliche Lettern aus Blei – Buchstaben, die zu Worten gesetzt und nach dem Druck erneut verwendet werden – revolutionierten die Drucktechnik. Dadurch konnte der steigende Bedarf an billigen Druckerzeugnissen gedeckt werden. In jüngster Zeit haben elektronische Druckverfahren die Herstellung von Büchern abermals beschleunigt.

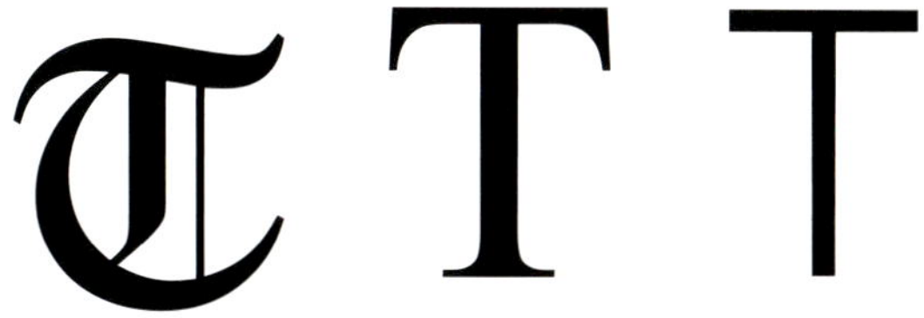

OLD ENGLISH — TIMES — UNIVERS

▲ SCHRIFTTYPEN
Für die Buchstaben des Alphabets wurden unterschiedlich gestaltete Schrifttypen entwickelt. Historische Typen sind eher verschnörkelt, moderne Schriftarten schlichter. Alle Schrifttypen haben einen Namen.

SIEHE AUCH ⏭ Design 326 • Industrielle Revolution 418–419 • Reformation 399

MYTHEN

Alle Kulturen haben Mythen – Geschichten, in denen sich Religion und Gesellschaft widerspiegeln. Sie handeln von Göttern und Helden und ergründen die großen Fragen des Lebens: »Woher kommen wir?«, »Warum sind wir hier?« und »Warum gibt es das Böse?«.

WAS SIND HELDEN?

Helden sind Menschen mit übermenschlichen Kräften, die oftmals von einem göttlichen Elternteil abstammen. Wahrhaft heldenmütig bestehen sie innere und äußere Kämpfe, um damit einen einzelnen Menschen, ihre Familie oder ein ganzes Volk zu retten.

▼ *BHAGAVAT PURAN*
Dieser heilige Hindutext basiert auf indischer Geschichte und Mythologie. Hier ruhen der Gott Rama (eine Gestalt des obersten Gottes Vishnu) und seine menschliche Frau Sita auf einer fünfköpfigen Schlange.

▲ DER GRIECHISCHE MYTHOS VON PERSEPHONE
Die Göttin Persephone wird in die Unterwelt entführt. Demeter, ihre Mutter und Göttin des Ackerbaus, trauert um sie und die Felder liegen brach. Immer im Frühling darf Persephone auf die Erde zurück und die Natur ergrünt.

WARUM GIBT ES MYTHEN?

Mythen sind zeitlos, denn sie enthalten unveränderliche Wahrheiten über die Gefühle des Menschen. Der Persephone-Mythos z. B. handelt vom Wechsel der Jahreszeiten, führt uns aber auch die enge Verbindung zwischen Mutter und Tochter vor Augen.

WAS IST MÜNDLICHE ÜBERLIEFERUNG?

Ehe man begann Literatur aufzuschreiben, wurde sie über große Zeiträume hinweg von einem Geschichtenerzähler an den anderen mündlich weitergegeben. Auf diese Weise sind Mythen entstanden. Noch heute werden Lieder und Kindergeschichten mündlich tradiert.

SACHBÜCHER

Sachbücher beschreiben Tatsachen. Die wichtigsten Genres sind Geschichtsbücher, Essays, Reiseliteratur, Briefe, Biografien und Tagebücher. Die erste historische Darstellung schilderte die Perserkriege. Der griechische Autor Herodot schrieb sie um 430 v. Chr.

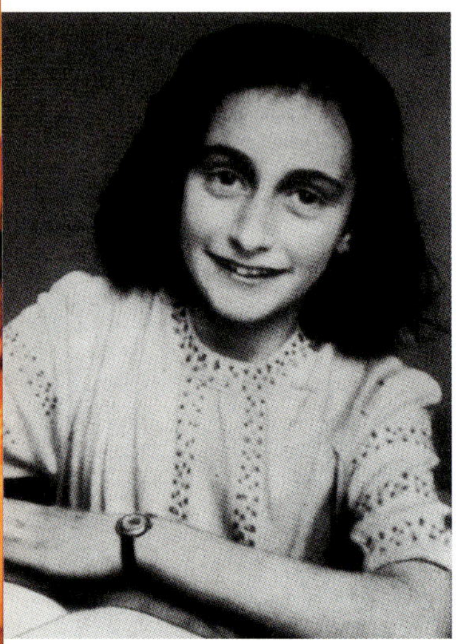

▲ *DAS TAGEBUCH DER ANNE FRANK*
Das jüdische Mädchen Anne Frank berichtet, wie sie und ihre Eltern sich in Amsterdam vor den Nazis versteckten, und beschreibt auf bewegende Weise ihren bedrückenden Alltag. Anne Frank starb 1945 in einem Konzentrationslager.

SIND ALLE SACHBÜCHER AUCH LITERATUR?

Viele Sachbücher sind Ratgeber oder reine Nachschlagewerke. Sie wollen in erster Linie informieren und dabei sind Stil und Sichtweise des Autors nicht so wichtig. Im Vergleich dazu können bei einer Biografie der Stil und die Darstellungsweise des Autors entscheidend sein für das Verständnis des Themas.

WORIN BESTEHT DER WERT VON TAGEBÜCHERN?

Tagebücher sind meist nicht für die Veröffentlichung bestimmt. Der große englische Tagebuchschreiber Samuel Pepys (1633–1703) verwendete eine Geheimschrift. Seine Tagebücher enthalten neben der Beschreibung wichtiger öffentlicher Ereignisse auch persönliche Bekenntnisse und zeichnen ein lebendiges Bild der Zeit.

▲ WILDER TRUTHAHN, VON JAMES AUDUBON
Audubon (1785–1851) schrieb und illustrierte Bücher zu naturgeschichtlichen Themen, darunter *Die Vögel Amerikas*. Er ist berühmt für seine detailgetreuen, handkolorierten Stiche.

SIEHE AUCH ⏭ Schreiben 339 • Schriftsteller 348 • Theater 344–345

LYRIK

Lyrik ist Literatur, die mit Klangwirkungen und Bildern arbeitet, weshalb sie ursprünglich vor Publikum rezitiert (laut gesprochen) wurde. Rhythmus und Klang der Wörter beeinflussen ihre Bedeutung. Die Sprache der Lyrik ist sehr dicht und drückt Gefühle und Vorstellungen aus.

GIBT ES UNTERSCHIEDLICHE ARTEN VON LYRIK?

Das Epos – die früheste Gedichtform – ist ein langes Erzählgedicht, das von Heldentaten handelt. Lyrische Gedichte dagegen sind kurz. Sie wurden zunächst zur Lyra (einem alten Instrument) gesungen und drücken oft Gedanken und Gefühle aus. Versdramen beinhalten verschiedene Rollen und können inszeniert werden.

WELCHES IST DAS ÄLTESTE GEDICHT?

Das älteste Literaturdenkmal ist das rund 4000 Jahre alte *Gilgamesch-Epos* aus Babylon. Es erzählt die Geschichte des Gottkönigs Gilgamesch. Das älteste Gedicht in englischer Sprache, *Beowulf*, stammt aus dem 8. Jh. n. Chr. Die erste größere Dichtung in deutscher Sprache, die den Endreim verwendet, ist das *Evangelienbuch* Otfrieds von Weißenburg (um 870).

▲ LYRIK AUF DEM PODIUM
Gedichte kommen laut vorgetragen oft am besten zur Geltung. Hier rezitiert der englische Dichter Benjamin Zephaniah seine Werke. Gesprochene Texte, wie sie in Rap und Hip-Hop vorkommen, sind eine neue Form der Lyrik.

WELCHE POETISCHEN STILMITTEL GIBT ES?

Poetische Stilmittel sind Tricks und Techniken, durch deren Anwendung sich die Lyrik von der Alltagssprache unterscheidet. Bei der Alliteration z. B. wird der Anfangslaut bei aufeinanderfolgenden Wörtern wiederholt, wie etwa in der Wendung »klirrende Kälte«. Andere häufig angewandte Stilmittel sind die Metapher und der Vergleich. Bei einem Vergleich erscheint die Partikel »wie« (»Meine Liebe ist wie eine rote Rose«), bei einer Metapher fällt sie weg (»Meine Liebe – eine rote Rose«).

WAS IST DAS METRUM?

Das Metrum bezeichnet den Rhythmus eines Gedichts. Dieser entsteht durch den Wechsel von betonten und unbetonten Silben. Die Silben werden nach festen Mustern arrangiert, die man Versfuß nennt. Der Trochäus ist ein Fuß aus betonter und unbetonter Silbe. Die erste Zeile unten ist z. B. ein vierhebiger Trochäus.

REIM UND METRUM

1 — x́ x | x́ x | x́ x | x́ x
Fest gemauert in der Erden — **A**
x́ x | x́ x | x́ x | x́ — 2
Steht die Form in Lehm gebrannt. — **B**
x́ x | x́ x | x́ x | x́ x
Heute muss die Glocke werden. — **A**
x́ x | x́ x | x́ x | x́
Frisch, Gesellen, seid zur Hand. — **B**

»Erden« klingt wie »werden«. Das ist ein Reim.

Dieses Reimschema nennt man Kreuzreim (ABAB).

1 Das Zeichen x́ steht für eine betonte Silbe, das x für eine unbetonte.
2 Endet die Zeile auf einer betonten Silbe, spricht man von einem »männlichen«, bei unbetonter Silbe von einem »weiblichen« Versende.

HABEN ALLE GEDICHTE REIM UND RHYTHMUS?

Reime sind dem Thema oder dem Ton eines Gedichts nicht immer angemessen. Der Blankvers z. B. folgt einem festen Metrum, ist aber nicht gereimt. Ein berühmtes Beispiel dafür ist das Epos *Das verlorene Paradies* von John Milton (1608–1674). Freien Versen liegt überhaupt kein Metrum zugrunde.

WAS UNTERSCHEIDET VERS UND STROPHE?

Der Begriff »Verse« kann Lyrik ganz allgemein bezeichnen, in der Regel sind damit jedoch die Verszeilen einer Strophe gemeint. Strophen aus drei Versen sind Terzette, solche aus vier Versen Quartette. Die längste Strophe hat zwölf Verse.

KARAWANE
jolifanto bambla ô falli bambla
grossiga m'pfa habla horem
égiga goramen
higo bloiko russula huju
hollaka hollala
anlogo bung
blago bung
blago bung
bosso fataka
ü üü ü
schampa wulla wussa ólobo
hej tatta gôrem
eschige zunbada
wulubu ssubudu uluw ssubudu
tumba ba- umf
kusagauma
ba - umf

▲ *KARAWANE*, HUGO BALL
Mit lautmalerischen Fantasiewörtern, in verschiedenen Schrifttypen gedruckt, gelingt es dem Dichter Hugo Ball (1886-1927), beim Leser die Vorstellung einer Elefantenkarawane hervorzurufen.

▲ HAIKU AUS DEM 18. JH.
Diese Kurzform der japanischen Dichtung besteht aus nur 17 Silben. Ein Haiga ist ein gemaltes Bild, das Inhalt und Text eines Haikus wiedergibt.

AUF DIESEM GASTFREIEN HERRN LANDET DAS FEDERVIEH GERN ... ►
Der englische Dichter Edward Lear (1812–1888) gilt als Begründer der Unsinnspoesie in Form des Limericks. Dieser besteht aus fünf Zeilen, die auf witzige und oft unerwartete Art und Weise gereimt sind. Lear illustrierte seine Gedichte selbst.

Lyrik

THEATER

Im Theater kommt ein Stück (Drama) auf einer **BÜHNE** vor Publikum zur Aufführung. Die ersten Theater entstanden im alten Griechenland. Dort wurden die beiden wichtigsten Dramengattungen gezeigt: **TRAGÖDIE** und **KOMÖDIE**.

Theater

WAS WAREN DIE ERSTEN STÜCKE?

Der Ursprung des Dramas liegt in kultischen Feiern, bei welchen ein Chor Geschichten von Göttern und Helden rezitierte. Im 6. Jh. v. Chr. brachte Thespis, ein griechischer Dichter, die ersten Dialoge auf die Bühne.

WER IST AN EINER AUFFÜHRUNG BETEILIGT?

Der Regisseur wählt das Stück aus und verteilt die Aufgaben. Die Schauspieler bringen in ihrer jeweiligen Rolle die Handlung auf die Bühne. Weitere Personen entwerfen Bühnenbild und Kostüme, kümmern sich um Beleuchtung und Ton.

◄ MACBETH IN ZULULAND Shakespeares *Macbeth* (1606) spielt hier im Afrika des 20. Jh., was die Zeitlosigkeit der Themen des Stücks unter Beweis stellt.

KABUKI-THEATER ► Diese traditionelle Form des japanischen Theaters kennt nur männliche Darsteller (auch für die Frauenrollen). Die hochdramatischen Stücke erfordern eine Ausbildung auch in Tanz und Gesang.

*Die **auffällige Schminkmaske** heißt Kumadori. Rot auf einem weißen Gesicht symbolisiert Wut und Grausamkeit.*

*Ein **Bühnenassistent** kümmert sich extra um die Kostüme.*

***Hakama** nennt man den geschlitzten Rock eines Samurai (Kriegers). Jede Figur hat ein spezielles Kostüm.*

▲ ELISABETHANISCHES KOSTÜM
Volpone (1606) von Ben Johnson gehört zu den vielen Stücken, die während oder kurz nach der Regierungszeit von Königin Elisabeth I. (1558–1603) entstanden sind. Historische Kostüme lassen diese Zeit wieder lebendig werden.

WAS IST PANTOMIME?
In der Pantomime drückt man Stimmungen und Gedanken allein durch Gesten und Gesichtsmimik aus. Die beiden für diese Gattung berühmten Charaktere, die Clowns Harlekin und Pierrot, entwickelten sich im 19. Jh. auf den Bühnen Italiens. Im chinesischen Theater gab es bis zum 19. Jh. nur stumme Rollen.

GIBT ES THEATERSTÜCKE NUR IM THEATER?
Straßentheater wird auf öffentlichen Plätzen aufgeführt und ist für die Zuschauer meist kostenlos. Damit erhalten auch jene Menschen, die sonst kein Theater besuchen, die Chance, sich mit Themen auseinanderzusetzen, die alle Menschen gleichermaßen berühren.

GROSSE DRAMATIKER

16.–17. Jh.	Shakespeare (England)
17. Jh.	Molière (Frankreich)
18.–19. Jh.	Goethe (Deutschland)
19. Jh.	Wilde (England)
19.–20. Jh.	Tschechow (Russland)
19.–20. Jh.	Ibsen (Norwegen)
20.–21. Jh.	Miller (USA)
20.–21. Jh.	Soyinka (Nigeria)

TRAGÖDIE

Tragödien sind traurige Stücke ohne glückliches Ende. Sie entstanden in Griechenland im 5. Jh. v. Chr. Der Held der klassischen Tragödie ist edel und gut, geht aber durch tragische Verfehlungen unter.

WARUM SEHEN SICH DIE MENSCHEN TRAGÖDIEN AN?
Der griechische Philosoph Aristoteles (384–322 v. Chr.) sagt, das Publikum nehme teil an Furcht und Schmerz der Bühnenfiguren. Am Ende des Stücks fühlen sich die Zuschauer geläutert und erleichtert. Man nennt diesen Vorgang Katharsis.

GIBT ES AUCH MODERNE TRAGÖDIEN?
Es gibt moderne Tragödien, aber anders als bei den griechischen Dramen ist die Hauptfigur meist ein ganz normaler Mensch mit vielen Fehlern. Die Tragödie nimmt ihren Lauf nicht wegen eines tragischen Fehlverhaltens, sondern weil ihre Illusionen zerstört werden.

▲ GRIECHISCHER CHOR
Der Chor in der griechischen Tragödie war eine Gruppe von Darstellern, die zusammen auftraten und rituelle Tanzschritte vollzogen. Er hatte die Funktion, die Handlung begleitend zu kommentieren.

▲ FARCE
Eine Farce ist eine ins Lächerliche übersteigerte Form der Komödie. (*Der nackte Wahnsinn*, M. Frayn)

KOMÖDIE

Komödien sind Stücke zum Lachen. Sie handeln von Menschen und deren Beziehungen. Indem wir über das Ungeschick der Figuren lachen, erreichen wir ein tieferes Verständnis ihrer oft aussichtslosen Lage.

IST DIE SATIRE EINE FORM DER KOMÖDIE?
Die Satire ist eine schärfere Form der Komödie, die Gesellschaftskritik betreibt, indem sie die Schwächen öffentlicher Personen aufzeigt. Sie arbeitet mit den Mitteln der Karikatur und des Spotts. Die ersten großen Satiren entstanden in der römischen Antike.

BÜHNE

Eine Theaterbühne ist ein Podium, auf dem Stücke aufgeführt werden. Die alten Griechen saßen in runden Freilufttheatern, sogenannten Amphitheatern. Die Römer hatten kleinere Theater mit fest eingebauten Kulissen und ausgeklügelter Beleuchtung.

SIND ALLE BÜHNEN GLEICH GEBAUT?
Die häufigste Bühnenform ist die Guckkastenbühne. Bei ihr ist das Publikum von der Spielfläche durch einen Vorhang getrennt. Andere Bühnenformen sollen den Kontakt zwischen Publikum und Schauspielern verbessern.

BÜHNENFORMEN ►
Vorbild für die Arenabühne ist das griechische Theater. Die Raumbühne war im Elisabethanischen England sehr beliebt.

BÜHNE ZUSCHAUER

ARENABÜHNE RAUMBÜHNE GUCKKASTENBÜHNE

SIEHE AUCH ⏭ Oper 338 • Schriftsteller 348

KINO

Das Kino ist ein populäres Unterhaltungsmedium, das mit bewegten Bildern eine Geschichte erzählt. Die ersten Filme waren Stummfilme. Mit *Jazz Singer* erschien 1927 der erste Tonfilm, der erste Farbfilm folgte wenig später. Heute sind in vielen Filmen ⏭ SPEZIALEFFEKTE zu sehen.

WO WERDEN FILME GEDREHT?

Filme entstehen in Studios an einem Set – originalgetreuen Nachbauten realer Schauplätze. Unterwasserszenen werden oft in großen Aquarien gedreht. Filme werden aber auch direkt am Schauplatz aufgenommen (im Freien oder in echten Gebäuden). Filmaufnahmen in Städten macht man oft morgens bei leeren Straßen.

▲ DREHARBEITEN
Der Regisseur Alfred Hitchcock (2. von rechts) dreht mit dem Schauspieler Paul Newman (links) eine Szene des Films *Der zerrissene Vorhang* (1966). Die Kamera wird mit dem Kamerawagen bewegt.

WAS MACHT EIN REGISSEUR?

Der Regisseur wählt das Drehbuch zu einem Film aus und setzt es nach eigenen Vorstellungen um. Er bestimmt die Schauspieler und bespricht mit ihnen die Rollengestaltung. Am Set folgt das gesamte Team, vom Beleuchter bis zum Kameramann, seinen Anweisungen.

SEIT WANN GIBT ES KINO?

Die erste Filmmaschine wurde 1889 in den USA von Thomas Alva Edison erfunden. 1895 zeigten die französischen Brüder Lumière erstmals Filme für ein zahlendes Publikum. Schon 20 Jahre später dominierte ⏭ HOLLYWOOD die Filmindustrie der Welt.

*Ein **Raumschiff** als Filmschauplatz war zur damaligen Zeit eine Sensation. Der Regisseur George Lucas ließ sich von Science-Fiction-Romanen inspirieren.*

***C-3PO** ist ein Androide, ein intelligenter Roboter. Er hat einen kleineren Gefährten namens R2-D2.*

***Prinzessin Leia** (Carrie Fisher) ist Rebellenführerin im Kampf gegen das galaktische Imperium. Sie wird unterstützt von dem Schmuggler Han Solo (Harrison Ford), hier rechts im Bild.*

Kino

KRIEG DER STERNE (1977) ▶
Dieser Film von George Lucas mit seinen atemberaubenden Spezialeffekten und der breit angelegten Handlung war ein Meilenstein in der Geschichte des Kinos. Er wurde mit sieben Oscars ausgezeichnet.

▲ BOLLYWOOD
Bombay, das Zentrum der indischen Filmindustrie, wird scherzhaft auch Bollywood genannt. Meist entstehen dort Liebesfilme mit Gesang und Tanz.

▲ STUNTS
Stunts sind gefährliche Szenen, in denen die Schauspieler meist von einem Double vertreten werden. Zhang Ziyi jedoch spielte in dem Film *Tiger & Dragon* (2000) alle Kampfszenen selbst.

▲ LITERATURVERFILMUNGEN
Viele Filme haben ein Buch als Vorlage. *Ein perfekter Ehemann* (1999) basiert auf einem Stück Oscar Wildes von 1895. Historische Filme werden oft »Kostümfilme« genannt.

HOLLYWOOD

Hollywood – ein Vorort von Los Angeles – ist das Weltzentrum der Filmindustrie. Das sonnige Kalifornien lockte die ersten Filmemacher an, weil das damalige Filmmaterial starkes Licht brauchte. Zudem bot die Landschaft eine abwechslungsreiche Szenerie.

WARUM IST HOLLYWOOD SO BERÜHMT?

Die großen Studios in Hollywood kontrollierten die Filmindustrie viele Jahre lang, weil sie nicht nur Filme herstellten, sondern auch einen Großteil der Kinos besaßen. Mit ihrem Einfluss machten sie ihre Schauspieler zu Weltstars. Heute unterstützen und vertreiben die großen Studios auch Filme kleinerer Unternehmen. Neben Hollywood haben unbekanntere Filmländer wie Indien eine große Anhängerschaft.

OSCAR-STATUETTE ►
Die Trophäe wird für bestimmte Kategorien (z. B. bester Schauspieler) von der amerikanischen Akademie für Filmkunst verliehen. Dargestellt ist ein Ritter mit Schwert auf einer Filmrolle.

© A.M.P.A.S. ®

***TITANIC* ▲**
Der Film *Titanic* (1997) war ein Kassenknüller, der Millionen Dollar einspielte, der aber auch bei der Oscarverleihung richtig abräumte. Mit insgesamt elf Oscars liegt er neben *Ben Hur* (1959) und *Herr der Ringe 3* (2004) an der Spitze.

SPEZIALEFFEKTE

Man bezeichnet damit Techniken zur Erzeugung von Illusionen. Verborgene Drähte z. B. ermöglichen den Eindruck, ein Schauspieler würde fliegen. Heute entstehen jedoch die meisten Effekte am Computer.

WIE SAHEN SPEZIALEFFEKTE FRÜHER AUS?

Eine vorbeiziehende Szenerie wurde auf eine Leinwand hinter den Schauspielern projiziert. Dadurch entstand der Eindruck, ein im Studio stehendes Auto würde fahren. Oder man verdeckte teilweise die Kameralinse, sodass derselbe Film zweimal belichtet werden konnte. Damit gab man den Schauspielern einen Hintergrund.

MASKE ▲
Arnold Schwarzenegger wird als *Terminator* (1984) geschminkt. Blutrote Farbe täuscht eine Wunde vor, unter der Roboterteile zum Vorschein kommen.

▲ GENRES
Mit Genre bezeichnet man eine Filmkategorie wie den Western. Der Western *Die glorreichen Sieben* (1960) basiert auf dem japanischen Film *Die sieben Samurai*.

▲ SPEZIALEFFEKTE
Diese Explosion aus dem Film *The Rock – Fels der Entscheidung* (1996) wurde zunächst gefilmt und dann am Computer nachbearbeitet, um die furchterregende Wirkung noch zu steigern.

▲ STUDIOAUFNAHMEN
Für den James-Bond-Film *Der Spion, der mich liebte* (1977) wurden aufwendige Kulissen nachgestellt. Hier ist das Innere eines Supertankers zu sehen.

SIEHE AUCH ⏭ Animationsfilm 349 • Literatur 340–342 • Musical 338

SPIELZEUG

Mit Spielzeug haben sich Kinder seit jeher die Zeit vertrieben, weil es Spaß macht und oft lehrreich ist. Es gibt traditionelle Spielsachen – wie Puppen und Bälle – und Hightech-Spielzeug, darunter elektronische Roboter, ferngesteuerte Autos und Spielkonsolen.

▲ »AIBO« VON SONY
Dieser batteriebetriebene Roboter-Hund verhält sich wie ein richtiger Hund. Er kann mit einem Ball spielen oder um Futter betteln.

ANTIKER TEDDYBÄR ►
Die Firma Steiff stellte 1903 ihre ersten Teddybären her. Bären aus dem Hause Steiff sind berühmt für ihre Qualität.

WARUM SPIELEN WIR?

Spielsachen helfen Kindern, ihre Umwelt zu »begreifen« und soziale Umgangsformen einzuüben. So lernen Kinder zu teilen, indem sie mit ihrem Teddy Tee trinken. Sie entwickeln ihre Fantasie, wenn ihre Puppe unglaubliche Abenteuer besteht. Auch Erwachsene haben oft Spielzeug. Sie basteln Drachen und sammeln Modelleisenbahnen.

WAS SIND DIE ÄLTESTEN SPIELSACHEN?

Zu den ältesten Spielsachen gehört der Kreisel. Die ersten Kreisel waren Gegenstände aus der Natur wie Muscheln oder Eicheln. Später kamen Kreisel aus Ton dazu, wie man sie in der alten mesopotamischen Stadt Ur fand. Auf englischen Dorfplätzen des 18. Jh. wurden Riesenkreisel gesichtet, die als Sportgeräte fungierten. Jo-Jos gab es bereits im alten Ägypten, wo man glaubte, sie sicherten den Beistand der Götter.

Spielzeug

▲ KREISEL
Heutige Kreisel funktionieren fast alle mechanisch. Mehr Geschick erfordert es, einfache Kreisel mit den Fingern zum Laufen zu bringen.

SIEHE AUCH ⏭ Musikinstrumente 332

SPIELE

Spiele sind nach Regeln ablaufende Freizeitaktivitäten für zwei oder mehr Teilnehmer. Es gibt reine Intelligenzspiele (z.B. Schach) und Glücksspiele (z.B. Würfelspiele). Man spielt zum Spaß, zuweilen auch vor Publikum.

WIE ALT IST DAS SCHACHSPIEL?

Das Schachspiel entstand wohl vor rund 1400 Jahren in China oder Indien. Von dort breitete es sich über Nordafrika nach Europa aus. Die heutige Form des Schachspiels kam im 16. Jh. auf. Von da an war sein Siegeszug um die Welt nicht mehr aufzuhalten. Seit einigen Jahren kann man sogar gegen Computer Schach spielen.

WIE WERDEN SPIELE ERFUNDEN?

Die Hersteller von Spielen beschäftigen eigene Erfinder, viele Spiele jedoch werden von Menschen erfunden, die einfach eine zündende Idee haben. Scrabble wurde 1931 von einem arbeitslosen Architekten erfunden und Monopoly dachte sich ein amerikanischer Verkäufer 1933 zur Zeit der großen Wirtschaftskrise aus.

◄ MANCALA
Mancala gilt als das älteste Brettspiel der Welt und stammt aus Afrika. Ziel dieses Kombinationsspiels ist es, alle Spielsteine des Gegners zu erobern.

▲ GO
Go ist ein altes japanisches Brettspiel. Zwei Spieler versuchen Gebiete auf dem Spielfeld und gegnerische Steine zu erobern.

Spiele

SCHACH ►
Schach wird auf 8 x 8 abwechselnd schwarzen und weißen Feldern gespielt. Jeder der zwei Spieler hat 16 Spielfiguren. Ziel ist es, die Figuren des Gegners und letztendlich dessen König zu schlagen.

SIEHE AUCH ⏭ Olympische Spiele 356–357

UNTERHALTUNGSELEKTRONIK

Die Unterhaltungselektronik bietet Spaß und Entspannung für die ganze Familie, wobei das Fernsehen eine zentrale Rolle einnimmt. Großer Beliebtheit erfreuen sich aber auch Videofilme, Computerspiele und CDs. Lese- oder Spieleabende geraten dabei immer mehr in den Hintergrund.

▲ PLATTENHÖREN UM 1965
Plattenspieler waren bei der Jugend äußerst beliebt. Vinylplatten gab es als LP und Single.

WIE UNTERHIELT MAN SICH VOR DER FERNSEHÄRA?

Die Menschen mussten sich mit Spielen, Hausmusik oder Lesen selbst die Zeit vertreiben. Mit der Erfindung von Radio und Grammofon Anfang des 20. Jh. boten sich erstmals neue Möglichkeiten der Unterhaltung. So wie wir vor dem Fernseher sitzen und unsere Lieblingssendungen schauen, saßen die Menschen früher vor dem Radio oder Grammofon.

WAS IST HEIMKINO?

Ziel dieser neuen Technik ist es, das Erlebnis eines Kinoabends in den eigenen vier Wänden zu reproduzieren. Die Grundausstattung umfasst einen Breitbandfernseher, DVD-Player und im Raum verteilte Lautsprecher für Surround-Klang. Für eine noch intensivere Kinowirkung benötigt man einen Projektor oder Beamer und eine Leinwand.

▲ LAUTSPRECHER
Die exzentrische Gehäuseform dieser Lautsprecher des Herstellers Blueroom soll den Klang verbessern.

Unterhaltungselektronik

1

2

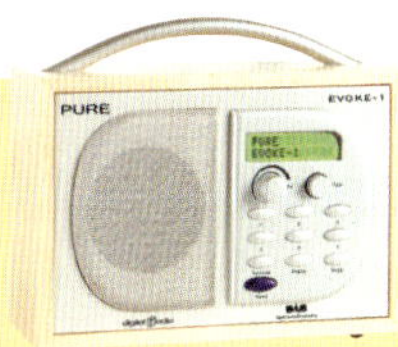

3

4

5

1 MP3-Player speichern Musik auf digitalen MP3-Dateien.
2 DVDs (Digital Video Discs) bieten eine einwandfreie Bildqualität.
3 Digitalradio ermöglicht einen klaren, störungsfreien Klang.
4 Wiedergabegeräte, die für CD, MP3 und Radio geeignet sind.
5 Flachbildfernseher verzerren das Bild nicht mehr.

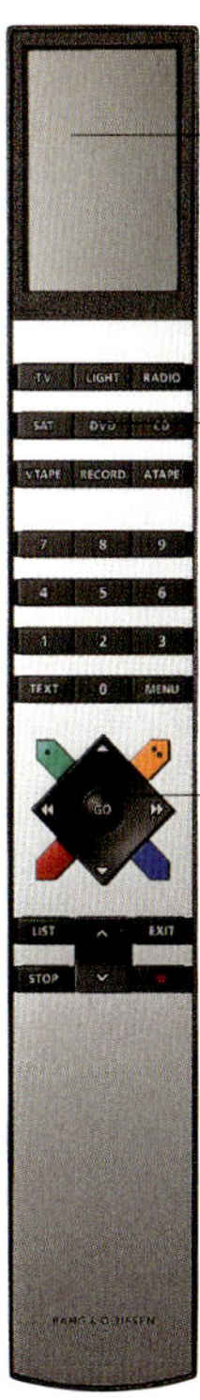

◄ FERNBEDIENUNG
Diese Fernbedienung ermöglicht einen Zugriff auf Hi-Fi-Anlage, Fernseher, DVD- und Video-Player – und sogar die Raumbeleuchtung.

WAS KÖNNEN DIGITALE GERÄTE?

Die Digitaltechnik hat viele Vorteile. Die gesendeten Daten sind hochkomprimiert. Das ermöglicht eine bessere Bild- und Tonqualität und schafft Platz für mehr Sender. Digitaltechnologie macht Radio und Fernsehen zu einem interaktiven Erlebnis.

WAS HEISST HI-FI?

Hi-Fi ist die Abkürzung für High Fidelity. Das bedeutet, dass Musik auf einem Tonträger so klingt wie das Original. Am Anfang der Hi-Fi-Technik stand die Vinylplatte, der aber bald das Magnetband (Musikkassette) folgte. Hi-Fi-Qualität haben auch die digitalen Medien – CDs, Minidiscs und MP3-Dateien.

SUPER MARIO VON NINTENDO ►
Seit dem Videospiel *Donkey Kong* (1981) hatte Super Mario seinen Auftritt in mehr als 100 weiteren Spielen und einem Film.

SIEHE AUCH ⏭ Kino 346–347 • Schall 176–177 • Telekommunikation 192–193

SPORT

Körperliche Aktivitäten, die nach festen Regeln und meist wettkampfmäßig ausgeübt werden, bezeichnet man als Sport. Sie erfordern Ausdauer und Körperbeherrschung. Es gibt Einzel- und ⏭ MANNSCHAFTSSPORTARTEN, Winter-, Motor-, Pferdesport sowie ⏭ EXTREMSPORTARTEN.

TRIEBEN DIE MENSCHEN SCHON IMMER SPORT?

Zu allen Zeiten und in allen Kulturen haben die Menschen Geschicklichkeit und Körperkraft spielerisch eingesetzt. Erste Bälle waren gerolltes Stroh oder die mit Luft gefüllte Blase eines Tiers. Wettkämpfe waren auch Teil religiöser Rituale. Die alten Griechen führten die Olympischen Spiele als regelmäßigen Wettbewerb ein.

SEIT WANN GIBT ES FESTE REGELN IM SPORT?

Die ersten Golfregeln wurden im 18. Jh. in Schottland aufgestellt. In vielen anderen Sportarten – wie etwa im Fußball – bildeten sich seit der Zeit um 1850 feste Regeln heraus. Manche Sportarten sind relativ jung – Basketball wurde erst 1891 erfunden.

WAS IST PROFISPORT?

Im Profisport bekommen die Wettkämpfer feste Gehälter oder Siegprämien, manchmal auch beides. Dagegen werden die Athleten im Amateursport nicht bezahlt. Als es noch keine Profisportarten wie etwa den Fußball gab, mussten die meisten Sportler neben dem Training noch arbeiten.

▲ FORMEL-1
Der Formel-1-Grand-Prix ist das wichtigste Ereignis im Automobilsport. Das Foto zeigt den mehrfachen Weltmeister Michael Schumacher.

▲ TIGER WOODS
Tiger Woods (geb. 1975) ist ein Superstar des Golfsports. Als erster und bisher einziger Spieler gewann er alle vier großen Turniere nacheinander – das Masters- und das PGA-Turnier sowie die US und British Open.

SNOWBOARDING ▲
Snowboarding wurde in den 60er-Jahren des 20. Jh. in den USA erfunden, indem man einfach Skier zusammenband. Das erste richtige, wie ein Surfbrett geformte Snowboard kam 1966 auf den Markt.

*Die richtige Größe eines **Snowboards** hängt von der Schuhgröße, der Körpergröße und dem Gewicht des Athleten ab.*

Sport

MANNSCHAFTSSPORTARTEN

Sportmannschaften müssen vor allem ein gutes Team bilden, um ihr Ziel zu erreichen, d.h. den Gegner zu schlagen. Fast alle Mannschaftssportarten sind Ballspiele. Aufmerksamkeit und Interesse der Fans gelten nicht so sehr einzelnen Spielern, sondern in erster Linie der Mannschaft.

*Ein **Helm** schützt vor Kopfverletzungen bei einem Sturz.*

*Eine **Schneebrille** schützt vor grellem Licht.*

WAS SIND DIE BELIEBTESTEN MANNSCHAFTSSPORTARTEN?

Wie in Deutschland ist Fußball auch weltweit die Sportart Nummer eins, darüber hinaus ist Basketball sehr beliebt. In den USA ist z.B. Baseball Volkssport. Hockey, Handball und Volleyball sind in den Medien weniger präsent, werden aber dennoch gern gespielt.

▲ BASKETBALL
Michael Jordan (geb. 1963) gilt als der beste Basketballspieler aller Zeiten. Der 1,98 m große Spieler gehörte von 1984 bis 1994 und von 1995 bis 1998 den Chicago Bulls an. In dem Jahr dazwischen war er Baseballspieler.

▲ RUGBY
Rugby ist eine sehr körperbetonte Mannschaftssportart, die mit einem eiförmigen Ball gespielt wird. Hier spielen Australien (in Gelb) und Südafrika gegeneinander, zwei Länder, in denen Rugby sehr populär ist.

▲ BASEBALL
Baseball ist die Nationalsportart der USA. Hier versucht der Baseman der New York Yankees den Ball in seinem Handschuh zu fangen, bevor der Läufer das Ziel (die Base) erreicht.

WELCHE AUFGABEN HAT EIN TRAINER?

Ein Trainer trainiert seine Mannschaft so, dass einzelne Spieler zu einem Team zusammenwachsen. Er motiviert die Spieler beim Training dazu, konzentriert und diszipliniert zu üben. Trainer entwerfen auch Spielstrategien oder tauschen bei laufendem Spiel verletzte oder schlechte Spieler aus.

EXTREMSPORTARTEN

Zu den Extremsportarten zählen alle ins Extreme gesteigerten Formen sportlicher Aktivitäten. Extremsportarten sind körperlich sehr anspruchsvoll, gefährlich und manchmal ziemlich abwegig. Vor allem Einzelkämpfer fühlen sich von Extremsportarten angezogen.

WAS SIND DIE X-GAMES?

Das X steht für extrem. Die ersten X-Games fanden 1995 in den USA statt. Heute sind sie der größte internationale Wettbewerb für Extremsportarten. Die Sommerdisziplinen sind Inlineskating, Skateboarding, Stunt-Biking und Motocross; die Winterdisziplinen sind Snowboarding und Skilaufen. Es gab sogar schon Wettkämpfe für Sky-Surfing (mit Gleitfliegern), barfüßiges Wasserskilaufen, Eisklettern und Mountainbiking im Schnee.

KLETTERN ►
Die Französin Catherine Destivelle (geb. 1960) erklimmt eine Felswand in Spanien. Im Gegensatz zum herkömmlichen Klettern, bei dem man sich mit Seilen sichert, klettert sie völlig frei.

SIEHE AUCH ⏭ Leistungssport 354–355 • Olympische Spiele 356–357

LEISTUNGSSPORT

Ziel im Leistungssport ist es, an Meisterschaften teilzunehmen und zu gewinnen. Berühmte Wettkämpfe sind die ⏭ FUSSBALLWELTMEISTERSCHAFT und der ⏭ SUPERBOWL des American Football. Diese Veranstaltungen werden weltweit verfolgt und von namhaften ⏭ SPONSOREN gefördert.

▲ BERÜHMTE ÜBERRESTE
Diesen Pokal erhält der Sieger der Ashes-Test-Series im Kricket. Er soll die Asche der Torpfosten vom ersten Turnierspiel 1882 enthalten.

SEIT WANN GIBT ES IN DEUTSCHLAND WETTKÄMPFE?

Turnen war der erste Sport, der in Deutschland populär wurde. Bereits Anfang des 19. Jh. fanden regionale Turnfeste statt. Weitere moderne Sportarten kamen Ende des 19. Jh. aus England, z.B. Rudern, Schwimmen, Leichtathletik und Fußball. Ab etwa 1880 traten die ersten Fußballmannschaften in Spielklassen gegeneinander an.

WARUM SIND MANCHE TURNIERE SO BERÜHMT?

Turniere werden berühmt wegen ihrer langen Tradition und der bekannten Persönlichkeiten, die an ihnen teilnehmen. Im Lauf der Zeit gewinnen sie eine große Fangemeinde. Manche Turniere werden von Sponsoren gefördert, was ihnen das Interesse der Werbeindustrie und der Medien einbringt.

TOUR DE FRANCE ►
Das Bild zeigt den amerikanischen Radrennfahrer Lance Armstrong bei der Tour de France des Jahres 2000. Er trägt das gelbe Trikot, d.h., er ist der Führende in der Gesamtwertung der bisher gefahrenen Etappen. Die Tour wurde erstmals 1903 ausgetragen.

DIE FUSSBALLWELTMEISTERSCHAFT

Dieses 1930 erstmals abgehaltene und vom Fußballweltverband, der FIFA, organisierte Turnier ist der wichtigste internationale Fußballwettbewerb. Er wird alle vier Jahre ausgetragen. Die Zahl der Teilnehmer ist seit 1930 von 11 auf 32 im Jahr 2002 gestiegen.

Leistungssport

WIE VIELE MENSCHEN VERFOLGEN DIESES TURNIER?

Bei Fußballweltmeisterschaften gibt es heute insgesamt Stadionplätze für 1 Mio. Zuschauer. Dazu kommen 500 Mio. Fernsehzuschauer weltweit. Zum Endspiel in Rio de Janeiro 1950 versammelte sich die größte Zuschauerzahl in der Geschichte des Fußballs – mehr als 200 000 Menschen.

WELCHES LAND HOLTE DIE MEISTEN TITEL?

Brasilien gewann bereits fünfmal (1958, 1962, 1970, 1994 und 2002). Italien gewann viermal (1934, 1938, 1982, 2006) und Deutschland dreimal (1954, 1974, 1990). Uruguay (1930, 1950) und Argentinien (1987, 1986) haben je zweimal gewonnen, England (1966), Frankreich (1998) und Spanien je einmal.

WELTMEISTER DES JAHRES 2010 ►
Iker Casillas, Kapitän und Torwart der spanischen Mannschaft, empfängt die Trophäe nach dem 1:0-Sieg gegen die Niederlande in Johannesburg (Südafrika).

SUPERBOWL

In Amerika ist der Superbowl das größte Sportereignis des Jahres. Er ist das Endspiel zwischen den Siegern der NFL (National Football League) und der AFL (American Football League). Der Gewinner ist amerikanischer Landesmeister.

WANN FAND DER ERSTE SUPERBOWL STATT?

Die NFL wurde 1920 gegründet und war bis zur Gründung der AFL im Jahr 1960 die einzige amerikanische Nationalliga. 1967 trafen die Champions der beiden Ligen erstmals in einem Endspiel aufeinander. Den ersten Superbowl errangen die Green Bay Packers aus Wisconsin. Sie schlugen die Kansas City Chiefs 35 : 10.

WELCHE TEAMS SIND AM ERFOLGREICHSTEN?

Unerreicht sind die Pittsburgh Steelers, die den Superbowl sechsmal gewannen. Die Dallas Cowboys und die San Francisco 49ers haben ihn jeweils fünfmal gewonnen. Die Green Bay Packers, New York Giants, Oakland Raiders und Washington Red Skins jeweils dreimal. Viele Fans tragen Hüte, T-Shirts und Gesichtsbemalungen in den Farben ihrer Mannschaft.

SUPERBOWL XXXVII ►
Die Tampa Bay Buccaneers (in Weiß) gewannen 2003 ihren ersten Superbowl in San Diego. Sie schlugen die Oakland Raiders 48 : 21. Die römische Zahl XXXVII gibt an, dass das Endspiel zum 37. Mal ausgetragen wurde.

SPONSOREN

Große Sportereignisse sind teuer. Neben den Organisationskosten fallen Siegprämien und Spielergehälter an. Große Firmen bezahlen die Organisatoren, Spielstätten und die Spieler, die dafür deren Logos öffentlich präsentieren. Solche Sponsoren »kaufen« sich auch Superstars, um über sie ihre Marke in der Öffentlichkeit bekannt zu machen.

WIE HOCH SIND SPONSORENVERTRÄGE?

Die höchsten Verträge schloss die Firma Nike ab. Der Golfspieler Tiger Woods besitzt einen Fünfjahresvertrag in Höhe von 125 Mio. Dollar und der Basketballstar LeBron James kassierte 90 Mio. Dollar für sieben Jahre. Die brasilianische Fußballnationalmannschaft unterstützt der Sportartikelgigant sogar mit einer Summe von 100 Mio. Dollar.

WIE GROSS IST DER EINFLUSS DER SPONSOREN AUF DIE WETTKÄMPFE?

Viele Verbände richten ihre Wettkämpfe so aus, dass sie für Sponsoren und die Medien attraktiv sind. So wurde im Basketball die 24-Sekunden-Regel eingeführt – ein Team muss 24 Sekunden nach Ballerhalt einen Korbwurfversuch starten. Dadurch wurden die Spiele spannender und für das Fernsehen interessanter.

▲ SERENA WILLIAMS BEI DEN AUSTRALIAN OPEN 2003
1998 unterschrieb die amerikanische Tennisspielerin einen Fünfjahresvertrag über 11,7 Mio. Dollar mit Puma. Bedingung war, dass sie sich einen Platz unter den zehn Weltbesten erkämpfte, was ihr auch gelang.

SIEHE AUCH ⏭ Olympische Spiele 356–357 • Sport 352–353

OLYMPISCHE SPIELE

Die Olympischen Spiele sind das größte Sportereignis der Welt. Als Sommer- und Winterspiele werden sie alle vier Jahre von einer zuvor bestimmten Stadt durchgeführt. Für behinderte Athleten gibt es die Paralympics. Allein bei den Sommerspielen nehmen 10 000 Athleten teil.

*Das **olympische Feuer** ist antiken Ursprungs – die alten Griechen entzündeten es zu Ehren der Göttin Hera.*

*Die **olympische Fackel** kam bei den modernen Spielen erstmals 1936 zum Einsatz, als sie von Staffelläufern von Griechenland nach Berlin getragen wurde.*

◄ OLYMPISCHE SPIELE IN BERLIN, 1936
Die Spiele wurden mit der Entzündung des olympischen Feuers eröffnet. Die von den Nazis ausgerichteten Spiele in Berlin gelten als die ersten, die offen für Propagandazwecke benutzt wurden.

Olympische Spiele

▲ OLYMPISCHE RINGE
Baron de Coubertin will die fünf Ringe auf einem altgriechischen Gegenstand entdeckt haben. Die Ringe symbolisieren die Einheit der fünf Erdteile (Europa, Asien, Afrika, Australien, Nord- und Südamerika). Von den Nationalflaggen der Welt enthält jede mindestens eine dieser fünf Farben.

WER ERFAND DIE MODERNEN OLYMPISCHEN SPIELE?

Ausgrabungen führten im 19. Jh. zu einem großen Interesse am ⏭ ANTIKEN OLYMPIA. Die Griechen versuchten die früher dort abgehaltenen Spiele 1859 und 1870 in Athen wiederzubeleben. Die treibende Kraft hinter der Neubegründung war jedoch der französische Aristokrat Baron de Coubertin (1863–1937). Zu diesem Zweck berief er 1894 eine Konferenz in Paris ein.

WER ORGANISIERT DIE OLYMPISCHEN SPIELE?

Bei der Konferenz von 1894 wurde das Internationale Olympische Komitee (IOC) gegründet, das die Spiele seit dieser Zeit veranstaltet. Das IOC wählt den Austragungsort aus und legt die Wettkampfregeln fest. Wegen Bestechungsskandalen im Umfeld der Wahl des Austragungsorts hat sein Ruf in jüngster Zeit stark gelitten.

WAS IST DAS OLYMPISCHE IDEAL?

De Coubertin sah die Olympischen Spiele als Rahmen zur Feier herausragender sportlicher Leistungen. Im Vordergrund jedoch stand der Gedanke der Völkerverständigung. Dem olympischen Gedanken gemäß sind die Spiele für Amateure bestimmt. Profisportler dürfen nur unter gewissen Bedingungen daran teilnehmen.

DAS ANTIKE OLYMPIA

Die antiken Spiele wurden zu Ehren des Gottes Zeus alle vier Jahre in Olympia veranstaltet. Die Sieger wurden mit Olivenzweigen bekränzt. Die ersten Olymischen Spiele fanden 776 v. Chr. statt. Der erste Olympiasieger hieß Koroibos. Er gewann einen Sprint.

WIE SAHEN DIE ANTIKEN SPIELE AUS?

Die Disziplinen in Olympia 776 v. Chr. waren Pferderennen und Sprints. Später kamen längere Strecken und Sprints in voller Rüstung dazu. Wagenrennen und Kampfspiele wie Boxen und Ringen gehörten ebenfalls bald zum Repertoire. Alle Wettkämpfe fanden im Stadion statt. Die Pferderennbahn nannte sich Hippodrom.

WARUM ENDETEN DIE ANTIKEN SPIELE?

146 v. Chr. eroberten die Römer Olympia. Die Spiele fanden weiterhin statt, wurden aber um 300 wegen einer Germaneninvasion unterbrochen. Als Teil heidnischer Feste wurden die Spiele fortgesetzt, bis der christliche Kaiser Theodosius I. 393 alle heidnischen Bräuche verbot.

▲ RINGER IN DER ANTIKE
Dieses Steinrelief entstand um 510 v. Chr. in Athen. Die Athleten kämpften meist nackt. Frauen durften an den Wettkämpfen weder teilnehmen noch zusehen.

Eiserne Scheiben von unterschiedlichem Gewicht sitzen an den Enden der Hantel.

Spezialanzüge stützen Muskulatur und Rückgrat.

Bandagen beugen einer Abnutzung der Knie vor.

GEWICHTHEBEN ► Hossein Rezazadeh aus Iran stemmt 260 kg, mehr als sein Körpergewicht. 2000 gewann er die Goldmedaille im Superschwergewicht.

WAS KOSTEN OLYMPISCHE SPIELE?

Sommer- und Winterspiele kosten jeweils etwa 2,5 Mrd. Euro. Die ausrichtenden Städte müssen ihre Infrastruktur einem Massenandrang von Besuchern anpassen und modernste Wettkampfstätten errichten. Den Gastgeber des Jahres 1976, Montreal, führten diese Anstrengungen in den Bankrott. Einnahmen aus Übertragungsrechten und Tourismus decken einen Teil der hohen Kosten.

SIND SEIT 1896 NEUE DISZIPLINEN DAZUGEKOMMEN?

Seit 1896, als es noch keine Frauenwettkämpfe gab, hat sich viel verändert. 1924 kamen die Winterspiele hinzu. Manche Disziplinen, wie z. B. das Tauziehen, entfielen. Im Mittelpunkt der Sommerspiele steht weiterhin die ⏭ LEICHTATHLETIK. Die jüngsten neu zugelassenen Disziplinen sind Kanufahren, Volleyball und Radfahren.

▲ DISZIPLINEN BEI DER OLYMPIADE IN SYDNEY, 2000
1 Die chinesische Turnerin Xuan Liu am Stufenbarren **2** Liuhui Kong errang für China die Goldmedaille im Einzelfinale Tischtennis der Herren. **3** Der Niederländer Pieter van den Hoogenband (rechts) und der Australier Ian Thorpe im Finale über 200-m-Kraulschwimmen. Hoogenband errang die Goldmedaille.

LEICHTATHLETIK

Der Begriff vereint Lauf-, Sprung- und Wurfdisziplinen. Diese standen schon bei den antiken Spielen im Mittelpunkt und wurden auch miteinander kombiniert – zum Pentathlon (fünf Disziplinen) und zum Dekathlon (zehn Disziplinen). Heute gehören außerdem Stabhochsprung sowie Hürden- und Staffellauf zur Leichtathletik.

WAS MUSS EIN GUTER LEICHTATHLET KÖNNEN?

Fitness, Siegeswillen, Begabung und Glück sind Voraussetzungen für alle Athleten. Was manche Athleten von anderen unterscheidet, ist ihr eiserner Wille und ihre große psychische Belastbarkeit sowie die Fähigkeit, unter allen Bedingungen das Beste zu geben.

WIE KOMMT ES ZU IMMER NEUEN REKORDEN?

Dank ihrer Sponsoren können immer mehr Athleten ausgiebig trainieren. Aber auch Hightech-Kleidung, Schuhe, Bahnbeläge sowie neue Techniken wie der Flop beim Hochsprung ließen viele Rekorde purzeln. Die Kehrseite der Medaille sind Anabolika, die der Gesundheit der Athleten und dem olympischen Ideal schaden.

STAFFELLAUF ► Stabübergabe im amerikanischen Team der Disziplin 4 x 100 Meter bei den Spielen im Jahr 2000

SIEHE AUCH ⏭ Altes Griechenland 376–377 • Leistungssport 354–355 • Sport 352–353

WELTGESCHICHTE

ERSTE MENSCHEN

Homo sapiens (moderner Mensch) sah schon aus wie wir und entwickelte sich zwischen 200 000 und 100 000 v. Chr. Er erfand zahlreiche Überlebenstechniken und stellte mithilfe der ⏭ FEUERSTEINBEARBEITUNG Werkzeuge her.

▲ HÖHLENMALEREIEN
Dieses Pferd ist eine von mehr als 600 Höhlenmalereien, die man in Lascaux, Frankreich, entdeckt hat. Die Forscher glauben, dass diesen Felszeichnungen von 15 000 v. Chr. eine magische Wirkung zugeschrieben wurde. Sie sollten die Menschen beschützen und ihnen Glück bei der Jagd bringen.

WO LEBTEN DIE ERSTEN MENSCHEN?

Die meisten Archäologen glauben, dass der *Homo sapiens* aus Afrika stammt. Sie halten den *Homo habilis* (»der geschickte Mensch«) für unseren ersten Vorfahren. Dieser entwickelte sich vor etwa 2,5 Mio. Jahren. Doch das ist umstritten – einige sehen in *Homo ergaster* (»Handwerkermensch«), der vor etwa 1,9 Mio. Jahren entstand, unseren Vorfahren.

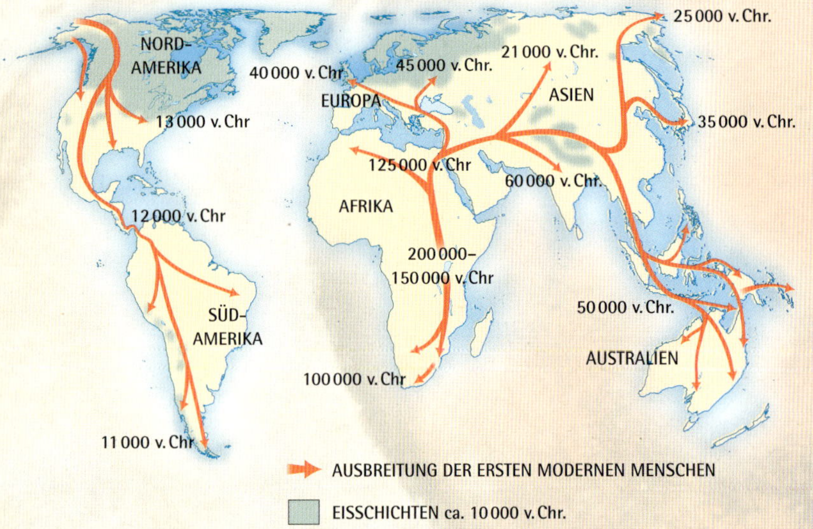

▲ AUSBREITUNG DES MODERNEN MENSCHEN
Die roten Pfeile auf der Karte zeigen, wie sich die ersten Menschen von Afrika aus ausgebreitet haben. Die Zeitangaben beziehen sich auf die frühesten Knochen- und Werkzeugfunde auf jedem Kontinent.

WIE KONNTE SICH DER MODERNE MENSCH AUSBREITEN?

Die ersten modernen Menschen wanderten aus Afrika um 125 000 v. Chr. aus, wahrscheinlich auf der Suche nach Nahrung. Über Landbrücken aus Eis erreichten sie die anderen Kontinente. Um 28 000 v. Chr. hatten sie alle früheren Hominiden verdrängt – auch die Neandertaler.

WER WAREN DIE NEANDERTALER UND WARUM SIND SIE WIEDER VERSCHWUNDEN?

Die Neandertaler sind eng mit *Homo sapiens* (»kluger Mensch«) verwandt. Sie lebten zwischen 200 000 und 28 000 v. Chr. in Europa und Asien. Die Ausbreitung des modernen Menschen kann zu ihrem Aussterben beigetragen haben.

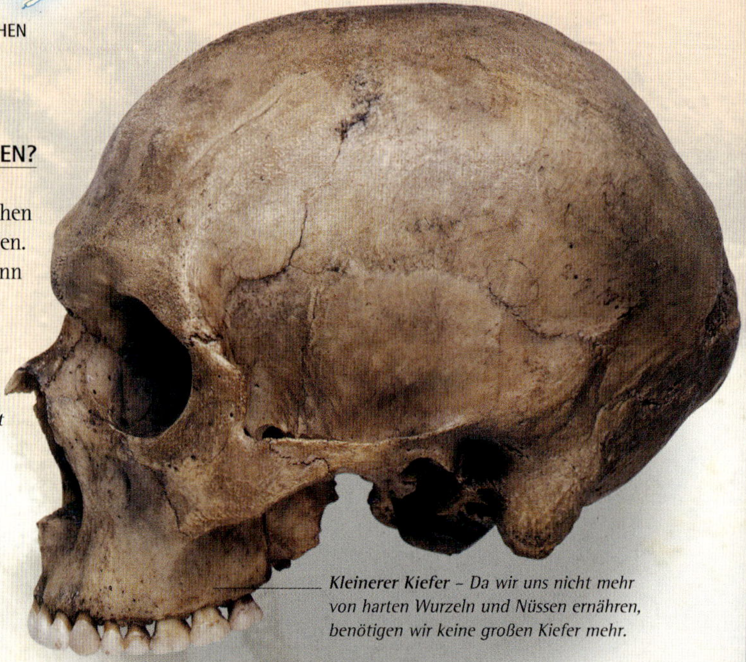

▲ SCHÄDEL DES MODERNEN MENSCHEN
Der moderne Mensch ist groß und schlank, hat zierliche Knochen, eine hohe Stirn, keine Wülste über den Augen und einen kleinen Kiefer. Er ist weniger muskulös als der Neandertaler und sieht schlechter.

◄ SCHÄDEL DES NEANDERTALERS
Der Neandertaler hatte ein größeres Gehirn als der moderne Mensch. Seine kleine, gedrungene Gestalt und seine breite, platte Nase dienten während der Eiszeit zum Speichern von Körperwärme. Der Neandertaler verließ sich mehr auf seine Muskeln als auf sein Gehirn.

Baumrinden dienten zur Aufbewahrung von Haselnüssen und Brombeeren.

▲ NAHRUNGSVORRÄTE
Im Spätsommer und Herbst sammelten Frauen und Kinder große Mengen an Nüssen, Obst und Beeren, die sie über dem Feuer trockneten, um sie haltbar zu machen. Archäologen haben Vorratslager entdeckt, die vor über 12 000 Jahren angelegt wurden.

GEFIEDERTER PFEIL ▲
Jäger präparierten ihre Pfeile mit Entenfedern, damit sie weiter flogen. So konnten sie ihre Beute aus sicherer Entfernung angreifen.

Bison beim Grasen

Jäger auf der Pirsch

AUF BISONJAGD ▲
Diese Darstellung einer Bisonjagd wurde in Frankreich zwischen 15 000 und 10 000 v. Chr. in einen Knochen geritzt. Zahlreiche Jäger taten sich zusammen, um die riesigen Tiere in einen Abgrund oder in enge Täler ohne Fluchtmöglichkeit zu treiben.

FEUERSTEINBEARBEITUNG

Die ersten Menschen stellten Werkzeuge aus behauenem Feuerstein her. Dazu schlugen sie zwei Feuersteine so lange aneinander, bis eine scharfe Schneide oder Spitze entstand. Das erforderte großes Geschick und viel Geduld. Die ⏭ ABORIGINES bearbeiten noch heute Feuerstein.

WELCHE WERKZEUGE HATTEN DIE ERSTEN MENSCHEN?

Die ersten Menschen benutzten fünf verschiedene Werkzeuge aus Feuerstein: Messer zum Schneiden; Schaber, um das Fleisch von den Tierhäuten zu schaben; Ahlen, um Löcher zu bohren; Speerspitzen für die Jagd und natürlich Faustkeile, um Holz und Beute zu zerteilen.

◄ STICHEL EINES KUNSTHANDWERKERS
Dieser scharfe Stichel wurde um 35 000 v. Chr. angefertigt. Er wurde zum Einritzen von Knochen oder Leder verwendet. Der Kunsthandwerker führte das spitze Ende mit dem Zeigefinger über das zu bearbeitende Material.

Die runde Form lässt sich gut in die Hand nehmen.

Kanal

CLOVIS-SPITZE ►
Während der Eiszeit verwendeten die Clovis-Indianer in Nordamerika ein leicht gewölbtes Stück Feuerstein als Speerspitze, das unter dem Namen Clovis-Spitze bekannt wurde. An beiden Seiten befinden sich zwei schmale Kanäle zur besseren Befestigung am Holzschaft des Speers.

Das Muster erinnert an ein Lorbeerblatt.

SPEERKOPF ►
Diese blattförmige Klinge eines Jagdspeers wurde in Frankreich zwischen 20 000 und 15 000 v. Chr. angefertigt. Dabei kam ein Druckstock aus Holz und Knochen zum Einsatz, mit dem Stein abgesprengt werden konnte: eine neue Technik, die das Herstellen von Werkzeug enorm erleichterte.

ABORIGINES

Die Aborigines (australische Ureinwohner) lebten bis zum 20. Jh. so ähnlich wie die ersten Menschen. Von ihnen haben die Archäologen viel über die Frühgeschichte gelernt.

WIE ÜBERLEBTEN DIE ABORIGINES?

Um 10 000 v. Chr. stiegen die Meeresspiegel. Die Aborigines waren gezwungen ins unwirtliche Landesinnere zu ziehen. Um zu überleben, brannten sie den Busch ab, damit dort wilde Nutzpflanzen wachsen konnten. Außerdem machten sie mit Bumerangs Jagd auf Kängurus, knüpften Fischfallen und suchten in der Erde nach Maden und Larven.

Erste Menschen

◄ KUNST DER ABORIGINES
Die Aborigines ritzten Zeichnungen in die Felsen wie diese Schildkröte im Kakadu National Park in Australiens Northern Territory. Manche sind mehr als 20 000 Jahre alt.

SIEHE AUCH ⏭ Afrika 238–239 • Australien und Neuseeland 274–275 • Evolution 74–75

ERSTER ACKERBAU

Der Ackerbau begann 10 000 v. Chr. in Vorderasien, und zwar in dem Gebiet, das man den ⏭ FRUCHTBAREN HALBMOND nennt. Auf der Suche nach Nahrung begannen Jäger und Sammler Körner von wild wachsenden Getreidegräsern zu sammeln. Anschließend säten sie sie aus, um sie zu vermehren.

WAS ÄNDERTE SICH DURCH DEN ACKERBAU?

Bevor die Menschen Ackerbau trieben, jagten sie wilde Tiere und sammelten Wildpflanzen. Wenn es nichts mehr zu jagen oder zu sammeln gab, mussten sie weiterziehen. Mit dem Ackerbau wurden die Menschen sesshaft. Sie bauten Getreide an und züchteten Vieh. Sie errichteten stabile Behausungen und schützten sich und ihre Siedlungen mit Steinmauern.

Mit Gips überzogener, echter menschlicher Schädel

Augen aus Muscheln vom Roten Meer

GIPSKOPF ▶
Dieser Kopf entstand etwa um 7000 v. Chr. zu Ehren eines Vorfahren. In Jericho fand man viele solcher Köpfe. Sie geben uns Hinweise, wie die ersten Bauern lebten.

Fundament des Rundturms, der zur Stadtmauer von Jericho gehörte

▲ DIE MAUERN VON JERICHO
Jericho wurde 9000 v. Chr. von Bauern gegründet. Sie errichteten eine 3 m dicke Stadtmauer mit einem 9 m hohen Turm. Ganz in der Nähe befand sich eine Quelle, die ihre Felder bewässerte.

WAS BAUTEN DIE ERSTEN BAUERN AN?

Im Fruchtbaren Halbmond wurden hohe, wilde Getreidegräser angebaut. Dazu gehörten auch eine Art Gerste sowie Vorformen unseres heutigen Weizens wie Emmer und Einkorn. Sie lieferten große, schmackhafte und nährstoffreiche Körner. In anderen Teilen der Welt entwickelten die Bauern zwischen 8000 und 3000 v. Chr. eine eigene ⏭ PFLANZEN- UND VIEHZUCHT.

Erster Ackerbau

WIE ENTWICKELTE SICH DER ACKERBAU?

Um 9000 v. Chr. lagerte man das Getreide während des Winters in speziellen Kornkammern, um es im Frühjahr auszusäen. Um 8000 v. Chr. nahmen die Bauern dafür nur noch die ertragreichsten Getreidesorten. Auf diese Weise brachten sie größere Ernten ein, mit denen auch Nicht-Bauern wie Handwerker und Kaufleute ernährt werden konnten. Diese gaben ihnen im Tausch nützliche Geräte oder Schmuckgegenstände.

▼ GETREIDESORTEN
Die Ähren von Einkorn und Emmer tragen Getreidekörner (Samen), die zu Boden fallen, sobald sie reif sind. Das hat die ersten Bauern auf die Idee gebracht, mit unterschiedlichen Ernte- und Sämethoden zu experimentieren.

EINKORN

Reife Einkornkörner

Einkornähre

EMMER

PFLANZEN- UND VIEHZUCHT

Um immer bessere Ergebnisse zu erzielen, wählten die Bauern nur die besten Pflanzen und Tiere für ihre Zucht aus. Indem sie nur die friedlichsten Tiere sich fortpflanzen ließen, wurden aus Wildtieren zahme Nutz- und Haustiere.

Stempel-Siegel mit Schafböcken und Ziegen

WELCHES WAREN DIE ERSTEN HAUS- UND NUTZTIERE?

Schon um 12500 v. Chr. wurden Hunde gezähmt. Sie stammten von wilden Wolfsjungen ab, die der Mensch an sich gewöhnt hatte, fütterte und als Haustiere hielt. Um 10000 v. Chr. hatte man bereits wilde Herden von Gazellen, Schafen und Ziegen. Doch nur die schwächsten Tiere wurden geschlachtet und gegessen. Um 7500 v. Chr. begannen die Bauern, die besten auszuwählen und als Fleisch- und Milchtiere zu züchten.

◄ HERDENTIERE
Dieses Stempel-Siegel stammt aus der alten Stadt Susa nördlich des Persischen Golfs und wurde um 3000 v. Chr. angefertigt. Damals lebten viele Bauern von der Viehzucht. Gleichzeitig nutzte man die Tiere, um das Land für den Ackerbau vorzubereiten. Man züchtete langhaarige Schafe mit weichem Fell. Daraus wurde dann Wolle gesponnen.

Scharfe Kante, mit der man Weizen- und Gerstenähren schnitt

◄ STEINSICHEL
Diese Sichel hat einen Schaft aus Holz und eine Steinklinge, die vor ungefähr 6000 Jahren hergestellt wurde. Mit solchen Sicheln schnitten die Bauern die reifen Ähren von den Stängeln.

DER FRUCHTBARE HALBMOND

Fruchtbarer Halbmond nennen die Archäologen eine Gegend um das östliche Mittelmeer. Dort liegt der Ursprung der Landwirtschaft. Es handelt sich um ein mondsichelförmiges Gebiet im Bereich des heutigen Israel, Libanon, Syrien und Irak, das sich bis zum Taurus- und Zagrosgebirge erstreckt.

WARUM WURDE HIER ZUM ERSTEN MAL ACKERBAU BETRIEBEN?

Im Fruchtbaren Halbmond regnete es regelmäßig. Ideale Bedingungen, um Emmer und Einkorn anzubauen und grasfressende Tiere wie Ziegen und Schafe zu züchten. In Mesopotamien, dem noch fruchtbareren Zweistromland, wurde der Ackerbau erst mithilfe künstlicher Bewässerung möglich.

Die Steinkugel wird über die Getreidekörner gerollt, um sie zu zermahlen.

HANDMÜHLE ►
Diese Handmühle besteht aus einer gewölbten Steinplatte und einer Steinkugel. Solche Mühlen wurden zwischen 6000 und 4000 v. Chr. von Bauersfrauen zum Mahlen von Weizen- und Gerstenmehl benutzt.

ERSTER ACKERBAU	
9000 v. Chr.	Weizen/Gerste, Fr. Halbmond
8000 v. Chr.	Kartoffeln, Südamerika
7500 v. Chr.	Ziegen/Schafe, Naher Osten
7000 v. Chr.	Roggen, Europa
6000 v. Chr.	Hühner, Südostasien
3500 v. Chr.	Pferde, W-Asien
3000 v. Chr.	Baumwolle, Südamerika
2700 v. Chr.	Mais, Nordamerika

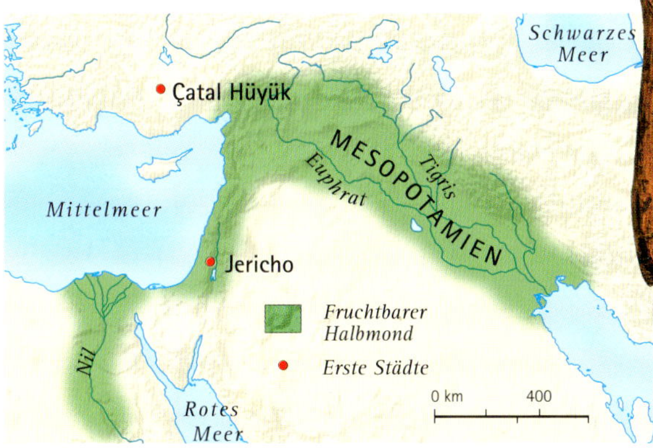

▲ HEIMAT DER ERSTEN BAUERN
Der Fruchtbare Halbmond erstreckt sich sichelförmig von der Nordspitze des Roten Meers bis um den Persischen Golf. Einige der ersten Siedlungen wie Jericho entstanden in dieser Region. Wichtige Handelszentren wie Çatal Hüyük entwickelten sich ganz in der Nähe.

WARUM WAR ÇATAL HÜYÜK EIN BLÜHENDES HANDELSZENTRUM?

Çatal Hüyük wurde 7000 v. Chr. gegründet und entwickelte sich zur größten Siedlung des Nahen Ostens, die durch Ackerbau und Viehzucht sehr wohlhabend wurde. Man züchtete Schafe und Ziegen und baute Weizen, Gerste und Erbsen an. Noch reicher wurde Çatal Hüyük durch den Handel mit dem vulkanischen Gesteinsglas Obsidian.

HÄUSER IN ÇATAL HÜYÜK ►
Bei Ausgrabungen in Çatal Hüyük hat man Häuser aus Lehmziegeln entdeckt. Die einzelnen Wohnungen waren über das Flachdach erreichbar, zu dem eine Leiter hinaufführte. Die Zimmer besaßen Heiz- und Backöfen sowie Sitz- und Schlafbänke. Verstorbene wurden unter dem Fußboden bestattet.

SIEHE AUCH ⏭ Landwirtschaft 66 • Maya 381 • Ureinwohner Amerikas 380 • Westasien und Naher Osten 264–265

STEINZEIT

Zwischen 3200 v. Chr. und 1500 v. Chr. begannen die Menschen in Nordwesteuropa Großsteinbauten zu errichten, sogenannte Megalithe. Manche von ihnen bilden Steinkreise oder Steinreihen. Andere, wie die ⏭ HÜNENGRÄBER, wurden unterirdisch angelegt.

▲ CARNACS MEGALITHE
Die parallel verlaufenden Steinreihen von Carnac sind etwa 1 km lang und verbinden zwei Steinkreise. Darüber hinaus gibt es dort noch einzelne, zum Himmel aufragende Steine, Hünen- und Hügelgräber.

WER ERRICHTETE DIE MEGALITHE?

Die meisten Großsteinbauten sind gar nicht so riesig. Sie konnten sicher im Lauf der Zeit von mehreren Familienmitgliedern errichtet werden. Aber so gewaltige Bauten wie Stonehenge in England oder Carnac in Frankreich wurden wohl auf Befehl mächtiger Stammesfürsten erbaut, die ihre Untertanen dafür einsetzten.

WOZU DIENTEN DIE STEINKREISE?

Man nimmt an, dass die Steinkreise für religiöse Zeremonien oder zur Himmelsbeobachtung eingesetzt wurden. Die meisten sind so ausgerichtet, dass sie zu einem bestimmten Zeitpunkt den Stand von Sonne, Mond und Sternen exakt wiedergeben.

Trilithon – ein Steinbogen aus zwei aufrecht stehenden Steinblöcken, über die ein dritter gelegt wurde. Fünf davon stehen in Stonehenge.

▲ STONEHENGE, ENGLAND
Ungefähr 3000 v. Chr. hoben Arbeiter einen kreisförmigen Graben aus und schütteten einen Erdwall auf. Innerhalb des Grabens errichteten sie Holzpfähle, die später durch riesige Steinblöcke ersetzt wurden. Um 1550 v. Chr. wurden noch die sogenannten Blausteine eingesetzt.

HÜNENGRÄBER

Hünengräber, auch Megalith- oder Kammergräber genannt, bestehen aus mehreren Kammern. Sie wurden aus schweren Steinplatten errichtet und anschließend mit Erdhügeln bedeckt.

WER WURDE IN DEN HÜNENGRÄBERN BESTATTET?

Da die Gräber bereits vor langer Zeit ausgeraubt wurden, wissen die Archäologen nicht genau, wer darin bestattet wurde. Vermutlich waren die Toten reiche und mächtige Stammesfürsten, die große Ländereien besaßen und über viele Untertanen herrschten.

Deckengewölbe aus Steinplatten

◄ HÜNENGRAB MAES HOWE
Dieses größte und am besten erhaltene Kammergrab Europas befindet sich auf den schottischen Orkney-Inseln und wurde um 2700 v. Chr. errichtet. Die Hauptkammer erreicht man über einen langen, von Steinen gesäumten Gang. Viereckige Wandöffnungen führen in kleinere Seitenkammern, in denen ebenfalls Tote bestattet wurden.

Steinzeit

SIEHE AUCH ⏭ Gestein 46–47

FRÜHE TÖPFERKUNST

Die Töpferkunst entstand um 10 500 v. Chr. in Japan. Fischer stellten beim Kochen fest, dass der Lehm unter der Feuerstelle beim Brennen hart wurde. Schon bald formten sie unterschiedlichste Gefäße, brannten sie im Lagerfeuer und ließen sie dann abkühlen.

▲ JAPANISCHER TONKRUG
Dieser Tonkrug im Seilmuster entstand zwischen 10 500 und 7500 v. Chr. Er wurde von Hand aus Lehm geformt.

WARUM IST DIE FRÜHE TÖPFERKUNST SO WICHTIG?

Anders als frühere Gefäße aus Leder, Korbgeflecht, Rinden oder Seilen waren die Tongefäße hitze- und wasserbeständig. Darin ließen sich Suppen und Eintöpfe kochen oder Bier brauen. Auch Öl und Getreide konnte man in diesen Gefäßen für längere Zeit aufbewahren. Tonscherben helfen Archäologen auch beim Datieren.

Frühe Töpferkunst

URNE ▲
Töpferwaren dienten häufig religiösen Zwecken. Diese Graburne aus der Banshan-Ära der chinesischen Yangshao-Kultur entstand 2500 v. Chr.

SIEHE AUCH ⏭ Bildhauerei 323 • Gestein 46–47

BRONZE- UND EISENZEIT

Um 9000 v. Chr. begannen Völker auf der ganzen Welt kleine Metallklumpen wie Kupfer oder Gold zu bearbeiten. Später entdeckten sie, dass sich verschiedene Metalle zu neuen Materialien wie Bronze zusammenschmelzen lassen. Im 1. Jahrtausend v. Chr. wurde dann das harte Eisen zu Waffen und Werkzeugen verarbeitet.

Bronze- und Eisenzeit

ERSTE METALL-VERARBEITUNG

9000 v. Chr.	Gehämmertes Kupfer, Zentralasien
5000 v. Chr.	Gold/Kupfer, Europa
4000 v. Chr.	Bronze, Naher Osten
2300 v. Chr.	Bronze, Europa
1500 v. Chr.	Eisen, Westasien
1000 v. Chr.	Eisen, Europa

▲ BRONZESCHÜTZE
Diese Bronzestatue entstand um 600 v. Chr. auf der Mittelmeerinsel Sardinien. Aber auch bei der Herstellung von Pfeil- und Speerspitzen sowie von Schwertklingen kam Bronze zum Einsatz.

WOZU WURDE BRONZE VERWENDET?

Bronze ist eine Mischung aus Kupfer und Zinn, die härter ist als jedes andere Metall. Außerdem lässt es sich scharfkantig bearbeiten. Daraus wurden schlagkräftigere Waffen, Werkzeuge und landwirtschaftliche Geräte hergestellt. Aus geschmolzener Bronze entstanden kunstvolle Abgüsse.

WIE WURDE BRONZE HERGESTELLT?

Kupfer und Zinn wurden in einem mit Kohle befeuerten Schmelzofen erhitzt. Beim Zusammenschmelzen der beiden Metalle entstand flüssige Bronze, die durch eine Tonröhre in Ton- oder Sandformen geleitet wurde. Einmal erkaltet, wurden die festen Bronzeblöcke erneut eingeschmolzen, um daraus bestimmte Objekte zu gießen.

WER STELLTE DIE ERSTEN BRONZEGEGENSTÄNDE HER?

Das Bronzegießen wurde um 3000 v. Chr. in Westasien erfunden. Unabhängig davon wurde es in China um 2000 v. Chr. ein zweites Mal erfunden. Die Chinesen waren wahre Meister im Bronzegießen und brachten äußerst kunstvolle Muster und Formen hervor.

WEIHEGEFÄSS ►
Dieses Bronzegefäß entstand, als die Shang-Dynastie über China herrschte (1650–1027 v. Chr.). Darin wurden Mahlzeiten gekocht, die den Geistern und Vorfahren geweiht wurden.

SIEHE AUCH ⏭ Legierungen 174

MESOPOTAMIEN

Mesopotamien heißt das Land zwischen den Flüssen Euphrat und Tigris. Mit ihrem Wasser bewässerten die Bauern ihre Felder und erzielten reiche Ernten. Um 3500 v. Chr. errichteten die Sumerer dort die ersten Städte der Welt wie Ur, Uruk und Eridu.

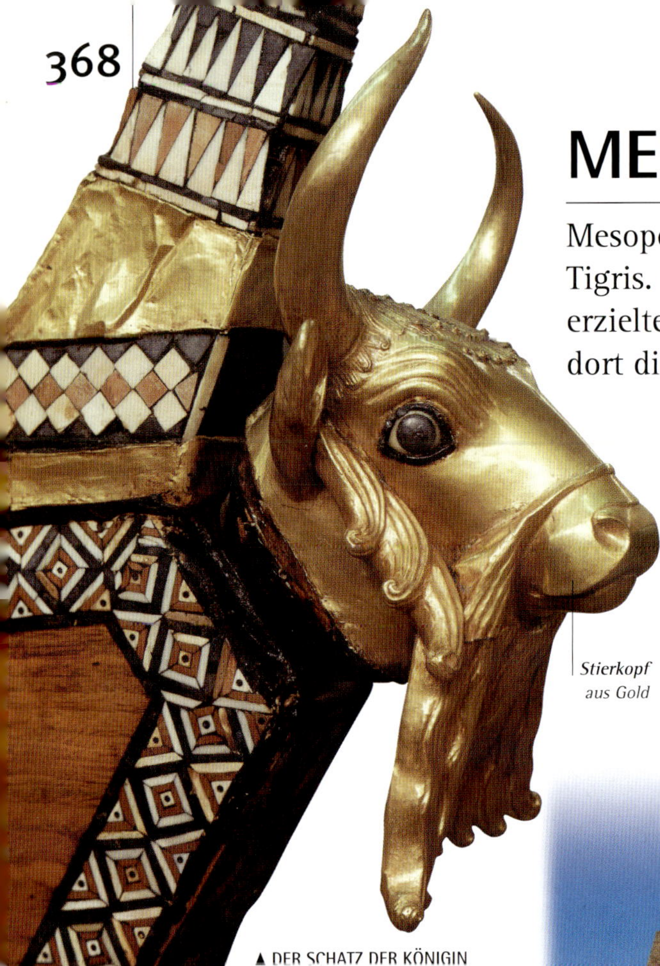

Stierkopf aus Gold

▲ DER SCHATZ DER KÖNIGIN
Dieser Stierkopf schmückt eine Harfe aus dem Grab der Königin Schub-ad von Ur, die um 2500 v. Chr. starb. Das Skelett der Harfenistin wurde ganz in der Nähe gefunden – sie hielt die Harfensaiten noch in der Hand. Man hatte sie lebendig begraben, damit sie die Königin im Jenseits unterhalte.

WER REGIERTE DIE SUMERISCHEN STÄDTE?

Mächtige Könige, die große Armeen befehligten, ließen Städte, Paläste und Königsgräber errichten. Ihre Herrschaft wurde von Priestern und gut ausgebildeten Schreibern unterstützt, die Steuern eintrieben, die Bewässerungssysteme kontrollierten und Gesetze für Handwerker und Händler erließen. Die Priester dienten den Göttern in speziellen Tempeln, den Zikkurats.

Mesopotamien

WIE WURDEN DIE ZIKKURATS GEBAUT?

Die Sumerer erbauten die Zikkurats und Häuser aus Ziegeln. Diese wurden aus Lehm und Stroh geformt und in der heißen Sonne getrocknet. Man transportierte die Ziegel auf Schlitten mit Holzrädern. Kleinere Mengen trugen die Arbeiter in Körben auf dem Rücken. Als Mörtel diente Schlamm.

▼ ZIKKURAT IN UR
Für die Sumerer waren die Zikkurats heilige Berge, die sie näher zu den Göttern brachten. Die Zikkurat in Ur (im heutigen Irak) wurde um 2100 v. Chr. errichtet. Ursprünglich bestand sie aus drei aufeinandergesetzten Terrassen, die mit Bäumen und Blumen bepflanzt waren. Ganz oben befand sich ein Schrein für den Mondgott Nanna.

SIEHE AUCH ⏭ Alte Religionen 282 • Westasien und Naher Osten 264–265

INDUSKULTUR

Zwischen 3500 und 2000 v. Chr. errichteten die Menschen im Industal (Indien) mehr als 100 Städte. Die größten waren Mohendjo-daro und Harappa mit etwa 40 000 Einwohnern. Dort gab es riesige Tempel, Kornspeicher, aus Lehmziegeln erbaute Häuser und ein Straßennetz.

WIE LEBTEN DIE MENSCHEN IM INDUSTAL?

Die Bauern bauten Weizen, Gerste, Baumwolle und Reis an und züchteten Vieh. Das Land war sehr fruchtbar, da es jedes Jahr vom Fluss Indus überflutet wurde. In den Städten handelte man mit Stoffen, Töpferware, Metallarbeiten und Schmuck.

Induskultur

STATUE EINES PRIESTERS ►
Diese Büste wurde um 2500 v. Chr. aus Kalkstein gehauen. Sie wurde in Mohendjo-daro gefunden.

WARUM VERSCHWAND DIE INDUSKULTUR?

Bei Mohendjo-daro änderte der Fluss Indus seinen Lauf, das Wasser wurde knapp. Die anderen Städte zerstörten wahrscheinlich Fluten, Seuchen oder Kriege. Bisher konnte nicht genau geklärt werden, warum die Induskultur verschwand.

◄ ZWEIRÄDRIGER KARREN
Dieses Tonmodell eines von zwei Mulis gezogenen Karrens stammt von 2500 v. Chr. und wurde in Mohendjo-daro entdeckt.

SIEHE AUCH ⏭ Westasien und Naher Osten 264–265

ERSTE SCHRIFTEN

Die erste Schrift wurde um 3400 v. Chr. in Mesopotamien erfunden. Die Städte waren so groß, dass sich die Menschen nicht mehr alle Zahlen und Fakten merken konnten, die sie für ihre Geschäfte brauchten. Also wurde schriftlich festgehalten, wer seine Steuern bezahlt und wer wie viele Waren produziert hatte.

Erste Schriften

WIE SAHEN DIE ERSTEN SCHRIFTEN AUS?

Die ersten Schriften waren Bilderschriften. Kleine Bildchen standen für Gegenstände, Handlungen oder abstrakte Ideen. Diese Schriften, zu der auch die ⏭ KEILSCHRIFT gehört, waren so kompliziert, dass sie nur von Wenigen beherrscht wurde.

WER VERWENDETE NOCH BILDERSCHRIFTEN?

Bilderschriften wurden in Ägypten, China und Mittelamerika entwickelt. Die Induskultur verband Bilder mit Symbolen – eine Schrift, die bis heute nicht entziffert ist.

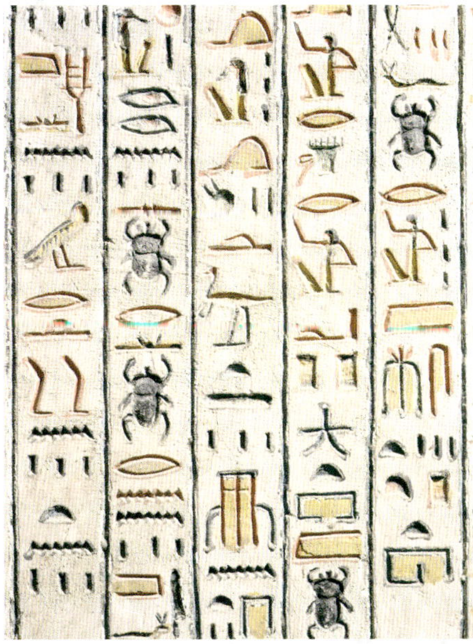

▲ ÄGYPTISCHE HIEROGLYPHEN
Diese Hieroglyphen sind Teil des *Totenbuchs*, das man an den Wänden des Grabs von Pharao Ramses VI. (1142–1135 v. Chr.) im ägyptischen Tal der Könige entdeckte.

*Beim Erhitzen des Knochens entstanden **Risse**, die auf die Fragen der Priester Antwort gaben.*

ORAKELKNOCHEN ►
Um 1500 v. Chr. ritzten chinesische Priester Fragen an das Orakel in Knochen.

KEILSCHRIFT

Keilschrift nennt man die aus keilförmigen Zeichen bestehende Schrift, die um 2900 v. Chr. von den Sumerern erfunden wurde. Geschrieben wurde mit Rohrgriffeln. Andere Völker des Nahen Ostens übernahmen die Keilschrift und entwickelten sie zum ⏭ ALPHABET weiter.

Glatte Tontafeln als Schreibunterlage

Klare, keilförmige Striche auf Ton

AUFZEICHNUNG IN KEILSCHRIFT ▲
Diese mesopotamische Tontafel entstand kurz nach 2900 v. Chr. und listet verschiedene Felder und Ernteerträge auf. Geschrieben wurde sehr säuberlich. Ein keilförmiges Symbol steht unter dem anderen.

WOMIT WURDE GESCHRIEBEN?

Die erste Bilderschrift wurde mit Schilfrohr in feuchte Tontafeln geritzt. Diese Tafeln wurden dann an der Sonne getrocknet, um die Schrift haltbar zu machen. Schon bald schnitzten die Schreiber Rohrgriffel mit einer dreieckigen Spitze, die keilförmige Striche hinterließ.

ALPHABET

Das erste Alphabet wurde um 1000 v. Chr. von den Phöniziern erfunden, die östlich des Mittelmeers lebten. Im Unterschied zu den Bilderschriften benutzt das Alphabet Buchstaben, die für bestimmte Laute stehen.

WARUM WAR DAS ERSTE ALPHABET SO WICHTIG?

Die Phönizier erkannten, dass man durch die Kombination verschiedener Buchstaben beinahe alle bekannten Wörter schreiben konnte. Ihr Alphabet bestand aus weniger als 30 Zeichen, während man für die Keilschrift 600 Symbole kennen musste – bei den chinesischen Schreibern waren es sogar 5000! Weil das Alphabet so viel einfacher war, konnten viel mehr Menschen Schreiben und Lesen lernen.

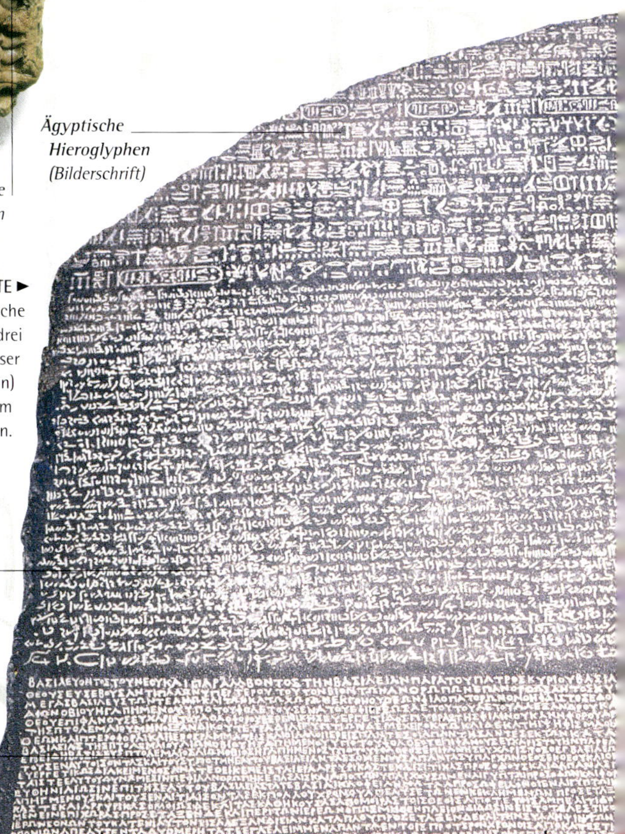

Ägyptische Hieroglyphen (Bilderschrift)

Demotische Schrift des alten Ägypten (Bilder-Schnellschrift)

Altgriechisch (Lautschrift, die ein Alphabet verwendet)

STEIN VON ROSETTE ►
Im Jahr 196 v. Chr. meißelten ägyptische Schreiber ein und denselben Text in drei verschiedenen Schriften in den Stein. Dieser Stein wurde 1799 n. Chr. in Rosette (Ägypten) entdeckt und lieferte den Schlüssel zum Entziffern der ägyptischen Hieroglyphen.

SIEHE AUCH ⏭ Altes Ägypten 370–371 • Schreiben 339

ALTES ÄGYPTEN

Von 3100 bis 30 v. Chr. existierte in der heißen Wüstenlandschaft Ägyptens eine einzigartige Hochkultur. Die alten Ägypter schufen riesige ⏩ PYRAMIDEN, prächtigen Goldschmuck und kostbare Kunstwerke. Sie erfanden die Hieroglyphen und waren erfahrene Ingenieure.

◄ BEIM DRESCHEN
Diese Landarbeiter dreschen das Getreide, um die Spreu vom Weizen zu trennen. Das Bild schmückte die Wand eines altägyptischen Grabs von 1400 v. Chr.

WARUM WAR DIE NILFLUT SO WICHTIG?

Auf seinem Weg zum Meer fließt der Nil durch Ägypten. Jedes Jahr zwischen Juni und Oktober trat er über die Ufer und überflutete die ihn umgebende Wüste. Er hinterließ einen fruchtbaren Schlamm, auf dem die altägyptischen Bauern Getreide, Trauben, Feigen und zahlreiche Gemüsesorten anbauen konnten.

ZU WEM BETETEN DIE ALTEN ÄGYPTER?

Die alten Ägypter verehrten Hunderte von Göttern und Göttinnen. Manche wie Osiris waren Götter in Menschengestalt. Andere wurden als Tiere dargestellt wie die Katzengöttin Bastet, ein Fruchtbarkeitssymbol. König der Götter war der widderköpfige Amun.

WARUM HIELT ÄGYPTENS HERRSCHAFT SO LANGE?

Durch Ackerbau und Handel wurde Ägypten sehr reich. Seine Herrscher, die ⏩ PHARAONEN, und gut ausgebildete Schreiber führten ein starkes Regiment, das von einer mächtigen Armee unterstützt wurde.

▲ HEILIGER SKARABÄUS
Dieses Goldarmband aus dem Grab des Amenemope schmückt ein Skarabäus (Mistkäfer) aus blauem Lapislazuli, ein Halbedelstein. Der Skarabäus symbolisiert Schöpfung und Wiedergeburt.

GOLDENE MASKE ►
Diese Maske bedeckte das Gesicht des Pharao Tutenchamun (1336–1327 v. Chr.). Sein Grab wurde 1922 im Tal der Könige entdeckt.

PHARAONEN

Das alte Ägypten wurde von mächtigen Königen, den Pharaonen, regiert. Diese waren gleichzeitig auch Hohepriester und Heerführer. Für die Ägypter war der Pharao ein Verbindungsglied zwischen den Menschen und den Göttern. Nach seinem Tod wurde er selbst als Gott verehrt.

WAS BEDEUTET »PHARAO«?

Pharao (ägypt. *per-aa*) bedeutet »großes Haus« oder »Palast«. Irgendwann wurde dann auch der König, der darin lebte, so genannt.

Altes Ägypten

NILBARKE ►
Grabbeigaben wie diese Nilbarke wurden in den Königspyramiden entdeckt.

PYRAMIDEN

Riesige Steingräber schützten die Leichname der Pharaonen. Die Pyramiden stellten eine Treppe zum Himmel dar. Die alten Ägypter planten und bauten sie sehr sorgfältig, um Grabräuber fernzuhalten. Trotzdem wurde keine ⏭ MUMIE in den Pyramiden gefunden.

▲ DIE PYRAMIDEN VON GISEH
Diese Pyramiden wurden um 2500 v. Chr. für die Pharaonen Cheops, Chephren und Mykerinos errichtet. Sie waren ursprünglich mit Kalkstein gedeckt und trugen eine Krone aus purem Gold. Die größte ist 147 m hoch.

WER BAUTE DIE PYRAMIDEN?

Die Pyramiden wurden von erfahrenen Baumeistern und Handwerkern errichtet. Sie wurden für ihre Arbeit entlohnt. Wenn der Nil über die Ufer trat und es auf den Feldern nichts zu tun gab, mussten Bauern Fronarbeit leisten und beim Bau der Pyramiden helfen.

MUMIEN

Eine Mumie ist ein sorgfältig konservierter Leichnam. Dazu entfernte man die inneren Organe, legte den Leichnam in Salz ein und umwickelte ihn mit harzgetränkten Stoffstreifen.

WARUM WURDEN DIE LEICHNAME MUMIFIZIERT?

Die alten Ägypter glaubten, der Mensch bestünde aus fünf Elementen: dem Körper, ka (dem Geist), ba (der Persönlichkeit), dem Namen und dem Schatten. Durch die Erhaltung des Körpers sollten auch die anderen Elemente erhalten bleiben. Wenn der Körper verweste, konnte der Verstorbene im Jenseits nicht weiterleben.

MUMIENSARG ►
Dieser Sarg aus Holz und Gips enthielt die Mumie eines Mannes, der etwa 700 v. Chr. starb. Die Sargbemalung zeigt verschiedene Götter.

Kragen aus Gold und Halbedelsteinen

Hieroglyphen mit Zaubersprüchen

ÄGYPTEN

5500–3100 v. Chr.	Vorzeit: Periode vor den Pharaonen
3100–2686 v. Chr.	Frühzeit: Vereinigung von Ober- und Unterägypten; Menes wird erster Pharao.
2686–2181 v. Chr.	Altes Reich: Zeitalter der Pyramiden
2181–2055 v. Chr.	Erste Zwischenzeit: Machtkämpfe; das vereinte Ägypten zerfällt.
2055–1650 v. Chr.	Mittleres Reich: erneute Einigung Ägyptens
1650–1550 v. Chr.	Zweite Zwischenzeit: Invasion der Hyksos, die besiegt werden
1550–1069 v. Chr.	Neues Reich: Blütezeit in Ägypten
1069–747 v. Chr.	Dritte Zwischenzeit: Ägypten zerfällt.
747–332 v. Chr.	Spätzeit: Invasion der Assyrer und der Perser
332–30 v. Chr.	Griechische Zeit: Eroberung durch Alexander den Großen; Herrschaft der Ptolemäer
30 v. Chr.–395 n. Chr.	Römische Zeit: Ägypten ist Teil des Römischen Reichs.

SIEHE AUCH ⏭ Alte Religionen 282 • Der Norden und Westen Afrikas 240-241 • Erste Schriften 369

KULTUREN IM NAHEN OSTEN

Um 2000 v. Chr. kämpften mehrere Völker im Nahen Osten um die Vorherrschaft. Einige wie die ⏭ BABYLONIER und ⏭ ASSYRER lebten in prächtigen Städten. Andere wie die ⏭ HETHITER und ⏭ HEBRÄER siedelten sich gerade dort an und gründeten neue Königreiche.

▲ ISCHTAR-TOR
Dieses Tor, benannt nach der babylonischen Kriegs- und Liebesgöttin, war das Haupttor der Stadt Babylon. Es stammt von 600 v. Chr. und führte zu den Hängenden Gärten von Babylon, die im Auftrag von König Nebukadnezar II. angelegt wurden.

WARUM WAR DER NAHE OSTEN SO UMKÄMPFT?

Könige und Völker begehrten den Nahen Osten wegen seines fruchtbaren Bodens. Das beste Land lag zwischen den beiden Flüssen Euphrat und Tigris in Mesopotamien. Aber auch in den Bergtälern im Norden und Süden gab es Felder, Wälder, Obst- und Gemüsehaine. Außerdem konnte man die wichtigsten Handelsrouten kontrollieren, die durch den Nahen Osten führten und Europa mit Asien verbanden.

▲ WELTKARTE AUS TON
Diese Weltkarte, die 600 v. Chr. von babylonischen Gelehrten angefertigt wurde, war eine der ersten überhaupt.

BABYLONIER

Unter König Hammurabi war Babylon um 1712 v. Chr. zu einer mächtigen Stadt aufgestiegen, doch ab 1530 v. Chr. gerieten die Babylonier unter Fremdherrschaft. 625 v. Chr. gelang es General Nabupolassar, die Fremden zu vertreiben und König zu werden. Unter seinem Sohn Nebukadnezar II. (605–562 v. Chr.) entstand ein neues mächtiges Reich.

WIE MASSEN DIE BABYLONIER DIE ZEIT?

Die Babylonier errichteten Bauwerke aus Lehmziegeln und benutzten sie als Sonnenuhren. Sie beobachteten die Sterne und Planeten, errechneten ihren Lauf und erfanden den ersten Kalender. Ihre Berechnungen beruhten auf der Zahl 60. Unsere Zeitmessung (1 Stunde = 60 Minuten) geht ebenfalls auf die Babylonier zurück, die ihre Erfindungen in Keilschrift festhielten.

KÖNIG HAMMURABI (1728–1686 v. Chr.)
König Hammurabi (dieses Bild zeigt ihn vor dem Sonnengott Schamasch) eroberte ganz Mesopotamien. Er schuf ein mächtiges Königreich, das er nach der größten damaligen Stadt Babylon benannte. Er erließ strenge Gesetze, auf viele Vergehen stand die Todesstrafe. Nach seinem Tod ging das Reich unter.

HETHITER

Die Hethiter lebten um 1700 v. Chr. in Anatolien (der heutigen Türkei). Sie konnten Eisen schmieden und verfügten über bessere Waffen als ihre Feinde. Um 1400 v. Chr. vereinten sich mehrere hethitische Stadtstaaten zu einem mächtigen Königreich.

WIE KÄMPFTEN DIE HETHITER?

Um 1800 v. Chr. benutzten die Hethiter als Erste von Pferden gezogene, zweirädrige Streitwagen. Damit rasten die mit einer Armbrust bewaffneten Wagenkämpfer in die gegnerischen Reihen. Feindliche Städte griffen die Hethiter mit Belagerungsmaschinen an. Ihre Hauptfeinde waren die Ägypter und die Mitanni.

◄ GOTT DER HETHITER
Dieser Kriegsgott war in das Stadttor von Boğazköy (in der heutigen Türkei), der Hauptstadt der Hethiter, gemeißelt. Das Relief entstand um 1300 v. Chr.

WARUM GING DAS REICH DER HETHITER UNTER?

Die Hethiter kämpften mit ihren Feinden um das Gebiet östlich des Mittelmeers. Dort gab es Wälder, gut bewirtschaftete Felder und reiche Handelszentren. Um 1200 v. Chr. wurden die Hethiter von Seevölkern und Nomadenstämmen aus dem Vorderen Orient angegriffen. Diese Kriege sowie mehrere Hungersnöte zerstörten das Großreich der Hethiter.

HEBRÄER

Die Hebräer waren Hirten und Bauern im Lande Kanaan an der Ostküste des Mittelmeers. Auch Seevölker ließen sich dort nieder. Gegen 1020 v. Chr. besiegten die Hebräer diese Völker und gründeten ein neues Reich, das von mächtigen Königen regiert wurde. König Saul war der erste, gefolgt von David und Salomo.

WO LAG DAS GELOBTE LAND?

Die Hebräer glaubten, dass Gott ihnen das Land Kanaan versprochen hatte. Nach der Bibel führte sie der Prophet Moses um 1200 v. Chr. aus Ägypten dorthin. Im Jahr 922 v. Chr. zerfiel das jüdische Königreich Kanaan in zwei Länder: in Israel im Norden und in Juda im Süden. Die Judäer nannte man später Juden.

*Das wertvolle **Vieh** wurde mit in die Gefangenschaft geführt.*

◄ HEBRÄISCHE GEFANGENE
Im Jahr 701 v. Chr. belagerten die Assyrer die Stadt Lachisch in Juda. Dieses Relief zeigt judäische Gefangene, die vom assyrischen König Sanherib (705–681 v. Chr.) mitgeführt werden. Das Relief schmückte einst den Königspalast der assyrischen Stadt Ninive.

Kulturen im Nahen Osten

ASSYRER

Die Assyrer lebten im Norden Mesopotamiens. Sie bauten Getreide auf bewässerten Feldern an und errichteten großartige Städte. Ab 900 v. Chr. eroberten sie ein Reich, das sich von Ägypten bis zum Persischen Golf erstreckte. 612 v. Chr. wurde es von den Babyloniern und Medern zerstört.

WIE KÄMPFTEN DIE ASSYRER?

Die ersten assyrischen Soldaten waren Bauern, die ihre Felder verließen, um in den Kampf zu ziehen. Aber gegen 740 v. Chr. stellten die assyrischen Könige mächtige Armeen aus Kriegsgefangenen zusammen. Sie kämpften mit Schwertern, Speeren, Armbrüsten und Rammböcken. Von unterlegenen Völkern erbeuteten sie Holz, Metall und Pferde.

*König **Assurnasirpal II.***

***Streitwagen**, von den Hethitern abgeschaut*

ÜBEN FÜR DEN KRIEG ►
Dieses Relief aus dem Königspalast von Nimrud zeigt den assyrischen König Assurnasirpal II. und seine Soldaten bei der Löwenjagd.

***Krone**, Symbol der Macht*

***Menschenkopf**, Symbol für Intelligenz*

***Schwingen eines Adlers**, des mächtigsten Vogels*

***Stierfüße und Stierkörper** - Sinnbilder der Stärke*

TORWÄCHTER ►
Dies ist eine von zwei riesigen Steinfiguren, die das Tor zum Palast des assyrischen Königs Sargon II. (722–705 v. Chr.) in Khorsabad (im heutigen Irak) bewachten. Sie sollten die Macht der Assyrer symbolisieren.

SIEHE AUCH ⏭ Westasien und Naher Osten 264–265

CHINAS ERSTER KAISER

Bis 221 v. Chr. bestand China aus vielen Königreichen, die von rivalisierenden Dynastien regiert wurden. Dann besiegte ein König alle anderen und wurde Kaiser. Der Name »China« ist von seinem Titel Ch'eng Shihuang-ti abgeleitet. Das bedeutet »erster Kaiser«.

Chinas erster Kaiser

WIE EINTE DER ERSTE KAISER CHINA?

Ch'eng Shihuang-ti besiegte seine Rivalen mit Kriegern, wie wir sie von der ⏭ TERRAKOTTA-ARMEE kennen, die sein Grab bewacht. Zur Einheit Chinas trug bei, dass man eine einheitliche Schrift und einheitliche Maße und Gewichte einführte.

WIE WURDE DAS CHINESISCHE VOLK ERNÄHRT?

In Nordchina legten die Bauern an steilen Hängen Terrassen an, wo sie Hirse und Weizen anbauten. In Südchina hoben sie Bewässerungsgräben aus. Sie erfanden Maschinen, um Felder zu überfluten, und bauten dann Reis an. Im Jahr 2 n. Chr. gab es 57 Mio. Chinesen.

▲ FLUSSBOOT AUS TON
Dieses Tonmodell eines Sampan (Flussboot) stammt aus einem alten chinesischen Grab. Jahrhundertelang befuhr man mit solchen Booten die beiden größten Flüsse Chinas, den Gelben Fluss und den Jangtsekiang.

WAS WAR CHINAS BESTGEHÜTETES GEHEIMNIS?

Um 2500 v. Chr. entdeckten chinesische Bauern, wie man Seidenraupen züchtet und die fein gesponnenen Seidenkokons aufwickelt. Frauen webten daraus schimmernde Stoffe, die sie leuchtend einfärbten. Um den Preis für Seide stabil zu halten, hielten die chinesischen Herrscher die Seidenherstellung geheim.

◄ GRABGEWAND
Eine Prinzessin der Han-Dynastie wurde in diesem Gewand begraben, das in zehnjähriger Arbeit hergestellt wurde. Jade galt als magisches Gestein. Es sollte den Körper nach dem Tod vor dem Zerfall bewahren.

▲ EINHEITLICHE GEWICHTE
Einheitliche Gewichte wie dieses wurden von den Beamten der Han-Dynastie eingeführt, die auf die Ch'in-Dynastie folgte.

▲ FAHNE ALS GRABBEIGABE
Diese seidene Fahne stammt aus dem Grab der Gräfin Dai. Sie gehörte zur Han-Dynastie und starb um 160 v. Chr. Die Fahne zeigt ihre Reise in den Himmel.

TERRAKOTTA-ARMEE

Als Ch'eng Shihuang-ti 210 v. Chr. starb, wurde er mit über 7000 lebensgroßen Kriegern aus Terrakotta (gebrannter Ton) beerdigt. Dazu gehörten auch Fußsoldaten, Pferde und Streitwagen. Das Grab wurde von 700 000 Arbeitssklaven in 36 Jahren erbaut.

WOZU DIENTE DIE TERRAKOTTA-ARMEE?

Die Terrakotta-Armee sollte den Leichnam des Kaisers bewachen. Den Grabeingang schützten Armbrüste, die bei Grabraub automatisch losfeuerten. Die Chinesen bestatteten wichtige Tote mit Speisen, Getränken – und getöteten Dienern, die sie im Jenseits bewirten sollten.

▲ TERRAKOTTA-KRIEGER
Jeder Terrakotta-Krieger, der Ch'eng Shihuang-tis Grab bewacht, hat ein anderes Gesicht. Man nimmt an, dass sie echten Kriegern nachempfunden wurden. Die in elf Reihen stehenden Krieger blicken alle nach Osten.

SIEHE AUCH ⏭ Chinesische Revolution 429 • Kaiserreich China 393

MAURJA-REICH

Die Maurja-Dynastie herrschte von 322 bis 185 v. Chr. in Indien. Ihr berühmtester König war Aschoka (273–232 v. Chr.). Als er seine Herrschaft antrat, war er ein Krieger. Das änderte sich, als er Buddhist wurde.

WIE SAHEN DIE STÄDTE IM MAURJA-REICH AUS?

Die Städte des Maurja-Reichs wurden durch steil aufragende Erd- und Holzwälle geschützt. In der Hauptstadt Pataliputra (unweit des heutigen Patna) waren sie 14 km lang. Es gab Tempel, Paläste, Lagerhäuser und Unterkünfte für die Arbeiter.

WIE WARB ASCHOKA FÜR DEN BUDDHISMUS?

Aschoka ließ überall große Steinsäulen aufstellen, in die buddhistische Lehren gemeißelt waren. Er versuchte Frieden zwischen den Völkern seines Reiches zu schaffen. Aber nach seinem Tod zerfiel es, bis unter den Gupta ein neues entstand.

LÖWENSÄULE ►
Diese Säule ließ Aschoka in Sarnath, Nordindien, aufstellen. Die Räder stehen für die buddhistische Lehre.

Maurja-Reich

GROSSE STUPA IN SANCHI ▲
Aschoka ermunterte seine Untertanen, Stupas (Kuppelbauten) wie diese in Zentralindien zu errichten. Sie sind Ausdruck der buddhistischen Kultur.

SIEHE AUCH ⏭ Buddhismus 289 • Mogul-Reich 407

GUPTA-DYNASTIE

Die Gupta-Dynastie wurde von König Tschandragupta I. 320 n. Chr. begründet. Von ihrer Heimat in Nordostindien aus eroberten die Gupta-Könige ein riesiges Reich, das mehr als 200 Jahre Bestand hatte.

WARUM WAR DIE ZEIT UNTER DER GUPTA-DYNASTIE EIN GOLDENES ZEITALTER?

Unter den Gupta-Herrschern erlebten Architektur, Naturwissenschaften, Musik, Literatur und Tanz eine große Blüte. Mathematiker entwickelten das Zahlensystem, das wir noch heute benutzen, und erfanden die Null.

WAS IST DAS MAHABHARATA?

Das Mahabharata ist das längste Gedicht der Welt und erzählt die Geschichte von fünf Hindu-Prinzen, die ihr Reich verlieren und versuchen, es zurückzuerobern. Es wurde in Sanskrit verfasst und gehört zu den wichtigsten Werken der Hindu-Literatur.

◄ SHIVA-STATUE
Im Goldenen Zeitalter unter den Gupta wurden so prachtvolle Statuen wie diese geschaffen. Sie zeigt den Hindu-Gott Shiva.

Gupta-Dynastie

▲ AFFENDARSTELLUNGEN
Künstler bemalten die Wände der buddhistischen Felsentempel in Ajanta mit in Indien vorkommenden Tieren und Pflanzen.

SIEHE AUCH ⏭ Hinduismus 286 • Imperialismus 422–423 • Mogul-Reich 407

ALTES ROM

Rom entstand um 1000 v. Chr. als Siedlung von Bauern und Hirten. Während der nächsten 1000 Jahre entwickelte es sich zu einer mächtigen Stadt und wurde zur Metropole des Römischen Reichs, das von Britannien im Norden bis nach Arabien im Südwesten reichte.

KAMPF AUF LEBEN UND TOD ►
Dieses römische Mosaik von 300 n. Chr. zeigt einen Gladiator, der einen Leoparden angreift. Gladiatoren waren meist Sklaven oder Verbrecher, die in speziellen Schulen trainiert wurden.

WIE ENTWICKELTE SICH DAS RÖMISCHE REICH?

Nach und nach eroberten die Römer immer mehr Nachbarstaaten, bis sie um 260 v. Chr. ganz Italien beherrschten. Danach besiegten die Römer Karthago, sodass sie um 100 v. Chr. den gesamten Mittelmeerraum kontrollierten. Im Zentrum der Regierung der immer größer werdenden römischen Republik standen Politiker, die man ⏭ SENATOREN nannte.

▲ RÖMERINNEN
Diese reichen Römerinnen auf einem Wandgemälde in Pompeji lassen sich von Sklavinnen frisieren. In erster Linie war es Aufgabe der Frauen, Kinder zu gebären. Nur reiche Witwen besaßen einige Freiheiten.

WELCHE RELIGION HATTEN DIE ALTEN RÖMER?

Jupiter, Minerva, Vesta und Mars gehörten zu den wichtigsten Göttern und Göttinnen im alten Rom. Zu besonderen Gelegenheiten wurden ihnen im Tempel Tiere geopfert. Vor der Schlacht opferte man beispielsweise Mars, dem Kriegsgott. Fremde Religionen wurden im Römischen Reich weitgehend toleriert, solange man die offiziellen römischen Götter und den ⏭ KAISER achtete.

KOLOSSEUM ▼
Das von Kaiser Titus 80 n. Chr. eröffnete Kolosseum war das größte Amphitheater Roms. Hier fanden die blutrünstigen Gladiatorenspiele statt, für die Menschen und Tiere aus den entlegensten Winkeln des Reichs herbeigeschafft wurden.

WER WAREN DIE RÖMISCHEN SOLDATEN?

Anfangs musste jeder römische Bürger bereit sein in den Krieg zu ziehen. Später waren die Soldaten des römischen Heers Berufssoldaten, die sich für 20 bis 25 Jahre verpflichteten. Der normale Fußsoldat war mit einem kurzen Schwert, zwei Wurfspeeren und einem schweren Schild aus Leder und Holz bewaffnet. In Friedenszeiten baute er Festungen und Straßen.

SENATOREN

Die römische Republik wurde vom Senat beherrscht, einer Gruppe von Adeligen, die alle wichtigen Positionen in Regierung und Militär besetzte. Nach 27 v. Chr., als aus der römischen Republik das Römische Reich wurde, spielte der Senat weiterhin eine wichtige Rolle.

Altes Rom

WARUM WURDE JULIUS CÄSAR ERMORDET?

Im Jahr 44 v. Chr., fünf Jahre nachdem er sich zum Alleinherrscher Roms aufgeschwungen hatte, wurde Cäsar im Senatsgebäude ermordet. Seine Mörder waren Senatoren, denen er zu mächtig geworden war. Außerdem störte sie es, dass Cäsar Hunderte seiner Anhänger zu Senatoren ernannt hatte. Jetzt hatte der Senat nicht mehr 300 bis 600 Mitglieder, sondern platzte mit 900 Senatoren aus allen Nähten!

◄ BRONZEMÜNZE MIT JULIUS CÄSARS PROFIL
Das Profil auf dieser Münze zeigt einen hochmütigen Cäsar. Er erinnerte die stolzen römischen Senatoren zu sehr an einen König.

SIEHE AUCH ⏭ Byzanz 385 • Völkerwanderung 384

KAISER

Nach dem Tode Julius Cäsars wurde Rom von Bürgerkriegen heimgesucht. Um 27 v. Chr. herrschte dann sein Adoptivsohn Oktavian über das Römische Reich. Unter dem Namen Augustus (lat. für »der Erhabene«) wurde er zum ersten Kaiser. Seine Regentschaft brachte Frieden und Wohlstand.

WARUM GAB ES FÜR DIE RÖMER BROT UND SPIELE?

Rom war die größte Stadt der Welt. Gegen 300 n. Chr. hatte es 1 Million Einwohner. Viele davon litten Hunger und waren arbeitslos. Damit sie keine Aufstände anzettelten, schenkte man ihnen »Brot und Spiele«. Das »Brot« war eine festgelegte Kornration, die jeder römische Bürger erhielt. Die Spiele, Zirkusvorstellungen und Wagenrennen, waren Geschenke der Politiker und Kaiser an das Volk.

STATUE DES ERSTEN KAISERS ▲ Augustus regierte beinahe 50 Jahre. Er gab neue Münzen heraus, schuf neue Gesetze und Steuern und machte aus den römischen Soldaten eine Friedensarmee, die die Grenzen schützte.

Leinwandsegel spendeten den Zuschauern Schatten.

Stein und Beton sorgten für stabile Mauern.

Statuen schmückten die Nischen.

KELTEN

Die Stammesvölker, die in Westeuropa lebten, bevor es von den Römern erobert wurde, waren die Kelten. In jedem Stamm gab es Druiden, Krieger und Bauern. Die größten Ansiedlungen waren Festungen auf Hügeln.

GOLDENER HALSRING ► Die Kelten waren sehr geschickt in der Metallbearbeitung. Ihre Waffen und Werkzeuge waren aus Eisen. Dieser Halsring dagegen, der in Großbritannien gefunden wurde, bestand aus verflochtenen Golddrähten.

WOFÜR WAREN DIE KELTISCHEN KRIEGER BERÜHMT?

Die keltischen Krieger waren berühmt für ihre Feste, ihre Kampfeskunst und ihren Schmuck. Wenn sie in die Schlacht zogen, bemalten sie ihre Gesichter mit einem blauen Farbstoff, der aus der Pflanze Waid gewonnen wurde. Beim Angriff schrien sie aus voller Kehle. Trotz ihres furchterregenden Aussehens konnten sie das besser organisierte römische Heer nicht in die Flucht schlagen.

Kelten

WER WAREN DIE DRUIDEN?

Nachdem sie von der Pflanzenheilkunde bis hin zur Sternenkunde alles jahrelang studiert hatten, arbeiteten die Druiden als Priester und Richter. An heiligen Bäumen vollzogen sie religiöse Rituale, die manchmal auch Menschenopfer forderten. Im Gegensatz zu den meisten Kelten konnten sie lesen und schreiben.

▲ KELTISCHE FESTUNG DUN AENGUS, IRLAND Die keltischen Stämme kämpften gegen Eindringlinge, aber auch gegeneinander. Als Zufluchtsstätte für sich und das Vieh errichteten sie Festungen, die sich aufgrund ihrer Lage leicht verteidigen ließen.

SIEHE AUCH ⏭ Bronze- und Eisenzeit 367 • Heiliges Römisches Reich 385

VÖLKERWANDERUNG

Im 4. bis 6. Jh. n.Chr. kam es in Europa zu zahlreichen Wanderungsbewegungen ganzer Volksgruppen, die aufgrund von Kriegen oder schlechten Lebensbedingungen ihre Heimat verließen. Vor allem Stämme der ⏭GERMANEN drangen in das Gebiet des Heiligen Römischen Reichs ein und trugen zu dessen Untergang bei.

Hunnenkrieger waren an ein Leben im Sattel gewöhnt.

▲ ATTILA, DER HUNNENKÖNIG
Diese Bronzetafel, die einen berittenen Nomadenkrieger zeigt, wurde in der Schweiz entdeckt. Man nimmt an, dass sie Attila darstellt, den gefürchteten König der Hunnen.

Völkerwanderung

WER ZOG WOHIN?

Die meisten Stämme zogen aus ihrer Heimat in Osteuropa oder Asien nach Westen und Süden. Einige gaben den Regionen, in denen sie sich ansiedelten, ihre noch heute gebräuchlichen Namen: Der Name England kommt von den Angelsachsen, Frankreich von den Franken, Lombardei (Italien) von den Langobarden.

WER WAREN DIE HUNNEN?

Die Hunnen waren ein Nomadenvolk aus dem heutigen Asien. Auf kleinen, wendigen Pferden und mit Pfeil und Bogen bewaffnet, drangen sie tief in das Römische Reich ein. Sie plünderten Dörfer und Städte und hinterließen eine Spur der Zerstörung – ohne ein Land erobern zu wollen.

BARBARENANGRIFFE

235 n. Chr.	Germanen dringen ein.
410 n. Chr.	Westgoten besetzen Rom.
435 n. Chr.	Wandalen erobern Nordafrika.
451 n. Chr.	Hunnenstürme
455 n. Chr.	Wandalen zerstören Rom.
476 n. Chr.	Letzter westl. Kaiser abgesetzt

Stabile Eisenplatte, mit Gold, Silber und Granat geschmückt

Raubvogel – die ausgebreiteten Schwingen sollten den Helmträger beschützen.

Seitenteile zum Schutz der Ohren

◄ KÖNIGSHELM
Diesen Helm fand man in einem Schiffsgrab in Sutton Hoo, Ostengland. Wahrscheinlich gehörte er Raedwald, einem mächtigen König der Angelsachsen, der um 625 starb. Das Grab enthielt auch sein Schwert, seinen Schild, Goldmünzen und Silberwaren.

DIE GERMANEN

Den zusammenfassenden Begriff Germanen verwendeten nur die Römer, tatsächlich waren es viele verschiedene Stämme, die zunächst Südskandinavien, die dänische Halbinsel und Norddeutschland besiedelten. Im Lauf der Jahrhunderte erweiterten sie ihr Territorium, verdrängten die Kelten und führten erbitterte Schlachten gegen die Römer.

WER WURDE AUF SCHIFFEN BESTATTET?

Germanische Stammesführer wurden in sehr aufwendigen Gräbern bestattet: Für die sogenannten Fürstengräber wurden große Kammern in hohe Erdhügel gebaut und den Toten wurden viele kostbare Gegenstände beigegeben. Das seefahrende Volk der Angelsachsen beerdigte seine Adligen oft auch in ebenfalls reich ausgestatteten Schiffsgräbern.

AN WEN GLAUBTEN DIE GERMANEN?

Die Germanen versuchten sich Naturereignisse mithilfe der Götter zu erklären. Eine der bedeutendsten germanischen Gottheiten war Thor, der Götter und Menschen vor Riesen und Ungeheuern beschützte. Wenn es donnerte, fuhr er mit seinem von Geißböcken gezogenen Wagen über den Himmel.

SIEHE AUCH ⏭ Altes Rom 382 • Normannen 389

▲ PAPST UND PATRIARCH
Im Jahr 1054 kam es zur Kirchenspaltung in eine westliche und eine östliche Kirche. Der Patriarch, der der östlichen Kirche vorstand, hielt den Gottesdienst auf Griechisch, der Papst auf Latein.

BYZANZ

Im Jahr 324 n. Chr. kam es unter Kaiser Konstantin zu einer Wiedervereinigung des Römischen Reichs. Weil Rom nur schwer gegen die Barbaren zu verteidigen war, zog er nach Byzanz und nannte es ⏭ KONSTANTINOPEL.

WER HERRSCHTE ÜBER DAS BYZANTINISCHE REICH?

Von Konstantinopel aus, dem heutigen Istanbul, herrschte Kaiser Konstantin über die gesamte römische Welt, bis das Reich erneut auseinanderbrach. Im Jahr 476 ging das Weströmische Reich unter. Das Oströmische bzw. Byzantinische Reich hatte bis 1453 Bestand. Dann wurde es Teil des Osmanischen Reichs.

BYZANTINISCHE KUNST ▲
Dieses Mosaik zeigt, wie Jesus seinen Jüngern die Füße wäscht. Es befindet sich im Kloster Hosios Loukas in Böotien, Griechenland, wo es Anfang des 11. Jh. entstand. Damals spielte das Christentum eine große Rolle. Architekten und Maler priesen Gott mit ihren prächtigen Werken.

KONSTANTINOPEL

Im Jahr 330 wurde Konstantinopel zur Hauptstadt des Römischen Reichs ausgerufen. Überall entstanden neue Prachtbauten, die mit Schätzen aus dem ganzen Reich geschmückt wurden.

WARUM WAR KONSTANTINOPEL SO WOHLHABEND?

Konstantinopel war ein wichtiger Umschlagplatz für Kaufleute aus Europa, Asien und dem Nahen Osten. Hier boten sie chinesische Seide, arabische Perlen und Parfüms, südostasiatische Gewürze und europäische Wolle und Pelze an.

Byzanz

SIEHE AUCH ⏭ Christentum 288 • Osmanisches Reich 397

HEILIGES RÖMISCHES REICH

An Weihnachten 800 n. Chr. ließ sich Karl, der König der Franken, vom Papst zum Kaiser des Heiligen Römischen Reichs krönen. Karl der Große beherrschte beinahe ganz Westeuropa. Doch schon 40 Jahre nach seinem Tod 814 brach das Heilige Römische Reich auseinander.

WARUM WURDE DIESES REICH GEGRÜNDET?

Karl der Große war ein geschickter Herrscher, dessen Reich sich von der Nordsee bis nach Italien erstreckte. Als Kaiser des Heiligen Römischen Reichs wollte er herrschen wie ein altrömischer Kaiser, aber gleichzeitig die Kirche und den Papst schützen und fördern.

Heiliges Römisches Reich

WARUM NANNTE MAN AACHEN »DAS ZWEITE ROM«?

In Aachen ließ Karl eine riesige Kaiserresidenz errichten. Als Freund der Wissenschaften und der Künste lud er die größten Gelehrten seiner Zeit zu sich an den Hof. Zu seinen Ratgebern zählten Einhard, sein Schreiber und Biograf, sowie Alkuin von York, der Leiter der Hofschule. Unter Karl entstanden wichtige Grammatiken, Geschichtsbücher und Balladen.

WIE ENTWICKELTE SICH DAS REICH?

Im Jahr 843 zerfiel das Reich Karls des Großen in drei Königreiche, die von seinen Nachfahren regiert wurden. Das Heilige Römische Reich gab es nicht mehr, bis 962 mit Otto I. erneut ein Kaiser gekrönt wurde. Nach 1438 stammten alle Kaiser des Heiligen Römischen Reichs aus dem Hause Habsburg. Im Jahr 1806 ging es unter.

BUNTGLASFENSTER ▲
In der Kathedrale von Chartres (Frankreich) zeigt ein Buntglasfenster Karl mit Konstantin (rechts).

SIEHE AUCH ⏭ Mittelalter in Europa 390–391 • Napoleonische Kriege 416

ISLAMISCHE KULTUREN

Im Jahr 610 gründete Mohammed, ein arabischer Kaufmann, eine neue Religion: den Islam. Seine Lehre stieß auf Begeisterung. Um 750 hatten die Muslime (Anhänger des Islam) ein Gebiet erobert, das von Afghanistan bis nach ⏭AL-ANDALUS in Südspanien reichte. Eine Zeit großer wirtschaftlicher und kultureller Blüte begann.

Islamische Kulturen

WIE LEBTE MAN UNTER DEM ISLAM?

Neu eroberte Länder wurden durch den Islam, ein einheitliches Steuer-, Münz- und Rechtssystem geeint. Manchmal mussten Juden und Christen höhere Steuern zahlen. Aber ihren Glauben durften sie ausüben, solange sie den Propheten Mohammed nicht beleidigten.

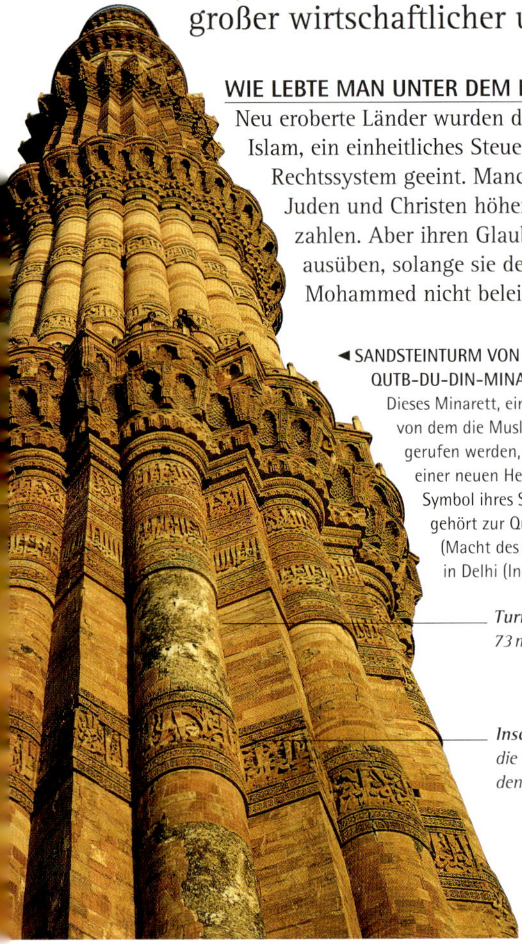

◄ SANDSTEINTURM VON QUTB-DU-DIN-MINAR
Dieses Minarett, ein schlanker Turm, von dem die Muslime zum Gebet gerufen werden, wurde 1199 von einer neuen Herrscherdynastie als Symbol ihres Sieges errichtet. Es gehört zur Quwwat-ul-Islam- (Macht des Islam)-Moschee in Delhi (Indien).

Turm, 73 m hoch

Inschriften, die Gott, die Regierung und den Islam preisen

WARUM VERBREITETE SICH DER ISLAM SO SCHNELL?

Der Islam gab den Händlern und Völkern der Arabischen Halbinsel ein starkes Zusammengehörigkeitsgefühl. Von ⏭KALIFEN angeführte arabische Heere verbreiteten den Islam im ganzen Nahen Osten und über seine Grenzen hinaus. Auch islamische Kaufleute trugen dazu bei, dass die neue Religion in weit entfernte Länder getragen wurde.

Karten zeigen die Positionen der Sterne bei Nacht.

Sterne, die zu Sternbildern gehören, sind rot verzeichnet.

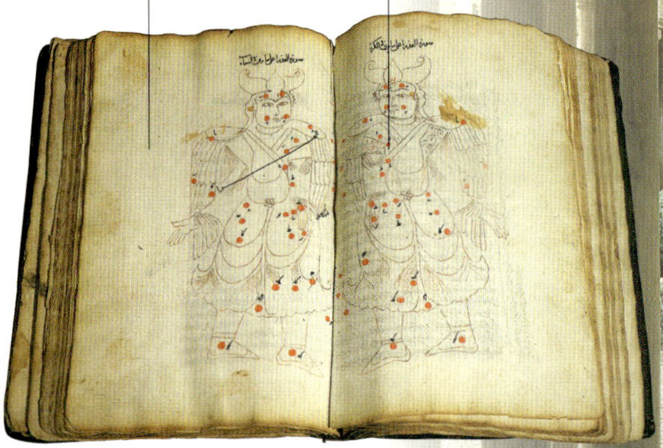

▲ DAS BUCH DER FIXSTERNE
Die darin verzeichneten Himmelsbeobachtungen stammen von dem berühmten arabischen Astronomen Abd ar-Rahman al Sufi, der im 10. Jh. lebte. Noch heute tragen viele Sterne arabische Namen.

KALIFEN

Nach dem Tod Mohammeds 632 wurden die Muslime von Kalifen regiert. Mit der Ausbreitung des Islam wuchs ihre politische und religiöse Macht. Unter der Herrschaft des vierten Kalifen, der von 656 bis 661 regierte, spaltete sich der Islam in zwei Glaubensrichtungen. Jetzt gab es Sunniten und Schiiten, und die islamische Welt wurde nicht mehr von einem einzigen Kalifen beherrscht.

WER WAREN DIE OMAIJADEN UND ABBASIDEN?

Omaijaden und Abbasiden waren Kalifendynastien. Seit 661 wurde der Islam von den Omaijaden beherrscht, die in Damaskus (Syrien) ansässig waren. Im Jahr 750 ergriff eine neue Dynastie die Macht, die Abbasiden. Nur im muslimischen Spanien herrschten weiterhin die Omaijaden. Die abbasidischen Kalifen lebten in Bagdad, das unter ihnen eine Zeit großer wirtschaftlicher und kultureller Blüte erlebte.

HARUN UND DER BARBIER ►
Harun-ar-Raschid war der berühmteste Kalif der Abbasiden. Um seinen Hof in Bagdad ranken sich zahlreiche Legenden. Diese Miniatur illustriert eine Begebenheit, in der Harun bemerkt, dass sich sein Barbier nicht von der Stelle rührt. Er lässt den Boden abtragen und findet darunter einen Schatz.

◄ **DER LÖWENHOF**
Das Foto zeigt den Löwenhof in der Alhambra. Dieser Palast wurde 1238–1354 für die Herrscherfamilie in Granada errichtet, dem letzten maurischen Königreich in Spanien. Der Springbrunnen wird von zwölf steinernen Löwen gesäumt, die Wasser speien. Erfrischende Brunnen waren ein fester Bestandteil der islamischen Architektur.

WOHIN REISTEN DIE MUSLIME?

Pilger, Kaufleute, Soldaten, Gelehrte und Beamte unternahmen weite Reisen durch das Islamische Reich und über seine Grenzen hinaus. Der berühmte Entdecker Ibn Battuta begab sich 1325 auf eine Pilgerfahrt nach Mekka. Während der nächsten 25 Jahre durchquerte er die Sahara und reiste nach China, bis er nach Marokko zurückkehrte, um seine Abenteuer aufzuschreiben.

▲ **SEGELN IM MONSUNWIND**
Für ihre Reisen benutzten die Araber Segelschiffe, sogenannte Daus, die von einer kleinen Besatzung gesteuert werden konnten. Ihre Fahrten waren Vorbild für die Erzählungen von Sindbad dem Seefahrer.

WARUM WAREN STOFFE SO WICHTIG?

Viele der ersten Muslime waren Nomaden. Sie mussten ihre Habe schnell zusammenpacken können, um weiterzuziehen. Aus den traditionell gewebten Stoffen fertigte man Zelte, Taschen, Kleidung, Kissen, Decken und Kelims (Teppiche). Die islamische Welt ist berühmt für ihre Textilkunst. Ihr haben wir Begriffe wie Damast (aus Damaskus), Mousseline (aus Mosul) und Kaschmir (aus Kaschmir) zu verdanken.

AL-ANDALUS

Im Jahr 711 eroberten muslimische Heere den Süden Spaniens. Unter dem Namen Al-Andalus wurde er zur reichsten Gegend Europas. Die Muslime oder Mauren brachten unbekannte Kulturpflanzen wie Orangen, Mandeln und Baumwolle mit, aber auch neue Technologien wie das Wasserrad. Im Jahr 1492 fiel das letzte maurische Königreich Spaniens an die Christen.

WIE VERBAND AL-ANDALUS OST UND WEST?

Im 10. Jh., unter der Herrschaft des Kalifen Abd ar-Rahman, wurde Córdoba Hauptstadt von Al-Andalus. Seine prachtvoll ausgestatteten Bibliotheken ermöglichten christlichen Gelehrten aus Europa den Zugang zur Wissenschaft des Ostens. Nach 1031, als eine neue Herrscherdynastie an die Macht kam, war das Goldene Zeitalter Córdobas zu Ende. Im Jahr 1236 wurde es von christlichen Heeren Spaniens zurückerobert.

► **CÓRDOBAS GROSSE MOSCHEE**
Mihrab nennt man eine Nische, die nach Mekka, der heiligsten Stadt des Islam, zeigt. Dieser Mihrab befindet sich in der Großen Moschee (Mezquita) von Córdoba. 785 wurde mit ihrem Bau begonnen, danach wurde die Moschee 200 Jahre lang immer weiter ausgebaut.

SIEHE AUCH ⏭ Islam 290 • Kreuzzüge 389 • Mittelalter in Afrika 394–395 • Osmanisches Reich 397

WIKINGER

Ende des 8. Jh. begannen Wikingerpiraten aus Norwegen, Dänemark und Schweden in Europa einzufallen. Mit ihren wendigen ⏭ LANGSCHIFFEN legten die Wikinger riesige Strecken zurück. Ihre Blütezeit reichte bis ins Jahr 1100 n. Chr.

Ein hoher Bug sorgte dafür, dass auch bei stürmischem Seegang keine Wellen ins Boot schwappten.

WOHIN SEGELTEN DIE WIKINGER?

Die Wikinger überfielen die Küsten Britanniens, Irlands und Europas, wo sie sich niederließen. Sie überquerten den Atlantik und erreichten Island, Grönland und Neufundland. Ihre Kaufleute reisten quer durch Russland bis Konstantinopel und tauschten Bernstein, Pelze und Walfett gegen Wein, Seide, Gewürze und Silbermünzen aus dem Nahen Osten.

WARUM WAREN DIE WIKINGER SO GEFÜRCHTET?

Die Wikinger waren keine Christen. In Klöstern und Kirchen sahen sie eine leichte Beute. Die Ersten, die von den Wikingern berichteten, waren Mönche, die solche Überfälle erlebt hatten. Daher sind ihre Grausamkeiten besser in Erinnerung geblieben als ihre Errungenschaften.

WELCHE GÖTTER VEREHRTEN DIE WIKINGER?

Die Wikinger verehrten ihre Götter unter freiem Himmel. Ihre Heiligtümer waren große Felsen, ungewöhnlich geformte Bäume oder Wasserfälle. Ihre wichtigsten Götter waren Odin, der Gott der Weisheit, Thor, der Gott der Schmiede und des Donners, und Freyja, die Göttin der Fruchtbarkeit. Nach 1000 wurden die Wikinger Christen.

RUNDTURM IN ARDMORE ▲
Dieser Turm steht auf einem Friedhof in Ardmore, Irland. Er wurde um 1100 n. Chr. von Mönchen als Zufluchtsstätte vor den Wikingern errichtet. Der Eingang befindet sich 4,5 m über dem Boden und konnte nur über eine einziehbare Leiter erreicht werden.

▲ SILBERAMULETT
Dieser Kopf eines unbekannten bärtigen Mannes mit Wikingerhelm war ein Glücksamulett. Die Wikinger hatten eine große Vorliebe für Silber.

Wikinger

▼ WIKINGERWAFFE
Dieses Schwert aus Dänemark besitzt eine doppelte Eisenklinge. Die Wikinger waren sehr stolz auf ihre Schwerter, die über mehrere Generationen vererbt wurden oder als Grabbeigaben dienten.

LANGSCHIFFE

Die Wikingerschiffe waren die besten in ganz Europa. Neben ihren Langschiffen für Kriegszwecke besaßen sie spezielle Fischerboote. Auf weiten Seereisen benutzten sie tiefere, breitere Boote (Knorre).

WIE WURDEN DIE WIKINGERSCHIFFE GEBAUT?

Wikingerschiffe bestanden aus Eichen- oder Kiefernholzplanken, die an einen schweren Kiel genagelt wurden. Sie waren stabil, aber gleichzeitig biegsam. Den Mast bildete ein hoher Baumstamm, an dem ein großes quadratisches Segel aufgezogen wurde. Wenn es windstill war, ruderte man.

◄ NACHBAU EINES WIKINGERLANGSCHIFFS
Weil das Schiff so flach war, konnte es nicht so leicht kentern. Außerdem gelangte man so unbemerkt bis ans Ufer, um einen Überraschungsangriff auszuführen. Die Ritzen zwischen den Planken waren mit geteerter Wolle verfugt, damit kein Wasser eindringen konnte.

BEMALTES STEINRELIEF ►
Solche Steine, die Heldentaten tapferer Wikinger zeigen, wurden von stolzen Nachfahren aufgestellt.

SIEHE AUCH ⏭ Byzanz 385 • Entdeckungszeitalter 400–401

NORMANNEN

Die Normannen waren Nachfahren von Wikingern, die sich um 912 n. Chr. im Nordwesten Frankreichs angesiedelt hatten. Sie eroberten große Teile Europas und herrschten von England bis Süditalien.

KATHEDRALE VON MONREALE ►
Diese Kathedrale auf Sizilien wurde von 1174 bis 1189 erbaut. Sie zeigt eine Mischung aus byzantinischem, arabischem, nordafrikanischem und normannischem Stil.

WAS GESCHAH IM JAHR 1066?

Im Jahr 1066 fielen die Normannen in England ein. Ihr Anführer, der Herzog der Normandie, William der Eroberer, wurde später König von England. Er verjagte den englischen Adel und gab dessen Land den Normannen. Diese bildeten die Regierung und standen der Kirche vor. Die Normannen bauten viele Schlösser, führten hohe Steuern und strenge Gesetze ein.

◄ DIE SCHLACHT VON HASTINGS, 1066
Der Wandteppich von Bayeux schildert die Eroberung Williams aus normannischer Sicht. Die Szene zeigt, wie englische Fußsoldaten niedergetreten werden.

Normannen

WAS MACHTEN DIE NORMANNEN AUF SIZILIEN?

Von 1060 bis 1091 wurde Sizilien von den Normannen erobert. Die neuen Machthaber tolerierten die muslimischen Einwohner und die Insel erlebte eine Zeit großer kultureller Blüte. Die Normannenkönige unterstützten die Forschungen arabischer Gelehrter und finanzierten die Übersetzung antiker griechischer Texte ins Lateinische.

SIEHE AUCH ⏭ Islamische Kulturen 386–387 • Mittelalter in Europa 390–391 • Wikinger 388

KREUZZÜGE

Im Jahr 1095 erklärte Papst Urban II. den muslimischen Herrschern in Jerusalem den Krieg. Der erste Kreuzzug folgte. Während der nächsten 200 Jahre kam es zu weiteren Kreuzzügen, die alle erfolglos blieben.

Kreuzzüge

▲ KREUZFAHRER GREIFEN KONSTANTINOPEL AN
Im Jahr 1204 segelten Kreuzfahrer aus Westeuropa nach Konstantinopel. Nachdem sie die Stadt erobert und geplündert hatten, beherrschten sie sie für 60 Jahre. Dieser vierte Kreuzzug sollte das Heilige Land nie erreichen.

WARUM BRACH MAN ZUM ERSTEN KREUZZUG AUF?

Seit Jahrhunderten pilgerten Christen ins Heilige Land, das seit 637 von Muslimen beherrscht wurde. Zum ersten Kreuzzug kam es, weil die christlichen Pilger dort auf zunehmenden Widerstand und Feindseligkeiten stießen.

WAS BRACHTEN DIE KREUZFAHRER NACH EUROPA MIT ZURÜCK?

Die Kreuzfahrer kehrten mit Aprikosen, Zitronen, Reis, Färbemitteln, Gewürzen, Düften, Seifen und Glasspiegeln zurück. Ein Musikinstrument, der Vorläufer der heutigen Gitarre, war ebenso im Gepäck der Kreuzfahrer.

BETENDER SOLDAT ►
Dieser Kreuzfahrer, der in einer englischen Handschrift um 1200 abgebildet ist, kniet vor der Schlacht zum Gebet nieder.

SIEHE AUCH ⏭ Islamische Kulturen 386–387 • Mittelalter in Europa 390–391

MITTELALTER IN EUROPA

Zwischen 1000 und 1500 n. Chr. entwickelte sich in Europa eine sehr lebendige Kultur. Obwohl die meisten Menschen nach wie vor Bauern waren, errichtete man prächtige ⏭ BURGEN und Kathedralen. Die Städte wurden größer, der Einfluss der Handwerker und Kaufleute nahm zu.

Königin konnten im Mittelalter die Mütter, Schwestern oder Töchter von Königen werden.

Bischöfe waren regionale kirchliche Herrscher.

▲ SCHACHFIGUREN AUS DEM MITTELALTER
Diese Schachfiguren, die um 1200 in Skandinavien angefertigt wurden, zeigen die wichtigsten Personen in einem mittelalterlichen Königreich (von links nach rechts): Königin, König, Bischof und Ritter (Edelmann).

Mittelalter in Europa

▲ ROCHESTER CASTLE, ENGLAND
Der wichtigste Teil einer Burg war der Burgfried (Hauptturm). Dieser hier stammt von 1130. Wegen seiner steinernen Mauern war er nur sehr schwer einzunehmen.

BURGEN

Eine Burg ist eine wehrhafte Festung. Die ersten Burgen, die um 900 errichtet wurden, waren hölzerne Bauten auf einem Erdhügel. Später baute man Burgen aus Stein mit Türmen und Zinnen, die von Gräben und dicken Mauern umgeben waren. Sie dienten auch der Repräsentation.

WURDEN BURGEN NUR IM KRIEG GENUTZT?

Die ersten Burgen waren Zufluchtsstätten für Adelige, ⏭ RITTER und Soldaten in Kriegszeiten. Ab 1200 wurden die Burgen auch in Friedenszeiten von Edelmännern und ihren Familien bewohnt. Prächtige Räume für wichtige Gäste wurden angebaut.

WAR SCHIESSPULVER FÜR BURGEN BEDROHLICH?

Ab 1300 begannen mit Schießpulver befeuerte Kanonen die Kriege in Europa zu bestimmen. Die Kanonenkugeln konnten sogar Burgmauern zum Einsturz bringen. Obwohl Burgen keine sicheren Zufluchtsorte mehr waren, wurden sie weiterhin gebaut – allerdings eher als imposante Residenzen.

WER BEHERRSCHTE EUROPA IM MITTELALTER?

Die Könige befehligten Armeen von ⏭ RITTERN und Fußsoldaten. Sie erließen Gesetze, trieben Steuern ein und förderten den Handel. Der Adel hatte riesige Besitztümer, musste dafür aber den König unterstützen. Die Kirche bestimmte einen Großteil des Alltags und betrieb Schulen, Universitäten und Krankenhäuser.

WAS GLAUBTE MAN IM MITTELALTER?

Im Mittelalter glaubten die Europäer, Gott habe die Welt erschaffen und regiere durch seine Kirche und den König. Außer Priestern und Mönchen konnten nur wenige lesen und schreiben. Das einfache Volk hörte die biblischen Geschichten von Predigern oder sah gemalte Szenen aus der Bibel in der Kirche.

PFLÜGEN UND SÄEN ►
Die mittelalterliche Malerei zeigt eine Herbstszene außerhalb von Paris. Bauern bearbeiten den Acker. Im Hintergrund ist eine Burg zu erkennen. Die Vogelscheuche trägt die Kleidung eines Armbrustschützen.

ELEONORE VON AQUITANIEN (1122–1204)

Eleonore von Aquitanien war die reichste Erbin Frankreichs. 1137 heiratete sie König Ludwig VII. von Frankreich und 1154 König Heinrich II. von England. Noch in hohem Alter besaß sie viel Macht und regierte England in Abwesenheit ihres Sohnes Richard.

WIE ENTSTANDEN DIE MITTELALTERLICHEN STÄDTE?

Viele Städte entstanden um Handels- und Marktplätze herum, wo Bauern und Handwerker ihre Waren feilboten. Die Handwerker waren in Zünften organisiert. Diese überwachten die Preise und organisierten die Lehrlingsausbildung.

WIE LEBTEN DAMALS DIE BAUERN?

Die meisten Bauern bewirtschafteten die Felder ihres Herrn und bekamen dafür ein kleines Stück Land, auf dem sie selbst etwas anbauen konnten. Manche waren Leibeigene. Sie waren unfrei und durften ohne die Erlaubnis ihres Herrn weder reisen noch heiraten.

__Türme__ dienten ursprünglich zur Verteidigung, jetzt zur Zierde.

__Pestopfer__, in ein Leichentuch gewickelt. Wer sich einmal angesteckt hatte, überlebte fast nie.

▲ DER SCHWARZE TOD
Dieses Kirchenfenster zeigt die schreckliche Macht des Schwarzen Todes, wie die Pest auch genannt wurde. Die Seuche raffte zwischen 1347 und 1349 mehr als die Hälfte der europäischen Bevölkerung dahin.

RITTER

Ritter waren berittene Krieger. Sie stammten aus adeligen Familien und lernten von Kindheit an, wie man mit Waffen umgeht, eine Rüstung anlegt und auf schweren Schlachtrossen reitet. Manche Ritter besaßen Burgen und Ländereien und sorgten hier für Ruhe und Ordnung. Andere kämpften in den Heeren großer Herrscher.

Ein __Metallhelm__ schützt den Kopf.

__Brustplatte und Kettenhemd__

__Spitz zulaufendes Schwert__, das durch die Rüstung dringt

__Beinschienen__ (für die Schienbeine)

Sogar die __Füße__ wurden durch die Rüstung geschützt.

▲ ITALIENISCHER RITTER
Diese Rüstung, die um 1380 getragen wurde, war zu Pferd ideal. Aber sobald der Ritter absaß, war sie sehr schwer und brachte ihn ins Schwitzen.

WIE KÄMPFTEN DIE RITTER?

Die Ritter stürzten sich mit ihren Pferden in die Schlacht. Sie spießten die Feinde mit langen Lanzen auf oder bekämpften sie mit mächtigen Schwertern, Keulen und Streitäxten. Zu Fuß benutzten sie Dolche und Kurzschwerter.

WAS BEDEUTETE RITTERSCHAFT?

Mit dem Ritterschwur gelobten Ritter ihrem König die absolute Treue. Außerdem verhielten sie sich aufmerksam und höflich gegenüber Frauen, schützten die Schwachen und verteidigten die Kirche.

Ein Ritter __kniet__ vor einer Dame.

EIN TURNIERSCHILD ►
Dieser bemalte Schild war für die Parade bei einem Turnier gedacht. Auf Turnieren zeigten die Ritter, was sie konnten. Ihr abenteuerliches Leben und ihre Liebschaften wurden von fahrenden Spielleuten (Troubadouren) besungen.

SIEHE AUCH ⏭ Kreuzzüge 389 • Normannen 389 • Reformation 399 • Renaissance 398

MONGOLEN

Die Mongolen waren Nomadenstämme aus der Steppe und dem Grasland Zentralasiens. Im Jahr 1206 ernannten sie Dschingis Khan zu ihrem obersten Herrscher. Er legte den Grundstein für ein Reich, das um 1279 ganz China, beinahe ganz Russland, Zentralasien, den Iran und den Irak umfasste.

DSCHINGIS KHAN (1162–1227)

Dschingis Khan begann seine Karriere als Temudjin, als ehrgeiziger Häuptling eines Mongolenstammes. Man wählte ihn zum obersten Herrscher und gab ihm den Titel Dschingis Khan. Nach seinem Tod im Jahr 1227 wurde das Reich unter seinen Söhnen aufgeteilt.

WARUM WAREN DIE MONGOLEN SO GEFÜRCHTET?

Das mongolische Heer war wegen seiner berittenen Bogenschützen sehr gefürchtet. Aus vollem Galopp schossen sie Pfeile ab, die sogar Rüstungen durchdringen konnten. Pferde und Reiter waren äußerst zäh und konnten pro Tag 160 km zurücklegen.

WER WOLLTE DIE WELTHERRSCHAFT?

Dschingis Khan, was »Prinz über alles, das zwischen den Weltmeeren liegt« bedeutet, wollte die ganze Welt beherrschen. Er war stolz auf die Tatsache, dass man beinahe ein Jahr brauchte, um sein riesiges Reich mit dem Pferd zu durchqueren.

◄ TIMUR IN INDIEN
Im Jahr 1398 überfiel der Mongolenherrscher Timur (oder Tamerlan) Indien und plünderte Delhi.

Mongolen

SIEHE AUCH ⏭ Kaiserreich China 393 • Mogul-Reich 407

SAMURAI

Samurai waren Krieger aus japanischen Adelsfamilien. Sie dienten in der Privatarmee eines örtlichen Fürsten und kämpften in den Bürgerkriegen, die in Japan seit etwa 1159 tobten. Im Jahr 1603 stellten die ⏭ SHOGUNE der Tokugawa-Dynastie den Frieden wieder her. Aus den Samurai wurden Beamte.

WAS WAR »DER WEG DES SAMURAI«?

Samurai leisteten ihren Kameraden und dem Fürsten einen Treueeid, der sich an den Regeln des *bushido* (Der Weg des Samurai) orientierte. Man verlangte von ihnen große Selbstbeherrschung, Tüchtigkeit, Tapferkeit, Respekt, Gehorsam und Opferbereitschaft. Viele Samurai waren Anhänger des Zen-Buddhismus.

Samurai

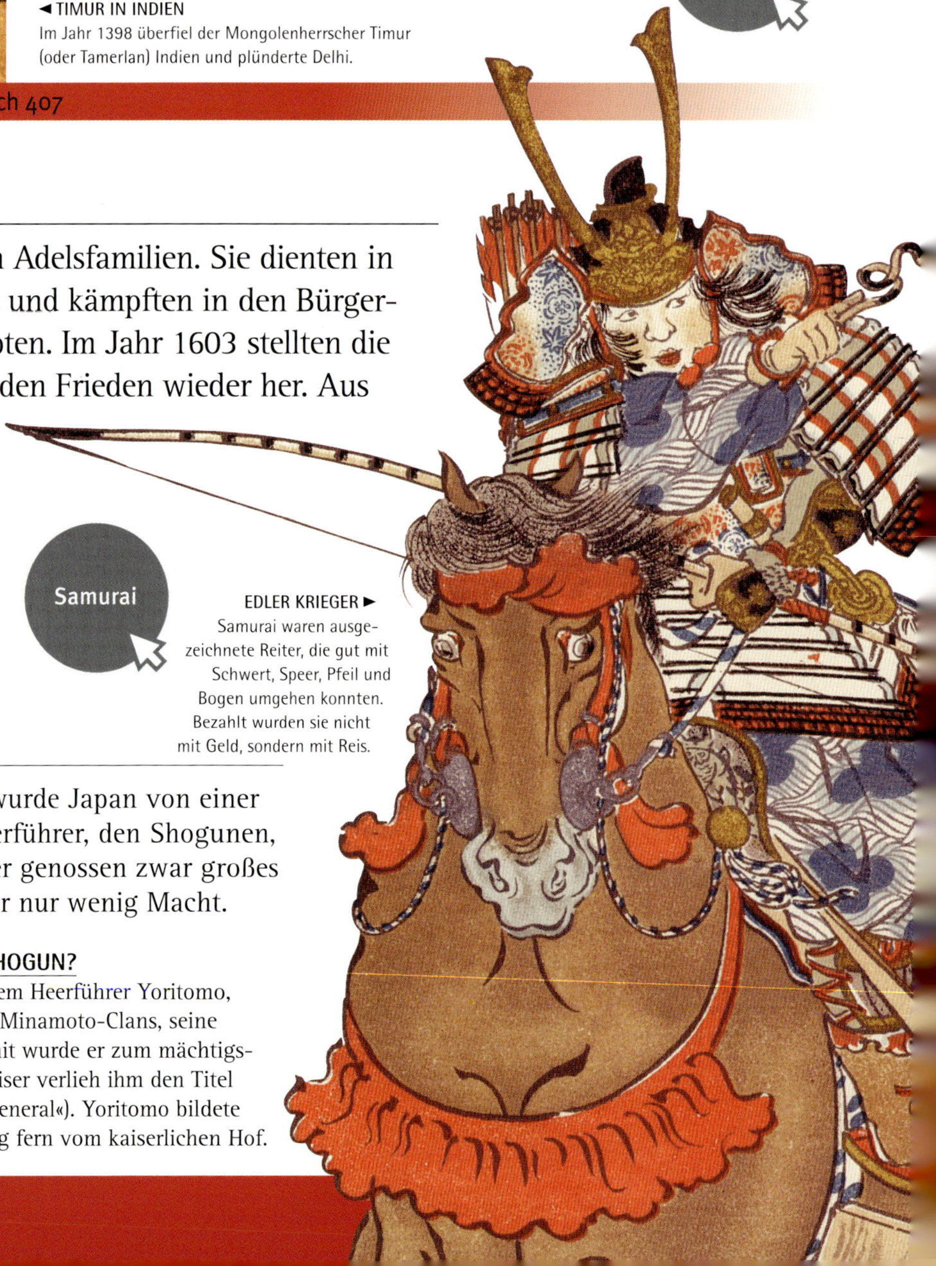

EDLER KRIEGER ►
Samurai waren ausgezeichnete Reiter, die gut mit Schwert, Speer, Pfeil und Bogen umgehen konnten. Bezahlt wurden sie nicht mit Geld, sondern mit Reis.

SHOGUNE

Von 1192 bis 1867 wurde Japan von einer Reihe mächtiger Heerführer, den Shogunen, regiert. Japans Kaiser genossen zwar großes Ansehen, hatten aber nur wenig Macht.

▲ PORTRÄT VON YORITOMO
Minamoto Yoritomo behauptete von der japanischen Kaiserfamilie abzustammen. Als er im Jahr 1199 starb, gab er den Titel eines Shoguns an seine Söhne weiter, die bis 1219 herrschten.

WER WAR DER ERSTE SHOGUN?

Im Jahr 1192 gelang es dem Heerführer Yoritomo, dem Kopf des mächtigen Minamoto-Clans, seine Rivalen zu besiegen. Damit wurde er zum mächtigsten Mann Japans. Der Kaiser verlieh ihm den Titel eines Shoguns (»großer General«). Yoritomo bildete eine neue Militärregierung fern vom kaiserlichen Hof.

SIEHE AUCH ⏭ Buddhismus 289

KAISERREICH CHINA

Mehr als 2000 Jahre lang (von 221 v. Chr. bis 1912 n. Chr.) wurde China von Kaisern regiert. In diesem Zeitraum wechselten die Hauptstadt und die herrschenden Familien (Dynastien). Es gab zwar Epochen großer Unruhen und Invasionen durch wilde Stämme (Mongolen), aber die Regierungsform blieb immer gleich. Das Kaiserreich China war die Heimat berühmter Erfindungen. Dazu gehören u. a. das Papier, das ⏭ PORZELLAN und das Schießpulver.

▲ DIE CHINESISCHE MAUER
Die Chinesische Mauer schlängelt sich durch die Berge nördlich von Peking. Zwar wurden Verteidigungswälle schon immer errichtet, aber die Chinesische Mauer entstand zu großen Teilen unter der Ming-Dynastie.

CHINAS HERRSCHER

221 v. Chr.	Ch'in-Dynastie
206 v. Chr.	Han-Dynastie
221 n. Chr.	Streit im Reich
581	Suid-Dynastie
618	T'ang-Dynastie
907	China zerfällt in fünf Dynastien.
960	Sung-Dynastie
1279	Yüan-Dynastie (Mongolen)
1368	Ming-Dynastie (letzte chines. Dynastie)
1644 1912	Ch'ing-Dynastie (Manchu-Dynastie aus der Mandschurei)

WARUM WAREN PRÜFUNGEN IN CHINA SO WICHTIG?

Der erste Kaiser der Han-Dynastie führte das Beamtentum ein, um China zu regieren. Bevor man Beamter werden konnte, musste man eine Reihe von schwierigen Prüfungen bestehen. Wer gut abschnitt, konnte Minister werden oder eine Prinzessin heiraten.

WIE WURDE PEKING ZUR HAUPTSTADT VON CHINA?

Nachdem die Mongolen (Yüan) 1279 in China eingefallen waren, machten sie Peking zur Hauptstadt, das hoch im Norden unweit der Chinesischen Mauer lag. Im Jahr 1368 gelangte die Ming-Dynastie an die Macht. Sie behielt Peking als Hauptstadt bei, baute sie aber um und aus.

WER LEBTE IN DER VERBOTENEN STADT?

Den Kaiserpalast in Peking nennt man auch die Verbotene Stadt. Die von einem Graben und einer hohen Ziegelmauer umgebene Anlage aus Palästen, Gärten, Büro- und Lagerräumen wurde unter der Ming-Dynastie errichtet. Dort lebten die Kaiserfamilie, Adel, Beamte und Diener.

Paläste und Herrenhäuser lagen inmitten von Gärten.

Der rot gewandete Herr ist ein Beamter des Kaisers.

Ein Beamter begrüßt Kollegen vor den Toren.

DIE VERBOTENE STADT ▲
Dieses Seidengemälde aus der Ming-Zeit zeigt die Verbotene Stadt. Dem normalen Volk war der Zutritt verboten und die Kaiserfamilie verließ sie so gut wie nie.

Kaiserreich China

PORZELLAN

Porzellan ist ein durchscheinendes, keramisches Material, das aus einem Gemisch von Kaolin, Feldspat und Quarz besteht. Es kann mit der Hand auf der Töpferscheibe geformt werden. Nach dem Brennen bei extrem hohen Temperaturen ist es wasserdicht und sehr hart.

WARUM WAR PORZELLAN SO KOSTBAR?

Das Porzellan wurde in China unter der T'ang-Dynastie erfunden. Es war ein Luxusgut, das sich nur Adelige und Kaiser leisten konnten. Jahrhundertelang wussten nur die Chinesen, wie man es herstellt. Im 17. Jh. wurde es von niederländischen Seefahrern erstmals nach Europa gebracht, wo es ein begehrtes Gut wurde.

Das Drachenmotiv wird auf die glatte Oberfläche gemalt.

◄ PORZELLANSCHALE
Diese dünnwandige Porzellanschale entstand unter der Ming-Dynastie. Viele solcher Porzellangegenstände wurden extra für den Verkauf nach Übersee angefertigt.

SIEHE AUCH ⏭ Chinas erster Kaiser 378 • Chinesische Revolution 429

MITTELALTER IN AFRIKA

Von 750 bis 1500 n. Chr. entstanden südlich der Sahara große Kulturen. Muslimische Könige herrschten über Städte wie ⏭TIMBUKTU, während Stammesfürsten wie die ⏭OBAS Königreiche in den Regenwäldern regierten. Die ostafrikanischen Stämme der ⏭SUAHELI dagegen kamen durch Handel zu großem Wohlstand.

WIE DURCHQUERTEN KAUFLEUTE DIE SAHARA?
Kaufleute aus Nordafrika schlossen sich zu Karawanen zusammen, um die Sahara zu durchqueren. Sie führten bis zu 10 000 schwer beladene Kamele mit sich. Am Südrand der Sahara wurden die Waren dann auf Esel geschnallt oder menschlichen Trägern übergeben, die sie weitertransportierten.

FÜR WELCHE WAREN WAR AFRIKA BERÜHMT?
Gold, Elfenbein, Ebenholz und Sklaven aus westafrikanischen Königreichen wie Ghana, Mali und Songhai wurden in Nordafrika und dem Nahen Osten verkauft. Man tauschte die Waren gegen Salz und Kupfer aus der Sahara. Später beherrschten Europäer den Handel.

◄ SKLAVENBURG ELMINA, GHANA
Diese Befestigungsanlage wurde 1482 von Portugiesen errichtet. Sie und später auch die Holländer und Engländer nutzten sie als Umschlagplatz für Sklaven, Gold und importierte Waren aus Europa. In Westafrika gründeten die Europäer zahlreiche Handelszentren.

Krone aus Köpfen von Portugiesen

Mittelalter in Afrika

TIMBUKTU

Timbuktu (in Zentralmali) war eine der wichtigsten Städte am Rande der Sahara. Nachdem muslimische Gelehrte um 900 den Islam eingeführt hatten, entwickelte sie sich zu einem Zentrum muslimischer Kultur. Es gab Schulen, eine Universität und einen Markt, auf dem mit kostbaren Büchern gehandelt wurde.

Holzgerüst für Bauarbeiter, um Reparaturen auszuführen

WIE WURDE TIMBUKTU WOHLHABEND?
Wie Gao, Djenné und andere Städte am Rand der Sahara lag auch Timbuktu an den Ufern des Niger. All diese Städte hatten Binnenhäfen, und Kaufleute aus dem Süden schickten Schiffsladungen voller Gold, Elfenbein, Baumwolle, getrocknetem Fisch und Kolanüssen, die man hier verkaufte oder weiter nach Norden transportierte. Timbuktu wurde zum Ausgangspunkt einer der wichtigsten Handelsrouten durch die Sahara.

WARUM PILGERTEN MUSLIME NACH TIMBUKTU?
Viele Muslime pilgerten nach Timbuktu, um dort die 333 Heiligen der Stadt zu verehren. Das waren berühmte muslimische Gelehrte, die von hier aus den Islam verbreitet hatten. Viele prächtige Moscheen wurden in Timbuktu errichtet.

◄ DJINGUEREBER-MOSCHEE
Diese 1327 errichtete Moschee ist das älteste Gebäude Timbuktus. Es besteht aus Lehmziegeln, einem Holzrahmen und hat einen Verputz aus Stroh und Schlamm.

SUAHELI

Suaheli oder Swahili wurde zur meistgesprochenen Sprache an der Küste und den Inseln Ostafrikas. Viele Wörter stammen aus dem Arabischen – der Sprache der Kaufleute, die über den Indischen Ozean segelten und die Häfen von Indien, der arabischen Welt und Ostafrika wie Mogadischu, Gedi und Kilwa miteinander verbanden.

MIT WEM TRIEBEN DIE SUAHELI HANDEL?

Die Ostafrikaner handelten mit wertvollen Waren wie Leder, Weihrauch, Leopardenfellen, Elfenbein, Kupfer und Gold, die sie an Händler aus Indien verkauften. Seit 1071 schickten sie Gesandte nach China und seit 1418 kamen auch chinesische Kaufleute in ihre eigenen Häfen.

SANSIBAR ▼
Auf der Insel Sansibar vor der ostafrikanischen Küste wurde zuerst Suaheli gesprochen. Die Insel wurde zu einem wichtigen Umschlagplatz für Sklaven, Elfenbein und Gewürznelken.

OBAS

Von 1250 bis 1800 entstanden im Südwesten des heutigen Nigeria zahlreiche Königreiche. Jedes wurde von einem sogenannten Oba regiert. Die Obas waren die politischen und religiösen Führer. Ihre Untertanen, der Stamm der Yoruba, bestand aus Bauern. Sie errichteten Stadtstaaten, die von großen Erdwällen umgeben waren.

WOHER STAMMEN DIE MEISTEN OBA-SKULPTUREN?

Die Menschen, die in den Regenwäldern des Königreichs Benin lebten, waren Meister der Metallbearbeitung. Sie schufen prächtige Porträtköpfe von ihren Obas sowie Reliefs und Zeremoniengegenstände. Aus Messing oder Bronze gegossen dienten sie der Verehrung der Vorfahren. Viele schmückten die Paläste der Herrscher.

WAS WURDE AUS DEN KÖNIGREICHEN DER OBAS?

Nach der Ankunft der Europäer verloren die Obas und andere afrikanische Herrscher an Einfluss. Portugiesische, holländische und britische Kaufleute berichteten in ihrer Heimat begeistert von den Schätzen Afrikas. Immer mehr Forscher reisten dorthin. Um 1900 wurde beinahe ganz Afrika von Europäern regiert.

Feine Gravuren zieren den Kragen.

◄ OBA-MASKE
Diese Maske eines Obas stammt von 1500. Der Messingabguss wurde mit einer Krone aus vielen kleinen Köpfen verziert. Sie stellen Portugiesen dar, die um 1430 in das Land der Yoruba vordrangen. Sie verblassen gegen das ausdrucksvolle Gesicht des Obas.

Die Kappe eines Obas wurde in der Regel aus Perlen gewebt.

▲ SKULPTUR EINES OBAS AUS BENIN
Wie die meisten Skulpturen aus Benin ist auch diese aus Messing. Die Obas befehligten riesige Heere und kontrollierten den Handel mit Elfenbein, Palmöl, Pfeffer und Sklaven.

SIEHE AUCH ►► Afrika 238–239 • Entdeckungszeitalter 400–401 • Imperialismus 422–423 • Islamische Kulturen 386–387

POLYNESIEN

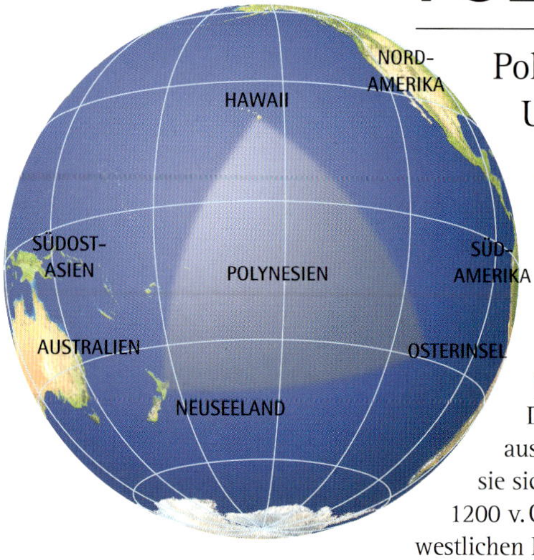

▲ DAS POLYNESISCHE DREIECK
Die Inseln Polynesiens sind über ein Gebiet von mehr als 2 Mio. km² verteilt. Neuseeland, Hawaii und die Osterinsel bilden die Eckpunkte der etwa dreieckigen Fläche. Es dauerte oft viele Tage, wenn man von einer Insel zur nächsten segeln wollte. Die Siedler nahmen Werkzeug und Anbaupflanzen mit, um auf der neuen Insel überleben zu können.

Polynesien ist eine Inselgruppe im Pazifischen Ozean. Um 2000 v. Chr. unternahmen Familien lange, gefährliche Seereisen, um sich dort niederzulassen. Sie brachten Schweine, Hunde und Hühner mit, sammelten Bananen, Kokosnüsse, Brotfrucht und betrieben Fischfang.

WOHER STAMMEN DIE POLYNESIER?

Die Vorfahren der ersten Siedler stammen aus Südostasien. Im Lauf der Zeit ließen sie sich auf den Inseln im Pazifik nieder. Um 1200 v. Chr. erreichten sie Tonga und Samoa am westlichen Rand Polynesiens. Gegen 300 v. Chr. hatten sie auch weiter entfernte Inseln besiedelt.

WARUM WANDERTE MAN NACH POLYNESIEN AUS?

Die südostasiatischen Inseln, von denen die ersten Siedler stammten, waren wahrscheinlich überbevölkert. Der Boden war ausgelaugt und die Wälder waren abgeholzt. Vielleicht herrschte auch Krieg zwischen den verschiedenen Inselstämmen, die um Nahrung und Land kämpften. Darüber hinaus gab es sicher auch Abenteurer, die neues Land entdecken wollten.

WIE REISTEN DIE ERSTEN SIEDLER?

Die Siedler reisten in Doppelkanus mit Segeln aus geflochtenem Stroh. Sie orientierten sich an den Sternen und Wolken, am Seegang, an Zugvögeln und am Meeresleuchten. Außerdem stellten sie Landkarten aus Stöcken, Kieseln und Muscheln her. Mit diesen Methoden kamen sie bis nach Hawaii und Neuseeland, wo sich die ersten Siedler ⏭ MAORI nannten.

Polynesien

RIESENSTATUEN ►
Die Osterinsel (auch Rapa Nui genannt) war die östlichste, die die Siedler erreichten. Sie landeten hier um 500 n. Chr. Mit schlichten Werkzeugen aus Stein und Holz schufen sie zahlreiche *moai* (Riesenstatuen), die bis zu 10 m hoch sind.

MAORI

Gegen 800 n. Chr. erreichten die ersten Siedler Neuseeland. Zunächst lebten sie in kleinen Gruppen friedlich zusammen, aber je mehr die Bevölkerung wuchs, desto mehr Kriege gab es. Gegen 1500 begann man auf Hügeln befestigte Städte zu errichten. Die Maori verzierten ihre Gebäude mit Schnitzwerk und ihre Haut mit bunten Tätowierungen.

WIE LEBTEN DIE MAORI?

Da das Klima in Neuseeland kälter und regnerischer war als in der alten Heimat, mussten sich die Siedler erst an ihre neue Umgebung anpassen. Sie jagten riesige flugunfähige Vögel (*moa*) in den Wäldern, erlegten Robben und sammelten Muscheln vor der Küste.

◄ AMULETT IN MENSCHLICHER GESTALT
Dieses Amulett war ein heiliges Erbstück und zeigte das Ansehen eines Stammes. Außerdem galt es als Bindeglied zwischen Menschen und Göttern.

SIEHE AUCH ⏭ Entdeckungszeitalter 400–401 • Neuseeland 425

SÜDOSTASIATISCHE REICHE

Zwischen 700 und 1300 n. Chr. entstanden in verschiedenen Teilen Südostasiens so mächtige Königreiche wie das Khmer-, Pagan- und Sukhothai-Reich. Wohlhabend geworden durch den Handel mit Reis und Gewürzen, kontrollierten sie wichtige Handelsrouten und erbauten prächtige Tempel.

Südostasiatische Reiche

▲ BUDDHISTISCHER TEMPEL
Dies ist einer von über 5000 Tempeln, die zwischen 1000 und 1200 n. Chr. im Land der Pagoden, Myanmar, errichtet wurden.

WARUM LIESSEN DIE HERRSCHER TEMPEL ERBAUEN?

Die Herrscher beschäftigten Tausende von Arbeitern, um hinduistische und buddhistische Tempel errichten zu lassen. Je mehr Tempel erbaut wurden, desto beliebter wurde die buddhistische Religion. Die Tempel brachten den Herrschern Ansehen und symbolisierten ihre Macht und ihren Reichtum.

WER BERIET DIE SÜDOSTASIATISCHEN HERRSCHER?

Buddhistische Mönche und hinduistische Heilige reisten von Indien nach Südostasien. Sie berieten die dortigen Könige und zelebrierten religiöse Rituale, die im Alltag der Menschen eine wichtige Rolle spielten.

BOROBUDUR-TEMPEL ▼
Dieser riesige buddhistische Tempel wurde 750–850 n. Chr. auf Java (Indonesien) erbaut.

SIEHE AUCH ⏭ Buddhismus 289 • Hinduismus 286

OSMANISCHES REICH

Um 1300 n. Chr. entstand unter türkischen Sultanen ein neues muslimisches Reich, das um 1700 große Teile von Europa, Afrika und Asien umfasste. Das Osmanische Reich bestand bis zum Ende des Ersten Weltkriegs (1918), 1923 wurde die Republik Türkei gegründet.

Osmanisches Reich

▲ KACHELN AUS DER BLAUEN MOSCHEE IN ISTANBUL
Diese herrlichen Kacheln stammen aus der Moschee des Sultans Ahmed I., die im Volksmund auch Blaue Moschee genannt wird und von 1609 bis 1619 errichtet wurde. Mit dem Bau prächtiger Moscheen und anderer Gebäude wollte der Sultan die byzantinischen Herrscher übertrumpfen.

WER WAR SÜLEIMAN DER PRÄCHTIGE?

Süleiman der Prächtige war der größte osmanische Sultan. Unter seiner Regentschaft (1520–1566) erreichte das Osmanische Reich den Höhepunkt seiner Macht. Der Sultan war auch ein Dichter, förderte die Künste und schmückte Istanbul mit vielen Moscheen.

WIE WURDE AUS KONSTANTINOPEL ISTANBUL?

Nach einer grausamen Belagerung wurde Konstantinopel 1453 von Sultan Mohammed II. erobert. Er benannte die alte Hauptstadt von Byzanz in Istanbul um und machte sie zur neuen, aufstrebenden Hauptstadt des Osmanischen Reiches.

WOHER KAMEN DIE JANITSCHAREN?

Janitscharen nannte man die Elitesoldaten, ursprünglich nicht türkische, junge Christen vom Balkan. Während ihrer Ausbildung in Istanbul traten sie zum Islam über.

SULTAN OSMAN I. ▲
Der erste Sultan, Osman I. (1259–1326), war der Sohn eines türkischen Stammesfürsten. Er führte eine Armee von Ghasis (islamische Glaubenskämpfer) an.

SIEHE AUCH ⏭ Islamische Kulturen 386–387 • Kreuzzüge 389

RENAISSANCE

Eine der kreativsten Epochen in der europäischen Geschichte reichte von 1350 bis 1550. Diese Zeit kultureller Blüte ist unter dem Namen Renaissance (Wiedergeburt) bekannt, da man sich von der Antike inspirieren ließ.

WO FAND DIE RENAISSANCE STATT?

Italien war das Zentrum der Renaissance. Damals war es in unabhängige Staaten geteilt, in denen reiche Herrscher regierten. Sie waren die ⏭ MÄZENE bedeutender Künstler. Die Renaissance hinterließ aber auch in Südfrankreich, Spanien und Nordeuropa Spuren.

WAS WAR DAS BESONDERE AN DER RENAISSANCE?

Es herrschte eine enorme Wissbegier. Gelehrte, die vor allem kirchliche Texte studiert hatten, entdeckten die Lehren der antiken Philosophen. Die Künstler beschäftigten sich intensiv mit dem menschlichen Körper. Um seine Schönheit zu zeigen, brachen sie mit der religiösen Bildsprache des Mittelalters und malten nach der Natur.

LEONARDO DA VINCI
(1452–1519)

Leonardo war ein Genie. Der Schriftsteller, Maler, Bildhauer, Ingenieur und Architekt hinterließ eine Fülle von Werken und eines der berühmtesten Gemälde: das Porträt der geheimnisvoll lächelnden Mona Lisa.

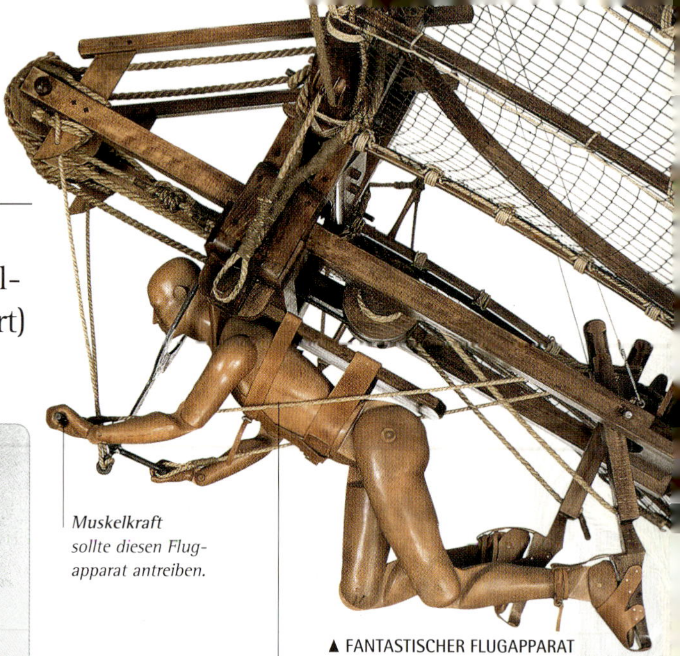

Muskelkraft *sollte diesen Flugapparat antreiben.*

Holz, Seile *und andere Materialien der damaligen Zeit waren zu schwer, um damit zu fliegen.*

▲ FANTASTISCHER FLUGAPPARAT
Leonardo da Vinci war ein genialer Erfinder. Dieser Nachbau eines Flugapparats geht auf einen Entwurf Leonardos zurück, den man in seinen Skizzenbüchern entdeckte – zusammen mit Plänen für einen Helikopter, einen Panzer und einen Tauchanzug.

Im Gefolge *Mitglieder der Familie Medici*

Diener *führen Pfeil und Bogen für die Jagd mit.*

PROZESSION DER HEILIGEN DREI KÖNIGE ►
Dieses Wandgemälde aus dem Jahr 1459 stammt von Benozzo Gozzoli und befindet sich in der Privatkapelle des Stadtpalastes der Medici in Florenz (Italien). Obwohl es eine Szene aus der Bibel darstellt, zeigt es gleichzeitig die Pracht des damaligen Fürstenhofs.

SIEHE AUCH ⏭ Künstler 324 • Malerei 320–321 • Philosophie 292–293

Flügel, die mit Fußpedalen betrieben werden

▲ DIE RENAISSANCE DES NORDENS

Auch in Polen bewunderte man die Kunst der italienischen Renaissance. Diese klassische Fassade befindet sich in Zamosc, einer Stadt, die 1579 von Jan Zamoysky gegründet wurde. Er hatte in Padua studiert.

WAS IST VON DER RENAISSANCE GEBLIEBEN?

In vielen italienischen Städten sind noch heute zahlreiche Paläste, Kirchen, Bibliotheken und Plätze aus der Zeit der Renaissance erhalten. In Rom z. B. kann man die von Michelangelo ausgemalte Sixtinische Kapelle oder die Meisterwerke Raffaels bewundern.

*Der **König aus dem Morgenland** wird hier dargestellt wie ein Renaissanceprinz.*

MÄZENE

Mäzene waren wohlhabende Herrscher oder Kaufleute, die Künstler unterstützten und ihnen Aufträge gaben. In Frankreich waren das Angehörige der Königsfamilie, in Italien reiche Adelsfamilien wie die Sforza, Medici und Borgia.

WARUM BLÜHTE FLORENZ AUF?

Die Renaissance war eine Epoche großer sozialer Umwälzungen. Reiche Kaufleute gewannen immer mehr politische Macht. Die italienische Stadt Florenz war das europäische Bankenzentrum. Die dort regierende Adelsfamilie der Medici lieh sogar Päpsten und Königen Geld. Sie bezahlte auch Künstler wie Michelangelo und Leonardo da Vinci.

Renaissance

REFORMATION

Die Reformation war eine christliche Protestbewegung im 16. Jh. Ihre Anhänger, die Protestanten, warfen der katholischen Kirche vor, käuflich und verdorben zu sein, und verlangten radikale Reformen.

WER FÜHRTE DIE REFORMATION AN?

Die Reformation hatte ihren Ursprung in Deutschland. 1517 veröffentlichte der deutsche Mönch Martin Luther seine Thesen gegen den Ablasshandel, bei dem man sich mit Geld von seinen Sünden freikaufen konnte. Für Luther galt nur die Bibel als Glaubensgrundlage.

WAS FOLGTE AUF DIE REFORMATION?

Der Erfolg der Protestanten erzürnte die katholische Kirche in Rom. Eine Zeit blutiger religiöser Auseinandersetzungen begann, die Europa mehr als 100 Jahre lang spaltete. Kirchen und Klöster wurden zerstört. Kriege führten zu schrecklichen Verwüstungen und viele mussten ihre Heimat verlassen.

▲ DIE GEDRUCKTE BIBEL

Diese Bibel wurde um 1455 von dem Mainzer Johannes Gutenberg gedruckt. Er erfand die Drucktechnik mit beweglichen Lettern und sorgte dafür, dass die Bibel weithin Verbreitung fand. Damit sie auch vom Volk gelesen werden konnte, übersetzte sie Luther vom Lateinischen ins Deutsche.

Latein lehnten die Protestanten ab, weil es nur wenige verstanden.

Reformation

RELIGIÖSE KONFLIKTE, EUROPA 1517–1568	
1517	Der Deutsche Martin Luther fordert Reformen.
1518	Der Schweizer Ulrich Zwingli ruft nach Veränderungen.
1541	Jean Calvin gründet die protestantische Kirche in Genf.
1545	Die Katholiken beginnen mit der Gegenreformation.
1560	John Knox gründet die protest. Kirche in Schottland.
1562	Kriege zwischen Kath. und Protestanten in Frankreich
1568	Holländ. Protest. revoltieren gegen das kath. Spanien.

SIEHE AUCH ⏭ Christentum 288 • Drucktechnik 339

ENTDECKUNGSZEITALTER

Schon immer haben sich Menschen aufgemacht, um neue Länder zu entdecken. Das größte Entdeckungszeitalter aber begann im 15. Jh. und dauerte mehr als vier Jahrhunderte. Die Araber und Chinesen hatten große Fortschritte im Schiffsbau und bei der ⏭ NAVIGATION gemacht, die europäische Seefahrer nun weiterentwickelten.

Entdeckungs-zeitalter

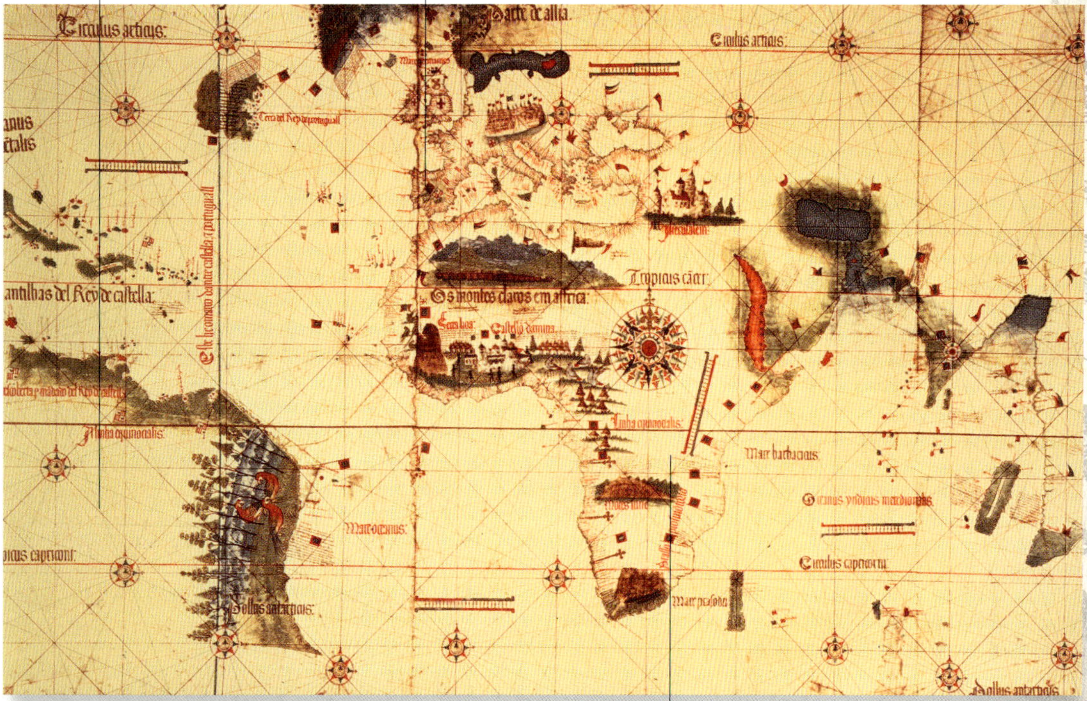

Brasilien wurde im Jahr 1500 zufällig entdeckt: Der Küstenverlauf ist hier noch nicht vollständig eingezeichnet.

Im Jahr 1494 beschlossen Spanien und Portugal in Tordesillas, das neu entdeckte Amerika unter sich aufzuteilen.

▲ DIE WELT KARTOGRAFIEREN
Diese Weltkarte stammt von 1502 und zeigt, was die europäischen Seefahrer bis dahin entdeckt hatten. Die Küsten von Europa, Afrika und Westasien sind verzeichnet, die Amerikas noch weitgehend unbekannt.

Das Landesinnere Afrikas blieb von den Europäern bis ins 18. Jh. unerforscht.

WARUM GING MAN AUF ENTDECKUNGSREISE?

In erster Linie, um Handel zu treiben. Die ⏭ ALTE WELT verlangte nach asiatischen Gewürzen, afrikanischem Elfenbein und Gold. Schon bald ergriffen die europäischen Kaufleute von den fernen Ländern Besitz und versuchten die Bevölkerung zum Christentum zu bekehren. Forscher reisten aus Abenteuerlust und Wissensdrang.

WELCHE FOLGEN HATTEN DIE ENTDECKUNGEN?

Die Europäer brachten viele Länder unter ihre Kontrolle. Ein reger Handel fand statt und neue Nutzpflanzen wurden eingeführt. Doch es gab auch negative Folgen: In der ⏭ NEUEN WELT starben viele Ureinwohner an Krankheiten, die von den Europäern einschleppt worden waren und gegen die sie keine Abwehrkäfte besaßen.

▲ WEGWEISER
Seefahrerkompasse kamen um 1250 in Gebrauch. Dieser hier stammt aus dem 16. Jh.

ENTDECKUNGEN

1405–1433	Chines. Flotten erforschen den Indischen Ozean.
1486	Diaz umrundet den Süden Afrikas.
1492	Kolumbus erreicht die Karibik.
1497	John Cabot erreicht Kanada.
1498	Kolumbus erreicht Südamerika.
	Vasco da Gama segelt nach Indien.
1500	Pedro Cabral erreicht Brasilien.
1522	Magellan umsegelt die ganze Welt.
1606	Willem Jansz erreicht Australien.

ALTE WELT

Europa, Asien und Afrika waren schon den Geografen der Antike bekannt. Nachdem Nord- und Südamerika entdeckt worden waren, nannte man Europa die Alte Welt.

WER ERFORSCHTE DIE ALTE WELT?

Im Mittelalter reisten der Venezianer Marco Polo und der Marokkaner Ibn Battuta ostwärts bis nach China. Der chinesische Admiral Zheng He dagegen segelte im 15. Jh. westwärts bis nach Afrika. Im 16. Jh. trieben Portugiesen und Holländer bereits Handel mit Südostasien.

SCHÄTZE AUS FERNOST ►
Nachdem Marco Polo nach China gereist war, gelangte Seide über den Landweg nach Europa. Im 16. und 17. Jh. kam dann auch Porzellan per Schiff.

NAVIGATION

Navigation nennt man jede Methode, ein Schiff in die gewünschte Richtung zu steuern oder auf Kurs zu halten. Im 16. Jh. verfügten die Seefahrer bereits über mehrere Navigationsinstrumente.

WELCHE NAVIGATIONSINSTRUMENTE GAB ES?

Seefahrer verwendeten einen Kompass, um ihren Kurs zu überprüfen. Die Schiffsposition bestimmten sie, indem sie den Winkel der Sonne oder der Sterne zum Horizont maßen. Das geschah mithilfe einer viertelkreisförmigen Scheibe, dem Quadranten, dem Sternhöhenmesser Astrolabium oder dem Jakobsstab.

HEINRICH DER SEEFAHRER (1394–1460)

Der portugiesische Prinz gründete eine Sternwarte und eine Seefahrerschule. An ihr wurde auch ein völlig neuer Schiffstyp, die Karavelle, entworfen. Außerdem finanzierte Heinrich Seefahrten zur westafrikanischen Küste.

WIE MASS MAN ENTFERNUNGEN?

In der Seefahrt schätzte man die Entfernungen nach Geschwindigkeit und Zeit. Dazu warf man einen Holzklotz über Bord und zählte, wie lange es dauerte, bis der Klotz an zwei Markierungen des Schiffsrumpfs vorbeigeschwommen war. Den Kurs und momentanen Standort hielt man auf einer Karte fest.

NEUE WELT

Mit dem Begriff Neue Welt bezeichneten die Europäer die neu entdeckten Kontinente Nord- und Südamerika.

WARUM SEGELTE KOLUMBUS NACH WESTEN?

Im Jahr 1492 überredete Christoph Kolumbus das Königspaar Ferdinand und Isabella von Spanien, ihm eine Reise nach Westen zu finanzieren. Er wollte eine neue Handelsroute nach Asien entdecken. Doch Kolumbus landete auf den Bahamas. Ein Zeitalter großer Entdeckungen und Eroberungen begann.

◄ ANKUNFT IN DER NEUEN WELT
Kolumbus stieß auf die Ureinwohner der Bahamas (Taino), die er irrtümlich für Asiaten hielt. Als Tribut mussten die Taino den Spaniern Gold geben. Kolumbus' Entdeckung brachte Spanien großen Reichtum – für die Ureinwohner der Karibik war sie eine Katastrophe.

▲ FESTUNGSANLAGE AM MEER
Die Spanier drangen 1508 in Puerto Rico ein. Die erste Festungsanlage errichteten sie 1540 in San Felipe del Morro (oben). Bald stritten sie mit den Engländern um ihre Kolonien.

SIEHE AUCH ⏭ Alte Mittelmeerkulturen 374 • Kartografie 220–221

*Goldschmiede der **Chimú** aus dem Norden des Inka-Reichs schufen diese Maske.*

*Die **Maske** bedeckte das Gesicht eines verstorbenen Herrschers.*

***Gold** hatte für die Inka eine magische Bedeutung.*

▲ GOLDENE MASKE
Kunsthandwerker waren bei den Inka sehr angesehen. Überall im Reich entstanden prächtige Goldmasken. Die Gier nach dem Gold hatte die Spanier 1532 nach Peru gelockt.

Inka

INKA

Das Volk der Inka lebte in den südamerikanischen Anden. Zwischen dem 12. Jh. und 1532 eroberten sie ein Gebiet, das nur 320 km breit, aber 3600 km lang war und von Kolumbien bis nach Chile reichte.

WER REGIERTE DAS INKA-REICH?

Die Inka, ein kleiner Stamm des südamerikanischen Hochlands, eroberten sich ein Reich, in dem 12 Mio. Menschen lebten und 20 verschiedene Sprachen gesprochen wurden. Die Inka regierten das Reich, besiegten Stammesfürsten blieb nur eine begrenzte Macht.

WIE WAR DIE INKA-GESELLSCHAFT ORGANISIERT?

Der dem obersten Herrscher treu ergebene Adel stellte die Statthalter, Generäle oder Priester, deren Rang man an ihren goldenen Ohrringen erkennen konnte. Die meisten Untertanen waren arme Bauern, die gleichzeitig auch Soldaten und Bauarbeiter waren.

WER STAMMTE VON SONNE UND MOND AB?

Der Inka-Herrscher erhob den Anspruch, direkt von Inti, dem Sonnengott, und der Mondgöttin Mamaquilla abzustammen. Andere Götter und Göttinnen symbolisierten das Meer, den Donner und die Erde. Außerdem verehrten die Inka die heiligen Orte früherer Andenvölker.

*Ein **großer Platz** in der Stadtmitte diente religiösen Zeremonien.*

*Die **Stadt** liegt 2743 m über dem Meeresspiegel.*

*Die **Inka-Architektur** war stabil und erdbebensicher.*

◄ MACHU PICCHU
Die Inkastadt Machu Picchu wurde um 1450 auf einem abgeschiedenen Bergkamm errichtet. Sie verfügte über einen Palast, Häuser, Tempel, Soldatenunterkünfte und Werkstätten. Nach Ankunft der Spanier flüchteten die Bewohner. Erst 1911 wurde die Stadt wiederentdeckt.

SIEHE AUCH ⏭ Alte Religionen 282 • Konquistadoren 405

AZTEKEN

Die Azteken begründeten die letzte Hochkultur in Mexiko, bevor die spanischen Eroberer erschienen. Ihr mächtiges Reich währte von etwa 1325 bis 1521. Die Azteken waren Bauern, Krieger und begabte Städtebauer.

Azteken

WIE HIESS DIE STADT IM SEE?

Im Jahr 1325 landeten Azteken auf einer großen Insel im Texcocosee. Als Priester sahen, dass sich ein Adler auf einem Kaktus niederließ, beschlossen sie hier eine prächtige Stadt zu errichten: Tenochtitlán. Auf den Ruinen dieser Stadt wurde später Mexiko-Stadt erbaut.

▲ AZTEKISCHE GESCHICHTE

Die Abbildung stammt aus einer alten aztekischen Handschrift, die nach Ankunft der Spanier angefertigt wurde. Das blaue Viereck steht für den Texcocosee, der Adler und der Kaktus für die Stadt Tenochtitlán.

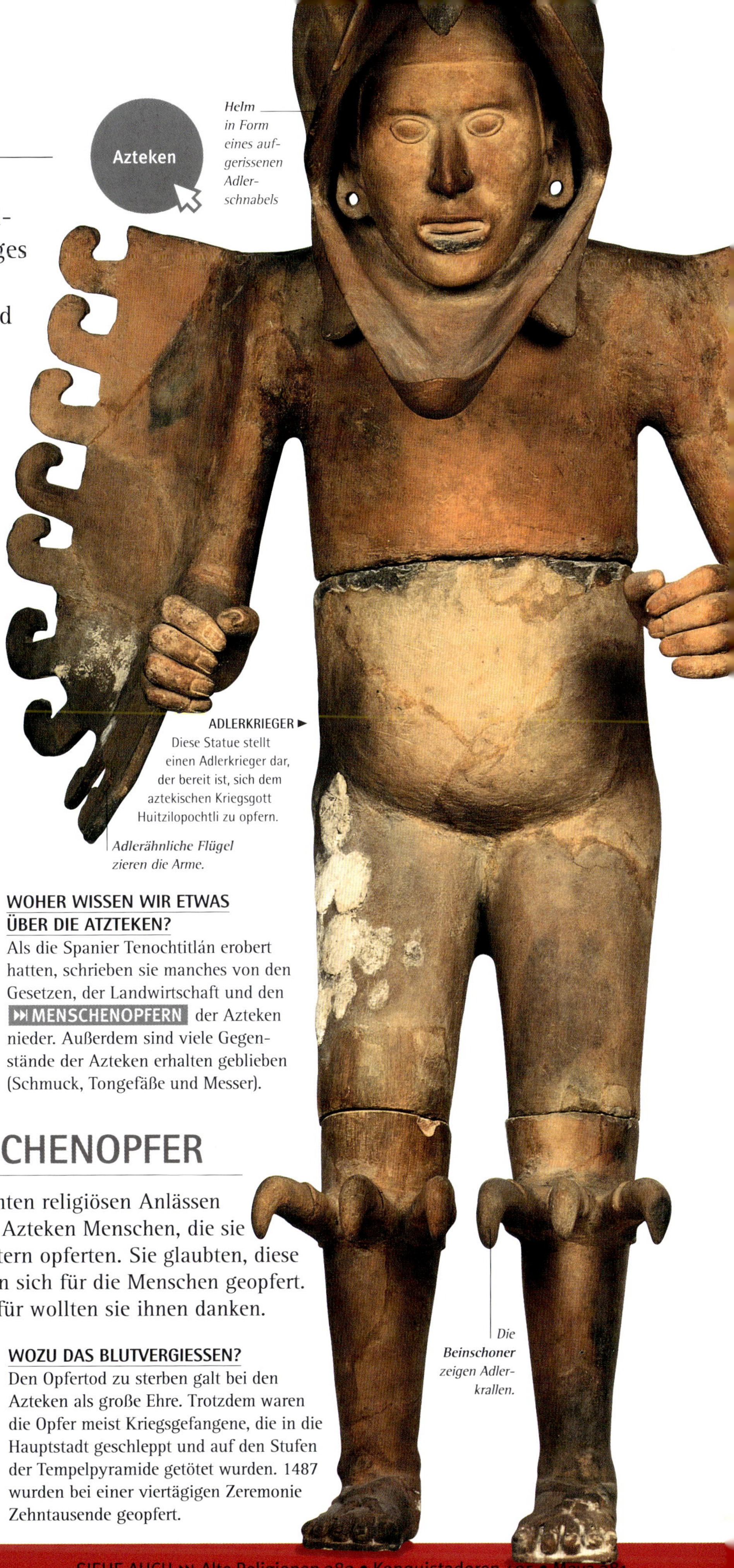

Helm in Form eines aufgerissenen Adlerschnabels

ADLERKRIEGER ►
Diese Statue stellt einen Adlerkrieger dar, der bereit ist, sich dem aztekischen Kriegsgott Huitzilopochtli zu opfern.

Adlerähnliche Flügel zieren die Arme.

*Die **Beinschoner** zeigen Adlerkrallen.*

WOHER WISSEN WIR ETWAS ÜBER DIE AZTEKEN?

Als die Spanier Tenochtitlán erobert hatten, schrieben sie manches von den Gesetzen, der Landwirtschaft und den ⏭ MENSCHENOPFERN der Azteken nieder. Außerdem sind viele Gegenstände der Azteken erhalten geblieben (Schmuck, Tongefäße und Messer).

DER TEMPEL DES TODES ►
Der Herrscher oder seine Priester schneiden dem Opfer bei lebendigem Leib das Herz heraus. Blut rinnt die Stufen der Tempelpyramide herab.

MENSCHENOPFER

Zu bestimmten religiösen Anlässen töteten die Azteken Menschen, die sie den Göttern opferten. Sie glaubten, diese hätten sich für die Menschen geopfert. Dafür wollten sie ihnen danken.

WOZU DAS BLUTVERGIESSEN?

Den Opfertod zu sterben galt bei den Azteken als große Ehre. Trotzdem waren die Opfer meist Kriegsgefangene, die in die Hauptstadt geschleppt und auf den Stufen der Tempelpyramide getötet wurden. 1487 wurden bei einer viertägigen Zeremonie Zehntausende geopfert.

SIEHE AUCH ⏭ Alte Religionen 282 • Konquistadoren 405 • Maya 381

TUDOR-DYNASTIE

Die Tudors besaßen walisische, französische und englische Vorfahren. Von 1485 bis 1603 herrschten sie über England, Wales und das aufsässige Irland. Sie besaßen große Macht in Europa und der Neuen Welt.

WAS TATEN DIE KAUFLEUTE UNTER DEN TUDORS?

Unter den Tudors wurde hauptsächlich mit Wolle und Leinen gehandelt, die in England hergestellt wurden. Um mehr Waren zu verkaufen, versuchten Kaufleute und Seefahrer in Übersee neue Märkte zu erschließen.

WARUM STRITT HEINRICH VIII. MIT DEM PAPST?

König Heinrich VIII. heiratete die Witwe seines älteren Bruders, die spanische Prinzessin Katharina von Aragon. Die hatte ihm zwar seine Tochter Maria geboren, aber keinen männlichen Erben. Der König verliebte sich in die schöne Hofdame Anne Boleyn. Als ihm der Papst die Scheidung verbot, ernannte sich Heinrich VIII. kurzerhand selbst zum Oberhaupt der ⏭ KIRCHE VON ENGLAND.

WER WAR DER GRÖSSTE TUDOR-HERRSCHER?

Heinrich VIII. besaß drei Thronfolger, nämlich seine Kinder Eduard VI., Maria I. und Elisabeth I. Letztere war eine strenge, aber beliebte und geschickte Herrscherin. Während ihrer Regentschaft kam es zum Krieg mit Spanien, die Neue Welt wurde entdeckt und Dichtung und Theater erlebten eine große Blüte.

HEINRICH VIII. (1491–1547)

Als junger Mann war Heinrich gut aussehend und intelligent. Er liebte die Jagd und den Tanz und komponierte sogar. Als König wurde er immer herrischer, egoistischer und dicker. Er heiratete sechs Mal und ließ zwei seiner Frauen hinrichten. Unter seiner Herrschaft gab es Religionskriege und Aufstände.

Die spanische Flotte (Armada) nähert sich 1588 der Küste Englands.

Krone als Symbol königlicher Macht

Die Weltkugel steht für Englands wachsenden Einfluss in Übersee.

Die spanische Flotte (Armada) wird von englischen Schiffen angegriffen und versinkt im Sturm.

◄ PORTRÄT EINER HERRSCHERIN
Dieses Gemälde zeigt Königin Elisabeth I. als selbstbewusste Herrscherin. Sie liebte prächtige Kleider, kostbaren Schmuck und die Künste.

Tudor-Dynastie

TUDORHERRSCHER	
1485	Heinrich VII. folgt Richard III.
1509	Heinrich VIII. wird König.
1547	Der Kindkönig Eduard VI. regiert.
1553	Königin Maria I.
1558	Elisabeth I. wird Königin.
1603	Elisabeth I. stirbt.

KIRCHE VON ENGLAND

Im Jahr 1534 brach Heinrich VIII. mit der römisch-katholischen Kirche. Aber die Lehren des Protestanten Martin Luther lehnte er ebenfalls ab. Nach Jahren voller religiöser Konflikte gründete Königin Elisabeth I. schließlich die reformierte Kirche von England, die katholische und protestantische Elemente vereinte.

WARUM STRITT MAN ÜBER RELIGION?

Der Streit zwischen Heinrich VIII. und dem Papst fiel mit den erbitterten Reformationskriegen in Europa zusammen. Eduard VI. und Elisabeth I. waren Protestanten, Maria I. dagegen eine überzeugte Katholikin. Damals wurden viele Menschen gefoltert und hingerichtet, weil sie einer anderen Religion anhingen als das Königshaus.

FOUNTAINS ABBEY, YORKSHIRE ►
Im Jahr 1539 wurden römische Kirchen und Klöster auf königlichen Befehl hin geschlossen und verkamen zu Ruinen.

SIEHE AUCH ⏭ Monarchie 410 • Reformation 399

KONQUISTADOREN

Im 16. Jh. wurden Mittel- und Südamerika von spanischen Soldaten, den sogenannten Konquistadoren, erobert. Sie unterwarfen die Azteken und Inka. Viele suchten nach dem sagenumwobenen Land ⏭ ELDORADO.

▲ SPANISCHER HELM
Mithilfe von Stahlhelmen und Brustplatten schützten sich die Konquistadoren vor den Pfeilen und Speeren der Ureinwohner.

HERNANDO CORTEZ (1485–1547)
Cortez wurde in Spanien geboren. 1518 bekam er das Kommando über 550 Soldaten. Er landete in Mexiko und erreichte 1519 die Hauptstadt der Azteken. Die nahmen ihn friedlich auf, doch bald kam es zu erbitterten Kämpfen. 1521 zerstörte Cortez die Stadt. 1522 herrschte er im Namen Spaniens über Mexiko.

WER WAR DER GOTT AUS DEM MEER?

Im Jahr 1517 entdeckten die Azteken vor der Küste Konquistadoren und berichteten ihrem Herrscher Moctezuma II. von den merkwürdig bleichen, bärtigen Gestalten. Er hielt deren Ankunft für die Rückkehr des alten Gottkönigs Quetzalcoatl.

WIE KONNTEN DIE KONQUISTADOREN SO VIELE MENSCHEN UNTERWERFEN?

Die Konquistadoren waren den Ureinwohnern zahlenmäßig unterlegen. Aber sie besaßen Schiffe, Pferde, Rüstungen und tödliche Feuerwaffen. In Mexiko taten sie sich mit Rebellen gegen die Azteken zusammen.

Die Azteken hatten den Stahlschwertern und Feuerwaffen der Spanier nichts entgegenzusetzen.

WER TÖTETE DEN INKA-HERRSCHER?

Im Jahr 1532 stießen der Konquistador Francisco Pizarro und seine Leute auf den Inka-Herrscher Ata-hualpa. Sie nahmen ihn gefangen und forderten Unmengen von Gold für seine Freilassung. Sie bekamen es, töteten Ata-hualpa aber 1533 dennoch.

BLUTIGE AUFSTÄNDE ►
Ab 1520 übertrug man Pedro de Alvarado das Kommando über Tenochtitlán. Seine brutale Herrschaft führte zu Aufständen. Die Spanier flohen, eroberten die Stadt aber 1521 zurück.

Konquistadoren

ELDORADO

Eldorado bedeutet »das Goldene« – so nannten die Spanier das sagenumwobene Land in Südamerika, wo unermessliche Goldschätze lagerten.

WAS WOLLTEN DIE KONQUISTADOREN IN ELDORADO?

Die Konquistadoren waren zwar mutig, aber auch gewalttätig. Getrieben wurden sie von einer unstillbaren Gier nach Gold und Macht. Viele starben irgendwo im Dschungel, ohne Eldorado je gefunden zu haben.

Verzierte Pinzette aus Peru, die von einem Mochica-Goldschmied angefertigt wurde

GOLDSCHATZ ►
Überall in Mittel- und Südamerika plünderten die Konquistadoren goldene Statuen und Schmuck aus den Tempeln und Palästen. Vieles davon wurde eingeschmolzen und nach Spanien verschifft.

SIEHE AUCH ⏭ Azteken 403 • Inka 402

DREISSIGJÄHRIGER KRIEG

Der Dreißigjährige Krieg erschütterte Europa zwischen 1618 und 1648. In Deutschland prallten Protestanten und Katholiken aufeinander – ein Konflikt, der auch Dänemark, Frankreich und Schweden erfasste.

WAS WAR DER PRAGER FENSTERSTURZ?

Die katholischen Habsburger herrschten über das Heilige Römische Reich und Spanien. Als sie im protestantischen Böhmen einen katholischen Thronfolger einsetzen wollten, wurden ihre Abgesandten aus dem Fenster der Prager Burg gestürzt. Auch die protestantischen Fürsten in Deutschland forderten die Habsburger heraus.

WER WAR DER »LÖWE DES NORDENS«?

Der Dreißigjährige Krieg war ein Konflikt zwischen dem Heiligen Römischen Reich und seinen Feinden Dänemark, Schweden und Frankreich. Der schwedische König Gustav Adolf, der »Löwe des Nordens«, siegte 1632 bei Lützen, fiel aber in der Schlacht.

30-JÄHRIGER KRIEG

1618	Prag: Aufstand der Protestanten
1625–1629	Das protestant. Dänemark tritt in den Krieg ein.
1630	Schweden unterstützt die Sache der Protestanten.
1635	Frankreich verbündet sich mit Schweden.
1646	Frankreich und Schweden dringen in Bayern ein.
1648	Der Westfälische Friede beendet den Krieg.

Dreißigjähriger Krieg

MAGDEBURG BRENNT ►
Im Jahr 1631 wurde Magdeburg von den Truppen des Heiligen Römischen Reiches niedergebrannt. Der Friede brachte mehr Religionsfreiheit für ein geschwächtes Heiliges Römisches Reich.

SIEHE AUCH ⏭ Heiliges Römisches Reich 385

WESTFÄLISCHER FRIEDEN

Der Westfälische Frieden beendete 1648 den Dreißigjährigen Krieg. Der Vertrag garantierte die Gleichberechtigung der christlichen Glaubensrichtungen und verbot Gewalt zur Lösung religiöser Streitigkeiten. Er legte eine Neuordnung Europas in souveräne Einzelstaaten fest und schränkte die Macht des Kaisers ein.

▲ WESTFÄLISCHER FRIEDE
Der Stich aus dem 19. Jh. nach einem Gemälde von E. Häberlin zeigt die Unterzeichnung des Westfälischen Friedens in Münster am 24.10.1648.

WAS IST DAS BESONDERE AM WESTFÄLISCHEN FRIEDEN?

Welthistorische Bedeutung erhielt der Westfälische Frieden durch die erfolgreiche Zusammenarbeit ehemals verfeindeter Staaten. Es war das erste Mal, dass ein Konflikt in Europa durch Verhandlungen gelöst wurde anstatt durch militärische Mittel.

WER BEKAM WAS VOM HEILIGEN RÖMISCHEN REICH DEUTSCHER NATION?

Viele Gebiete in ganz Europa wurden neu verteilt. zB. erhielt Schweden neben einer Kriegsentschädigung von 5 Mio. Taler ganz Vorpommern mit der Odermündung, die Inseln Rügen und Usedom sowie Wismar und die Bistümer Bremen und Verden. Frankreich bekam Teile des Elsass. Die Schweiz und die Niederlande wurden unabhängige Staaten.

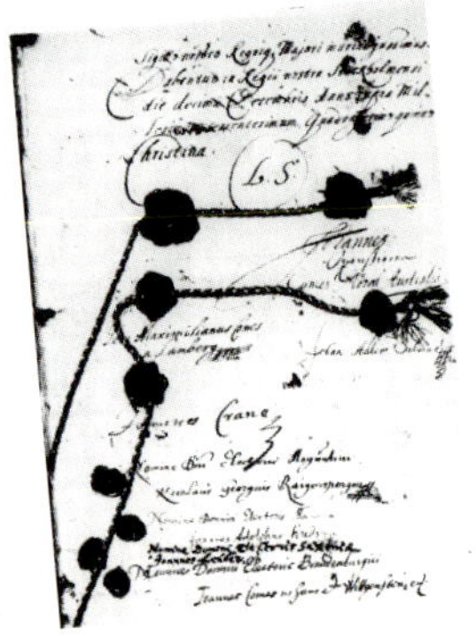

Westfälischer Frieden

◄ DER WESTFÄLISCHE FRIEDEN VON 1648
Die Unterschriften der Bevollmächtigten auf der letzten Seite des Friedensvertrags von Münster

SIEHE AUCH ⏭ Heiliges Römisches Reich 385

MOGUL-REICH

Das 1526 gegründete Mogul-Reich war der mächtigste islamische Staat in Indien. Um 1600 erlebte das Reich eine Zeit großer kultureller Blüte. Es entstanden so prächtige Bauwerke wie der ⏭ TADSCH MAHAL.

WER WAREN DIE MOGULEN?

Mogul heißt eigentlich »Mongole«. Babur, der Eroberer und Begründer des Mogul-Reichs, war ursprünglich ein mongolischer Kleinfürst. Unter der Mogul-Dynastie blühte der Handel auf und viele Kunstwerke entstanden.

WO LAG DAS MOGUL-REICH?

Die Mogulen herrschten in Nordindien. Zeitweise erstreckte sich ihr Reich von Afghanistan im Westen bis nach Bengalen im Osten. Der Großmogul Aurangseb verlegte die Hauptstadt von Agra nach Delhi und dehnte die Reichsgrenzen weit nach Süden aus.

DAS MOGUL-REICH

1526	Babur gründet das Mogul-Reich.
1556	Akbar wird Großmogul.
1605	Jahangir wird Herrscher.
1628	Schahdschahan wird Herrscher.
1659	Aurangseb wird Herrscher.
1675	Die Sikhs machen einen Aufstand.
1707	Beginn des Niedergangs
1857	Letzter Herrscher

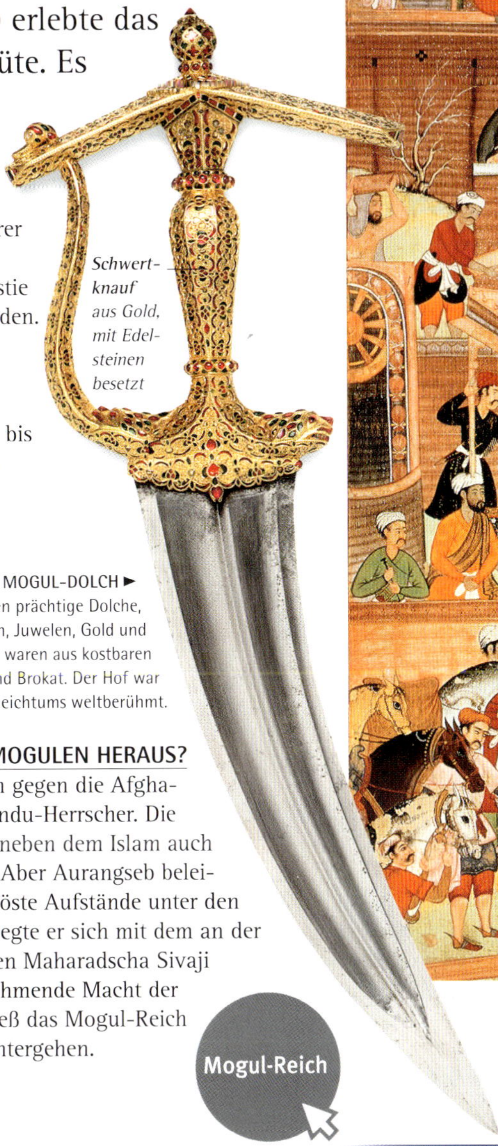

MOGUL-DOLCH ►
Die Großmogule besaßen prächtige Dolche, Schwerter, Jagdwaffen, Juwelen, Gold und Elfenbein. Ihre Gewänder waren aus kostbaren Stoffen wie Seide und Brokat. Der Hof war wegen seines Reichtums weltberühmt.

WER FORDERTE DIE MOGULEN HERAUS?

Die Mogulen kämpften gegen die Afghanen und zahlreiche Hindu-Herrscher. Die frühen Mogule ließen neben dem Islam auch andere Religionen zu. Aber Aurangseb beleidigte die Hindus und löste Aufstände unter den Sikhs aus. Außerdem legte er sich mit dem an der Westküste herrschenden Maharadscha Sivaji an. Doch erst die zunehmende Macht der britischen Kaufleute ließ das Mogul-Reich im 18. Jh. endgültig untergehen.

Mogul-Reich

▲ MOGUL-MINIATUR
Dieses um 1590 entstandene Gemälde zeigt, wie der Palast des Großmoguls Akbar erbaut wird. In ihm vermischen sich persische und indische Malerei.

TADSCH MAHAL

Das berühmteste Bauwerk der Mogul-Architektur ist der Tadsch Mahal. Diesen Palast ließ Schahdschahan im 17. Jh. als Grabmal für Mumtaz Mahal errichten, seine geliebte Frau, die im Kindbett starb.

WIE LANGE BAUTE MAN AM TADSCH MAHAL?

Die Arbeiten am Tadsch Mahal begannen 1632. Das von 20000 Menschen errichtete Bauwerk war 22 Jahre später fertig. Der in Agra befindliche Palast ist berühmt für seine perfekte Symmetrie: Er ist ebenso breit wie hoch, die Kuppel hat dieselbe Höhe wie die Fassade.

◄ INSCHRIFTEN
Wunderschöne Inschriften im persischen Stil schmücken die Bögen des Tadsch Mahal. Viele davon sind Verse aus dem Koran, der heiligen Schrift des Islam.

TADSCH MAHAL ►
Kuppeln, Minarette und Bögen spiegeln sich im Wasser. Die Mauern aus weißem Marmor schmücken über 43 verschiedene Edelsteine.

SIEHE AUCH ⏭ Gupta-Dynastie 379 • Maurja-Reich 379

MONARCHIE

Regiert ein König oder eine Königin, so nennt man die Staatsform Monarchie. Oft wird der Herrschertitel innerhalb der Familie oder ⏭ DYNASTIE vererbt. Im 17. Jh. besaßen die Monarchen eine unglaubliche Machtfülle, was immer heftigere Proteste hervorrief.

WAS BEDEUTETE DAS GOTTESGNADENTUM?
Früher glaubte man, der König sei von Gott eingesetzt. Das berechtigte ihn dazu, über seine Untertanen zu herrschen. Aus diesem Grund war es so gut wie unmöglich, den Herrscher zu kritisieren.

WURDEN KÖNIGE AUCH GEWÄHLT?
Im Gegensatz zur dynastischen Erbfolge, z. B. in Frankreich und England, war das Königtum im Heiligen Römischen Reich bis 1806 formal ein Wahlkönigtum. Wahlberechtigt waren die Kurfürsten, gewählt wurde seit 1147 in Frankfurt am Main.

◄ SPIEGELSAAL
Dieser atemberaubende Saal im Schloss von Versailles sollte die königliche Macht widerspiegeln.

Monarchie

SCHLOSS VON VERSAILLES ►
Im Jahr 1668 war das Schloss von Versailles, der Hof des französischen Königs Ludwig XIV., der luxuriöseste Palast der Welt.

DYNASTIEN

Dynastien oder Königsfamilien stellten oft Hunderte von Jahren die Regenten. Viele häuften unglaublichen Reichtum an. Ihre Herrschaft endete erst, wenn sie keine Nachkommen oder Verwandten mehr hatten oder von Rivalen oder Revolutionen entthront wurden.

WELCHES IST DIE ÄLTESTE DYNASTIE DER WELT?
In Japan regiert seit über 2000 Jahren dieselbe Dynastie. Der Sage nach soll sie sogar schon 600 v. Chr. von Kaiser Jimmu Tenno begründet worden sein. Allerdings besaßen nicht alle japanischen Kaiser gleich viel Macht, oft waren Shogune die eigentlichen Regenten.

▲ HABSBURGER 1273–1918
Die Habsburger regierten Österreich, das Hl. Röm. Reich, die Niederlande und Spanien. Karl V. herrschte von 1516 bis 1556.

▲ STUARTS 1371–1714
Die Stuarts regierten Schottland und ab 1603 England, Wales und Irland. Karl II. von England herrschte von 1660 bis 1685.

▲ BOURBONEN 1589–1830
Die Bourbonen herrschten in Frankreich, Navarra, Neapel und Spanien. Ludwig XIV., der Sonnenkönig, regierte von 1643 bis 1715.

▲CH'ING 1644–1912
Die letzte Dynastie des Kaiserreichs China bildeten mandschurische Eroberer. Kaiser Ch'ien-lung herrschte von 1711 bis 1799.

▲ ROMANOWS 1613–1917
Die Romanows waren die letzte russische Dynastie. Katharina die Große heiratete in die Familie ein und war von 1762 bis 1796 Zarin.

SIEHE AUCH ⏭ Samurai 392 • Tudor-Dynastie 404

NATURWISSENSCHAFTEN

Im 18. Jh. gewannen die Naturwissenschaften zunehmend an Bedeutung – eine Entwicklung, die sich schon im 16. und 17. Jh. abzeichnete, als unbewiesene Theorien und mancher Aberglaube infrage gestellt wurden. An ihre Stelle traten die genaue Beobachtung und das Experiment.

WER ERFORSCHTE DEN BLUTKREISLAUF?

Im Jahr 1597 ging der englische Student William Harvey nach Padua, Italien, das für seine Forschungen zur menschlichen Anatomie berühmt war. Als er in seine Heimat zurückkehrte, wurde er königlicher Leibarzt. 1628 erklärte er, das Blut würde vom Herzen durch den Körper gepumpt. Viele Ärzte lachten ihn aus, aber Harvey hatte recht. Seine Entdeckung revolutionierte den Blick auf den menschlichen Körper.

NATURWISSENSCHAFT	
1638	Galileo Galilei veröffentlicht seine Mechaniktheorien.
1643	Otto von Guericke entwickelt das Barometer.
1687	Isaac Newton veröffentlicht seine drei Bewegungsgesetze.
1753	Carl von Linné entwickelt ein System zur Einteilung der Arten.
1774	Joseph Priestley erforscht den Sauerstoff.

WER HAT ALS ERSTER BAKTERIEN GESEHEN?

Die ersten Mikroskope wurden um 1590 in den Niederlanden gebaut. Ihre Technik wurde von Robert Hooke und Anton van Leeuwenhoek entscheidend verbessert. Van Leeuwenhoek machte damit bedeutende Entdeckungen. 1675 sah er als Erster Bakterien.

Kann der Vogel ohne Sauerstoff überleben?

Die Mädchen befürchten das Schlimmste.

DAS EXPERIMENT ►
Dieses Gemälde von Joseph Wright of Derby von 1768 heißt Experiment mit einer Luftpumpe. Damals wuchs das Interesse an den Naturwissenschaften und an den Anwendungsmöglichkeiten ihrer Erkenntnisse für die Industrie.

JOHANNES KEPLER
Deutscher, 1571–1630
Der Astronom und Mathematiker erkannte, dass sich Planeten auf elliptischen Bahnen bewegen und stellte daraufhin drei Gesetze der Planetenbewegung über Bahnform, Bahnbewegung und das Verhältnis von Umlaufzeit und Bahngröße auf.

WER WAREN DIE ERSTEN CHEMIKER?

Vom Mittelalter bis ins 18. Jh. versuchten die Alchemisten Metall in Gold zu verwandeln. Wenn ihnen das gelänge, so glaubten sie, hätten sie das Geheimnis des ewigen Lebens entdeckt. Obwohl das unmöglich ist, schuf die Alchemie die Voraussetzung für manch nützliches chemisches Experiment.

◄ LAVOISIERS LABORATORIUM
Dieses Bild zeigt das Laboratorium von Antoine Lavoisier, einem der Begründer der modernen Chemie. Er führte die Forschungen des Engländers Joseph Priestley fort.

SPIEGELTELESKOP ►
Teleskope wurden um 1608 in den Niederlanden erfunden. 1668 verwendete Isaac Newton als Erster Spiegel, um ein besseres Bild vom Sternenhimmel zu bekommen.

Naturwissenschaften

SIEHE AUCH ⏭ Aufklärung 416 • Chemie 162 • Wissenschaft 154

LANDWIRTSCHAFTLICHE REVOLUTION

Im 18. und 19. Jh. kam es in Europa und Nordamerika zu großen Veränderungen in der Landwirtschaft. Wissenschaftliche Erkenntnisse erhöhten die Ernte- und Zuchterträge sehr. Die ⏭ MECHANISIERUNG machte die Feldarbeit viel effizienter.

▲ NEUE WEGE
Großgrundbesitzer, die ihre Erträge erhöhen wollten, experimentierten mit neuen Rinderrassen. Außerdem begannen sie durch jährlichen Fruchtwechsel die Qualität der Böden zu verbessern.

WARUM KAM ES ZU DIESER UMWÄLZUNG?

Damals herrschte ein großes Interesse an Naturwissenschaft und Technik. Aus traditionellen Handwerksbetrieben entwickelten sich moderne Industriezweige, die Landwirtschaft bildete dabei keine Ausnahme. Eine notwendige Entwicklung, denn die wachsende Stadtbevölkerung musste mit genügend Nahrung versorgt werden.

◄ SÄMASCHINE
Bis Jethro Tull 1701 die Sämaschine erfand, mussten die Bauern noch von Hand aussäen. Die Maschine ermöglichte die Reihensaat in gleichmäßigen Abständen.

Landwirtschaftliche Revolution

WER ARBEITETE AUF DEM FELD?

In vielen Teilen Europas hatte sich der Ackerbau seit dem Mittelalter kaum verändert. Die meisten Bauern, die nur wenig Land bearbeiteten, waren sehr arm. Immer mehr verloren ihre Selbstständigkeit und mussten sich als schlecht bezahlte Tagelöhner auf größeren Landgütern verdingen.

THOMAS WILLIAM COKE
Engländer, (1752–1842)
Thomas Coke war einer der neuen Großgrundbesitzer, der die Landwirtschaft erneuern wollte. Er ersetzte seinen Roggen durch Weizen und züchtete Rinder, Schafe und Schweine. Er wurde sogar Parlamentsmitglied.

MECHANISIERUNG

Im 19. Jh. wurden landwirtschaftliche Maschinen erfunden, die Arbeiten verrichteten, die zuvor von Hand erledigt worden waren.

WURDEN DIE BAUERN VON MASCHINEN ERSETZT?

Die neuen Erfindungen erleichterten die Arbeit und senkten die Kosten. Um 1830 fürchteten die englischen Landarbeiter, sie könnten durch Maschinen ersetzt werden. Sie protestierten, indem sie Maschinen zerstörten und Scheunen in Brand steckten. Ihre Ängste waren berechtigt: In den nächsten 150 Jahren brauchte man immer weniger Landarbeiter.

LANDWIRTSCHAFTSAUSSTELLUNG ►
Das Bild zeigt das Treffen der Königlichen Landwirtschaftsgesellschaft in Bristol von 1842. Seit 1839 kümmerte sie sich darum, die Fortschritte in Ackerbau und Viehzucht bekannt zu machen.

SIEHE AUCH ⏭ Erster Ackerbau 364–365 • Ökologie 80–81

TOUSSAINT L'OUVERTURE (1746–1803)
Toussaint, Sklave in der französischen Kolonie Saint-Domingue (Haiti), nahm 1791 an einem Sklavenaufstand teil. Als das revolutionäre Frankreich die Sklaverei abschaffte, brachte es der Freiheitsheld zum Oberbefehlshaber, kam jedoch nach einem Regierungswechsel ins Gefängnis.

SKLAVEREI

Im Lauf der Geschichte wurden immer wieder Menschen als Sklaven missbraucht. Doch vom 16. bis zum 19. Jh., als Araber und Europäer Afrika plünderten, erreichte die Sklaverei ihren Höhepunkt. Allein im 18. Jh. sollen bis zu acht Millionen Afrikaner in die Sklaverei gezwungen worden sein.

Eisenketten, die am Hals oder an den Beinen befestigt wurden

◄ SKLAVENKETTEN
Bei ihrer Überfahrt nach Amerika wurden die Sklaven in Ketten gelegt. Viele Europäer und Amerikaner kämpften gegen die Sklaverei. Um 1830 wurde sie im britischen Empire verboten, in den USA im Jahr 1865.

Sklaverei

WER HANDELTE MIT SKLAVEN?

Westafrikanische Sklaven wurden in der Regel von afrikanischen Kriegern entführt und an der Küste bei europäischen Sklavenhändlern gegen Waffen oder Stoffe eingetauscht. Die Händler verschifften die Sklaven in die Neue Welt. Wenn sie verkauft waren, kehrten sie mit neuen Tauschwaren zurück.

WIE BEHANDELTE MAN DIE SKLAVEN?

Nach einer schrecklichen Überfahrt wurden die Sklaven versteigert. Danach mussten sie auf den ⏭ PLANTAGEN der Weißen schuften, ohne dafür bezahlt zu werden. Manche wurden sehr grausam behandelt, angekettet und wie Vieh gebrandmarkt. Wer versuchte zu fliehen, wurde ausgepeitscht oder gehängt.

◄ GEHANDELT WIE VIEH
Das Bild zeigt Sklaven, die an Plantagenbesitzer aus dem Süden der Vereinigten Staaten versteigert werden. Diese nahmen nur gesunde und starke Arbeitskräfte und rissen ganze Familien auseinander.

PLANTAGEN

Die Sklaven in der Karibik und den Vereinigten Staaten mussten auf Zuckerrohr- oder Baumwollplantagen arbeiten. Weil ihnen die Plantagenbesitzer nichts zahlten, machten diese viel Gewinn.

WARUM LEGTE MAN PLANTAGEN AN?

Die Anlage von Plantagen markierte den Beginn der landwirtschaftlichen Revolution in der Neuen Welt. Auf Plantagen konnte man große Mengen für den Export ins Ausland produzieren. Und weil der Einsatz von Sklaven billig war, wurde viel verdient.

PLANTAGE IN GEORGIA ►
Das Foto zeigt eine Baumwollplantage in Georgia (USA) um 1895, also 30 Jahre nach Abschaffung der Sklaverei. Die Arbeit ist noch immer anstrengend und schlecht bezahlt.

SIEHE AUCH ⏭ Amerikanischer Bürgerkrieg 424 • Mittelalter in Afrika 394–395

Amerikanische Revolution

AMERIKANISCHE REVOLUTION

Von 1765–1788 erlebte Nordamerika große Umwälzungen. Die 13 östlichen Kolonien waren mit der Regierung unzufrieden und erklärten England 1775 den Krieg. Im Jahr 1776 verfassten sie ihre ⏭ UNABHÄNGIGKEITSERKLÄRUNG. 1781 kapitulierte die britische Armee.

WARUM REBELLIERTEN DIE KOLONIEN?

Die Menschen, die sich in Nordamerika angesiedelt hatten, schätzten ihre persönliche Freiheit. Viele hatten Europa wegen ihrer religiösen oder politischen Überzeugung verlassen müssen. Als die britische Regierung die Steuern erhöhte, ohne die Kolonien darüber mitbestimmen zu lassen, kam es zum Aufstand.

WAS WAR DIE »BOSTON TEA PARTY«?

Aus Protest gegen die Besteuerung importierter Güter verkleideten sich 1773 einige Kolonisten als Indianer, gingen an Bord englischer Schiffe in Bostons Hafen und warfen deren hoch besteuerte Teeladung ins Meer. Die Aktion wurde als *Boston Tea Party* bekannt.

WER KÄMPFTE IN DIESEM KRIEG?

Die britischen Truppen, zu denen auch deutsche Söldner gehörten, wurden von englandtreuen Kolonisten unterstützt. Die rebellischen Patrioten dagegen gründeten nach 1775 eine eigene Armee, mit der sie 1777 bei Saratoga Springs die Briten besiegten. Frankreich kam den Aufständischen mit Soldaten zu Hilfe.

▼ BELAGERUNG VON YORKTOWN, 1781
Im Jahr 1781 belagerten und besiegten George Washington und der französische General Comte de Rochambeau die Briten in Yorktown, Virginia.

UNABHÄNGIGKEITSERKLÄRUNG

Im Jahr 1774 kamen die Patrioten in Philadelphia zu mehreren Kontinentalkongressen zusammen, um den Kampf gegen die Briten zu planen. 1776 gab der Kongress eine Unabhängigkeitserklärung ab, mit der er seine Auffassung von Freiheit und Gleichheit verkündete. Die erste amerikanische Regierung wurde 1788 gebildet.

◄ FREIHEITSGLOCKE
Diese Glocke hing im Rathaus von Pennsylvania und wurde während der Boston Tea Party und der Verlesung der amerikanischen Unabhängigkeitserklärung geläutet.

WER VERFASSTE DIE UNABHÄNGIGKEITSERKLÄRUNG?

Die Unabhängigkeitserklärung wurde 1776 von John Hancock, dem Kongresspräsidenten, veröffentlicht. Verfasst worden war sie von Thomas Jefferson, dem späteren dritten US-Präsidenten. In der Erklärung stand, dass »alle Menschen von Natur aus gleich frei und unabhängig« sind und das Recht auf „Leben, Freiheit und das Streben nach Glück« haben – Worte, die noch viele Revolutionäre beeinflussten.

GEORGE WASHINGTON (1732–1799)
George Washington, ein Großgrundbesitzer aus Virginia, diente in der britischen Armee. 1775 wählte man ihn zum Anführer der amerikanischen Rebellenarmee, die er 1781 zum Sieg führte. Er wirkte an der neuen Verfassung mit und wurde 1789 Präsident.

SIEHE AUCH ⏭ Kolonisierung Nordamerikas 409

FRANZÖSISCHE REVOLUTION

Die Jahre 1789 bis 1799 markieren einen Wendepunkt in der europäischen Geschichte. Frankreich wurde von einer Revolution erfasst, die Monarchie und Adel hinwegfegte. Auch die Kirche wurde ihrer Macht beraubt. Darauf folgte eine furchtbare ⏭ SCHRECKENSHERRSCHAFT.

▲ TODESKANDIDATEN
König Ludwig XVI. kam 1774 auf den Thron, schaffte es jedoch nicht, die Probleme seines Landes zu lösen. Königin Marie Antoinette war wegen ihres extravaganten Lebensstils verhasst. Während der Revolution bewies sie großen Mut, wurde aber 1793 hingerichtet.

WARUM REBELLIERTEN DIE FRANZOSEN?

Im Jahr 1789 besaßen der französische Adel und die Kirche viele Privilegien. Doch auch die Bürger beanspruchten mehr Rechte. Die Steuern waren hoch, das Land war bankrott und die Armen litten Hunger. König Ludwig XVI. gelang es nicht, rechtzeitig Reformen einzuführen und die Revolution zu stoppen.

WAS GESCHAH AM 14. JULI?

Am 14. Juli 1789 befürchteten die Menschen in Paris einen Angriff der königlichen Armee. Sie bewaffneten sich und stürmten auf der Suche nach Schießpulver die Bastille, eine Festung, die als Gefängnis diente. Es gelang ihnen, die Bastille einzunehmen: Die Revolution hatte begonnen.

MAXIMILIEN DE ROBESPIERRE (1758–1794)

Robespierre war einer der radikalsten Anführer der Revolution. Unter ihm kam es zu einer Schreckensherrschaft. Seine Gegner schickte er auf die Guillotine. 1794 wurde er selbst verhaftet und ohne Verhandlung hingerichtet.

Französische Revolution

◄ MARSCH NACH VERSAILLES
Im Oktober 1789 zogen die armen Frauen von Paris mit einer aufgebrachten Menge zum Schloss von Versailles und forderten Brot für ihre Hunger leidenden Familien. Der König ging auf ihre Forderungen ein, aber die Menge wuchs und es kam zu Ausschreitungen, die den König zur Rückkehr nach Paris zwangen.

SCHRECKENSHERRSCHAFT

Die Französische Revolution bedeutete das Ende einer korrupten und ungerechten Regierung. Doch schon bald geriet sie außer Kontrolle. Zunächst schickte man den Adel auf die Guillotine, später richteten die Revolutionäre sich gegenseitig hin. Eine furchtbare Schreckensherrschaft nahm ihren Lauf.

◄ DER KOPF DES KÖNIGS
König Ludwig XVI. wurde von der Nationalversammlung des Hochverrats angeklagt. Im Januar 1793 wurde er hingerichtet: das Ende einer mehr als 1000 Jahre alten Monarchie in Frankreich. Die Guillotinen der Revolutionäre forderten immer mehr Opfer.

WIE VIELE MENSCHEN MUSSTEN STERBEN?

Während der Schreckensherrschaft (1793–1794) wurden um die 40 000 Menschen hingerichtet oder ermordet. Auf der Place de la Révolution in Paris wurde eine Guillotine aufgestellt. Diese Hinrichtungsmaschine durchtrennte den Hals ihrer Opfer mit dem Fallbeil. Sie war so effizient, dass täglich mehrere Hundert Menschen hingerichtet werden konnten.

WANN HATTE DIE SCHRECKENSHERRSCHAFT EIN ENDE?

Robespierre, der Verantwortliche für die Schreckensherrschaft, wurde von seinen Gegnern 1794 angeklagt und hingerichtet. 1795 kam es erneut zu Aufständen. Erst ein junger General, Napoleon Bonaparte, stellte die Ordnung wieder her. Danach lag die Macht bei einem fünfköpfigen Direktorium, bis sie Napoleon 1799 schließlich ganz an sich riss. Die Revolution war zu Ende.

SIEHE AUCH ⏭ Monarchie 410 • Napoleonische Kriege 416

AUFKLÄRUNG

Der wissenschaftliche Fortschritt im 17. und 18. Jh. brachte viele neue Ideen mit sich. Große europäische Philosophen glaubten, dass sich die Menschheit durch Vernunft und Logik besser entwickle als mit Religion oder Aberglaube. Diese Epoche wird als Zeitalter der Aufklärung bezeichnet.

Eine ***Statue der Weisheit*** *ersetzt die Statue des Atheismus.*

Aufklärung

◄ EINE NEUE RELIGION?
1794 organisierte Robespierre das »Fest des Höchsten Wesens«. Obwohl er kein Atheist war, missfielen ihm die Rituale und Dogmen der Kirche.

WER GAB DIE »ENCYCLOPÉDIE« HERAUS?

In diesem neuen Zeitalter entstanden viele Nachschlagewerke, darunter eine aus 28 Bänden bestehende Enzyklopädie, die 1751–1772 von Denis Diderot in Frankreich herausgegeben wurde. Zu ihren Autoren zählten Denker wie Montesquieu, Rousseau und Voltaire.

WER SCHAFFTE GOTT AB?

Im Jahr 1793 schaffte die französische Nationalversammlung den Gottesdienst ab und verbot alles, was sie als Aberglaube erachtete. Ein neuer Kalender wurde erstellt, der nicht mit der Geburt Christi, sondern mit der Französischen Revolution begann.

SIEHE AUCH ⏭ Naturwissenschaften 411

NAPOLEONISCHE KRIEGE

Während der Französischen Revolution lag Frankreich mit seinen europäischen Nachbarn im Krieg. Um 1800 lebten diese Kriege unter Napoleon wieder auf. In zahlreichen Schlachten eroberte er große Teile Europas. 1804 hatte sich Napoleon zum Kaiser gekrönt.

WOHIN MARSCHIERTEN NAPOLEONS ARMEEN?

Napoleon war ein brillanter Feldherr. Er besiegte Österreich, marschierte 1808 in Spanien ein und stand 1812 vor den Toren Moskaus. Dort zwang ihn ein extrem harter Winter zum Rückzug. Er setzte Verwandte als Regenten in Spanien, Italien und Westfalen ein. 1815 schlugen ihn die Briten und Preußen bei Waterloo.

EUROPA IM KRIEG

1805	Sieg der Franzosen bei Austerlitz
1805	Sieg der Briten bei Trafalgar
1808–1814	Krieg auf der Pyrenäen-Halbinsel
1812	Einmarsch Frankreichs in Russland
1815	Napoleon wird besiegt.

WAS WAR DAS ERBE NAPOLEONS?

Napoleon (1769–1821) starb in der Verbannung. Er ging in die Geschichte ein, weil er die Französische Revolution beendete und weil er ein großer Feldherr war. Aber er war auch ein geschickter Politiker, der mit seiner Gesetzgebung, dem *Code Napoléon*, den Armen Frankreichs mehr Rechte zubilligte. Wegen dieser Gesetze wurde er von der Bevölkerung vieler Länder willkommen geheißen.

Napoleonische Kriege

EIN KORSISCHER HELD ►
Napoleon Bonaparte stammte von der Mittelmeerinsel Korsika. Für seine Anhänger war er ein großer Held. Von seinen Feinden wurde er sehr gefürchtet.

SIEHE AUCH ⏭ Französische Revolution 415

KANADA

Europäische Fischer und Pelzhändler kamen seit dem 16. Jh. nach Kanada, um Felle von den Indianern zu kaufen. 1608 gründete Frankreich Kolonien (Quebec und Montreal), während die Briten nach 1670 das große Gebiet um die Hudson Bay beanspruchten.

WER KÄMPFTE UM DIE HERRSCHAFT IN KANADA?

Die Franzosen und Briten kämpften um die Vorherrschaft in Kanada. Beide Länder wollten Pelze, Holz und reiche Fischgründe. 1759 wurden die Franzosen geschlagen, vier Jahre später war Kanada britische Kolonie. Viele Kolonisten, die England während des Unabhängigkeitskriegs die Treue halten wollten, flohen nach 1780 nach Kanada.

WANN WURDE KANADA UNABHÄNGIG?

Im Jahr 1791 wurde Kanada in das englischsprachige Ober- und das französischsprachige Unter-Kanada geteilt. Beide Teile wurden 1841 wieder vereinigt. Im Jahr 1867 bekam Kanada eine eigene Regierung. Neu hinzuziehende Europäer siedelten sich vor allem im Westen an.

JACQUES CARTIER (1491–1557)
Der französische Seefahrer unternahm zwischen 1534 und 1541 drei Reisen nach Nordamerika. Als erster Europäer sah er den Sankt-Lorenz-Strom und beanspruchte das Gebiet für Frankreich.

Beide Armeen hatten Ureinwohner als Führer und Kundschafter.

▼ TOD DER GENERÄLE
1759: Der britische General James Wolfe liegt nach seiner Eroberung Quebecs im Sterben. Der französische General Montcalm kam ebenfalls in der Schlacht um.

Kanada

SIEHE AUCH ⏭ Kanada, Alaska und Grönland 224–225

INDIANERKRIEGE

Während des ganzen 19. Jh., vor allem aber zwischen 1860 und 1890, ereignete sich in den Vereinigten Staaten eine große Tragödie. Weiße Siedler und Soldaten kämpften gegen die Indianer, nahmen ihnen das Land weg und sperrten sie in Reservate.

WAS WAR »DIE SPUR DER TRÄNEN«?

In den 30er-Jahren des 19. Jh. wurde auf dem Gebiet der Cherokee-Indianer im Südosten der USA Gold gefunden. 1838 trieben amerikanische Soldaten etwa 16 000 Cherokees zusammen und auf der »Spur der Tränen« nach Westen. Mehr als 4000 Indianer starben.

WAS WAR CUSTERS LETZTE TAT?

1876 führte General George Custer seine Truppe in das Gebiet am Little-Bighorn-Fluss in Montana. Sie wurde von Sioux- und Cheyenne-Indianern angegriffen und vernichtet. Es war der letzte Sieg der amerikanischen Ureinwohner.

◄ GEISTERTÄNZE
Im Jahr 1890 hatten viele Indianer in den Reservaten merkwürdige Visionen. Sie begannen magische Geistertänze aufzuführen und hofften, dadurch ihr Land zurückzubekommen. Das war aber nicht der Fall. Viele wurden erschossen oder fielen Seuchen zum Opfer.

Indianerkriege

SIEHE AUCH ⏭ Indianer 408

INDUSTRIELLE REVOLUTION

Durch die Erfindung neuer Maschinen im 18. und 19. Jh. ließ sich Fabrikware in hoher Stückzahl produzieren. Damit begann die industrielle Revolution, eine Entwicklung, die zuerst in England auftrat und sich dann in ganz Europa und Nordamerika ausbreitete. Ein neues Zeitalter brach an, in dem auch die ⏭ VERSTÄDTERUNG einsetzte.

▲ DAMPFHAMMER
Von 1830 bis 1840 entwickelte der Engländer James Nasmyth aus Manchester einen riesigen, dampfbetriebenen Hammer.

▲ ELENDSVIERTEL
Weil immer mehr Menschen vom Land in die Städte drängten, herrschten in Europa oft schlimme Wohnverhältnisse.

▲ ELEKTRISCHES LICHT
Nach 1880 zeigte sich der technische Fortschritt überall: In Europa und Amerika wurde elektrisches Licht eingeführt.

▲ DIE WELTAUSSTELLUNG
Diese internationale Leistungsschau fand 1851 in London statt, und zwar im eigens errichteten Kristallpalast.

WIE WURDEN DIE MASCHINEN ANGETRIEBEN?

Während des 18. Jh. nutzte man hauptsächlich die Wasserkraft. Viele Maschinen wurden von Wasserrädern angetrieben. Gleichzeitig wurden die ersten Dampfmaschinen erfunden. Mit ihnen pumpte man Wasser aus Bergbauschächten und betrieb neue ⏭ TRANSPORTMITTEL. Maschinen und Heizöfen wurden mit Kohle befeuert. Seit dem 19. Jh. wurden diese per Schiff oder Zug zu den Fabriken gebracht.

WELCHE VORTEILE HAT DIE MASSENPRODUKTION?

Vor der industriellen Revolution wurden die meisten Güter und Waren in kleinen Handwerksbetrieben oder in Heimarbeit hergestellt. Durch die Massenproduktion konnten sie wesentlich schneller und billiger erzeugt werden. In den anwachsenden Städten entstand eine riesige Nachfrage, aber auch in den von Europa eroberten Ländern in Übersee.

WIE ÄNDERTEN SICH DIE ARBEITSBEDINGUNGEN?

Im Fabrikzeitalter gehörten den Arbeitern die Maschinen und Produktionsmittel nicht mehr, mit denen sie sich ernährten. Manche Fabrikbesitzer erhöhten ihren Gewinn, indem sie die Löhne ihrer Arbeiter senkten. Männer, Frauen und Kinder arbeiteten viele Stunden für wenig Geld, oft unter schlimmen Bedingungen. Es dauerte viele Jahre, bis sich die Situation besserte.

▲ DIE ARBEITERBEWEGUNG
Streikende Arbeiter 1889. Erst nachdem sich die Arbeiter zusammenschlossen und in Gewerkschaften organisierten, verbesserten sich Löhne und Arbeitsbedingungen. Viele Arbeiter waren Sozialisten oder Kommunisten und forderten politische Reformen bzw. eine Revolution.

ALFRED KRUPP
DEUTSCHER, 1812–1887
Der Industrielle baute die von seinem Vater Friedrich 1811 gegründete Gussstahlfabrik durch Erweiterung des Produktionsprogramms zu einem Konzern aus. Weltruf erlangte das Unternehmen durch die Herstellung von hochwertigem Tiegelgussstahl, der in der Industrie vielfältige Verwendung fand.

*Die **Arbeit in der Textilfabrik** konnte sehr eintönig und laut sein.*

Industrielle Revolution

BAUMWOLLFABRIKEN ►
Dieses Foto entstand um 1890 und zeigt eine Stofffabrik in den Vereinigten Staaten. Vor allem neue Web- und Spinntechniken standen am Anfang der industriellen Revolution. Im 19. Jh. wurde Baumwolle in riesigen Mengen produziert. Viele Fabriken befanden sich im englischen Manchester. Dort wurde die rohe Baumwolle verarbeitet, die man aus den amerikanischen Südstaaten oder Indien bezog.

__Kinderarbeit__ war damals ganz normal. Viele Kinder kamen barfuß zur Arbeit.

TRANSPORTMITTEL

Für die industrielle Revolution war der rasche Transport von Rohstoffen, Waren und Menschen wichtig. Im 18. Jh. wurden dafür Kanäle angelegt, im 19. Jh. Schienen verlegt.

WANN BEGANN DAS SCHIENENZEITALTER?

Die erste Dampflokomotive fuhr 1804 in Wales. Um 1820 wurde die Technik von dem englischen Zugpionier George Stephenson deutlich verbessert. Schon bald gab es Zugverbindungen in alle Welt.

▲ QUER DURCH DIE VEREINIGTEN STAATEN
Das um 1886 in den USA entstandene Bild zeigt Lokomotiven, die dicke, schwarze Rauchwolken ausstoßen. Ob in Europa, Asien, Afrika, Südamerika oder Australien: Überall wurden Schienen verlegt.

VERSTÄDTERUNG

Unter Verstädterung versteht man das Wachsen der Städte. Zwischen 1700 und 1900 wuchs die Weltbevölkerung von 679 Mio. auf 1633 Mio. Menschen. Viele davon lebten in Städten.

WELCHE STÄDTE WUCHSEN BESONDERS?

Größere Städte entstanden vor allem um Kohleminen, Fabriken, wichtige Häfen und Bahnknotenpunkte herum. Dort fanden die Arbeiter billige Unterkünfte. Mit der Zeit entstanden eigene Arbeitersiedlungen.

▲ GLASGOW
Rauch aus den Fabrikschloten verdüstert den Himmel über Glasgow. Nachdem man den Fluss Clyde für die Binnenschifffahrt vertieft hatte, erlebte die schottische Stadt nach 1768 einen großen Aufschwung.

SIEHE AUCH ⏭ Industrie 204 • Landwirtschaftliche Revolution 412 • Produktion 205

UNABHÄNGIGKEIT SÜDAMERIKAS

Die von den Spaniern und Portugiesen in Südamerika gegründeten Kolonien brachen im 19. Jh. zusammen, als die Menschen für ihre Unabhängigkeit kämpften. Kriege brachten die Befreiung, aber auch neue Auseinandersetzungen zwischen den jungen Nationen.

▲ ARGENTINISCHE GAUCHOS
Die Gauchos sind die argentinischen Cowboys. Ihre Vorfahren waren sowohl Spanier als auch Indianer. Diese mutigen, zähen Burschen wehrten sich gegen die neue Regierung in Buenos Aires und wollten stattdessen ihre eigenen Leute an die Macht bringen.

WER WURDE ALS »DER BEFREIER« GEFEIERT?

Das war Simón Bolívar, der in Venezuela kämpfte und in Kolumbien und Ecuador herrschte. Er befreite Peru, und Bolivien wurde nach ihm benannt. Andere Freiheitskämpfer waren Bernardo O'Higgins und José de San Martín, die in Argentinien, Chile und Peru kämpften.

WER BEENDETE DIE HERRSCHAFT PORTUGALS IN BRASILIEN?

Als der französische Kaiser Napoleon 1807 in Portugal einmarschierte, floh die königliche Familie in ihre Kolonie nach Brasilien. 1821 kehrte König Johann VI. zurück und ließ seinen Sohn Pedro als Statthalter dort. Doch 1822 erklärte sich Pedro selbst zum Kaiser eines unabhängigen Brasilien.

WANN WURDE ARGENTINIEN UNABHÄNGIG?

Buenos Aires, die Hauptstadt Argentiniens, wurde im 16. Jh. von den Spaniern gegründet. 1810 erhoben sich ihre Einwohner gegen die spanischen Herrscher und erreichten 1816 ihre Unabhängigkeit. Darauf folgte ein Bürgerkrieg zwischen den Stadtbewohnern und den ländlichen Großgrundbesitzern. 1861 wurde das Land schließlich geeint.

WELCHE NEUEN WIRTSCHAFTSZWEIGE ENTSTANDEN?

Im 19. Jh. begannen Südamerikas Gold- und Silberminen zu versiegen. Neue Einnahmequellen mussten geschaffen werden. In Brasilien entstanden Kaffee- und Gummiplantagen, während man im Grasland Argentiniens Rinder und Schafe züchtete. Sobald der Kühlschrank erfunden war, exportierte man von Buenos Aires aus große Mengen Fleisch ins Ausland.

Die spanische Flagge wird den siegreichen Rebellen übergeben.

Unabhängigkeit Südamerikas

◄ DER WENDEPUNKT
Bolivar stammte aus Venezuela. Er besiegte die Spanier 1821 bei Carabobo. Venezuela, Ecuador, Kolumbien und Panama wurden Teile einer großen unabhängigen Republik namens Gran Colombia. 1829 löste sich Venezuela wieder aus diesem Staatenbund.

UNABHÄNGIGKEIT

1816	Argentinien erklärt seine Unabhängigkeit.
1818	San Martin befreit Chile.
1819	Gran Colombia wird gegründet.
1820	Brasilien annektiert Uruguay.
1821	Peru wird unabhängig.
	Venezuela und Ecuador werden befreit.
1822	Brasilien löst sich von Portugal.
1825	Bolivien wird befreit.

SIEHE AUCH ⏭ Südamerika 232–233

NATIONALISMUS

Nationalismus war das Bestreben eines Volks, eine unabhängige Nation zu werden. Er führte im 19. Jh. zu einer völligen Neuordung Europas. Später bezeichnete man mit dem Begriff den übersteigerten Glauben an die Überlegenheit der eigenen Nation.

WARUM REVOLTIERTEN DIE POLEN?

Zwischen 1772 und 1795 war Polen zwischen Russland, Preußen und Österreich aufgeteilt. 1830 und 1863 kam es zu nationalen Aufständen gegen die Russen, aber erst 1918 wurde Polen unabhängig.

▲ DER AUFSTAND DER GRIECHEN
Diese Briefmarke erinnert an den 150. Jahrestag des Aufstands der Griechen gegen die Türken (1821-1827). Die grausame Antwort der Türken brachte den Griechen in Europa viele Sympathien ein.

NEUE NATIONEN

1830–1831	Nationale Aufstände; in Europa werden demokratische Reformen gefordert.
1832	Griechenland erlangt die Unabhängigkeit von der Türkei.
1848	Nationale und liberale Aufstände in ganz Europa
1870	Italien ist nun völlig geeint.
1871	Gründung des Deutschen Reichs

BOMBENHAGEL ►
1801 wurde Irland Teil des britischen Königreichs. Daraufhin gründeten irische Nationalisten 1857 in New York die Irisch-Republikanische Bruderschaft, die für ein freies Irland kämpfte. 1867 verübte sie in Manchester und London Anschläge.

WANN ENTSTAND DEUTSCHLAND?

Seit dem Mittelalter war Deutschland ein Flickenteppich aus freien Städten und Kleinstaaten innerhalb des Hl. Römischen Reichs. Im 19. Jh. schlossen sich diese zunächst wirtschaftlich und dann auch politisch zusammen. 1871 wurde Wilhelm I. Kaiser des Deutschen Reichs.

Das rote Hemd wurde zu einem Symbol der Freiheit.

◄ ITALIENS FREIHEITSHELD
Garibaldi führt seine Rothemden in die Schlacht. Als junger Mann hatte er sich der Bewegung »Das Junge Italien« angeschlossen. Er musste nach Südamerika fliehen, kämpfte dort gegen Diktatur und Unrecht, bis er 1847 in seine Heimat zurückkehrte.

WER WAREN DIE ROTHEMDEN?

Giuseppe Garibaldi (1807–1882) träumte von einem geeinten Italien. 1860 versammelte er 1000 Freiwillige, die als Uniform rote Hemden trugen. Sie segelten von Genua nach Sizilien, um eine Rebellion gegen die französischen Herrscher zu unterstützen. Garibaldi eroberte mit seinen Rothemden innerhalb von vier Monaten die Insel und das unteritalienische Festland.

OTTO VON BISMARCK (1815–1898)
Bismarck war ein preußischer Landadeliger. Der konservative, königstreue Politiker war ein Gegner der liberalen Nationalisten, die 1848 für demokratische Reformen kämpften. Er sorgte dafür, dass 1871 das Deutsche Reich gegründet wurde.

Nationalismus

SIEHE AUCH ⏭ Dreißigjähriger Krieg 406 • Heiliges Römisches Reich 385

IMPERIALISMUS

Vom 19. bis ins frühe 20. Jh. wurde die Welt von nur wenigen europäischen Nationen beherrscht. Die ⏭ BRITISCHE »RAJ« kontrollierte die Reichtümer Indiens. Die ⏭ FRANZÖSISCHE FREMDENLEGION verteidigte Stellungen in der Sahara und zwischen allen Großmächten gab es ⏭ STREIT UM AFRIKA.

WARUM WOLLTE EUROPA DIE WELT BEHERRSCHEN?

Die Fabriken in den neu industrialisierten Ländern benötigten Rohstoffe wie z.B. Gummi. Andere Kolonialmächte brauchten Land für Plantagen oder wollten möglichst viele Menschen zum Christentum bekehren.

WIE BEHANDELTE MAN DIE EINHEIMISCHEN?

Die meisten Kolonialmächte blickten auf die Einheimischen herab und gaben vor, ihnen die Zivilisation zu bringen. Obwohl die Europäer Städte, Häfen und Eisenbahnen bauten, behandelten sie die Einheimischen kaum besser als Sklaven.

DIE WELT UM 1900 ►
Die europäischen Kolonialmächte waren Frankreich, Großbritannien, das Deutsche Reich, Dänemark, Belgien, die Niederlande, Spanien und Portugal. Die Vereinigten Staaten und Japan besaßen ebenfalls Kolonien in Übersee. Das russische Reich beherrschte ganz Nordasien. Ein großer Teil Chinas wurde von den Westmächten beherrscht.

BRITISCHE »RAJ«

Im 19. Jh. herrschte in Indien die britische Ostindische Kompanie. Nach einem Aufstand indischer Soldaten im Jahr 1857 wurde 1858 die britische »Raj« (indisch für »Herrschaft«) als Regierung eingesetzt.

WER WURDE KAISERIN VON INDIEN?

Königin Viktoria (1819–1901) wurde 1876 Kaiserin von Indien. Unter ihrer Herrschaft stieg Großbritannien zur mächtigsten Nation der Welt auf. Viktoria besaß politischen Sachverstand und hatte großes Interesse an der Außenpolitik ihres Landes. Indien galt als eines der bedeutendsten Länder des britischen Weltreichs. Die Kulturen Englands und Indiens beeinflussten sich gegenseitig.

◄ VIKTORIA BEI DER ARBEIT
Das Foto von 1893 zeigt Königin Viktoria, Kaiserin von Indien, und ihren Diener. Viktoria liest Regierungsunterlagen.

STREIT UM AFRIKA

Wurden neue Länder in Afrika entdeckt, dann eilten die europäischen Nationen herbei, um sie zu Kolonien zu machen. So stritten die Franzosen mit den Briten um den Sudan, während die Deutschen Gebiete in Ost- und Westafrika an sich rissen.

WAS GESCHAH 1884 IN BERLIN?

Von 1884 bis 1885 trafen sich die mächtigsten Nationen der Welt bei einer Konferenz in Berlin. Dort teilten sie Afrika unter sich auf. Die Afrikaner selbst durften kaum mitreden. Es wurden willkürliche Grenzen gezogen, die nur dem eigenen Interesse nutzten.

STANLEY FINDET LIVINGSTONE ►
Auf der Suche nach neuen Handelsrouten in Afrika erkrankte der schottische Missionar David Livingstone schwer. 1871 wurde er von dem Forscher H. M. Stanley gefunden.

Imperia-lismus

IMPERIALISMUS	
1824	Niederländer und Briten teilen sich Südostasien.
1883–1885	Dt. Reich erhält Kolonien in Afrika und im Pazifik.
1885	Belgische Herrschaft im Kongo
1887	Frankreich regiert Indochina.
1899–1902	Zweiter südafrikanischer Krieg (Burenkrieg)
1904	Gründung von Französisch-Westafrika
1918	Zusammenbruch des Deutschen und Osmanischen Reichs

◄ FREMDENLEGIONÄR
Fremdenlegionäre und andere Fußsoldaten im Dienst der Kolonialmächte hatten ein hartes Leben. Viele litten unter Tropenkrankheiten und waren lange von ihren Familien getrennt.

FRANZÖSISCHE FREMDENLEGION

Die Kolonialmächte brauchten große Armeen, um Rebellen oder rivalisierende Mächte abzuwehren. 1831 gründete Frankreich die Fremdenlegion. Sie nahm nur Nicht-Franzosen auf und war wegen ihrer eisernen Disziplin berüchtigt.

WO KÄMPFTEN DIE FREMDENLEGIONÄRE?

Die Fremdenlegionäre kämpften überall dort, wo sie die Kolonialmacht Frankreich brauchte, vor allem jedoch in Nordafrika. Damals herrschte Frankreich über ein Gebiet, das von Algerien bis zum Kongo reichte. Außerdem regierte es in Madagaskar, Französisch-Guinea sowie auf Inseln in der Karibik, dem Indischen Ozean und dem Südpazifik.

SIEHE AUCH ⏭ Mittelalter in Afrika 394–395 • Mogul-Reich 407

AMERIKAN. BÜRGERKRIEG

1860/61 sagte sich die Konföderation der Südstaaten von den USA los. Als sie das Bundesfort im Hafen von Charleston, South Carolina, angriffen, brach der Bürgerkrieg aus. 1865 mussten die Südstaaten kapitulieren und die Einheit des Landes wurde wiederhergestellt.

▲ SCHLACHT DER SCHWIMMENDEN FESTUNGEN
Ein Ramm- und ein Panzerschiff liefern sich 1862 vor Virginia ein Gefecht.

WARUM BEKÄMPFTEN SICH NORD- UND SÜDSTAATEN?

In den Nordstaaten nahm die Industrialisierung immer mehr zu, während die Südstaaten von ihren Plantagen und der Arbeit der Sklaven abhängig waren. Der Süden befürchtete, die Regierung in Washington könnte Reformen einleiten und die Sklaverei verbieten.

WIE VIELE MENSCHEN STARBEN?

Die Wiedervereinigung der USA forderte einen hohen Preis. Der Norden verlor 359 000 Soldaten, der Süden 258 000. Es wurde gebrandschatzt und geplündert, Eisenbahnen, Plantagen und Städte wurden zerstört.

WAS WAR DIE »UNDERGROUND RAILROAD«?

Darunter verstand man ein System von geheimen Verstecken und Fluchtwegen für afroamerikanische Sklaven. Zwischen 1786 und 1861 halfen Menschen wie Harriet Tubman (1820–1913) über 50 000 Sklaven, in die Nordstaaten und nach Kanada zu entkommen.

BEENDETE DER BÜRGERKRIEG DIE SKLAVEREI?

Abraham Lincoln verkündete 1863 das Ende der Sklaverei, die nach dem Bürgerkrieg auch in den Südstaaten abgeschafft wurde. Aber die Afroamerikaner blieben benachteiligt. In den Südstaaten erließ man verfassungswidrige Gesetze, die ihnen verboten zu wählen und ihnen die Gleichberechtigung verwehrten.

ABRAHAM LINCOLN (1809–1865)

Lincoln wurde 1860 und 1864 zum Präsidenten der USA gewählt. Er war ein erklärter Gegner der Sklaverei. Nachdem er die Nordstaaten zum Sieg geführt hatte, wurde er 1865 in einem Theater in Washington erschossen.

◄ UNTER BESCHUSS
Diese kurze Kanone kam während des Bürgerkriegs häufig zum Einsatz.

GRANT GEGEN LEE ▼
Im Jahr 1864 traf der General des Nordens Ulysses S. Grant auf den Südstaaten-General Robert E. Lee. Ihre Truppen kämpften um das Dorf Spotsylvania in Nord-Virginia. Beide Seiten erlitten große Verluste.

SIEHE AUCH ⏭ Amerikanische Revolution 414 • Sklaverei 413

JAMES COOK
(1728–1779)
James Cook war ein berühmter englischer Seefahrer, der die Küsten Australiens und Neuseelands erkundete. 1778 landete er in New South Wales und erklärte es zu britischem Staatsgebiet. Auf Hawaii wurde Cook von Einheimischen getötet.

AUSTRALIEN

Die Küsten Australiens waren bereits im 17. Jh. von holländischen und im 18. Jh. von britischen Seefahrern erforscht worden. Briten gründeten 1788 die Kolonie New South Wales und besiedelten ganz Australien.

WARUM SCHICKTE MAN STRÄFLINGE NACH AUSTRALIEN?

Von 1788 bis 1852 verschifften die Briten ihre Sträflinge nach Australien. Sie verbüßten hier ihre Strafe in Arbeitslagern. Bald kamen auch freie Siedler, um ihr Glück zu machen.

WAS GESCHAH MIT DEN ABORIGINES?

Um 1788 lebten etwa 2 Mio. Aborigines in Australien. Aber viele starben an Krankheiten, die die weißen Siedler einschleppten. Andere wurden ermordet oder vertrieben und mussten sich als Landarbeiter durchschlagen. Um 1900 waren nur noch 50 000 übrig.

WANN WURDE AUSTRALIEN EINE NATION?

Ende des 19. Jh. erhielten die von den Briten in Australien gegründeten Kolonien das Selbstverwaltungsrecht. Zunächst wollte keine der Kolonien diese Selbstständigkeit aufgeben, doch 1901 schlossen sie sich im Commonwealth von Australien zusammen.

Australien

FISCHENDE ABORIGINES ►
Die Aborigines hatten den härtesten Bedingungen getrotzt. Doch die Invasion der Europäer überlebten sie nur knapp.

SIEHE AUCH ⏭ Australien und Neuseeland 274–275 • Entdeckungszeitalter 400–401 • Erste Menschen 362–363

NEUSEELAND

Bei den Maori heißt Neuseeland Aotearoa. Nachdem holländische und englische Seefahrer die Inseln entdeckt hatten, siedelten sich im 19. Jh. Kaufleute und Walfischfänger an. 1840 wurden die Inseln britisch.

Neuseeland

▲ MAORI-TRADITION
Die Maori stammen von Polynesiern ab, die Aotearoa etwa 1000 Jahre vor den Europäern besiedelten. Sie sind bis heute sehr stolz auf ihre Kultur und pflegen ihre Traditionen.

WANN WURDE NEUSEELAND UNABHÄNGIG?

Großbritannien garantierte der Kolonie, die von der Schafzucht lebte, 1852 die Selbstverwaltung. 1862 wurde Gold entdeckt. Neuseeland führte 1893 als erstes Land der Welt das Frauenwahlrecht ein. 1907 wurde es selbstständiges Mitglied innerhalb des britischen Commonwealth.

WAS WURDE AUS DEN MAORI?

Seit der Ankunft der ersten Europäer besaßen die Maori Feuerwaffen. Als ihnen nach 1840 immer mehr Weiße das Land wegnahmen, kam es zwischen 1845 und 1847 und von 1860 bis 1872 zu Kämpfen. Am Ende hatten sich die Maori einige Sitze im neuseeländischen Parlament erstritten.

VERTRAG VON WAITANGI ►
1840 schlossen die Briten einen Vertrag mit Stammeshäuptlingen der Maori. Er garantierte den Ureinwohnern das Recht an ihrem Land. Der Vertrag wurde von den weißen Siedlern jedoch ignoriert.

SIEHE AUCH ⏭ Australien und Neuseeland 274–275 • Polynesien 396

ERSTER WELTKRIEG

An keinem Krieg zuvor waren so viele verschiedene Nationen beteiligt wie am Ersten Weltkrieg (1914–1918). Bis zum ⏭WAFFENSTILLSTAND im Jahr 1918 kamen 8 Millionen Menschen um, viele im entsetzlichen ⏭GRABENKRIEG.

▲ DIE WELT IM KRIEG
Europa war der Hauptschauplatz der Kämpfe. Sogar Truppen aus Afrika, Indien, Neuseeland, Australien und Kanada kamen hierher. Die Westfront reichte von Belgien bis zur Schweiz, die Ostfront vom Baltikum bis ans Schwarze Meer. 1917 kam es im Osmanischen Reich zu einem Aufstand der Araber und die Briten marschierten im Nahen Osten ein.

*Die Panzer waren mit **Maschinengewehren** ausgerüstet.*

▲ PANZER – EINE NEUE WAFFE
Panzer waren eine Erfindung der Briten. Sie wurden 1916 erstmals in Frankreich eingesetzt. Die stahlgepanzerten Fahrzeuge konnten Schlammgräben und Stacheldrahtsperren überwinden.

WARUM BRACH DER KRIEG AUS?

Die europäischen Großmächte gehörten zu verschiedenen konkurrierenden Militärbündnissen. Als 1914 ein serbischer Nationalist den österreichischen Thronfolger erschoss, erklärte Österreich Serbien den Krieg, an dem sich nach und nach immer mehr Länder beteiligten. Großbritannien, Frankreich, Russland, Belgien, Japan (die Ententemächte) und weitere Staaten (die Alliierten) kämpften gegen das Deutsche Reich, Österreich-Ungarn, Bulgarien und das Osmanische Reich (die Mittelmächte).

KRIEG UND FRIEDEN

1914	Deutschland greift Frankreich an.
1915	Schlacht bei Gallipoli (Türkei); Italien tritt den Alliierten bei.
1916	Seeschlacht am Skagerrak
1917	Die USA treten aufseiten der Entente in den Krieg ein; Russland scheidet aus dem Krieg aus; Österreich siegt über Italien; Araberaufstand gegen die Türken.
1918	Waffenstillstand, Kriegsende

GRABENKRIEG

Im Ersten Weltkrieg hoben beide Seiten entlang den Verteidigungslinien lange Gräben aus, in denen sich die Soldaten verschanzten. Im Frühjahr und Herbst lagen sie hier in stinkendem Schlamm, und wenn sie die Gräben für einen Angriff verließen, starben Tausende.

WO LAG DAS NIEMANDSLAND?

Das Gebiet zwischen den Kriegsfronten bezeichnete man als Niemandsland. Es glich einer Mondlandschaft, in der kahle Baumstümpfe und Stacheldraht gen Himmel ragten. Das Land wurde so heftig unter Beschuss genommen, dass unzählige Krater entstanden, in denen die Soldaten beim Angriff Schutz suchten.

TOD IN GALLIPOLI ►
Bei der Gallipoli-Offensive, bei der die Ententemächte 1915 in das Osmanische Reich eindrangen, kam es zu besonders schrecklichen Grabenkämpfen. Das Bild zeigt, wie osmanische Truppen ihren Graben zum Angriff auf die feindlichen Linien verlassen.

WELCHE NEUEN WAFFEN WURDEN EINGESETZT?

Im Ersten Weltkrieg wurden mehrere neue Waffen erprobt. 1915 setzte die deutsche Armee erstmals in einem Krieg Giftgas ein, was ihnen die anderen Länder bald nachmachten. Die Briten benutzten die ersten Panzer. U-Boote konnten feindliche Schiffe abschießen. Flugzeuge warfen Bomben ab, spionierten feindliche Stellungen aus und griffen die Flugzeuge des Gegners an.

▲ BERUFSTÄTIGE FRAUEN

Eine Frau bedient eine Maschine in einer Munitionsfabrik. In Kriegszeiten mussten die Frauen Arbeiten verrichten, die bisher nur Männer gemacht hatten. Weil sie sich so gut bewährten, hatten sie es nach dem Krieg leichter, das Wahlrecht zu bekommen.

◄ »DIE YANKEES KOMMEN!«

Auf einem Poster ruft »Uncle Sam« die Amerikaner zu den Waffen. Verärgert über deutsche U-Boot-Angriffe traten die USA 1917 in den Krieg ein. Die Ankunft neuer Truppen beschleunigte die Niederlage Deutschlands.

WER WAR VOM KRIEG BETROFFEN?

Einen Krieg, der sich so intensiv auf die ganze Gesellschaft auswirkte, hatte es nie zuvor gegeben. Es kämpften nicht nur Berufssoldaten, sondern die meisten Soldaten waren Wehrpflichtige, die eingezogen wurden, oder Freiwillige, die sich gemeldet hatten. Die Zivilbevölkerung wurde aus der Luft bombardiert. Sogar Passagierschiffe, die den Ozean überquerten, gerieten unter Beschuss. Die Kriegsausgaben waren so gewaltig, dass sie viele Staaten beinahe in den Ruin trieben.

ERICH MARIA REMARQUE
Deutscher, 1898–1970

Mit dem Anti-Kriegsroman Im Westen nichts Neues (1929) erlangte der Schriftsteller Weltruhm. Seine realistisch-kritische Darstellung persönlicher Erlebnisse aus dem Ersten Weltkrieg brachte die Meinung vieler junger desillusionierter Kriegsheimkehrer zum Ausdruck.

Erster Weltkrieg

WAFFENSTILLSTAND

Ab 11 Uhr des 11. November 1918 schwiegen die Waffen: Das Deutsche Reich ließ die Waffen ruhen.

HERRSCHTE ANSCHLIESSEND FRIEDEN?

Nicht wirklich. In Deutschland kam es zu Straßenkämpfen und Hungersnöten. 1919 wurde in Versailles (Frankreich) der Friedensvertrag geschlossen. Die Deutschen mussten hohe Entschädigungssummen zahlen, sogenannte Reparationszahlungen. Das führte zu neuer Unzufriedenheit – der Frieden währte nicht lange.

▲ EINE VERLORENE GENERATION

Auf Soldatenfriedhöfen in Nordfrankreich reihen sich Grabsteine, so weit das Auge reicht. Der Krieg vernichtete beinahe eine ganze Generation. Viele Überlebende waren kriegsversehrt oder traumatisiert.

SIEHE AUCH ⏭ Faschismus 431 • Zweiter Weltkrieg 432–433

RUSSISCHE REVOLUTION

Nach 1890 kam es in vielen Ländern Europas zu demokratischen Reformen, jedoch nicht in Russland. Aufgebracht über die sozialen Ungerechtigkeiten erhofften sich viele Russen Abhilfe durch Sozialismus, ⏭ KOMMUNISMUS oder Anarchie.

▲ ZAR NIKOLAUS II. UND SEINE FAMILIE
Nikolaus II. (1868–1918) kam 1895 auf den Thron, kümmerte sich jedoch mehr um seine Familie als um die Probleme Russlands. Nach der Oktoberrevolution von 1917 wurden er und seine Familie gefangen genommen und erschossen.

▲ LENINS AUFRUF
Wladimir Iljitsch Lenin (1870–1924) kehrte 1917 aus dem Exil zurück. Er rief dazu auf, die Macht den Sowjets (revolutionären Arbeiterräten) zu übergeben. Nach der Oktoberrevolution wurde er Vorsitzender der regierenden Kommunistischen Partei.

WAS WAR DER »BLUTIGE SONNTAG«?

Im Jahr 1905 schossen in St. Petersburg Soldaten auf Arbeiter, die dem Zar eine Bittschrift überreichen wollten. Streiks, Meutereien und Aufstände in ganz Russland waren die Folge. Darauf wurde ein russisches Parlament, die Duma, eingerichtet. Doch die Reformen, die sie verlangte, lehnte der Zar ab.

WIE WURDE DER ZAR ENTMACHTET?

Im März 1917 wurde Russland durch Streiks und Aufstände lahmgelegt. Die Armee unterstützte die Aufständischen, sodass der Zar abdanken musste. Russland wurde eine Republik. Dieses Ereignis ging als Februarrevolution in die Geschichte ein (Russland hatte einen anderen Kalender als der Westen).

WANN WAR DIE OKTOBERREVOLUTION?

Auch der Duma gelang es nicht, die öffentliche Ordnung in Russland wiederherzustellen. Eine kommunistische Gruppe, die Bolschewiken, lehnte liberale Reformen ab. Sie rief die Arbeiter zur kommunistischen Revolution auf. Die Bolschewiken kamen im November 1917 an die Macht (sogenannte Oktoberrevolution).

◄ 1. MAI, 1920
Das Poster zum internationalen Tag der Arbeit, dem 1. Mai, zeigt eine idealisierte Gruppe von Revolutionären. Damals wurden in vielen Ländern kommunistische Parteien gegründet.

KOMMUNISMUS

Die Schriften von Karl Marx (1818–1883) waren für die Kommunisten grundlegend. Marx forderte die klassenlose Gesellschaft und die Abschaffung des Privateigentums an den Produktionsmitteln. Die Arbeiter sollten die Fabriken selbst besitzen, in denen sie arbeiteten.

WANN WURDE DIE SOWJETUNION GEGRÜNDET?

Von 1918 bis 1921 tobte in Russland ein Bürgerkrieg, bei dem die kommunistische Rote gegen die Weiße Armee der Revolutionsgegner kämpfte. Die Kommunisten siegten und gründeten 1922 die Sowjetunion. Die Kommunistische Partei vereinigte alle Macht auf sich. Die meisten Fabriken wurden verstaatlicht und die Wirtschaft wurde zentral gesteuert.

Russische Revolution

WER WAR STALIN?

Lenins Nachfolger war Jossif Stalin (1879–1953). Er ließ viele politische Gegner ermorden und schickte Millionen Menschen in Straf- und Arbeitslager nach Sibirien. Stalin wurde nach seinem Tod scharf kritisiert. 1991 brach die Sowjetunion zusammen.

SIEHE AUCH ⏭ Politik 306–307 • Wirtschaft 302–303

CHINESISCHE REVOLUTION

Ende des 19. Jh. verlor das Kaiserreich China an Macht. Der Handel war überwiegend in ausländischer Hand. 1911 wurde der letzte Kaiser P'u-i von einer nationalistischen Revolution hinweggefegt. Jahre voller Aufruhr folgten.

WER BEHERRSCHTE CHINA NACH DER REVOLUTION?

Mehrere Gruppierungen kämpften um die Vorherrschaft. Da waren zunächst die Nationalisten, die 1912 die Republik gründeten. 1921 wurde die Kommunistische Partei gegründet. Schließlich meldete auch Japan Ansprüche an und besetzte 1919 chinesisches Gebiet.

◄ DER BOXERAUFSTAND
Um 1900 griff die nationalistische Organisation der Boxer Ausländer an, die in China lebten. Berichte von Gräueltaten alarmierten internationale Truppen, die den Aufstand niederschlugen.

CHINA 1912–1949	
1912	Gründung der Republik China
1919	Japan erobert Shandong.
1931	Japan besetzt die Mandschurei.
1934–1935	Der Lange Marsch
1937–1945	Japan überfällt China.
1949	Sieg der Kommunisten

Chinesische Revolution

▲ MAO ZEDONGS SIEG
Dieses Poster stammt aus dem Jahr 1949, als die Volksrepublik China gegründet wurde. Es zeigt den Kommunistenführer Mao Zedong (Mao Tse-tung) mit Arbeitern vor dem Kaiserpalast in Peking.

WER TRUG DEN SIEG DAVON?

Nach 1925 wurde Chiang Kai-shek Anführer der Nationalisten. Nationalisten und Kommunisten waren erbitterte Feinde, schlossen sich aber zusammen, als Japan China überfiel. Auf Japans Niederlage 1945 folgte ein Bürgerkrieg. 1949 gelang es den Kommunisten, die Nationalisten zu besiegen.

WAS GESCHAH IM »NEUEN CHINA«?

Die Nationalisten flohen nach Taiwan und der Kommunistenführer Mao Zedong rief die Volksrepublik aus. Er verbesserte vor allem das Schul- und Gesundheitssystem. Seine unrealistischen Agrar- und Industriereformen während der ⏭ KULTURREVOLUTION stürzten jedoch die Bevölkerung in Elend und Chaos.

KULTURREVOLUTION

Fehlentscheidungen in der Wirtschaftspolitik führten zum Streit innerhalb der Kommunistischen Partei Chinas. Mao, der um die Ideale der Revolution fürchtete, forderte ein breites Umdenken: die Kulturrevolution.

WER WAREN DIE »ROTEN GARDEN«?

Studenten und junge Leute, glühende Anhänger Maos, bildeten die »Roten Garden« und verschrieben sich der unendlichen Revolution. Sie zerstörten Tempel, denunzierten Lehrer, ermordeten »Verräter« und brachten großes Leid über die Bevölkerung. 1967 kam es zum Kampf zwischen ihnen und der Armee. Mao musste die Roten Garden 1968 auflösen.

BLIEB CHINA KOMMUNISTISCH?

Als Mao 1976 starb, gab es einen erbitterten Kampf um die Macht. Heute regiert in China immer noch die Kommunistische Partei, die sich jedoch in ihrer Wirtschaftspolitik dem Kapitalismus geöffnet hat.

IM CHOR ►
Chinesische Soldaten tragen Zitate von Mao Zedong vor. In den 60er-Jahren des 20. Jh. wurde Mao geradezu verherrlicht. Überall wurden Bilder und Statuen von ihm aufgestellt. Doch seine politischen Feinde warteten bereits auf einen günstigen Augenblick.

Roter Stern, ein Symbol des Kommunismus

*Die kleine rote **Mao-Bibel** war auf jeder Massenkundgebung dabei.*

SIEHE AUCH ⏭ Chinas erster Kaiser 378 • Kaiserreich China 393

KONFLIKTE IN ASIEN

Konflikte in Asien

In der ersten Hälfte des 20. Jh. wurden Großbritannien, Frankreich und die Niederlande mit Aufständen der von ihnen beherrschten Völker in Süd- und Südostasien konfrontiert. Gleichzeitig wollte Japan die Europäer ablösen und ein eigenes asiatisches Reich aufbauen.

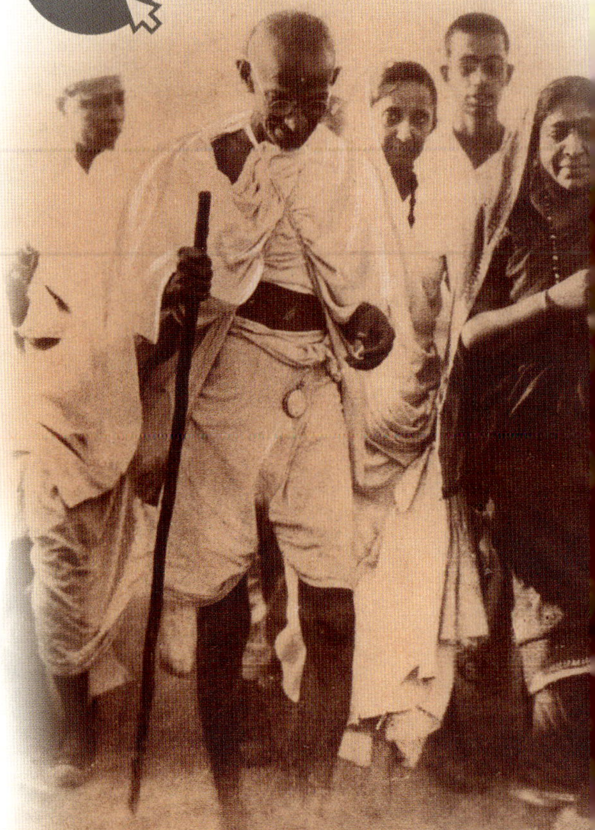

WIE ERKÄMPFTE GANDHI DIE UNABHÄNGIGKEIT?

Als die indischen Nationalisten die Selbstverwaltung forderten, war Mohandas K. Gandhi (1869–1948) einer ihrer Anführer. Anstatt Aufstände anzuzetteln wählte er den gewaltfreien Protest. Er lebte sehr einfach und wollte, dass Indien zum traditionellen Dorfleben zurückfand. Unter dem Namen Mahatma, was »Große Seele« bedeutet, wurde er weltberühmt. Der Friedenskämpfer wurde 1948 ermordet.

WANN WURDE JAPAN EINE WELTMACHT?

Nach 1868 entwickelte sich Japan zur Industrienation. 1904/05 errang es Siege über die Russen und verleibte sich 1910 Korea ein. 1919 eroberte Japan frühere deutsche Kolonien in Asien. In den 30er-Jahren des 20. Jh. plante das japanische Militär die Invasion Chinas. Während des Zweiten Weltkriegs in den 40er-Jahren überrannten die Japaner ganz Südostasien.

ASIEN 1920–1942

1920–1922	Gandhi führt die erste Kampagne des zivilen Ungehorsams.
1926–1942	Nationalistische Unruhen in Indochina
1940	Japan besetzt Franz.-Indochina.
1942	Gründung der Vietminh

FRIEDLICHER PROTEST ►
1930 veranstaltete Gandhi den Salzmarsch: Er ging zum Meer, um Salz zu sammeln. Damit verstieß er gegen das Salzmonopol der Briten.

Siehe AUCH ⏭ Chinesische Revolution 429 • Imperialismus 422–423

WELTWIRTSCHAFTSKRISE

Während einer Wirtschaftskrise fallen die Preise, werden wenige Waren produziert und die Arbeitslosigkeit ist hoch. Die große Weltwirtschaftskrise von 1929 bis 1934 brachte großes Elend über die USA, Europa und seine Kolonien. Banken mussten schließen und Firmen gingen pleite.

WAS WAR DER SCHWARZE FREITAG?

Am 25.10.1929, einem Freitag, mussten Investoren in den USA feststellen, dass ihre Aktien und Wertpapiere nach Kursstürzen an der New Yorker Börse wertlos geworden waren. Ganze Vermögen hatten sich in Luft aufgelöst, Massenentlassungen waren die Folge.

WIE BREITETE SICH DIE KRISE AUS?

In den 20er- und 30er-Jahren des 20. Jh. kriselte die Wirtschaft in Australien, Neuseeland, Großbritannien und Europa. Als eine österreichische Bank pleiteging, brach auch in Europa das Chaos aus. Vor allem in Deutschland, das noch unter den Folgen des Ersten Weltkriegs litt.

◄ MENSCHENSCHLANGEN VOR DER SUPPENKÜCHE
Hungernde stehen 1931 in New York für einen Teller Suppe an. 1932 waren über 12 Mio. Amerikaner arbeitslos.

▲ SPIELGELD
Deutsche Kinder stapeln Banknotenbündel wie Bauklötze. Die deutsche Währung verlor so schnell an Wert, dass ein Laib Brot Millionen von Mark kostete.

Weltwirtschaftskrise

SIEHE AUCH ⏭ Der Staat 308–309 • Wirtschaft 302–303

FASCHISMUS

1922 entstand in Italien als neue politische Bewegung der Faschismus. Seinen Namen leitete er von den *fasces* (Rutenbündel) ab, einem Machtsymbol des alten Rom. Die Faschisten waren extrem nationalistisch, verherrlichten das Militär und kämpften gegen Demokratie und Kommunismus.

FASCHISTISCHER DIKTATOR ► Benito Mussolini (1883–1945) marschierte 1922 nach Rom und wurde 1925 Italiens Diktator.

ADOLF HITLER (1889–1945)
Der Österreicher Adolf Hitler kämpfte im Ersten Weltkrieg in der deutschen Armee. Verbittert durch die Niederlage führte er die Nationalsozialisten in Deutschland an die Macht. Als Diktator verfolgte Hitler Juden und politische Gegner. Als er Polen überfiel, begann der Zweite Weltkrieg.

GAB ES AUCH IN ANDEREN LÄNDERN FASCHISTEN?

Der Faschismus fand in Westeuropa zahlreiche Anhänger, vor allem unter Menschen, die sich um Arbeit und die öffentliche Ordnung sorgten. 1920 wurde die Nationalsozialistische Deutsche Arbeiterpartei (NSDAP) gegründet. 1933 entstand auch in Spanien eine faschistische Bewegung, die Falangisten, die am ⏭ SPANISCHEN BÜRGERKRIEG beteiligt waren.

WER WAREN DIE NAZIS?

Deutschlands Nationalsozialisten wurden kurz als Nazis bezeichnet. Ihr Anführer war Adolf Hitler. Während der 30er-Jahre sorgte er für ausreichend Arbeitsplätze und baute die Armee auf. Aber auch Mord und Gewalt bahnten den Weg der Nazis an die Macht. Sie waren extreme Rassisten und hassten vor allem die Juden.

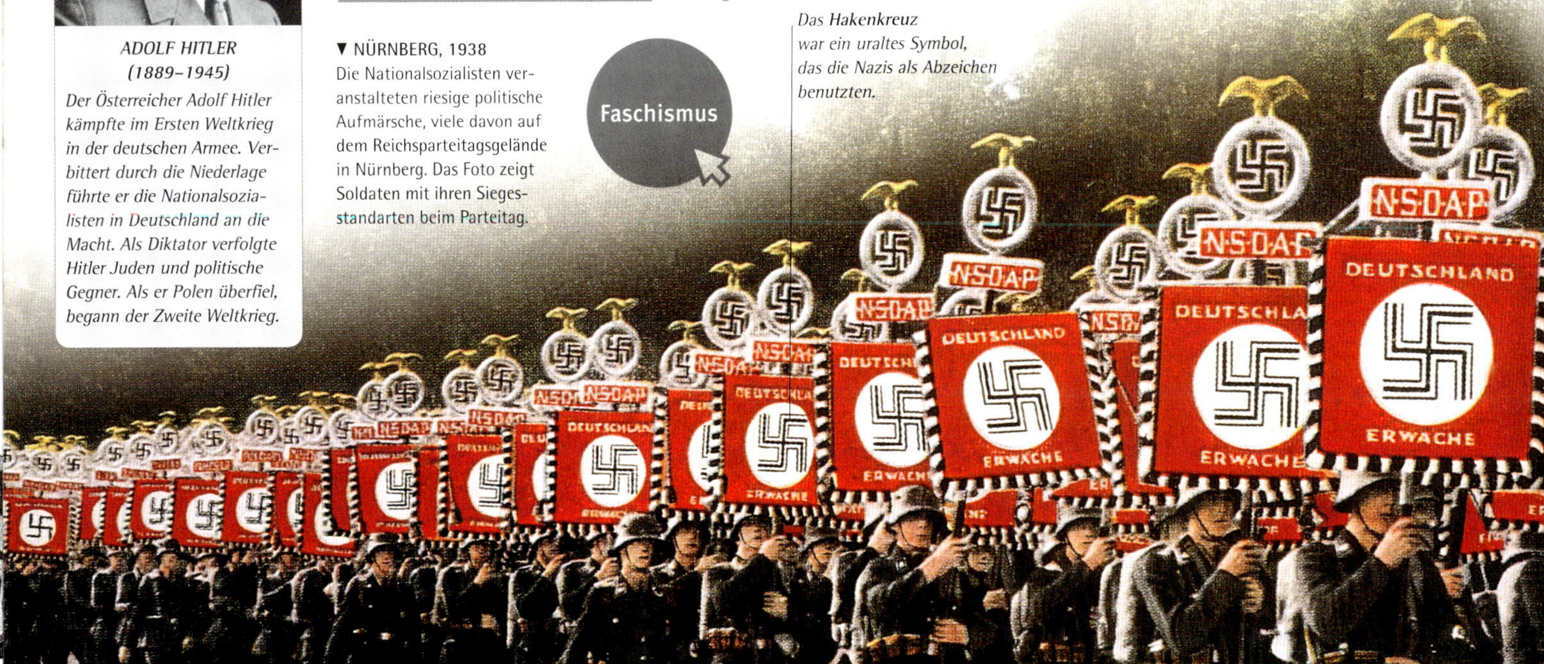

▼ NÜRNBERG, 1938
Die Nationalsozialisten veranstalteten riesige politische Aufmärsche, viele davon auf dem Reichsparteitagsgelände in Nürnberg. Das Foto zeigt Soldaten mit ihren Siegesstandarten beim Parteitag.

Faschismus

Das Hakenkreuz war ein uraltes Symbol, das die Nazis als Abzeichen benutzten.

SPAN. BÜRGERKRIEG

Von 1936 bis 1939 tobte in Spanien ein erbitterter Bürgerkrieg. Die Militärallianz des General Franco stürzte die gewählte Regierung der spanischen Republik. Francos Anhänger waren die Falangisten, konservative Monarchisten und Katholiken. Auf der Regierungsseite standen Sozialisten und Kommunisten.

WER KÄMPFTE IM BÜRGERKRIEG?

Franco wurde vom faschistischen Italien und Deutschland unterstützt. Die Regierungstruppen erhielten Hilfe von der Sowjetunion sowie von antifaschistischen Freiwilligen aus zahlreichen Ländern. Viele der Idealisten starben. Francos Diktatur währte bis zu seinem Tod 1975.

▲ NAZIGRUSS
Spanische Faschisten heben die Hand zum Nazigruß. Deutsche Bomber hatten 1937 die Stadt Guernica zerstört.

▲ »NO PASARÁN«
»Sie werden nicht durchkommen!«, lautete der Wahlspruch der Republik, als Franco nach Madrid marschierte. Frauen und Männer kämpften bis zum bitteren Ende, doch Franco eroberte Madrid. Der schreckliche Bürgerkrieg ließ verbitterte Menschen und eine gespaltene Nation zurück.

SIEHE AUCH ⏭ Erster Weltkrieg 426–427 • Zweiter Weltkrieg 432–433

INTERNATIONALE ORGANISATIONEN

Schon immer haben Staaten Bündnisse geschlossen. Im 20. Jh. entstanden viele Verteidigungsbündnisse und internationale Organisationen, die für Frieden, Gesundheit und Wohlstand sorgen sollen.

WARUM GRÜNDETE MAN DIE VEREINTEN NATIONEN?

1919 wurde der Völkerbund gegründet, um den Frieden nach dem Ersten Weltkrieg zu sichern. Doch er konnte den Zweiten Weltkrieg nicht verhindern. Deshalb wurden 1945 die Vereinten Nationen (United Nations) gegründet, die seither für internationale Zusammenarbeit eintreten und versuchen, weltweit Konflikte zu lösen.

Internationale Organisationen

WELCHE ORGANISATIONEN ENTSTANDEN NOCH?

Politische Allianzen wie die Arabische Liga (1945) oder die Organisation für Afrikanische Einheit (1963) wurden gebildet. Aus der Europäischen Wirtschaftsgemeinschaft (1957) wurde die Europäische Union. Als Militärbündnisse entstanden das Nordatlantische Verteidigungsbündnis (NATO, seit 1949) sowie der Warschauer Pakt (1955–1991).

DER OLIVENZWEIG ► Die Flagge der Vereinten Nationen (UN) zeigt als Zeichen des Friedens Olivenzweige, die die Kontinente umschließen. Die UN schickt Friedenstruppen in alle Welt.

SIEHE AUCH ⏭ Erster Weltkrieg 426–427 • Zweiter Weltkrieg 432–433

ENTKOLONISIERUNG

Nach 1945 begannen die Europäer ihre Kolonien aufzugeben. Zuweilen gelang die Übergabe der Macht an die Einheimischen reibungslos. Die weißen Südafrikaner wollten ihre Macht nicht teilen und schufen die ⏭ APARTHEID.

WAS WAR DER »WIND DES WANDELS«?

1960 hielt der britische Premierminister Harold Macmillan eine Rede in Südafrika und sprach von einem »Wind des Wandels« auf dem afrikanischen Kontinent. Damit meinte er das Ende des Kolonialzeitalters. Heute gibt es nur noch wenige Kolonien.

FRANZÖSISCH-ALGERIEN ► Von 1954 bis 1962 kämpften die Franzosen gegen nationalistische Rebellen in Algerien. Der Krieg führte bei Algeriern und Franzosen zu großer Verbitterung. 1962 entließ man Algerien in die Unabhängigkeit.

NELSON MANDELA (geb. 1918)
Nelson Mandela, ein schwarzer Rechtsanwalt, setzte sich gegen die Apartheid ein. Er saß von 1964–1990 im Gefängnis und wurde Symbol des Widerstands. Später wurde er Südafrikas erster schwarzer Präsident.

APARTHEID

Apartheid ist ein Wort aus dem Afrikaans und bedeutet so viel wie »getrennt bleiben«. Von 1948 bis 1994 verfolgte die südafrikanische Regierung eine strikte Politik der Rassentrennung. Weiße, die nur 14 % der Bevölkerung ausmachten, verweigerten Asiaten, Farbigen und Schwarzafrikanern das Wahlrecht und die Anerkennung elementarer Menschenrechte.

Entkolonisierung

WAS BEDEUTETE DIE APARTHEID?

Schwarze durften nicht in für Weiße reservierten Wohngebieten leben, ja sich nicht einmal zu ihnen auf eine Bank setzen. Viele Schwarze lebten in Slums, litten unter Armut und mangelnder Bildung. Schwarze und weiße Gegner der Apartheid mussten mit Gefängnis oder der Todesstrafe rechnen.

WANN KAM DAS ENDE DER APARTHEID?

Das Ende der Apartheid kam 1994, als Nelson Mandela bei der ersten demokratischen Wahl Präsident wurde. Damit ging die lange Epoche des Kolonialismus endgültig zu Ende. Doch auch heute noch leiden die jungen unabhängigen Nationen Afrikas unter einer Vielzahl von Problemen.

SIEHE AUCH ⏭ Imperialismus 422–423

▲ PROTEST IN DEN USA
Das Foto zeigt Demonstranten, die 1969 in Washington gegen den Vietnamkrieg demonstrieren. Viele westliche Nationen verdammten diesen Krieg. Überall auf der Welt kam es zu großen Demonstrationen.

KALTER KRIEG

Nach dem Zweiten Weltkrieg entzweiten sich die Alliierten im Kampf um die Macht. Von 1945 bis 1990 herrschte der sogenannte Kalte Krieg, bei dem auf der einen Seite die USA und die kapitalistischen Länder standen, auf der anderen die Sowjetunion, China und die kommunistischen Länder.

CASTROS REVOLUTION ►
Der Revolutionär Fidel Castro stürzte 1959 den kubanischen Diktator Fulgencio Batista und machte aus Kuba einen kommunistischen Staat.

Kalter Krieg

WAS WAR »DER EISERNE VORHANG«?

Nach dem Zweiten Weltkrieg gab es in Mittel- und Osteuropa mehrere kommunistische Länder, die durch die UdSSR von den kapitalistischen westeuropäischen Staaten streng isoliert wurden. In einer Rede sagte der britische Politiker Winston Churchill, ein »Eiserner Vorhang« trenne die beiden politischen Blöcke. Er teilte auch Deutschland und die Stadt Berlin (Berliner Mauer).

WAS WAR DIE KUBAKRISE?

Im Kalten Krieg waren zur Abschreckung beide Seiten atomar hoch gerüstet. 1962 versuchte die Sowjetunion heimlich Atomraketen auf Kuba zu stationieren. Als die USA davon erfuhren, forderten sie den sofortigen Abbau der Raketen. Die Sowjetunion gab schließlich nach und ein drohender Atomkrieg wurde vermieden.

WAS WAR DER VIETNAMKRIEG?

1954 wurde die französische Kolonialmacht in Vietnam von kommunistischen Rebellen besiegt. Das Land wurde in Nord- und Südvietnam geteilt. Die USA unterstützten die antikommunistische Regierung im Süden seit 1964/65 im Kampf gegen die Kommunisten. Doch sie konnten diese nicht besiegen und Vietnam wurde 1976 unter kommunistischer Herrschaft wiedervereint.

SIEHE AUCH ⏭ Zentral- und Ostasien 268–269 • Zweiter Weltkrieg 432–433

NAHOSTKONFLIKT

Der Nahe Osten wird schon lange von Konflikten heimgesucht. Immer wieder gab es Kriege zwischen Israel und den arabischen Staaten um Palästina. Der Zugang zu Wasser und der Besitz von Öl, das in den Wüstengebieten in großer Menge vorkommt, sind weitere Konfliktherde.

▼ DER SECHSTAGEKRIEG
Dieser Krieg fand 1967 statt und war der dritte zahlreicher Kriege zwischen Israel und seinen arabischen Nachbarn. Israel gewann und machte über 300 000 Palästinenser zu Flüchtlingen.

Nahostkonflikt

WELCHER KONFLIKT HERRSCHT IN PALÄSTINA?

1948 wurde ein Teil Palästinas durch Beschluss der UN zum Staat Israel. Jüdische Menschen konnten nun in ihre alte Heimat zurückkehren, doch viele palästinensische Araber mussten ihr Land verlassen. Der Konflikt um dieses Land dauert an.

WARUM IST KRIEG IM IRAK?

1979 wurde Saddam Hussein Präsident des Irak. Er marschierte in Iran ein und besetzte den reichen Ölstaat Kuwait, der 1991 unter amerikanischer Führung befreit wurde. 2003 erklärten die USA und Großbritannien, Hussein sei eine Gefahr für die Weltgemeinschaft, und marschierten im Irak ein. Hussein wurde gestürzt, seine Anhänger kämpften weiter gegen die USA und ihre Verbündeten.

SIEHE AUCH ⏭ Internationale Organisationen 434 • Krieg 313 • Nationen 312

REGISTER

Die Seitenzahlen in **fett** gedruckter Schrift weisen auf einen Haupteintrag hin

A

B

F

G

L

M

N

S

T

DANK UND BILDNACHWEIS

Dorling Kindersley dankt Jacqui Bailey, Kitty Blount, Laura Buller, Joe Elliot, Daniel Gilpin, Simon Holland, Jacky Jackson, Sarah Kovandzich, Esther Labi, Margaret Mulverhill, Margaret Parrish und Nigel Ritchie für Redaktionsassistenz; Martin Copeland für Bildrecherche.

Bildnachweis

Der Verlag dankt den folgenden Personen und Institutionen für die freundliche Genehmigung zum Abdruck ihrer Bilder:

Abkürzungen
o=oben, u=unten, r=rechts, l=links, m=Mitte

1 AKG London: ml, mr. Corbis: Buddy Mays m. Getty Images: Helena Vallis mll. Science Photo Library: Steve Horrell mrr. **2** Corbis: Christine Kolisch mr; Hal Beral mrrr; Jim Winkley; Ecoscene mll. NASA: ml. Science Photo Library: mrr; Dr. Arthur Tucker mlll. **3** Genesis Space Photo Library: NASA, Lockhead Martin, IMAX mrrr. Getty Images: Raphael Van Butsele mr. Science Photo Library: Art Wolfe mll; Ted Kinsman mlll; Richard Wehr ml. **5** NASA: om. Science Photo Library: Simon Fraser ol; Tek Image or. **6** NASA: ml. Science Photo Library: m. **7** Getty Images: Raphael Van Bustele mu. **8–9** Science Photo Library: National Optical Astronomy Observatories. **10** DK Picture Library: ESA ur. **10–11** NASA. Science Photo Library: Eckhard Slawik m. **11** Science Photo Library: John Sanford mr. Topham Picturepoint: HPI/British Library ml. **12** Science Photo Library: David Nunuk ur; David Parker or; Max-Planck-Institut für Radioastronomie ml. **14** Science Photo Library: Mark Garlick ml. **15** Galaxy Picture Library: TRACE/Stanford-Lockheed Institute for Space Research ml. Science Photo Library: Dr Fred Espenak ur; Mark Garlick m. Mit freundlicher Genehmigung von SOHO/EIT Consortium. SOHO ist ein Projekt der intern. Zusammenarbeit zwischen ESA und NASA: mr. **16** NASA: ur, l. **16–17** NASA. **17** NASA: or, m. **18** NASA: ml John Hopkins University Applied Physics Laboratory/Carnegie Institute of Washington mol. Science Photo Library: NASA mru. **19** NASA: ml, m, ul. Science Photo Library: NASA ur. **20** NASA: or, mro, ml, ul. Science Photo Library: US Geological Survey ur. **21** NASA: ol, mr, mru, mur. Science Photo Library: Claus Lunau/Foci/Bonnier, Publications um. **22** Anglo Australian Observatory: Royal Observatory, Edinburgh ur. Corbis: Gianni Dagli Orti um. Science Photo Library: Dr Seth Shostak ml; Jerry Lodriguss mu; NASA om. SETI League photo, mit Erlaubnis: or. **23** Corbis: Charles O'Rear ur. DK Picture Library: Natural History Museum um, umr. Science Photo Library: ml; Dr Fred Espenak mr; Lynette Cook ol. **24** NASA: ml, ur. **24–25** Science Photo Library: Konstantinos Kifonidis. **25** NASA: or. Science Photo Library: Max-Planck-Institut für Physik und Astrophysik m; Mehau Kulyk ur. **26** NASA: mru. Science Photo Library: Roger Harris mr; W. Couch & R. Ellis/NASA ul. **27** Anglo Australian Observatory: David Malin mro, mr, mor. Galaxy Picture Library: Omar Lopez-Mruz & Ian Shelton/NOAO/ AURA/NSF ur. NASA: or, m. Science Photo Library: Carlos Frenk, University of Durham umr; Chris Butler mlu. **28** ESA: mr. Science Photo Library: Starsem or. **28–29** NASA: ur. **29** NASA: or, mo. Science Photo Library: ur; David Dumros ul. **30** NASA: mr, um, ur, umr, l. **31** DK Picture Library: Eurospace Center, Transinne, Belgium ml. NASA: ur; m. Science Photo Library: or. **32** Genesis Space Photo Library: NASA, Lockhead Martin, IMAX mro. NASA: or, m, mr, ul. **33** NASA: or, m, ul. Science Photo Library: NASA ml. **34–35** Corbis: James A. Sugar. **36** Mark Garlick ol. **36–37** Science Photo Library: ESA m **37** Corbis: Sally A. Morgan, Ecoscene ur. Getty Images: Andre Gallant ul, um, uml, umr. Science Photo Library: Mark Garlick mu. **38** Science Photo Library: David Dumros ml. **38–39** Science Photo Library: Jeremy Bishop. **39** Science Photo Library: or, ul. **40–41** Corbis: Firefly Productions. **41** Getty Images: Helena Vallis ur. **42** GeoScience Features Picture Library: ul. Getty Images: Randy Wells o. Science Photo Library: Tom Van Sant, Geosphere Project/Planetary Visions ur. **43** Corbis: Lloyd Mluff ul. Rex Features: Sipa Press or. **44** Corbis: Roger Ressmeyer mr. Huomhison Library: Robert Francis mro. US Geological Survey: D. A Swanson or. **45** Corbis: Wildcountry m; Wolfgang Kaehler ul. **46–47** Getty Images: Tom Till m. **47** DK Picture Library: Natural History Museum or. Getty Images/ Photodisc Green: mr. Science Photo Library: Lawrence Lawry ur. **48** Science Photo Library: Dr Jeremy Burgess m. **49** Science Photo Library: NASA ur, o. **50** Corbis: Brownie Harris um. Getty Images: Mike Surowiak ol. Science Photo Library: University of Dundee m. **51** Pa Photos: EPA European Press Agency ur. Corbis: l. **52** Science Photo Library: Peter Ryan ml. **52–53** Getty Images: Marc Muench m. **53** Corbis: George D. Lepp omr. Science Photo Library: Alan Sirulnikoff ol; Mlaude Nuridsany & Marie Perennou ml; George Post or; Simon Fraser oml. UCAR Communications: ur. **54** Corbis: Rob Matheson m. NASA: ul. Science Photo Library: Larry Miller ol. **55** Corbis: Owaki-Kulla mr. Getty Images: John Lamb ml. Rex Features: Sipa Press u. Still Pictures: M & M Denis-Huot or. **56** Corbis: Mraig Tuttle ml. **56–57** National Geographic Image Collection: Volkmar Wentzel m. **57** Corbis: Paul A. Souders mr; Yann Arthus-Bertrand ol. Science Photo Library: NASA or. Zefa: T. Allofs um. **58** Bryan and Cherry Alexander Photography: John Hyde r. Corbis: Ralph A. Mlevenger ul. **59** Corbis: Arthur Thevenart ur; James Murdoch; Cordaiy Photo Library Ltd. ul. Getty Images: Arnulf Husmo mro; Art Wolfe mru; Steve Dunwell or; Suzanne & Nick Geary m. **60** Getty Images: China Tourism Press or; Harald Sund ol. **61** Alamy Images: Henryk Kaiser um. Corbis: Philip James Corwin ul. Getty Images: Jamey Stillings ur. Science Photo Library: John Mead m; US Department of Energy ol. **62** Science Photo Library: NASA o. Getty Images: Stuart Westmorland m; Terry Donnelly u. **63** Alamy Images: Brett Bauton or; Geoffrey Morgan mru. Getty Images: Carlos Navajas mr; Frans Lemmens ur. Science Photo Library: Science, Industry & Business Library/New York Public Library ul. **64** Corbis: Ted Spiegel or. Getty Images: Andy Sacks ml. **64–65** Corbis: u. **65** Ecoscene: Robert Nichol ml. Getty Images: Ed Pritchard or. Oxford Scientific Films: David M Dennis mr. **66** Corbis: David Stoecklein or. Getty Images: Anthony Boccaccio ml. National Geographic Image Collection: Paul Chesley u. **67** Corbis: Macduff Everton mr; Mark L Stephenson or. Zefa: Eugen ul. **68–69** Alamy Images: Steve Bloom. **70** National Geographic Image Collection: Joel Sartore ul. **70–71** Alamy Images: Steve Bloom m. **71** Corbis: James Noble um. Science Photo Library: David Scharf ur. **72** National Geographic Image Collection: Michael Nichols mr. Corbis: ol. Science Photo Library: Colin Cuthbert ul; Eye of Science um. **73** DK Picture Library: M.I Walker mr. Science Photo Library: Dr Gopal Murti m; Dr Jeremy Burgess or; M.I Walker ul. **74** Corbis: Bettmann ul. N.H.P.A.: Ant Photo Library ur. **75** Corbis: NASA mru. DK Picture Library: Parc Zoologique de Paris mr. Science Photo Library:
BSIP um. **77** Corbis: Dean Conger ul, Hintergrund; Jonathan Blair ul. The Natural History Museum, London: or. **78–79** Eric Mrichton Photos: Hintergrund. **79** Science Photo Library: Chris Butler ur. **80** Corbis: Ted Horowitz um; Winifred Wisniewski, Frank Lane Picture Agency l. Nature Picture Library: Jeff Rotman or. **82** Bruce Coleman Ltd.: r. National Geographic Image Collection: Paul A. Zahl ul. N.H.P.A.: T Kitchin & V Hurst m. **83** Corbis: Galen Rowell r; Hubert Stadler l. N.H.P.A.: Jany Sauvanet mo; John Shaw m, Hintergrund. **84** Corbis: Peter Lillie; Gallo Images ml. Getty Images: Bernard Roussel m; Simeone Huber um. N.H.P.A.: B & M Alexander ur; Paal Hermansen mr. **85** DK Picture Library: AMNH mr. Science Photo Library: Dr Tony Brain ur; Eye of Science or; Library of Congress ul; Martin Dohrn ml. **86** Science Photo Library: David Scharf mr; John Durham ur. **87** Oxford Scientific Films: Niall Benvie ul. Science Photo Library: Jan Hinsch or. **88** Garden Picture Library: Frederic Didillon. **89** Science Photo Library: Dr Jeremy Burgess uml, umr; John Durham or; Mimrofield Scientific Ltd. ol. **91** Getty Images: Peter Lilja mo. **92** N.H.P.A.: G. I Bernard m. **93** Science Photo Library: Darwin Dale ol; David McCarthy mo; Jonathan Watts um. **94** Getty Images: Will & Deni McIntyre ol. **94–95** Getty Images: Christa Renee m. **95** Science Photo Library: Hermann Eisenbeiss om, or. **96** Getty Images: Andrew Mounter ul. Nature Picture Library: Peter Oxford mr. **96–97** Getty Images: James Balog m; Tim Davis ml. **97** Corbis: Hal Beral ur. Getty Images: Art Wolfe mru. **98** Getty Images: Jeff Rotman mr; Joseph Van Os or. Oxford Scientific Films: Chris Sharp ul. Visuals Unlimited Inc: ml. **99** Corbis: Joe McDonald mr. Getty Images: Photodisc Green/ Santokh Kochar or. N.H.P.A.: Stephen Dalton ur. Science Photo Library: Eye of Science ml. **100** Getty Images: Digital Vision ul; Art Wolfe ol; Steve Hopkin ur. N.H.P.A.: Stephen Krasemann or. **101** N.H.P.A.: T Kitchin & V Hurst mr. Oxford Scientific Films: John Cheverton ml. **102** Alamy Images: Ali Kabas m-Schwamm. DK Picture Library: Natural History Museum mru. **103** Image Quest 3-D: Jim Greenfield ur; Valdimar Butterworth mr. Science Photo Library: Gilbert S. Grant ol. **104** Tom Stack & Associates: ur. **105** Alamy Images: SNAP or. Oxford Scientific Films ml. Science Photo Library: David Scharf mr; Eye of Science um. **107** Wild Images: Tim Martin or. **108** Oxford Scientific Films: Marty Cordano ol. Science Photo Library: Science Pictures Ltd. or. **109** DK Picture Library: Natural History Museum mr. Nature Picture Library: Brandon Cole ur. Oxford Scientific Films: or. **110** Corbis: Naturfoto Honal l. Science Photo Library: Dr Tony Brain mr. **111** N.H.P.A.: Anthony Bannister ur; John Shaw or; Rod Planck mo. **112** Getty Images: Tobias Bernhard ml. **112–113** Getty Images: Jeff Hunter o. **113** Image Quest 3-D: Carlos Villoch or; Peter Herring ur. Nature Picture Library: Reijo Juurinen/Naturbild mr. **114** Corbis: Michael & Patricia Fogden um. National Geographic Image Collection: George Gall l. **115** Corbis: Buddy Mays or. N.H.P.A.: Ernie Jones ml. **116–117** Getty Images: Raphael Van Butsele m. **117** Getty Images: Douglas D. Seifert or; Gallo Images mr. **118** Getty Images: Anup Shah um; Steve Bloom m. Science Photo Library: Eye of Science mr. **119** Corbis: Tom Brakefield or. FLPA – Images of nature: S & D & K Maslowski ur. Science Photo Library: Manfred Kage ol. **120** Getty Images: Stuart Westmorland ol. N.H.P.A.: Stephen Krasemann mr. **121** Getty Images: Wayne R Bilenduke o. **122** Corbis: Darrell Gulin u. Nature Picture Library: Karl Amman ol. N.H.P.A.: Mark Bowler or. **123** Auscape: Jean Paul Ferrero mo. DK Picture Library: Jerry Young um. N.H.P.A.: Dave Watts ol, ur. **124** The Natural History Museum, London: mr. Still Pictures: John Cancalosi ol; M & M Denis-Huot u. **125** Corbis: W. Perry Conway ur. Getty Images: Nicholas Parfitt or. Still Pictures: Michel Gunther ml. **126–127** Science Photo Library: D. Phillips. **128** Science Photo Library: Dr Gopal Murti ml. **128–129** Science Photo Library: Simon Fraser m. **129** Science Photo Library: Mehau Kulyk um; Montreal Neuro. Institute/McGill, University/CNRI m; Scott Camazine ur. **130** Science Photo Library: u; Mehau Kulyk mr. **131** DK Picture Library: EScience Photo Library/ Denoyer-Geppert um. Science Photo Library: or; Andrew Syred ml; Simon Fraser ur. **132** Biophoto Associates: ul, um, ur. **133** Science Photo Library: Andres Syred ul; Andrew Syred ur; John Burbidge or; Richard Wehr/Custom Medical Stock Photo m. **134** Science Photo Library: ul, r; John Bavosi ol. **135** Science Photo Library: ml. **136** Science Photo Library: BSIP VEM ml; CNRI um, uml. **137** Science Photo Library: Innerspace Imaging or; John Bavosi ur. **138** Science Photo Library: Alfred Pasieka ul; BSIP VEM um; Mehau Kulyk ol. **138–139** Science Photo Library: Alfred Pasieka m. **139** Biophoto Associates: or. Science Photo Library: Wellcome Department of Cognitive Neurology mu. **140** Science Photo Library: Mehau Kulyk um. **140–141** Science Photo Library: Alfred Pasieka om. **141** DK Picture Library: Denoyer Geppert Intl mr, ur. Science Photo Library: Omikron ul. **142** Corbis: William Radcliffe/Science Faction mru.; Omikron ul. **143** Science Photo Library: CNRI mu; Dr Tony Brain mr; George Bernard ml. **144** Science Photo Library: Eye of Science ml. **145** Science Photo Library: Professors P. Motta & F. Carpino/University "La Sapienza" Rome mr; Professors P. Motta & T. Naguro um. **146** Science Photo Library: BSIP/Cavallini James mru; Prof. P. Motta/Dept. of Anatomy/University "La Sapienza", Rome ul. **146–147** Science Photo Library: Geoff Tompkinson o. **147** Science Photo Library: CNRI or; GJLP ur. **148** Robert Harding Picture Library: m. Science Photo Library: L.Willatt, East Anglian Regional Genetics, Service ul; Neil Bromhall o. **149** Science Photo Library: or. Alfred Pasieka ul; BSIP VEM ol; Lauren Shear mr. **150** Corbis: Howard Davies or. Getty Images: John Kelly l. **151** Science Photo Library: or; Corbis: MedicalRF.com ml. Simon Fraser ur. **152–153** Getty Images: Dia Max. **154** National Geographic Image Collection: Brian Skerry om. Panos Pictures: Heldur Netocny mu. **154–155** Science Photo Library: NASA ul; Tek Image m. **155** Getty Images: Jean Y Ruszniewski oml. Image Source: ol. Science Photo Library: Bsip, Laurent or; Richard Duncan ur; Tek Image omr. **156** CERN: ur. Corbis: M.M.Leask/ Eye Ubiquitous oml; Kennan Ward omr; Natalie Fobes mu; Ron Watts mo. Science Photo Library: Chris Butler ol. **157** US Department of Energy: or. Science Photo Library: Philippe Plailly oml. **158** Science Photo Library: David Parker or; Roger Harris ul; US Library of Congress mr. Geoffrey Wheeler: ol. **159** Corbis: Bettmann ur. Science Photo Library: ArSciMed or. **160** Science Photo Library: Erich Schrempp ur; Julian Baum ul. **163** Corbis: Lester Lefkowitz or; Peter Beck ul. The Art Archive: Royal Society/Eileen Tweedy ml. Rex Features: mr. **164** Alamy Images: Pictor International/ImageState ul. Corbis: James Noble or. **165** Corbis: Duomo ml; Mark M. Lawrence ur. Getty Images: Allsport Concepts/ Christine Kolisch mr. **166** Agence France Presse: mr. Getty Images: Chabruken um; Terje Rakke l. **167** Corbis: Roger Ressmeyer ul. Hulton Archive/Getty Images: ur. Science Photo Library: Arthus Bertrand or. **168** Rex Features: CNP ml. Science Photo Library: Dr. Arthur Tucker m. **169** Corbis: Christine Kolisch ur; Mark L. Stephenson mroo; mro, mr. Getty Images: Stuart Hunter ml. Science Photo Library: ESA or. **170** Corbis: Gary W. Carter m; Jay Dickman l. Science Photo Library: Volker Steger or. **171** DK Picture Library: Stephen Oliver mr. Getty Images: or. Robert Harding Picture Library: ml. Science Photo Library: Pascal Goetgheluck ur. **172** Corbis: Patrick Darby mr. Science Photo Library: Kip Peticolas l. **173** Corbis: David Butow or. Science Photo Library: Tek Image ur. **174** Corbis: Cees Van

Leeuwen; Cordaiy Photo Library Ltd. l. Getty Images: Phil Degginger ur. **175** Associated Press AP: ul. Science Photo Library: Lawrence Livermore National Laboratory or. **176** Corbis: Joe McDonald ol; Martin Harvey; Gallo Images ul; Roger Tidman mloo; mluu. Getty Images: Photodisc Blue mlu. N.H.P.A.: Kevin Schafer mlo. **176–177** National Geographic Image Collection: Stephen G. St. John m. **177** Alamy Images: David Bishop/Phototake Inc ur. Hulton Archive/ Getty Images: mo. US Department of Defense or. **178** PolaVisor, Copyright 2003 Winford Industries: ml. **178–179** Science Photo Library: Ted Kinsman m. **179** Science Photo Library: Alexander Tsiaras ur. Getty Images: Ashok Charles mlu. **180** Science Photo Library: Alfred Pasieka or. **181** Science Photo Library: John Walsh or; K.H Kjeldsen om. **182** Science Photo Library: Alfred Pasieka ml; David Parker um. **182–183** Science Photo Library: Kent Wood m. **183** NASA: or. **184–185** Corbis: Louis K. Meisel Gallery o. **185** National Grid Transco: ur. Science Photo Library: Scott Camazine ul. **186** Ministry of Defence Picture Library: Mrown Copyright/ MOD m. Science Photo Library: Alex Bartel l; Volker Steger/Sandia National Laboratory ur. **187** Corbis: Grafton Marshall Smith ur; Getty Images: Photographer's Choice/Michael Dunning ml.; Norbert Schaefer or.; mro. Science Photo Library: Colin Cuthbert mru; Copyright W. T Sullivan ml. **188** Science Photo Library: D. Roberts. **189** Corbis: Stephen Grohe m. Science Photo Library: David Parker or; Rosenfeld Images Ltd. ol. **190** Getty Images: Photodisc Green/ TRBfoto mlu; David Arky m. Zefa: Ausloser ol. **191** Associated Press AP: Elise Amendola ml; Loudmloud Inc mll. DK Picture Library: Science Museum ul. Getty Images: Photodisc/Andreas Pollock mr. **192** AKG Berlin om. Rex Features: Barry Greenwood ul. Science Photo Library: Roger Harris ml. **192–193** mit freundl. Genehmigung BT Group plc 2003 m. **193** Alamy Images: Robert Harding Picture Library mro. Getty Images: Christian Lagereek mruu. Pa Photos: EPA mru; Martin Rickett mu. Science Photo Library: Mehau Kulyk or. **194** mit freundl. Genehmigung Dyson: ul. Pa Photos: ml. **194–195** Science Photo Library: Peter Menzel m. **195** Science Photo Library: Peter Menzel m; Victor Habbick Visions or, ul. **196–197** Getty Images: Digital Vision m. **197** Corbis: Fukuhara Inc ur; Richard T. Nowitz m. Getty Images: Sandra Baker or. **198** ImageState/Pictor: I. Porsche AG: r. **199** Alamy Images: Steve Allen or. ullstein bild ol. Science Photo Library: G. Brad Lewis ur. **200** Getty Images: Lineka or. **200–201** ImageState/ Pictor: First Light u. **201** Corbis: Lester Lefkowitz ml; or. Getty Images: Wayne Eastep um. **202** mit freundl. Genehmigung von The Mimroflat Company: ul. Science Photo Library: Colin Cuthbert ol. **202–203** Arup: Colin Wade m. **203** Alamy Images: Andre Jenny ol; Doug Houghton omr. Corbis: Grant Smith oml; Massimo Mastrorillo or; Sygma/ Polak Matthew ur; Tom Bean mr. **204** Corbis: Jeremy Horner mo. Getty Images: Chris Sattlberger ul; **204–205** Getty Images: Mark Segal m. **205** Corbis: Bettmann mo; Ted Horowitz mr. Getty Images: Jean Louis Batt um. **206** Corbis: Lester Lefkowitz l. **206–207** Getty Images: Arnulf Husmo m. **207** Corbis: Mark Adams um; Steve Chenn ur. Science Photo Library: David Nunuk om. 208 Corbis: Bettmann or; Charles O'Rear um; Layne Kennedy mlu. Science Photo Library: ul; Andrew McMlenaghan ol. **209** Science Photo Library: A. Barrington Brown mlo; Dr Tim Evans r; James King-Holmes mlu; Tek Image um. **210** Science Photo Library: Darque, Jerrican ul; Simon Fraser mo. **210–211** Science Photo Library: Tek Image m. **211** Rex Features: Jeremy Sutton or. Science Photo Library: Andrew Leonard ur; Mauro Fermariello m. **212–213** Corbis. **214** Alamy Images: Gus ol. N.H.P.A.: Martin Wendler ul. **215** Corbis: Firefly Productions or; James A. Sugar ur; Tibor Bognar ol. **216** Corbis: Tim Page ul. Alamy Images: Steve Allen o. **217** Corbis: Vince Streano o. Popperfoto: Reuters ur. **218** Pa Photos: Toby Melville o. Pictures Colour Library: ul. **219** Alamy Images: ImageState/Randa Bishop or. Corbis: SETBOUN ur. **220** Corbis: mlu; David Batterbury; Eye Ubiquitous mloo; Macduff Everton ul; Stephen Frink ol; Stocktrek m. Getty Images: Daryl Balfour mlo; Digital Vision or. Science Photo Library: Bernhard Edmaier mluu. **222** Corbis: Terry W. Eggers ul. Getty Images: Harald Sund ml. **223** Getty Images: Bob Thomas mr; Sandra Baker or. **224** Bryan and Cherry Alexander Photography: mr, u. Corbis: Doug Wilson or. **225** Getty Images: Eric Meola r; Ron Thomas ml. Pictures Colour Library: eStock ol. **226** Corbis: Bob Krist ml. Getty Images: B & M productions u. Oxford Scientific Films: Philippe Henry or. **227** Corbis: Duomo mr. Getty Images: Pat O'Hara or; World Perspectives l. **228** Getty Images: Jack Dykinga ul. World Pictures: or. **229** Getty Images: Chris Speedie l; Randy Wells mr. Robert Harding Picture Library: Photri or. **230** Corbis: Joseph Sohm; ChromoSohm Inc mo. Getty Images: Brian Stablyk ur; Photodisc Green ul. ImageState/Pictor: International Stock m. **230–231** Nature Picture Library: David Noton. **231** Masterfile UK: Bill Brooks ur. Zefa: M. Fiala or. **232** Corbis: Gavriel Jecan l. Getty Images: Andrea Pistolesi um; Digital Vision mu. South American Pictures: Tony Morrison mo. **233** Corbis: John Madere mr; Stephanie Maze um; Theo Allofs or. Getty Images: Hans Strand ur. **234** Corbis: Jeremy Horner mr.; l. **235** Alamy Images: Tropicalstock.net ol. Corbis: Michael Freeman ur; Omar Bechara Baruque; Eye Ubiquitous ml; Roger Ressmeyer or. **236** Corbis: Hubert Stadler mo; Michael Brennan ul. Lonely Planet Images: John Maier Jr ur. **236–237** N.H.P.A.: Martin Wendler m. **237** Action Plus: Neil Tingle ur. Corbis: Ricardo Azoury or. Zefa: F. Damm mu. **238** Corbis: Yann Arthus-Bertrand m. Impact Photos: Visa Image ur. Still Pictures: G Hind/ UNEP ul. **239** Corbis: Lindsay Hebberd mr. Getty Images: Glen Allison om. Pictures Colour Library: ur. **240** Getty Images: John Chard mr. Robert Harding Picture Library: B Schuster ur. Panos Pictures: Mark Henley ul. **241** Getty Images: Geoffrey Mlifford ur; Glen Allison mlu. Lonely Planet Images: Mraig Pershouse mr; Geert Cole ol. **242** Corbis: Yann Arthus-Bertrand mr. N.H.P.A.: Martin Harvey u. Panos Pictures: Betty Press ml. **243** Corbis: Sygma/Campbell William m. Getty Images: Guido Alberto Rossi ur. Pictures Colour Library: o. **244** Corbis: Roger de la Harpe; Gallo Images ol. Empics Ltd.: Mike Egerton m. N.H.P.A.: Nick Garbutt ul. **244–245** Pictures Colour Library: u. **245** N.H.P.A.: Martin Harvey o. Pictures Colour Library: ml. Rex Features: Richard Young mr. **246** Getty Images: David Norton ul; Louis-Laurent Grandadam ml. Impact Photos: Ray Roberts or. **247** Corbis: Elke Stolzenberg or. Getty Images: John Downer ur. **248** Corbis: Hans Strand ml. Getty Images: Rick England ur. Lars Hallén: ul. Still Pictures: Dylan Garcia or. **249** Corbis: Hans Strand ol; William Findlay or. Still Pictures: J Vallespir/ UNEP ul. World Pictures: ur. **250** Corbis: Geray Sweeney ul; London Aerial Photo Library ur; Sygma/ Elder Neville ol. Getty Images: Jeremy Woodhouse mr. **251** Collections: Graham Burns mr; Paul Felix u. Getty Images: Stewart Bonney News Agency ol. Lonely Planet Images: Anne M. Dowie mo. **252** Action Plus: Franck Faugere/DPPI ul. Impact Photos: Gold Collection or; Robin Laurance ur. Pictures Colour Library: ml. **253** Corbis: Jose Fuste Raga/FMGB Guggenheim Bilbao Museoa. 2003 u; Roger Antrobus ml. Impact Photos: Gold Collection or. **254** Getty Images: Suzanne & Nick Geary mr; Walter Bibikow u. Still Pictures: Magnus Andersson l. **255** Corbis: Ludovic Maisant mlu. Getty Images: Anthony Cassidy mro; Hans Wolf u; Jorg Greuel ol. **256** Corbis: Michael Freeman mr. Getty Images: Robert Everts u. Lonely Planet Images: Paul David Hellander ol. **257** Corbis: Barry Lewis ml. Getty Images: Derek P. Redfearn mr; George Grigoriou o. Impact Photos: Peter Arkell ul. **258** Lonely Planet Images: Jonathan Smith ol. Panos Pictures: Mlive Shirley mr. Rex Features: Tony Kyriacou ur. Still Pictures: Bojan Brecelj ul. **259** Getty Images: Douglas Armand u. Art Directors & TRIP: V. Shuba ol. **260** Photolibrary.com: Martyn Colbeck ul; Corbis: Tom Brakefield or. Katz/FSP: Van Cappellen/Rea ur. Lonely Planet Images: Chris Mellor ml. **261** Corbis: Dallas und John Heaton or. Getty Images: Andrea Pistolesi mu; Piecework Productions mo. **262** Hutchison Library: M. Nairn/GTV Disappearing World l; Trevor Page mr. Art Directors & TRIP: M. Lines ur. **263** Alamy Images: Bryan and Cherry Alexander u. NASA: ml. Panos Pictures: Heidi Bradner ol. **264** Getty Images: David Hanson mr. Panos Pictures: Jon Spaull ml. Pictures Colour Library: u. **264–265** Corbis: Roger Wood om. **265** Alamy Images: Ashfordplatt or. Corbis: Peter Turnley mlu. Pictures Colour Library: ur. **266** Robert Harding Picture Library: T. Laird ul. Panos Pictures: Paul Smith ol; Penny Tweedie mr. **267** Alamy Images: Robert Harding Picture Library u. Corbis: Baldev/ Sygma ol; James Davis, Eye Ubiquitous ml. **268** Getty Images: Travel Pix or. National Geographic Image Collection: David Edwards ur. Pictures Colour Library: ul. **269** Alamy Images: Rex Butcher ul. Corbis: Bohemian Nomad Picturemakers ur; Tibor Bognar o. **270** Corbis: Torleif Svensson or. Robert Harding Picture Library: T. Hall ur. Pictures Colour Library: ul. **271** Corbis: Macduff Everton r. Impact Photos: Alain Evrard ul. Pictures Colour Library: ol. **272** Alamy Images: Jon Arnold Images ul. **273** Corbis ur. Getty Images: Kim Westerskov o. **274** N.H.P.A.: Gerard Lacz ml. Pictures Colour Library: or, mr, u. **275** Corbis: Peter Beck ul. Getty Images: John Lamb ur. N.H.P.A.: A. N.T ol. **276** Getty Images: Johnny Johnson ul. Robert Harding Picture Library: Photri or. **277** N.H.P.A.: Paal Hermansen mr. **278–279** Corbis: Dallas und John Heaton. **280** Corbis: David Cumming; Eye Ubiquitous l. The Art Archive: National Museum Bucharest/Dagli Orti or. **281** Werner Forman Archive: Schindler Collection, New York ur. Popperfoto: ol. **282** Ancient Art and Architecture Collection: uml, l; R. Sheridan ul. Bridgeman Art Library, London/New York: Egyptian National Museum, Kairo mu. Corbis: Randy Faris o; mr. The Art Archive: Musee du Louvre Paris/Dagli Orti m. **283** Corbis: Gunter Marx Photography ul; Yann Arthus-Bertrand or. **284** Corbis: John Dakers; Eye Ubiquitous mru; Lindsay Hebberd or. The Art Archive: Victoria and Albert Museum/Eileen Tweedy ul. **285** Alamy Images: Henry Westheim ml. Bridgeman Art Library, London/New York: Oriental Museum, Durham University ul. Corbis: Archivo Iconografico, S.A or. **286** Bridgeman Art Library, London/New York: Ann & Bury Peerless/India Office Library, London um. Corbis: Lindsay Hebberd or, ul. DK Picture Library: Judith Miller & DK Picture Library – Sloans, USA ml. Rex Features: Geoff Dowen mr. **287** Corbis: David Reed or. Getty Images: Photodisc Green/Michael Matisse ul. **288** Corbis: Andrea Jemolo or. DK Picture Library: Glasgow Museum ur. Sonia Halliday Photographs: l. **289** Alamy Images: Robert Harding World Imagery or. Corbis: Adam Woolfitt ol; Geray Sweeney mr; Richard Bickel u. DK Picture Library: Powell Cotton Museum ul. **290** Bridgeman Art Library, London/New York: Giraudon/Musee Conde, Chantilly, France ur. Panos Pictures: Karen Robinson mr; Marcus Rose ml. Rex Features: Sipa Press o. **291** Corbis: Blaine Harrington III o. Art Directors & TRIP: H. Rogers ur. **292** Bridgeman Art Library, London/New York: Galleria dell' Accademia, Venice m. **292–293** Corbis: Alinari Archives u. **293** Getty Images: Michael John O'Neill mr. Ann & Bury Peerless: ol. **294** The Granger Collection, New York: or. Rex Features: TDY ml. **294–295** Getty Images: Yann Layma u. **295** Corbis: Bettmann mr; Inge Yspeert ml. **296** Alamy Images: Joe Sohm mlo, ul. Corbis: Peter Finger mr; Wendy Stone mloo. Getty Images: Anthony Cassidy mlu.
Pa Photos: AFP Photo/Hector MATA ol. Rex Features: David Hartley mluu. **297** Alamy Images: Gianni Muratore ul; Wilmar Photography m. Corbis: Frank Leather; Eye Ubiquitous or. Impact Photos: Javed A Jafferji ur. **298** Kobal Collection: Warner Bros/DC Comics ml. Rex Features: Nils Jorgensen ul. **298–299** Corbis: Ron Watts m. **299** Advertising Archives: 'Coca-Cola' und 'Coke' sind eingetragene Warenzeichen der Coca-Cola Company, Reproduktion mit freundl. Genehmigung der Coca-Cola Company ur. mit freundl. Genehmigung der Freeplay Foundation: m. ImageState/Pictor: Coccon or. **300** Corbis: James A. Sugar ul. Hutchison Library: Eric Lawrie ml. **300–301** Corbis: Bob Krist m. **301** Corbis: Jennie Woodcock; Reflections Photolibrary or. Panos Pictures: Jeremy Horner mu. Popperfoto: ur. **302** Robert Harding Picture Library: ml. **302–303** Rex Features: Sipa Press m. **303** Associated Press AP: Brian Branch-Price um. Rex Features: Action Press or. **304** Corbis: Sygma/ Balaguer Alejandro ur. Masterfile UK: Mark Tomalty ul. Popperfoto: Reuters or. **305** Alamy Images: Rob Rayworth mr. Hulton Archive/ Getty Images: Keystone ul. Science Photo Library: NASA ol. **306** Alamy Images: Gina Calvi ml. Pa Photos: EPA or. Rex Features: Action Press (ACT) u. **307** Corbis: Peter Turnley ol; Roger Ressmeyer ul. Getty Images: AFP/Hotli Simanjuntak mr. Hulton Archive/Getty Images: Central Press ml. **308** Corbis: Richard Cummins mro. Getty Images: or; China Tourism Press mru; Ken Ross ur. Robert Harding Picture Library: E. Simanor l. **309** Corbis: Bettmann ur. Popperfoto: ml. Science Photo Library: Astrid & Hans Frieder Michler or. **310** Getty Images: V.M.L or. Rex Features: Greg Mathieson u. **311** Corbis: Julie Dennis Brothers mru. Getty Images: ul. Pa Photos: ol. Rex Features: Sipa Press mro. **312** Corbis: Bettmann or; Jay Syverson ur. Magnum: Francesco Zizola ml. **313** Associated Press AP: Mark Richards, Pool ml. Corbis: Yogi, Inc m. Popperfoto: Reuters r. **314** Associated Press AP: Joe Marquette ol. Panos Pictures: Trygve Bolstad mr. Still Pictures: Harmut Schwarzbach ul. **315** Science Photo Library: NASA ur. UN/DPI Photo: o. **316** Alamy Images: Karen Robinson/ David Hoffman PhotoLibrary ur. Popperfoto: Rick Wilking/Reuters l. **317** Panos Pictures: Piers Benatar ml. Popperfoto: Reuters/Haider Shah ur; Reuters/Jerry Lampen mr. UN/DPI Photo: or. **318–319** Foto von Josette Bushell-Mingo als 'Rafiki' von der Original London Company von DER KÖNIG DER LÖWEN von Catherine Ashmore. **320** AKG London: Erich Lessing or, mr. The Art Archive: Archaeological Museum Naples/Dagli Orti m; Archaeological Museum Naples/Dagli Orti om; Palazzo Ducale Mantua/Dagli Orti ur. Mark Roots Collection: Mit freundl. Genehmigung von Michael Nelson Jagamara, aus der Sammlung von Mark Roots mlu. **321** Bridgeman Art Library, London/ New York: Mellon Coll., Nat. Gallery of Art, Washington DC ol, ml. The Art Archive: mu; National Gallery/ Eileen Tweedy mr. Réunion Des Musées Nationaux Agence Photographique: Gerard Blot om, m. **322** Corbis: Christie's Images ol. Topham Picturepoint: HIP/British Museum m. **323** © The British Museum: or. Corbis: David Lees ur. Hutchison Library: Carlos Freire mr. **324** Bridgeman Art Library, London/New York: Kunsthistorisches Museum, Wien ml. Corbis: Bettmann m; Nathan Benn ul. Topham Picturepoint: UPP mr. Christo und Jeane-Claude: Surrounded Islands, Greater Miami, Florida 1980–83. © Christo, Photo: Wolfgang Volz: or. **325** Bridgeman Art Library, London/New York: Stapleton Collection, UK or. Magnum: Dennis Stock ml; Steve McCurry ul. Réunion Des Musées Nationaux Agence Photographique: Eugene Atget mr. **326** Alamy Images: Steve Allen mr. Mit freundl. Genehmigung Apple: m, Hintergrund. © Christie's Images Ltd.: Charles Renni Mackintosh ml. The Art Archive: Villa la Pietra Florence/Dagli Orti or. Kobal Collection: Paramount mll. Popperfoto: mrr. Courtesy of the Trustees of the V&A Picture Library: mo. **327** Bridgeman Art Library, London/New York: Victoria & Albert Museum, London uml. Cooper-Hewitt National Design Museum: Smithsonian Institution umr. Corbis: Peter Harholdt ur. DK Picture Library: British Museum ol; Cooper Hewitt mu; Judith Miller & DK Picture Library – Lyon & Turnball Ltd. mo; Judith Miller & DK Picture Library – Gideon Hatch uml. Marimekko: designed by Maija Isola 1965 ul. Vitra Design Museum: George Nelson or. **328** Corbis:

Dallas and John Heaton ml; **328–329** Corbis: David Bell m. Getty Images: AFP ur. **329** Associated Press AP: JAWOC or. Corbis: Araldo de Luca mru; Dave Bartruff mro; Jim Winkley; Ecoscene m; Michael S. Yamashita ur. **330** Lebrecht Collection: um. Redferns: Elliott Landy ml. **330–331** Getty Images: Nick White m. **331** Corbis: Paul A. Souders or. Lebrecht Collection: David Farrell mru. Redferns: David Redfern um. **332** DK Picture Library: Johnny Van Derrick ur. Lebrecht Collection: ur. **333** Getty Images: Thinkstock ml. Rex Features: Brian Rasic (BRA) or. **334** Apple Corps Ltd.. ur. Corbis: Europa Press/G.G/Sygma mr. Lebrecht Collection: Rue des Archives/BCA m. Rex Features: SNAP (SYP) l. **335** Lebrecht Collection: Wladimir Polak or. Redferns: Graham Salter u; Odile Noel ol. **336** ArenaPAL: Hilary Shedel ul. DK Picture Library: Stephen Oliver mr. **336–337** Corbis: Sandro Vannini om. **337** Lebrecht Collection: Laurie Lewis u; Ron Hill ml. Linda Rich: or. **338** Kobal Collection: MGM u. Redferns: Henrietta Butler o. **339** DK Picture Library: INAH ml. The Art Archive: Musee des Beaux Arts Dole/Dagli Orti ul; Victoria and Albert Museum/Eileen Tweedy or. **340** Corbis: Philip Gould ul; Sygma ur. Mary Evans Picture Library: ol. Kobal Collection: Joseph Shaftel Prods mr. **341** Mary Evans Picture Library: mr. Kobal Collection: 20th Century Fox/Tursi, Mario um; Hammer mu; Selznick/MGM uml. Moviestore Collection: 20th Century Fox ml. Reproduktion mit Genehmigung von Penguin Books Ltd.: ol. Topham Picturepoint: Heritage Image Partnership/British Library ol. **342** AKG London: ul. Bridgeman Art Library, London/New York: Leeds Museums and Galleries (City Art Gallery) UK or. The Art Archive: British Library ml; Eileen Tweedy ur. **343** Bridgeman Art Library, London/New York: Fitzwilliam Museum, University of Cambridge or. The Art Archive: Lucien Biton Collection Paris mr. Mary Evans Picture Library: ur. Pa Photos: Mok Yui Mok ml. **344** ArenaPAL: Colin Willoughby ml. Corbis: Michael S. Yamashita m. **345** ArenaPAL: Rowena Chowdry m. Photostage: Donald Cooper or. Rex Features: Reg Wilson ol. **346** Kobal Collection: Damfx ul; Icon/ Pathe/Bailey, Alex ur; Universal ml. Moviestore Collection: Columbia um. **346–347** Kobal Collection: Lucas Film/20th Century Fox m. **347** Corbis: Sygma um. DK Picture Library: OSCAR Statuette ist ein eingetragenes Warenzeichen und Copyright-Eigentum der Academy of Motion Picture Arts and Science mor. Katz/FSP: PH Westenberger/Liaison mr. Kobal Collection: 20th Century Fox/Paramount or; TOHO ul. Moviestore Collection: Eon Productions ur. **348** AKG London: ul. Corbis: Bettmann ml; ullstein bild or. Pa Photos: Stefan Rouseeau mr. Popperfoto: Reuters mru. **349** Corbis: Barmlay Graham/Sygma or. Kobal Collection: Amblin/ Universal ml; Dream Works/Allied Film Makers A. Ardmaan mr; Dreamworks LLC ur. **350** Corbis: Michael Neveux ur; mr. Mit freundl. Genehmigung von Oware Society: mu. Getty Images: Brand X Pictures or. Rex Features: David Marsden ml. mit freundl. Genehmigung von Sony: ol. **351** Mit freundl. Genehmigung von Apple: mll. Bang & Olufsen, AV Mediacenter 2003 mr, ul. Mit freundl. Genehmigung von BlueroomStore.com: or. Mary Evans Picture Library: ol. Moviestore Collection: Warner Brothers ml. Mit freundl. Genehmigung von Nintendo: ur. Pure Digital, a division of Imagination Technologies: m. Mit freundl. Genehmigung von Sony: mrr. **352** Action Plus: Glyn Kirk ul. Getty Images: Mark Thompson ml. **352–353** Sporting Pictures (UK) Ltd.: Huzilar m. **353** Associated Press AP: Bill Kostroun mr; Michael Conroy m. Corbis: Decamp Erik/Sygma ur. Getty Images: David Rogers or. **354** Bridgeman Art Library, London/New York: Marylebone Cricket Club, London, UK ol. Getty Images: Bob Thomas/Bob Thomas Sports Photography um. **354–355** Getty Images: Pascal Rondeau m. **355** Associated Press AP: Mark J. Terrill or. Topham Picturepoint: ur. **356** Alamy Images: Popperfoto ol. The Art Archive: National Archaeological Museum Athens/ Dagli Orti ur. IOC/Olympic Museum Collections: or. **357** Corbis: Sygma/ Ruszniewski J.Y ml; Sygma/ Seguin Franck mr. Getty Images: Mlive Brunskill om; Mike Powell/Allsport ur; Scott Barbour/Allsport m. **358–359** Corbis: Neil Beer. **360** AKG London: ol. The Art Archive: British Library ul; **360–361** The Art Archive: National Archaeological Museum Athens/ Dagli Orti. **361** DK Picture Library: Mary Rose Trust or. Werner Forman Archive: Ohio State Museum ur. Silkeborg Museum, Dänemark: mr. **362–363** AKG London: or. **363** Bridgeman Art Library, London/New York: Lauros/ Giraudon r. DK Picture Library: British Museum m. **364** Ancient Art and Architecture Collection: Ronald Sheridan or. Sonia Halliday Photographs: ml. **365** Ancient Art and Architecture Collection: R. Sheridan ol. DK Picture Library: Arlette Mellaart ur; Museum of London mr. **366** Corbis: Werner Forman um. Robert Harding Picture Library: Robert Estall or; Simon Harris m. **367** Ancient Art and Architecture Collection: or. The Art Archive: Archaeological Museum Cagliari/ Dagli Orti ml, Genius of China Exhibition ur; Musee Guimet Paris/Dagli Orti ol. **368** AKG London: Jean-Louis Nou ur. **369** Ancient Art and Architecture Collection: mr. **370** Ancient Art and Architecture Collection: ol. DK Picture Library: British Museum ul. Werner Forman Archive: The Egyptian Museum, Kairo m. **370–371** Robert Harding Picture Library: George Rainbird Ltd. m. **371** DK Picture Library: British Museum ur. Werner Forman Archive: Luxor Museum, Ägypten r. Robert Harding Picture Library: Nigel Francis om. **372** AKG London: Erich Lessing mr. Ancient Art and Architecture Collection: or, um. Bridgeman Art Library, London/New York: Iraq Museum, Baghdad ol. **373** AKG London: Erich Lessing m, um. The Art Archive: Musee du Louvre Paris/Dagli Orti r. **374** AKG London: mr; Erich Lessing ul. Ancient Art and Architecture Collection: Ronald Sheridan Hintergrund. DK Picture Library: British Museum ol. **374–375** The Art Archive: Dagli Orti m. **375** Ancient Art and Architecture Collection: or. The Art Archive: Dagli Orti mr. **376** AKG London: National Archeological Museum ml; Rainer Hackenberg ol. DK Picture Library: British Museum ul. Sonia Halliday Photographs: ur. **376–377** National Geographic Image Collection: Todd Gipstein m. **377** Ancient Art and Architecture Collection: or. DK Picture Library: British Museum mr. The Art Archive: National Archaeological Museum Athens/Dagli Orti ur. Sonia Halliday Photographs: om. **378** Ancient Art and Architecture Collection: or. Bridgeman Art Library, London/New York: Oriental Bronzes Ltd., London m. Corbis: Lee White ur. DK Picture Library: British Museum mr. The Art Archive: Genius of China Exhibition l. **379** AKG London: Jean-Louis Nou or, ur. Bridgeman Art Library, London/New York: Museum of Archaeology, History of Culture, Vadodara, India ul. The Art Archive: m. **380** Corbis: Michael S. Lewis ur. DK Picture Library: American Museum of Natural History ol. The Art Archive: Archaeological Museum Lima/Dagli Orti or. Werner Forman Archive: University Museum, Philadelphia om. **381** AKG London: ur. DK Picture Library: INAH or. Corbis: ol. **382** AKG London: ul; Erich Lessing ml. The Art Archive: Galleria Borghese Rome/Dagli Orti or. **382–383** Robert Harding Picture Library: Adam Woolfitt u. **383** AKG London: om. Ancient Art and Architecture Collection: or. Corbis: Michael St. Maur Sheil ur. **384** DK Picture Library: British Museum l. Sonia Halliday Photographs: or. **385** The Art Archive: Biblioteca Nazionale Palermo/Dagli Orti ol; Dagli Orti or. Sonia Halliday Photographs: ur. **386** The Art Archive: British Library ur; National Museum Damascus Syria/Dagli Orti mr. Sonia Halliday Photographs: ml. **386–387** The Art Archive: Dagli Orti m **387** The Art Archive: Dagli Orti ur. Sonia Halliday Photographs: Biblioteque Nationale or. **388** AKG London: ur. Corbis: Richard Cummins or. DK Picture Library: Danish National Museum mu; Statens Historika Museum, Stockholm ol; Viking Ship Museum, Norwegen ul. **389** AKG London: or, ul, ur. The Art Archive: Musee de la Tapisserie Bayeux ml. **390** Collections: Philip Mraven ul. DK Picture Library: British Museum ol. **390–391** Ancient Art and Architecture Collection: u. **391** AKG London: Jean-Francois Amelot ol. DK Picture Library: British Museum ur. Sonia Halliday Photographs: or. **392** AKG London: or, ul. The Art Archive: ur; Victoria and Albert Museum/Eileen Tweedy ol. **393** AKG London: Erich Lessing ur. The Art Archive: British Museum mr. Robert Harding Picture Library: T Waltham ol. **394** Werner Forman Archive: ol. Robert Harding Picture Library: J. Pate ul. **394–395** The Art Archive: Antenna Gallery Dakar Senegal/Dagli Orti m. **395** Werner Forman Archive: British Museum ur. Robert Harding Picture Library: N. Wheeler or. **396** Werner Forman Archive: Courtesy Entwistle Gallery, London ul. Robert Harding Picture Library: Geoff Renner r. **397** AKG London: Jean-Louis Nou m; Robert O'Dea ol. The Art Archive: Turkish and Islamic Art Museum Istanbul/Dagli Orti ur. **398** AKG London: Turin Biblioteca Reale mo. Scala Group S.p.A.: Palazzo Medici Riccardi, Florenz. **399** DK Picture Library: British Library mr. **400** Bridgeman Art Library, London/ New York: Royal Geographical Society m. National Maritime Museum, London: u. **400–401** AKG London: m. **401** James Davis Travel Photography: ur. DK Picture Library: British Museum or, mro.

Mary Evans Picture Library: mr. **402** AKG London: ol. Corbis: Galen Rowell u. **403** Scala Group S.p.A.: Biblioteca Nationale, Florenz. **404** AKG London: or, m. Robert Harding Picture Library: P. Mraven ur. **405** AKG London: or, m. The Art Archive: Bruning Museum Lambayeque Peru/Mireille Vautier ur. **406** AKG London: or. ullstein bild ul. ullstein bild: ur. **407** AKG London: Victoria and Albert Museum or. DK Picture Library: Wallace Collection m. Hulton Archive/Getty Images: Ernst Haas ur. **408** DK Picture Library: Exeter Maritime Museum m. © Michael Holford: u. **409** Bridgeman Art Library, London/New York: Museum of the City of New York, USA u. Hulton Archive/Getty Images: Archive Photos ml. **410** AKG London: umr. Corbis: Archivo Iconografico, S.A. ol; Gianni Dagli Orti ul. DK Picture Library: Etablissement public du musée et du domaine national de Versailles m. The Art Archive: Christ's Hospital/Eileen Tweedy uml; Russian Historical Museum Moskau/Dagli Orti ur. Mary Evans Picture Library: um. **411** Bridgeman Art Library, London/New York: Bibliotheque des Arts Decoratifs, Paris/ Charmet ul; National Gallery, London r. DK Picture Library: Science Museum ur. ullstein bild: ml. **412** Bridgeman Art Library, London/New York: Collection of the Earl of Leicester, Holkham Hall, Norfolk mr; Royal Agricultural Society of England, Stoneleigh ur. Rural History Centre, University of Reading: or. **413** AKG London: ol, ur. Corbis: Bettmann ml. DK Picture Library: Wilberforce House/Hull City Museums and Art Gallery o. **414** Bridgeman Art Library, London/New York: New York Historical Society ur. The Art Archive: Musee du Chateau de Versailles/Dagli Orti o. **415** Bridgeman Art Library, London/New York: Bibliotheque Nationale, Paris ur. DK Picture Library: Wallace Collection or, omr. Mary Evans Picture Library: m. **416** Bridgeman Art Library, London/New York: Charmet/ Musee de la Ville de Paris, Musee Carnavalet, Paris ol; Peter Willi/ Louvre, Paris ur. **417** AKG London: om. Bridgeman Art Library, London/New York: Phillips, Fine Art Auctioneers, New York, USA m. The Greenwich Workshop: 2003 Howard Terpning, Mit freundl. Genehmigung von The Greenwich Workshop, Inc u. **418** Bridgeman Art Library, London/New York: Bibliotheque des Arts Decoratifs, Paris mlu. ullstein bild or. Hulton Archive/ Getty Images: Rischqitz um. The Salvation Army International Heritage Centre: mlo. Science & Society Picture Library: ol, ul. **418–419** Hulton Archive/Getty Images: m. **419** Corbis: Gianni Dagli Orti mr. Mary Evans Picture Library: ur. **420** Bridgeman Art Library, London/New York: Private Collection or. The Art Archive: Museo Bolivar Caracas/ Dagli Orti ul. **421** Bridgeman Art Library, London/New York: Archives Larousse, Paris ur; Giraudon/Laurose/ Bibliotheque Nationale, Paris ul. Mary Evans Picture Library: or. **422** AKG London: ur. Hulton Archive/Getty Images: ml. **423** Mary Evans Picture Library: um. **424** Corbis: Bettmann mr; Museum of the City of New York or. DK Picture Library: Gettysburg National Military Park ul. Hulton Archive/Getty Images: MPI ur. **425** Bridgeman Art Library, London/New York: Alexander Turnbull Library, Wellington, Neuseeland ur. Corbis: Anders Ryman ul; Dallas und John Heaton or. DK Picture Library: Mitchell Library, State of New South Wales ol. **426** AKG London: ml. **426–427** AKG London: um. **427** AKG London: om. Corbis: Hulton-Deutsch Collection or, ullstein bild: mr; Michael St Maur Sheil ur. **428** AKG London: or. Corbis: Bettmann ol. David King Collection: ul. **429** Bridgeman Art Library, London/New York: Private Collection ml. The Art Archive: William Sewell or. Popperfoto: ur. **430** AKG London: ul, ur. Art Directors & TRIP: Dinodia or. **431** Corbis: Swim Ink or. Mary Evans Picture Library: ol. Hulton Archive/Getty Images: Fox Photos ul; Keystone ur. Art Directors & TRIP: E Young m. **432** AKG London: ml. **432–433** The Art Archive: Imperial War Museum u. **433** AKG London: ur. Corbis: Bettmann ol. The Art Archive: Domenica del Corriere/ Dagli Orti or. Mary Evans Picture Library: mr. **434** AKG London: mr. Corbis: or; David Turnley ul. **435** Corbis: Francoise de Mulder mr; Wally McNamee ol. Hulton Archive/Getty Images: Three Lions ur.

Cover: vorne: FLPA – Images of Nature: Lanting mlll. Robert Harding Picture Library: ml. NASA: m, mrr. Science Photo Library: Simon Fraser mr; Mehau Kulyk mll; Tek Image mrrr. hinten: Alamy Images: Robert Harding Picture Library m. DK Picture Library: British Museum mll. Getty Images: Will & Deni McIntyre ml; Science Photo Library: Roger Harris mlll; David McCarthy mr; M.E Yount/US Geological Survey mrr. Still Pictures: Annelles Van Brlnk mrrr.